NOUVELLE ÉDITION

DICTIONNAIRE SES

L'essentiel de l'économie et des sciences sociales

Jean-Yves Capul
Agrégé de sciences sociales

Olivier Garnier
Économiste

Hatier

Présentation du dictionnaire

• Pour accéder rapidement à une définition précise, une notion, un auteur

→ Consultez le lexique de A à Z > pages 623 à 695

– près de **2 000 notions et termes spécifiques** y sont définis par ordre alphabétique ;
– les **auteurs incontournables, économistes, philosophes, sociologues** y sont présentés ainsi que leurs **œuvres** accompagnées de **citations**.

• Pour approfondir une notion

→ Consultez les articles thématiques > pages 4 et 5
Le sommaire présente la liste des **80 articles thématiques**.

→ 12 fiches Mémo Bac > pages 7 à 31
pour comprendre les **notions essentielles** à maîtriser pour l'épreuve

→ 18 questions d'actualité > pages 32 à 50
pour mettre à jour ses connaissances sur des **notions qui font débat**

• Pour construire des repères clairs en sciences économiques et sociales

→ Consultez les annexes > pages 567 à 619

– Une **chronologie** comportant les principaux gouvernements français ainsi que les principaux faits économiques et sociaux de la IIIe à la Ve République
– Des **outils statistiques**
– Les **principales lois et effets économiques**
– Des **repères statistiques**
– Un **lexique anglais-français**

• Pour s'évaluer et réviser les notions essentielles

→ Accédez gratuitement aux compléments numériques

– **12 schémas interactifs** pour mémoriser ses cours
– **12 quiz** pour évaluer ses connaissances des programmes

Suivi éditorial : Sophie Lovera
Adaptation maquette : Hung Ho Thanh
Mise en pages : CGI
Schémas : Thomas Winock
Chronologie : Massimo Miola

© HATIER, Paris, 2020. – ISBN : 978-2-401-06347-1

Changes fixes et changes flottants

Le système des changes fixes

Changes fixes
Système de change dans lequel les pays qui ont passé un accord pour maintenir des parités stables entre leur monnaie ont l'obligation d'intervenir sur le marché des changes pour défendre la parité de leur monnaie.

Certains pays peuvent s'entendre pour éviter que les fluctuations désordonnées de leurs monnaies n'entravent leurs relations commerciales. Ils vont donc instaurer des taux de changes fixes et stables entre leur monnaie. À la suite d'accords internationaux, qui définissent un système monétaire international, les taux de change sont déterminés par référence à un étalon (chaque monnaie correspond, par exemple, à tel poids d'or), à une autre devise (le dollar) ou à une combinaison de devises.

Ce dernier cas peut être illustré par l'exemple du SME (avant l'instauration de l'euro en janvier 1999) dans lequel existe une parité bilatérale entre le franc français et le mark allemand (1 mark = 3,40 francs par exemple). La parité est ainsi la valeur officielle d'une monnaie par rapport à une autre. On tend cependant à utiliser la notion de parité comme synonyme de taux de change.

Les banques centrales des pays signataires d'un accord ont alors l'obligation d'intervenir sur le marché des changes pour maintenir la stabilité des taux de change fixés (il peut y avoir des marges de fluctuations). Par exemple, lorsque la parité franc/mark baisse sur le marché des changes à l'avantage du mark, la Banque de France doit intervenir pour acheter des francs (dont les cours avaient tendance à baisser) grâce aux réserves en devises dont elle dispose afin de faire remonter le taux de change du franc par rapport au mark. La Banque de France achète sa propre monnaie pour en soutenir le cours. Prenons un exemple.
Situation t_0 : 1 mark = 3,40 francs.
Situation t_1 : Sur le marché des changes, où l'offre et la demande fluctuent librement, on vend des francs et on achète des marks. Résultat : 1 mark = 3,50 francs.

Le franc baisse par rapport au mark car il faut davantage de francs qu'auparavant pour obtenir un mark. Le mark est en hausse.

Situation t_2 : la Banque de France doit aussitôt acheter des francs sur le marché des changes afin de respecter l'accord de change du SME. La demande de francs s'accroît, ce qui entraîne la hausse du cours du franc. 1 mark = 3,40 francs.

Ainsi, le marché des changes fonctionne normalement et librement et c'est aux banques centrales d'intervenir sur ce marché pour contrebalancer les tendances qu'elles jugent néfastes ou contraires aux accords passés avec les autres pays. Dans ce système de **parités fixes**, lorsqu'une banque centrale ne peut plus défendre la parité officielle de sa monnaie (ses réserves de change sont épuisées ; elle est impuissante à compenser les tendances du marché), elle peut négocier avec ses partenaires une modification des taux de change fixés (dévaluation).

Le système des changes flottants

Changes flottants
Système de change dans lequel la banque centrale d'un pays n'a aucune obligation quant à la valeur de sa monnaie par rapport aux autres devises.

Dans un tel système, le taux de change d'une monnaie varie librement sur le marché des changes au gré des offres et des demandes pour cette monnaie. La banque centrale n'est donc pas obligée d'intervenir pour vendre ou pour acheter sa propre monnaie ou des devises. Plus une devise est demandée, plus son taux de change par rapport aux autres augmente. Une devise est davantage demandée qu'offerte sur le marché des changes lorsque le pays émetteur de cette devise connaît des excédents commerciaux, puisque les exportateurs désirent recevoir leur propre monnaie. À l'inverse, un pays dont la balance commerciale est déficitaire voit sa monnaie davantage offerte (par les importateurs qui cherchent des devises) que demandée. Des facteurs autres que commerciaux interviennent toutefois pour entraîner les fluctuations des monnaies.

Le dollar, l'euro et le yen sont aujourd'hui des monnaies qui « flottent », c'est-à-dire que leurs taux de change (entre elles ou avec les autres devises) varient constamment.

En réalité, il n'existe pas de système de **flottement** « pur » des monnaies dans la mesure où les banques centrales interviennent toujours, peu ou prou, sur le marché des changes afin d'éviter de trop fortes fluctuations de leur monnaie.

La distinction entre changes fixes et changes flexibles permet de comprendre la différence entre dévaluation (ou réévaluation) et dépréciation (ou appréciation). C'est dans un système de **changes flexibles** qu'une monnaie se déprécie, lorsqu'elle perd de la valeur par rapport à d'autres devises sur le marché des changes. Cela peut être un processus très lent, à la différence d'une dévaluation qui est une décision, prise à un instant donné par les autorités monétaires, laquelle consiste à diminuer la valeur de la monnaie par rapport à un étalon de référence. Dévaluation ou réévaluation ne peuvent se produire que dans un système de changes fixes.

Changes fixes et changes flottants

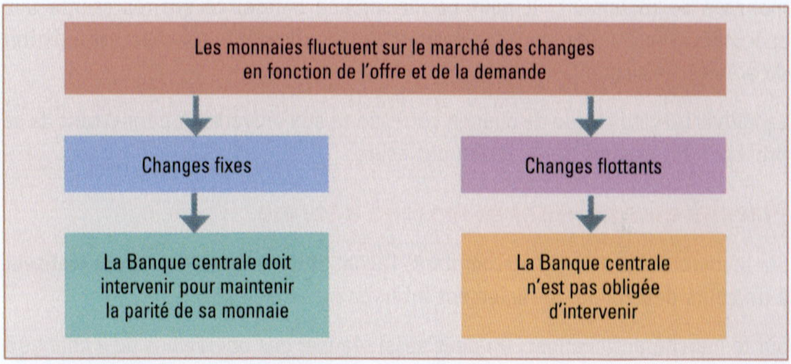

Risque de change et opération de change à terme

Qu'est-ce que le risque de change ?

Les entreprises réalisant des transactions avec l'étranger sont parfois soumises à des risques liés aux fluctuations des cours des monnaies, lorsqu'il existe un délai entre la facturation d'une opération et son règlement monétaire. Prenons le cas d'un importateur français qui doit verser des dollars à son fournisseur étranger. Il connaît, au moment précis de la négociation, la quantité d'euros nécessaires à l'achat des dollars (grâce au cours du change en vigueur). Mais si le dollar voit sa valeur s'accroître par rapport à l'euro entre la négociation et le règlement définitif, l'importateur devra fournir davantage d'euros, ce qui réduira ses résultats. Le risque de perte est le **risque de change**. Dans le cas inverse, si le dollar baisse, l'importateur pourra augmenter ses bénéfices.

Exemple de risque de change

- Mois de mai de l'année X : un importateur achète pour 20 millions de dollars de marchandises aux États-Unis, payables et livrables en novembre de la même année.
  On a : 1 dollar = 1,2 euro.
- Mois de novembre, 2 possibilités :
  – soit le dollar monte : 1 dollar = 1,3 euro.
  L'importateur paye 20 × 1,3 = 26 millions d'euros.
  Sa perte est de 2 millions d'euros, car il aurait payé 24 millions d'euros en mai.
  – soit le dollar baisse : 1 dollar = 1,1 euro.
  L'importateur paye 20 × 1,1 = 22 millions d'euros. Son gain est de 2 millions d'euros.

L'importateur ne sait pourtant pas au départ comment va évoluer le cours de la monnaie de règlement. Il peut parier sur une baisse, ce qui représente une spéculation (espoir de gain si le pari est gagné). Il peut aussi chercher à limiter ou à éviter le risque de change.

La **couverture** du risque de change correspond aux moyens lui permettant de se protéger des risques de variation des cours.

Marché au comptant et marché à terme

Sur le **marché des changes au comptant**, l'achat et la vente de devises se réalisent à un cours déterminé, le règlement intervenant immédiatement.

Sur le marché des changes, on peut aussi réaliser des opérations de « **change à terme** ». On parlera alors de **marché des changes à terme** pour ces opérations où le règlement intervient à une échéance plus ou moins lointaine et à un cours (différent du cours au comptant du jour de la négociation) déterminé au départ.

Reprenons notre exemple. Pour « se couvrir » contre le risque de change, l'importateur va acheter à terme les dollars nécessaires. Il pourrait les acheter au comptant, immédiatement, mais cela immobiliserait ses fonds. En les achetant à terme, à un « cours à terme », il s'engage à acheter ces dollars à sa banque à une certaine échéance (la date à laquelle il doit payer son fournisseur). Il connaît donc le montant exact d'euros qui seront nécessaires pour obtenir les dollars. Le **cours à terme** est déterminé par la banque (qui va chercher à son tour à se couvrir) en fonction des différents taux d'intérêt en vigueur en France et à l'étranger. Il est d'autant plus éloigné du cours au comptant que les risques de fluctuation sont importants.

➔ Comment expliquer les variations de change ?

Pendant longtemps, les économistes ont expliqué les fluctuations de change par les situations des balances des paiements. Lorsqu'un pays connaît un déficit commercial (ou plus exactement des transactions courantes), sa monnaie est davantage offerte que demandée sur le marché des changes. La valeur de cette monnaie va donc diminuer par rapport à d'autres. Inversement, un excédent conduit à une appréciation.

Avec l'accélération de l'inflation dans les années 1970, une analyse ancienne, la **théorie de la parité des pouvoirs d'achat (PPA)**, a été remise à l'honneur. Deux hypothèses sont rappelées par cette théorie : d'une part, la valeur d'une monnaie se trouve fondamentalement déterminée par la quantité de biens et de services qu'elle permet d'acquérir, c'est-à-dire par son pouvoir d'achat interne (lequel diminue lorsque le niveau général des prix augmente) ; d'autre part, la **loi du prix unique** montre qu'à l'échelle internationale, et grâce au jeu de la concurrence, un bien a le même prix dans tous les pays. La théorie de la PPA s'exprime alors sous la forme de deux résultats :

– Le taux de change entre deux monnaies correspond à la parité des pouvoirs d'achat de ces monnaies. Par exemple, si un panier de marchandises vaut 400 euros dans la zone euro et 10 000 yens au Japon, le taux de change est de 100 yens = 4 euros.

– La variation du taux de change entre deux monnaies reflète la variation des prix dans les deux zones. Si le taux d'inflation japonais est nul et le taux d'inflation européen de 2 % (on dit alors que le **différentiel d'inflation** entre la zone euro et le Japon est de 2 % au détriment de la zone euro), l'euro doit baisser de 2 % par rapport au yen (on vérifie ainsi que le même panier vaut désormais 408 euros en Europe et 10 000 yens au Japon, ce qui conduit au taux de change de 100 yens = 4,08 euros, soit une baisse de 2 % de la valeur de l'euro par rapport au yen).

Cette analyse, valable sur le long terme, ne peut expliquer les fluctuations à court terme des monnaies. Avec les masses de capitaux circulant désormais entre les places financières à la recherche des rémunérations les meilleures, ce sont les fluctuations des taux d'intérêt et les facteurs financiers qui expliquent surtout les variations de taux de change.

Les principaux facteurs de baisse d'une monnaie

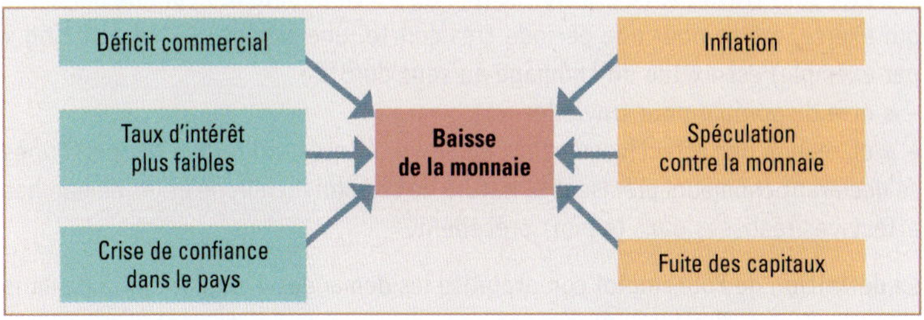

Lire aussi » **Commerce extérieur - Système monétaire international**

Chômage

Phénomène majeur dans la plupart des pays industrialisés, le chômage est aujourd'hui une réalité quotidienne pour de très nombreuses personnes. Véritable défi pour la société, le chômage est cependant l'objet de débats chez les économistes.

SOMMAIRE

→ Les mesures du chômage

→ Le marché du travail

→ Chômage et politique de l'emploi

Les mesures du chômage

Deux définitions du chômage

Il existe deux grands indicateurs en matière de mesure du **chômage**. Le premier correspond à la définition du Bureau international du travail (BIT) et il est calculé régulièrement par l'Insee dans l'enquête Emploi (autrefois réalisée une fois par an, au mois de mars). L'autre correspond aux **demandes d'emploi en fin de mois (DEFM)** calculées chaque mois par l'Agence nationale pour l'emploi (ANPE), devenue en 2008, Pôle emploi (après la fusion avec les ASSEDIC).

Chômage
État de personnes sans emploi, disponibles pour travailler et recherchant effectivement un emploi.

Demandes d'emploi en fin de mois (DEFM)
Mesure du nombre de chômeurs réalisée chaque mois par Pôle Emploi.

La définition du chômage du BIT comprend trois critères :
– « être sans travail ». Ce critère est très restrictif pour le BIT car une personne qui exerce, même pour une période très courte, une activité (« baby-sitting » par exemple) est exclue du chômage au sens du BIT ;
– « être disponible pour travailler » ;
– « et rechercher effectivement un emploi ». L'Insee exige que les personnes se déclarant chômeurs précisent la nature de l'emploi recherché et les démarches effectives réalisées dans le mois précédent.

La définition de **Pôle emploi** comptabilise les demandes d'emploi en fin de mois (DEFM), c'est-à-dire les « personnes sans emploi immédiatement disponibles, tenues d'accomplir des actes positifs de recherche d'emploi, à la recherche d'un emploi à durée immédiate et à temps plein ».

Jusqu'en 2008, ces deux indicateurs coexistaient malgré l'écart observé entre ces deux types de mesures qui s'expliquait notamment par le fait qu'une personne effectuant une petite activité de quelques heures était inscrite à l'ANPE sans pour autant être considérée comme chômeuse au sens du BIT.

Depuis 2008, les chiffres de Pôle emploi sont abandonnés pour le suivi du chômage, même si chaque mois sont donnés les chiffres de la catégorie dite A, c'est-à-dire celle comptabilisant les chômeurs inscrits et qui n'ont pas travaillé (ne serait-ce qu'une heure) dans le mois. Ces chiffres sont toutefois soumis à la politique d'inscription ou de radiation de Pôle emploi.

Les chiffres du chômage reposent donc désormais sur les données de l'Insee, établies tous les trois mois, à partir des critères du BIT.

Seuls les critères du BIT permettent de faire des comparaisons internationales. Les résultats de l'enquête Emploi fournissent en outre une estimation (par sondage) du volume de la population active, ce qui permet de calculer les **taux de chômage**.

Taux de chômage
Rapport entre le nombre de chômeurs et la population active totale.

$$\text{taux de chômage} = \frac{\text{chômeurs au sens du BIT}}{\text{population active}}$$

Le taux de chômage peut ainsi être calculé pour l'ensemble de la population active ou pour une partie de celle-ci.

En novembre 2007, l'Insee a annoncé un nouveau mode de calcul pour ce taux : le taux de chômage sera désormais publié tous les trois mois (et non plus tous les mois) et reposera uniquement sur l'enquête Emploi réalisée par l'Insee.

Le « halo » autour du chômage

Les économistes de l'Insee ont mis en évidence, depuis le début des années 1980, l'existence d'une sorte de « **halo** » autour du noyau du chômage constitué par les chômeurs au sens du BIT. Ce « halo » se composerait des catégories suivantes :
– ceux qui recherchent un emploi sans être disponibles (raisons familiales, salariés à temps partiel non volontaires, stages par exemple) ;
– ceux qui sont disponibles sans effectuer de démarches réelles ;
– les « inactifs ne cherchant plus ou pas encore » (exemple des **pré-retraités**, c'est-à-dire des travailleurs âgés qui, sans avoir l'âge légal de la retraite, doivent quitter leur entreprise).

De façon plus générale, les frontières entre les catégories chômeurs-inactifs-actifs sont de plus en plus floues. Des situations intermédiaires sont apparues : entre le chômage et l'inactivité (exemple des pré-retraités, classés dans les inactifs), entre le chômage et l'activité (stages, apprentissage, formations en alternance, classés parmi les actifs).

Les passages d'une catégorie d'emplois à une autre se multiplient avec le développement des nouvelles formes d'emplois. Ces **formes particulières d'emplois (FPE)**, correspondant au **travail atypique**, regroupent toutes les formes d'emplois qui ne correspondent pas à un emploi normal, c'est-à-dire un emploi durable (contrat à durée indéterminée) et à temps plein. Les FPE sont ainsi le **temps partiel** (horaires réduits), l'apprentissage, les stages, l'intérim (travail temporaire) et les **contrats de travail à durée déterminée**. L'**emploi précaire** correspond aux trois dernières FPE.

Contrat de travail à durée déterminée (CDD)
Forme particulière d'emploi due au caractère temporaire du contrat (quelques mois).

Le marché du travail

Le **marché du travail** a un double sens. Au sens courant, il désigne la situation de l'emploi dans une économie et, plus précisément, l'état des emplois disponibles (nature, qualifications exigées, quantité). On dira ainsi que les demandeurs d'emplois, c'est-à-dire les chômeurs, ont des difficultés pour s'insérer sur le marché du travail car les offres d'emplois des entreprises sont insuffisantes.

Marché du travail
En économie, marché qui met en relation les personnes qui offrent leur travail et les entreprises qui proposent une activité.

Le marché du travail est aussi un concept économique. C'est un marché mettant en relation ceux qui offrent leur travail (les salariés) et ceux qui demandent ce service qu'est le travail (facteur de production pour les entreprises). Langage courant et langage économique s'opposent ici car l'**offre de travail** des salariés (notion économique) correspond à la **demande d'emploi** (sens courant). À l'inverse, la **demande de travail** des entreprises correspond à l'**offre d'emploi** (sens courant).

Offre de travail
Notion économique désignant l'ensemble des personnes qui offrent leur travail.

Demande de travail
Ensemble des emplois proposés globalement dans une économie.

Le marché du travail

Offre d'emplois par les entreprises	=	Demande de travail (sens économique)
Demande d'emplois par les individus (chômeurs par exemple)	=	Offre de travail

Sur le marché du travail, la confrontation de l'offre et de la demande conduit à déterminer deux grandeurs : le salaire et le niveau d'emploi. La théorie néoclassique utilise ce mécanisme de marché pour démontrer que le chômage ne peut être durable. Il suffit en effet de diminuer les salaires pour que la demande de travail des entreprises s'accroisse et fasse disparaître le chômage. Les économistes keynésiens ont cependant contesté ce mécanisme car une baisse des salaires réduit le pouvoir d'achat et donc la demande qui s'adresse aux entreprises de telle sorte que celles-ci ne sont nullement incitées à embaucher, pour accroître leur production. Le chômage résulte au contraire d'une insuffisance de la demande effective.

Lorsque la demande de travail est inférieure à l'offre de travail émanant des salariés, le marché du travail est en situation de sous-emploi. Le **sous-emploi** correspond donc à l'existence d'un chômage. L'Insee donne toutefois une autre définition du sous-emploi puisqu'il s'agit de l'ensemble des personnes ayant un emploi mais qui travaillent involontairement moins que la durée normale de travail et qui souhaitent travailler davantage (une partie des personnes à temps partiel, les stagiaires, les apprentis, etc.).

Sous-emploi
Au sens large, synonyme de chômage . Au sens de l'Insee, ensemble des personnes ayant un emploi mais qui travaillent moins que la durée normale du travail et qui souhaiteraient travailler davantage.

Le **plein-emploi** correspond à une situation caractérisée par l'emploi de toutes les personnes appartenant à la population active.

Chômage et politique de l'emploi

Les différents types de chômage

On distingue les formes de chômage suivantes :

- **chômage de longue durée :** demandes d'emplois en fin de mois enregistrées depuis plus de douze mois consécutifs ;
- **chômage conjoncturel :** chômage résultant d'un ralentissement de l'activité économique ;
- **chômage structurel** : chômage lié aux déséquilibres structurels de l'économie (déséquilibres régionaux, inadaptation des qualifications, déclin d'activités traditionnelles, etc.) ;
- **chômage technique** : inactivité forcée dans l'entreprise en raison de circonstances particulières et indépendantes de l'entreprise (panne de machines, etc.) ;
- **chômage partiel** : inactivité forcée des salariés décidée par le chef d'entreprise pour réduire la production lorsque la conjoncture est mauvaise (les heures non travaillées font alors l'objet d'une moindre rémunération) ;
- **chômage frictionnel** : en situation de plein-emploi, chômage d'adaptation lié à la période entre deux emplois.

Chômage de longue durée
Demandes d'emplois enregistrées à Pôle emploi en fin de mois depuis plus de douze mois consécutifs.

Chômage partiel
Réduction temporaire par une entreprise du volume d'heures travaillées à effectif constant à la suite d'une baisse conjoncturelle de l'activité.

La théorie économique est aussi à l'origine d'une typologie du chômage. Le chômage est la conséquence de deux tendances contraires, la croissance de la population active et le déclin de l'emploi. Le recul du nombre d'emplois disponibles dans l'économie doit alors recevoir une explication.

Pour les économistes keynésiens, la demande des ménages et des entreprises (ainsi que des marchés étrangers) est insuffisante et les entreprises hésitent alors à investir et à accroître leurs capacités de production. Il y a donc, dans ce cas, un chômage qui disparaîtra lorsque la demande repartira ; c'est le **chômage keynésien**. D'autres économistes pensent que dans certaines situations, voire dans certains secteurs de l'économie, la relance de la demande ne fera pas disparaître le chômage. Même avec une demande

Chômage keynésien
Chômage dû à une insuffisance de la demande de biens et services anticipée par les entreprises, ce qui conduit ces dernières à limiter la production et donc l'emploi.

supplémentaire les entreprises ne développeront pas leurs capacités de production car elles jugent que celles-ci ne sont pas rentables (profits insuffisants ou coût salarial élevé). Il y a alors un chômage appelé **chômage classique**.

Chômage classique
Chômage dû à une rentabilité insuffisante de la production qui incite les entreprises à ne pas investir.

La politique de l'emploi

La lutte contre le chômage est l'un des objectifs majeurs de la politique économique globale (politique budgétaire de déficit public par exemple). Il existe aussi des **politiques spécifiques de l'emploi**. On distingue souvent un cycle de trois types de politiques mises en œuvre successivement, à l'image des politiques menées en France entre 1974 et 1980 et à partir du début des années 1980 :

– 1re phase de défense de l'emploi : on freine les licenciements et les suppressions d'emplois. On crée des emplois publics (1981) ; la réduction de la durée du travail est envisagée comme une solution pour partager le travail ;

– 2e phase de gestion de la population active : on cherche à obtenir une diminution de la population active ; ce sont les pré-retraites (retraites avant l'âge légal) ou les **aides au retour** (appelées ensuite aides à la réinsertion) pour les travailleurs étrangers acceptant de regagner leur pays ;

– 3e phase de **traitement économique** et **social du chômage**, en faveur de certaines catégories particulièrement affectées (jeunes, personnes âgées) ; le traitement économique concerne les entreprises (mesures pour favoriser les créations d'emplois comme la baisse du coût du travail avec la diminution des charges sociales) tandis que le traitement social du chômage cherche à corriger les mécanismes d'exclusion en favorisant l'insertion ou la réinsertion dans la vie professionnelle (formation en alternance, stage d'adaptation ou de formation, **congé de conversion** pour les salariés touchés par les restructurations industrielles, etc.). Plus récemment, les **plans sociaux** ont été créés par la

Traitement économique du chômage
Mesures visant à exercer un effet positif sur le niveau de l'emploi et concernant les entreprises (subventions à l'emploi, réductions des charges sociales, etc.).

Traitement social du chômage
Mesures visant à faire face à l'excédent de population active sur le niveau de l'emploi en corrigeant les mécanismes d'exclusion.

Plan social
Ensemble des mesures qu'une entreprise de plus de 50 salariés doit proposer pour participer à la reconversion des salariés lorsqu'elle procède à un licenciement économique de plus de 10 personnes (chèque de départ, cellule de reclassement, formation, etc.).

loi du 2 août 1989. Aujourd'hui les entreprises de plus de 1 000 salariés doivent par exemple participer à la revitalisation du bassin d'emploi touché par le plan social.

Si la lutte contre le chômage passe avant tout par les politiques économiques conjoncturelles destinées à restaurer la croissance, les **politiques de l'emploi** sont aussi mises en œuvre. On distingue alors les mesures dites « actives », qui visent à augmenter le niveau d'emploi, et les mesures dites « passives » qui se concentrent sur l'indemnisation des chômeurs. Dès lors, l'« activation » des politiques de l'emploi consiste à privilégier les politiques de l'emploi actives.

Des mesures de lutte contre le chômage

Les 35 heures

La **RTT**, ou **réduction du temps de travail**, a fait l'objet de deux lois – les lois Aubry de 1998 et 2000 – qui ont fixé la durée légale du travail à 35 heures à partir de 2000, les entreprises de moins de 20 salariés n'étant passées aux 35 heures qu'au 1er janvier 2002.

L'objectif du passage aux 35 heures est de permettre une augmentation des emplois créés et donc une baisse du chômage. Si les salariés travaillent moins, il en faut davantage pour assurer le même niveau de production. Toutefois, il ne peut pas y avoir d'effet « proportionnel » et automatique sur l'emploi car les entreprises peuvent profiter de ce passage pour mieux organiser la production (flexibilité du travail, réorganisation du travail, annualisation du temps de travail pour que les salariés travaillent davantage en période de pointe sans les augmenter avec le paiement d'heures supplémentaires puisqu'ils travailleront moins à des périodes creuses). Ainsi, les gains de productivité peuvent venir limiter voire annuler les créations d'emplois escomptées avec le passage aux 35 heures. D'autant que les entreprises ont été fortement incitées à accroître leur productivité car les salariés ont bénéficié de la **compensation salariale** (ils sont payés comme avant, pour moins d'heures de travail).

Les mesures d'aide au retour à l'emploi

Dans les années 1980 et 1990, les politiques de l'emploi ont pris un tournant libéral dans les pays anglo-saxons avec le développement du ***workfare***, contraction de *work* (travail) et de *welfare state* (État-providence). Contrairement aux années 1930, l'analyse libérale ne demande plus la suppression de l'aide aux chômeurs (allocations chômage et aide sociale), mais elle reste persuadée que cette aide est une incitation à la paresse et à la dépendance alors qu'il conviendrait d'obliger les chômeurs à rechercher un emploi, quel qu'il soit (phénomène de « **trappe à chômage** » ou « trappe à inactivité »). Ainsi, aux États-Unis, puis en Grande-Bretagne avec Tony Blair, les chômeurs doivent travailler en contrepartie de leur allocation. Avec ce principe baptisé *workfare*, ils doivent, par exemple en Grande-Bretagne, accepter le travail qu'on leur propose sous peine de voir leur allocation suspendue. Aux États-Unis, l'allocation est conditionnée par des travaux d'utilité collective. Pour certains économistes, cette politique fait accepter aux chômeurs des « petits boulots » et des faibles salaires, plutôt que de travailler en échange de l'aide sociale conditionnelle.

Trappe à chômage
Situation caractérisée par un niveau d'aide sociale aux chômeurs ou aux inactifs tel que ceux-ci n'ont pas intérêt à accepter un emploi à temps plein payé au salaire minimum (SMIC en France).

Face au risque de « désincitation au travail » lié aux prestations sociales, les autorités décident de « rendre le travail payant » (*making the work pay*) en réduisant le niveau de certaines prestations tandis que sont mis en place des mécanismes d'« intéressement », qui donnent la possibilité de conserver certaines prestations en cas de reprise d'un emploi à bas salaire.

Les mesures ciblées
Des mesures privilégient les catégories les plus en difficulté (jeunes sans qualification, chômeurs de longue durée, travailleurs âgés) en utilisant les baisses de charges ou les aides financières. Compte tenu des contraintes financières, les dispositifs pour les personnes en difficulté, qui sont des emplois subventionnés par l'État, ont été ciblés de manière de plus en plus restrictive (chômeurs de longue durée, titulaires de minima sociaux). À l'automne 2012, face à la dégradation de l'emploi, le gouvernement a décidé de favoriser les contrats aidés avec les **contrats uniques d'insertion (CUI)**, créés en 2008 pour les bénéficiaires des revenus sociaux, les **emplois d'avenir** pour les jeunes sans qualification (novembre 2012) et les **contrats de génération** qui aident les entreprises s'engageant à embaucher un jeune en maintenant au travail un salarié âgé. En 2017 cependant, le gouvernement a souhaité réduire les contrats aidés, jugés trop coûteux et peu efficaces. Ainsi, le CUI a été remplacé par le **Parcours Emploi Compétences (PEC)**, plus exigeant en matière de formation des salariés.

Le Pacte de responsabilité et de solidarité
Lancé en 2014, le **Pacte de responsabilité et de solidarité** est présenté comme un grand « compromis social » dont le cœur est une baisse des charges salariales et du coût du travail de 30 milliards d'euros. En contrepartie de cette baisse du coût du travail, les entreprises doivent s'engager sur de vrais objectifs chiffrés d'embauches mais aussi sur d'autres volets comme la formation, l'insertion des jeunes,

le travail des seniors ou les rémunérations. Les partenaires sociaux (MEDEF, syndicats) sont donc invités à discuter et à négocier ces contreparties. Ce Pacte marque un vrai changement dans les orientations de la politique économique, l'objectif étant de faire confiance aux entreprises pour traduire cette baisse des charges en emplois nouveaux et de leur donner un signal sur l'arrêt des prélèvements nouveaux. Il s'agit donc clairement d'une politique de l'offre qui tourne le dos aux orientations qui prévalaient jusqu'ici de ne pas trop pénaliser la demande des ménages pour ne pas casser tout espoir de reprise économique.

L'allègement des procédures de licenciement

Votée en juillet 2016 après de très nombreuses contestations, la « loi Travail » avait été présentée par la ministre du travail Myriam El Khomri afin d'assouplir de nombreuses règles du Code du travail et de donner plus de place à la négociation collective dans les relations de travail. La loi apporte davantage de souplesse aux entreprises pour adapter le temps de travail, de repos et de congés en tenant compte des variations de l'activité de l'entreprise. Dans ces domaines, les accords négociés au sein de l'entreprise peuvent prévaloir sur les accords de branche, un référendum d'entreprise pouvant même être organisé. La disposition la plus controversée de la « loi Travail » concerne l'assouplissement des règles du licenciement économique qui doit permettre aux entreprises de se séparer plus facilement des salariés dans certaines circonstances (baisse significative des commandes, réorganisation, mutations technologiques). Cette facilité devant à son tour permettre une plus grande facilité à embaucher car l'entreprise ne craint plus de devoir garder des salariés qu'elle n'est plus en mesure de rémunérer. Le raisonnement appuyant cette disposition législative est que le chômage de masse peut également s'expliquer par la difficulté et le coût des opérations de licenciements. La loi El Khomri prévoit ainsi que les entreprises pourront recourir à des licenciements économiques notamment en cas de retournement de la conjoncture (baisse du chiffre d'affaires constatée pendant une période plus ou moins longue, de un mois pour les entreprises de moins de 11 salariés à quatre mois pour celles de plus de 250 salariés). L'impact négatif des mesures de protection de l'emploi sur le chômage fait néanmoins l'objet d'importantes controverses chez les économistes.

La réforme du Code du travail, votée en 2017 avec les ordonnances (qui sont des lois votées plus rapidement par le Parlement), a complété les mesures de la « loi Travail ». Ainsi, les indemnités de licenciement discutées devant le Conseil de prud'hommes, qui est chargé de régler les litiges en cas de licenciement abusif, sont limitées et plafonnées. Par ailleurs, un nouveau mode de licenciement collectif est créé, avec la « rupture conventionnelle collective » qui est un accord signé par les syndicats majoritaires et qui permet de rompre un contrat à durée indéterminée d'un commun accord avec les salariés. Cette procédure, qui s'applique aux salariés volontaires, évite à l'entreprise de devoir mettre en œuvre un plan social de reclassement.

La flexicurité

À la fin des années 1990, la notion de **flexicurité** est apparue, en référence à la situation danoise, pour promouvoir des politiques de l'emploi, voire un modèle social, alliant la flexibilité du marché du travail et la sécurité de l'emploi. Prenant acte de la nécessaire flexibilité de l'emploi ou de l'inévitable développement de son instabilité, certains ont proposé de sécuriser le salarié et non plus l'emploi de ce dernier. Dès lors, la flexicurité combine une réglementation du travail suffisamment flexible pour permettre aux entreprises de s'adapter aux transformations économiques (allègement de la réglementation sur les licenciements ou obligation de mobilité géographique d'un site à l'autre, par exemple qui sont des mesures de **flexibilisation** du travail) et une protection sociale suffisamment sécurisante pour couvrir tous les individus le long de leur parcours professionnel, même lorsqu'ils se retrouvent sans emploi. Cette sécurisation des parcours professionnels consiste à garantir aux individus la continuité de leurs droits sociaux durant les périodes d'interruption de l'emploi. Un service public de l'emploi efficace, permettant le retour à l'emploi, et une formation tout au long de la vie complètent cette « transférabilité » des droits sociaux. La flexicurité conduit ainsi à transférer sur la société et sur les mécanismes de la protection sociale ce que font déjà certaines grandes entreprises (reclassement des salariés par exemple).

L'enrichissement de la croissance en emplois

L'objectif de la politique de l'emploi est de favoriser le **contenu en emplois de la croissance** en augmentant le nombre d'emplois créés pour un taux de croissance donné. On dira qu'il y a une augmentation, ou un enrichissement, du contenu en emplois de la croissance si pour un taux de croissance identique d'une année sur l'autre, le nombre de créations d'emplois augmente. L'économie française a ainsi considérablement enrichi le contenu en emplois de sa croissance. Elle crée désormais des emplois à partir d'un taux de croissance de 1 % alors que durant les années 1980, il fallait une croissance de 2,5 % pour commencer à créer des emplois nouveaux.

Lire aussi » **Exclusion - Revenus - Travail - Question d'actualité 4 p. 36**

Circuit économique

L'activité économique est le résultat d'innombrables opérations effectuées par une multitude d'unités élémentaires (entreprises, ménages, etc.). Comme il est impossible de décrire tous ces mouvements particuliers, on regroupe ces unités élémentaires en grandes catégories afin de schématiser les opérations économiques réalisées.
Le circuit économique désigne une façon simplifiée de présenter l'activité économique. Cette représentation peut se faire de deux manières différentes, en mettant l'accent sur les agents économiques ou sur leurs opérations.

SOMMAIRE

→ Le circuit des agents économiques

→ Le circuit macroéconomique

Le circuit des agents économiques

La construction du circuit se fait, dans un premier temps, avec deux groupes d'agents économiques, les ménages et les entreprises. On suppose donc l'absence d'État et d'institutions de crédit (banques par exemple). En outre, les opérations décrites concernent seulement l'intérieur du territoire national ; l'**économie** est dite alors « **fermée** » aux échanges extérieurs (une **économie** « **ouverte** » caractérise la situation inverse).

Circuit économique

Présentation simplifiée des enchaînements économiques décrivant les grandes opérations réalisées par les agents (production, répartition, consommation).

Économie fermée

Économie qui n'a aucune relation économique avec d'autres économies.

Dans le schéma de la p. 97, les flèches désignent des flux, monétaires (salaires par exemple) ou réels (marchandises par exemple). Les ménages fournissent aux entreprises des facteurs de production (travail, capital) qui vont permettre la production de biens et de services. En échange des services rendus aux entreprises (fourniture de travail et de capitaux), les ménages reçoivent des revenus. Ces revenus sont utilisés sous forme de dépenses pour acheter la production des entreprises. Ce dernier flux entre les entreprises et les ménages décrit alors la livraison des biens et des services achetés.

Une première représentation du circuit

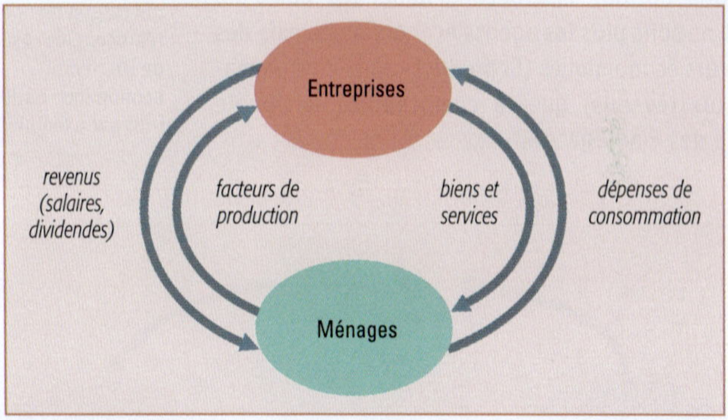

À partir de ce schéma, trois remarques s'imposent.

Tout d'abord, la notion de « circuit » se révèle pertinente pour décrire l'activité économique, même simplifiée. Il s'agit bien d'une sorte de mouvement perpétuel, l'activité des uns se nourrissant de celle des autres. Ce premier type de circuit montre aussi l'interdépendance des activités de production et de consommation dans une économie.

Le schéma permet aussi de décrire toute l'activité de production et de consommation d'une économie. Comme il représente l'ensemble des ménages et des entreprises, les revenus distribués par les entreprises correspondent à la totalité des revenus distribués dans l'économie (le revenu national) tandis que les biens et services produits correspondent à la valeur totale de la production (produit national). Ainsi, les ménages dépensent le revenu national pour acheter le produit national (on suppose qu'ils dépensent la totalité de leurs revenus, l'épargne étant absente de ce schéma simplifié).

Enfin, il est possible de compléter progressivement le circuit en ajoutant successivement des agents économiques (État, institutions de crédit, extérieur) ou des opérations économiques (investissement, épargne, exportations et importations). Cependant, l'ajout de ces éléments est plus intéressant lorsque l'on présente le circuit selon l'optique des opérations économiques.

Le circuit macroéconomique

Le circuit macroéconomique simple

Dans une optique macroéconomique, les pôles du circuit ne sont plus les agents économiques mais des grandeurs économiques (la production, la consommation, les revenus) que la comptabilité nationale appelle des « **agrégats** ».

Agrégats
Grandeurs économiques qui rassemblent et résument les résultats de l'activité économique nationale (PIB par exemple).

Un circuit production/revenus/consommation

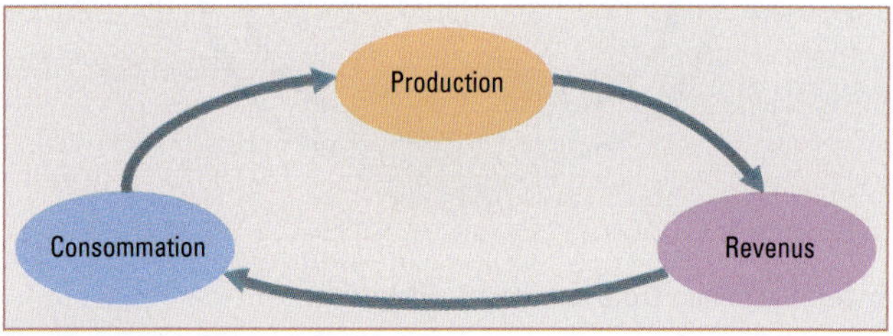

La production de biens et de services par les entreprises permet la distribution de revenus à tous ceux qui ont participé à la production. Plus précisément, toute la production peut être décomposée en revenus perçus par les différents acteurs de l'économie. Ainsi, au niveau de l'économie, la valeur de la production nationale (P) est égale au total des revenus distribués (R).

On a donc P = R

Si tous les revenus distribués sont dépensés sous forme d'achats de biens et de services, on a alors une égalité entre la production totale, les revenus et la consommation (C).

Ainsi, P = C = R

On peut donc obtenir un circuit où les interdépendances entre les agrégats s'expriment de la façon suivante : la production crée des revenus, les revenus permettent la consommation et celle-ci incite les entreprises à produire.

Ce schéma est cependant trop simple pour représenter toute la réalité de l'économie. Les entreprises réalisent des profits et investissent tandis que les ménages ne dépensent pas tout ce qu'ils gagnent.

L'épargne et l'investissement dans le circuit

Dans la réalité économique, la totalité du revenu national n'est pas affectée à la consommation puisqu'une partie de ce revenu est épargnée. L'épargne (E) est ainsi une renonciation à la consommation.

On peut écrire sous une forme arithmétique :

$$E = R - C \quad \text{ou} \quad R = C + E$$

L'épargne peut être le fait de tous les agents économiques, ménages, entreprises et État. Dans le cas des entreprises, qui n'ont pas de consommation finale, l'épargne correspond au revenu disponible, c'est-à-dire à l'autofinancement. L'épargne des ménages peut revêtir trois formes différentes. Elle peut être thésaurisée (lorsque les ménages conservent chez eux de l'or ou des billets par exemple) et ne pas être réinjectée dans le circuit économique ; elle peut être destinée à un investissement (achat de logement) ; elle peut enfin être placée, c'est-à-dire confiée au système financier (placements à la caisse d'épargne, achats d'actions ou d'obligations) qui va lui-même prêter ces fonds.

L'existence d'une épargne thésaurisée dans une économie perturbe le « circuit économique ». En effet, ce circuit fonctionne lorsque tous les revenus distribués par les entreprises à l'occasion de la production reviennent vers les entreprises sous forme d'achats pour cette même production. Ainsi, dans une économie fermée fictive, les entreprises produisent pour 100 millions (d'euros par exemple) de biens et de services et distribuent donc à cette occasion des revenus d'un montant identique. Elles s'attendent donc à ce que tous les agents économiques dépensent cette somme pour acquérir toute la production réalisée. Seulement, si les ménages décident de garder en réserve (**thésaurisation**) une partie de ces revenus, les entreprises ne pourront pas écouler toute leur production. Il y aura surproduction, ce qui entraînera une diminution ultérieure des quantités produites et donc une augmentation du chômage.

> **Thésaurisation**
> Conservation de moyens de paiement (or, billets, pièces) par les ménages, cette épargne ne devant pas être utilisée immédiatement (sous forme de placements par exemple).

On dit ainsi que l'épargne thésaurisée représente une fuite possible dans le circuit. En revanche, l'épargne qui est réintroduite dans l'économie (par l'intermédiaire du système financier par exemple) va être utilisée par un autre agent économique que l'épargnant. Une entreprise va ainsi emprunter et utiliser ces ressources pour accroître ou perfectionner ses équipements. Elle effectue donc une dépense correspondant à l'achat de biens produits.

Il importe de comprendre, à ce stade, que la production et la dépense ne portent pas seulement sur des biens de consommation, mais aussi sur des biens de production (machines, équipements, etc.) achetés par les entreprises. Tous les produits issus du processus de production ont ainsi deux affectations, la consommation (C) ou l'investissement (I).

On obtient ainsi l'égalité $P = C + I$

L'activité économique concernant les ménages et les entreprises dans une économie fermée peut en définitive être représentée par les égalités suivantes :

$P = R$

$P = C + I \qquad C + I = C + E \rightarrow I = E$

$R = C + E$

P représente la production totale, c'est-à-dire l'ensemble des biens et des services produits par les entreprises et proposés à la vente. P représente l'offre globale sur le marché des biens et services.

Si cette offre globale est entièrement achetée par les ménages (consommation) et les entreprises (investissements), il y a alors équilibre sur le marché des biens et des services, l'offre étant égale à la demande. Les égalités développées ci-dessus montrent alors qu'un équilibre entre l'offre et la demande globales correspond à une égalité entre l'épargne et l'investissement. Toute l'épargne des ménages est destinée à financer l'achat d'équipements (absence de thésaurisation). Le rôle de l'épargne dans une économie est ainsi précisé.

Que se passe-t-il, en revanche, lorsque l'offre globale n'est pas entièrement achetée ? Si la demande globale est inférieure à l'offre, ce qui correspond à une situation dans laquelle tous les revenus des ménages et des entreprises ne sont pas dépensés, on observera un déséquilibre sur le **marché des biens et des services**. La production vendue réellement sera par exemple P', avec P' inférieur à P. Les égalités se transforment donc :

$P = R \qquad P' < R$

$P' = C + I \rightarrow \qquad \rightarrow I < E$

$R = C + E$

$P' < P \qquad C + I < C + E$

Marché des biens et services

Rencontre de l'offre globale de biens et services (biens de consommation, biens de production, services non financiers) et de la demande globale (dépense totale des ajouts économiques sous forme de consommation ou d'investissement).

Commerce extérieur

Le commerce extérieur d'une nation désigne généralement l'ensemble des échanges de biens et de services entre cette nation et les autres pays. La balance des paiements retient une conception plus étroite du commerce extérieur (échanges de marchandises).

SOMMAIRE
- Les instruments d'analyse du commerce extérieur
- Compétitivité et spécialisation
- La contrainte extérieure

Les instruments d'analyse du commerce extérieur

Le solde commercial

Le solde commercial est la différence entre les exportations (ventes de produits nationaux à l'étranger) et les importations (achats de produits étrangers) de marchandises. Le solde est calculé en valeur, c'est-à-dire en euros.

Solde commercial = exportations – importations

On peut le calculer pour l'ensemble d'une économie, pour un secteur (l'industrie par exemple) ou pour une zone géographique (le solde franco-allemand est calculé avec les exportations françaises en Allemagne et les importations de produits allemands en France). On dira qu'il y a un déficit commercial si le solde est négatif (importations supérieures aux exportations) et un excédent s'il est positif (exportations supérieures aux importations). Si le solde est égal à 0, le commerce extérieur est en équilibre (équilibre commercial).

Commerce extérieur
Au sens strict, échanges de marchandises (biens matériels) entre un pays et le reste du monde. Au sens large, échanges des biens et des services.

Solde commercial
Différence entre les exportations et les importations de marchandises.

106

Le titre de l'article thématique (notion essentielle) suivi d'une présentation

Les formules importantes

Dans le lexique :
- les définitions essentielles

Commerce équitable > 188

Commerce extérieur
Au sens strict, échanges de marchandises entre un pays et le reste du monde. Au sens large, échanges des biens et des services.
POUR ALLER PLUS LOIN > 53, 106

Commerce inter-branches > 347

- les auteurs, les notions, les termes

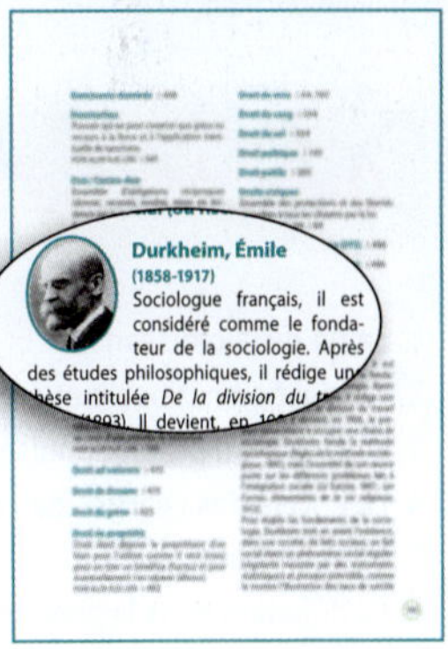

Durkheim, Émile
(1858-1917)
Sociologue français, il est considéré comme le fondateur de la sociologie. Après des études philosophiques, il rédige une thèse intitulée *De la division du t*[…] (1893). Il devient, en 1[…]

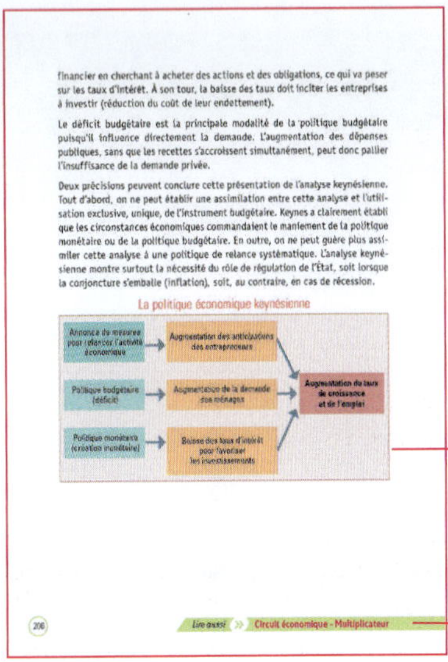

financier en cherchant à acheter des actions et des obligations, ce qui va peser sur les taux d'intérêt. À son tour, la baisse des taux doit inciter les entreprises à investir (réduction du coût de leur endettement).

Le déficit budgétaire est la principale modalité de la politique budgétaire puisqu'il influence directement la demande. L'augmentation des dépenses publiques, sans que les recettes s'accroissent simultanément, peut donc pallier l'insuffisance de la demande privée.

Deux précisions peuvent conclure cette présentation de l'analyse keynésienne. Tout d'abord, on ne peut établir une assimilation entre cette analyse et l'utilisation exclusive, unique, de l'instrument budgétaire. Keynes a clairement établi que les circonstances économiques commandaient le maniement de la politique monétaire ou de la politique budgétaire. En outre, on ne peut guère plus assimiler cette analyse à une politique de relance systématique. L'analyse keynésienne montre surtout la nécessité du rôle de régulation de l'État, soit lorsque la conjoncture s'emballe (inflation), soit, au contraire, en cas de récession.

La politique économique keynésienne

200

Lire aussi » Circuit économique - Multiplicateur

Des schémas, des exemples concrets

En fin d'article, des renvois à d'autres articles du dictionnaire et aux questions d'actualité

SOMMAIRE

Mémo BAC

- Quels sont les sources et les défis de la croissance économique ? 8
- Quels sont les fondements du commerce international et de l'internationalisation de la production ? 10
- Comment lutter contre le chômage ? 12
- Comment expliquer les crises financières et réguler le système financier ? 14
- Quelles politiques économiques dans le cadre européen ? 16
- Comment la société française actuelle est-elle structurée ? 18
- Quelle est l'action de l'école sur les destins individuels et sur l'évolution de la société ? 20
- Quels sont les caractéristiques contemporaines et les facteurs de la mobilité sociale ? 22
- Quelles mutations du travail et de l'emploi ? 24
- Comment expliquer l'engagement politique dans les sociétés démocratiques ? 26
- Quelles inégalités sont compatibles avec les différentes conceptions de la justice sociale ? 28
- Quelle action publique pour l'environnement ? 30

Questions d'actualité

1. La fin de la croissance ? 33
2. Production nationale et échanges internationaux 34
3. Le retour du protectionnisme 35
4. La baisse des charges des entreprises et l'emploi 36
5. La fin de l'inflation ? 37
6. La déflation dans la zone euro 38
7. La BCE, la déflation et l'inflation 39
8. La désindustrialisation 40
9. Les délocalisations 41
10. Les pays émergents face aux pays développés 42
11. Le Brexit 43
12. Les Communs 44
13. Les classes moyennes en crise ? 45

14. Les politiques de discrimination positive 46
15. Démocratie et République 47
16. Laïcité et République 48
17. La mixité sociale 49
18. Le déclassement social 50

Articles thématiques

Balance des paiements 52
Bilan 60
Bourse 62
Budget 68

Capital 72
Capitalisme 76
Change 79
Chômage 86
Circuit économique 96
Citoyenneté 103
Commerce extérieur 106
Comptabilité nationale 112
Consommation 118
Contrôle social 126
Coût 132
Crise 138
Crise financière, crise économique et crise de la dette souveraine 145
Croissance 160
Culture 166

Démocratie 175
Développement 181

École 190
Économie 198
Économie keynésienne 201
Économie néoclassique 207
Égalité et inégalités 214
Engagement politique 222
Entreprise 229
Environnement 236
Épargne 243
État 248
État dans l'économie 252
Euro 260
Exclusion 268

Famille 272
Financement de l'économie 276

Impôts 280
Inflation 286
Intérêt 292
Investissement 296

Libéralisme 303
Libre-échange 307

Marché 318
Marxisme 333
Mobilité sociale 338
Mondialisation 345
Monnaie 354
Multiplicateur 363

Nation 366

Opinion publique 370

Patrimoine 380
Politique 383
Politique budgétaire 388
Politique de change 396
Politique économique 402
Politique monétaire 408
Population 417
Population active 423
Prélèvements obligatoires 426
Production 428
Productivité 434
Profit 441
Protection sociale 444
Protectionnisme 454

Relations professionnelles 457
Réseaux sociaux 462
Revenus 466

Service public 475
Société 481
Sociologie 484
Stratification sociale 495
Système financier international 503
Système monétaire international 512

Théories de l'entreprise 520
Théorie du consommateur et du producteur 525
Travail 531

Union européenne 539

Valeur ajoutée 551
Valeurs mobilières 556
Vote 561

Annexes

- Chronologie 568
- Outils statistiques 582
  - Accroissement 582
  - Élasticité 586
  - Indices 587
  - Moyennes 589
  - Pourcentages 592
  - Représentations graphiques 594
  - Stocks 599
- Principales lois et effets économiques 600
- Repères statistiques 605
- Lexique anglais-français 620

Lexique de A à Z

Lexique de A à Z 623

MEMO
BAC

MEMO BAC

Schéma interactif
hatier-clic.fr/20dicoses001

Quels sont les sources et les défis de la croissance économique ?

NOTIONS ESSENTIELLES

Capital : p. 72
Combinaison productive : p. 430
Croissance : p. 160
Croissance endogène : p. 165
Destruction créatrice : p. 142
Innovation : p. 440
PIB : p. 113
Productivité : p. 434
Progrès technique : p. 440
Soutenabilité : p. 152

→ **La croissance économique est l'accroissement durable de la production globale d'une économie.** Elle est mesurée par le taux de croissance du **PIB** ou du PIB par habitant. La croissance économique a deux moteurs : la hausse des facteurs de production que sont le travail et le capital d'une part, et la hausse de leur efficacité combinée, mesurée avec les notions de **productivité** et de productivité globale des facteurs (PGF), d'autre part. Le facteur « travail » correspond aux ressources en main-d'œuvre travaillant dans les unités de production. Il est lié au niveau de la population d'un pays et se mesure en nombre de travailleurs occupés ou en nombre d'heures travaillées. Le **capital** correspond à l'ensemble des biens qui sont utilisés plusieurs fois au cours de la production (machines, locaux, etc.). Ce capital technique, ces moyens de production, sont acquis par l'entreprise grâce à l'investissement. Dans l'entreprise, la hausse de la production peut provenir uniquement de la hausse des facteurs de production. Mais elle peut également résulter d'une amélioration de leur utilisation, avec les gains de productivité. Il peut s'agir de la productivité du travail ou du capital, mais également de la meilleure **combinaison** entre le capital ou le travail, appelée productivité globale des facteurs (PGF). L'économiste américain Robert Solow (1956) a montré que la hausse des quantités de travail et de capital ne suffisait pas à expliquer la croissance économique et qu'il existait un « résidu » dont l'explication se trouvait dans la hausse de la productivité globale des facteurs permise par le progrès technique. Grâce à l'accumulation du capital principalement (investissements dans de nouvelles machines plus performantes, par exemple), les productivités s'accroissent, mais ce sont bien les **innovations** et les **progrès techniques** qui permettent cette hausse.

→ **Le progrès technique est donc une des sources essentielles de la croissance économique** lorsqu'il est incorporé aux nouveaux investissements des entreprises (robots par exemple). Mais la théorie traditionnelle ne peut pas expliquer pourquoi le « résidu » est parfois important alors que les rendements du capital sont décroissants. Il revient à l'économiste américain Paul Romer (années 1980) d'avoir mis en évidence les facteurs **endogènes** (internes) de la croissance permettant d'expliquer les mécanismes en jeu dans le rôle du progrès technique. Ainsi, la recherche et développement conduisant aux innovations comme l'élévation du niveau des connaissances qui accroît le « capital humain » ou encore le financement des infrastructures et des services publics, sont autant d'externalités positives qui alimentent la dynamique de la croissance.

CHIFFRES CLÉS

Taux de croissance moyen annuel en France
- 1949 - 1974 : 5,3 %
- 1974 - 2007 : 2,2 %
- 2009 : – 2,9 %

Taux de croissance moyen annuel de la PGF en France
- 1976 - 1982 : 2 %

→ **Les théories du développement économique** (à ne pas confondre avec la croissance) **mettent en évidence l'importance des « institutions »** pour garantir la stabilité politique, mais également la sécurité juridique des contrats passés entre agents économiques (confiance, respect des contrats, protection des consommateurs et des créateurs, concurrence, etc.). Ainsi, l'État joue un rôle central pour le développement et donc la croissance. Dans le domaine de l'innovation, cela s'illustre par l'existence des droits de propriété et des brevets qui garantissent à l'entrepreneur les profits résultant de son innovation. Dans le grand processus de « **destruction créatrice** » présenté par Joseph Schumpeter (1942), le renouvellement permanent des innovations de toutes sortes repose sur les incitations à innover et à investir.

→ **Le progrès technique peut engendrer des inégalités de revenus.** À la différence de la période des Trente Glorieuses qui associait harmonieusement en France croissance élevée, progrès technique et réduction des inégalités, les dernières décennies se caractérisent plutôt par une relation inverse entre progrès et réduction des inégalités. La révolution numérique, mais aussi le développement des robots dans tous les secteurs conduisent à une polarisation des emplois aux deux extrémités de l'échelle des qualifications et donc à une accentuation des inégalités de salaires, d'autant que les plus hauts salaires continuent de s'accroître tandis que les salaires les plus faibles stagnent.

→ **Une croissance économique durable se heurte à des limites écologiques.** Le modèle de croissance qui a prévalu jusqu'aux années 1970 a montré depuis ses limites, qu'il s'agisse de l'épuisement progressif des ressources naturelles, du développement de la pollution et des effets nombreux et néfastes du réchauffement climatique. La notion de « développement durable » a alors émergé afin de lier fortement le développement et la croissance économique et le maintien des équilibres écologiques. La nécessité d'œuvrer en faveur d'une **soutenabilité** de la croissance a été ainsi mise en avant avec l'idée de répondre aux besoins du présent sans compromettre la capacité des générations futures à répondre à leurs propres besoins. Les innovations dans les domaines des transports, de l'énergie ou du développement urbain devraient contribuer à concilier croissance et soutenabilité (« croissance verte »). C'est l'une des pistes envisagées pour une relance européenne des investissements. ■

Quiz de révision
hatier-clic.fr/20dicoses002

MEMO BAC

Schéma interactif
hatier-clic.fr/20dicoses003

Quels sont les fondements du commerce international et de l'internationalisation de la production ?

NOTIONS ESSENTIELLES

Chaîne de valeur : p. 311
Compétitivité : p. 108
Différenciation : p. 347
Libre-échange : p. 307
Mondialisation : p. 346
Protectionnisme : p. 35, 454
Spécialisation : p. 110
Théorie de l'avantage comparatif : p. 309

→ **A. Smith et, à sa suite, D. Ricardo, sont les premiers grands théoriciens du libre-échange.** Formulée en 1776 par Adam Smith, la théorie de l'avantage absolu montre qu'un pays doit se spécialiser dans les productions qu'il peut obtenir à moindre coût par rapport aux autres pays. Il revient à David Ricardo (1827) de démontrer qu'aucun pays n'est exclu de l'échange international et de ses bienfaits puisque, même s'il est moins bien placé que d'autres pays pour tous les biens, il doit se spécialiser dans la production des biens pour laquelle son désavantage est le moins grand. C'est la **théorie des avantages comparatifs**. Poursuivant ces analyses, trois économistes, dont l'américain Paul Samuelson, ont cherché à expliquer les différences de coûts comparatifs entre les pays. Selon eux, chaque pays doit se spécialiser dans la production des biens et des services qui utilise les facteurs de production (travail, capital technique, terres) dont il dispose en abondance et importer les biens et services produits avec des facteurs qu'il possède en moindre quantité (théorème dit HOS du nom de ces économistes). Ce sont donc les dotations factorielles de chacun des pays qui expliquent leur spécialisation dans les échanges internationaux.

→ **La théorie des dotations factorielles, très pertinente pour expliquer la spécialisation des pays et leurs échanges** au XIXe siècle et durant la première moitié du XXe siècle, ne permet pas de comprendre pourquoi les échanges se sont beaucoup développés ensuite entre des pays semblables (les pays industrialisés), disposant des mêmes quantités de facteurs de production. Entre ces pays, les entreprises, notamment les firmes multinationales, échangent des produits entre leurs filiales, à des prix qu'elles fixent elles-mêmes, sans rapport avec les prix du marché. Mais ce sont surtout les échanges de produits similaires (automobiles par exemple) entre ces pays qui remettent en question la théorie des dotations factorielles. Il convient donc de s'intéresser plutôt au rôle que joue la demande, les consommateurs souhaitant acheter des produits semblables mais pas identiques, se différenciant par leurs caractéristiques. La **différenciation** des produits, dans laquelle interviennent aussi la qualité, les innovations, le marketing, explique le développement des échanges entre pays comparables.

CHIFFRES CLÉS

■ Parts de marché mondial des exportations

	1990	2018
Allemagne	12 %	8,2 %
Chine	2 %	13 %
États-Unis	11,5 %	8,7 %
France	6,2 %	3 % 8e place

→ **Le commerce extérieur d'un pays comme les échanges internationaux reposent sur la notion de compétitivité des biens et des services produits et échangés**, c'est-à-dire leur capacité à être plus attractifs que ceux de leurs concurrents. La compétitivité dépend des prix, eux-mêmes fonctions de plusieurs variables (les coûts, les taux de change, les marges des exportateurs), mais également d'éléments hors-prix que l'on nomme compétitivité structurelle. Néanmoins, à l'échelle d'une nation, les résultats de son commerce extérieur résultent du choix de ses **spécialisations**, qui elles-mêmes sont fortement liées à la productivité respective des différents secteurs.

→ **Un nouveau phénomène avec l'internationalisation de la chaîne de valeur est apparu depuis quelques décennies.** Il a été amené par l'essor des firmes multinationales et des investissements directs entre les pays, le développement des échanges intra-firmes et, surtout, la très forte croissance des échanges internationaux. Ainsi, pour toutes les grandes entreprises, l'ensemble des activités de production sont fractionnées entre différents pays, chacun produisant une partie du produit commercialisé. La valeur totale de ce produit est la somme de toutes les valeurs ajoutées dans chacun des pays participant à la production. Les stratégies de délocalisations et, aujourd'hui de relocalisations, des segments de la production participent à cette internationalisation de la chaîne de valeur.

→ **Le formidable développement du libre-échange sous l'égide du GATT puis de l'OMC**, avec la baisse des droits de douane et la diminution des barrières non tarifaires, s'est accompagné d'un ensemble de phénomènes qui ont profondément transformé les économies et les sociétés. Du côté des effets positifs, on peut noter la diminution des inégalités mondiales entre les pays ainsi que la baisse des coûts de production, et donc des prix, dans les pays développés, ces deux effets étant dus principalement à l'émergence de la Chine comme première puissance commerciale mondiale. Du côté des effets négatifs, il faut relever la dégradation de la situation de l'emploi industriel dans les pays développés et l'augmentation des inégalités de revenus au sein de chaque pays. Ce sont ces conséquences négatives de la **mondialisation** qui amènent de nombreux pays à envisager des mesures **protectionnistes**. Toutefois, la segmentation de la chaîne de valeur entre de nombreux pays fait que les exportations sont de plus en plus dépendantes des importations de biens et de services nécessaires à leur production. ■

Quiz de révision
hatier-clic.fr/20dicoses004

MEMO BAC

Schéma interactif
hatier-clic.fr/20dicoses005

Comment lutter contre le chômage ?

NOTIONS ESSENTIELLES

Chômage : p. 86
Chômage classique : p. 91
Chômage keynésien : p. 90
Salaire d'efficience : p. 474
Taux d'emploi : p. 424

→ **La définition du chômage a été établie par le Bureau international du travail (BIT) afin de pouvoir faire des comparaisons internationales**. Il correspond à trois critères qui doivent être remplis simultanément : être sans aucun travail, même ponctuel, être disponible immédiatement pour travailler et rechercher activement un emploi. L'Insee mesure ainsi chaque mois le nombre de chômeurs et calcule le taux de chômage en rapportant ce nombre à l'ensemble de la population active (composée des personnes exerçant une activité professionnelle rémunérée et des chômeurs). L'Insee cherche également à mesurer un autre phénomène qui est le sous-emploi car il se trouve des personnes disposant d'un emploi mais qui travaillent un nombre d'heures moins important que ce qu'elles souhaiteraient (temps partiel imposé par exemple). Ces personnes ne sont pas comptabilisées comme étant au chômage, mais leur situation correspond néanmoins à un chômage déguisé. Une situation similaire se produit lorsque des personnes, souhaitant travailler, se retirent volontairement du marché du travail devant l'absence de réelle perspective d'emploi. Un indicateur permettant de mesurer cette situation est donné par l'évolution du **taux d'emploi** qui est le rapport entre la population active occupée et l'ensemble de la population en âge de travailler (exemple de la baisse du taux d'emploi des plus de 50 ans).

→ **Les économistes distinguent le chômage conjoncturel qui résulte d'un ralentissement de l'activité économique, et le chômage structurel lié à des déséquilibres structurels de l'économie**, cette distinction étant importante pour conduire la politique de lutte contre le chômage. Difficile à mesurer, le chômage structurel ne diminue pas lorsque l'on cherche seulement à relancer l'activité économique ; il n'est pas sensible aux fluctuations de l'activité. Il correspond donc à une inadéquation entre l'offre et la demande de travail. Une de ses composantes est le chômage « frictionnel », correspondant aux délais nécessaires entre les départs et les embauches. Les déséquilibres géographiques ou de niveaux de qualification expliquent également que l'offre et la demande de travail ne parviennent pas à s'ajuster à court et moyen termes. Des asymétries d'information peuvent aussi conduire à du chômage structurel comme le montre la théorie du **salaire d'efficience** selon laquelle les entreprises, qui ne peuvent pas toujours observer et mesurer la productivité du travail de leurs salariés, n'ont pas intérêt à réduire les salaires réels pour ne pas décourager les employés. Comme le niveau de salaire est au-dessus du salaire d'équilibre entre l'offre et la demande, une partie des personnes volontaires pour travailler au salaire d'équilibre du marché sont ainsi structurellement privées d'emploi. Les spécificités du marché du travail dans un pays ont aussi un impact sur le chômage structurel comme le montre l'existence d'une dualité du marché du travail entre les « insiders », salariés en contrat à durée déterminée, qui peuvent obtenir des hausses de salaire ou le maintien de leur emploi, et les « outsiders » (chômeurs, contrats courts ou à temps partiels) qui sont moins bien protégés et moins bien formés.

→ **La distinction entre chômage conjoncturel et chômage structurel correspond dans une certaine mesure à une distinction théorique :** celle entre le **chômage keynésien** (demande insuffisante qui n'incite pas les entreprises à investir, à accroître leurs capacités de production et donc à embaucher) et le **chômage classique** (les entreprises n'augmentent pas leur offre car leurs profits sont insuffisants ou les coûts du travail trop élevés). Le lien entre le ralentissement de l'activité et le chômage n'est pourtant pas toujours automatique car les entreprises, dans l'attente d'une reprise future, préfèrent garder des personnes bien formées plutôt que de pratiquer des licenciements suivis d'embauche. Dans ce cas (et les mécanismes jouent aussi en sens inverse), la productivité baisse temporairement. Enfin, un chômage conjoncturel prolongé tend à devenir structurel du fait de l'affaiblissement des compétences des chômeurs de longue durée qui deviennent difficilement employables.

→ **Face à une situation de chômage conjoncturel, les politiques mises en œuvre seront plutôt macroéconomiques**. Elles cherchent à soutenir la demande globale. Mais si le diagnostic penche du côté d'un chômage de nature structurelle, les actions viseront davantage à favoriser l'ajustement entre l'offre et la demande de travail (formations, mobilité des personnes), à réduire les rigidités du marché du travail (pour rendre le licenciement plus rapide et moins coûteux par exemple) et à baisser le coût du travail pour accroître la compétitivité des entreprises. ■

CHIFFRES CLÉS

Taux de chômage
- 2008 : 7,2 %
- 2012 : 9,5 %
- 2016 : 10,5 %
- 2019 : 8,5 %

Part des contrats à durée déterminée (CDD) dans les embauches
- 2007 : 77 %
- 2018 : 87 %

Part des CDD dans l'ensemble de l'emploi salarié : 12,3 %

Emplois CDD et CDI créés en 2019 : 260 000

Quiz de révision
hatier-clic.fr/20dicoses006

Schéma interactif
hatier-clic.fr/20dicoses007

Comment expliquer les crises financières et réguler le système financier ?

NOTIONS ESSENTIELLES

Aléa moral : p. 509
Bulle spéculative : p. 507
Crise : p. 138
Crise financière : p. 145
Effet de richesse : p. 603
Prophétie autoréalisatrice : p. 507
Système financier international : p. 503

→ **La crise du début des années 1930 a été déclenchée par le krach boursier d'octobre 1929**, lui-même suivi de faillites bancaires puis d'un enchaînement de dévaluations compétitives des monnaies des principales puissances économiques, après celle de la livre sterling britannique. Aucun pays n'a donc pu accroître ses exportations et des mesures protectionnistes se sont alors multipliées. Les effets de ces stratégies non coopératives ont été une baisse importante de la production (taux de croissance négatif), une chute des prix des produits (déflation) et des salaires et une forte hausse du chômage. La crise de 2008 a également été déclenchée par une crise financière et bancaire (crise des « subprimes », faillite de la seule banque Lehman Brothers, krach financier), mais a pu être stoppée très rapidement grâce à une action coordonnée et volontariste des banques centrales et des autorités monétaires des grands pays. Certes, la croissance a baissé, mais elle n'a été négative qu'une seule année en France (2009) et le chômage, déjà élevé, n'a pas connu de très forte hausse comme lors de la crise de 1929 (rôle de la protection sociale comme filet de sécurité). Il n'y a pas eu de dévaluations compétitives, ni de guerres commerciales ou de mesures protectionnistes (hausse des droits de douane) et la croissance des échanges mondiaux n'a guère ralenti.

→ **La mondialisation financière résulte d'un ensemble d'évolutions récentes** (excès d'épargne mondiale, innovations financières et techniques, déréglementations, etc.). Elle s'est accompagnée d'un développement des opérations spéculatives sur les différents marchés financiers (bourse des actions, nouveaux produits financiers, monnaies). Un excès de spéculation conduit à la formation de « bulles spéculatives » lorsque les cours et les prix de ces actifs financiers s'envolent, sans lien avec la réalité économique. Les bulles spéculatives sont le résultat des comportements mimétiques des investisseurs et acteurs de la finance car il vaut mieux imiter les choix de ses concurrents plutôt que de prendre, seul, le risque de pertes financières. Ces comportements mimétiques conduisent aussi à des anticipations (sur les cours et les prix des titres) et des décisions d'investissements sur les marchés financiers qui provoquent d'elles-mêmes le phénomène qui était seulement anticipé (**prophéties autoréalisatrices**).

→ **Lors d'un krach boursier ou d'une importante faillite bancaire, les déposants se ruent auprès de leur banque pour retirer de l'argent (« run »).** Ce phénomène provoque une panique bancaire et amplifie la crise financière et les difficultés, voire les faillites des banques. Ce risque de panique des déposants et clients des banques est moins important qu'autrefois, mais la propagation d'une crise financière a plus d'impact qu'autrefois compte tenu des liens d'interdépendance qui se sont développés entre les banques et les différents marchés financiers. L'instabilité financière s'est accrue depuis deux décennies et la faillite d'une banque peut provoquer des réactions en chaîne qui s'étendent à de nombreux pays (on parle alors de « crise systémique »).

CHIFFRES CLÉS

2018
Les **échanges de devises** représentent plus de 50 fois les devises nécessaires au commerce mondial des biens et services

2019
- 1 à 3 millions d'**ordres** sont passés chaque minute sur les marchés boursiers
- 50 % des **échanges commerciaux mondiaux** s'effectuent en dollars
- 60 % des **réserves de change** des banques centrales sont en dollars (20 % en euros)

→ **Une crise financière a donc des effets sur l'ensemble de la chaîne des établissements et des marchés financiers**, mais elle a également des conséquences sur l'économie réelle, ce qui alimente en retour la crise financière. Comme les activités financières et la spéculation reposent sur des emprunts que font les spéculateurs, en cas de retournement de la situation et de baisse des cours et des prix des actifs financiers, ils sont dans l'obligation de vendre leurs actifs pour rembourser leurs emprunts (alors qu'ils espéraient une hausse des cours et des prix, et donc un bénéfice une fois leurs emprunts remboursés). C'est un **effet de richesse** qui joue donc négativement. Les banques sont dans la même situation et, en cas de crise financière, elles doivent restreindre leur activité et réduire le montant des crédits accordés à l'économie (contraction des crédits ou « crédit crunch »), d'autant qu'elles redoutent les défauts de paiement de leurs clients.

→ **Les autorités monétaires (banques centrales) de tous les grands pays ont dû se mettre d'accord pour intervenir sur les marchés des produits financiers** afin de maîtriser les marchés financiers et éviter les crises financières, alors que, jusqu'ici, leur rôle ne concernait que les échanges de monnaies. Elles ont injecté des liquidités et sauvé des banques de la faillite, mais en contrepartie, elles ont mis en place une surveillance et un contrôle des plus grandes banques, celles qui, du fait de leur taille, sont susceptibles de déstabiliser le **système financier international** en cas de difficulté ou de faillite. Les banques centrales ont également cherché à limiter l'effet de l'**aléa moral** selon lequel les institutions bancaires prennent davantage de risques en pariant sur une aide automatique des banques centrales (mise en place de réglementation « prudentielle » avec des ratios de solvabilité plus élevés). ■

Quiz de révision
hatier-clic.fr/20dicoses008

MEMO BAC

Schéma interactif
hatier-clic.fr/20dicoses009

Quelles politiques économiques dans le cadre européen ?

NOTIONS ESSENTIELLES

Euro : p. 260
Marché unique : p. 540
Policy mix **:** p. 406
Politique budgétaire : p. 388
Politique économique : p. 402
Politique monétaire : p. 408
Union européenne : p. 539

→ **L'intégration économique européenne désigne le rapprochement progressif des économies des pays qui décident de s'associer pour mener des politiques communes**. L'union douanière, qui en est le premier degré, correspond à une politique tarifaire commune face aux autres économies et à l'absence de droits de douane entre les pays membres. Le marché commun puis le **marché unique** désignent une zone économique où les marchandises, les services, les personnes et les capitaux circulent librement. Enfin, l'Union économique et monétaire se traduit par l'existence de **politiques économiques** communes et d'une monnaie unique, l'**euro**, entre les pays membres, émise par la Banque centrale européenne (BCE). L'Union économique et monétaire ne recouvre donc pas entièrement l'Union européenne car certains pays ne font pas partie de la zone euro. En conséquence, les politiques macroéconomiques communes (**politique monétaire** et politique de change) ne concernent que les pays membres de la zone euro. Mais les autres politiques (politique agricole, politique de la concurrence, politique régionale) s'appliquent à tous les pays de l'**Union européenne**. La création d'un marché unique a eu un impact sur la croissance des pays membres avec l'élimination des derniers obstacles à la libre circulation des marchandises et le développement de la libre circulation des personnes, des capitaux et des services. Cela permet la constitution d'un grand marché de plusieurs centaines de millions de consommateurs, dans lequel la concurrence permet de contenir la hausse des prix et d'accroître la compétitivité des entreprises et où les économies d'échelle favorisent les gains de productivité.

→ **La politique de la concurrence est un volet essentiel pour bénéficier des avantages apportés par le marché unique** car elle vise à préserver et à stimuler la concurrence entre toutes les entreprises des pays membres. Selon la théorie néoclassique, une concurrence libre, sans entrave et loyale, est la condition pour la croissance économique. C'est une compétence exclusive de la Commission européenne qui lui a été déléguée par les États membres. La Commission surveille donc les marchés, donne son accord pour les opérations de concentration ou de fusion entre les entreprises importantes, vérifie que les États n'aident pas leurs entreprises en faussant la concurrence et décide de lourdes sanctions financières en cas d'abus de position dominante, d'entente ou de monopole. Certaines de ces actions sont toutefois contestées, notamment lorsque la Commission refuse des opérations de fusion visant à créer un « champion européen », à même de lutter efficacement contre les autres entreprises mondiales.

CHIFFRES CLÉS

■ 2019
- **Taux d'intérêt à court terme de la BCE :** 0 %
- **Budget de l'UE :** 150 milliards d'euros = 1 % des PIB des pays membres (15 300 milliards d'euros)
- **Budget de la France :** 330 milliards d'euros pour les dépenses publiques

→ **Les politiques budgétaires et monétaires sont deux politiques économiques dont les effets agissent globalement et rapidement sur l'activité économique** (politique conjoncturelle) par l'intermédiaire de leur action sur les composantes de la demande (consommation des ménages, investissements des entreprises, dépenses de l'État). Grâce aux instruments qui leur sont propres, elles peuvent contribuer à soutenir et à développer la croissance (exemple des politiques de relance) ou bien à lutter contre des déséquilibres (déficit public, endettement public, déficit extérieur, inflation). On désigne alors avec le terme de ***policy mix*** la meilleure combinaison de ces deux politiques (et donc de leurs instruments spécifiques) en fonction des objectifs recherchés par les responsables politiques. Les deux politiques peuvent ainsi jouer dans le même sens (baisse des taux d'intérêt et augmentation du déficit budgétaire pour stimuler la croissance) ou bien en sens inverse comme le montre la situation européenne vers la fin des années 2010 où une politique monétaire favorable à la croissance s'accompagne de nombreuses politiques budgétaires restrictives qui contribuent à réduire la demande.

→ **La situation dans la zone euro présente une particularité issue des différentes négociations pour l'intégration européenne :** si la politique monétaire est unique et sous la responsabilité de la BCE, la politique budgétaire relève de chaque État. Il n'y a pas de politique budgétaire européenne car le budget de l'Europe est très faible et il doit toujours être à l'équilibre. Dès lors, les politiques menées par la BCE et les États peuvent ne pas être en phase, voire être contradictoires. Deux grands pays peuvent aussi mener des politiques budgétaires opposées. En outre, l'unicité de la politique monétaire ne permet pas de répondre aux chocs asymétriques qui désignent un événement ou une situation ayant un impact macroéconomique dans un seul pays ou touchant les pays avec une intensité variable. Pour réduire ces risques et créer une certaine forme de coordination obligée, les pays de la zone euro ont décidé de créer des mécanismes contraignants pour leurs politiques budgétaires qui doivent respecter des limitations très strictes concernant leur déficit public (Pacte de stabilité et de croissance, Traité sur la stabilité). ■

Quiz de révision
hatier-clic.fr/20dicoses010

Schéma interactif
hatier-clic.fr/20dicoses011

Comment la société française actuelle est-elle structurée ?

NOTIONS ESSENTIELLES

Classes sociales : p. 497
Fractures sociales : p. 502
Population active : p. 423
Professions et catégories socioprofessionnelles (PCS) : p. 500
Stratification sociale : p. 495
Théorie marxiste des classes sociales : p. 497

→ **Toute société est composée de groupes d'individus qui se ressemblent, par leur niveau de vie, leurs activités économiques ou sociales, leurs comportements, leurs valeurs**. On parle de groupes sociaux car ils sont relativement stables et permettent de regrouper tous les individus d'une société afin de l'observer et de l'analyser (chaque personne fait partie d'un seul groupe social). Ces groupes construits par le sociologue sont également hiérarchisés entre eux : certains sont plus valorisés socialement que d'autres, ils forment ainsi une certaine stratification de la société. La société regroupe des individus égaux en droits, mais cette égalité demeure formelle et des hiérarchies se créent entre eux. La **stratification sociale** est aussi une construction intellectuelle établie pour l'analyse de la société. On peut imaginer de nombreuses stratifications, selon le niveau de diplôme par exemple ou bien l'âge ou encore le lieu d'habitation. Certaines de ces stratifications possibles s'accompagnent de hiérarchies entre les groupes (selon les diplômes par exemple). Pour comprendre la société et ses évolutions, l'Insee a créé au début des années 1950 une « nomenclature » avec le code des « catégories socioprofessionnelles (CSP) » devenue aujourd'hui les **Professions et catégories socioprofessionnelles (PCS)**. Malgré ses limites, cette stratification demeure la base de toute analyse de la société car elle fournit les données nécessaires, notamment pour illustrer et vérifier les nombreuses catégorisations sociales qui ont été proposées par ailleurs (classes sociales, classes de prestige, etc.).

→ **Les catégories proposées dans une stratification sociale reposent toujours dans un premier temps sur la structure socioprofessionnelle de la société**, c'est-à-dire la répartition de la **population active** en emplois, professions et activités. L'évolution de cette structure socioprofessionnelle est également déterminante pour analyser et expliquer un certain nombre de phénomènes sociaux comme par exemple la mobilité sociale, les transformations urbaines, les inégalités, etc. En France, depuis le milieu du XXe siècle, cette structure socioprofessionnelle s'est profondément transformée : forte diminution du nombre d'agriculteurs, augmentation importante des emplois administratifs et de cadres (phénomène de tertiarisation, par référence aux trois secteurs d'activités que sont le primaire, le secondaire et le tertiaire), accroissement du nombre d'actifs salariés (phénomène de salarisation de la société), augmentation du travail des femmes (ce qui conduit mécaniquement à une féminisation des emplois), élévation du niveau de formation et des qualifications, accroissement des emplois qualifiés.

CHIFFRES CLÉS

2019

- **Femmes dans la population active occupée :** 48 % (41 % en 1990)
- **Salariés dans la population active :** 89 % (67 % en 1946)
- **Actifs du secteur tertiaire :** 76 % (88 % de femmes)
- **Actifs du secteur de l'industrie et de la construction :** 20,3 %

→ **Plusieurs théoriciens ou sociologues ont proposé une analyse de la société en termes de classes sociales** au premier rang desquels figure Karl Marx (1818-1883). La **théorie marxiste** des classes oppose principalement deux **classes sociales**, la bourgeoisie qui possède les moyens de production et la classe ouvrière qui n'a que sa force de travail pour vivre et qui est contrainte de la vendre aux propriétaires du capital (d'où le nom de capitalistes donné aux propriétaires des moyens de production). Le trait essentiel de cette conception repose sur le fossé qui existe entre ces classes sociales et leurs rapports de domination et d'exploitation alimentent la lutte des classes. Max Weber, sociologue allemand (1864-1920), propose une théorie multidimensionnelle et distingue de son côté trois types de stratification, avec trois hiérarchies sociales : l'une qui est fonction du prestige (ordre social), l'autre qui s'appuie sur la hiérarchie des pouvoirs politiques (ordre politique) et la dernière qui regroupe les classes sociales selon leur situation économique (ordre économique) et qui lui permet d'identifier de nombreuses classes sociales (petite bourgeoisie, classes moyennes, etc.).

→ **La notion de classe sociale demeure aujourd'hui très discutée** et nombreux sont les sociologues à chercher à la préciser, la compléter ou l'infirmer en étudiant les statistiques sur la société, à partir notamment de la classification en PCS. Un des enjeux des débats porte sur la définition et la mesure d'une classe moyenne car la « moyennisation » de la société française est avérée (image de la « toupie » pour représenter cette constitution d'une vaste classe moyenne). Un autre débat porte sur la réalité de la mobilité sociale qui permettrait de sortir de sa condition de classe pour accéder à une catégorie supérieure. L'analyse de la mobilité sociale est donc indissociable de l'analyse de la stratification de la société. Enfin, un autre débat cherche à préciser dans quelle mesure les individus sont aujourd'hui déterminés par leur origine sociale ou ont la possibilité de s'affranchir de leur position sociale familiale. ■

Quiz de révision
hatier-clic.fr/20dicoses012

Schéma interactif
hatier-clic.fr/20dicoses013

Quelle est l'action de l'école sur les destins individuels et sur l'évolution de la société ?

NOTIONS ESSENTIELLES

Démocratisation scolaire : p. 191
École : p. 190
Égalité des chances : p. 191
Massification scolaire : p. 191
Taux de scolarisation : p. 192

→ **Dans les sociétés démocratiques, l'école porte un idéal d'égalité des chances de réussite et de promotion sociales** afin que les conditions de départ faites aux individus soient les mêmes pour tous, sans privilèges ni handicaps pour certains. L'école de l'égalité des chances va bien au-delà de l'école républicaine de Jules Ferry qui visait à donner un égal accès à une instruction primaire de base, la poursuite des études vers le lycée et l'enseignement supérieur étant réservée à une élite. C'est seulement après la Seconde Guerre mondiale que se met en place en France une école cherchant à développer une véritable égalité des chances et pas seulement une simple égalité des droits.

→ **La massification de l'école est fortement liée à l'explosion démographique à partir des années 1950**, mais ce sont surtout les réformes successives de l'école qui ont ouvert progressivement l'accès de tous à l'enseignement secondaire et supérieur (prolongation de la scolarité obligatoire jusqu'à 16 ans en 1967 ; création du collège unique en 1975). Aujourd'hui, le **taux de scolarisation**, qui est le rapport entre le nombre d'élèves (ou d'étudiants et d'apprentis en formation initiale) d'un âge déterminé inscrits dans un établissement d'enseignement et le nombre de jeunes de cet âge, est de quasi 100 % au collège ; il était de 70 à 75 % au début des années 1980. Pour le lycée, la massification peut s'observer à un double niveau. Ainsi, on observe un accès massif à la classe terminale, avec un taux de scolarisation de 70 % aujourd'hui alors qu'il n'était que de 10 % à la fin des années 1950 et de 30 % au début des années 1970. Parallèlement, la proportion de bacheliers dans une génération a fortement progressé. Enfin, l'accès à l'enseignement supérieur s'est également largement développé puisque le nombre d'étudiants a été multiplié par 8 depuis 1960. Avec cette massification de l'enseignement, il y a eu indéniablement une certaine **démocratisation** de l'école, avec une plus grande ouverture de l'accès aux études longues pour les enfants des milieux populaires. La démocratisation de l'école correspond à une égalisation des chances scolaires avec un accès de plus en plus important à l'enseignement secondaire et supérieur des enfants issus de milieux moins favorisés et une réduction des écarts de réussite et de parcours entre les élèves d'origine sociale différente.

CHIFFRES CLÉS

Début des années 1980
20 à 25 % des élèves quittaient le **collège** en fin de 5e

Aujourd'hui
80 % d'une génération obtient le **baccalauréat** (26 % en 1980)

2019
40 % d'une génération a le niveau **licence** (15 % au début des années 1980)

→ **La France est le pays de l'OCDE où le déterminisme social est le plus important**, les écarts ayant même tendance à s'accentuer. L'enquête PISA de l'OCDE pour les élèves de 15 ans publiée fin 2019 montre que la France fait partie des pays les plus inégalitaires, l'écart de performances entre les élèves les plus favorisés socialement et les élèves les moins favorisés y étant le plus fort. Elle indique cependant que le creusement des inégalités a été stoppé entre 2003 et 2012 et que les inégalités scolaires entre les filles et les garçons continuent de se réduire.

→ **L'école française contribue à la reproduction sociale par la mise en œuvre d'une longue chaîne de processus inégalitaires** (ségrégation spatiale et scolaire, mécanismes d'orientation, stratégies familiales, etc.). Les inégalités sont ainsi le résultat d'un cumul de difficultés qui commencent très tôt. Les moins favorisés prennent du retard tandis que les enfants des milieux favorisés qui rencontrent des difficultés scolaires au cours de leur scolarité bénéficient de soutien scolaire. Dès le cours préparatoire, les enfants des milieux favorisés bénéficient d'un avantage lors de l'apprentissage de la lecture et du vocabulaire avec l'importance des apprentissages familiaux informels. Ainsi, les avantages dont bénéficient les familles favorisées en termes de capital économique ou de capital culturel (P. Bourdieu) permettent de rattraper les difficultés scolaires et de rester sur des trajectoires scolaires menant aux études supérieures. Les inégalités face à l'école sont également renforcées par les effets de la ségrégation scolaire liée à la ségrégation spatiale. Il existe des écarts considérables entre des établissements de quartiers différents (le capital économique permet d'habiter près des « bons » établissements). Enfin, si les origines sociales déterminent fortement les réussites scolaires, en sens inverse, l'école (au sens large) contribue à entretenir les inégalités sociales. On constate donc en France plus qu'ailleurs un cercle vicieux où les inégalités sociales et scolaires se renforcent mutuellement, à travers une longue chaîne de processus inégalitaires. ■

Quiz de révision
hatier-clic.fr/20dicoses014

MEMO BAC

Schéma interactif
hatier-clic.fr/20dicoses015

Quels sont les caractéristiques contemporaines et les facteurs de la mobilité sociale ?

NOTIONS ESSENTIELLES

Fluidité sociale : p. 342
Mobilité ascendante : p. 338
Mobilité nette : p. 343
Mobilité sociale : p. 338
Table de mobilité : p. 339

→ **La sociologie s'intéresse à toutes les formes de mobilité des individus car ces mobilités, lorsqu'elles sont durables, contribuent à transformer la société.** La mobilité géographique modifie les espaces et les territoires. La mobilité professionnelle, très courante, est intéressante à analyser lorsqu'elle comporte des régularités. Quant à la **mobilité sociale**, qui désigne le changement de position sociale d'un individu ou d'un groupe d'individus, elle permet d'observer les efforts faits par une société pour améliorer les conditions socioéconomiques de ses membres. À cet égard, c'est l'étude de la mobilité intergénérationnelle qui est la plus pertinente car elle compare les situations et la position sociales des individus avec celles de leurs pères.

→ **La mesure de cette mobilité s'effectue à travers des tables de mobilité**, qui sont des tableaux permettant de rapprocher l'origine sociale des individus, mesurée par la position sociale de leur père, et leur position sociale actuelle. L'Insee établit ainsi à intervalle régulier ce type de tableaux à partir de la nomenclature des PCS. Deux grands types de tables de mobilité sont réalisées, celle qui mesure la destinée sociale (à quelle catégorie appartiennent aujourd'hui 100 individus dont le père est ou était agriculteur ?) et celle qui mesure l'origine sociale (sur 100 agriculteurs aujourd'hui, combien sont fils d'agriculteurs ?). Les tables de mobilité permettent donc de décrire les mobilités sociales à un moment donné. Elles présentent toutefois quelques limites car elles sont nécessairement liées à la nomenclature des PCS, ce qui empêche de mesurer par exemple des évolutions plus fines, au sein d'une même PCS par exemple. Par ailleurs, l'Insee a longtemps calculé ces tables en ne retenant que la situation des pères et des fils. Or, la prise en compte de la situation des mères et des filles est tout autant pertinente. Depuis peu, c'est la mobilité des hommes et des femmes qui est observée par l'Insee.

→ **La mobilité sociale observée entre deux périodes peut parfois s'expliquer par les seules évolutions dans la structure des emplois proposés aux actifs.** Ainsi, lorsque le nombre d'exploitations agricoles diminue, certains fils d'agriculteurs devront exercer une autre activité et être socialement mobiles. Si les entreprises ont besoin d'un nombre croissant de cadres, comme durant les Trente Glorieuses, il y aura nécessairement des mobilités issues d'autres PCS vers la catégorie de cadres. On distingue ainsi une mobilité sociale structurelle, résultat de ces transformations structurelles de la société, d'une **mobilité sociale nette**, différence entre la mobilité sociale totale et la mobilité structurelle. C'est cette mobilité nette qui mesure réellement la démocratisation de la société.

CHIFFRES CLÉS

2015

- 81 % des **agriculteurs** sont fils d'agriculteurs
- 25 % des **fils d'agriculteurs** sont agriculteurs
- 66 % des **hommes** de 35 à 59 ans ont une position sociale différente de celle de leur père (66 % en 1977)
- 71 % des **femmes** ont une position sociale différente de celle de leur mère (59 % en 1977)

→ **L'analyse de la mobilité sociale, grâce aux tables de mobilité, nous indique comment évoluent une société et sa structuration en groupes sociaux (classes sociales, PCS, etc.)**, ce qui permet de mesurer le degré d'amélioration des situations économiques et sociales des individus. Mais il importe de bien distinguer la mobilité à un moment donné (situation des individus par rapport à leurs parents) et l'évolution de cette mobilité entre deux dates (plus ou moins grande ouverture de la société). Dans une optique statique, une mobilité sociale nulle à une certaine date signifie que tous les enfants ont la même position sociale que leurs parents ; c'est une situation de reproduction sociale. Ce n'est pas le cas de la France où la mobilité sociale existe. Mais il faut aussi regarder comment cette mobilité évolue (optique dynamique) car le constat d'une mobilité sociale ne signifie pas toujours que les individus atteignent en plus grand nombre des positions supérieures à celles de leurs parents. Par exemple, en France, entre 1977 et 2015, la mobilité sociale, bien réelle, n'a pas progressé pour les hommes alors qu'elle a progressé pour les femmes par rapport à leur mère. L'analyse de la mobilité sociale doit donc être complétée par de nouveaux indicateurs. Il est ainsi possible de calculer une **mobilité ascendante** et une mobilité descendante (correspondant à des déclassements) et comparer ces deux indicateurs. On peut également s'intéresser à la « **fluidité sociale** » qui mesure les chances relatives d'accès aux différents groupes sociaux selon son origine. On constate par exemple qu'une société peut être davantage mobile sans qu'elle soit pour autant plus fluide, lorsque les enfants des différentes catégories sociales n'ont pas tous les mêmes chances d'accéder à des positions supérieures. ■

Quiz de révision
hatier-clic.fr/20dicoses016

MEMO BAC

Schéma interactif
hatier-clic.fr/20dicoses017

Quelles mutations du travail et de l'emploi ?

NOTIONS ESSENTIELLES

Chômage : p. 86
Désaffiliation sociale : p. 269
Division du travail : p. 531
Management participatif : p. 537
Taylorisme : p. 532
Télétravail : p. 536
Théories de l'entreprise : p. 520
Ubérisation : p. 536

→ **En économie, le travail correspond à une activité qui est rémunérée**. C'est ainsi que l'on mesure le travail et donc la population active ainsi que son inverse, le **chômage**. L'activité non rémunérée, comme par exemple le travail domestique réalisé très majoritairement par les femmes, n'est pas un « travail » au sens économique. La rémunération du travail ne correspond pas forcément à l'obtention d'un salaire car le travail peut être non salarié, ce qui correspond aux activités des professions indépendantes (agriculteurs, commerçants, artisans, professions libérales) rémunérées par un bénéfice. Comme la définition du chômage est très restrictive, puisqu'il ne faut pas travailler, même quelques heures, pour être déclaré comme chômeur et être ainsi indemnisé, tout un ensemble de situations à la frontière du chômage se sont développées depuis une trentaine d'années, constituant une sorte de « halo » autour de la définition du chômage selon le BIT, rendant plus incertaines les frontières entre activité, inactivité et chômage. Par ailleurs, outre les chômeurs, certaines personnes ne peuvent pas travailler autant qu'elles le souhaiteraient (sous-emploi).

→ **Adam Smith a montré que la division du travail et la spécialisation de chaque personne dans des tâches très précises étaient des facteurs d'augmentation de la productivité**. Ce type d'organisation a été systématisé par le **taylorisme** et son organisation scientifique du travail imaginée par l'ingénieur américain Winslow Taylor à la fin du XIXe siècle et mis massivement en pratique avec les chaînes de montage de voitures dans les usines Ford aux États-Unis. Le travail est ainsi divisé en tâches élémentaires bien délimitées (**division** horizontale **du travail**) et entre ceux qui conçoivent comme les ingénieurs et ceux qui réalisent (division verticale). Cette organisation, qui repose sur une relation d'autorité hiérarchique très stricte, a été peu à peu contestée tant par les salariés que par le patronat lui-même, poussé par les transformations économiques et sociales (importance de la qualité des produits, nécessité d'une forte capacité d'adaptabilité face aux évolutions de la demande, accroissement du niveau de formation des salariés, nécessité de penser simultanément la conception et la production des biens, importance de l'engagement des salariés pour atteindre et dépasser les objectifs de l'entreprise, importance du travail en équipes). On a alors désigné par la notion de « post-taylorisme » toutes les nouvelles formes d'organisation du travail, qui sans totalement abandonner la spécialisation et la division du travail, ont mis l'accent sur la flexibilité du travail et une plus grande participation des salariés à cette organisation.

CHIFFRES CLÉS

■ **2017**
- **Personnes dans le halo du chômage :** 1,6 million (Insee)
- **Personnes en sous-emploi :** 1,65 millions (70 % de femmes)
- **Salariés à temps partiel :** 20 %

→ **La révolution numérique, avec notamment l'intelligence artificielle et surtout la robotisation des processus industriels et administratifs, va se traduire par une réduction et une transformation de l'emploi** d'autant plus vives qu'elles concernent tous les secteurs. Les effets vont donc être des transformations du contenu des activités et des pertes d'emplois qui seront compensées en tout ou partie par de nouveaux emplois (services à la personne mais aussi emplois que le marché du travail n'a pas été en mesure de proposer jusqu'ici comme les services de véhicules avec chauffeur d'Uber). Ces évolutions vont se traduire par la « polarisation » des emplois, c'est-à-dire leur regroupement autour de deux pôles (emplois très qualifiés d'une part et emplois faiblement qualifiés dans les services d'autre part), en raison de la disparition des emplois intermédiaires ou faiblement qualifiés lorsque les tâches sont répétitives et automatisables. Le développement de l'« **ubérisation** » dans de nombreux secteurs, terme qui désigne désormais la transformation profonde d'un secteur d'activité avec des innovations numériques, concerne le niveau d'emploi futur mais également la nature du travail, les conditions de travail et le statut des emplois. L'ubérisation modifie en effet la nature du travail avec le développement du travail à la tâche, ou plutôt à la microtâche (les clics) pour les grandes plateformes numériques. Les emplois créés sont peu qualifiés mais ils sont également de moins en moins salariés. L'ubérisation du travail se caractérise par le développement du travail indépendant (auto-entrepreneur par exemple) et du travail précaire, avec une réduction de la couverture sociale et des droits sociaux. Cette évolution s'accompagne bien souvent de la fin de la coupure entre le travail et le hors travail (avec le développement du **télétravail**) ainsi que de l'augmentation des nouvelles formes hybrides d'activité (cumul entre salariat et non-salariat, franchise, sous-traitance, sociétés de portage salarial).

→ **Le travail, avec un emploi rémunéré, est un facteur essentiel de l'intégration sociale des individus** sous plusieurs aspects : sentiment d'utilité pour la société, intensité des relations sociales qui s'y déploient, rémunération permettant d'avoir un certain niveau de vie et d'accéder aux normes de consommation de la société, acquisition de droits sociaux, sentiment d'appartenance à la collectivité, reconnaissance sociale et statut social. Le développement du chômage et du travail précaire contribue largement à affaiblir ce pouvoir intégrateur du travail. ■

Quiz de révision
hatier-clic.fr/20dicoses018

MEMO BAC

Schéma interactif
hatier-clic.fr/20dicoses019

Comment expliquer l'engagement politique dans les sociétés démocratiques ?

NOTIONS ESSENTIELLES

Associations : p. 223
Engagement politique : p. 222
Individualisme méthodologique : p. 207, 494
Paradoxe de l'action collective : p. 564
Parti politique : p. 387

→ **Dans un sens très large, l'engagement politique correspond à une participation active à la vie de la cité**. Celle-ci peut prendre différentes formes, du simple vote jusqu'à un engagement militant. Dans un sens plus restreint, l'engagement politique correspond à la participation à la vie d'un parti ou d'un mouvement politique concourant pour les élections. La citoyenneté ne se définit pas uniquement d'un point de vue juridique avec des droits et des devoirs mais aussi comme une participation à la vie de la cité. Le vote représente la participation la plus essentielle car il contribue à exprimer la volonté générale des citoyens et à élire les autorités politiques. Mais en dehors des élections, les citoyens peuvent également, de façon quotidienne parfois, jouer un rôle important dans la société. Par exemple, ils peuvent adhérer à une **association**, à un syndicat ou à un **parti politique** et, ainsi, tenter de faire évoluer la société dans laquelle ils vivent, de venir en aide aux autres ou d'influencer la politique nationale. Plus récemment, les formes d'engagement politique se sont diversifiées, favorisées par de nouvelles formes de participation en ligne.

→ **Un groupe d'individus ayant un véritable intérêt commun à agir n'arrive pas toujours à se mobiliser et à s'engager pour atteindre cet objectif**. Le sociologue américain Mancur Olson, dans *La Logique de l'action collective* (1978), a ainsi identifié un véritable **paradoxe**, qu'il explique en recourant à une analyse inspirée par l'**individualisme méthodologique** et par l'analyse économique néoclassique. Ainsi, comme la réussite de l'action collective bénéficie à tous les membres du groupe, qu'ils aient ou non participé à la mobilisation, il est rationnel pour chacun de ne rien faire en comptant sur l'action des autres ; dès lors, chacun menant le même raisonnement, il n'y a pas d'action collective. Néanmoins, malgré ce paradoxe, de nombreuses mobilisations et actions collectives se produisent, mettant ainsi en évidence les limites des raisonnements trop centrés sur les gains et les coûts. D'autres éléments contribuent à expliquer l'engagement (rétributions symboliques par exemple).

→ Tout en étant volontaire et libre, l'engagement politique n'échappe pas au poids des déterminismes sociaux et culturels. Le niveau d'études comme le niveau de diplôme ainsi que la catégorie socioprofessionnelle jouent un rôle essentiel dans la décision à la fois de faire partie d'une association et de s'engager dans une activité de bénévolat ou de volontariat : les cadres et les diplômés du supérieur s'investissent davantage que les autres. Le degré d'engagement des parents constitue également un facteur de reproduction sociale : en moyenne, plus leurs parents pratiquent le bénévolat, plus les jeunes sont à leur tour impliqués. On constate également un « effet génération » dont témoignent les nouveaux engagements des jeunes, quelles que soient leur appartenance sociale et leur situation professionnelle. Les jeunes s'abstiennent en effet de plus en plus et votent par intermittence ; ils adhèrent de moins en moins à un syndicat, mais ils sont de plus en plus nombreux à s'engager bénévolement et à donner de leur temps à des associations ou à des organisations similaires.

→ Les formes traditionnelles d'action collective, comme les manifestations ou les grèves, et d'organisation des acteurs (partis, syndicats) cèdent peu à peu la place à de nouveaux modes d'action des individus. Le mouvement des Gilets jaunes, les manifestations des très jeunes pour le climat, les actions de désobéissance civile ou encore les campagnes sur Internet pour dénoncer et protester témoignent d'une vitalité de la participation politique, même si ces phénomènes coexistent avec des participations plus traditionnelles (mouvement de protestation contre la réforme des retraites en 2020 par exemple). Cependant, à l'opposé des formes d'engagement comme l'adhésion à un parti ou à un syndicat, sont aujourd'hui privilégiées des implications plus informelles, davantage ponctuelles ou spontanées, soulignant une tendance à l'engagement concret et immédiat (pétitions, manifestations, boycotts, etc.). Le refus des organisations verticales et hiérarchisées au profit de fonctionnements plus horizontaux traduit un fort attachement aux procédures démocratiques même s'il s'agit plutôt ici de démocratie directe, avec le rejet de tout représentant ou intermédiaire. ■

CHIFFRES CLÉS

- 40 % des Français membres d'une **association**
- 36 % des 18-30 ans **abstentionnistes** à l'élection présidentielle de 2017
- 56 % des 18-30 ans **abstentionnistes** aux élections législatives de 2018
- 43 % des jeunes ont signé une **pétition** en ligne ou ont défendu une **cause** sur un réseau social (2019)
- Plus d'un tiers des jeunes ont une activité de **bénévolat** (2018)

Quiz de révision
hatier-clic.fr/20dicoses020

MEMO BAC

Schéma interactif
hatier-clic.fr/20dicoses021

Quelles inégalités sont compatibles avec les différentes conceptions de la justice sociale ?

NOTIONS ESSENTIELLES

Coefficient de Gini : p. 219
Courbe de Lorenz : p. 218
Discrimination positive : p. 217
Égalité : p. 214
Équité : p. 216
Inégalités : p. 214
Justice sociale : p. 217
Pauvreté : p. 269
Rapports inter-quantiles : p. 591

→ **L'évolution des inégalités des niveaux de vie dans le monde met en évidence deux grandes périodes**. Entre 1870 et les années 1990, les inégalités au sein des pays ont tendance à se réduire tandis que les inégalités entre les pays ont tendance à augmenter. Mais un retournement historique a lieu dans les années 1990 avec un recul des inégalités entre pays et une montée des inégalités à l'intérieur d'un grand nombre de pays. La croissance exceptionnelle des pays émergents, dont la Chine, explique la réduction récente des inégalités entre pays tandis que la mondialisation contribue à accroître les inégalités dans les pays développés. Les inégalités sont de nature variée (revenus, patrimoines, relations entre les sexes, niveaux de formation, chances d'accéder à une catégorie sociale supérieure, etc.), mais elles sont très souvent liées entre elles, si bien qu'elles ont tendance à se cumuler.

→ **De nombreux outils permettent de mesurer les inégalités** comme par exemple les rapports inter-quantiles qui découpent les effectifs en parties égales. Ce sont ces outils qu'utilise notamment Thomas Piketty qui constate que la part du revenu total détenue par le dernier décile (les 10 % des ménages qui ont les revenus les plus élevés) a considérablement diminué, passant de 45 % avant la Première Guerre mondiale à 33 % à la fin des années 1990, marquant ainsi une forte réduction des inégalités en France. Cette évolution résulte même de la situation du dernier centile (les 1 % des ménages qui ont le plus de revenus) qui a vu sa part du revenu total se réduire considérablement, passant de 20 % du revenu total au début du siècle à 8 % à la fin du siècle. La courbe de Lorenz et son corollaire, le coefficient de Gini, permettent de mesurer la concentration des revenus ainsi que son évolution (concentration des revenus ou des patrimoines).

→ **Une inégalité ne doit pas être confondue avec une différence**. Certaines différences sont acceptées par la société tandis que les inégalités sont des différences entre les individus ou les groupes sociaux qui sont socialement perçues comme injustes ou illégitimes. La lutte contre les inégalités peut prendre plusieurs modalités différentes car il existe plusieurs formes d'égalité. La première forme d'égalité est l'égalité politique et juridique entre tous les citoyens qui « naissent libres et égaux en droits ». Mais l'égalité de droit n'est pas toujours l'égalité réelle, notamment l'« égalité des conditions » dont parle Tocqueville. Il convient aussi de préciser l'idée d'égalité en distinguant les inégalités de départ et les inégalités d'arrivée lors d'un processus social (école, mobilité, activité professionnelle). Si l'on peut accepter les inégalités à l'arrivée, c'est sous la condition d'une véritable égalité des chances au départ et d'une sélection basée sur les seuls mérites des individus. Certains peuvent aussi défendre l'idée d'un égalitarisme strict, où chacun est traité de la même manière quelle que soit sa situation, mais c'est plutôt la recherche d'équité sociale qui est mise en avant aujourd'hui. L'équité correspond à la mise en œuvre effective et réelle du principe d'égalité des chances, ce qui peut conduire à traiter différemment des individus dans des situations différentes, voire à donner des avantages supplémentaires à ceux qui sont, au départ, désavantagés (politique de discrimination positive).

→ **La justice sociale, qui vise à réduire les inégalités, peut donc prendre des voies différentes :** la recherche de l'égalité des situations ou l'égalité des places (les actions visent alors à réduire les écarts entre les plus riches et les plus pauvres) ou le respect de l'égalité des chances pour atteindre toutes les positions sociales (si celle-ci est réellement appliquée, peu importe ensuite les inégalités de situations à l'arrivée puisqu'elles seront justifiées par les seuls mérites ou talents des individus). Ces deux conceptions de la justice sociale, qui peuvent davantage se compléter que s'opposer, mènent toutefois à des politiques publiques différentes. Pour la première, ce sont les politiques de redistribution qui doivent être privilégiées, en utilisant les instruments comme la fiscalité (progressivité de l'imposition des revenus) ou la protection sociale (prestations pour compenser les risques sociaux). Pour la seconde, l'accent doit être mis sur des mesures de lutte contre toutes les discriminations et sur l'importance du rôle de l'école. Chacune de ces politiques rencontre toutefois des limites. Dans le premier cas, on peut constater des réticences croissantes aux prélèvements obligatoires ainsi que des effets désincitatifs. Dans le second, la constatation d'inégalité des situations, quand bien même il y aurait une réelle égalité des chances, peut heurter une majorité de citoyens lorsque ces inégalités de situations deviennent trop aigües. Certains économistes notent également que des inégalités de situations trop fortes rendent impossible une politique d'égalisation des chances. ■

CHIFFRES CLÉS

■ 1980-2016
La part du revenu national des 10 % des contribuables les plus riches est passée de 34 à 47 % aux États-Unis, de 27 à 41 % en Chine et de 33 à 37 % en Europe

■ 2016
50 % des Français les plus pauvres en patrimoine possèdent 6 % de la richesse nationale ;
10 % des plus fortunés en possèdent 55 % (60 à 70 % dans les autres pays européens)

■ 2018
9,3 millions de Français vivent sous le seuil de pauvreté (14,7 % de la population)

Quiz de révision
hatier-clic.fr/20dicoses022

MEMO BAC

Schéma interactif
hatier-clic.fr/20dicoses023

Quelle action publique pour l'environnement ?

NOTIONS ESSENTIELLES

Biens communs ou Communs : p. 44
Bien public mondial : p. 236
Développement durable : p. 240
Externalités : p. 256
Principe de précaution : p. 241
Principe du pollueur-payeur : p. 238
Quotas d'émission : p. 239

→ **L'environnement et les ressources de la nature sont des biens communs mondiaux** dont chacun peut profiter mais qui, par leur dimension planétaire, doivent faire l'objet d'actions décidées par l'ensemble des pays. Comme il n'existe pas de gouvernement mondial pour traiter ces questions, on met en avant la notion de « gouvernance » pour désigner un ensemble d'accords et d'actions qui ne sont guère contraignants. Les questions environnementales font désormais partie des sujets dont discutent les gouvernements (on dit que ces questions sont « à l'agenda politique ») sous la double mobilisation des mouvements issus de la société civile (associations, organisations non gouvernementales [ONG], mouvements citoyens) et des collectifs d'experts qui ont produit des connaissances scientifiques permettant de mesurer l'ampleur des dangers menaçant la planète (climat, atmosphère, ressources naturelles, biodiversité). Ces sujets demeurent toutefois très complexes car ils sont multidimensionnels, avec différents niveaux d'intervention (local, national, international) et font intervenir une multitude d'acteurs aux intérêts souvent divergents. Ainsi, certains mettent en cause la mondialisation car elle donne un avantage aux pays les moins rigoureux en matière d'environnement et, en stimulant la croissance, elle conduit à une aggravation des atteintes à l'environnement. Malgré une prise de conscience croissante et des actions réelles mises en œuvre, les dégradations se poursuivent.

→ **Les instruments mis en place pour lutter contre le changement climatique s'inscrivent tous dans le cadre de l'économie de marché**, même si nombre de réglementations s'imposent aux entreprises. Compte tenu des **externalités** négatives que produisent les entreprises polluantes, le **principe du pollueur-payeur** consiste à faire payer les coûts des dommages à ceux qui les engendrent à moins qu'ils ne mettent en place les mesures nécessaires pour les éliminer. C'est dans ce cadre qu'avait été imaginée à la fin des années 1980 une « éco-taxe », finalement abandonnée, qui taxait tous les consommateurs d'énergie non renouvelable en fonction de leurs émissions de CO2. La taxation est également une incitation à réduire ses émissions. Toutefois, les entreprises peuvent avoir la possibilité de répercuter ces taxes sur les prix payés par les consommateurs. L'instauration de **quotas d'émission**, dont le principe a été adopté avec le protocole de Kyoto (2012), est un autre système d'inspiration libérale. On attribue à chaque grande entreprise polluante un « droit d'émission » ou un quota lui donnant le droit d'émettre une certaine quantité de gaz à effet de serre, liée à son activité passée. Si elle émet en réalité moins que ce quota, elle peut vendre la différence entre son permis d'émission et son émission réelle à une autre entreprise qui sera dans la situation inverse. Dans ce système, une entreprise peut donc décider de développer des productions plus soucieuses de l'environnement et financer cette réorientation en vendant ses droits d'émission. Ainsi, ce système conduit à la création d'un marché des droits d'émission où s'échangent les déficits et excédents des entreprises par rapport à leurs droits autorisés. Si toutes les entreprises souhaitent par exemple développer des activités polluantes, elles rechercheront des droits à polluer sur le marché dont les prix monteront, ce qui sera plus coûteux pour les entreprises et donc plus dissuasif. Les États, notamment au sein de l'Union européenne, s'engagent également à réduire progressivement ces quotas d'émission, qui s'appliquent aujourd'hui à plus de 10 000 entreprises européennes émettant 40 % des gaz à effet de serre. Ce système demeure toutefois complexe et n'est pas organisé à l'échelle mondiale. D'autres instruments, plus incitatifs, sont désormais envisagés (subventions aux investissements « verts » notamment).

CHIFFRES CLÉS

Parts dans les émissions de CO2 en 2018 :
- Chine : 29 %
- États-Unis : 14 %
- Union européenne : 11 %

Part de la consommation d'énergies renouvelables en France en 2019 : 15 %

Emplois liés à la protection de l'environnement en France : 2 % du total (500 000 emplois) en 2018

→ **Les traités internationaux sont l'une des modalités permettant d'organiser la production des biens publics mondiaux**. Par exemple, l'Accord de Paris, entré en vigueur en 2016, prévoit l'engagement des 195 pays des Nations unies à contenir la hausse des températures sous la barre des deux degrés. Mais les traités (il existe 200 conventions multilatérales sur l'environnement) ne sont pas ou sont mal appliqués. Cela s'explique par les divergences de fond entre les pays, notamment entre l'Europe, plus soucieuse de préserver l'environnement, et les pays en cours de développement qui y voient une menace pour leur propre croissance. Ces pays estiment en effet qu'il serait injuste qu'ils ne puissent pas rattraper leur retard en utilisant les mêmes procédés utilisés par les pays développés avant eux. Quant aux États-Unis, la présidence de Donald Trump se caractérise par un refus de considérer les activités économiques comme responsables de la situation environnementale. Les difficultés relèvent également des stratégies de type « passager clandestin » des pays qui estiment qu'ils n'ont pas intérêt à coopérer car, au mieux ils profiteront des actions des autres et, au pire, n'auront pas à en supporter le coût. ■

Quiz de révision
hatier-clic.fr/20dicoses024

Questions d'ACTUALITÉ

1 LA FIN DE LA CROISSANCE ?

Depuis le début des années 1980, le PIB des pays industrialisés croît de moins en moins vite et certains économistes prédisent que le monde occidental ne retrouvera jamais la croissance des Trente Glorieuses qui était importante et régulière. L'économiste américain Larry Summers évoque ainsi une « stagnation séculaire », repris en France par les économistes Patrick Artus et Daniel Cohen qui estiment que la croissance du PIB à long terme s'établira autour de 0,5 à 1 % par an. Cette perspective représente une rupture avec la période antérieure où la croissance permettait de redistribuer les gains de productivité, d'améliorer le pouvoir d'achat et de fournir un travail à tous les actifs.

Ces analyses s'appuient sur les travaux de l'économiste américain Robert J. Gordon qui montrent un épuisement du progrès technique (2012). Alors que l'invention de la machine à vapeur a lancé la révolution industrielle au XIXe siècle et que celle de l'électricité a permis de rendre les industries plus productives au XXe siècle, les inventions de la révolution numérique (Google, Facebook, Twitter, Airbnb, etc.) ne produisent pas de gains de productivité importants, créent peu d'emplois et, souvent, détruisent des secteurs productifs. Ainsi, des robots et des services numériques prennent la place de nombreux emplois intermédiaires (caisses des supermarchés, banques, assurances) quand ce ne sont pas les consommateurs eux-mêmes qui produisent gratuitement le service.

Robert J. Gordon suggère en outre que « la croissance rapide observée au cours des 250 dernières années pourrait bien être un épisode unique dans l'histoire de l'humanité ». Ainsi, nombre de progrès très importants qui ont accompagné la transformation de la société rurale en société urbaine et mondialisée sont désormais achevés. L'industrie, qui assurait l'essentiel des gains de productivité, est de moins en moins productive (il faut investir davantage pour une même production), mais elle voit aussi sa part dans l'économie diminuer.

Certains économistes estiment que la croissance du PIB à long terme s'établira autour de 0,5 à 1 % par an.

Pour d'autres économistes, il n'y a pas de fatalité à une croissance future qui serait lente, ou stagnante. La faible croissance actuelle des grands pays occidentaux s'explique par des raisons conjoncturelles et notamment la faiblesse de la demande. Une insuffisance de l'investissement joue ainsi défavorablement sur les gains de productivité. Par ailleurs, il est difficile de mesurer les effets de la révolution numérique actuelle, compte tenu de l'imperfection des outils de mesure mais aussi de la forte demande pour les biens et les services innovants. Il n'y a pas lieu d'être pessimiste en imaginant la fin des grandes vagues d'innovations. L'essentiel est moins le PIB et la croissance que l'évolution des niveaux de vie. Toutefois, il n'est pas déraisonnable de commencer à s'adapter aux conséquences d'une croissance moindre que dans les années 1950-1970.

2 PRODUCTION NATIONALE et ÉCHANGES INTERNATIONAUX

La mondialisation et l'accroissement de la spécialisation entre les pays conduisent à une profonde transformation de ce que peut signifier une production nationale.

À un premier niveau, entre un produit fabriqué dans l'Hexagone par une entreprise étrangère, une automobile par exemple, et le même produit fabriqué à l'étranger par une société française pour être importé sur le territoire français, le produit made in France correspondra à celui réalisé sous une marque étrangère.

Mais la situation est encore plus complexe comme le montre l'exemple d'un produit comme l'iPad, fabriqué en Chine et exporté vers les États-Unis. Celui-ci contient des composants venant de très nombreux pays et en particulier des États-Unis, au point qu'il y a trois fois plus de valeur ajoutée américaine que chinoise (grossièrement, les Chinois vendent 150 aux États-Unis mais ont préalablement importé la valeur de 110 dont 50 aux États-Unis).

Les exportations sont de plus en plus liées aux importations nécessaires à leur production.

Dans tous les secteurs industriels, on observe une imbrication croissante de productions venues de nombreux pays pour concourir au produit final. Si un pays vend un produit 100 alors qu'il a acheté les composants à l'étranger pour 80, sa valeur ajoutée n'est que de 20.

Cette décomposition des processus productifs entraîne de nombreux effets concernant les échanges internationaux :

– les statistiques du commerce international ne correspondent plus totalement à la réalité des productions nationales échangées entre les pays et l'on peut même dire qu'elles sont faussées. Par exemple, si une voiture exportée par un pays est fabriquée en passant successivement dans quatre pays, chacun apportant 25 % de la valeur ajoutée, le commerce international enregistrera une exportation de 25, puis une exportation de 50, puis de 75, puis de 100 pour la voiture finie, soit au total 250 alors qu'il s'agit du même produit ;

– les exportations sont de plus en plus liées aux importations nécessaires à leur production et vouloir limiter ces dernières ne pourrait que pénaliser les entreprises exportatrices comme les résultats du commerce extérieur. Si, par exemple, on accroît les droits de douane, les exportations verront alors leurs prix augmenter et la balance commerciale se dégradera ;

– le lien entre le commerce extérieur et l'emploi est quelque peu distendu. Comme le montre par exemple François Lamy, toute exportation chinoise vers les États-Unis ne se traduit pas par des emplois américains perdus car on estime que dans les exportations chinoises vers les États-Unis, il n'y a que 40 à 50 % de valeur ajoutée par la Chine, donc de contenus en emplois chinois.

En définitive, une mesure des échanges internationaux à partir des valeurs ajoutées par les pays exportateurs serait plus pertinente.

3 LE RETOUR DU PROTECTIONNISME

L'année 2016 a marqué indéniablement le retour des tendances protectionnistes et la remise en cause par les électeurs des orientations qui faisaient du libre-échange un facteur de progrès économique. Le Brexit en juin, la contestation par le Parlement wallon du traité de libéralisation des échanges entre l'Union européenne et le Canada en octobre et enfin l'élection à la présidence des États-Unis en novembre de Donald Trump qui a mis le protectionnisme au cœur de sa campagne électorale en sont les principales manifestations.

Le nouveau président américain a ainsi annoncé avant son élection que le libre-échange, avec la mondialisation et les délocalisations, étaient responsables de la désindustrialisation des États-Unis et de la stagnation des salaires. Il prônait alors la renégociation, voire la révocation des grands accords commerciaux, des mesures de rétorsion et des sanctions douanières contre le Mexique et la Chine et une sortie éventuelle de l'OMC.

Les États-Unis semblaient ainsi renouer avec l'isolationnisme, doctrine édictée par le président James Monroe en 1823, qui défendait un non-interventionnisme dans les affaires mondiales tant que le pays n'était pas menacé, et agrémenté plus récemment d'un patriotisme économique doublé de protectionnisme.

Une hausse des tarifs douaniers (25 % sur l'acier par exemple) et un début de guerre commerciale avec la Chine ont ainsi caractérisé la nouvelle politique américaine.

Cette remise en cause du libre-échange n'est pas propre aux États-Unis car les opinions publiques européennes elles-mêmes ont contesté les accords de libre-échange qui faisaient la part trop belle aux firmes multinationales, amenant certains États à ne plus soutenir ces accords âprement négociés. Par ailleurs, les pays occidentaux n'ont pas hésité ces dernières années à multiplier les mesures discriminatoires à l'égard de leurs partenaires commerciaux. Ces manifestations marquent la fin d'une période, où le consensus existait entre les grands responsables politiques pour promouvoir la libéralisation des échanges.

C'est la fin d'une période où le consensus existait pour promouvoir la libéralisation des échanges.

Cette situation n'est pas sans rappeler la loi Hawley-Smoot de 1930 qui, après une première mondialisation à la fin du XIXe siècle puis la crise économique de 1929, a augmenté les droits de douane sur toutes les importations américaines, déclenchant un cycle de représailles et une guerre commerciale entre les pays les plus développés. Ainsi, au cours des années 1930, la valeur du commerce mondial a été divisée par trois. L'impact des mesures actuelles demeure cependant limité, tous les pays souhaitant développer leurs échanges (Royaume-Uni après le Brexit, nouvel accord USA-Mexique-Canada en 2018).

4 LA BAISSE DES CHARGES DES ENTREPRISES et L'EMPLOI

La baisse des charges sociales et fiscales payées par les entreprises est, selon l'analyse libérale, une mesure permettant de favoriser les créations d'emplois.

Deux mécanismes sont à l'œuvre : d'une part, avec l'effet de substitution, la baisse du coût du travail rend le travail plus attractif que le capital pour les entreprises et cette baisse du prix relatif du travail les incite à embaucher ; d'autre part, avec l'effet de compétitivité, la baisse de coût du travail permet une baisse des prix des produits, une hausse de la production et donc de l'emploi. En sens inverse, cette politique conduit à une réduction de la demande qui sera défavorable à l'emploi. En outre, la baisse du coût du travail peut plutôt inciter les entreprises à utiliser les gains ainsi réalisés pour moderniser leurs équipements. Par ailleurs, les entreprises peuvent bénéficier d'un « effet d'aubaine », c'est-à-dire qu'elles reçoivent une aide alors qu'elles auraient embauché, même sans cette aide. L'allégement des charges sur les bas salaires provoque aussi une augmentation du coût du travail qualifié par rapport au travail non qualifié, d'où un effet de substitution au détriment des futurs salariés qualifiés.

Les effets de la baisse des charges sont complexes et ce qui est vrai pour une entreprise ne l'est pas nécessairement pour toute l'économie.

Au total, les effets de la baisse des charges sont complexes et ce qui est vrai pour une entreprise ne l'est pas nécessairement pour toute l'économie (demande globale réduite). Les premières mesures de baisse des charges ciblées sur les bas salaires ont été instaurées en 1993 par le gouvernement Balladur, à un moment où la France connaissait un accroissement du chômage pour les non-qualifiés. Les gouvernements successifs ont ensuite fait varier le curseur par rapport au SMIC (allégements pour les salaires jusqu'à 1,1 fois le SMIC, puis 1,3 SMIC, 1,7 SMIC). Plus récemment, en 2013-2014, le gouvernement a proposé des allégements de charges et de cotisations sociales ainsi qu'un crédit d'impôts pour les salaires allant jusqu'à 2,5 fois le SMIC dans le cadre du Pacte de responsabilité et de solidarité. Cette extension des allégements était étayée par les nombreuses critiques portant sur un ciblage exclusif en faveur des salaires proches du SMIC. Un certain nombre d'effets pervers ont en effet été identifiés : création excessive d'emplois peu qualifiés occupés par de jeunes diplômés et non par des chômeurs non-qualifiés ; activités de services avantagées au détriment de l'emploi dans l'industrie, où les rémunérations sont plus élevées.

Le crédit d'impôt compétitivité-emploi (CICE) permettait aux entreprises de bénéficier d'un avantage fiscal en payant moins d'impôt. En contrepartie de ces baisses du coût du travail, le gouvernement attendait des entreprises qu'elles créent les emplois prévus par les négociations. Le CICE n'a eu d'effets ni sur l'emploi ni sur la compétitivité malgré les promesses faites durant les négociations.

5 LA FIN DE L'INFLATION ?

Véritable fléau économique jusqu'au début des années 1980, l'inflation est devenue source d'inquiétudes pour les économistes qui la jugent désormais trop faible dans les pays développés et qui, surtout, n'en comprennent plus les mécanismes.

Le faible niveau d'inflation (qui dépasse rarement 2 % dans les pays de l'OCDE) reflète à la fois un succès des politiques de désinflation mais aussi un échec des politiques économiques. Ainsi, pour lutter contre la faible croissance, les banques centrales doivent continuer à pratiquer des taux d'intérêt faibles et à intervenir massivement pour créer de la monnaie *(Quantitative Easing)*, sans provoquer une augmentation des prix comme peuvent l'indiquer la théorie économique ou leurs modèles habituels de prévision. L'inflation n'est pas, ou plus, comme le disait Milton Friedman, un phénomène monétaire. De même, les mécanismes décrits par la courbe de Phillips, selon lesquels les salaires et donc l'inflation augmentent avec la baisse du chômage et l'existence de tensions sur le marché du travail, ne jouent plus comme le montre l'exemple des États-Unis (5 % de taux de chômage, le plus faible taux depuis 1969, et 1,4 % de taux d'inflation en 2019).

Comment expliquer ces paradoxes ? La faible croissance des salaires peut trouver une explication dans le développement de la flexibilisation du travail et, loin d'être dans des situations de plein-emploi malgré des taux de chômage faibles ou en baisse, nombre de pays occidentaux se caractérisent par une montée du sous-emploi et de la précarité, ce qui freine la hausse des salaires. La mondialisation, avec les importations bon marché de produits chinois ou asiatiques, les évolutions technologiques (nouveaux produits et services numériques, moins chers, voire gratuits), mais également la stabilisation des prix des matières premières peuvent contribuer à expliquer le maintien d'une faible hausse des prix.

L'inflation est un indicateur économique qui n'a plus la même importance qu'autrefois même s'il demeure complexe à orienter. Les banques centrales parviennent en effet difficilement, dans ce nouveau contexte, à calibrer leurs politiques face aux risques toujours présents de spirales déflationnistes. Comme les banques centrales ne peuvent aller plus loin dans l'assouplissement monétaire, la lutte contre une faible inflation redonne de l'importance à l'action de la politique budgétaire. Le souhait d'une forte croissance des investissements publics (en Allemagne et au Royaume-Uni par exemple) comme l'acceptation de déficits et dettes publics plus importants (près de 5 % du PIB pour le déficit budgétaire américain, plus de 200 % du PNB pour l'endettement public au Japon) rencontrent désormais un plus large écho.

> *L'inflation est un indicateur économique qui n'a plus la même importance qu'autrefois.*

6 LA DÉFLATION DANS LA ZONE EURO

La déflation désigne d'abord la baisse généralisée et régulière des prix, mais aussi un processus économique qui se déclenche lorsque les ménages et les entreprises anticipent la poursuite de cette baisse de prix.
Comme l'a montré la crise des années 1930, lorsque les prix baissent, les ménages et les entreprises s'attendent à de nouvelles baisses des prix et retardent leurs achats, ce qui conduit les entreprises à réduire leur production ainsi que leurs effectifs. Ce phénomène s'étend à tous les secteurs, ce qui déclenche une spirale où la croissance, la consommation, l'emploi, les salaires et les profits des entreprises baissent.

Les économistes et les responsables économiques sont très vigilants sur ce risque, d'autant plus élevé que les agents et les États sont endettés. En effet, contrairement à l'inflation qui allège les remboursements des emprunts, la déflation les alourdit car le coût réel de la dette augmente mécaniquement pour les entreprises, les ménages et l'État. Cette dégradation de la situation financière des agents fragilise à son tour celle des banques qui ont prêté cet argent car elles craignent alors des défauts de paiement. Les banques offrent ainsi moins de crédits aux entreprises, accentuant la récession.

Aujourd'hui, le taux d'inflation dans la zone euro est très en-deçà des 2 %,cible que doit viser la Banque centrale européenne.

La dernière difficulté liée à la déflation, et qui achève d'en faire une menace redoutée, est qu'il est difficile de trouver les bonnes politiques économiques capables de la combattre. En effet, pour combattre l'inflation, les banques centrales augmentent les taux d'intérêt. Symétriquement, on pourrait penser que la déflation doit conduire à une politique de baisse des taux d'intérêt, afin de rendre le crédit plus facile. Or les taux d'intérêt sont déjà très faibles, si bien que les banques ne font aucun profit lorsqu'il s'agit de prêter aux entreprises, bloquant ainsi l'activité économique.
Aujourd'hui, le taux d'inflation dans la zone euro demeure en-deçà des 2 %, cible visée par la Banque centrale européenne.
Un débat oppose régulièrement ceux qui estiment que l'on est à la veille d'une nouvelle déflation en Europe et que la BCE doit réagir en faisant en sorte de favoriser la distribution de crédits aux entreprises, et ceux qui considèrent que la hausse des prix dans les pays de la zone euro est certes peu importante, mais que cela n'entraîne pas de conséquences économiques graves. Cette opposition existe au sein même des instances dirigeantes de la BCE, certains montrant une forte résistance à la poursuite des mesures d'assouplissement monétaire.

7 LA BCE, LA DÉFLATION et L'INFLATION

Depuis juin 2014, la Banque centrale européenne a annoncé des mesures de grande ampleur et fortement innovantes pour lutter contre le risque de déflation. En réussissant à vaincre les réticences des représentants de la Banque centrale allemande, la BCE a décidé de mettre en œuvre un nouvel assouplissement de sa politique monétaire en prenant des mesures dites « non conventionnelles ».

Depuis sa création, la BCE poursuit un objectif unique avec un taux d'inflation proche de 2 %, mais en 2014-2016, il ne s'agit plus de faire baisser le taux d'inflation pour le rapprocher de ce seuil, mais au contraire de provoquer une hausse des prix, afin d'éloigner les effets néfastes de la déflation.

Comme l'ont déjà pratiqué la Banque d'Angleterre et la *Federal Reserve* américaine, sous le nom de *Quantitative Easing* (QE), la BCE décide de mener des opérations de rachats d'actifs financiers, regroupés sous forme de titres (on parle de titrisation lorsque les prêts octroyés par les banques sont rassemblés en « paquets » pour être cédés à une autre institution financière qui assume alors le risque de défaut). Le QE, ou assouplissement quantitatif, est une politique monétaire « non conventionnelle » car la Banque centrale réalise alors des opérations qui s'éloignent de l'usage de ses outils traditionnels (taux directeurs, réserves obligatoires, etc.). Avec le QE, la Banque centrale acquiert des actifs plus ou moins risqués qui se trouvent dans le bilan des banques et, tout en allégeant ainsi leur bilan et en réduisant les risques de crise financière, elle leur donne la possibilité de prêter davantage à l'économie grâce aux nouvelles liquidités qu'elles reçoivent en contrepartie.

Il ne s'agit plus de faire baisser le taux d'inflation, mais de provoquer une hausse des prix afin d'éloigner les effets néfastes de la déflation.

Ces achats de titres par la Banque centrale peuvent aussi se porter sur des bons du Trésor émis par les États, ce qui s'apparente à un équivalent moderne de la « planche à billets », où un État émet autant de bons qu'il souhaite de ressources monétaires pour financer sa politique. Le QE consiste en définitive à accroître la quantité de monnaie dans l'économie.

Grâce à ces mesures, l'Union européenne a vu s'éloigner, en 2016-2017, les risques de déflation. L'Allemagne a même connu des tensions salariales et une inflation proche de 2 % en 2017, renforçant les doutes de ce pays quant aux mesures d'assouplissement monétaire. Même si la croissance européenne demeure faible, un certain nombre de pays critiquent la politique accommodante de la BCE. La faiblesse des taux d'intérêt pénalise les épargnants allemands tandis qu'elle gonfle artificiellement les prix des actions et de l'immobilier. Cette situation conduit surtout à ôter aux autorités toute marge de manœuvre face à la déflation et à la récession.

8 LA DÉSINDUSTRIALISATION

La notion de désindustrialisation est souvent entendue aujourd'hui comme synonyme de délocalisation. Les deux phénomènes sont liés puisque le transfert d'activités industrielles à l'étranger nourrit la désindustrialisation.
Mais les délocalisations touchent aussi les services tandis que la désindustrialisation est un processus ancien. La baisse du nombre des actifs dans l'industrie au profit de secteur tertiaire date du début des années 1970 (avec un maximum de 40 % d'actifs dans l'industrie en 1970).

La désindustrialisation se définit néanmoins par un deuxième trait, la diminution de la part de l'industrie dans le PIB. Celle-ci est passée de 29 % en 1980 à 20 % en 2004 et à 10 % en 2019 tandis que la part de l'emploi industriel (hors énergie et construction) chutait de 24 % à 12 % sur la même période.

Toutefois, si la part de l'industrie dans le PIB baisse, c'est d'abord le résultat d'un « effet prix » (baisse relative des prix industriels, liée aux gains de productivité), la part de l'industrie, en volume cette fois, étant stable depuis 20 ans, autour de 20 %. Par ailleurs, la baisse des effectifs est le résultat d'un processus d'externalisation et de sous-traitance renforcé par le développement de l'intérim dans l'industrie (personnel comptabilisé dans le secteur des services). La distinction industrie/service perd de sa pertinence.

Les autorités nationales remettent à l'honneur la politique industrielle et le redressement productif.

Depuis 1980, la France a détruit plus de 2 millions d'emplois industriels, avec une accélération depuis 2000, sans compensation en amont (activités high-tech) ou en aval (développement des services aux entreprises) comme lors des années précédentes. L'accentuation du phénomène de désindustrialisation s'explique dans une faible mesure par les délocalisations. Elle résulte plutôt de la recherche permanente de gains de productivité (plus de 5 % par an) qui, en étant supérieurs à la croissance, détruisent des emplois. De plus, on assiste à une exacerbation de la concurrence par le « bas » mais aussi par le « haut », dans les secteurs de l'espace ou de l'électronique par exemple, en raison des faibles coûts d'une main-d'œuvre qualifiée dans les pays émergents.

Les autorités nationales semblent aujourd'hui prendre conscience de ces évolutions et remettent à l'honneur la politique industrielle et le redressement productif. On reparle de pôles de compétitivité, de grands projets technologiques européens impulsés par les États et d'aides plus massives à la recherche et développement. Les investissements dans la transition énergétique et la lutte contre le réchauffement sont également mis en avant. Est recherché aussi le développement des réseaux d'entreprises, ou des systèmes productifs locaux, qui, à l'image des « districts industriels » italiens ou des « valley » américaines, rassemblent des entreprises proches qui tissent des liens (diffusion des informations et des connaissances techniques) et suscitent des effets externes au profit de tous.

9 LES DÉLOCALISATIONS

Une délocalisation désigne le transfert à l'étranger d'une activité existante en France suivi de l'importation de cette production.
Les délocalisations sont apparues dans les années 1980, conduisant à des licenciements dans les secteurs économiques traditionnels comme le textile ou l'habillement. Le phénomène a paru néanmoins limité, les créations d'emplois dans les services et la baisse du chômage dans les années 1990 réduisant les craintes d'alors.

Le phénomène suscite aujourd'hui de nouvelles interrogations puisqu'il touche désormais le travail qualifié, les produits industriels haut de gamme (espace, électronique) et les services (sous-traitance de services informatiques, centres d'appels par exemple). Avec le développement de pays comme la Chine ou l'Inde, peu d'emplois paraissent aujourd'hui protégés.

La France est, avec les États-Unis et le Royaume-Uni, le pays qui investit le plus à l'étranger et qui, dans le même temps, reçoit le plus d'investissements étrangers. La France, d'ailleurs, investit très peu en Asie. Mais les délocalisations peuvent aussi s'accélérer et toucher très fortement certaines régions.

La présence des groupes français à l'étranger résulte aussi de la volonté de rechercher la croissance et les débouchés là où ils se trouvent. Les entreprises allemandes ont adopté massivement une autre stratégie en délocalisant une part croissante de leurs productions vers les pays d'Europe centrale et orientale de façon à bénéficier, grâce à cette externalisation, d'une réduction de leurs coûts finaux tout en entretenant une pression sur les salaires allemands (exemple de Volkswagen en Slovaquie).

La présence des groupes français à l'étranger résulte aussi de la volonté de rechercher la croissance et les débouchés là où ils se trouvent.

La baisse des coûts salariaux ne peut être une solution car, outre la réduction de la demande qu'elle entraînerait, il s'agirait d'une course sans fin que l'économie et la société françaises ne pourraient supporter. Les solutions passent d'abord par la formation de la main-d'œuvre, la création d'un environnement favorable et attractif pour les entreprises (recherche et développement) et le développement de secteurs difficiles à délocaliser (tourisme, services à la personne). Toutefois, on constate que certaines grandes entreprises rapatrient aujourd'hui leurs productions face à l'accroissement des coûts de main-d'œuvre des pays étrangers et, surtout, afin de protéger leurs brevets et leur savoir-faire. Ces phénomènes participent de la transformation des chaînes de valeur.

Les États-Unis connaissent aussi des relocalisations, voire une certaine réindustrialisation avec l'augmentation des créations d'emplois industriels. Les facteurs explicatifs en sont la hausse des coûts salariaux en Chine, la politique de Donald Trump d'accorder des avantages fiscaux aux entreprises qui relocalisent leurs productions, mais aussi la baisse du coût du travail dans certains États américains (Sud-Est).

10 LES PAYS ÉMERGENTS FACE AUX PAYS DÉVELOPPÉS

Apparue dans les années 1980 pour caractériser les pays offrant des opportunités pour les investisseurs financiers, la notion de « marchés émergents » désigne aujourd'hui des pays dont le PIB par habitant est inférieur à celui des pays développés, mais dont les taux de croissance augmentent très rapidement.
On distingue généralement parmi les pays émergents les quatre plus grands regroupés sous l'acronyme BRICS (pour Brésil, Russie, Inde, Chine et Afrique du Sud).

Mais la liste des pays émergents est sujette à discussion car la Russie n'est pas un pays en développement à la différence de tous les autres pays considérés comme émergents. Les anciens NPI (nouveaux pays industrialisés) comme la Corée du Sud, Singapour ou Taïwan sont d'anciens pays émergents devenus des pays développés. Tous les pays émergents ont connu une augmentation de leur revenu par habitant et une augmentation de leur part dans l'économie mondiale liée à leur intégration rapide dans la mondialisation. Ils se caractérisent par des transformations structurelles importantes et un fort potentiel de croissance.

Si les pays émergents ont connu un ralentissement de leur économie avec la crise, leur poids à l'échelle mondiale continue de se renforcer.

Les pays émergents, essentiellement les pays asiatiques, ont mieux résisté à la crise que les pays développés. Alors que leur exposition à la demande mondiale les rendait encore plus fragiles, les pays émergents ont retrouvé leur taux de croissance d'avant la crise et, fait notable, ce sont eux qui ont tiré la croissance mondiale après 2010. Ils connaissent aujourd'hui des fragilités, notamment financières. Leurs exportations se sont ralenties avec la faible croissance des pays développés, tandis que la demande intérieure n'arrive pas à prendre le relais pour maintenir des taux de croissance importants. Pourtant, l'évolution des salaires pourrait marquer une inflexion de leur modèle de croissance et, à l'image de ce qui se passe en Chine, favoriser la demande intérieure, nouveau relais de croissance pour leur économie.

Ainsi, les BRICS représentent en 2019 environ 30 % du PIB mondial contre 20 % en 2005 (en parité de pouvoir d'achat). À l'inverse, les pays de l'OCDE, qui comptaient pour 60 % du PIB mondial en 2005, n'en représentent qu'un peu moins de 50 % en 2019. Par ailleurs, la Chine est devenue en 2014 la première puissance économique mondiale, devant les États-Unis, soit cinq années plus tôt que ce qui était attendu par les experts (en 2011, la Chine représentait 15 % du PIB mondial et les États-Unis 17 %), tandis que l'Asie et le Pacifique représentent désormais près du tiers du PIB mondial. En Afrique, trois pays, l'Afrique du Sud, l'Égypte et le Nigéria, représentent la moitié de l'économie africaine. ■

11 LE BREXIT

Le 23 juin 2016, les électeurs britanniques ont voté par référendum en faveur de la sortie du Royaume-Uni de l'Union européenne (Brexit ou *Britain exit*). Pour la première fois depuis la création de l'Union européenne il y a plus de 60 ans, un pays décide de renoncer à l'intégration au sein de l'économie européenne.

Les gouvernements britanniques, avec Theresa May puis Boris Johnson, ont souvent mis en avant un *hard Brexit* afin de pouvoir restreindre l'entrée de travailleurs étrangers sur le sol britannique, quitte à renoncer aux avantages d'un marché unique, sans restriction, de 450 millions de consommateurs. Cette orientation correspondait au souhait des 27 autres pays membres qui, craignant un effet de contagion sur leur propre opinion publique, refusaient que le Royaume-Uni conserve un accès direct au marché unique européen pour leurs exportations en s'affranchissant des règles européennes communes (au premier rang desquelles figure le droit de tous les Européens de s'établir librement dans un autre État membre de l'Union européenne).

Avec le Brexit, le coût des échanges commerciaux avec l'Union européenne sera plus élevé et le Royaume-Uni devra renégocier les accords commerciaux avec ses voisins. Il devra également renégocier les accords de libre-échange signés par l'Union européenne avec l'ensemble des pays tiers. De nombreux investisseurs devraient ainsi hésiter ou refuser de s'installer au Royaume-Uni, ne bénéficiant plus de la porte d'entrée vers tous les pays membres grâce au marché unique. Les services financiers pourraient être touchés avec la fin du « passeport » européen qui permet de vendre un produit financier réalisé à Londres (la City) dans toute l'Union européenne.

Pour la première fois depuis la création de l'UE, un pays décide de renoncer à l'intégration au sein de l'économie européenne.

Ajoutée à ces conséquences, l'incertitude des investisseurs étrangers sur les futures relations entre le Royaume-Uni et l'Union européenne pourrait contribuer à la baisse de la devise britannique. Une baisse de la livre sterling peut dès lors favoriser les exportations, mais le Royaume-Uni importe davantage qu'il n'exporte (45 % de ses exportations vont vers l'Union européenne), si bien que l'effet sur le coût des importations sera le plus important. Ainsi, la hausse des prix des biens importés peut relancer l'inflation et provoquer une baisse du pouvoir d'achat des ménages. La diminution des investissements directs étrangers contribuera en outre à faire baisser la valeur de la livre sterling et à entretenir ces mécanismes. Toutefois, ces phénomènes ne se sont pas vraiment réalisés durant la phase de transition. Les gouvernements européens craignent désormais que les Britanniques mènent une politique ultra-libérale (baisse des impôts et des charges sur les entreprises) afin d'attirer les investisseurs au détriment des autres pays. Cette politique non coopérative accentuerait la concurrence fiscale au sein de l'Union européenne et creuserait les déficits publics.

12 LES COMMUNS

La notion de « Communs » ou de « Biens communs » rencontre aujourd'hui un large écho car elle montre que le marché ainsi que l'État ne sont pas les seules formes d'organisation possibles des relations économiques.

Les Communs trouvent leur origine dans l'existence des « biens communaux » qui permettaient aux plus misérables d'obtenir quelques ressources (ramassage de bois mort, pâturage) avant que la Révolution industrielle ne profite du mouvement des « enclosures » (élévation de clôtures aux XVIIe et XVIIIe siècles), provoquant ainsi de vastes migrations vers les centres urbains. Aujourd'hui, un nombre croissant de ressources peuvent être analysées sous l'angle des Communs car l'accès à ces ressources, leurs usages comme leur gestion ne reposent ni sur la propriété privée et les mécanismes du marché, ni sur la propriété et la gestion de l'État (eau, air, espaces urbains, atmosphère, ressources marines, logiciels libres, ressources sur Internet, etc.).

Les Communs reposent sur des règles de partage et de réciprocité ainsi que sur des institutions gérées par des communautés.

Contrairement aux libéraux, qui estiment que la propriété commune d'une ressource conduit à son épuisement et à sa ruine (phénomènes de passager clandestin), ce qui justifie à leurs yeux une privatisation, d'autres économistes, au premier rang desquels figure l'américaine Elinor Ostrom (première femme à obtenir le prix Nobel d'économie en 2009), ont montré qu'il ne fallait pas confondre les Communs (*Commons* en anglais) avec des ressources dans lesquelles chacun puise comme il le souhaite. Les Communs reposent sur des règles et des régulations (règles de partage et de réciprocité) ainsi que sur des institutions gérées par des communautés qui ne sont ni des entreprises, ni l'État, mais des associations d'usagers privilégiant les relations de coopération.

Les Communs désignent donc des ressources dont l'usage et la gestion sont partagés et assurés par un collectif ou une communauté ; la question de la propriété étant en définitive moins importante que celles de l'accès et des décisions à prendre.

La notion de Communs déborde aujourd'hui le champ de l'économie pour aller vers celui du politique, comme nouvelle forme d'organisation sociale et d'action collective. C'est par exemple, la réappropriation d'espaces publics où, face au manque d'équipements, les habitants s'organisent pour proposer leurs propres activités. Cette notion s'élargit aussi car les Communs ne concernent plus seulement les ressources environnementales mais aussi les ressources immatérielles ou urbaines. On peut ainsi parler des Communs numériques pour désigner toutes les ressources numériques produites et gérées par une communauté (Wikipédia en est le meilleur exemple).

13 LES CLASSES MOYENNES EN CRISE ?

Les classes moyennes salariées, et en particulier les « professions intermédiaires », ont le sentiment d'une dégradation de leurs conditions de vie et s'inquiètent fortement pour leur avenir comme l'a montré le mouvement des « Gilets jaunes » apparu en octobre 2018.

Les classes moyennes reçoivent moins d'aides que les catégories populaires ou les plus déshérités (chômeurs, exclus, etc.). Elles ne bénéficient pas des privilèges des classes supérieures (patrimoine, plus-values immobilières ou financières, etc.) et se sentent aujourd'hui remises en question. Elles vivent même un véritable bouleversement historique puisque c'est la première fois dans l'histoire que la situation globale de la jeune génération est moins favorable que celle de ses parents.

Cette crise des classes moyennes peut se caractériser par de multiples éléments :

– l'ascenseur social est en panne et de moins en moins de personnes actives ont un statut supérieur à celui de leur père ;

– leurs revenus stagnent, voire ralentissent depuis la crise des années 1970. Alors qu'après-guerre, un salarié pouvait espérer le doublement de son salaire en vingt ans, il faudrait maintenant 140 ans pour le même résultat ;

– les diplômes voient leur rendement diminuer et l'entrée dans la vie active avec un baccalauréat ou un Bac + 2 n'autorise plus, comme durant les années 1960 et 1970, l'accès à des professions intermédiaires ou de cadres ;

– la précarisation et l'appauvrissement des jeunes, qui pesaient dans les années 1980 sur les seules classes populaires, se sont diffusés à partir des années 1990 à tous les enfants des classes moyennes.

Les classes moyennes salariées ont été les premières bénéficiaires des Trente Glorieuses (1945-1975) et de ses progrès économiques, sociaux et culturels, progrès qui se sont ensuite diffusés au reste de la population (promotion sociale et professionnelle, accession à la propriété du logement, départs en vacances, retraites, égalité hommes-femmes, etc.). Or elles subissent aujourd'hui un certain déclassement et, surtout, craignent ce déclassement pour leurs propres enfants.

Les classes moyennes subissent aujourd'hui un certain déclassement.

Certes, ces difficultés sont sans commune mesure avec celles que connaissent les plus déshérités, mais elles peuvent entraîner des bouleversements sociaux et politiques.

Les classes moyennes les moins bien loties ont largement animé, avec une partie des classes populaires, le mouvement des « Gilets jaunes ». Au-delà de la revendication initiale portant sur le prix de l'essence, ces membres de la classe moyenne (employés, infirmières, agents commerciaux, etc.) ont le sentiment d'une profonde injustice sociale, d'autant que pour la première fois leurs revenus ont cessé de progresser ces dernières années. ■

14 LES POLITIQUES DE DISCRIMINATION POSITIVE

Faut-il mettre en œuvre, en France, des politiques de discrimination positive ? Cette notion provient de la politique d'« affirmative action » adoptée à partir des années 1970 aux États-Unis afin de favoriser l'intégration sociale des minorités noires et hispaniques. Dans certaines situations, comme l'accès à l'université ou à un emploi, l'appartenance à une minorité de couleur permet d'obtenir une priorité par rapport aux autres Américains.

La discrimination positive, qui consiste à « donner plus à ceux qui ont le moins », implique une dérogation par rapport au principe républicain selon lequel tous les individus ont les mêmes droits. La justification des politiques de discrimination positive est que l'égalité des droits demeure théorique puisque dans la réalité, par exemple, le taux de chômage des jeunes issus de l'immigration est trois fois plus élevé que celui des autres jeunes. La discrimination positive est donc une politique de rattrapage entre différents groupes et vise à promouvoir une meilleure égalité des chances, à défaut d'une plus grande égalité de fait. À l'extrême, la discrimination positive s'inscrit dans un principe d'égalité plus exigeant pour lutter contre les discriminations sociales.

La discrimination positive est une politique de rattrapage entre différents groupes et vise à promouvoir une meilleure égalité des chances.

Le Conseil constitutionnel français a admis que le principe d'égalité des droits ne s'opposait pas à ce que des mesures particulières règlent « de façon différente des situations différentes ». D'ailleurs, la Constitution française a été révisée en 1999 et en 2003 pour permettre l'instauration de certains types de discrimination positive au profit des femmes (parité pour les élections) et des populations des collectivités d'outre-mer.

La discrimination positive est cependant critiquée. D'autant que les inégalités aux États-Unis ont plutôt tendance à s'accentuer, au détriment de la minorité noire. On craint ainsi que la politique de discrimination positive ne conduise à réduire les politiques générales de lutte contre les inégalités (logement, santé, éducation). Certains refusent aussi ces mesures préférentielles qui, en créant de nouvelles inégalités, pourraient stigmatiser les personnes concernées. Une application de ces mesures doit néanmoins veiller aux critères retenus, en excluant toute logique qui ferait dépendre un droit de l'appartenance à une communauté religieuse ou ethnique. En France, les politiques de discrimination positive territoriale sont conformes aux principes républicains car ce sont les caractéristiques socioéconomiques qui sont prises en compte et non l'« origine » (ethnique ou religieuse) de leurs bénéficiaires (pays anglo-saxons).

15 DÉMOCRATIE et RÉPUBLIQUE

On qualifie indifféremment de démocratie ou de République la plupart des pays occidentaux, à l'exception des monarchies constitutionnelles (Royaume-Uni, Espagne, par exemple). Pourtant, ces deux notions se distinguent dans leur essence même.

La démocratie s'attache avant tout à la préservation des libertés et des droits des individus, notamment face à l'arbitraire qui, parfois, vient de l'État lui-même. Ainsi, la démocratie privilégie les libertés d'opinion, de réunion, de culte, et de propriété, etc. Toutes ces libertés figurent dans la Déclaration des droits de l'homme et du citoyen du 26 août 1789 qui est au fondement de la tradition républicaine française, de la même façon que les grandes lois de la IIIe République sur les libertés essentielles (libertés syndicale, de la presse, d'association).

La République met davantage en avant le citoyen en ce qu'il participe à la vie publique ; elle insiste sur le devoir de participation aux affaires de la cité et privilégie l'unité du peuple en vue de la réalisation d'objectifs communs.

La valorisation des individus et de leurs droits peut mener à une société individualiste avec les égoïsmes qui priment sur les intérêts collectifs.

La distinction entre la démocratie, qui privilégie l'individu, son autonomie et ses intérêts privés, et la République, qui met en avant le citoyen et l'engagement civique, renvoie en réalité à la difficulté de « penser ensemble individu et société, à recomposer une société à partir des individus » (Marcel Gauchet) comme le montrent les dérives auxquelles ces modes d'organisation du « vivre ensemble » peuvent conduire. La valorisation des individus et de leurs droits peut mener à une société excessivement individualiste, avec les égoïsmes et les particularismes qui priment sur les intérêts collectifs, au point de fragiliser la vie républicaine. Ce risque a bien été perçu par Alexis de Tocqueville qui redoutait la disparition chez les individus de toute « vertu publique » avec le développement de l'individualisme et de la passion pour l'égalité dans les sociétés démocratiques.

La dérive républicaine qui menace la démocratie apparaît lorsque la réalisation de la volonté générale devient prioritaire, au risque de mettre au second plan le respect des libertés et l'autonomie des individus (en 1793 par exemple, lorsque les libertés proclamées en 1789 sont suspendues), avec le primat donné à l'unité s'accommodant mal du respect du pluralisme.

Ces deux notions présentent des complémentarités dans la mesure où chacune est l'antidote des dérives potentielles de l'autre. Ainsi, le contrôle de constitutionnalité garantit les droits fondamentaux des individus face à certaines lois censées exprimer la volonté générale.

Par ailleurs, face aux grandes remises en cause des libertés individuelles au cours du XXe siècle, ce sont des engagements citoyens qui ont permis de résister à l'oppression et à la barbarie. ■

16 LAÏCITÉ et RÉPUBLIQUE

Ce n'est pas tant la commémoration de la loi de 1905, qui instaura la séparation des Églises et de l'État, que les débats autour du « foulard islamique » des collégiennes et des lycéennes qui ont mis la conception française de la laïcité sur le devant de la scène. La France se distingue en effet de la Grande-Bretagne ou de l'Allemagne (certains länder), pays où des enseignantes musulmanes peuvent, par exemple, porter le foulard dans les écoles publiques. Ces pays appliquent l'article 9 de la Convention européenne des droits de l'homme, selon lequel toute personne a « la liberté de manifester sa religion ou sa conviction, individuellement ou collectivement, en public ou en privé ». La France a certes signé ce texte, mais elle a obtenu que soit reconnue la primauté de sa conception de la laïcité. En France, en effet, « La République ne reconnaît, ne subventionne, ni ne salarie aucun culte. » (article 2 de la loi de 1905)

La laïcité, qui est aujourd'hui inscrite dans la Constitution, est à l'origine du pacte républicain de la IIIe République qui visait à mettre fin à l'influence de l'Église catholique sur les institutions, l'école notamment. La loi de 1905 consacrait alors l'égalité de toutes les religions et convictions (y compris celle de ne pas croire) ainsi que la neutralité de l'État. Au-delà même de ces dispositions réglementaires, la laïcité incarnait surtout l'idéal égalitaire et émancipateur issu de la Révolution française, dont l'instruction devenait le principal vecteur. L'école est un lieu de neutralité où nul ne doit se distinguer par sa religion, ses origines sociales ou culturelles. La religion, loin d'être dénoncée, doit seulement être cantonnée à la sphère privée. Grâce à cette conception, chacun se voit donner la possibilité de s'émanciper de ses appartenances et de ses origines. Plus récemment, avec le débat sur le voile, c'est le refus de toute discrimination entre hommes et femmes qui a été aussi avancé.

La laïcité est à l'origine du pacte républicain de la IIIe République qui visait à mettre fin à l'influence de l'Église catholique sur les institutions, l'école notamment.

Comment dès lors concilier ce principe de laïcité et de neutralité avec celui de liberté ? Le Parlement français a voté le 15 mars 2004 la loi encadrant le port de signes religieux à l'école. D'après celle-ci, « le port de signes ou de tenues par lesquels les élèves manifestent ostensiblement une appartenance religieuse » est interdit dans les écoles, collèges et lycées (y compris les classes préparatoires) publics. Cette interdiction pour les élèves s'applique à toutes les activités placées sous la responsabilité des établissements, qu'elles se déroulent à l'intérieur ou non de ceux-ci. Les élèves ont néanmoins le droit de porter des signes religieux discrets, contrairement aux agents contribuant au service public de l'éducation.

17 LA MIXITÉ SOCIALE

La mixité sociale est le fait de rassembler ou de maintenir la diversité des différentes catégories sociales sur le même territoire.
Problématique de politique de la ville, la mixité sociale se pose aussi en matière d'éducation comme le montre le débat sur la carte scolaire. Celle-ci, qui oblige les parents à inscrire leurs enfants dans un établissement que les autorités ont jugé proche de leur domicile, avait été précisément instaurée dans le but de maintenir une certaine mixité sociale.

Pourtant, au-delà d'une acceptation théorique de la mixité sociale, la société française paraît la rejeter. Les choix résidentiels, comme les stratégies de contournement de la carte scolaire, produisent depuis quelques décennies une dynamique propre qui conduit à exacerber les regroupements des mêmes catégories sociales sur un même territoire donnant ainsi naissance à des « ghettos » pour les catégories favorisées comme pour les catégories défavorisées.

L'affaiblissement de la mixité sociale en France est la source d'innombrables difficultés sociales.

On peut en trouver une explication dans l'histoire de la politique de logement social depuis la Seconde Guerre mondiale. Après la guerre, dans un contexte de pénurie de logements et de reprise économique (Trente Glorieuses), la construction des HLM (1950) est massive. La dégradation des conditions macroéconomiques au milieu des années 1970 se répercute sur l'habitat social et ses occupants. Le lien social se distend. Une part des occupants des logements sociaux part chercher un emploi ailleurs. Elle est remplacée par des populations en situation plus précaire.

L'économiste Éric Maurin avance de son côté une explication plus sociologique qui complète et renforce l'analyse précédente. Il met en évidence, dans *Le Ghetto français, Enquête sur le séparatisme social* (2004), les stratégies des familles qui, par peur du déclassement social, cherchent à s'éloigner d'autres groupes sociaux ainsi que des territoires où ils sont fortement représentés. Dès lors, « Le ghetto français n'est pas tant le lieu d'un affrontement entre inclus et exclus que le théâtre sur lequel chaque groupe s'évertue à fuir ou à contourner le groupe immédiatement inférieur dans l'échelle des difficultés ».

L'affaiblissement de la mixité sociale en France est la source d'innombrables difficultés sociales : crise des banlieues, développement de l'échec scolaire, échec de l'intégration. Au-delà de ces questions de société, c'est l'idéal républicain d'égalité des chances qui n'a plus de réalité pour une fraction de la population. Pour tenter de faire progresser la mixité sociale, des lois ont aussi été conçues, comme la loi SRU (Solidarité et renouvellement urbain) de 2000 qui impose aux communes de plus de 3 500 habitants d'atteindre un taux de 20 % de logements sociaux (taux porté à 25 % en 2013).

18 LE DÉCLASSEMENT SOCIAL

Si les progrès de la mobilité sociale se sont surtout réalisés en France durant les Trente Glorieuses, les années récentes se caractérisent plutôt par le constat d'un « ascenseur social en panne » et par la crainte de plus en plus forte d'un déclassement social parmi de nombreux groupes sociaux.
Le sociologue Camille Peugny montre en effet la persistance de l'immobilité sociale au cours des trois dernières décennies pour les enfants d'ouvriers et d'employés, tandis que la reproduction sociale augmente pour les catégories supérieures puisqu'en 2014-2015, 47 % des enfants de cadres supérieurs ou professions intellectuelles occupent le même type de profession que leur père alors qu'ils étaient 33 % dans ce cas en 1983.

Le risque de déclassement social, rare durant les décennies de forte croissance économique, devient aujourd'hui plus fréquent pour les générations nées à partir des années 1960. Un indicateur global permet de mesurer cet écart entre les générations, le ratio « personnes mobiles ascendantes / personnes mobiles descendantes ». Pour les hommes de 35 à 59 ans, ce ratio n'est plus que de 1,8 (3,4 chez les femmes) alors qu'il était d'environ 3 entre 1977 et 2003 (il y avait 3 fois plus de personnes mobiles ascendantes que de personnes mobiles descendantes).
Si les nouvelles générations d'actifs sont beaucoup plus diplômées qu'il y a trente ans, l'augmentation de l'emploi qualifié n'a pas été aussi forte que celle de l'offre de diplômés. Dans le contexte d'un chômage massif persistant, certains jeunes diplômés sont ainsi amenés à accepter des emplois faiblement qualifiés ou faiblement rémunérés, plutôt que de n'avoir aucun emploi. Ce déclassement, qu'il soit perçu par les jeunes ou mesuré statistiquement, touche environ un jeune sur quatre, trois ans après la fin des études. Par ailleurs, les femmes, qui connaissent une mobilité sociale plus grande que celle des hommes, sont aussi les plus exposées au risque de déclassement intergénérationnel. Même lorsqu'elles sont fortement diplômées, elles rencontrent un « plafond de verre » qui réduit leurs chances de mobilité sociale ascendante.

Le risque de déclassement social, rare durant les décennies de forte croissance économique, devient aujourd'hui plus fréquent pour les générations nées à partir des années 1960.

Enfin, il est important de prendre en compte la distinction entre la « mobilité objective », qui est mesurée par les statistiques, et la « mobilité subjective », telle qu'elle est vécue et évaluée par les intéressés. Nombre de personnes, « immobiles » selon les statistiques, estiment pourtant connaître des situations de déclassement, notamment parce qu'elles se réfèrent davantage à leur environnement (social, culturel, urbain, amical, etc.) et à d'autres personnes qu'à la situation professionnelle de leur père.

Articles
THÉMATIQUES

Balance des paiements

La balance des paiements est un compte statistique, établi et publié par la Banque de France, qui retrace l'ensemble des relations économiques (commerciales, financières et monétaires) effectuées durant une année entre la France et l'extérieur. Elle se compose de plusieurs balances particulières qui s'emboîtent les unes dans les autres.

SOMMAIRE

- La balance commerciale
- La balance des transactions courantes
- La balance des paiements
- Signification économique des soldes extérieurs

La balance commerciale

Définition

La **balance commerciale** enregistre les flux de marchandises entre la France et le reste du monde, c'est-à-dire les **exportations** (ventes à l'étranger de marchandises produites par des entreprises installées en France) et les **importations** (achats par les agents économiques installés en France de marchandises fabriquées à l'étranger).

Le **solde commercial** est égal à la différence entre les exportations et les importations.

Balance commerciale
Compte statistique qui retrace les échanges de marchandises (biens matériels) entre un pays et le reste du monde.

Solde commercial
Différence entre les exportations et les importations.

solde commercial = exportations – importations

Si l'on vend à l'étranger autant de produits qu'on lui en achète, le solde de la balance commerciale est nul et la balance commerciale est en équilibre (**équilibre commercial**). Si les exportations sont supérieures aux importations, l'économie dégage un **excédent commercial** (solde commercial positif).

La situation opposée correspond à un **déficit commercial** (solde négatif de la balance commerciale).

Déficit commercial
Solde négatif de la balance commerciale résultant d'exportations inférieures aux importations.

La notion de **commerce extérieur** correspond « stricto sensu » aux échanges de marchandises, même si on l'emploie parfois dans un sens plus large (ensemble des biens et services échangés).

Comment calculer les échanges de marchandises ?

Qui exporte et qui importe les marchandises ? Dans la balance commerciale, et plus généralement la balance des paiements, résidents et non-résidents sont distingués. Les **résidents** en France se définissent comme des unités (entreprise, personne) effectuant des opérations économiques pendant un an ou plus sur le territoire économique français. Ainsi, les étrangers vivant en France sont des résidents (à l'exception des fonctionnaires internationaux et des diplomates) tandis que les Français de l'étranger sont des non-résidents. De même, les opérations réalisées par une filiale américaine d'une entreprise française avec sa maison-mère sont considérées comme des opérations avec l'étranger.

Comment évaluer les échanges ? Cette évaluation se fait sur la base des « transactions », c'est-à-dire lorsque les marchandises franchissent la frontière. Au sein de l'Union européenne cependant, les échanges ne sont plus comptabilisés aux frontières depuis le 1er janvier 1993, mais déclarés spontanément aux douanes par les entreprises, en même temps que la TVA.

Les exportations sont évaluées **« franco à bord » (FAB)**, ou en termes anglo-saxons ***free on board*** **(FOB)**, ce qui correspond au prix de vente du bien lui-même (y compris les frais de transport jusqu'à la frontière). En revanche, les importations recensées à la frontière incluent, outre le prix du bien, les coûts d'assurance et de transport (**CAF**, pour **coût assurance fret**) nécessaires pour les acheminer à la frontière française. Comme ces frais accessoires ne correspondent pas à des échanges de marchandises (ils devraient plutôt figurer dans les échanges de « services »), on préfère aux évaluations douanières FAB/CAF une autre évaluation, dite FAB/FAB, plus fidèle aux échanges réels de marchandises.

La balance des transactions courantes

Désignée aussi sous les termes de **balance des opérations courantes**, de **balance des paiements** courants, ou plus simplement de balance courante, la **balance des transactions courantes** regroupe la balance commerciale et la **balance des invisibles** qui recense l'ensemble des échanges de biens immatériels avec l'extérieur.

Compte ou balance des transactions courantes
Compte statistique qui retrace l'ensemble des échanges de biens et de services entre un pays donné et l'étranger.

En quoi consistent ces biens « **invisibles** » ? Ce sont d'abord les échanges de services dont les grandes catégories sont les services liés au commerce extérieur (les transports, les assurances), le tourisme, les services liés aux échanges de technologie (grands travaux, brevets, redevances, services de gestion, etc.), certains revenus du travail (travailleurs frontaliers) et les revenus du capital sous forme d'intérêts et de dividendes. On établit ainsi une **balance des services**.

Le second ensemble qui compose, avec les services, la balance des invisibles correspond aux transferts courants qui sont des opérations sans contrepartie. Il s'agit par exemple des revenus des travailleurs immigrés envoyés dans leur pays d'origine ou de dons (comme l'aide publique au développement) accordés par la France à d'autres États.

Exemple d'échanges de services

Exportations de services = gains de devises	Importations de services = nécessité d'obtenir des devises
• Tourisme des étrangers en France • Salaires des travailleurs français frontaliers • Revenus des capitaux français investis à l'étranger • Revenus provenant des grands travaux réalisés à l'étranger	• Transports internationaux utilisés pour les exportations de marchandises • Salaires versés par les entreprises à des salariés étrangers non résidents • Versement d'intérêts pour les emprunts contractés à l'étranger • Achats de brevets à l'étranger

Depuis quelques années, la France présente les opérations courantes d'une autre façon. On ne parle plus de balance des transactions courantes mais de « **compte des transactions courantes** », retraçant les opérations suivantes : les biens (balance commerciale) et services ; les revenus et les transferts courants.

De quoi se compose la balance des transactions courantes ?

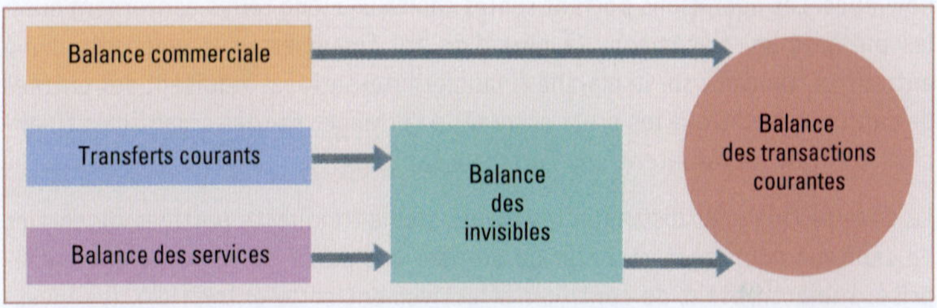

La balance des paiements

Définition

La balance des paiements regroupe trois grands comptes ainsi qu'un poste « erreurs et omissions », qui est un poste d'ajustement lié aux difficultés statistiques d'enregistrement des transactions entre pays. Ce sont le compte des transactions courantes, le compte de capital et le compte financier.

Le **compte de capital** retrace les transferts en capital entre la France et l'étranger. Il s'agit surtout des transferts financiers entre la France et l'Europe, avec ceux que reçoit la France mais essentiellement avec la contribution de la France au budget des institutions communautaires européennes.

Le **compte financier** retrace les échanges de capitaux entre la France et l'étranger. Autrefois, on parlait de **balance des capitaux** pour ces opérations, en distinguant capitaux à long terme et capitaux à court terme.

En quoi consistent les échanges de capitaux ? Il s'agit par exemple des investissements entre les pays. Lorsque la France investit à l'étranger, il y a sortie de capitaux. À l'inverse, les investissements étrangers en France correspondent à une entrée de capitaux. On constate ainsi que du point de vue de l'économie française, un investissement de l'étranger en France

Balance des paiements
Compte statistique qui retrace l'ensemble des relations économiques (commerciales, financières et monétaires) effectuées durant une année entre un pays et l'extérieur.

Compte financier
Nom donné en France à la balance des capitaux.

Balance des capitaux
Compte statistique retraçant l'ensemble des échanges de capitaux entre un pays et le reste du monde.

Solde financier (ou solde de la balance des capitaux)
Différence entre les entrées de capitaux en France (apports de devises) et les sorties de capitaux (nécessité d'obtenir des devises).

est équivalent à une exportation puisque dans les deux cas, il y a gain de devises nouvelles. Les opérations portant sur les capitaux à long terme concernent aussi les prêts et les placements (à plus d'un an) financiers. Les emprunts d'une entreprise française sur le marché financier international induisent des entrées de capitaux tandis que les prêts accordés à l'étranger par des organismes financiers français représentent une sortie de capitaux.

Le compte financier distingue les investissements directs (entrées ou sorties de capitaux pour créer, racheter ou prendre une participation dans une entreprise, l'objectif étant de contrôler effectivement cette entreprise), les investissements de portefeuille (achats ou vente de parts sociales ou d'actions dans une optique de rentabilité, sans participer à la gestion) et les autres investissements (flux de capitaux à court terme).

De quoi se compose la balance des paiements ?

• **Compte de transactions courantes** – Biens et services – Revenus – Transferts courants • **Compte de capital**	• **Compte financier** – Investissements directs – Investissements de portefeuille – Autres investissements – Avoirs de réserve • **Erreurs et omissions**

Un compte toujours équilibré

La balance des paiements est un compte où l'on enregistre en même temps deux opérations dont l'une est la contrepartie de l'autre. Ainsi, par application des règles de la comptabilité en partie double, on dispose d'un compte équilibré.

Prenons un exemple. Une exportation de 500 euros est réglée immédiatement par le client étranger et une exportation de 1 000 euros est assortie d'un crédit commercial à court terme de 600 euros. On remarquera que, par convention, les signes du poste « variation des avoirs de réserve » sont opposés à ceux du reste de la balance des paiements. Ainsi, une variation de « 900 euros » correspond à une augmentation des devises (on parle de réserves de change).

Réserves de change

Masse totale des devises dont dispose un pays à un moment donné.

La variation des avoirs de réserve

Crédit (+)		Débit (–)
+ 500 + 1 000	Balance commerciale	
	Compte financier	– 600
	Variation des avoirs de réserve	– 500 – 400

Comment peut-on alors parler, comme on le fait souvent, de balance des paiements « excédentaire » ou « déficitaire » ? En fait, on distingue dans une balance des paiements deux ensembles, le premier regroupant les transactions courantes, les mouvements de capitaux à long terme et les mouvements de capitaux à court terme du secteur privé non bancaire et le second, correspondant aux avoirs de réserve. Le premier ensemble peut être ainsi déficitaire ou excédentaire. C'est à cette balance qu'il est fait référence lorsque, par abus de langage, on mentionne une balance des paiements déficitaire ou excédentaire.

La variation des **avoirs de réserve** peut être considérée comme un compte « caisse » du bilan des relations économiques avec l'étranger puisqu'il regroupe les moyens de financement destinés à « solder » la balance des paiements, toujours équilibrée.

Signification économique des soldes extérieurs

Déficit courant
Solde négatif de la balance (ou du compte) des transactions courantes.

La balance des transactions courantes recense toutes les opérations définitives d'un pays, c'est-à-dire les opérations qui ne sont pas suivies, ultérieurement, d'un flux en sens inverse (à la différence des mouvements de capitaux). Le solde des transactions courantes est l'un des résultats le plus important pour une économie. S'il est négatif (**déficit courant**), cette économie vit au-dessus de ses moyens, puisqu'elle consomme et investit davantage qu'elle ne produit. Pour financer cette consommation ou cet investissement supplémentaire, elle doit faire appel à l'extérieur.

Solde courant et solde de capitaux

Ceci apparaît dans l'analyse de la balance des paiements puisqu'un déficit des transactions courantes correspond, compte tenu de l'équilibre de la balance des paiements, à un excédent de la balance des capitaux (ou du compte financier). Cet excédent résulte d'un endettement de la nation vis-à-vis de l'extérieur, d'investissements étrangers dans le pays ou d'une réduction des créances sur l'extérieur. Ainsi, c'est l'épargne étrangère qui vient compenser le déficit des transactions courantes, c'est-à-dire l'insuffisance de l'épargne nationale.

À l'inverse, un pays dont la balance des transactions courantes est excédentaire produit davantage qu'il ne consomme et investit lui-même. Il dégage de ce fait une épargne supplémentaire qu'il peut placer, sous différentes formes, à l'étranger.

Il résulte de tout cela qu'un excédent de la balance des capitaux n'est pas nécessairement une bonne chose puisque des entrées de capitaux supérieures aux sorties améliorent peut-être à court terme la situation de la balance des paiements (en venant compenser le déficit courant), alors qu'à plus longue échéance, il faudra rembourser les prêts (mouvements de capitaux en sens inverse), verser des intérêts ou des dividendes correspondant à la rémunération des capitaux investis en France (d'où une détérioration du solde des invisibles). En revanche, un déficit de la balance des capitaux peut traduire de forts investissements réalisés à l'étranger et donc des revenus futurs (amélioration du solde des invisibles).

Que se passe-t-il enfin lorsque les soldes des transactions courantes et des capitaux ne coïncident pas ? Dans ce cas, ce sont les opérations monétaires (réserves de change) qui assurent l'équilibre de la balance des paiements. Si, par exemple, le déficit des transactions courantes est supérieur à l'excédent de la balance des capitaux, les réserves de change, les devises vont diminuer. Si l'excédent des flux de capitaux est supérieur au montant du déficit courant, les réserves de change s'accroissent.

L'ajustement de la balance des paiements

Face à un déficit courant, deux problèmes se posent. Il faut, d'une part, financer ce déficit (les fournisseurs étrangers doivent, en effet, être payés) et, d'autre part, il est nécessaire de redresser les comptes extérieurs. L'**ajustement** de la balance des transactions courantes correspond précisément au processus de rééquilibrage d'une balance déficitaire.

La politique d'ajustement décrit le ou les instruments choisis par les autorités pour redresser les comptes extérieurs. Cette politique peut prendre deux formes, soit une manipulation des taux de change, dans le sens d'une dépréciation pour modifier les flux d'échanges (politique de change), soit une réduction de la demande grâce aux instruments traditionnels de la politique économique.

Le déficit courant

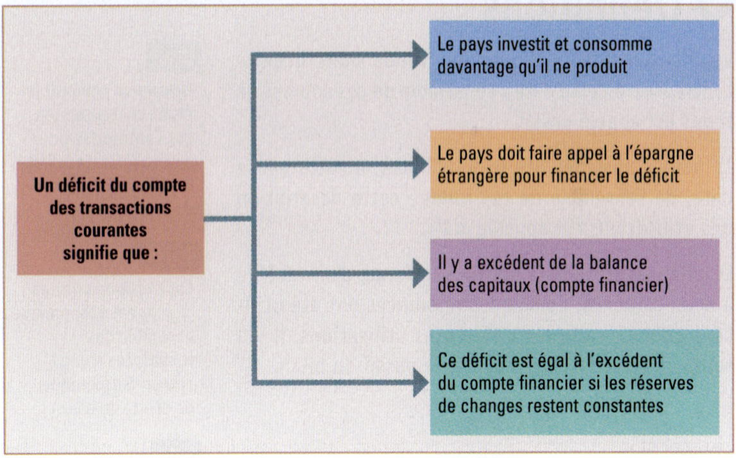

Lire aussi » Change - Commerce extérieur

Bilan

Le bilan est un document comptable que doit établir chaque entreprise à la fin d'une période d'un an (appelée exercice comptable).
Ce document constitue une photographie, à un instant donné, de la situation du patrimoine de l'entreprise. Il donne ainsi un nombre important de renseignements sur l'entreprise.

SOMMAIRE

→ Définitions

→ Les composantes du bilan

Définitions

Le **bilan** indique l'origine des fonds dont dispose l'entreprise à cette date ; l'ensemble de ces sources de fonds est appelé **passif**.

Il indique aussi les utilisations faites, à cette même date, de l'ensemble de ces fonds ; cette description des utilisations est appelée **actif**.

Le bilan se présente alors sous la forme d'un tableau à deux colonnes. Comme les ressources ont été utilisées pour financer les différentes utilisations, il y a toujours égalité entre l'actif et le passif du bilan.

Bilan	
Actif	Passif

Le bilan de l'entreprise doit être distingué du **bilan social** qui est un document, obligatoire dans les entreprises de plus de 300 salariés, retraçant les principaux indicateurs sociaux de l'entreprise : emploi (effectifs, embauches et départs, absentéisme, etc.), rémunérations et charges sociales, conditions de travail, formation, conditions d'hygiène et de sécurité.

Bilan
Document comptable établi chaque année par l'entreprise pour présenter, à un instant donné, la situation de son patrimoine.

Passif
Ensemble des dettes d'un agent économique ; ensemble des ressources d'une entreprise (colonne de droite du bilan).

Actif
Ensemble des biens et des créances appartenant à un agent économique.

Les composantes du bilan

Le passif enregistre les différentes origines des fonds dont l'entreprise va disposer. On distingue deux grandes catégories dans le passif.

– Les **capitaux propres** (ou **fonds propres**) représentant les fonds apportés par le ou les propriétaires de l'entreprise (capital social) ainsi que les ressources provenant de l'activité de l'entreprise qui n'ont pas été distribuées (ce sont les réserves, bénéfices mis en réserve).

Capitaux propres (fonds propres)
Fonds apportés par le ou les propriétaires de l'entreprise et formant son capital social auxquels s'ajoutent les bénéfices non distribués.

– Les **dettes** qui sont des sommes prêtées à l'entreprise par des personnes étrangères. Il peut s'agir de dettes à moyen et long terme (emprunt de plus d'un an consenti par une banque, par exemple) ou de dettes à plus court terme (crédits consentis par les fournisseurs de l'entreprise, découverts bancaires par exemple) qui sont exigibles à moins d'un an. On regroupe parfois les dettes à moyen et long terme et les capitaux propres sous le terme de **capitaux permanents**.

L'actif décrit les biens et les droits que possède l'entreprise. Il y a deux grandes catégories d'emploi des fonds de l'entreprise.

– L'**actif immobilisé** : appelés aussi **immobilisations**, ces emplois sont fixes, c'est-à-dire qu'ils restent dans l'entreprise pendant une période assez longue (supérieure à un an). Il s'agit ainsi des terrains et des constructions, du matériel (machines, mobilier, etc.), des droits (fonds de commerce, brevets, licences, prêts à plus d'un an consentis par l'entreprise). Ces biens, matériels ou immatériels, figurent à l'actif pour un montant qui correspond à leur coût d'acquisition. Certains de ces biens se déprécient au cours du temps et font l'objet d'un amortissement.

Immobilisation
Utilisation des fonds de l'entreprise pour l'acquisition de biens matériels ou immatériels qui demeurent dans l'entreprise une certaine durée (au-delà d'un an).

– L'**actif circulant** décrit les emplois de fonds qui sont de courte durée ; il s'agit des stockages de matières premières, de produits en cours (de fabrication) ou finis, de crédits consentis aux clients de l'entreprise, d'argent en caisse ou déposé sur un compte bancaire.

Lire aussi » **Entreprise - Profit**

Bourse

Actions et obligations sont des valeurs mobilières qui sont émises et échangées sur un marché particulier appelé « bourse » dans le langage courant.
Le marché financier désigne le marché des capitaux à long terme dont le rôle est de permettre le financement de l'économie.

SOMMAIRE

- Bourse et marché financier
- À quoi sert la Bourse ?
- Les marchés boursiers
- Les acteurs de la Bourse

Bourse et marché financier

Une **bourse** est un lieu permettant la confrontation des demandeurs et des offreurs pour un produit donné. C'est donc un espace géographique particulier où se déterminent les **cours** d'échange, c'est-à-dire le prix d'échange des produits en question.

Il existe ainsi des bourses de marchandises appelées **bourses de commerce** où se négocient des produits de base et des matières premières (café, sucre, laine, etc.). La **bourse des valeurs** est un marché organisé où s'échangent des valeurs mobilières (actions et obligations). En réalité, le marché des actions et des obligations se compose de deux compartiments, appelés marché primaire et marché secondaire.

Le **marché primaire** concerne seulement les émissions d'actions et d'obligations. Il assure en effet la rencontre entre les demandeurs de fonds qui émettent alors des valeurs mobilières (une entreprise, qui souhaite se développer, émet des actions ou des obligations ; l'État, pour financer le déficit budgétaire, émet des obligations) et les épargnants qui souhaitent placer leur épargne et qui achètent alors les nouvelles actions et obligations.

Bourse
Lieu permettant la confrontation des demandeurs et des offreurs pour un produit donné.

Bourse des valeurs
Marché organisé où s'échangent des valeurs mobilières (actions et obligations).

Marché financier (sens strict)
Compartiment de la bourse des valeurs qui concerne les émissions d'actions et d'obligations (marché primaire pour les capitaux à long terme).

La notion de marché financier correspond alors à ce marché des émissions de nouveaux titres.

Marché financier (sens large)
Bourse des valeurs comprenant le marché primaire (émissions) et le marché secondaire (échange de valeurs mobilières déjà émises).

Le marché secondaire ne concerne que l'échange des valeurs mobilières déjà émises. Par exemple, un épargnant ayant souscrit à une émission d'obligations d'État peut souhaiter revendre ce titre acheté à l'État ; c'est sur le marché secondaire qu'il pourra réaliser cette opération. C'est donc sur ce marché secondaire que varient les prix des valeurs mobilières, appelés cours. Ces cours peuvent alors s'écarter considérablement du cours d'émission fixé par l'émetteur de valeurs mobilières (marché primaire). Sur le marché secondaire, l'émetteur n'intervient plus (sauf s'il souhaite racheter ses propres actions) puisque seules les offres et les demandes de titres déterminent les cours. À la Bourse, les titres déjà émis s'échangent contre de l'argent liquide.

Le marché financier

marché primaire = marché financier = émission de nouvelles valeurs mobilières	marché secondaire = Bourse = échange et cotation des valeurs mobilières déjà émises

On remarque toutefois que les termes de marché financier et de bourse sont souvent pris comme synonymes pour désigner l'ensemble des deux compartiments. Marché primaire et marché secondaire sont des marchés indissociables car un épargnant n'achètera des valeurs lors de leur émission que s'il dispose de la possibilité de s'en défaire à de bonnes conditions (sans perte) sur le marché secondaire. La bonne santé de la Bourse (cours à la hausse) est donc une condition pour attirer l'épargne vers ceux qui ont besoin de capitaux (marché primaire).

À quoi sert la Bourse ?

Le financement de l'économie

C'est le rôle du marché primaire d'assurer la rencontre directe entre de nouveaux épargnants et les agents économiques (entreprises, États, organismes publics) recherchant des fonds. Le marché financier remplit donc sa fonction lorsqu'il parvient à attirer une épargne nouvelle. Le marché financier facilite donc le développement des entreprises.

Sur le marché primaire, les épargnants individuels interviennent surtout de façon indirecte car ce sont plutôt les organismes gérant leur épargne investie à la Bourse (les OPCVM, gérant SICAV et FCP) qui participent aux émissions de valeurs mobilières (augmentations de capital par exemple). Généralement, ce sont les « investisseurs institutionnels » qui jouent un rôle important sur ce marché en raison de leur puissance financière (les compagnies d'assurances, les caisses de retraite, la Caisse des dépôts et consignations, les organismes de placement collectifs).

Investisseurs institutionnels
Institutions financières disposant de ressources considérables et jouant un rôle important à la Bourse.

Les mutations financières des entreprises

La Bourse (marché secondaire) permet de faciliter les changements dans la structure financière des grandes entreprises cotées, c'est-à-dire dans la répartition de leur capital entre les différents actionnaires. La Bourse permet ainsi les alliances, les restructurations, les fusions et les rachats d'entreprises.

Une offre publique d'achat (OPA) peut se faire avec l'accord (OPA « amicale ») ou non (OPA « inamicale ») des dirigeants. L'entreprise qui cherche à prendre le contrôle d'une société cotée peut aussi lancer une offre publique d'échange (OPE) en offrant en rémunération ses propres actions au lieu de paiement en espèces.

OPA
Opération financière qui permet à une entreprise de prendre le contrôle d'une autre en proposant aux actionnaires de racheter leurs actions à un prix plus élevé que les cours du marché.

Les marchés boursiers

Marché au comptant et marché à terme

Le marché boursier se caractérise ainsi : le règlement au comptant qui est, depuis 2000, la règle pour tous les marchés de la Bourse (paiement immédiat de la transaction effectuée contre la livraison des actions à l'acheteur) et le règlement à terme où l'exécution des ordres, la livraison et le règlement interviennent à une date ultérieure à celle de la négociation (où le cours est cependant fixé). Les opérations à terme sont

Marché au comptant
Marché sur lequel sont conclues des transactions dont le règlement et la livraison interviennent immédiatement.

Marché à terme
Marché sur lequel sont conclues des transactions dont les modalités sont fixées le jour de l'opération, mais dont la réalisation intervient à une date ultérieure.

des opérations réalisées à crédit ; elles sont payables à règlement mensuel, c'est-à-dire à la fin du mois boursier, au jour dit de « **liquidation** ». Ce marché permet de spéculer avec des sommes que l'on ne possède pas.

Exemple d'opérations à terme

> Monsieur X décide d'acheter à terme 1 000 actions Michelin à 200 €. Il lui suffit de déposer 20 % de cette somme comme garantie à la société de bourse qui lui trouve un vendeur.
> Il ne devra verser le reste (80 % de 200 000 €) qu'à la fin du mois s'il souhaite obtenir ces actions.
> Le cours payable à terme est donc fixé à 200 € au départ.
> Si, entre temps, l'action Michelin monte à 250 €, Monsieur X peut décider de revendre ces actions.
> À la liquidation :
> – il devra payer 200 000 € pour l'achat ;
> – il devra recevoir 250 × 1 000 = 250 000 €.
> Son gain, versé par la société de bourse, sera de 50 000 €.

Les marchés de produits dérivés

Depuis le début des années 1980, la multiplication des innovations financières et la déréglementation ont assuré le développement de nouveaux **marchés**, appelés **dérivés** car les produits financiers (contrats) qu'ils proposent sont liés (« dérivent ») aux évolutions des prix d'actifs financiers tels que les taux d'intérêt, les actions, les devises, les indices boursiers. Les nouveaux produits sont au départ destinés aux opérateurs qui souhaitent se « couvrir », c'est-à-dire se protéger d'une évolution de prix défavorable. Ainsi, le détenteur d'un portefeuille d'obligations, qui craint une hausse des taux (synonyme de baisse des cours), va acheter un contrat particulier qui lui assure, si la hausse des taux se réalise, un gain compensant exactement la baisse de la valeur de son portefeuille d'obligations. Les contrats des marchés dérivés représentent une promesse d'acheter ou de vendre à terme un actif donné (valeur mobilière, devise, indice) à un prix convenu.

> **Marché dérivé**
> Forme de marché sur lequel sont négociés des contrats portant sur l'avenir et dérivant de produits faisant l'objet de cotations au comptant.

Le **MATIF (marché à terme international de France)**, auquel a succédé Euronext-LIFFE avec le rachat par Euronext du marché des produits dérivés de Londres, est le marché à terme qui permet justement de se protéger des fluctuations des taux d'intérêt.

> **Marché à terme international de France (MATIF)**
> Marché à terme permettant de se protéger contre les risques de fluctuation des taux d'intérêt.

Mais il ne peut fonctionner que si l'agent qui cherche à se protéger rencontre face à lui un autre agent qui fait un pari inverse sur l'évolution des taux d'intérêt. Cet autre agent est un spéculateur qui prend, contrairement à celui qui se « couvre », un risque réel et important. La contrepartie de ce risque est l'espoir de gains très élevés ; risques et gains importants rendent ces marchés très instables.

Les acteurs de la Bourse

Les nouveaux produits financiers

De nombreux agents économiques ne souhaitent pas intervenir directement à la Bourse tout en bénéficiant de ses avantages. L'ensemble des fonds ainsi réunis par des intermédiaires financiers qui proposent des produits d'épargne collectifs deviennent les principaux acteurs des bourses dans le monde.

SICAV et FCP

Les **SICAV (sociétés d'investissement à capital variable)** et les **FCP (fonds communs de placement)** font partie des **OPCVM**, c'est-à-dire des **organismes de placements collectifs de valeurs mobilières**. Il s'agit de portefeuilles collectifs de valeurs mobilières et de titres, gérés par des spécialistes (les « gérants ») d'une grande institution financière (banque par exemple) et constitués par les fonds des épargnants.

SICAV
Société offrant des produits d'épargne collective et dont le capital varie chaque jour en fonction des apports et des retraits des épargnants.

OPCVM
Produits d'épargne collective gérés par une institution financière qui acquiert des valeurs mobilières pour le compte des épargnants.

Les OPCVM ne sont pas de vrais « organismes », mais ils rassemblent des fonds d'épargnants qui souhaitent profiter des avantages de la Bourse sans intervenir directement dans la gestion de leurs valeurs. Les gestionnaires utilisent alors ces fonds pour acheter des valeurs mobilières et des titres (bons du Trésor notamment) et constituer ainsi un **portefeuille** (un ensemble de titres) au nom de tous leurs clients.

Les SICAV ne sont pas des valeurs mobilières, mais des produits financiers auxquels les épargnants souscrivent. Elles ne sont ni des actions, ni des obligations, mais des parts qu'un épargnant peut acheter ou vendre comme il le souhaite. Avec les fonds réunis dans la « société » (c'est une filiale sans salariés de l'institution financière ou bancaire), le gestionnaire de SICAV achète des valeurs mobilières ou des titres. C'est lui qui gère le portefeuille à la place de ses clients. C'est la SICAV qui détient les actions et les obligations. Quelle est la valeur d'une SICAV puisqu'elle n'est pas cotée ? La valeur d'une SICAV correspond à la valeur des titres qu'elle détient dans son portefeuille. Ainsi, lorsque tous les titres d'une SICAV voient leurs cours augmenter de 10 %, la part de la SICAV augmente de 10 %. La valeur de la SICAV se calcule tous les jours, ce qui favorise sa liquidité. Cette valeur ne dépend donc pas des mouvements d'achats ou de ventes des parts de la SICAV.

Fonds de pension et autres fonds

La Bourse de Paris a connu, à la fin des années 1990, l'arrivée de fonds de placement d'origine étrangère qui y ont investi des sommes très importantes.

Les **fonds de pension** gèrent l'épargne constituée par les actifs en vue de leur retraite (système de retraite par capitalisation). Ce sont donc des caisses de retraite qui placent les ressources des épargnants dans des valeurs mobilières diversifiées et peu risquées car leur objectif est d'assurer les pensions des futurs retraités.

Fonds de pension
Caisses de retraite qui placent l'épargne des futurs retraités dans des valeurs mobilières et des titres dans une optique de rendement à long terme.

Si les *mutual funds* anglo-saxons correspondent à nos SICAV, les ***hedge funds*** sont des fonds spéculatifs, c'est-à-dire qu'ils récoltent des fonds d'agents économiques qui souhaitent un rendement immédiat très élevé quitte à prendre un risque important. Destinés à de riches particuliers, ces fonds de placement ne sont soumis à aucune réglementation. Ils ont été mis en cause lors de la crise financière de l'automne 1998 car ils spéculent sur des montants importants avec une mise de fonds très faible. Depuis quelques années sont aussi apparus les ***private equity funds***, moins risqués que les *hedge funds*, mais aussi peu transparents. Ils rassemblent des fonds d'investisseurs privés et prennent le contrôle d'un nombre croissant d'entreprises non cotées en bourse. À l'opposé, on trouve les « **fonds éthiques** » qui désignent des fonds de placement gérés selon le principe de l'**investissement socialement responsable**. Il s'agit d'une pratique financière consistant à intégrer des considérations sociales, éthiques ou environnementales, et pas seulement financières, dans les choix d'investissement. On parle parfois de « finance durable ».

Enfin, on observe le rôle croissant des « **fonds souverains** », c'est-à-dire des fonds d'État constitués de placements financiers directement détenus pour un État (Chine, Norvège, pays du Golfe). Compte tenu de leur puissance financière, ces fonds d'investissement deviennent un acteur majeur de l'économie internationale.

Lire aussi » **Valeurs mobilières**

Budget

Un budget est une prévision détaillée des recettes et des dépenses d'un agent économique pour une certaine période.
Un ménage ou une entreprise peuvent établir un budget retraçant l'ensemble des ressources attendues et des dépenses envisagées.
Ce budget révèle ainsi les choix et les priorités des unités économiques. Il permet de prendre en compte la nécessité de faire coïncider recettes et dépenses. Employé sans autre précision, le terme « budget » fait référence au budget de l'État, c'est-à-dire à l'ensemble des ressources et des dépenses de l'État.

SOMMAIRE

- Qu'est-ce que le budget de l'État ?
- Recettes et dépenses du budget de l'État
- Déficit public et dette publique

Qu'est-ce que le budget de l'État ?

Le **budget de l'État** est un document retraçant l'ensemble des recettes et des dépenses de l'État pour une année civile (du 1er janvier au 31 décembre).

Ce budget concerne l'État au sens strict, c'est-à-dire les administrations de l'**État** (les ministères). Sont exclues du budget de l'État les ressources et les dépenses des collectivités locales (régions, départements et communes) ainsi que celles des organismes de Sécurité sociale.

On emploie aussi le terme « budget » pour désigner les ressources et les dépenses d'un ministère (le budget de l'Éducation nationale, par exemple).

Budget
Prévision détaillée des recettes et des dépenses d'un agent économique pour une certaine période.

Budget de l'État
Document retraçant l'ensemble des recettes et des dépenses de l'État pour une année civile (du 1er janvier au 31 décembre).

Enfin, l'expression générale « **finances publiques** » désigne l'ensemble des éléments qui se rapportent aux budgets des différentes administrations publiques (État au sens large).

Le budget de l'État est préparé par le gouvernement, voté par le Parlement et reçoit le nom de « loi de finances ». Ce sont les différents ministères et administrations qui préparent, avec l'aide du ministère de l'Économie, un projet de budget (« projet de loi de finances »). Le budget est voté par le Parlement à l'automne qui précède l'année civile de son application. Ce sont les représentants de la Nation et non les fonctionnaires ou les ministres qui décident des recettes et des dépenses affectant les citoyens.

Loi de finances

Loi votée par le Parlement autorisant le gouvernement et l'administration à exécuter le budget, et notamment à percevoir les impôts.

Recettes et dépenses du budget de l'État

Les recettes

Les recettes, ou ressources, du budget de l'État proviennent surtout de la fiscalité, c'est-à-dire des impôts payés par les contribuables. Mais les impôts, s'ils représentent près des 9/10e des recettes budgétaires, ne sont pas les seules ressources de l'État. Le budget est aussi alimenté par des recettes non fiscales, comme par exemple les recettes de la production marchande de l'État (armement) ou certaines recettes exceptionnelles (privatisations d'entreprises publiques).

Recettes budgétaires ou publiques

Recettes de l'État constituées des impôts (impôts nationaux, taxes) et des produits non fiscaux (recettes des privatisations par exemple).

Les dépenses

Les dépenses de l'État sont aussi appelées charges budgétaires ou dépenses publiques. On distingue généralement les dépenses publiques ordinaires (rémunérations des fonctionnaires, aides à l'emploi ou aux agriculteurs, etc.) et les dépenses publiques en capital (investissements).

Dépenses publiques

Dépenses de l'État inscrites dans le budget de l'État (dépenses budgétaires). Au sens large, le traité de Maastricht et le Pacte de croissance et de stabilité les définissent comme étant l'ensemble des dépenses des administrations publiques (État, collectivités locales, organismes de Sécurité sociale).

On présente souvent d'une autre façon les dépenses publiques, à partir de leur fonction. Il s'agit là de connaître la destination des dépenses par grands secteurs. On dispose alors d'un **budget fonctionnel**.

Les dépenses publiques représentent la principale forme d'intervention de l'État dans la vie économique. Mais l'État n'est pas libre de disposer de la totalité des recettes publiques. Une partie importante du budget correspond aux dépenses nécessaires au fonctionnement des administrations.

Le budget de l'État

Recettes	Dépenses	
	Dépenses par fonction	Dépenses par nature
• Impôts sur le revenu et les sociétés • Impôts indirects (TVA, etc.) • Recettes des productions marchandes	• Éducation et culture • Défense • Secteur social, santé et emploi • Transports et communication, etc.	• Rémunérations des fonctionnaires • Aides et subventions • Investissements • Intérêts de la dette publique • Contribution du budget au financement de l'UE

Cependant, les recettes réelles peuvent se révéler moins importantes que prévu (rentrées d'impôts plus faibles si la conjoncture se dégrade), tandis que des dépenses nouvelles peuvent apparaître. C'est le cas lorsqu'un nouveau gouvernement, apparu en cours d'année, souhaite modifier la loi de finances (afin d'augmenter les dépenses ou de les répartir différemment). Le Parlement est alors amené à voter une **loi de finances rectificative** ou « **collectif budgétaire** ».

Les règles concernant l'élaboration et l'exécution du budget par les administrations sont fixées dans une loi. La **loi organique relative aux lois de finances (LOLF)** désigne la constitution financière de l'État, rénovée à partir du budget 2006. Les dépenses sont réparties dans une trentaine de « missions » correspondant chacune aux grandes politiques publiques (sécurité, santé, enseignement scolaire, recherche et enseignement supérieur par exemple). Cette **réforme budgétaire** met en place des indicateurs de performance pour ces politiques.

➲ Déficit public et dette publique

L'égalité des recettes et des dépenses correspond à un **équilibre budgétaire**. Le **solde budgétaire** est donc la différence entre toutes les recettes et toutes les charges du budget de l'État.

solde budgétaire = ressources budgétaires – dépenses budgétaires

Si le solde est positif, c'est-à-dire si les recettes sont supérieures aux dépenses, le budget est excédentaire. En revanche, lorsque les recettes de l'État ne couvrent pas toutes ses dépenses, le solde est négatif et le budget déficitaire.

Un **déficit budgétaire** doit être comblé, l'État devant trouver un financement pour payer le supplément de dépenses. L'État peut emprunter ces ressources auprès des épargnants, mais il peut aussi créer de la monnaie. Ce financement monétaire du déficit représente une forte tentation pour les gouvernements car il s'agit d'une ressource « gratuite », mais il est désormais interdit dans les pays ayant adopté l'euro. Dans le cas d'un financement par l'emprunt, l'État doit rembourser sa dette. On rencontre parfois la notion de **déficit public structurel**. Celui-ci désigne le déficit des administrations publiques corrigé des effets de la conjoncture. La variation du solde structurel mesure la politique discrétionnaire (volontairement choisie) des autorités économiques puisque l'on sépare les conséquences de celle-ci des effets de la seule conjoncture (récession par exemple).

Déficit budgétaire
Solde budgétaire négatif, les dépenses de l'État étant supérieures à ses recettes.

Déficit public
Solde négatif des budgets de l'État, des collectivités locales et de la Sécurité sociale.

Déficit public et **dette publique** ne doivent pas être confondus. La dette publique représente l'ensemble des emprunts contractés notamment par l'État (exemple des obligations d'État ou des bons du Trésor). Ces emprunts, comme leur remboursement, ne figurent pas dans le budget de l'État. Seuls les intérêts de cette dette sont inscrits dans le budget comme une charge, c'est-à-dire une dépense que l'État doit faire chaque année au profit des créanciers de l'État (charge de la dette).

Dette publique
Ensemble des emprunts contractés par l'État (obligations d'État, bons du Trésor) pour financer généralement le déficit public, par les collectivités locales et par les organismes de la Sécurité sociale.

Le **déficit public primaire** (ou **solde primaire**) désigne le déficit des administrations publiques hors paiement des intérêts liés à la dette publique. La dette publique, qui a considérablement augmenté dans les années 1990 dans les pays occidentaux, ne doit pas être confondue avec la dette extérieure de la Nation. La **dette extérieure** regroupe l'ensemble des emprunts des agents économiques d'un pays (État, mais aussi entreprises) vis-à-vis de prêteurs étrangers.

Lire aussi » **État - Politique budgétaire**

Capital

Le capital est une notion économique qui peut avoir plusieurs significations. Deux sens fondamentaux se dégagent cependant : le capital qui donne naissance à un revenu et le capital comme facteur de production. En outre, la gestion financière de l'entreprise utilise souvent cette notion pour désigner l'apport d'argent initial nécessaire à la constitution d'une société.

SOMMAIRE

- Le capital économique
- Le capital, facteur de production
- Le capital financier de l'entreprise
- Le capital humain

Le capital économique

À l'origine, le **capital** désigne le **principal** d'une dette, c'est-à-dire la somme prêtée, par opposition aux intérêts qui représentent la rémunération du prêteur. Par extension, un capital représente un actif (ce que l'on possède), un patrimoine susceptible de procurer un revenu. Un immeuble, des terres, des machines, des valeurs mobilières (actions et obligations) représentent un capital. Le capital est donc un stock, par opposition aux revenus qui sont des flux.

Capital économique
Actif, patrimoine d'un agent économique susceptible de lui procurer un revenu.

Le capital, facteur de production

Qu'est-ce que le capital technique ?

Dans une entreprise, des biens participent à la fabrication d'autres biens. Certains de ces biens sont détruits ou transformés durant le processus de production ; il s'agit des consommations intermédiaires (matières premières, énergie, produits semi-finis).

Capital technique
Ensemble des moyens de production durables dont dispose l'entreprise (bâtiments, terrains, machines, etc.).

D'autres biens vont servir plusieurs fois au cours de l'activité productive. Ce sont ces biens qui constituent le **capital technique** de l'entreprise. On les appelle aussi **moyens de production** ou biens d'équipement (machines, locaux, terrains, matériels de transport...). Le capital technique a besoin d'être renouvelé régulièrement. Cette acquisition de capital par l'entreprise correspond à l'investissement.

La notion de **capital fixe** (c'est le capital technique) est très importante en comptabilité nationale.

L'Insee définit le capital fixe par l'ensemble des « biens durables acquis pour être utilisés pendant au moins un an dans le processus de production ».

La **formation de capital fixe**, qui est dite « brute » si l'on compte les amortissements, désigne alors sous le signe de FBCF les investissements, c'est-à-dire les biens d'équipement nouveaux à la disposition de l'économie chaque année (à l'exclusion des terres).

Capital fixe

Notion de comptabilité nationale désignant les biens d'équipement utilisés dans le processus de production.

Formation de capital fixe

Dépense des entreprises pour l'acquisition de moyens de production utilisés pendant au moins un an dans le processus de production.

À quoi sert le capital technique ?

Le capital technique permet de réaliser un « **détour de production** ». Imaginons un agriculteur habitant loin d'un point d'eau. Pour irriguer ses champs, il peut se rendre régulièrement au point d'eau pour chercher de l'eau. Mais il peut aussi fabriquer un système de canalisation assurant une irrigation immédiate de ses plantations. La construction de ce système représente un détour de production car l'agriculteur a passé beaucoup de temps (au détriment de son activité agricole) pour concevoir ce système. Mais, en fin de compte, ce « détour » lui permet d'obtenir des terres beaucoup plus fertiles grâce au capital que représente le système de canalisations. On constate par ailleurs que ce capital est le résultat d'un travail antérieur ; il correspond à du travail accumulé.

Avec le travail, le capital constitue l'un des **facteurs de production**. Ce sont les deux éléments qui sont utilisés dans le processus de production pour permettre la création d'un bien. Dans une entreprise, ils peuvent être utilisés de différentes façons. Pour réaliser une même production, l'entreprise peut employer des machines très perfectionnées avec quelques salariés ou, au contraire, employer une main-d'œuvre abondante avec des machines moins modernes.

La combinaison des facteurs de production est donc variable. De façon plus générale, les entreprises ou les secteurs économiques se caractérisent par la place plus ou moins importante du capital dans la production. On peut, par exemple, calculer un coefficient de capital.

Ce **coefficient de capital** est le rapport entre le stock de capital et la production réalisée grâce à ce capital.

$$\text{coefficient de capital} = \frac{\text{capital utilisé}}{\text{production}}$$

Un coefficient de capital élevé caractérise des entreprises ou des secteurs « capitalistiques » (sidérurgie, pétrochimie).

➲ Le capital financier de l'entreprise

Une entreprise fonctionne avec des capitaux, c'est-à-dire des moyens de financement. Lorsqu'un artisan crée son entreprise individuelle, il lui apporte au départ un capital ; ce sont des sommes permettant de financer l'achat de ses locaux et de ses stocks.

Lors de la création d'une société, plusieurs personnes apportent des capitaux. Le capital de départ de l'entreprise, appelé **capital social**, est alors divisé en actions ou en parts sociales d'un même montant. En possédant une partie des actions (ou des parts sociales), un actionnaire (ou un associé) devient propriétaire d'une partie de l'entreprise. Le capital social représente ainsi deux choses : la mise de fonds initiale, utilisée pour démarrer l'activité, ainsi que la répartition de la propriété et du pouvoir entre les différents actionnaires ou associés.

Capital social
Ensemble des sommes mises à la disposition d'une entreprise par ses propriétaires.

Lorsqu'une entreprise souhaite disposer de ressources nouvelles sans les emprunter, elle peut recourir à une **augmentation de capital**. Cette opération signifie que le capital social s'accroît, de nouvelles actions étant acquises par les anciens actionnaires (ils ont un droit de préférence) ou par de nouveaux actionnaires.

Augmentation de capital
Opération financière d'une entreprise (une société) destinée à accroître son capital social.

On rencontre aussi la notion de **capital-risque**. Il s'agit d'un placement financier des épargnants dans les entreprises qui disposent d'un important potentiel de croissance (et donc de gains pour l'investisseur) mais qui opèrent dans des activités financièrement risquées (risque de perte du capital investi). Le capital-risque permet de financer les activités liées aux nouvelles technologies. Cette notion est associée à un type d'entreprise, les **start-up**. Ce sont de jeunes entreprises de haute technologie qui sont censées se développer rapidement et dont l'activité nécessite d'importants capitaux durant les premières années.

Le capital humain

Gary Becker, prix Nobel d'économie 1992, est à l'origine de l'expression « **capital humain** », apparue aux États-Unis dans les années 1960. Le capital humain désigne les capacités intellectuelles et professionnelles d'un individu, capacités propres à lui assurer des revenus monétaires futurs. Cette notion est intéressante car elle permet de parler d'investissement en capital humain, à travers l'éducation ou la formation. Elle montre que les salariés d'une entreprise sont autant un coût pour l'entreprise qu'une occasion d'investissement pour assurer l'avenir de l'entreprise.

Capital humain
Capacités intellectuelles et professionnelles d'un individu qui lui assurent des revenus monétaires futurs.

Lire aussi » Entreprise - Investissement - Question d'actualité 1 p. 33

Capitalisme

C'est avec la Révolution industrielle, qui touche peu à peu les pays européens au cours du XIXe siècle, que prend naissance le système capitaliste. Deux traits fondamentaux le caractérisent : propriété privée des moyens de production et accumulation du capital grâce aux profits réalisés.

SOMMAIRE

→ Caractéristiques du système capitaliste
→ L'évolution du capitalisme

Caractéristiques du système capitaliste

La propriété privée des moyens de production

La liberté de propriété individuelle est le grand principe du capitalisme. Elle justifie le droit de propriété sur les moyens de production. Ainsi, les terres ou les machines, soit la plus grande partie des biens de production, sont détenues par des personnes privées (seules ou réunies en « sociétés »). La liberté de propriété s'accompagne des droits suivants: droit de gérer ces biens, droit de les vendre, droit de recevoir des revenus (les profits) liés à cette propriété.

Profit et accumulation du capital

La prédominance de la propriété privée dans un système économique n'est pas suffisante pour le qualifier de capitaliste. De même, l'existence de relations marchandes ne peut pas être le caractère fondamental du capitalisme. Le fait que la plupart des objets produits soient destinés à devenir des « marchandises » et que la production soit orientée non plus vers la consommation directe (autoconsommation) mais vers la vente sur des marchés définit seulement une **économie marchande**.

Par ailleurs, le profit et la recherche du profit ne sont pas des traits spécifiques du capitalisme puisqu'ils ont de tout temps existé. Ce qui fait l'originalité absolue du système capitaliste, c'est l'**accumulation du capital** grâce aux profits. De quoi s'agit-il ?

Accumulation du capital
Réinvestissement permanent des profits pour développer les moyens de production et les profits futurs.

À la différence d'une organisation de la vie économique dominée par l'artisanat, le capitalisme implique que la plus grande part des profits ne soit pas consommée (c'est-à-dire dépensée par les propriétaires de moyens de production, sous forme d'achats de biens de consommation destinés à leur usage personnel), mais épargnée et réinvestie dans l'entreprise afin de permettre l'accroissement des moyens de production. Les entreprises utilisent d'abord leurs bénéfices pour se développer en augmentant la quantité des moyens de production.

La recherche du profit est donc placée sous le signe de l'accumulation du capital, c'est-à-dire un processus de constitution du capital technique réalisé sous les deux formes que sont l'investissement net (création d'équipements supplémentaires) et l'amortissement (remplacement des équipements usés ou obsolètes).

Le **capitalisme** correspond ainsi à la recherche permanente de profits afin d'accumuler indéfiniment des capitaux. En cela, il est inséparable des moyens modernes d'organisation de la production. Le capitalisme est contemporain du développement des formes de rationalisation du travail et de la production. La recherche de la productivité maximale est ainsi à l'origine d'une véritable organisation du travail (de la division du travail à l'organisation scientifique du travail) ainsi que d'une évolution des structures productives (de la fabrique au développement de la concentration des entreprises).

Capitalisme
Système économique caractérisé par la propriété privée des moyens de production ainsi que par l'accumulation du capital.

L'évolution du capitalisme

Certains historiens décèlent l'existence d'un capitalisme entre le XVIe et le XVIIIe siècle ; il s'agit alors d'un capitalisme « commercial », fondé sur le grand négoce maritime et colonial. Cependant, c'est véritablement la Révolution industrielle du XIXe siècle qui marque les débuts du système capitaliste. En France, la suppression des contraintes réglementaires touchant l'activité économique a été une étape importante du développement du capitalisme.

Les nombreuses crises de surproduction dans la seconde moitié du XIXe siècle conduisent les pays européens à rechercher des débouchés nouveaux en se partageant le reste du monde. Cette domination des pays capitalistes par la colonisation a été qualifiée d'**impérialisme** par les marxistes. Pour Lénine, l'impérialisme (« stade suprême du capitalisme ») caractérise une politique extérieure de puissance, mais aussi une domination économique des colonies et un partage du monde sous l'égide des grands groupes financiers.

Impérialisme
Domination d'un ou de plusieurs pays capitalistes sur d'autres pays du monde.

En définitive, le capitalisme du XIXe siècle est davantage un **capitalisme sauvage** qu'un capitalisme libéral, comme le montrent le maintien du protectionnisme, les politiques de colonisation et la multiplication des ententes. Le capitalisme est alors indifféremment libre-échangiste ou protectionniste, selon son intérêt. Capitalisme et libéralisme ne coïncident pas toujours. Le développement du capitalisme interventionniste en est, au XXe siècle, une autre illustration.

Lire aussi » **Marché - Marxisme**

Change

Les taux de change désignent le prix d'une monnaie exprimé dans une autre monnaie. Le taux de change de l'euro par rapport au dollar correspond ainsi au nombre de dollars que l'on peut obtenir avec un euro. L'établissement de taux de change est indispensable au commerce international.

SOMMAIRE

- Change et marché des changes
- Changes fixes et changes flottants
- Risque de change et opération de change à terme
- Comment expliquer les variations de change ?

Change et marché des changes

Le règlement des échanges

Chaque pays ayant sa propre monnaie, les échanges internationaux de biens et de services entraînent un échange de monnaie. En effet, les fournisseurs étrangers des entreprises françaises, par exemple, n'acceptent généralement pas d'être payés en euros car leurs salariés et leurs fournisseurs exigent de recevoir leur propre monnaie. Toute relation économique avec l'étranger exige une opération de **change** puisque la monnaie nationale doit être convertie dans la monnaie du pays avec lequel se réalise la transaction.

Le **taux de change**, qui exprime la valeur d'une monnaie dans une autre, permet ainsi à un importateur de connaître la quantité d'euros qu'il devra fournir pour obtenir le montant en dollars, yens, etc. exigé par l'entreprise étrangère. Depuis janvier 1999, tous les importateurs ou exportateurs français réalisent en effet leurs opérations en euros.

Change
Opération de conversion d'une monnaie dans une autre monnaie (appelée devise) nécessaire à un échange économique entre deux pays.

Taux de change
Prix d'une monnaie exprimé dans une autre monnaie.

Le schéma ci-dessous décrit les différentes étapes du règlement des échanges entre un importateur français de produits fabriqués au Japon et son fournisseur japonais. Il met en évidence deux points importants. D'une part, ce sont les banques qui sont les intermédiaires pour toutes les opérations de change ; d'autre part, un marché particulier apparaît, le marché des changes.

Qu'est-ce que le marché des changes ?

Le **marché des changes** est un marché où s'achètent et se vendent les **devises**, c'est-à-dire les monnaies étrangères convertibles. La confrontation de l'offre et de la demande de devises permet la détermination du prix d'une devise dans une autre (**cours du change**). Dans l'exemple donné, l'offre des euros sur le marché des changes pour obtenir des yens conduit, s'il n'y a pas d'autres opérations de change, à une hausse du yen par rapport à l'euro (et symétriquement à une baisse de l'euro par rapport au yen) si bien que par la suite, il faudra davantage d'euros pour recevoir la même quantité de yens.

Marché des changes
Marché où s'achètent et se vendent les devises, c'est-à-dire les différentes monnaies convertibles.

Les étapes du règlement des échanges

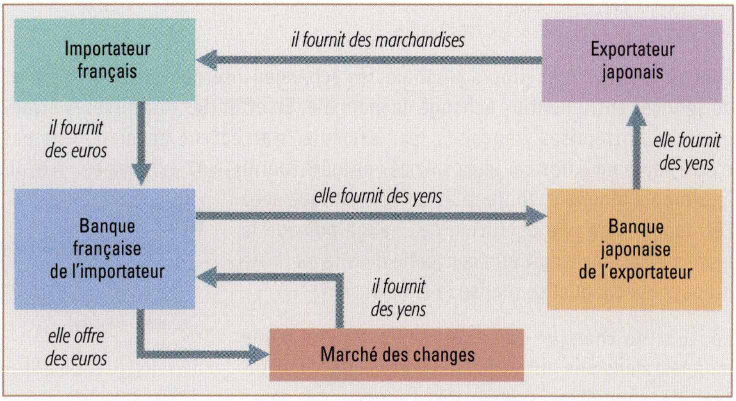

Enfin, le marché des changes fonctionne en continu, c'est-à-dire que les cours de change des différentes devises, qui sont toujours déterminés par rapport au dollar, peuvent se modifier constamment, en fonction des offres et des demandes qui apparaissent à un endroit de la planète. On peut donc observer sur le marché des changes une multitude de cours successifs.

On retrouve ainsi le phénomène d'une épargne thésaurisée trop abondante (elle ne pourra pas financer les investissements prévus), le déséquilibre sur le marché des biens et des services étant caractérisé par une offre de produits trop importante (il s'agit, dans le cas présenté ici, d'une offre trop importante de biens de production, tous les biens de consommation produits étant achetés).

L'intérêt théorique d'une représentation de l'économie en circuit

La présentation vue précédemment met en évidence un résultat important de l'analyse macroéconomique : l'équilibre sur le marché des biens et services correspond à une **égalité de l'épargne et de l'investissement** dans une économie fermée. L'égalité I = E est ainsi une condition de l'équilibre entre l'offre et la demande de produits.

Égalité épargne-investissement

Dans une économie, lorsque l'on calcule à la fin d'une période (une année) les agrégats macroéconomiques, on constate toujours une égalité entre les montants des investissements réalisés et le total de l'épargne des agents économiques (y compris, éventuellement, une épargne étrangère si l'épargne nationale est insuffisante).

Pour les économistes classiques et néoclassiques, ces éléments démontrent l'impossibilité des crises économiques lorsque les mécanismes du marché ne sont pas entravés. Ainsi, le mouvement des prix permet toujours d'égaliser l'offre et la demande de biens et de services et si une partie du revenu est épargnée au lieu d'être dépensée, elle trouve aussitôt une utilisation puisqu'elle permet à une entreprise d'investir. Ainsi, l'épargne n'est pas une fuite du circuit susceptible d'entraîner une dépense globale inférieure à l'offre globale, car elle est utilisée pour financer un investissement. L'épargne et l'investissement s'égalisent d'ailleurs sur le marché des capitaux grâce aux taux d'intérêt. Au total, tous les biens et les services offerts dans l'économie ont un débouché : c'est la loi des débouchés de l'économiste français Jean-Baptiste **Say** (1767-1832).

L'économiste J. M. **Keynes** a dénoncé cette vision idyllique en insistant sur l'existence possible d'une épargne thésaurisée (en particulier lorsque la rémunération de l'épargne, c'est-à-dire le taux d'intérêt, est faible). Celle-ci représente une « fuite » dans le circuit car une partie des produits créés ne pourra être achetée, ce qui conduira les entreprises à réduire par la suite leurs programmes de production (diminution des investissements et baisse du nombre d'emplois).

Par ailleurs, les keynésiens préfèrent examiner l'économie sous l'angle du circuit plutôt qu'en termes d'équilibre sur les marchés. En particulier, l'optique du circuit permet de voir que le point de départ de l'activité économique se situe dans le pôle de la production ; ce sont les chefs d'entreprise qui décident de mettre en œuvre un certain niveau de production (et un certain niveau d'investissements et d'emplois), tous les enchaînements du circuit découlant de cette décision.

Un approfondissement du circuit macroéconomique

La présentation du circuit comprenant les opérations d'épargne et d'investissement montre la nécessité de faire intervenir un nouvel agent, les institutions financières (banques, Bourse, etc.). Ce sont elles qui permettent la rencontre des prêteurs (épargnants) et des emprunteurs (entreprises qui investissent) et qui assurent l'ajustement des conditions de prêts et d'emprunts (échéances en particulier). Le circuit peut alors se schématiser sous la forme suivante :

Un circuit étendu aux institutions financières

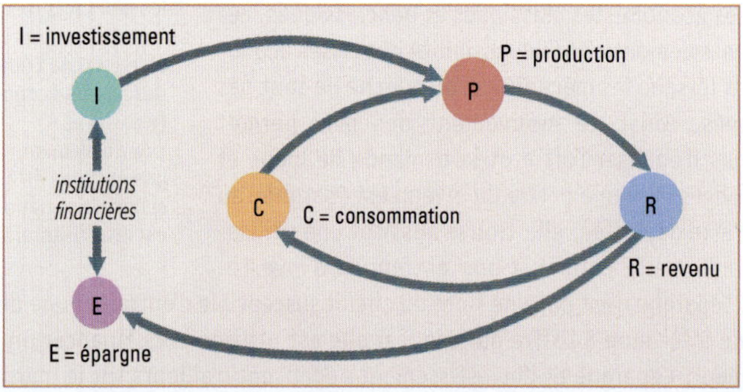

Le circuit pourrait enfin être complété en ajoutant l'État et l'extérieur. Dans ce dernier cas, l'ouverture de l'économie modifie profondément le circuit. En particulier, les importations représentent une autre « fuite » puisque la dépense (consommation ou investissement) s'adresse à des producteurs étrangers (au détriment des producteurs nationaux) et ne fournit pas de ressources aux entreprises nationales. Toutefois, les exportations jouent un rôle inverse puisqu'elles apportent aux entreprises nationales des ressources supplémentaires.

Lire aussi » Comptabilité nationale

Citoyenneté

La citoyenneté correspond avant tout à un statut qui confère des droits et des obligations à ceux qui deviennent citoyens. C'est la Déclaration des droits de l'homme et du citoyen de 1789 qui marque en France la naissance des citoyens. Mais la citoyenneté caractérise aussi la participation de tous aux affaires de la cité.

SOMMAIRE

- Qu'est-ce que la citoyenneté ?
- Citoyenneté et nationalité
- Citoyenneté et intégration sociale

Qu'est-ce que la citoyenneté ?

On peut d'abord distinguer trois grandes dimensions de la **citoyenneté** qui se sont imposées :
– la citoyenneté civique avec l'instauration des **droits civiques** à l'issue des grandes batailles du XVIIIe comme les révolutions américaine et française (liberté de pensée et liberté d'expression, égalité devant la loi et la justice, etc.) ;
– la citoyenneté politique avec la mise en place progressive du suffrage universel. En France, le **droit de vote** naît avec la Constitution de 1791, mais le **suffrage universel** apparaît seulement en 1848 pour les hommes et 1944 pour les femmes (l'âge minimum pour voter est ramené de 21 à 18 ans en 1974) ;
– la citoyenneté sociale avec la reconnaissance au cours du XXe siècle de droits économiques et sociaux (instruction, santé, bien-être économique, protection contre les aléas, etc.).

Citoyenneté
Statut juridique d'une personne à laquelle est reconnue une égalité de droits et de devoirs avec les autres personnes, ces droits et ces devoirs fondant l'appartenance à une même communauté.

Droits civiques
Ensemble des protections et des libertés accordées à tous les citoyens par la loi.

La citoyenneté se caractérise donc aujourd'hui par un ensemble de droits reconnus à tous de façon identique. Elle est associée à toutes les **libertés publiques**, celles qui sont inscrites dans la Déclaration des droits de l'homme et du citoyen de 1789 mais aussi les libertés définies par les « lois de la République » (droit d'association, par exemple) ainsi que les « droits économiques et sociaux » énumérés dans le préambule de la Constitution de 1946.

Le fait d'être citoyen comporte toutefois des devoirs, devoirs envers les autres (respect de la liberté d'autrui sans discrimination d'aucune sorte, obligation d'assistance à personne en danger, devoir de témoignage en cas d'accident, etc.) et devoirs envers la collectivité (soumission aux lois, paiement des impôts, « rendez-vous citoyen »). Plus généralement, on désigne par **civisme** le sens des devoirs collectifs au sein de la communauté. À cet égard, le vote, qui n'est pas obligatoire en France, est considéré comme une manifestation de civisme (on parle de « devoir » électoral pour désigner le fait d'aller voter).

Citoyenneté et nationalité

La nationalité, qui est un lien juridique reliant un individu à un État dont il est le « national », et la citoyenneté sont liées car l'accès à la nationalité est une des conditions pour exercer les droits du citoyen (droit de vote par exemple). Les deux notions peuvent toutefois ne pas se recouper exactement. Ainsi, certaines personnes ayant la nationalité française ont été exclues de certains droits liés à la citoyenneté (exemple du droit de vote pour les femmes jusqu'en 1944 et pour les militaires jusqu'en 1945) ou sont encore exclues de ces droits (jeunes de moins de 18 ans par exemple). En sens inverse, certains étrangers peuvent exercer certaines formes de citoyenneté (droit de vote et éligibilité aux élections européennes et municipales des ressortissants d'autres pays de l'Union européenne).

Pour faciliter l'insertion des immigrants, le **contrat d'accueil et d'intégration (CAI)** a été créé en 2003. C'est un document, signé entre l'État et la personne étrangère non membre de l'Union européenne arrivant en France et souhaitant s'y installer durablement, qui organise l'accueil et l'intégration (apprentissage du français, connaissance de la vie en France et des droits et principes républicains fondamentaux). Le CAI a été remplacé en 2016 par le **Contrat d'intégration républicaine (CIR)**.

Citoyenneté et intégration sociale

La citoyenneté est aussi le fondement de l'intégration sociale. Lorsque le lien social n'est plus d'origine religieuse mais provient de la souveraineté de la nation, ce lien est de nature politique. La citoyenneté est alors ce qui est commun à l'ensemble des membres d'une même « communauté » ; c'est ce qui va au-delà des appartenances particulières (religieuses, historiques, culturelles, etc.). La citoyenneté constitue un espace commun d'où les particularismes sont absents parce que confinés dans la sphère du privé.

En rendant légitime l'intervention de l'État-providence, la citoyenneté montre son importance pour l'intégration sociale. Il ne suffit pas en effet d'avoir des droits juridiques et politiques, encore faut-il que les individus disposent des conditions matérielles (santé, travail, vie décente, etc.) leur permettant d'exercer concrètement ces droits. S'il existe des inégalités économiques et sociales, l'idée de citoyenneté impose de les atténuer, voire de les corriger. Ainsi, l'État-providence et la reconnaissance des droits sociaux ont-ils été peu à peu instaurés afin que l'égalité juridique et politique reste bien le fondement principal du lien social.
Aujourd'hui, avec le développement des phénomènes d'exclusion, la citoyenneté cesse cependant d'être une réalité pour nombre de personnes.

Lire aussi » **Nation - Politique**

Commerce extérieur

Le commerce extérieur d'une nation désigne généralement l'ensemble des échanges de biens et de services entre cette nation et les autres pays. La balance des paiements retient une conception plus étroite du commerce extérieur (échanges de marchandises).

SOMMAIRE

→ Les instruments d'analyse du commerce extérieur

→ Compétitivité et spécialisation

→ La contrainte extérieure

Les instruments d'analyse du commerce extérieur

Le solde commercial

Le **solde commercial** est la différence entre les exportations (ventes de produits nationaux à l'étranger) et les importations (achats de produits étrangers) de marchandises. Le solde est calculé en valeur, c'est-à-dire en euros.

Solde commercial = exportations – importations

On peut le calculer pour l'ensemble d'une économie, pour un secteur (l'industrie par exemple) ou pour une zone géographique (le solde franco-allemand est calculé avec les exportations françaises en Allemagne et les importations de produits allemands en France).

On dira qu'il y a un déficit commercial si le solde est négatif (importations supérieures aux exportations) et un excédent s'il est positif (exportations supérieures aux importations). Si le solde est égal à 0, le commerce extérieur est en équilibre (équilibre commercial).

Commerce extérieur
Au sens strict, échanges de marchandises (biens matériels) entre un pays et le reste du monde. Au sens large, échanges des biens et des services.

Solde commercial
Différence entre les exportations et les importations de marchandises.

Le taux de couverture

Le taux de couverture permet de comparer, pour une économie ou un secteur particulier, les exportations et les importations, celles-ci étant mesurées en valeur ou en volume. Il s'exprime en pourcentage.

Taux de couverture
Rapport des exportations aux importations.

$$\text{Taux de couverture} = \frac{\text{exportations}}{\text{importations}} \times 100$$

Si le commerce extérieur est en équilibre, le taux de couverture est de 100 %, puisque les exportations et les importations sont égales.

Les termes de l'échange

Les termes de l'échange s'intéressent aux prix des produits importés et exportés.

Termes de l'échange
Indicateur qui compare les prix des produits exportés aux prix des produits importés.

$$\text{Termes de l'échange} = \frac{\text{prix des exportations}}{\text{prix des importations}}$$

Cet indicateur est précieux pour mesurer des évolutions. Imaginons que, d'une année sur l'autre, le volume des exportations et des importations ne change pas et supposons qu'il y ait équilibre la première année. On échange donc toujours les mêmes quantités. Mais si durant cette période les prix des produits exportés diminuent alors que ceux des produits importés augmentent, le solde commercial va diminuer (la valeur des exportations sera inférieure à celle des importations). Dans ce cas, il y a une dégradation des termes de l'échange. Cette notion montre que l'on peut accroître l'excédent commercial en vendant les mêmes quantités de produits à l'étranger si leurs prix relatifs augmentent.

Le degré d'ouverture d'une économie

Ce degré d'ouverture mesure la place que tient l'environnement extérieur (les autres économies) dans l'économie nationale.

$$\text{Degré d'ouverture} = \frac{\text{moyenne des exportations et des importations}}{\text{PIB}}$$

La France s'est ainsi largement ouverte sur l'extérieur puisque son degré d'ouverture est passé de moins de 15 % du PIB au lendemain de la Seconde Guerre mondiale à près de 30 % aujourd'hui.

Taux de pénétration et effort à l'exportation

Le **taux de pénétration**, calculé pour une économie, un secteur ou une branche (l'automobile, par exemple), indique la part du marché intérieur qui est couverte par les importations.

$$\text{Taux de pénétration} = \frac{\text{importations}}{\text{marché intérieur}} \times 100$$

Le **marché intérieur** représente la production nationale augmentée des importations et diminuée des exportations (P + I – E). La part de la production nationale qui est exportée est appelée **effort à l'exportation**.

$$\text{Effort à l'exportation} = \frac{\text{exportations}}{\text{production}} \times 100$$

Le décalage conjoncturel

Décalage conjoncturel

Différence de conjoncture (taux de PIB) entre un pays et ses principaux partenaires commerciaux.

Enfin, la notion de **décalage conjoncturel** permet de comparer les évolutions respectives de la demande nationale et de la demande des clients extérieurs. Si la demande augmente plus fortement en France que chez ses partenaires commerciaux, il se produira mécaniquement une augmentation des importations en France et une baisse des exportations vers l'étranger, ce qui détériorera le solde commercial. Le décalage conjoncturel peut aussi jouer de façon favorable si la croissance économique des partenaires de la France est plus rapide que la croissance de l'économie française.

Compétitivité et spécialisation

L'analyse du commerce extérieur permet d'évaluer les forces et les faiblesses d'une économie.

La compétitivité

Compétitivité

Capacité d'une entreprise, d'un secteur ou d'une économie à faire face à la concurrence sur les marchés extérieurs et sur son marché interne.

La **compétitivité** représente la capacité d'une entreprise, d'un secteur ou d'une économie à faire face à la concurrence étrangère, tant sur les marchés extérieurs que sur son marché interne.

La **part de marché** est la principale mesure de la compétitivité.

La compétitivité de l'industrie française en Europe se mesure par la part de marché à l'exportation suivante :

$$\frac{\text{exportations industrielles françaises en Europe}}{\text{somme des importations industrielles européennes}}$$

La **part de marché interne** (qui est le complémentaire du taux de pénétration) des industries automobiles françaises est :

$$\frac{\text{production automobile nationale} - \text{exportations}}{\text{marché intérieur automobile}}$$

Compétitivité-prix
Capacité de produire des biens et des services à des prix inférieurs à ceux des concurrents.

Un secteur, par exemple, peut être compétitif car il vend moins cher que ses concurrents ; on parlera alors de **compétitivité-prix**.

La compétitivité-prix fait intervenir trois éléments différents :
– les coûts de production : les produits sont d'autant plus chers que les coûts de matières premières ou les coûts salariaux, par exemple, sont élevés ;
– le **comportement de marge** des exportateurs : les prix des produits vendus à l'étranger peuvent être relevés afin d'augmenter les marges perçues ;
– le taux de change : les produits sont plus onéreux en cas d'appréciation de la monnaie.

Ces trois éléments peuvent évoluer différemment, se compenser ou se renforcer l'un l'autre. Par exemple, si les taux de change ne varient pas, une entreprise peut compenser des coûts de production (**compétitivité-coût**) plus élevés que chez ses concurrents étrangers en acceptant de réduire sa marge afin d'aligner ses prix sur la concurrence.

Mais le niveau de prix n'est pas le seul élément qui entre en compte dans la décision d'achat. Les produits se vendent aussi pour d'autres raisons (qualité, efficacité du réseau de commercialisation, sérieux du service, positionnement dans la gamme, image de marque, etc.).

On regroupe l'ensemble de ces éléments qui expliquent aussi les performances des entreprises à l'exportation, sous le terme de **compétitivité structurelle**.

Compétitivité structurelle

Capacité de vendre des biens et des services pour d'autres motifs que leur prix (qualité, innovation, etc.).

Les facteurs de la compétitivité

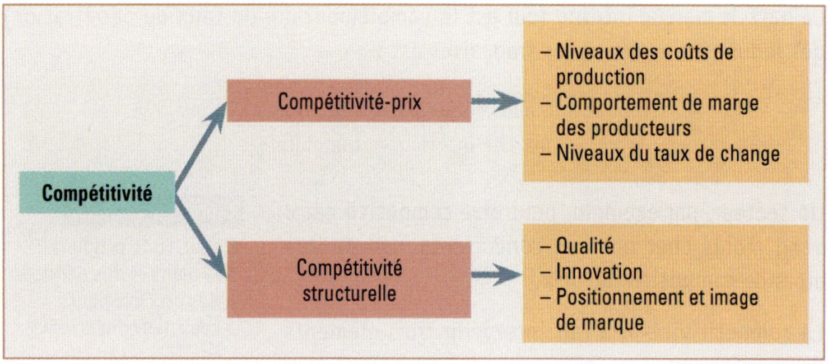

La spécialisation

À la différence de la compétitivité qui désigne plutôt un résultat, la **spécialisation** représente la répartition des activités productives entre les différents pays qui participent à l'échange international. La spécialisation s'oppose ainsi à l'autosuffisance.

Spécialisation

Répartition des activités productives entre les différentes économies.

Mais la notion de spécialisation permet aussi de caractériser le commerce extérieur d'un pays car on met en relation la situation de son appareil productif, découpé en secteurs, branches ou entreprises, et les performances réalisées à l'extérieur. Grâce aux indicateurs que sont le taux de couverture et le solde commercial, on met ainsi en évidence les points forts (secteurs où le taux de couverture est élevé ou dont le solde commercial est important) et les points faibles d'une économie. On peut alors classer les différentes nations, selon le nombre et l'importance de leurs points forts, ou analyser une économie particulière en examinant l'évolution de ses forces et faiblesses. Une économie peut être ainsi plus ou moins spécialisée.

La **spécialisation** peut être sectorielle ou **géographique** (lorsque les taux de couverture et les soldes sont calculés, pour tous les produits, entre la France et une certaine zone choisie).

La notion de spécialisation peut aussi permettre d'apprécier, de façon dynamique, la situation du commerce extérieur en analysant sa position plus ou moins favorable face aux évolutions futures de la demande mondiale. Si un pays produit des biens qui sont de plus en plus demandés (produits de haute technologie par exemple), son économie présente une spécialisation favorable. En revanche, la spécialisation sera défavorable s'il produit des biens qui sont de moins en moins demandés ou s'il vend à des zones dont la demande diminue fortement (mauvaise spécialisation géographique).

La contrainte extérieure

La notion de **contrainte extérieure** traduit la dépendance d'une économie à l'égard des autres économies et peut se définir par l'impossibilité pour certains pays de concilier une croissance forte et l'équilibre des échanges avec l'extérieur.

Contrainte extérieure
Absence d'autonomie d'une économie qui s'exprime par l'impossibilité d'accélérer la croissance et de mener une politique économique autonome devant la nécessité d'équilibrer les échanges extérieurs (biens, services et capitaux).

La principale manifestation de cette contrainte extérieure est donc l'existence d'un déficit commercial ou d'un déficit des transactions courantes. Comme un pays ne peut pas être longtemps, et de façon importante, déficitaire, il doit chercher à réduire ses importations et à accroître ses exportations. Il cherchera ainsi à éviter une trop forte demande interne de biens de consommation et d'équipement, ce qui permettra d'une part, de limiter la quantité de biens importés et d'autre part, de libérer pour les clients étrangers (exportations) des produits qui ne seront plus destinés aux clients internes. La contrainte extérieure est apparue dans les années 1970 avec la **contrainte énergétique**, celle-ci revêtant une double forme : l'importance de la facture pétrolière dans l'apparition et l'aggravation du déficit commercial et l'obligation d'importer davantage de produits énergétiques avec l'augmentation de l'activité. Cette contrainte énergétique a obligé de nombreux pays à développer leurs exportations et à accroître leur ouverture sur l'extérieur afin de pouvoir financer leurs importations de pétrole. L'interdépendance des économies s'est donc fortement accentuée et, aujourd'hui, la conjoncture interne d'un pays est beaucoup plus liée qu'autrefois à l'évolution de la conjoncture internationale (croissance américaine, chocs pétroliers par exemple). Au sein des pays de l'Union européenne ayant adopté l'euro, il n'y a plus de contrainte extérieure pour un seul pays. Celle-ci joue désormais pour l'ensemble de la zone euro.

Lire aussi » **Balance des paiements - Question d'actualité 2 p. 34**

Comptabilité nationale

La comptabilité nationale est une représentation simplifiée et chiffrée de toutes les opérations économiques réalisées pendant une année à l'intérieur d'une économie ou entre celle-ci et le reste du monde.
La comptabilité nationale permet des comparaisons dans le temps et dans l'espace et constitue un instrument irremplaçable de prévision économique.

SOMMAIRE

- Les grands principes de la comptabilité nationale
- Les agrégats
- Les grands équilibres de l'économie

Les grands principes de la comptabilité nationale

Les secteurs institutionnels

Une unité économique, ou **unité institutionnelle**, désigne un centre de décision élémentaire comme un ménage, une entreprise ou l'État.

Pour représenter simplement les millions d'opérations économiques réalisées par chacune de ces unités institutionnelles, la **comptabilité nationale** regroupe ces unités en six grands secteurs, appelés **secteurs institutionnels** :
– les sociétés non financières qui produisent et vendent des biens (sociétés anonymes, SARL, etc.) ;
– les institutions de crédit qui collectent et prêtent des fonds (banques, sociétés de crédit, etc.) ;
– les entreprises d'assurances qui reçoivent des primes d'assurances et versent des indemnités lorsqu'un risque se réalise ;

Comptabilité nationale
Représentation simplifiée et chiffrée de toutes les opérations économiques réalisées pendant une année à l'intérieur d'une économie ou entre celle-ci et le reste du monde.

Secteurs institutionnels
Regroupements des agents économiques en fonction de leur activité économique principale.

– les administrations publiques qui produisent des services non marchands pour la collectivité (éducation, défense, justice, etc.) et distribuent des ressources après avoir reçu des prélèvements obligatoires ;
– les administrations privées (associations, partis politiques, etc.) ;
– les ménages dont la fonction économique principale est la consommation. Ce secteur comprend aussi les **entrepreneurs individuels** (agriculteurs, artisans, professions libérales, etc.).
Le « **reste du monde** » regroupe tous les agents économiques étrangers en relation économique avec la France.

Le regroupement des opérations

– Les opérations sur biens et services retracent l'origine des biens et des services (production nationale ou importations) et leurs utilisations (consommation, investissements, exportations).
– Les opérations de répartition décrivent les opérations de redistribution (répartition de la valeur ajoutée dans les entreprises, répartition du revenu national, distribution de prestations sociales à partir des cotisations reçues, etc.) entre les différents secteurs.
– Les opérations financières retracent les opérations relatives aux instruments de paiement, de placement (prêts par exemple) et de financement (emprunts, dettes).

Les agrégats

Les **agrégats** sont des grandeurs économiques qui rassemblent et résument les résultats de l'activité économique nationale. Les agrégats permettent d'effectuer des comparaisons dans le temps ou entre les pays. Le principal agrégat est le **produit intérieur brut (PIB)** qui est utilisé pour mesurer la croissance de l'économie.

Produit intérieur brut (PIB)
Principal agrégat de la comptabilité nationale représentant la somme de toutes les valeurs ajoutées créées par les différentes branches de l'économie pendant une année.

Le produit intérieur brut

Le PIB mesure l'ensemble des valeurs ajoutées créées par les unités économiques résidentes françaises et étrangères. Comme le PIB est calculé au prix d'échange sur les marchés alors que les valeurs ajoutées sont mesurées hors taxes (TVA et droits de douane), on a :

PIB = somme des valeurs ajoutées + TVA + droits de douane

Le produit intérieur est dit brut car il inclut l'amortissement économique qui correspond au remplacement des équipements usés ou détruits. Le **produit intérieur net (PIN)** est le PIB sans les amortissements.

On distingue aussi PIB marchand et PIB non marchand (valeurs ajoutées brutes créées par les administrations).

Le produit national brut

Si le PIB mesure la contribution productive des unités résidentes, le **PNB** mesure la contribution productive des facteurs de production (travail, capital) fournis par les résidents. Par exemple, la valeur ajoutée créée à l'étranger par une entreprise française est inclue dans le PNB et non pas le PIB. Mais l'activité des entreprises étrangères en France est exclue du PNB. La différence entre le PIB et le PNB, qui est faible pour un pays comme la France, peut être très élevée dans un pays en développement où l'activité des entreprises étrangères est importante.

Produit national brut (PNB)

Agrégat regroupant l'ensemble des valeurs ajoutées réalisées par les secteurs institutionnels nationaux sur le territoire national et à l'étranger.

PNB = PIB + revenus de facteurs en provenance de l'extérieur
– revenus de facteurs versés à l'extérieur

Le revenu national

Le **revenu national (RN)** mesure l'ensemble des richesses produites en une année qui vont représenter un revenu pour les agents économiques résidents.

Revenu national

Ensemble des revenus des agents économiques qui sont issus de leurs activités de production.

On part ainsi du PNB auquel il faut retrancher les amortissements, car ceux-ci ne vont pas constituer un revenu, mais une charge pour les unités de production (remplacement des machines appelé, dans la comptabilité nationale, la « **consommation de capital fixe** »). Ces amortissements visent seulement à maintenir en l'état la capacité productive de l'économie. Il faut aussi retrancher du PNB les impôts liés à la production et à l'exportation et rajouter les subventions versées par les administrations car on recherche le revenu national des facteurs de production.

RN = PNB – amortissement – impôts indirects
+ subventions des administrations

Le revenu national représente ainsi le total des revenus primaires des agents économiques (revenus de la propriété et de l'activité) avant impôt et redistribution.

Le calcul des agrégats rencontre des limites, examinées à propos de la « production ». Cette dernière ne tient compte ni du travail domestique, ni des activités relevant de l'économie souterraine. Elle ne prend pas en compte les nuisances liées à l'activité productive (pollution, etc.) si bien que certains préconisent la création et la mesure d'un « **PIB vert** » tenant compte des nuisances.

➲ Les grands équilibres de l'économie

La comptabilité nationale est un cadre comptable qui fournit nécessairement des comptes équilibrés. Même s'il existe au départ des déséquilibres entre les choix des agents économiques (par exemple, entre le montant de l'épargne et celui de l'investissement), on obtient au bout du compte (on dit **« ex post »**, par opposition à **« ex ante »**) un équilibre comptable.

Ex ante
Situation caractérisée par les choix et les projets des agents économiques (choix de consommation, d'investissement, etc.) avant qu'ils ne réalisent véritablement leurs choix.

Ex post
Situation constatée après la réalisation des choix des agents économiques, les décisions prises réellement pouvant s'avérer différentes des projets envisagés.

Si, « ex ante », l'offre prévue de biens est supérieure à la demande prévue, on obtiendra, « ex post », un équilibre comptable entre les deux, l'ajustement provenant, par exemple, d'un gonflement des stocks de biens non vendus dans les entreprises. La comptabilité nationale présente deux équilibres fondamentaux permettant de décrire les enchaînements macroéconomiques.

L'équilibre emplois-ressources

Les ressources de l'économie désignent les biens et les services qui sont mis à la disposition des agents économiques. Les ressources ont deux origines : la production nationale (PIB) et les importations de biens et de services, notées M.

Emplois et ressources dans l'économie

Ressources disponibles	Emplois disponibles
• Production (PIB) • Importations (M)	• Consommation finale (C) • Investissement (FBCF) • Variations de stocks (VS) • Exportations (X)

Les emplois de l'économie correspondent aux différentes utilisations possibles des ressources.

L'équilibre comptable correspond alors à l'égalité des ressources et des emplois dans l'économie durant une année. L'**équilibre emplois-ressources** est résumé dans l'égalité suivante :

Équilibre emplois-ressources
Égalité observée « ex post » entre les ressources globales d'une économie et les emplois durant une année.

PIB + M = C + FBCF + VS + X

Négligeons les variations de stocks et considérons le cas d'un déficit commercial (solde négatif). On a alors :

X – M < 0
d'où PIB – C – FBCF < 0
d'où PIB < C + FBCF

Ainsi, lorsqu'un pays connaît un déficit des transactions courantes (biens et services), il dépense (consommation et investissement) davantage qu'il ne produit lui-même. On dit parfois qu'il vit « au-dessus de ses moyens ». À l'inverse, un excédent témoigne d'une production nationale supérieure aux dépenses intérieures ; il s'agit toutefois d'une production qui réussit à s'écouler sur les marchés étrangers.

Un autre intérêt de l'égalité emplois-ressources est de permettre de mesurer les facteurs de la croissance. On mesure les grandeurs PIB, C, FBCF, etc. pour l'année n et l'année n + 1, puis on calcule leurs différents taux de croissance. On peut ainsi voir si l'augmentation du PIB s'explique par une forte consommation, une demande extérieure dynamique ou une reprise des investissements.

L'équilibre épargne-investissement

Considérons d'abord le cas d'une économie fermée (absence de relations économiques avec l'extérieur). L'**offre globale** de l'économie est la production nationale (Y) ; celle-ci a deux utilisations, la consommation (C) et l'investissement (I).

La production nationale (Y) donne naissance aux revenus, distribués durant la même période. La présentation de l'économie sous forme de circuit a montré que la valeur de la production correspond exactement à la valeur des revenus distribués. La totalité du produit intérieur est transformée en revenus pour les agents économiques. Comme ces revenus sont soit consommés (C), soit épargnés (E), on a finalement :

$$Y = C + E$$

Comme par ailleurs Y = C + I, on obtient I = E.

L'introduction de l'épargne et de l'investissement peut être effectuée dans l'égalité emplois-ressources. On a :

$$Y + M = C + I + X$$

ou encore, en remplaçant Y par (C + E) :

$$C + E + M = C + I + X \text{ soit } X - M = E - I$$

Si (X – M) est négatif, c'est-à-dire si la balance des transactions courantes est déficitaire, alors l'épargne intérieure est inférieure aux besoins d'investissements. Le déficit courant correspond à une insuffisance d'épargne.
Si le solde courant est positif, alors l'économie dégage davantage d'épargne que ce qui est nécessaire pour investir. Cette épargne peut être exportée. On peut écrire aussi l'égalité de la façon suivante :

$$I = (Y - C) + (M - X) = \text{épargne intérieure} + \text{épargne extérieure (déficit courant)}$$

Si une économie dépense davantage qu'elle ne produit, cela signifie que l'épargne extérieure doit venir financer une partie des investissements.

Lire aussi » **Circuit économique - Production**

Consommation

Consommer consiste, pour un ménage, à dépenser son argent pour acheter des biens. Destinée à satisfaire la plupart des besoins, la consommation représente, avec la production et la répartition, l'une des principales opérations économiques. Mais la consommation correspond aussi à un phénomène social.

SOMMAIRE

- Les principales définitions
- La consommation des ménages
- La consommation, phénomène économique et social

Les principales définitions

Qu'est-ce que la consommation ?

La **consommation** se caractérise par la destruction immédiate ou progressive du bien à travers son utilisation. Elle se distingue ainsi de l'investissement qui consiste à utiliser d'une façon durable des biens à des fins productives. Toute consommation ne correspond pas cependant à une destruction immédiate comme c'est le cas pour un produit alimentaire (c'est une **consommation non durable**). Certains biens peuvent être utilisés un grand nombre de fois jusqu'à leur usure. Ces biens, comme l'automobile ou les appareils électroménagers, sont des **biens de consommation durable** ou **biens durables**.

Consommation
Opération économique consistant dans l'utilisation immédiate de biens ou de services qui seront détruits dans ce processus.

Pour la consommation des ménages, la définition de la consommation est conventionnelle, c'est-à-dire arbitraire. On décide de définir certaines opérations comme des investissements (achats de logement et grosses réparations seulement), les autres étant des consommations (biens non durables et durables, services comme une consultation médicale, un spectacle, etc.). Les achats de valeurs mobilières (actions par exemple) sont considérés comme une opération d'épargne.

La consommation, qui est le fait de tous les agents économiques (ménages, entreprises, administrations, etc.) cherche à satisfaire des besoins. On peut définir un **besoin** comme un sentiment de manque ou de privation accompagné du désir de le voir disparaître. On distingue ainsi des **besoins physiologiques ou primaires**, qui correspondent aux exigences naturelles (se nourrir, se protéger contre le froid, etc.), et des **besoins secondaires**, qui apparaissent après les premiers et sont plus diversifiés (se distraire, etc.). Les besoins, même primaires, sont relatifs, leurs modes de satisfaction peuvent varier selon les sociétés.

Besoin
Sentiment de manque fondé sur le désir de posséder tel ou tel bien, ou d'obtenir tel ou tel service.

Consommation intermédiaire et consommation finale

La comptabilité nationale distingue une consommation finale et une consommation intermédiaire. Si un bien ou un service permet de satisfaire directement un besoin, il s'agit d'une **consommation finale**. S'il est en revanche utilisé indirectement pour produire un autre bien, en disparaissant dans le processus de production (énergie par exemple) ou en étant incorporé dans d'autres produits (matières premières, produits semi-finis, etc.), il s'agit d'une **consommation intermédiaire**.

Consommation intermédiaire
Valeur des biens et des services qui sont incorporés à un produit ou détruits lors de la production de celui-ci.

Ainsi, lorsqu'un ménage achète des pneumatiques pour sa voiture, c'est une consommation finale. Mais l'entreprise automobile qui achète des pneumatiques pour équiper ses véhicules réalise une consommation intermédiaire. Dans une entreprise, tous les achats, à l'exception des investissements, sont des consommations intermédiaires.

Consommation marchande et consommation non marchande

La plupart des biens consommés sont achetés sur un marché en échange de moyens monétaires (**consommations marchandes**). Les **consommations non marchandes**, qui ne passent donc pas par le marché, sont de deux sortes. Il s'agit d'abord de l'**autoconsommation** qui désigne les biens et les services produits par les agents eux-mêmes pour leur propre consommation (exemple d'un potager personnel).

Consommation marchande
Utilisation d'un bien ou d'un service acheté sur un marché.

Consommation non marchande
Utilisation d'un bien ou d'un service ne s'échangeant pas sur un marché et dont le prix est inférieur au coût de la production ou est nul.

Ce sont ensuite les consommations collectives qui désignent les services collectifs non marchands fournis par les administrations publiques (État, collectivités locales, ou institutions de protection sociale). Ces consommations collectives (routes, justice, etc.) sont financées par l'ensemble de la collectivité grâce aux prélèvements obligatoires.

Consommation collective

Utilisation d'un bien collectif ou plus généralement d'un service collectif, c'est-à-dire qui a été produit pour satisfaire les besoins d'une collectivité d'individus (école, éclairage public, etc.).

Depuis 2000, l'Insee calcule aussi la consommation effective des ménages : ce sont les dépenses de consommation des ménages (supportées directement par eux) auxquelles on ajoute les consommations individualisables de services non marchands fournis par les administrations publiques.

La consommation des ménages

La structure de la consommation

Pour analyser la consommation des ménages, on dispose d'un certain nombre d'instruments ou d'indicateurs. La structure de la consommation désigne la répartition des dépenses de l'ensemble des ménages ou d'une certaine catégorie de ménages (une catégorie socioprofessionnelle par exemple) en fonction d'un certain nombre de postes.

Les principaux postes – appelés aussi fonctions – sont les suivants : produits alimentaires, loisirs, culture et enseignement, logement, chauffage et éclairage, transports et communications, santé et services médicaux, habillement et meubles, etc.

Il s'agit de postes budgétaires car le budget du ménage correspond à l'ensemble des dépenses de consommation. À la différence du budget de l'État, le terme « budget » utilisé pour les ménages ne recouvre que le côté « dépenses ».

Budget d'un ménage

Ensemble des dépenses de consommation d'un ménage.

La structure de la consommation ainsi que son évolution peuvent s'analyser à l'aide des coefficients budgétaires. Un coefficient budgétaire représente la part d'une certaine consommation (on peut prendre un poste budgétaire) dans le total de la consommation.

Coefficient budgétaire

Part d'un poste budgétaire d'un ménage (poste de dépense) dans le total de la consommation.

$$\text{coefficient budgétaire} = \frac{\text{montant d'un poste budgétaire}}{\text{total de la consommation}}$$

Un autre indicateur permettant de décrire et de comparer les différentes consommations est le **taux d'équipement** des ménages pour un certain bien durable (exemple de la télévision, de l'automobile, etc.).

Taux d'équipement
Rapport entre le nombre de ménages disposant d'un bien durable (automobile, électroménager) et le nombre total des ménages (multiplié par 100).

$$\text{taux d'équipement d'un bien} = \frac{\text{nombre de ménages possédant ce bien}}{\text{nombre total des ménages}} \times 100$$

Par exemple, le taux d'équipement en réfrigérateur est proche de la saturation (98 % des ménages en sont équipés), ce produit ne faisant plus l'objet que d'une demande de renouvellement. Certains autres biens durables, proches eux aussi de la saturation, font toujours l'objet d'une demande d'acquisition en vue du multi-équipement du foyer (possession de deux appareils ou plus, comme pour la télévision).

La consommation des ménages et le revenu

Le niveau de revenu des ménages constitue l'un des principaux facteurs de la consommation. Le montant total de la consommation et sa structure dépendent du revenu. La **propension à consommer** désigne la part du revenu consacrée à la consommation. On peut la calculer pour un ménage, un groupe de ménages ou l'ensemble des ménages.

Propension à consommer
Part du revenu d'un ménage ou de l'ensemble des ménages qui est consacrée à la consommation.

$$\text{propension à consommer} = \frac{\text{consommation du ménage}}{\text{revenu du ménage}}$$

Par exemple, si les revenus mensuels d'un ménage sont de 3 000 euros et si sa consommation se monte à 2 250 euros, sa propension à consommer est de 75 %.

Cette **propension** est qualifiée de **moyenne** car on définit aussi une **propension marginale à consommer** qui représente la part du revenu supplémentaire (lorsque celui-ci augmente) qui est consacrée à un supplément de consommation.

$$\text{propension marginale à consommer} = \frac{\text{augmentation de la consommation}}{\text{augmentation du revenu}}$$

Plus le revenu disponible du ménage est élevé, plus ce ménage pourra consommer. Mais l'augmentation du revenu n'entraîne pas un accroissement de la consommation de tous les produits dans les mêmes proportions. Si un ménage voit son revenu augmenter, il n'achètera sans doute pas plus de pain, mais il consommera davantage de loisirs.

On peut ainsi rechercher comment évolue la consommation de chaque type de biens ou de services lorsque le revenu varie.

On définit alors pour chaque produit une **élasticité de la demande par rapport au revenu**, ou **élasticité-revenu (Er)**, qui représente la sensibilité de la demande pour un produit à l'augmentation (ou à la diminution) du revenu.

Élasticité-revenu de la consommation
Sensibilité de la demande d'un produit à la variation du revenu du ménage qui le consomme.

$$Er = \frac{\text{variation de la consommation (\%)}}{\text{variation du revenu (\%)}}$$

L'élasticité-revenu est un rapport entre la variation de la consommation du produit considéré et la variation du revenu.

Par exemple, si la demande de pain diminue de 2 % lorsque le revenu augmente de 3 %, on a :

$$Er = \frac{-2\%}{+3\%} = -0{,}66$$

Un signe positif de l'élasticité-revenu signifie qu'une augmentation du revenu induit une augmentation de la demande du produit ; c'est le cas le plus général. Un signe négatif correspond au cas d'une consommation qui diminue lorsque le revenu s'accroît.

Cette notion d'élasticité-revenu permet alors de classer les biens :

– **Biens inférieurs** : ceux dont la consommation diminue avec l'augmentation du revenu ($Er < 0$) : il s'agit des produits comme le pain, le beurre, la pomme de terre, etc.

– **Biens supérieurs** : ceux pour lesquels une augmentation du revenu induit une augmentation de la consommation plus que proportionnelle ($Er > 1$). Cela signifie que la part de ces biens augmente dans le total de la consommation (exemple de la santé, des loisirs).

– **Biens normaux** : ($0 < Er < 1$) ceux pour lesquels l'augmentation du revenu implique une hausse moins que proportionnelle de la demande.

Le statisticien allemand Ernst Engel a montré, dès le milieu du XIXe siècle, que la part des dépenses alimentaires dans le budget des ménages diminue avec l'augmentation du revenu (c'est la **loi d'Engel**). Les dépenses alimentaires augmentent ainsi moins vite que le revenu.

La consommation et le prix

Dans une économie de marché, la demande d'un bien est liée au prix de ce bien. C'est la loi de la demande qui indique que la demande diminue lorsque le prix du bien demandé augmente (c'est une fonction décroissante du prix, ou encore la demande varie en sens inverse du prix).

Pour une même variation de prix, la variation de la quantité demandée peut être cependant plus ou moins importante selon les produits.

Cette sensibilité de la demande à la variation du prix s'exprime sous la forme d'une élasticité de la demande par rapport au prix.

Élasticité-prix
Sensibilité de la demande d'un produit à la variation du prix de celui-ci.

L'**élasticité-prix** est :

$$Ep = \frac{\text{variation de la quantité demandée (\%)}}{\text{variation du prix (\%)}}$$

Par exemple, une élasticité-prix égale à – 3 peut correspondre à une hausse de la demande de 3 % lorsque le prix baisse de 1 %.

L'élasticité-prix est, en règle générale, de signe négatif.

On dit qu'une **demande** est **élastique** (ou sensible au prix) lorsque le pourcentage de variation de la quantité demandée est supérieur au pourcentage de variation de prix. Il suffit alors d'une légère baisse du prix pour induire une forte hausse de la demande. Dans la situation inverse, la **demande** est **inélastique** ou **rigide** (il faut d'importantes variations de prix pour modifier la demande).

Deux **biens** sont **substituables** lorsqu'ils sont aptes à satisfaire le même besoin (la bière et le vin par exemple). Ce sont des **biens complémentaires** si leur consommation simultanée est nécessaire pour satisfaire un besoin (la voiture et l'essence par exemple). Lorsque l'on cherche à savoir si deux biens sont complémentaires ou substituables, on peut calculer leur **élasticité-prix croisée**, c'est-à-dire mesurer comment la demande du premier bien réagit aux variations du prix de l'autre bien. Une élasticité croisée positive caractérise deux biens substituables.

La consommation, phénomène économique et social

Le rôle économique de la consommation

La consommation est l'une des composantes de la demande globale (avec l'investissement et les exportations). Elle représente donc un facteur important de la croissance économique. Durant les Trente Glorieuses (de l'après-guerre à la crise de 1973), la consommation a joué un rôle moteur dans la croissance du PIB. Grâce aux gains de productivité, qui ont permis des augmentations régulières de pouvoir d'achat, ainsi qu'au développement de la protection sociale, la **consommation de masse** est née, fondée sur l'équipement progressif des ménages en biens durables (équipements ménagers et automobiles). Les achats massifs de biens durables ont représenté un modèle de consommation, une **norme de consommation**.

Consommation de masse
Diffusion massive des biens de consommation durable (automobiles, équipements ménagers) à l'ensemble de la population.

La demande est une composante qui peut faire l'objet d'une politique économique particulière. L'analyse keynésienne a montré qu'une distribution de revenus supplémentaires dans l'économie entraîne une augmentation de la consommation des ménages et induit, grâce au jeu du multiplicateur, un effet bénéfique sur l'activité économique (politique de relance par la consommation). À l'inverse, une politique de rigueur cherche à réduire la consommation des ménages.

La consommation, phénomène social

Les facteurs économiques, comme le revenu, les prix, ne sont pas les seuls déterminants de la consommation des ménages. L'offre de nouveaux produits destinés à répondre à des besoins qui n'existent pas (exemple d'Internet) est aussi un facteur de consommation. Cette offre ne peut rencontrer une demande que si elle est relayée par des phénomènes sociaux comme la publicité ou l'imitation.

L'économiste américain John K. Galbraith a ainsi montré que la publicité cherchait à créer de nouveaux besoins afin d'assurer l'écoulement de nouvelles productions. Il a décrit un phénomène de « **filière inversée** » selon lequel ce sont les producteurs qui imposent leurs produits aux consommateurs au lieu du schéma inverse du « consommateur-roi ».

D'autres phénomènes sociaux interviennent pour conduire les ménages à acheter tel bien plutôt que tel autre. La nature des biens consommés traduit aussi l'appartenance à un certain milieu social, à un certain statut social. La consommation devient une sorte de langage qui permet de faire savoir aux autres quelque chose sur soi-même. La consommation de vêtements particuliers, le goût pour les « marques » correspondent ainsi à des **effets de signe** ou **effets de démonstration**. Avec la consommation, les individus recherchent certains objectifs de nature sociale (le prestige, se différencier des autres, se faire remarquer, etc.). Cette **consommation ostentatoire** cherche à montrer aux autres quelque chose de soi-même, son appartenance ou son désir d'appartenance (**effet d'imitation**) à un groupe, à une communauté, à une culture, voire son refus d'appartenance (**effet de distinction**).

Consommation ostentatoire
Utilisation de la consommation pour montrer sa position sociale ou la position sociale à laquelle on aspire.

La consommation varie selon les individus, les ménages, les groupes sociaux, les pays. Les **disparités de consommation** désignent alors ces différences dans la nature des biens et services consommés. Ces disparités peuvent d'abord s'expliquer par des différences de niveau de vie. Le **niveau de vie** correspond alors à la quantité de biens et de services dont peut disposer un individu, un ménage ou un groupe social, en fonction de ses ressources. Mais deux individus ayant le même niveau de vie, les mêmes ressources peuvent utiliser celles-ci de manières très différentes. Les disparités de consommation peuvent alors provenir de **modes de vie** différents.

Niveau de vie
Quantité de biens et de services dont peut disposer un individu, un ménage ou un groupe social, en fonction de ses ressources.

Mode de vie
Façon de vivre, de consommer, d'utiliser ses loisirs, etc., d'un ménage ou d'un groupe social.

En dépit du rapprochement des niveaux de vie et surtout des modes de vie (diffusion en masse des biens durables par exemple), on ne peut pas parler d'homogénéisation ou d'uniformisation de la consommation pour l'ensemble des ménages. La différenciation, c'est-à-dire l'existence de fortes différences dans la structure de la consommation et dans la nature des biens consommés, demeure, qu'elle s'explique par des clivages sociaux (différenciation par catégorie socioprofessionnelle) ou par d'autres clivages (les âges, les sexes, etc.). En ce sens, la consommation de certains biens et services peut aider à caractériser un groupe social; elle joue alors le rôle de **marqueur social**.

Lire aussi » **Circuit économique - Revenus**

Contrôle social

La notion de contrôle social est née aux États-Unis lorsque des sociologues ont étudié, dans l'entre-deux-guerres, le phénomène de la délinquance juvénile en se demandant comment la société pouvait s'assurer de la conformité des conduites individuelles aux normes en vigueur.

SOMMAIRE

- Conformité et contrôle social
- La déviance

Conformité et contrôle social

Une définition du contrôle social

Le **contrôle social** correspond à l'ensemble des moyens et des processus par lesquels une société parvient à faire respecter ses normes. Les notions de **régulation sociale** et de **contrainte sociale** sont synonymes du contrôle social.

Contrôle social
Ensemble des moyens et des processus par lesquels une société parvient à faire respecter ses normes.

Régulation sociale
Synonyme de contrôle social, la régulation sociale repose sur un ensemble de règles ainsi que sur des sanctions positives et négatives.

Le respect des normes et des règles essentielles de vie dans une collectivité est déterminant pour maintenir sa cohésion et son fonctionnement. Le contrôle social a pour fonction d'encourager le respect de ces règles et de décourager leur transgression qui pourrait conduire à une désorganisation de l'ordre social. Le contrôle social ne doit pas être confondu avec le **consensus social** qui désigne un accord entre les membres d'une collectivité sur une question particulière (programme politique, réforme particulière, etc.).

Les normes ne s'imposent pas toutes avec la même force. Ce sont les sanctions qui définissent la puissance des normes. Certaines normes sont absolues car leur non-respect entraîne une sanction par les tribunaux (vol, par exemple). D'autres normes se révèlent obligatoires au sein du groupe social dans lequel s'insère l'individu. Le non-respect de la norme, s'il n'est pas sanctionné par la justice, peut néanmoins conduire à une réprobation morale (c'est la pression sociale) de la part des autres membres du groupe, voire à l'exclusion du groupe. Certaines normes sont, enfin, facultatives. Leur respect peut alors faire l'objet de ce que les sociologues appellent des sanctions positives (récompense, par exemple). Le prestige, l'acceptation et la reconnaissance des autres sont ainsi des formes de sanctions que le groupe confère à ceux qui respectent ses normes.

La théorie du contrôle social distingue donc les **sanctions négatives** (actions répressives, punitives ou correctrices de la société) et les **sanctions positives** (récompense, encouragement).

La conformité aux normes

La conformité sociale caractérise les conduites des individus qui respectent les normes et les valeurs du groupe ou de la société. C'est le contrôle social qui assure cette conformité à travers trois grands mécanismes :

– la crainte de la sanction, la « peur du gendarme » ; il s'agit donc d'une contrainte externe, imposée de l'extérieur aux individus ; ce mécanisme correspond d'ailleurs aussi à un calcul rationnel, l'individu ayant intérêt à se conformer aux normes ;

– la **socialisation** qui joue le rôle d'une contrainte interne puisqu'elle permet l'intériorisation des normes par les individus ; celles-ci deviennent ainsi des obligations morales et personnelles ;

– l'attachement au groupe qui nous fait adhérer aux normes et aux valeurs qui lui sont propres.

Indépendamment souvent de tout calcul rationnel, cette conformité aux règles du groupe permet de s'y intégrer, d'y être adapté. À cet égard, le sociologue américain Robert Merton a distingué dans les années 1950, les **groupes d'appartenance**, qui sont ceux dont l'individu est membre selon des critères objectifs (revenu, position sociale, niveau culturel, etc.), et les **groupes de référence** auxquels l'individu s'identifie. Favorisée par les possibilités de mobilité sociale, l'identification à un groupe de référence auquel on désire appartenir fait que l'on adapte son comportement et ses attitudes sur les modèles de conduite de ce groupe. Ce phénomène a reçu le nom de **socialisation anticipatrice**.

Conformité sociale
Caractéristique des conduites des individus lorsqu'ils respectent parfaitement les normes ou les valeurs du groupe ou de la société.

Groupe d'appartenance
Groupe auquel appartient l'individu en fonction de critères objectifs (revenu, âge, position sociale, etc.).

Groupe de référence
Groupe auquel un individu s'identifie.

Socialisation anticipatrice
Adaptation de son comportement et de ses attitudes sur le modèle de conduite d'un groupe social auquel on souhaite appartenir.

Qui exerce le contrôle social ?

Les agents de socialisation (famille, école, médias, par exemple) ainsi que les groupes auxquels appartiennent ou se réfèrent les individus jouent donc un rôle essentiel pour garantir le respect des modèles de conduite acceptés par une société (au besoin par des sanctions). Mais le contrôle social passe parfois par de véritables sanctions et c'est l'État et ses institutions spécialisées qui assurent cette fonction judiciaire. Il faut donc distinguer **sanctions sociales** et **sanctions juridiques**. En France, l'État a le monopole de la justice puisque lui seul peut rendre des jugements et les faire exécuter. La branche de la justice qui réprime les infractions s'appelle la **justice pénale** ; elle s'oppose à la **justice civile** qui fait appliquer le droit privé, droit qui règle les rapports des particuliers entre eux (droit commercial, droit de la famille, etc.).

La conformité sociale

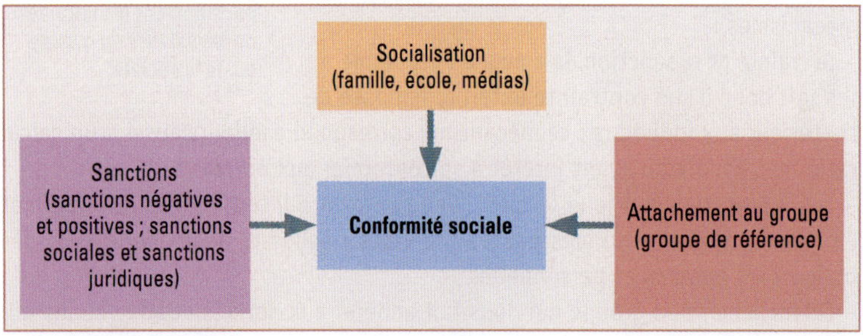

Le Code pénal distingue trois types d'infractions selon la peine maximale encourue par son auteur :

- la **contravention** (amende de 3 000 euros au plus) ;
- le **délit** (amende de plus de 3 000 euros ou emprisonnement de 2 mois à 10 ans) ;
- le **crime** (réclusion criminelle de plus de 10 ans). À la différence des autres infractions, les crimes sont jugés dans les cours d'assises composées de 3 magistrats et de 6 jurés, simples particuliers tirés au sort parmi les citoyens.

La mesure des infractions, en particulier des délits, est difficile car elle provient de statistiques pénales (police, justice) qui ne prennent pas en compte de nombreuses infractions (individus ne portant pas plainte, évolution des consignes d'enregistrement dans les commissariats, etc.). Pour connaître les infractions réelles, et évaluer le nombre d'infractions pénales qui ne parviennent jamais à la connaissance des institutions chargées de les réprimer (on parle de

« chiffre noir »), les sociologues peuvent pratiquer une enquête de victimation, en interrogeant une population sur les infractions dont elle a été victime. L'Insee réalise désormais ce type d'enquête et leur comparaison avec les statistiques de la police judiciaire montre que les données policières sous-estiment les violences de faible gravité.

Enquête de victimation
Technique consistant à interroger un échantillon représentatif d'une population donnée sur les infractions dont elle a été victime.

La déviance

Conformité et déviance

L'adhésion aux normes du groupe peut rencontrer des cas limites. La conformité aux normes peut devenir du ritualisme (les rites sont des pratiques réglées et invariables) quand l'individu attache tant de prix aux règles qu'il en oublie les valeurs (exemple du bureaucrate). À l'inverse, il existe dans toute société, dans toute situation sociale, des individus qui ne se conforment pas aux normes. La sociologie qualifie de « déviance » cette infraction aux règles du groupe (il s'agit donc d'une observation sociologique et non d'un jugement de valeur).

Déviance
Notion sociologique qui désigne les conduites que les membres d'un groupe ou d'une société réprouvent ou sanctionnent parce qu'ils les considèrent comme non conformes à leurs normes et valeurs.

La déviance désigne donc les conduites que les membres d'un groupe ou d'une société réprouvent ou sanctionnent parce qu'ils les jugent non conformes à leurs normes ou à leurs valeurs.

Les caractéristiques de la déviance

La déviance n'est pas une notion juridique ou pénale, mais une notion sociologique car elle se réfère au fonctionnement social, à l'accord qui existe entre les membres d'une société sur les normes et les valeurs communes. La déviance n'est pas alors une caractéristique propre à certains comportements mais le résultat d'un jugement du groupe ou de la société porté sur certains comportements. Il n'y a pas de déviance en soi, mais seulement par rapport aux normes jugées importantes. Le sociologue peut donc repérer la déviance par les réactions qu'elle provoque (réprobation, réprimande, isolement, exclusion, enfermement, etc.). Lorsqu'un acte déviant ne fait plus réagir, il cesse d'être déviant.

À la différence de la déviance qui traduit une infraction aux normes sociales dans leur ensemble, la **délinquance** désigne un jugement de la société sur les infractions aux seules normes juridiques.

Délinquance
Ensemble des conduites qui sont sanctionnées pénalement car elles sont des infractions aux normes juridiques en vigueur dans une société.

La déviance est aussi une notion relative, les normes étant elles-mêmes relatives. Un comportement peut, par exemple, être jugé déviant dans certaines conditions seulement (l'enfant fumeur cessera d'être déviant quelques années plus tard).

Les origines de la déviance

La déviance peut venir d'une intégration sociale insuffisante (faiblesse des relations sociales et des contacts qui, d'ordinaire, renforcent les attentes réciproques des conduites) ou d'une socialisation incomplète (absence d'intériorisation des normes).

Dans certaines situations cependant, la déviance ne provient pas d'une socialisation déficiente, lorsque, par exemple, la culture d'un groupe particulier dans lequel est inséré l'individu est très différente de la culture adoptée et valorisée dans la société. Une étude célèbre sur la délinquance aux États-Unis dans les années 1950 montrait ainsi que les conduites déviantes étaient le résultat, chez certains, d'une opposition entre la sous-culture de la classe populaire, dans laquelle ils étaient élevés, et la sous-culture de la classe moyenne, dominante dans le pays et dans le système scolaire.

Certains sociologues proposent une analyse de la déviance en termes d'**étiquetage**. La transgression d'une norme n'est pas nécessairement synonyme de déviance. Cette dernière apparaît en revanche lorsque le groupe réagit. Le groupe peut en effet réagir différemment, pour une même transgression, selon la personne concernée (âge, niveau social), selon le moment, le lieu, etc.

Ces analyses rejoignent par ailleurs celles du sociologue américain Erwing **Goffman** (1922-1982) qui, dans son ouvrage *Stygmate*, montre que l'existence de signes extérieurs inscrits dans le corps de certains (un handicap par exemple) est l'occasion pour les autres de les marquer comme déviants. La **stigmatisation** est ainsi un processus de désignation comme déviant, à partir d'une caractéristique propre à une personne.

Stigmatisation
Processus social qui vise à désigner une personne ou un groupe comme déviant à partir d'une caractéristique qui leur est particulière.

Elle peut être complétée par la **victimisation** qui est un processus psychologique par lequel le groupe amène la personne stigmatisée à accepter l'image dévalorisée d'elle-même que lui renvoient les gens « normaux ».

L'anomie

Certains sociologues ont développé, à la suite de É. Durkheim, l'idée que la déviance pouvait aussi correspondre à un contexte social dans lequel les normes applicables ne sont plus connues. É. Durkheim a utilisé la notion d'**anomie** pour caractériser une situation de dérèglement social. Quand les règles sociales, qui guident les conduites, perdent leur pouvoir de régulation ou sont incompatibles entre elles, lorsque les liens de solidarité se distendent, lorsque l'ordre social se disloque, les individus font face à une insatisfaction croissante et à une démoralisation (exemple de la république de Weimar, dans l'Allemagne de l'entre-deux-guerres). Pour É. Durkheim, la société cesse alors d'exercer une fonction de **régulation** sur les individus.

Anomie
Notion sociologique introduite par Émile Durkheim pour caractériser l'état d'une société dans laquelle la régulation sociale n'est plus assurée (absence de règles sociales guidant les conduites des individus).

L'anomie est une notion intéressante pour décrire des situations individuelles particulières (migration par exemple) dans lesquelles les personnes sont placées devant des systèmes de normes et de valeurs conflictuels. Mais c'est surtout un concept important pour analyser une société puisque l'anomie caractérise des sociétés qui n'ont plus le pouvoir d'imposer des règles permettant d'assurer l'harmonie et la cohésion sociale.

Lire aussi » Citoyenneté - Exclusion - Sociologie - Question d'actualité 17 p. 49

Coût

Un coût désigne une dépense de l'entreprise nécessaire à la réalisation de sa production. C'est une notion fondamentale car elle permet à l'entreprise de fixer les prix de vente de ses produits afin de réaliser un bénéfice.

SOMMAIRE

→ Les différents coûts de l'entreprise

→ Les économies d'échelle

Les différents coûts de l'entreprise

Le coût de production

Le **coût de production** regroupe l'ensemble des coûts, appelés aussi **charges**, qui ont permis la réalisation d'un produit destiné à être vendu. Il arrive parfois que l'on fasse une distinction entre le coût de production, comprenant le coût d'achat des matières premières et des produits semi-finis et le coût de fabrication (salaires, charges diverses), et le **coût de distribution** ou de commercialisation, qui est constitué par les dépenses liées à la vente (publicité, réseau commercial, etc.). Mais, le plus souvent, la notion de coût de production correspond au **coût total** de l'entreprise.

Coût
Dépense de l'entreprise indispensable à la réalisation de sa production ; c'est aussi le prix de revient d'un produit ou d'un service.

Coût de production
Ensemble des dépenses qui ont permis la production d'un bien ou d'un service destiné à être vendu.

coût de production = coût total = somme des dépenses nécessaires à la fabrication et à la vente du bien ou du service produit

Si l'on connaît le coût de production total et les quantités produites, on peut calculer le **coût unitaire** de production :

$$\text{coût unitaire} = \frac{\text{coût total}}{\text{quantités produites}}$$

Les coûts et le calcul économique

L'ensemble des dépenses de toutes sortes qui ont permis la production et la commercialisation d'un produit correspond au **coût de revient**. La notion de « coût de revient » est cependant délaissée au profit de la notion synonyme de **prix de revient**.

résultat unitaire (bénéfice ou perte) = prix de vente – prix de revient

La différence entre le prix de vente d'un produit et son prix de revient constitue le **résultat unitaire**. Il peut s'agir d'un **bénéfice** (prix de vente supérieur au prix de revient) ou, d'une **perte**. On peut calculer le **bénéfice global** de l'entreprise en multipliant le bénéfice unitaire par les quantités produites.

bénéfice global = bénéfice unitaire × quantités produites
= (prix de vente unitaire – prix de revient unitaire) × quantités produites
= (prix de vente × quantités) – (prix de revient × quantités)
= chiffre d'affaires – coût total

On rencontre parfois aussi la notion de **marge** (**marge commerciale**, par exemple). Celle-ci désigne la différence entre le prix de vente (hors taxe) et le prix de revient. Pour les entreprises commerciales, on a ainsi :

marge commerciale = chiffre d'affaires – coût d'achat des marchandises

Coûts fixes et coûts variables

Parmi les différents éléments du coût total, on distingue les coûts fixes et les coûts variables. Les **coûts fixes** correspondent à des dépenses que l'entreprise doit effectuer quelles que soient les quantités produites. Ce sont des **frais fixes**, des charges fixes, qu'elle doit engager avant même de produire (bâtiments, machines, salaire du personnel de direction par exemple). On les appelle aussi les **frais de structure**. Dans certaines activités, les coûts fixes sont considérables (aéronautique par exemple).

Coût fixe
Dépense que l'entreprise doit effectuer quelles que soient les quantités produites.

Les **coûts variables**, au contraire, dépendent des quantités produites. Les matières premières, les produits

Coût variable
Dépense qui dépend des quantités produites.

qui sont transformés au cours du processus de production, sont des exemples de dépenses représentant les coûts variables. Ces derniers peuvent être proportionnels aux quantités produites, mais ce n'est pas toujours le cas. Une entreprise qui augmente sa production pour faire face à un accroissement de la demande doit, par exemple, recourir au travail temporaire ou aux heures supplémentaires (main-d'œuvre mieux rémunérée). En sens inverse, l'augmentation des achats peut permettre une baisse de leur coût.

Les coûts fixes représentent des frais qui doivent être couverts quel que soit le niveau de production. En période de mauvaise conjoncture économique, les entreprises cherchent donc à réduire leurs frais de structure. Les coûts fixes peuvent se modifier au-delà d'un certain seuil de production. Si l'activité augmente, les coûts variables s'accroissent, mais il peut exister une limite à partir de laquelle l'entreprise doit acheter de nouvelles machines, louer de nouveaux locaux, embaucher de nouveaux salariés, accroître ses frais fixes, si elle souhaite continuer à élever son niveau de production. Les coûts fixes varient ainsi par paliers, l'entreprise modifiant à chaque fois son « échelle » de production.

Coût moyen et coût marginal

Le coût moyen est un synonyme de coût unitaire. Le coût marginal désigne le coût supplémentaire pour produire une unité de plus du produit ou du service considéré. C'est le coût de la dernière unité produite. Prenons l'exemple d'une entreprise dont les coûts (exprimés en euros) sont les suivants :

Coût moyen (coût unitaire)
Rapport du coût total aux quantités produites.

Coût marginal
Coût supplémentaire pour produire une unité de plus du produit considéré.

Unités produites	Coût total	Coût moyen	Coût marginal
0	1 000		
1	1 800	1 800	800
2	2 400	1 200	600
3	2 700	900	300
4	3 400	850	700
5	4 400	880	1 000

Si l'entreprise produit 5 unités, le coût marginal représente le coût total des 5 unités diminué du coût total de 4 unités. Si le prix de vente est fixé par l'état de la concurrence à 880 euros, l'entreprise devra produire 4 unités pour réaliser un bénéfice. Produire 5 unités ne lui rapporterait aucun bénéfice supplémentaire alors que le coût de production serait accru de 1 000 euros.

Les autres coûts

Le coût salarial représente parfois un élément important des coûts de production. Il désigne l'ensemble des charges impliquées par la présence de salariés. L'entreprise verse en effet à chaque salarié une rémunération brute (salaire brut comprenant le salaire net et les cotisations sociales à la charge du salarié). Mais le coût salarial se compose aussi des charges patronales, réunissant les charges sociales (cotisations sociales à la charge de l'employeur : c'est la part patronale des cotisations) et les charges professionnelles (taxe d'apprentissage, dépenses de comité d'entreprise, participation, etc.).

Coût salarial
Ensemble de charges (dépenses) de l'entreprise liées à la présence de salariés ; c'est aussi le coût de l'emploi d'un salarié.

Salaire brut
Salaire net et cotisations sociales (part des salariés).

Salaire net
Salaire de base et primes reçus effectivement par le salarié, net des cotisations sociales qui sont ainsi prélevées à la source.

COÛT SALARIAL =
- salaire net + cotisations salariales } salaire brut
- + cotisations patronales
- + charges professionnelles

Trois autres notions de coût peuvent être utilisées aussi dans d'autres contextes que l'activité de l'entreprise.

Il s'agit d'abord du coût d'opportunité. Le coût d'opportunité correspond à un « manque à gagner » lié à un placement, à un investissement ou à un événement. Prenons l'exemple d'une rupture de stock pour une entreprise ; cette rupture ne « coûte » rien à l'entreprise car elle ne l'oblige pas à réaliser de nouvelles dépenses. Elle correspond en revanche à une perte de clientèle. Le coût d'opportunité d'un investissement dans une nouvelle machine peut se révéler très élevé si une même somme placée à la Bourse avait permis des gains considérables.

Les coûts de transaction rassemblent les différents coûts en temps, en énergie et en argent liés à un processus d'échange ou de négociation.

Le coût social désigne enfin le coût d'une activité qui est supporté par l'ensemble d'une collectivité (maladie professionnelle, pollution par exemple).

Les économies d'échelle

Définitions

Une **économie d'échelle** est une baisse du coût unitaire d'un produit lorsque l'on augmente les quantités produites.

Économie d'échelle
Diminution des coûts unitaires de production due à l'augmentation des quantités produites.

Dans l'exemple précédent, l'entreprise réalise des économies d'échelle jusqu'à 4 unités produites. Au-delà, le coût moyen, ou coût unitaire, augmente.

Produire sur une plus grande échelle permet donc de faire baisser le prix de revient unitaire, ce qui peut conduire à une hausse du bénéfice unitaire (si le prix de vente ne change pas) ou à une augmentation des quantités vendues induites par une diminution du prix de vente. L'existence d'économies d'échelle dans les entreprises représente donc un important facteur de leur développement. Les **déséconomies d'échelle** apparaissent lorsque les coûts unitaires augmentent avec les quantités produites.

Comment s'expliquent les économies d'échelle ?

Quel est le « ressort » de ce phénomène ? L'exemple précédent montre que les coûts fixes (1 000 euros dépensés même si l'entreprise ne produit pas) vont être répartis sur plusieurs unités produites. Ainsi, le phénomène des économies d'échelle résulte d'une répartition des coûts fixes (siège social, bâtiments, réseau commercial, coût salarial de l'encadrement, équipements, etc.) sur une production qui augmente (jusqu'à un certain seuil cependant, au-delà duquel les coûts fixes doivent s'accroître).

L'industrie aéronautique, et plus généralement les activités exigeant des dépenses préalables de recherche considérables, sont des secteurs où les économies d'échelle peuvent devenir très importantes avec l'accroissement des ventes. Dans l'industrie automobile, la production en grande série permet d'abaisser le coût de production unitaire.

Il existe aussi d'autres sources possibles d'économies d'échelle ; par exemple, les achats en grande série permettent d'obtenir des fournisseurs des rabais plus importants (cas des grandes surfaces face aux producteurs). La réalisation d'économies d'échelle repose, dans tous les cas, sur la possibilité d'accroître les quantités vendues.

Économies d'échelle et rendements d'échelle

Ces deux notions ne doivent pas être confondues. Si la première met en relation les coûts unitaires et les quantités produites, la seconde relie l'augmentation de la production (conséquence) et l'augmentation des facteurs de production (cause du phénomène). Les **rendements d'échelle** se calculent ainsi :

Rendement d'échelle
Rapport entre la variation de la quantité produite et la variation d'un ou de plusieurs facteurs de production utilisés.

$$\text{rendements d'échelle} = \frac{\text{\% d'augmentation de la production}}{\text{\% d'augmentation des facteurs}}$$

Si un doublement de la quantité de facteurs permet de doubler exactement le volume de la production, les rendements sont constants. Si le taux d'accroissement de la production est supérieur à celui des facteurs, les rendements sont croissants. Dans le cas inverse, ils sont décroissants. Les rendements croissants s'accompagnent d'économies d'échelle puisque les coûts unitaires diminuent avec l'accroissement des quantités produites.

Économies d'échelle et effet d'apprentissage

Dans certaines activités, les coûts de production diminuent grâce à l'expérience accumulée depuis la production de la toute première unité. Les processus de production sont affinés, des erreurs sont rectifiées et les salariés acquièrent des techniques et des habitudes propres au produit.

L'**effet d'apprentissage** désigne ainsi la baisse des coûts unitaires avec l'augmentation des quantités produites depuis la mise en fabrication du produit. Alors que les économies d'échelle concernent une augmentation instantanée de la production (à un moment donné), l'effet d'apprentissage relie le coût unitaire à l'expérience. Les **courbes d'apprentissage** et **d'économie d'échelle** décrivent deux manières de diminuer les coûts unitaires dans une entreprise.

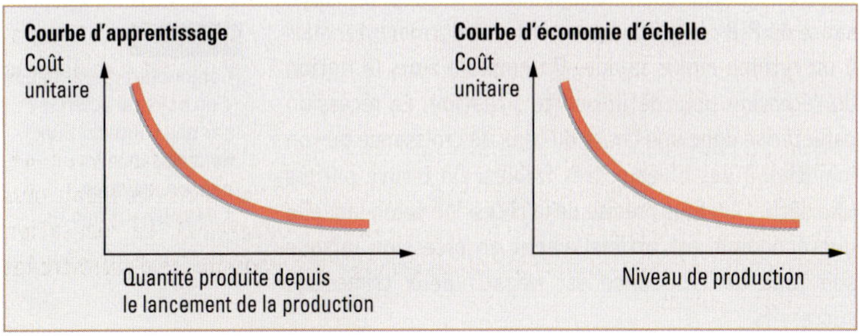

Lire aussi » **Entreprise - Profit**

Crise

L'observation de la vie économique sur une longue période met en évidence une succession de phases où l'activité économique est plus ou moins importante. Une crise économique survient lorsque l'activité économique cesse de progresser.

SOMMAIRE

→ Crise, dépression, récession

→ Histoire des crises économiques

→ Comment expliquer les crises ?

Crise, dépression, récession

La **crise** correspond à une rupture, à un retournement brutal de la conjoncture économique qui marque la fin d'une période d'expansion (hausse de la production). La crise est donc au départ le court moment où tout bascule, à l'image d'un krach boursier par exemple. Toutefois, on donne aussi aujourd'hui au mot « crise » une autre signification puisqu'elle désigne la phase de dépression elle-même.

La crise ouvre donc une période de **dépression** caractérisée par une diminution de la production et un accroissement du chômage. Il est très rare actuellement de constater dans les pays occidentaux une baisse effective et durable de la production (le PIB diminuant). On observe en revanche une diminution du taux de croissance du PIB : la production continue d'augmenter mais à un rythme moins rapide. On emploie alors la notion de **récession** pour définir cette situation. La récession caractérise donc une chute du taux de croissance ou son maintien à des niveaux très faibles. On trouve parfois une définition plus précise de la récession selon laquelle une économie est officiellement en récession lorsque son taux de croissance est négatif deux trimestres successifs.

Crise

Retournement brutal de la conjoncture économique qui marque la fin d'une période d'expansion.
Par extension, situation économique caractérisée par la faiblesse de la croissance du PIB et le développement du chômage.

Dépression

Conjoncture économique caractérisée par la baisse de la production (PIB).

Récession

Conjoncture économique d'un pays caractérisée par une chute du taux de croissance ou par son maintien à des niveaux faibles.

Outre la dépression et la récession, il existe une troisième forme de crise économique, la stagflation. Utilisée pour décrire la situation économique des années 1970, la **stagflation** se caractérise par la coexistence d'une stagnation de la production (croissance nulle ou faible), source de chômage, et de l'inflation (d'où le terme combinant stagnation et inflation). La notion est d'ailleurs utilisée lorsque la récession coexiste avec la hausse des prix.

Stagflation
Conjoncture économique caractérisée par la coexistence d'une stagnation de la production et de l'inflation.

Histoire des crises économiques

Les crises agricoles

Dans ce type de crise, l'origine des difficultés se trouve dans le secteur prépondérant de l'agriculture. À la suite de guerres ou de conditions naturelles défavorables, la récolte est mauvaise, ce qui entraîne une diminution des revenus de la grande majorité de la population paysanne tandis que la hausse du prix des céréales ne profite qu'à ceux qui ont pu constituer des réserves. Cette augmentation du prix conduit la population à consacrer l'essentiel de ses revenus à l'achat de produits alimentaires, si bien que la demande adressée à l'industrie (artisanat, textile) chute brutalement. Ainsi, la **crise agricole** aboutit à une crise des débouchés industriels.

Les économistes et historiens considèrent que la crise de 1847-1848 est la dernière grande crise de ce type en Europe.

Les crises industrielles

Si les crises d'Ancien Régime sont des crises de sous-production (production agricole insuffisante), les **crises industrielles** sont des crises de « **surproduction** » puisqu'elles se caractérisent par une rupture entre la production et la demande solvable, c'est-à-dire susceptible d'acheter cette production. Il y a ainsi trop de produits. Comme l'a montré l'économiste anglais Keynes à propos de la « Grande crise » de 1929, c'est l'insuffisance de la demande par rapport à la quantité de biens produits par les entreprises qui explique la baisse de la production. En effet, la constatation d'une mévente de leurs produits amène aussitôt les industriels à réduire leur activité et à licencier des salariés.

Surproduction
Situation caractérisée par une offre de produits supérieure à la demande solvable.

Les économies européennes ont connu de nombreuses crises de ce type dans la seconde moitié du XIXe siècle même si la **crise de 1929** en est le symbole le plus marquant. Les crises industrielles se déclenchent d'abord dans la sphère de la circulation de l'argent, avec un krach boursier (effondrement brutal des cours après une hausse spéculative), puis des crises et des faillites bancaires. La crise gagne ensuite le secteur commercial et le secteur industriel avec une baisse importante de la production, une chute des prix des produits et des salaires ainsi qu'une hausse du chômage.

La crise des années 1970-1980

C'est le choc pétrolier d'octobre 1973 qui marque le début de la crise. Le quadruplement des prix du pétrole décidé par les pays producteurs de pétrole (OPEP) a provoqué de nombreux déséquilibres dans les pays occidentaux : hausse des taux d'inflation, aggravation des déficits commerciaux liés à la facture pétrolière, ralentissement de la croissance imposé par la hausse des coûts de production et les déficits extérieurs, montée du chômage.

Le relèvement des prix du pétrole n'a été que l'agent de déclenchement de la crise car les facteurs de déséquilibre étaient déjà présents au début des années 1970 (crise du système monétaire international, baisse des gains de productivité, inflation « rampante », etc.).

Cette crise présente de nombreuses ressemblances avec la crise de 1929 : événements déclencheurs brutaux (**krach** boursier en 1929), montée du chômage et absence de perspectives claires de sortie de crise. Cependant ces deux crises présentent des différences essentielles : après 1973, ce sont les taux de croissance qui fléchissent (récession) et non la production (dépression) ; les prix continuent d'augmenter alors que les prix avaient baissé (déflation) après 1929. Au niveau international, on n'assiste pas à un repli des pays sur eux-mêmes ni au développement du protectionnisme (et des dévaluations compétitives), mais à une poursuite, ralentie certes, du commerce international. Enfin, contrairement aux années 1930 où la consommation avait chuté, les années 1970 se caractérisent par une progression ralentie de la consommation. En définitive, la crise de 1973 diffère profondément de la crise des années 1930 en raison du rôle important joué par l'État dans la vie économique et de l'existence d'un système de protection sociale (cela explique le maintien des revenus et de la consommation).

Comment expliquer les crises ?

Les cycles économiques

Les **cycles** sont des périodes plus ou moins longues, caractérisées par une succession de phases de hausse et de baisse de la production. Les cycles comportent ainsi une phase d'expansion économique (augmentation de la production), une phase de crise (retournement brutal de la conjoncture), une phase de dépression et une phase de reprise.

Cycle
Période plus ou moins longue caractérisée par une succession de phases de hausse et de baisse de la production.

Les cycles économiques

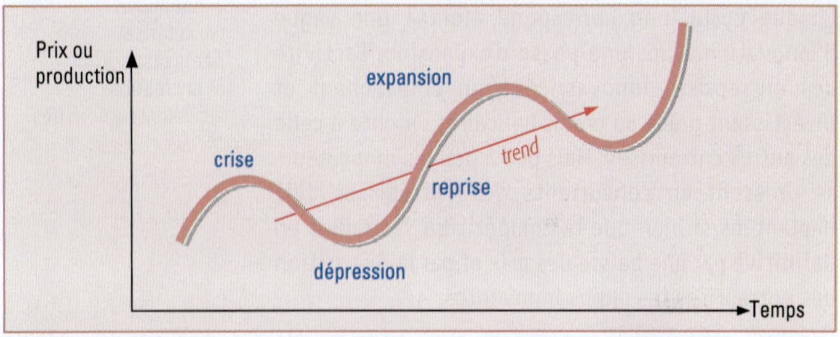

Plusieurs cycles ont été mis en évidence. Les cycles décelés par Nicolas **Kondratieff** (1892-1930) se déroulent sur une cinquantaine d'années et comportent une phase de forte croissance des prix et de la production (phase A) suivie d'une forte baisse (phase B). À l'intérieur de ces cycles longs, on observe aussi des cycles courts d'une dizaine d'années, appelés **cycles des affaires** et découverts par Clément **Juglar** (1819-1905). Par-delà les cycles, on peut enfin déceler une tendance séculaire, appelée ***trend*** (« tendance », en anglais) de progression ou de diminution de l'activité.

Trend
Tendance de longue durée que l'on peut observer dans l'évolution d'un phénomène économique (production, prix, etc.), indépendamment des fluctuations de court terme.

L'analyse de la conjoncture menée en termes de cycles suggère que l'explication de la crise réside dans l'expansion et la prospérité qui ont précédé le retournement. Ainsi, la crise apparaît comme une purge nécessaire après une période de surchauffe et d'emballement de l'activité économique. Encore convient-il d'expliquer pourquoi la prospérité porte en elle la crise. Les cycles décrivent mais n'expliquent rien. Il appartient à l'économiste autrichien J. Schumpeter (1883-1950) d'avoir donner une explication des cycles (et des crises) en termes de progrès technique.

Schumpeter et l'explication technologique de la crise

Joseph **Schumpeter** insiste particulièrement dans son œuvre sur le rôle de l'innovation. C'est d'ailleurs la principale fonction des entrepreneurs que de réaliser des innovations (de produits, de procédés, de marchés, etc.).

Schumpeter décrit la croissance économique comme un processus permanent de destruction et de restructuration des activités (c'est la « **destruction créatrice** ») lié au caractère discontinu des innovations. Chaque cycle long correspond alors à une vague d'innovation. Dans une phase d'expansion, l'activité des entreprises innovatrices (qui embauchent et investissent grâce au crédit bancaire) s'ajoute à celle des autres entreprises. Mais peu à peu les innovateurs se dressent en concurrents des entreprises déjà implantées si bien que la compétition se traduit en définitive par une baisse des prix et par la disparition des entreprises les moins innovantes.

Destruction créatrice
Notion introduite par J. Schumpeter pour décrire l'activité économique caractérisée par la disparition et la création incessante d'activités.

L'analyse schumpetérienne de la crise consiste alors à dire que la période actuelle se caractérise par l'épuisement des progrès techniques (innovation de produits, innovation de processus entraînant d'importants gains de productivité, etc.) apparus dans les années 1960 et 1970 tandis que les nouvelles technologies (électronique, intelligence artificielle) n'auraient pas encore favorisé une nouvelle phase d'expansion. Cette vision témoigne cependant d'un trop grand **déterminisme** (un seul facteur expliquant nécessairement tout) et la révolution électronique est loin d'en être à ses simples balbutiements.

L'analyse keynésienne de la crise économique

Si l'analyse keynésienne de la crise des années 1930 met en avant l'insuffisance de la demande face aux biens produits, encore convient-il d'expliciter ce que signifie « insuffisance de la demande ».

Les entreprises décident d'un certain niveau de production et d'emploi en fonction de leurs anticipations sur le comportement de dépense des agents économiques (les demandes des ménages, des entreprises et des administrations constituent la **demande globale**). Les revenus versés à l'occasion de la production permettent alors l'achat de cette même production (biens de consommation et biens d'équipement) sauf si les agents décident de thésauriser ces revenus. Dans ce cas, les entreprises ne voient pas revenir sous forme d'achats la totalité des sommes versées et se retrouvent avec une production invendue. Leurs décisions de production, d'investissement et d'embauche seront donc révisées à la baisse, ce qui conduira à la crise.

Keynes montre aussi que même en l'absence de thésaurisation, le chômage peut être important. C'est le cas lorsque les entreprises anticipent une demande globale trop faible (selon le principe de la demande effective) pour que la production mise en œuvre permette l'emploi de tous ceux qui souhaitent travailler. Toute la production peut être vendue (absence de surproduction donc) mais il y a cependant des individus au chômage.

L'école de la régulation et la crise du fordisme

L'**école de la régulation** regroupe des économistes français contemporains d'inspiration keynésienne qui insistent sur l'importance des règles et des rapports sociaux dans l'analyse du fonctionnement de l'économie (règles de fixation des salaires, règles juridiques en matière sociale, forme de la concurrence entre les entreprises, rôle de l'État, pouvoir monétaire, etc.). Ils opposent en particulier un mode de régulation concurrentielle, dominant dans la seconde moitié du XIXe siècle et cela jusqu'à la grande crise de 1929, et un mode de régulation monopoliste qui fonctionne parfaitement durant les Trente Glorieuses.

Régulation ou école de la régulation

École de pensée contemporaine regroupant des économistes français d'inspiration keynésienne qui insistent sur l'importance des règles et des rapports sociaux dans l'analyse de la croissance et des crises économiques.

La **régulation concurrentielle** est fondée sur les mécanismes de marché. Elle se caractérise par une faible croissance de la productivité. L'augmentation des salaires est donc très lente et la concurrence entre les entreprises particulièrement sévère. Une crise se traduit ainsi par une baisse des salaires (résultat de la flexibilité parfaite sur le marché du travail) et une baisse de la production (faillites nombreuses car les revenus et la consommation diminuent). Peu à peu, durant la première moitié du XXe siècle, se met en place un mode de **régulation monopoliste** où les mécanismes régulateurs du marché laissent la place à une régulation entre les grandes institutions sociales que sont les oligopoles (favorisés par la concentration des entreprises), l'État et les forces sociales (syndicats notamment). La régulation monopoliste se caractérise par les éléments suivants : salaires indexés sur les gains de productivité et déterminés par la négociation collective, développement de l'État-providence, etc. Ainsi dans ce cadre, les crises ont des conséquences beaucoup moins néfastes qu'autrefois car la consommation se maintient grâce aux revenus de la protection sociale, ce qui induit une simple récession et non une dépression.

Le mode de régulation monopoliste se caractérise surtout par un modèle de croissance que l'on a appelé « **fordisme** », en hommage à la pratique d'Henry Ford d'accorder le *five dollars day* à ses ouvriers (soit un doublement de leur rémunération) afin qu'ils achètent les voitures qu'ils produisaient.

Fordisme

Nom donné par l'école de la régulation à un modèle de croissance économique caractérisé par un cercle vertueux où, grâce aux gains de productivité, consommation de masse et production de masse s'entraînent mutuellement.

Le fordisme est donc un modèle de croissance dans lequel les gains de productivité permettent des augmentations de rémunération et le développement d'une consommation de masse qui assure elle-même l'écoulement d'une production de masse. Le développement des biens d'équipement des ménages (automobiles, électroménager) diffusés massivement permet d'obtenir des économies d'échelle considérables, si bien que les gains de productivité rendent possibles des augmentations de salaires et ainsi de suite (c'est un cercle vertueux).

Les analyses en termes de régulation fournissent plusieurs éléments pour comprendre la crise actuelle. Celle-ci est avant tout une crise du « fordisme » car le cercle vertueux connaît quelques ratés. En effet, les gains de productivité se sont d'abord fortement ralentis depuis la fin des années 1960. En outre, on assiste à une saturation relative de la demande pour les principaux biens qui avaient joué un rôle moteur dans la croissance d'après-guerre (demande de renouvellement seulement).

Lire aussi » **Croissance - Question d'actualité 1 p. 33**

Crise financière, crise économique et crise de la dette souveraine

Les pays développés ont connu en 2008-2012 la pire crise économique depuis la grande dépression des années 1920. Cette crise débute en 2007 avec l'éclatement d'une bulle immobilière aux États-Unis. De crise financière, elle devient crise économique. Celle-ci ainsi que les réponses apportées par les États, conduisent à leur tour à une crise de la dette des États.

SOMMAIRE

- → La crise financière
- → La crise économique
- → La crise de la dette souveraine
- → La crise de la zone euro

La crise mondiale s'est déroulée en trois temps, ou trois actes.

• L'acte 1 correspond à la crise financière et bancaire qui a suivi la « crise des subprimes » et le krach financier lié à la faillite de la banque Lehman Brothers en septembre 2008.

• L'acte 2 décrit les effets de ces crises dans la sphère de l'économie réelle. C'est alors une crise de nature macroéconomique qui touche les ménages et les entreprises. L'année 2009 est ainsi une année noire et la croissance recule dans tous les pays occidentaux.

• L'acte 3 est celui de la crise de la dette souveraine.

Si la crise économique mondiale est jugulée, la zone euro continue à connaître de fortes turbulences.

La crise financière

Déclenchement et manifestations de la crise financière

La crise couvait depuis près d'un an lorsque le véritable événement déclencheur de l'onde de choc mondial s'est produit avec la faillite de la banque d'affaires Lehman Brothers en septembre 2008.

Subprime
Crédit immobilier proposé à des ménages américains peu solvables.

La crise financière est née aux États-Unis durant l'été 2007 sur le marché des crédits immobiliers à risque, les fameux « **subprimes** ». Il s'agit de prêts immobiliers accordés à des ménages aux revenus modestes, ne présentant pas toutes les garanties de solvabilité pour accéder aux prêts classiques. En contrepartie de la faiblesse des garanties de remboursement, ces prêts sont proposés à des taux d'intérêt élevés et variables ainsi que sur une longue durée (25-30 ans). Ces crédits se sont considérablement développés dans les années 2000-2005, jusqu'à représenter le quart des crédits et concerner 6 millions de ménages américains. Trois facteurs ont ainsi encouragé les établissements de crédits immobiliers qui étaient à la recherche de gains nouveaux : l'absence de règles protégeant, comme en France, les emprunteurs les plus vulnérables ; le boom de l'immobilier qui permettait aux prêteurs, en cas de défaut de paiement des ménages, de compter sur la plus-value réalisée avec la vente du bien immobilier ; des techniques financières sophistiquées pour limiter les risques, consistant à transformer les créances les plus risquées en titres vendus sur les marchés financiers.

Titrisation
Technique financière permettant de transformer des actifs financiers en titres négociables destinés à être vendus à des investisseurs.

Ce dernier mécanisme, appelé « **titrisation** », est important à comprendre car c'est lui qui permet d'expliquer la contagion de cette crise des « subprimes » à l'ensemble de la sphère financière. En effet, pour alléger leur bilan de ces créances risquées ou douteuses, les établissements de crédits immobiliers ont vendu celles-ci à des investisseurs à la recherche de rémunérations plus élevées que les taux du marché (*hedge funds* mais aussi banques). En outre, de nouveaux produits financiers, comprenant une part de titres « subprimes », se sont développés, irriguant l'ensemble du système financier international. Mais lorsqu'il est apparu qu'un nombre croissant de ménages américains ne pouvaient plus faire face à leurs remboursements, avec de surcroît un marché immobilier tendant à la baisse des prix fin 2006, les premières faillites de prêteurs commencèrent (début 2007), suivies par les plus grandes difficultés pour des *hedge funds* ou des grandes banques d'investissement américaines, puis européennes. Ce sont donc finalement toutes les banques ayant dans leurs portefeuilles d'actifs une part (impossible à évaluer d'ailleurs) de titres liés aux « subprimes » qui ont été atteintes et qui ont dû faire face à d'importantes pertes. La situation s'est encore aggravée lorsque certains déposants ont souhaité retirer leurs fonds tandis que des investisseurs hésitaient à placer les leurs. Cela a provoqué pendant l'été 2007 le début d'une **crise de liquidité**, les institutions financières ayant des liquidités à prêter sur le marché monétaire refusant de le faire par manque de visibilité et de confiance sur la solidité des emprunteurs sur ce marché interbancaire (crainte que ceux-ci fassent faillite, s'ils détenaient beaucoup de produits financiers liés aux crédits subprimes dans leurs actifs).

Pour permettre le sauvetage d'établissements financiers et éviter une crise financière de grande ampleur, s'étendant de proche en proche (**crise systémique**), les banques centrales ont vivement réagi en injectant des liquidités. Ainsi, en décembre 2007, pour la première fois depuis le 11 septembre 2001, une opération concertée des cinq plus grandes banques centrales a consisté à offrir autant de liquidités (monnaie banque centrale) que le souhaitaient les banques qui ne trouvaient plus de prêteurs sur le marché monétaire. Ces prêts à très court terme et à très faible coût, inférieurs à ceux du marché monétaire, ont alors permis aux banques de se refinancer. En effet, compte tenu de l'ampleur de la crise, l'arme de la baisse des taux par les banques centrales s'était révélée inefficace, d'autant que les risques d'inflation empêchaient d'aller trop loin dans ce sens, et seule une intervention massive des banques centrales permettait de lutter contre une crise de liquidités puisque les banques ne voulaient plus se prêter entre elles.

La crise financière s'est néanmoins étendue car les banques ont essuyé des pertes colossales liées aux produits risqués dont la valeur chutait ; elles ont cherché à vendre leurs actifs soit pour s'en débarrasser avant qu'ils ne perdent encore de la valeur, soit pour obtenir des liquidités, ce qui a aggravé la chute des prix des actifs. De nombreuses institutions financières, encouragées par l'euphorie financière, ont eu des comportements risqués et se sont retrouvées avec des titres liés aux « subprimes » dans leur portefeuille. Des banques importantes ont été proches de la faillite et ne furent sauvées que par l'intervention de l'État (au Royaume-Uni et aux États-Unis).

Mais le 15 septembre 2008, le Trésor américain décidait de ne rien faire pour sauver la banque d'affaires Lehman Brothers qui était alors déclarée en faillite. Le Trésor souhaitait montrer que l'État ne sauvait pas automatiquement les « gros », qui, jusqu'ici, étaient protégés par leur taille et pouvaient donc prendre des risques excessifs. Les conséquences de cette décision furent néanmoins mal évaluées car cette faillite provoqua une réaction en chaîne : chute des **marchés financiers**, faillites bancaires évitées de justesse, déclenchement de la récession dans tous les pays industrialisés.

Comment expliquer la crise financière ?

La principale responsabilité de la crise provient, pour tous les observateurs, des excès, voire du rôle néfaste, des marchés financiers et de la spéculation. Les grandes banques américaines ont réussi à transférer leurs créances à risques vers l'ensemble des institutions financières du monde entier, ce transfert généralisé des risques et cette externalisation des pertes éventuelles encourageant d'ailleurs des activités financières de plus en plus risquées. Ce sont donc les évolutions des marchés financiers depuis une vingtaine d'années qui ont encouragé le développement des crises financières (voir l'article « Système financier international », p. 503), avec la déréglementation, l'explosion des innovations financières et la création d'un marché financier mondial. À cet égard, le rôle des paradis fiscaux, les manipulations des traders et l'influence des agences de notation, qui ont masqué les risques des produits financiers qu'elles devaient évaluer, ne sont que des éléments facilitateurs d'une dérive des marchés financiers qu'il convient désormais de réformer.

Une autre responsabilité de la crise repose sur les autorités monétaires et financières, la Réserve Fédérale américaine principalement, qui n'ont pas su empêcher la propagation massive de titres de **crédits** devenus « **toxiques** », ni perçu l'ampleur de la « bulle immobilière ».

La confiance aveugle des autorités dans l'auto-régulation des marchés est sans conteste l'une des causes profondes de cette crise financière. Nombreux sont alors ceux qui pensent que cette crise marque la remise en cause du modèle libéral et du capitalisme financier, rappelant avec Keynes que les marchés financiers ne sont pas seulement incertains mais aussi fondamentalement instables. La succession de crises financières récentes met bien en évidence les dangers de la globalisation financière et la nécessité d'une intervention publique, comme le démontre a posteriori le sauvetage par les États et l'argent public des institutions financières privées.

La dénonciation du rôle des marchés financiers n'épuise pas toutefois la recherche d'explication pour la crise financière. En effet, il faut aussi revenir à son point de départ et comprendre comment les ménages américains se sont retrouvés avec des possibilités d'emprunter bien supérieures à ce qu'ils pourraient rembourser en cas de retournement de la conjoncture (pertes de revenus, hausse des taux). Les institutions financières américaines disposaient en réalité de liquidités surabondantes, liées aux énormes surplus d'épargne des pays bénéficiant de balances des transactions courantes excédentaires. Cette épargne en quête de placements financiers rémunérateurs a en effet afflué aux États-Unis, le développement des marchés financiers et des innovations financières aidant. La crise financière trouve donc aussi ses causes dans les déséquilibres des transactions courantes, américaines et chinoises principalement, le « **privilège du dollar** » permettant aux États-Unis non seulement d'échapper aux contraintes liées à un important déficit courant mais aussi de bénéficier du retour sur le sol américain des liquidités en dollars. Largement distribuées ensuite grâce à une politique monétaire accommodante, ces liquidités ont mené à l'excès d'endettement des ménages américains.

La crise économique

La transmission de la crise financière à l'économie réelle

La crise financière s'étend à l'économie réelle à partir de l'automne 2008. Ainsi, en 2009, la croissance du PIB devient négative (– 4 % pour la zone euro, – 2,4 % aux États-Unis) et l'on observe des défaillances d'entreprises, des licenciements et une hausse du taux de chômage. Malgré l'intervention des banques centrales, la crise financière débouche sur une crise économique. En effet, les banques, chargées de créances risquées et devenues plus prudentes, ont restreint l'accès aux crédits pour les entreprises et les particuliers (phénomène de crise du crédit ou *credit crunch*) tandis que les taux d'intérêt augmentaient (**primes de risque** exigées plus élevées). Par ailleurs, la chute des prix de l'immobilier aux États-Unis a conduit les ménages à consommer moins, ce qui a pesé sur la croissance. Cette dépréciation des actifs a réduit le patrimoine des ménages américains les contraignant à épargner davantage, avec un effet négatif sur la consommation. La crise immobilière américaine s'est finalement transformée en crise économique mondiale.

Prime de risque

Part du taux d'intérêt réclamée par les prêteurs et les investisseurs qui est destinée à compenser les risques de leur placement (non remboursement).

Les réponses européennes et nationales à la crise

Les réponses européennes ont été celles apportées par les interventions de la Banque centrale européenne en raison de la politique monétaire unique pour la zone euro. La BCE a agi en s'approchant d'un rôle de « **prêteur en dernier ressort** » afin d'éviter une crise de liquidité et une crise systémique. Le premier instrument utilisé a été la baisse des taux, de façon à rendre l'accès au refinancement des intermédiaires financiers moins coûteux (son principal taux directeur est passé de 4,25 % en juillet 2008 à 1 % en mai 2009). Mais la BCE a surtout mis en œuvre des mesures dites « non conventionnelles » destinées à augmenter le volume des liquidités disponibles avec une offre illimitée de liquidités aux banques au taux précédent (parfois en échange de titres de mauvaise qualité).

Ainsi, durant les années de la crise, la BCE a doublé la quantité de liquidités fournies au marché monétaire, tout en maintenant la stabilité des prix qu'elle est chargée d'assurer. Par ailleurs, depuis le 1er janvier 2011, trois autorités européennes ont été créées pour superviser les banques, les marchés financiers (et les agences de notation) et les assureurs.

Les réponses nationales ont comporté deux volets : le sauvetage des banques et la mise en œuvre de plans de relance très importants.

Ce sauvetage a été fait par les gouvernements (nationalisations de fait), qui ont aussi aidé au rachat des banques en difficultés par d'autres banques. Les gouvernements ont aussi racheté les « **actifs toxiques** » qui ne se vendaient plus (700 milliards aux États-Unis), jouant le rôle d' « acheteur en dernier ressort ».

Les plans de relance ont été lancés dès l'automne 2008, dans les pays de l'Union qui, elle-même, ne dispose pas de budget pour relancer les économies européennes (son budget, de 1 % du PIB de l'Union, doit toujours être équilibré). Aux États-Unis, c'est un premier plan de 800 milliards de dollars qui a été proposé.

C'est surtout la régulation des activités financières et bancaires qui a été améliorée, selon plusieurs axes. Cela concerne d'abord le durcissement de la réglementation, exigé par le G20 pour renforcer la solidité des banques en cas de nouveau choc. Les nouvelles « **règles prudentielles** », dites « **Bâle III** » car édictées par le Comité de Bâle, imposent une augmentation des minimas de capital pour les banques et des ratios de liquidité à respecter. Les banques vont devoir accroître leurs fonds propres avec le passage du ratio fonds propres/prêts et engagements de 2 à 7,5 %, afin de limiter les prises de risques.

Par ailleurs, pour parer au risque systémique, se développe l'idée d'imposer une régulation plus sévère à certaines banques, celles dites *too big to fail* (trop importantes pour faire faillite, car elles sont assurées d'être secourues, même si elles prennent des risques), celles dont la faillite peut faire vaciller tout le système financier.

La surveillance des marchés financiers est en revanche plus difficile car les innovations financières (par exemple, marché des produits dérivés échangés hors de tout contrôle et de toute transparence, « de gré à gré ») et les technologies vont plus vite que les contrôles (développement par exemple du « **trading à haute fréquence** », où des modèles mathématiques permettent de spéculer en passant des ordres en quelques microsecondes, notamment les ordres de spéculation à la baisse, avec les ventes à découvert, ordres qui amplifient la chute des cours, comme en septembre 2008).

États-Unis et Europe souhaitent cependant encadrer ce nébuleux marché des produits dérivés, comme d'ailleurs les paradis fiscaux et réglementaires par lesquels passent la moitié des flux financiers internationaux.

Le retour de la croissance

On assiste au retour de la croissance dans les pays développés dès la fin de 2009. En 2010, les taux de croissance sont de 3 % aux États-Unis et de 3,6 % en Allemagne. Dans le reste de l'Europe, la croissance est plus faible. Les pays émergents, en particulier la Chine et l'Inde, apparaissent de leur côté comme les grands gagnants de cette crise qui ne les a guère touchés. Enfin, les banques et les institutions financières, renflouées par les États, retrouvent rapidement leurs activités habituelles sur les marchés financiers.

Pourtant, la crise économique a fait exploser la dette publique des pays développés. Ce soutien à l'activité économique a eu un coût élevé, car un très fort endettement présentait des risques importants pour l'avenir des économies et de la monnaie unique européennes.

➔ La crise de la dette souveraine

Une conséquence de la crise économique

Trois phénomènes, liés à la crise financière et économique, expliquent la crise de la dette. Il s'agit d'abord du ralentissement ou de la baisse de la croissance qui va peser automatiquement sur les budgets publics (moindres recettes et accroissement des dépenses, sociales notamment). C'est ensuite la mise en œuvre de **plans de relance** massifs destinés à favoriser la reprise (politiques budgétaires expansionnistes). Ce sont enfin, dans certains pays, comme l'Irlande ou l'Espagne, les coûts des sauvetages financiers (recapitalisation des banques par l'État).

Dans le premier cas, c'est le jeu des stabilisateurs automatiques (contracyclique) qui creuse les déficits tandis que dans le second, c'est la politique discrétionnaire, c'est-à-dire l'intervention active de l'État avec un plan, ici de relance, car les effets des stabilisateurs ont été jugés insuffisants.

Ces politiques budgétaires expansionnistes conduisent ainsi à des augmentations des déficits publics rarement atteintes depuis plusieurs décennies (10 à 11 % du PIB pour les États-Unis en 2009, 2010 et 2011 par exemple). C'est aussi le cas de la France où, avant la crise, le déficit était déjà à la limite de ce que permet le Pacte de stabilité et de croissance (3 % du PIB, la France n'ayant pas profité des bonnes années de croissance entre 2004 et 2007 pour reconstituer ses marges de manœuvre budgétaires alors que l'Allemagne avait retrouvé l'équilibre budgétaire en 2007). Trois pays européens dépassent même 10 % (Grèce, Irlande, Espagne).

Pour financer ces déficits, les États vont devoir emprunter, puisque la création monétaire est exclue, et les **dettes souveraines** vont s'accroître. Mais la dégradation des finances publiques se traduit surtout par l'incapacité des pays à rétablir ou à faire baisser leur ratio dette publique/PIB (95 % en France en 2011 contre 70 % à la veille de la crise), c'est-à-dire à maintenir leur endettement « soutenable ». Au contraire, une hausse continue de ce ratio peut provoquer une crise de confiance des investisseurs (ceux qui achètent les obligations que l'État émet pour financer son déficit) et des marchés financiers.

> **Dette souveraine**
> Dette émise ou garantie par un État.

Les manifestations de la crise des dettes souveraines

L'augmentation des dettes souveraines va donc renforcer les craintes sur la **soutenabilité** de l'endettement public de certains pays. Il est en effet très difficile de se sortir de cette situation car il existe un cercle vicieux de l'endettement public, le service de la dette, c'est-à-dire le paiement des intérêts dus, pesant sur les dépenses publiques et aggravant le déficit.

> **Soutenabilité**
> Une dette publique est soutenable si le ratio dette/PIB est stable ou diminue à court ou moyen terme.

Ainsi, en France, les intérêts de la dette représentent déjà 15 % des dépenses budgétaires, soit l'équivalent des recettes de l'impôt sur le revenu, alors même que les taux d'intérêt sont faibles. Mais dans d'autres pays européens, les investisseurs sont réticents à prêter leurs fonds à l'État et réclament des intérêts de plus en plus élevés, ce qui ne peut qu'aggraver la situation de ces pays. Dès lors, la soutenabilité de leur dette, qui fait intervenir leur propre taux de croissance économique, le niveau de leurs taux d'intérêt et leur niveau de déficit, n'est pas assurée et les investisseurs comme les marchés financiers vont craindre un **risque de défaut** (incapacité pour l'État de rembourser sa dette) puisque ces pays ne peuvent parvenir à réduire leurs déficits.

C'est donc un autre type de cercle vicieux qui se déclenche car ce sont les primes de risque élevées réclamées par les marchés financiers qui éloignent encore plus les chances de ces pays de parvenir à réduire l'endettement (même impact que l'effet d'éviction mais ici ce sont les exigences des marchés financiers qui expliquent la hausse des taux), et ce d'autant plus que les politiques de rigueur budgétaire, mises en œuvre par la suite pour réduire les déficits publics, pèsent sur le taux de croissance (dénominateur du ratio de soutenabilité). Une crise emblématique vient témoigner de ces processus et même soumettre les pays de l'euro à une forte pression.

La première crise de la dette touche la Grèce fin 2009 avec l'annonce d'un déficit public de 13 % du PIB ; les marchés financiers réagissent, les taux d'intérêt proposés aux prêteurs doivent s'accroître avec la crainte d'un défaut de paiement, et malgré les mesures annoncées par les autorités grecques, les taux des obligations d'État deviennent prohibitifs ; une aide est alors votée par les pays de la zone euro (prêt de 110 milliards). Mais surtout, en mai 2010, en concertation avec le FMI, les pays de la zone euro décident la mise en place d'un plan de secours historique de 750 milliards pour aider les pays de la zone qui en auraient besoin et ainsi endiguer, par cette annonce, la contagion de la crise financière qui menacerait d'autres pays.

Menaces sur l'euro et réponses européennes

Avec la crise grecque, les pays européens ont craint un effet domino et que les autres pays soient touchés à leur tour. Le risque de défaut de la Grèce était bien réel et comme 80 % de sa dette était détenue par les banques européennes, c'était tout l'édifice monétaire et financier européen qui était menacé. En effet, le marché monétaire unique fait que le risque de faillite d'un État menace toute la zone euro (en revanche, un État qui maîtrise seul sa politique monétaire ne peut pas faire faillite car il peut toujours faire financer son déficit et son endettement publics par sa banque centrale). Or, il n'existe pas de mécanisme de solidarité financière dans l'Union européenne ou la zone euro ; c'est la clause dite de ***no bail out*** (« de non solidarité »), c'est-à-dire que l'Union ne peut aider financièrement un de ses membres.

Devant les craintes d'un risque systémique, les pays de la zone euro ont mis en place deux types de mesures, un plan d'aide temporaire et les interventions de la Banque centrale européenne.

L'Union a donc mis en place un plan d'aide global de 750 milliards d'euros en mai 2010 :
- création d'un mécanisme européen de stabilisation financière (MESF), doté de 60 milliards ; c'est un outil communautaire qui permet à la Commission européenne d'emprunter sur les marchés avec la garantie des dix-neuf États ;
- création d'un **Fonds européen de stabilité financière (FESF)**, intergouvernemental, qui peut emprunter jusqu'à 440 milliards ;
- des prêts accordés par le FMI, jusqu'à 250 milliards.

De son côté, la BCE a procédé à l'achat d'obligations publiques pour plusieurs dizaines de milliards d'euros, mais sur le marché secondaire (achats directement auprès des banques des obligations d'États fragilisés qu'elles détiennent). Certes, elle n'a pas acheté directement ces obligations lors de leurs émissions par les États endettés car cela lui est interdit dans la mesure où il s'agirait alors de création monétaire (« monétisation » de la dette publique). Ces interventions ont été toutefois très critiquées par les autorités allemandes qui refusaient que seul l'argent public vienne au secours des États endettés lorsque cet endettement avait notamment servi à sauver des institutions du secteur privé (banques). Les Allemands souhaitaient qu'il y ait une participation des créanciers privés dans les opérations de sauvetage d'un pays européen qui connaîtrait une crise de la dette souveraine.

Dès lors, les discussions vont porter sur le renforcement des règles européennes qui, à l'image des critères de Maastricht dans les années 1990, jouent un rôle pour réduire dettes et déficits.

La situation particulière des États-Unis

La question de la dette souveraine se pose aussi aux États-Unis, même si ce pays bénéficie du « privilège du dollar » qui lui permet d'émettre comme il l'entend une monnaie internationale, demandée dans le monde entier. Pour financer leurs plans de relance, les États-Unis ont déployé un programme massif d'achats d'emprunts d'État et de bons du Trésor par leur banque centrale (FED), avec 1 700 milliards en 2009 et 1 000 milliards de dollars en 2011. Cette politique, dite d'**assouplissement quantitatif** (***Quantitative Easing***, QE1 en 2009 puis QE2), est de fait une création monétaire. Face à un taux de chômage ne baissant pas (autour de 10 %) et une très faible inflation, la FED avait craint l'enclenchement d'une spirale déflationniste où la baisse des prix et des salaires découragerait l'investissement et la consommation. Comme le taux directeur de la FED était déjà proche de zéro (0,25 fin 2010), rendant l'arme de la baisse des taux impossible à utiliser, la création monétaire, c'est-à-dire la « **planche à billets** », a prévalu, quitte à tolérer un peu plus d'inflation pour relancer l'économie. L'objectif était de maintenir les autres taux, dont le taux à long terme, à un niveau faible pour relancer le crédit.

Cette réponse à l'obligation de financer les déficits budgétaires a fait l'objet de débats aux États-Unis : n'y a-t-il pas un risque d'emballement des prix, de nouvelle bulle du crédit comme celle qui a provoqué la crise en 2007 ? Et dans quelle mesure les taux bas inciteront-ils les banques à desserrer les vannes de crédit et les ménages à emprunter ?

➔ La crise de la zone euro

Les banques et les États face aux marchés financiers

À partir de 2010, la crise des dettes souveraines se transforme en une crise de la zone euro, les banques faisant l'objet d'une méfiance croissante avant que certains États eux-mêmes soient mis sous la pression des marchés financiers. Concrètement, les marchés financiers exigent des taux de plus en plus élevés, par crainte d'un non-remboursement de leurs prêts. Cette situation connaît son paroxysme à l'été 2011 avec la « quasi-faillite » de l'État grec qui ne peut plus faire face à ses échéances.

Les pays européens vont réagir en mettant en œuvre les mécanismes d'assistance financière qui viennent d'être créés (FESF, MESF). La BCE intervient pour prêter des sommes considérables aux banques, en jouant le rôle de prêteur en dernier ressort à leur égard ; ainsi, en leur fournissant des liquidités en quantité potentiellement illimitée, elle pallie le blocage des marchés interbancaires où les banques s'échangent leurs liquidités. En revanche, la BCE ne peut utiliser les mêmes solutions pour les États car les traités européens l'interdisent. Des plans d'aide à la Grèce, puis aux autres pays touchés comme le Portugal ou l'Espagne sont mis en place sous l'égide de la **troïka** (Union européenne, BCE et FMI).

Enfin, face aux attaques des marchés, les États européens décident de mettre au premier rang de leurs priorités la lutte contre la dette publique. Les pays aidés sont ainsi contraints de mener des politiques de rigueur plus intenses qui, loin de redresser la situation, vont pénaliser davantage l'activité économique et accroître déficit et dettes publics (les taux pour emprunter à dix ans, en Grèce, sont de 20 à 25 % fin 2011 contre 5 % en Allemagne alors que durant les années 2000, il y avait peu d'écart entre ces taux).

Les années 2011-2012 s'avèrent particulièrement chaotiques car la situation grecque ne montre pas de signe d'amélioration, tandis que d'autres pays, comme l'Espagne ou l'Italie, voire la France, sont menacés à leur tour par la puissance des marchés financiers. Or, pour ces pays, les mécanismes d'assistance sont très insuffisants si une crise financière se déclenchait. En outre, les pays européens n'arrivent pas à se mettre d'accord sur des solutions communes, notamment en raison des réticences allemandes à financer les excès passés des autres pays. La situation économique s'aggrave, laissant penser aux marchés financiers que les États auront encore plus de difficultés à rembourser leur dette, d'autant que les banques, bien qu'aidées financièrement, ne prêtent pas davantage à l'économie. Les taux d'intérêt augmentent donc fortement dans les pays menacés. Une contagion des crises des dettes souveraines de ces pays apparaît alors comme une possibilité et le risque de désagrégation de la zone euro est évoqué, après une sortie de la Grèce par exemple.

Les Européens acceptent alors de franchir une étape supplémentaire en permettant à la BCE d'aider les États de manière indirecte, en achetant des titres de la dette publique, déjà émis sur le marché secondaire des obligations d'État (pour éviter de se voir reprocher le financement monétaire des déficits publics). Ce rachat indirect de la dette publique permet de peser à la baisse sur les taux d'intérêt et écarte ainsi le risque systémique tant redouté.

De même, un accord entre l'Europe et le FMI permet la restructuration de la dette grecque qui conduit les créanciers à accepter une perte de valeur des obligations qu'ils détiennent (préférant être remboursés, y compris avec une perte, plutôt que de tout perdre). Cela favorise une réduction de la dette grecque et la baisse (momentanée) de la pression des marchés financiers mais, d'un autre côté, cette reconnaissance officielle de la situation de défaut de paiement de la Grèce (mars 2012) montre que la dette d'un État n'est plus aussi sûre qu'auparavant, alors que traditionnellement, les obligations d'État étaient des actifs sans risques. Pour autant, cette action de la BCE et la solution radicale pour la dette grecque ne règlent pas les difficultés, pas plus que le renforcement des politiques économiques restrictives, décidé avec la signature du Pacte budgétaire européen qui prévoit la fameuse « règle d'or » (retour obligatoire à l'équilibre pour 2016), ne calme les marchés financiers.

Pourquoi la crise de la dette souveraine se prolonge-t-elle dans les seuls pays de la zone euro alors que tous les pays de l'OCDE ont vu cette dette s'accroître sous l'effet de la crise et des politiques de relance ? Seuls pourtant les pays de la zone euro vont subir une très forte dépendance à l'égard des marchés financiers en 2011-2012. La réponse est liée à la spécificité de l'euro qui n'est pas la monnaie d'un pays souverain. Il n'y a pas de souveraineté monétaire pour l'euro, ce qui signifie qu'il n'y a pas d'État qui garantisse la valeur de la monnaie ou qui puisse décider de la mettre au service du financement de la dette publique comme l'ont fait les États-Unis, le Japon ou le Royaume-Uni durant cette période. Les traités européens ne prévoient pas qu'un État puisse être renfloué par les autres et, plus encore, ils ne disent rien d'une situation où un pays de la zone euro ne pourrait plus faire face à ses engagements (faillite d'un État qui n'a même pas la possibilité d'émettre de la monnaie pour acheter la dette publique). Devant tant d'incertitudes et d'absence de solidarité entre les pays européens, les marchés financiers ont douté de la viabilité de la monnaie unique et se sont attaqués aux plus faibles des pays de l'euro.

Vers la fin de la crise de l'euro

C'est la décision du président de la BCE, Mario Draghi, qui marque le début d'une période de règlement de la crise de la zone euro lorsque, durant l'été 2012, il annonce que la BCE fera tout ce qui est en son pouvoir pour sauver l'euro et la zone euro (« l'euro est irréversible »).

L'annonce du président de la BCE va calmer la spéculation en faisant cesser les anticipations à la hausse des taux et sauver ainsi l'euro. Les taux sur les dettes espagnoles et italiennes diminuent alors et la confiance des marchés financiers en la solidité de la zone euro commence à se rétablir. Situation qui pousse toutefois l'euro à la hausse, aggravant le problème de compétitivité de nombre de pays européens et pesant sur leur croissance. La zone euro demeure en effet dans une situation critique car le recul de l'activité s'étend et fait craindre le retour d'une forte récession, rappelant celle qu'ont connue les pays européens en 2009.

La stratégie économique de la zone euro en question

Après avoir surmonté la crise de l'euro, les pays de la zone euro n'ont pas réussi à retrouver le chemin d'une croissance satisfaisante propre à réduire le chômage, à l'exception de l'Allemagne, alors qu'ils ont mis en œuvre des politiques d'austérité très sévères, notamment dans les pays de l'Europe du Sud.

Cette situation persistante, comme l'incapacité de la théorie économique à prévoir la crise de 2008, ont conduit les économistes à remettre en question leurs analyses et leurs préconisations. Ainsi, les experts du FMI et de la Commission européenne ont reconnu avoir sous-estimé l'ampleur des multiplicateurs budgétaires, c'est-à-dire l'impact très négatif des politiques budgétaires restrictives sur l'activité économique. Parallèlement, il est apparu que le canal traditionnel de la politique monétaire, avec la baisse des taux d'intérêt pour relancer le crédit à l'économie, a perdu de son efficacité, les ménages comme les entreprises préférant se désendetter plutôt qu'emprunter. Un autre facteur explicatif résulte de la situation de non coopération européenne, les pays n'ayant alors pas d'autres choix que de mener des stratégies non coopératives. Chaque pays a ainsi réduit ses dépenses publiques, pesé sur les rémunérations des salariés et diminué le coût du travail dans le but de gagner en compétitivité pour relancer ses exportations et son économie, sans réellement bénéficier de ces mesures puisque tous les pays ont fait de même, rappelant fortement le scénario de l'entre-deux-guerres avec les dévaluations compétitives.

L'inefficacité des politiques menées, mais surtout les risques de déflation, ont conduit les autorités monétaires européennes à intervenir. Ainsi, en janvier 2015, la BCE annonçait qu'elle allait lancer des opérations de rachats de dettes publiques et privées pour un montant de 1 140 milliards d'euros, imitant ainsi les banques centrales américaines et britanniques qui avaient su, avec ses mesures « d'assouplissement quantitatif » (*Quantitative Easing* ou QE), relancer leurs économies. En achetant des obligations émises par les États, cette politique revient à créer autant de monnaie nouvelle que le souhaitent les États (phénomène de la « planche à billets »). Il s'agit d'une politique monétaire non conventionnelle qui, autrefois, aurait été condamnée par tous les responsables comme créatrice d'inflation. Cela explique que les Allemands n'aient pas été très favorables à cette politique d'achats de titres publics (les décisions de la BCE se font à la majorité des membres de son Conseil). Un autre inconvénient majeur aux yeux de la *Bundesbank* réside dans le fait que les États, certains que leurs dettes seront financées par tous les autres pays de la zone euro, laissent leurs déficits budgétaires se creuser et relâchent leurs efforts.

Cette injection massive de liquidités dans les économies européennes doit conduire à une nouvelle baisse des taux d'intérêt. Celle-ci entraîne elle-même une baisse de l'euro (les placements étrangers en euros sont moins rémunérateurs) ainsi qu'une hausse des liquidités des banques les incitant à octroyer davantage de crédits aux ménages et aux entreprises. Une telle décision historique de la BCE doit alors créer un choc de confiance, amenant les acteurs économiques à anticiper une reprise de l'activité économique.

L'ensemble de ces mesures a permis un certain retour de la croissance dans la zone euro en 2015-2018 (autour de 2% par an). Cependant, les années suivantes ont connu un ralentissement de la croissance, amenant les économistes à s'interroger sur les marges de manœuvre disponibles pour l'Union européenne en cas de récession. La stagnation du commerce mondial, l'atonie de l'inflation, le passage à vide de l'économie allemande, la crise de l'automobile ou encore le **Brexit** ont conduit à une moindre croissance dans les pays de la zone euro qui n'ont plus vraiment de moyens à leur disposition pour soutenir l'activité. La politique monétaire ultra-accommodante a été maintenue, mais les taux négatifs proposés montrent qu'il n'est guère possible d'aller plus loin, d'autant que l'argent quasi-gratuit est moins utilisé pour financer des investissements productifs que pour entretenir une hausse des actifs financiers (immobilier, bourses dopées par les fusions et les rachats d'actions qui favorisent la hausse des cours).

L'absence de marges de manœuvre de la BCE, qui n'a pas réussi à revenir à une politique monétaire plus traditionnelle pour récupérer des moyens d'action, confère dès lors à la politique budgétaire une forte responsabilité pour relancer la croissance. Toutefois, les règles européennes rendent impossible une telle orientation pour la majorité des pays de la zone euro, à l'exception de l'Allemagne qui se refuse à pratiquer une telle relance. En conséquence, nombreux sont ceux qui réclament un assouplissement des règles européennes, notamment le seuil des 3% pour le déficit budgétaire qui avait été fixé à une époque de taux d'intérêt élevés. Une voie complémentaire serait de pratiquer une **« relance verte »**, avec des investissements publics massifs destinés à lutter contre le réchauffement climatique mais qui ne seraient pas comptabilisés dans le calcul des déficits publics soumis aux règles strictes de la zone euro.

Lire aussi » **Crise - Politique budgétaire - Questions d'actualité 6 p. 38, 7 p. 39**

Croissance

La croissance désigne l'augmentation régulière des quantités produites. On parle ainsi de la croissance d'une entreprise. Le terme de croissance économique concerne, en revanche, l'ensemble d'une économie.

SOMMAIRE

➜ Qu'est-ce que la croissance économique ?

➜ La mesure de la croissance

➜ Les sources de la croissance

➜ Qu'est-ce que la croissance économique ?

La **croissance économique** est l'accroissement durable de la production globale d'une économie. C'est donc un phénomène quantitatif que l'on peut mesurer. C'est aussi un phénomène de longue période. En effet, une augmentation brutale et sans lendemain de la production nationale ne correspond pas à la croissance économique. Il ne faut donc pas confondre croissance et **expansion**, l'expansion caractérisant une augmentation de la production sur une courte période.

Croissance économique
Augmentation régulière de la production d'une économie.

Expansion
Hausse de la production d'un pays durant une courte période.

Il importe aussi de distinguer la croissance du développement qui désigne l'ensemble des transformations techniques, sociales, démographiques et culturelles accompagnant la croissance de la production. Le développement est une notion qui traduit l'aspect structurel et qualitatif de la croissance. Le développement peut être associé à l'idée de progrès économique et social (amélioration du niveau de vie et du niveau d'instruction, bien-être pour l'ensemble de la population).

Les facteurs de la croissance sont nombreux : augmentation de la population active et amélioration de sa qualification, accroissement du capital technique et son perfectionnement, progrès technique et innovations sous toutes leurs formes (organisation du travail et gestion des entreprises par exemple). Ces facteurs peuvent jouer différemment et conduire à deux grands types de croissance, une **croissance dite extensive**, lorsqu'elle résulte de l'augmentation quantitative des facteurs de production (davantage de travailleurs et d'équipements conduisent à plus de croissance) et une **croissance dite intensive**, lorsque l'augmentation de la production provient d'une utilisation plus efficace des facteurs de production existants.

La mesure de la croissance

Le taux de croissance du PIB

Pour mesurer la croissance économique, on retient comme indicateur de la production, le produit intérieur brut. La croissance correspond donc au **taux de croissance du PIB**.

Taux de croissance du PIB
Mesure de l'évolution de la croissance économique d'un pays durant une année (le taux de croissance est donné en euros constants).

Par exemple, si le PIB se monte à 6 000 milliards d'euros l'année 1 pour passer à 6 240 milliards d'euros l'année 2, le taux de croissance du PIB est :

$$\frac{\text{valeur du PIB l'année 2 – valeur du PIB l'année 1}}{\text{valeur du PIB l'année 1}} \times 100$$

soit $= \frac{240}{6\ 000} \times 100 = 4\ \%$.

Mais une difficulté apparaît car cette hausse du PIB peut être seulement le résultat d'une augmentation des prix, les quantités produites restant les mêmes entre les années 1 et 2.

Ainsi la croissance du PIB d'une année sur l'autre provient d'un effet quantité mais aussi d'un effet prix. Pour mesurer la **croissance réelle**, il faut calculer le PIB à **prix constant** (ou en euros constants). Il convient d'éliminer l'effet de l'augmentation des prix (on dit « déflater ») pour retrouver l'augmentation des quantités (mais toujours mesurée « en valeur », car les prix sont une unité de mesure commune).

Croissance réelle
Augmentation de la production (PIB) après avoir éliminé la hausse due à l'inflation (augmentation des prix).

Si l'indice des prix est passé de 100 à 102 entre les années 1 et 2, soit 2 % d'augmentation pour les prix à la consommation, on peut calculer le taux de croissance en euros constants :

$$\text{indice de la production en euros constants} = \frac{\text{indice de la production en euros courants}}{\text{indice des prix}} \times 100$$

L'année 2, l'indice de la production en euros courants est 104 (hausse de 4 % en effet). On a alors :

$$\text{Indice de la production en euros constants} = \frac{104}{102} \times 100 = 101{,}96$$

Le PIB en euros constants a donc augmenté de 1,96 %, soit 2 % (attention à ne pas soustraire le taux d'inflation du taux de croissance en euros courants même si, pour les petits nombres, l'ordre de grandeur des opérations est voisin).

La croissance économique est donc mesurée par le taux de croissance du PIB évalué en euros constants.

Lorsque la croissance économique est mesurée en euros courants, il s'agit de la **croissance nominale**. Par opposition, la croissance réelle correspond à la croissance mesurée en euros constants. On dit encore, dans ce dernier cas, que la **croissance** est mesurée « **en volume** ». Ici, « en volume » est synonyme de euros constants (parfois, « en volume » désigne une mesure de la production en unités physiques).

Croissance nominale
Croissance économique mesurée en euros courants et résultant de la hausse de la production réelle comme de l'augmentation des prix.

Il faut donc se rappeler les égalités suivantes :

Croissance nominale	= croissance en valeur
	= croissance à prix courants
	= croissance en euros courants
Croissance réelle	= croissance en volume
	= croissance à prix constants
	= croissance en euros constants

Les limites du taux de croissance

Une croissance économique élevée n'est pas synonyme d'augmentation du niveau de vie. D'abord, la croissance démographique peut être plus rapide que la croissance de la production, si bien que la **production par tête** diminue.

Production par tête
Rapport du PIB à la population totale d'un pays.

La notion de PIB par tête permet, par ailleurs, de comparer les pays.

$$\text{PIB par tête} = \text{PIB par habitant} = \frac{\text{PIB}}{\text{population totale}}$$

Deux pays de puissance économique différente (PIB différents) peuvent avoir un **niveau de vie moyen** (PIB par tête) proche. Par ailleurs, l'inégale répartition des richesses créées peut faire coïncider un PIB élevé et une grande pauvreté pour une partie de la population (la Chine aujourd'hui).

Une autre limite du taux de croissance tient à des problèmes de mesure. On sait déjà que le PIB ne mesure qu'une partie de la production économique (il exclut une partie de l'économie non officielle) et qu'il ne tient pas compte d'activités comme le travail domestique. Mais il existe une autre difficulté de mesure. On a vu comment éliminer l'influence des prix sur la croissance pour ne conserver que l'augmentation des quantités (mesurées en valeur). Mais des produits nouveaux apparaissent d'une période à l'autre (ils n'ont pas de prix lors de la période de base) tandis que d'autres disparaissent ; en outre, les prix relatifs entre les biens peuvent se modifier considérablement. Les statisticiens de l'Insee sont donc obligés de réviser régulièrement les comptes nationaux en procédant à des changements de période de base (celle à partir de laquelle se calculent les évolutions en volume).

Enfin, il faut toujours garder à l'esprit que le PIB enregistre aussi des augmentations quantitatives qu'il conviendrait plutôt de soustraire si l'on cherchait à mesurer le progrès social. Ainsi, l'augmentation de la production d'alcool et de tabac, l'accroissement des maladies professionnelles qu'il faut soigner, la pollution qu'il faut combattre constituent autant d'occasions d'accroître la production nationale. L'augmentation des frais médicaux conduit par exemple à une augmentation de la croissance économique. Un économiste contestant le PIB, Bertrand de Jouvenel, avait noté que si on détruisait la cathédrale Notre-Dame de Paris pour construire à la place un parking, le PIB augmenterait ! L'ensemble des limites du PIB ont été rappelées récemment dans le rapport de la Commission Stiglitz sur la « mesure de la performance économique et du progrès social » (2008). Cette Commission, composée de deux prix Nobel d'économie, Joseph Stiglitz et Amartya Sen, et de l'économiste français Jean-Paul Fitoussi, a d'abord rappelé que le PIB ne permet pas de mesurer de manière satisfaisante certains biens et services complexes, pluridimensionnels et en évolution constante. Il ne mesure pas non plus de façon pertinente les services non marchands et la productivité du secteur public. Il ignore par ailleurs l'importance quantitative des loisirs, nécessaire pour établir des comparaisons entre pays, et, comme toute donnée agrégée, ne rend pas compte de la diversité des situations individuelles. Comment dès lors appréhender les différentes dimensions du bien-être ?

Le PIB par tête s'en approche mais il s'agit d'une moyenne qui masque les inégalités et il doit être complété par les indices d'inégalités économiques (voir l'article « Égalité et inégalités », p. 214). De son côté, l'IDH (indice de développement humain, élaboré par Amartya Sen pour la Banque mondiale) a peu d'intérêt pour comparer les performances des pays les plus avancés.

La Commission Stiglitz a préconisé la construction ou le suivi d'un certain nombre d'autres indicateurs (environnementaux, économiques, sociaux) destinés à compléter le PIB et non à se substituer à cet indicateur. La Commission recommande de prendre en compte la richesse (qui est un stock) en même temps que les revenus et la consommation (flux). La Commission a aussi insisté sur la nécessité de mesurer la soutenabilité d'une économie avec ce qui est transféré vers l'avenir. Elle établit une distinction entre la mesure du bien-être présent et celle de sa **soutenabilité**, c'est-à-dire de sa capacité à se maintenir dans le temps (*sustainability* en anglais, ou durabilité). La notion de « **croissance soutenable** », en référence à la définition du développement durable, est de plus en plus utilisée pour mesurer si une société progresse sur le long terme et assure le bien-être de la population sans hypothéquer les ressources disponibles pour les générations futures.

Les sources de la croissance

Dans la théorie économique traditionnelle, les sources de la croissance sont au nombre de deux : la croissance de la population et le progrès technique, qui permet des gains de productivité mais aussi de multiples innovations (l'innovation de produits est l'un des cinq types d'innovation mis en évidence par Joseph Schumpeter). La croissance démographique conduit aussi à accroître la demande des ménages comme les gains de productivité accroissent les profits des entreprises et donc la demande pour des biens d'équipement.

Ces théories traditionnelles, dont le meilleur représentant est l'économiste américain Robert Solow (né en 1924, prix Nobel d'économie en 1987), ont cependant été peu à peu complétées, à partir des années 1980, par de nouvelles théories de la croissance.

Les sources traditionnelles de la croissance

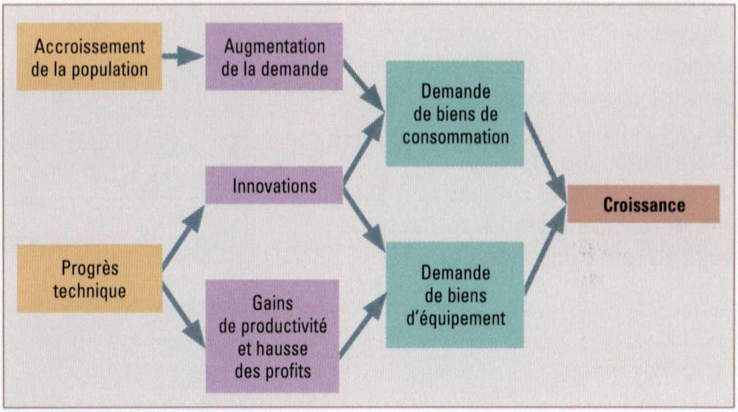

Les nouvelles théories, auxquelles sont associés les noms des économistes américains Paul Romer et Robert Lucas, mettent en avant la notion d'externalités. Elles montrent alors que le progrès technique n'est pas un facteur « exogène » à la croissance, c'est-à-dire inexpliqué et en quelque sorte « tombé du ciel », mais au contraire le résultat du comportement et des décisions des agents économiques.

Le progrès technique est au contraire un facteur endogène de la croissance (on parle donc de « théorie de la **croissance endogène** », voir l'article « État dans l'économie », p. 252) car les agents produisent et accumulent des connaissances, des savoirs, du capital humain, ce qui produit des innovations.

Croissance endogène
Théorie explicative de la croissance, développée dans les années 1980, montrant le rôle des politiques publiques structurelles avec la création d'externalités positives (recherche et développement, infrastructures publiques, formation).

Ces théories mettent en évidence les différents mécanismes (apprentissage par la pratique, formation et dépenses éducatives, infrastructures et recherche) qui engendrent des externalités positives, c'est-à-dire des retombées bénéfiques pour des agents, sans qu'ils aient eu à dépenser pour les obtenir.

Lire aussi » **Crise - Productivité - Travail - Question d'actualité 1 p. 33**

Culture

La culture est une notion essentielle dans les sciences sociales. Elle permet de comprendre les différents processus d'intégration des individus dans la société. Mais les cultures sont aussi très différentes selon les sociétés, voire au sein d'une même société.

SOMMAIRE

- Qu'est-ce que la culture ?
- La transmission de la culture : la socialisation
- Culture et intégration sociale
- La diversité des cultures
- Communautarisme et multiculturalisme

Qu'est-ce que la culture ?

Trois grandes définitions

Au sens courant, la **culture** représente l'ensemble des connaissances acquises qui permettent de développer le sens critique, le goût ou le jugement. Il s'agit de connaissances artistiques ou scientifiques qui caractérisent l'homme cultivé, l'« honnête homme » des philosophes des Lumières. C'est la culture savante.

Culture (sens courant)
Ensemble des connaissances qui caractérisent une « personne cultivée ».

L'**anthropologie**, c'est-à-dire la science qui étudie la diversité des sociétés humaines dans le temps comme dans l'espace (**l'ethnologie** examine plus particulièrement les sociétés traditionnelles, dites primitives), donne une définition très large de la culture. Elle définit la culture en opposition à la nature. La culture, c'est tout ce qui est le produit de l'homme « la culture est ce qui dans le milieu est dû à l'homme » selon l'anthropologue américain J.M. Herskovits. Cette définition inclut ainsi les outils, l'architecture, les connaissances, les relations sociales et familiales, etc. Le sociologue, qui analyse les sociétés contemporaines, n'approuve pas totalement cette définition qui est trop large pour lui permettre d'étudier, par exemple, les différences entre des groupes sociaux au sein d'une même société.

La définition sociologique de la **culture** est plus précise. C'est l'ensemble des valeurs, des normes et des pratiques qui sont acquises et partagées par une pluralité de personnes.

Culture (sens sociologique)
Ensemble des valeurs, des normes et des pratiques acquises et partagées par les membres d'une société.

Le contenu de la culture

Les valeurs

La culture d'une société comprend d'abord des **valeurs**. Les valeurs représentent ce qui est, dans une société, considéré comme estimable et désirable. Elles constituent un idéal, c'est-à-dire quelque chose d'abstrait, auquel les membres d'une société adhèrent, mais elles se manifestent concrètement dans des manières de penser (jugements, représentations, symboles) ou d'agir (normes, rites, règles, etc.) des individus. Par exemple, un **jugement de valeur** est un jugement inspiré par des valeurs ; les règles de politesse expriment quelque chose de plus profond comme le respect d'autrui ou le respect de la vie sociale ; enfin, des notions comme l'individualisme ou encore l'égalitarisme caractérisent un certain système de valeurs. Les valeurs s'imposent aux membres d'une société comme une évidence, un absolu. Il existe cependant dans toute société une hiérarchie des valeurs (« **échelle des valeurs** ») et si les valeurs dominantes sont partagées par le plus grand nombre, d'autres ne sont acceptées que par certaines parties de la société.

Valeurs
Idéaux auxquels les membres d'une société adhèrent et qui se manifestent concrètement dans leurs manières de penser, de sentir, d'agir.

Les valeurs dominantes d'une société ne doivent pas être confondues avec la notion d'**idéologie**. Au sens général, celle-ci est un ensemble d'idées et de jugements, explicites et cohérents, qui servent à décrire, à interpréter et à justifier la situation d'un groupe ou d'une société. L'idéologie correspond donc à une certaine « vision du monde » que peuvent avoir les membres d'une société. Elle constitue l'élément central de la culture, son noyau. Dans le sens marxiste, l'idéologie est un moyen de domination dont disposent les classes dominantes puisque « les idées dominantes sont les idées de la classe dominante » (Marx).

Idéologie
Ensemble cohérent d'idées et de jugements qui caractérisent la « vision du monde » d'un groupe social.

Les normes

Les **normes** sont des règles de conduite en société auxquelles les individus sont censés se conformer.

Norme
Règle de conduite de la vie en société à laquelle les individus sont censés se conformer.

Comme les valeurs, dont elles constituent une expression, les normes sont relatives, c'est-à-dire qu'elles varient selon les sociétés. Font partie des normes les usages en vigueur dans un groupe ou une société, les mœurs, qui contiennent souvent une composante morale (les « bonnes mœurs ») et les lois et règlements. L'ensemble des normes fait l'objet de sanctions, ce terme étant pris au sens sociologique, c'est-à-dire de jugement de la part de la collectivité (approbation par le groupe, réprobation, sanctions institutionnalisées par la justice). Comme pour les valeurs, le degré d'adhésion ou de conformité aux normes varie selon les individus et les groupes.

Les trois composantes de la culture

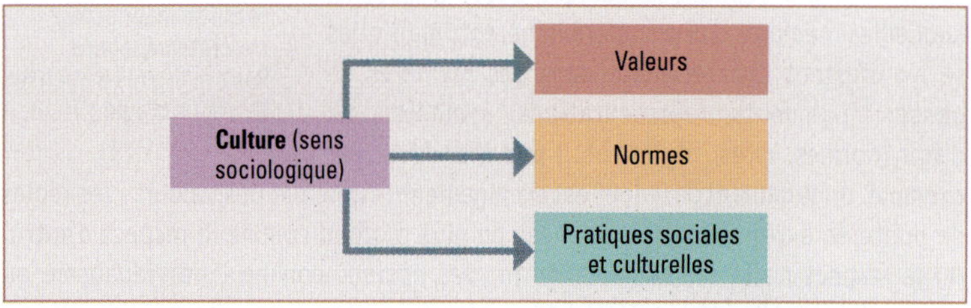

La notion de norme définit et précise les notions de **rôle social** et de **statut**. Un rôle est un ensemble de normes auxquelles est soumise l'action d'un individu occupant une position particulière (rôle de père dans la famille, rôle lié à l'activité professionnelle, rôle politique ou syndical, etc.). Ces différents rôles varient d'une société à l'autre, d'un groupe social à un autre, mais surtout chaque individu « joue » et « interprète » son rôle d'une façon qui lui est propre.

Rôle social
Ensemble des comportements qui sont attendus d'un individu occupant une position sociale particulière.

Statut
Au sens courant, position d'un individu dans la hiérarchie sociale.

La notion de rôle est inséparable de celle de statut. En sociologie, le statut peut désigner deux choses. D'une part, et c'est le cas le plus courant, le statut désigne la position sociale occupée par un individu dans la hiérarchie sociale (exemple de l'échelle de statuts de Warner établie en fonction de la hiérarchie de prestige dans une communauté) ; d'autre part, le statut représente une certaine position sociale dans un réseau de relations sociales, chaque individu occupant simultanément différentes positions statutaires (chacune correspondant alors à un rôle spécifique).

Les pratiques sociales et culturelles

Après les valeurs et les normes, le troisième et dernier élément qui définit une culture concerne les modes de vie, c'est-à-dire les **pratiques sociales et culturelles** adoptées par les individus. Les pratiques sociales sont nombreuses et variées. Donnons quelques exemples : les vacances, les pratiques sportives, les pratiques associatives ou politiques, les fréquentations (relations de voisinage, réseau de relations, invitations et réceptions, lieux de fréquentation, etc., soit un ensemble d'éléments que l'on rassemble sous le thème de **sociabilité**), etc. Les pratiques culturelles représentent la fréquentation de lieux culturels (musée, cinéma, théâtre, spectacles, monuments, etc.) et la consommation ou l'utilisation de biens culturels (livres, médias, photographie, etc.). Les trois éléments contenus dans toute culture forment un ensemble cohérent. On parle de **modèle culturel**.

Pratiques sociales et culturelles
Activités réalisées de façon régulière par les membres d'un groupe social ou d'une société.

Sociabilité
Ensemble des relations qu'une personne ou qu'un groupe entretient avec les autres.

La transmission de la culture : la socialisation

Le processus de socialisation

La **socialisation** est un processus par lequel un individu apprend et intériorise les différents éléments de la culture de son groupe, ce qui lui permet de former sa propre personnalité sociale et de s'adapter au groupe dans lequel il vit. Grâce à ce processus, certains traits culturels sont intégrés à la personnalité des membres d'une société, si bien que la conformité au milieu social se produit de façon naturelle et inconsciente.

La socialisation est assurée par l'action de certains mécanismes psychologiques comme l'apprentissage (acquisition de réflexes, d'habitudes, de savoir-faire), l'identification (à l'un des parents par exemple) ou l'**intériorisation** (intégration de traits culturels à sa propre personnalité). La socialisation est loin d'être un conditionnement de l'individu car les lieux de socialisation sont nombreux, chacun proposant des valeurs, des normes ou des pratiques qui peuvent différer.

Socialisation
Processus par lequel un individu acquiert les différents éléments de la culture de son groupe.

Intériorisation
Mécanisme psychologique assurant l'intégration de normes et de valeurs à sa personnalité.

Les milieux de socialisation

La société n'agit pas directement pour assurer la transmission des normes et des valeurs, mais à travers l'action d'intermédiaires que sont les différents groupes dans lesquels s'insèrent les individus (famille, groupe social ou ethnique, groupe d'âge, groupe professionnel, etc., ceux-ci étant appelés « **groupes primaires** ») ou les institutions créées par la société (école principalement). Il existe aussi une définition sociologique de la notion d'« institution », qui diffère, au premier abord, de la définition juridique (les institutions politiques et judiciaires). Au sens sociologique, une **institution** est un ensemble de normes précisant, pour certains aspects de la vie en société, ce qui « se fait » (ce qui est légitime) et ce qui « ne se fait pas ». Par exemple, le mariage, la famille ou l'école sont des institutions. D'autres instances, comme les médias, l'entreprise ou encore les associations (**groupes secondaires**) jouent aussi un rôle de socialisation.

Groupe primaire
Groupe auquel appartient l'individu de façon naturelle.

Institution
Au sens sociologique, ensemble de normes concernant un aspect de la vie sociale et précisant ce qui est légitime pour la société.

Si la **socialisation primaire** désigne la socialisation qui a lieu au cours de l'enfance, avec un rôle important pour la famille et l'école, la **socialisation secondaire** se déroule tout au long de la vie de l'adulte. De nombreux agents de socialisation jouent alors un rôle et l'individu a davantage de liberté par rapport aux valeurs et aux normes qu'il a acquises et intériorisées durant son enfance.

Une socialisation différenciée

Si la famille est le principal lieu de socialisation des enfants, on observe néanmoins que les parents traitent différemment leurs enfants selon qu'il s'agisse d'un garçon ou d'une fille. On parle alors de **socialisation différenciée** ou différentielle. Les parents (comme l'école) encouragent ainsi leurs enfants dans des activités que la société reconnaît à chaque sexe et, inversement, ils les découragent lorsqu'ils souhaitent entreprendre des activités correspondant plutôt à l'autre sexe (les filles, par exemple, doivent aider leur mère tandis que les garçons font du sport ou s'intéressent aux choses techniques). Ces différences entre filles et garçons, acquises très tôt, sont alors perçues comme naturelles (on dit qu'elles sont « naturalisées »), innées.

Socialisation différenciée
Action des agents de socialisation primaire qui peut être différente selon le statut de la personne (sexe notamment).

Depuis une vingtaine d'années, les sciences sociales étudient comment la société construit des rôles différents pour les garçons et les filles et, pour bien caractériser cette construction d'une différence sociale et pas seulement biologique, elles substituent le terme de « **genre** » à celui de « sexe ». Cela permet de comprendre que les différences biologiques, entre les sexes, sont minimes et peu explicatives pour analyser les inégalités hommes-femmes. Ainsi, cette différenciation entre rôles féminins et masculins, qui n'est pas issue d'une différence biologique mais qui résulte d'une socialisation différenciée (« on ne naît pas femme, on le devient » écrit Simone de Beauvoir dans *Le Deuxième Sexe*, publié en 1949), a pour effet de reproduire les inégalités sociales entre les hommes et les femmes que l'on observe dans nombre de sphères de la vie sociale (famille, travail, salaire, politique, etc.).

Genre
Notion de sciences sociales mettant en évidence l'action de la société dans la construction progressive des rôles masculins et féminins et des rapports entre les hommes et les femmes.

En sciences sociales, la notion de genre est de plus en plus utilisée pour l'étude des différences non biologiques entre les hommes et les femmes (sociales, économiques, politiques, etc.). Tout un courant de recherche s'est développé autour des « études de genre » *(Gender studies)* depuis les années 1970-1980. L'anthropologie montre, depuis l'enquête pionnière de Margaret Mead (*Mœurs et sexualité en Océanie*, 1963), que les attitudes, les rôles et les comportements de l'un et l'autre sexe résultent d'un apprentissage social qui varie fortement selon le lieu, le temps, les valeurs de référence et les positions sociales.

Culture et intégration sociale

À travers les valeurs et les normes apprises et partagées, la culture contribue à former une société. Elle permet objectivement l'établissement de relations entre ses membres (langage par exemple), mais surtout, elle symbolise l'appartenance de tous à la société. La fonction sociale de la culture est donc de réunir une pluralité de personnes très différentes en une collectivité unique et spécifique. Sa fonction individuelle est de permettre à chacun, grâce au processus de socialisation, de vivre en société, d'y être accepté et reconnu.

L'adaptation sociale ne signifie pas nécessairement la conformité sociale, voire le **conformisme** (adoption de traits culturels afin de faire comme les autres). Même s'il existe des valeurs et des normes dominantes, la société permet une certaine liberté dans l'adhésion de ses membres aux différents éléments d'une culture.

Conformisme
Attitude consistant à adopter strictement les traits culturels du groupe au sein duquel on se trouve.

Cette marge de liberté varie cependant d'une société à l'autre : les sociétés traditionnelles recherchent une plus forte conformité de leurs membres que les sociétés occidentales. Par ailleurs, chaque groupe social se caractérise par des modèles culturels qui peuvent être très différents.

➲ La diversité des cultures

L'observation et l'étude de cultures très différentes peuvent conduire à deux attitudes opposées, l'ethnocentrisme et le relativisme culturel.

L'**ethnocentrisme** consiste à juger une autre culture en fonction de ses propres normes et valeurs, à ramener les traits culturels observés à ceux qui sont connus, voire à estimer cette culture inférieure ou méprisable. L'ethnocentrisme peut ainsi mener au **racisme** (doctrine qui met en avant des différences biologiques réelles ou imaginaires pour justifier la supériorité d'une culture et d'un groupe sur les autres), ou même à l'**ethnocide** (l'**ethnie** étant un groupement d'individus appartenant à la même culture, l'ethnocide correspond à la destruction de la culture et à la dissolution du groupement) ou au **génocide** (destruction physique d'une population).

Ethnocentrisme
Attitude consistant à juger une autre culture à partir de ses propres valeurs.

Racisme
Théorie qui met en avant une hiérarchie des races.

Ethnie
Groupement d'individus appartenant à une même culture.

Le **relativisme culturel** consiste à affirmer que tout fait culturel, toute norme, toute production humaine n'ont de sens que dans le contexte de leur propre culture. Sous une forme extrême, le relativisme culturel refuse l'existence de valeurs universelles puisque toutes les cultures se « valent ».

Dans les sociétés occidentales, chaque groupe social peut se caractériser par une culture (valeurs, normes et pratiques) spécifique. On parle alors de **sous-culture** pour la désigner. En revanche, si deux groupes sociaux diffèrent par leurs seules pratiques culturelles, il n'est pas possible de parler de sous-cultures différentes.

Les traits culturels des différents groupes sociaux tendent cependant aujourd'hui à s'homogénéiser, à se rapprocher sous l'influence du développement des médias de grande diffusion. Ces traits communs tendent alors à former une **culture de masse** (terme lié à la notion de « mass média »).

On désigne enfin par **acculturation** l'ensemble des phénomènes qui résultent du contact direct et continu entre groupes de cultures différentes. Le processus d'acculturation renvoie à des situations contrastées qui vont de l'**assimilation** (disparition de la culture d'un groupe qui accepte intégralement la culture de l'autre), comme le montre l'exemple des populations migrantes après plusieurs générations, à la **contre-acculturation** (rejet de l'autre culture et réaffirmation de sa culture d'origine). L'adaptation, la réinterprétation, le **syncrétisme** (mélange ou métissage des traits culturels), mais aussi la **déculturation** (perte de repères culturels) sont les mécanismes les plus observés.

Acculturation
Ensemble des phénomènes qui résultent du contact entre des cultures différentes.

Assimilation
Processus d'acculturation qui conduit à la disparition de la culture d'origine.

Face au processus de mondialisation et d'uniformisation de la culture, nombreux sont ceux qui défendent et mettent en avant la notion de **diversité culturelle**. Ainsi, la France propose que celle-ci soit érigée en principe de droit international. Il s'agit par là de défendre l'égale dignité de toutes les cultures, le droit des peuples à une culture vivante, le respect du pluralisme linguistique et l'affirmation du droit des États à pouvoir soutenir la création culturelle par des actions volontaristes.

Communautarisme et multiculturalisme

Certains observateurs relèvent, durant les années 1990, le repli d'un nombre croissant d'individus sur leur communauté religieuse ou ethnique et mettent en garde contre le danger du développement du « **communautarisme** ». Ils opposent ainsi au modèle républicain français un modèle « communautariste » anglo-saxon selon lequel les différentes communautés, issues des vagues d'immigration successives, sont reconnues en tant que telles, disposent de droits collectifs et bénéficient collectivement de ressources publiques pour assurer leur pérennité (États-Unis, Canada et Australie).

Dans le modèle français de citoyenneté, parfois qualifié de « républicain », la société se constitue en dépassant les enracinements communautaires. Ainsi, les élèves comme les citoyens sont traités de manière égale, indépendamment de leurs caractéristiques familiales, sociales ou communautaires. Chacun est libre de vivre pleinement ses différentes appartenances, religieuses ou ethniques par exemple, mais celles-ci sont réservées à l'espace privé. Plus généralement, ce modèle se fonde sur l'autonomie et l'émancipation des individus qui ne doivent pas être prisonniers des valeurs, traditions et modes de vie de leurs seuls groupes d'appartenance ou de référence. Le modèle français d'intégration qui en résulte ne repose donc pas sur la coexistence de communautés différentes, mais sur la volonté d'un « vivre ensemble » où l'individu occupe un rôle essentiel. Cette conception est parfois difficile à comprendre pour certains immigrants qui ont plutôt l'expérience, dans leur pays d'origine, de fortes solidarités communautaires. En outre, leur réflexe est souvent de se protéger au sein de leur groupe face à un monde incertain, d'autant que la réalité qu'ils affrontent est parfois très éloignée des grands principes mis en avant.

En réalité, l'opposition entre le communautarisme et le modèle français, qualifié d'universaliste dans la mesure où il impose une égalité juridique et abstraite ne faisant aucune distinction entre les citoyens, est plus complexe qu'il n'y paraît. Le communautarisme américain peut d'abord être considéré comme une réaction à l'individualisme si bien décrit par Tocqueville, c'est-à-dire à ce sentiment qui invite chaque citoyen à se retirer dans sa sphère privée et à se désintéresser de la vie publique. Ensuite, le communautarisme peut être vu comme une réponse à l'**universalisme** qui suppose l'égalité de tous, mais qui ne parvient pas à assurer la mise en œuvre réelle de cette égalité. Il contribue donc à maintenir de très fortes inégalités en défaveur de certaines communautés (ethniques, religieuses, culturelles). Le philosophe canadien Charles Taylor, dans son ouvrage *Multiculturalisme, différence et démocratie* (1964), montre que l'universalisme hérité des Lumières a atteint ses limites et que le **multiculturalisme**, synonyme pour lui de communautarisme, permet de garantir le respect du principe d'égalité grâce à la reconnaissance de la diversité des cultures et des identités coexistant au sein d'une nation. Dans la tradition anglo-saxonne, le multiculturalisme et le communautarisme sont associés aux droits des minorités qu'il convient de respecter et de reconnaître juridiquement par des droits spécifiques tandis que, dans la tradition française, ces deux notions sont connotées péjorativement et regardées comme une atteinte au principe républicain d'égalité des citoyens. Pourtant, on observe depuis quelques années un certain infléchissement dans des pays habituellement favorables aux revendications communautaristes (États-Unis, Royaume-Uni, Pays-Bas).

Multiculturalisme

Modèle d'organisation sociale qui reconnaît la diversité des cultures et des situations de certains groupes, ou communautés, et qui leur confère des droits spécifiques visant à assurer une égalité réelle entre tous les individus.

Lire aussi » Contrôle social - Société - Sociologie - Question d'actualité 16 p. 48

Démocratie

Le mot *démocratie* désigne le pouvoir du plus grand nombre ou le gouvernement du peuple, par le peuple et pour le peuple (*démocratie* est formé des deux racines grecques *demos*, le peuple, et *cratos*, le gouvernement, le règne, le pouvoir). Les formes constitutionnelles prises par les régimes démocratiques sont diverses, mais elles obéissent à un fonctionnement au centre duquel figurent les citoyens.

SOMMAIRE

➜ La démocratie aujourd'hui

➜ La diversité des régimes démocratiques

➜ Les modes de scrutin

➜ La démocratie aujourd'hui

Démocratie antique et démocratie moderne

La **démocratie** est née dans les cités grecques, Athènes en particulier, aux VIe et Ve siècles avant J.-C. La **démocratie antique** est une démocratie limitée et directe. Elle oppose au pouvoir d'un seul le pouvoir des citoyens libres et égaux. C'est l'assemblée du peuple qui décide après que chacun ait pu s'exprimer et la décision est prise à la majorité des voix. Mais c'est aussi une démocratie limitée car le nombre de citoyens est très réduit (un dixième de la population à Athènes) ; en sont exclus les femmes, mêmes grecques et libres, les esclaves et les « métèques », c'est-à-dire les étrangers. C'est enfin une **démocratie directe** car c'est l'assemblée du peuple, réunie sur l'Agora, qui décide directement et non des intermédiaires représentant les citoyens.

Démocratie

Organisation politique dans laquelle le peuple souverain a la possibilité d'exercer librement ses droits politiques (choix de vote, liberté d'expression, liberté d'association, etc.).

Suffrage universel

Droit pour tous les citoyens, indépendamment de leurs revenus, de leur position sociale ou de leur sexe, d'être électeurs et éligibles (le fait d'être élu).

La démocratie moderne est au contraire illimitée mais indirecte. Grâce à l'instauration progressive du **suffrage universel**, tous les individus disposent, dans les pays occidentaux au moins, des **droits politiques** élémentaires (droit de vote, éligibilité, c'est-à-dire capacité d'être élu, liberté d'expression, liberté d'opinion, droit de réunion, liberté d'association). En France, le principe du suffrage universel pour les hommes est acquis avec la IIe République en 1848. Mais c'est seulement sous la IIIe République qu'il est réellement appliqué (avec l'instauration du secret du vote) tandis que le droit de vote aux femmes n'est établi qu'en 1944.

Mais l'extension des droits politiques à l'ensemble de la population s'est révélée incompatible avec les principes de la démocratie directe qui ne peut fonctionner que dans des collectivités restreintes et pour des questions simples. Les démocraties modernes sont des **démocraties représentatives** puisque les citoyens élisent des représentants qui exercent au nom de la nation tout entière (c'est la souveraineté nationale) les responsabilités politiques.

Démocratie représentative
Organisation politique dans laquelle le peuple exerce indirectement le pouvoir par l'intermédiaire de représentants élus.

Le fonctionnement démocratique

La démocratie moderne n'est pas une véritable démocratie dans la mesure où le peuple ne peut pas lui-même « gouverner » au sens précis du terme. De plus, le système représentatif recèle bien des risques de déviations avec la constitution d'une classe politique formée des représentants élus (députés par exemple). Cette classe politique peut parfois faire prévaloir ses propres intérêts (la réélection par exemple) au détriment de ceux du plus grand nombre. À une souveraineté nationale peut se substituer une souveraineté parlementaire où les représentants ne représentent plus qu'eux-mêmes. Afin de réduire ces risques, la démocratie, qui selon la célèbre formule de Winston Churchill est « le pire des régimes à l'exception de tous les autres », peut mettre en place des parades.

Certaines formes de démocratie directe peuvent d'abord s'instaurer. C'est le cas du **référendum** qui est la consultation des électeurs sur une question ou un texte, un vote majoritaire entraînant une adoption définitive. Dans certains pays autres que la France, l'**initiative populaire** permet aux citoyens de proposer, grâce à une pétition, l'adoption d'une mesure qui est soumise aux représentants puis à l'ensemble des électeurs (sous forme de référendum) si les élus sont opposés à la proposition. Depuis quelques années, notamment pour la vie locale, on assiste au développement de formes de **démocratie participative** destinées à

Démocratie participative
Ensemble des procédures et des moyens qui permettent une plus grande implication des citoyens dans la vie politique et un rôle accru dans les prises de décisions.

donner aux citoyens une plus grande possibilité de faire entendre leurs voix. L'élection du président de la République en France par les électeurs et non par les parlementaires (situation des IIIe et IVe Républiques ainsi que de la Ve République à partir de 1958) correspond aussi à un choix direct de l'ensemble des citoyens.

Enfin, le fonctionnement démocratique du système politique repose surtout sur l'existence de contrôles et de **contre-pouvoirs**. Énoncée par Montesquieu (1689-1755), la théorie classique de la **séparation des pouvoirs** exécutif, législatif et judiciaire signifie que chaque pouvoir doit être confié à des organes distincts (chef de l'État ou gouvernement, assemblées représentatives, juridictions) et indépendants. Il s'agit ainsi de préserver l'équilibre des pouvoirs car pour Montesquieu, « seul le pouvoir arrête le pouvoir ».
Dans le monde actuel, le degré de démocratie d'un pays est mesuré par le niveau des libertés dont jouissent les citoyens. Une véritable démocratie est fondée sur le respect de tous les droits politiques des citoyens (droits civiques) et elle se caractérise par l'existence de nombreux partis politiques, ce pluralisme s'accompagnant d'une réelle possibilité d'alternance politique (élections).

Contre-pouvoirs
Institutions ou groupements politiques, économiques ou sociaux dont l'action vise à contraindre le pouvoir en place.

Séparation des pouvoirs
Théorie due à Montesquieu préconisant de diviser le pouvoir politique afin de le répartir entre des autorités qui se contrôlent et s'équilibrent mutuellement.

La diversité des régimes démocratiques

Les régimes démocratiques organisent ainsi un équilibre entre le pouvoir exécutif (le président, le chef du gouvernement s'il existe, le gouvernement) et le pouvoir législatif (Assemblée nationale, Sénat par exemple en France). Cet équilibre peut être recherché de deux façons très différentes qui correspondent l'une au régime parlementaire (à ne pas confondre avec un **régime d'assemblée** dans lequel l'exécutif n'existe pas) et l'autre au **régime présidentiel**.

Dans le **régime présidentiel** qui caractérise le système américain actuel, les pouvoirs exécutif et législatif

Régime d'assemblée
Régime politique caractérisé par la toute-puissance de l'assemblée des représentants et l'absence de pouvoir exécutif indépendant.

Régime présidentiel
Régime politique dans lequel le chef de l'État, élu au suffrage universel, est aussi le chef du gouvernement.

sont indépendants. Le président, qui est à la fois chef de l'État et chef du gouvernement, dispose d'une autorité considérable : il nomme et révoque les ministres comme il l'entend (indépendamment de la majorité au sein des assemblées qui peuvent être d'orientation politique différente de la sienne). Il n'existe d'ailleurs pas de gouvernement aux États-Unis, c'est-à-dire un organe collégial et responsable devant le Parlement. En revanche, les assemblées disposent pleinement du pouvoir législatif.

Dans un **régime parlementaire**, les fonctions de chef de l'État et de chef de gouvernement sont séparées. Le chef de l'État incarne l'État, la nation et il ne participe pas à l'exercice du pouvoir ; il a pour fonction de choisir le chef du gouvernement au sein de la majorité parlementaire. Le chef du gouvernement et le gouvernement exercent réellement le pouvoir, mais ils sont responsables devant les assemblées (celles-ci peuvent renverser le gouvernement). Cependant, afin d'éviter la toute-puissance des assemblées en cas de conflit entre la majorité parlementaire et le gouvernement, ce dernier dispose aussi d'une « arme » pour rétablir un certain équilibre : c'est la dissolution de l'assemblée. De cette façon, le gouvernement demande aux électeurs de trancher. Quel que soit le résultat de ces nouvelles élections, le chef de l'État doit choisir le nouveau responsable du gouvernement dans la majorité issue des nouvelles élections.

Régime parlementaire
Régime politique dans lequel le pouvoir est assuré par le chef du gouvernement issu de la majorité parlementaire.

Les deux grands régimes politiques

Régime présidentiel	Régime parlementaire
• Indépendance de l'exécutif et du législatif	• Le gouvernement est l'émanation de la majorité parlementaire
• Le chef de l'État dispose de prérogatives très importantes	• Le Parlement peut renverser le gouvernement
• Le chef de l'État ne peut pas dissoudre le Parlement	• Le gouvernement peut dissoudre le Parlement

Les modes de scrutin

Il existe deux grandes modalités d'**élection** des assemblées (aux niveaux local, régional, national ou supranational comme les élections au Parlement européen). Ces **modes de scrutin** influencent les choix des électeurs, la stratégie des partis,

Mode de scrutin
Modalités d'organisation de l'élection des représentants par le peuple.

le fonctionnement des assemblées élues, donc de façon plus générale, la stabilité du régime politique.

Le scrutin majoritaire

Scrutin majoritaire
Scrutin dans lequel le candidat (ou la liste) qui a recueilli le plus de suffrages est élu.

Dans le **scrutin majoritaire**, c'est le candidat qui a recueilli le plus de voix qui est élu.

Les modes de scrutin

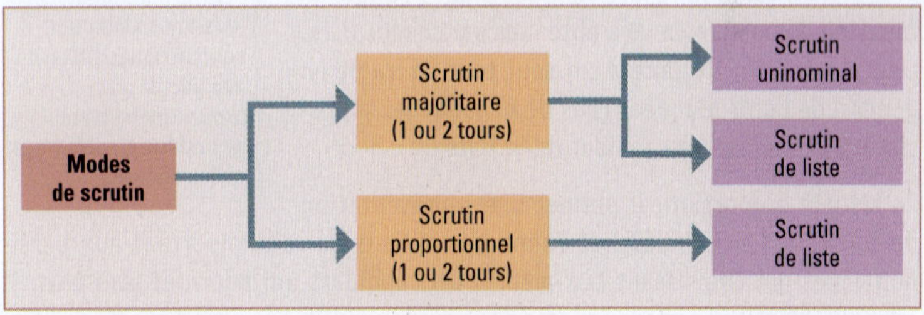

Ce scrutin peut être à un ou deux tours. Dans ce dernier cas, il faut obtenir la majorité absolue (c'est-à-dire plus de la moitié des voix) des **suffrages exprimés** (nombre d'inscrits moins les abstentions) pour être élu au premier tour ; lors d'un second tour, la majorité relative suffit (c'est-à-dire arriver en tête des candidats).

Le **scrutin majoritaire** peut être **uninominal**, c'est-à-dire que le territoire est divisé en circonscriptions qui élisent chacune un seul candidat. En France, les députés sont élus au scrutin majoritaire uninominal à deux tours (seuls les candidats ayant obtenu 12,5 % des inscrits peuvent se représenter au second tour). Au Royaume-Uni, c'est le même mode de scrutin, mais il n'y a qu'un seul tour.

Le scrutin majoritaire peut être un **scrutin de liste** s'il y a plusieurs sièges à pourvoir dans une même circonscription. Les sièges sont alors donnés en totalité à la liste qui arrive en tête. En France, le scrutin majoritaire de liste à deux tours est utilisé pour les élections municipales dans les communes de moins de 1 000 habitants (avec droit de panachage, c'est-à-dire de mélange entre les listes). Avec le scrutin majoritaire, l'électeur sait pour qui il vote, il connaît son élu. Mais certains l'estiment injuste car il écarte définitivement ceux qui n'ont pas obtenu la majorité et accentue ainsi les tendances (un écart de voix faible entre majorité et opposition peut se traduire par des écarts de sièges beaucoup plus importants). Pour la vie politique, ce scrutin est un facteur de simplification car il impose aux forces politiques de se regrouper. Le scrutin à un tour conduit au bipartisme et le scrutin à deux tours conduit à un petit nombre de partis qui passent des alliances électorales (pour le second tour). Pour la vie des institutions, c'est un scrutin qui assure la stabilité grâce à l'existence de majorités soudées et cohérentes.

Le scrutin proportionnel

Dans le **scrutin proportionnel** (ou **représentation proportionnelle**), la répartition des sièges se fait en fonction du nombre de voix obtenues par chaque liste. C'est un scrutin de liste à un seul tour. Il s'agit en général de listes bloquées (pas de panachage, impossibilité d'éliminer un candidat de la liste).

> **Scrutin proportionnel**
> Scrutin dans lequel les sièges à pourvoir sont attribués à chacun des partis proportionnellement au nombre de suffrages qu'il a obtenus.

Le scrutin proportionnel permet une représentation de toutes les sensibilités. Il donne par ailleurs un rôle important aux partis politiques qui choisissent eux-mêmes les candidats qui pourront être élus. Il conduit enfin à un certain émiettement qui favorise les combinaisons instables. Il peut entraîner une certaine instabilité en donnant un pouvoir exorbitant aux partis minoritaires qui sont en position charnière.

Il existe aussi un système mixte pour les élections municipales (dans les communes de plus de 1 000 habitants) : c'est un scrutin proportionnel avec une prime majoritaire permettant aux listes qui obtiennent la majorité des suffrages exprimés de recevoir la moitié des sièges. L'autre moitié est répartie à la proportionnelle entre toutes les listes ayant eu au moins 5 % des suffrages. Pour les élections régionales, il s'agit d'un scrutin de liste, à deux tours, avec représentation proportionnelle et prime majoritaire (la liste arrivant en tête bénéficie d'un quart des sièges à pourvoir, les autres étant répartis à la proportionnelle).

La reconnaissance du vote blanc

Avant 2013, le vote blanc était assimilé au vote nul (vote irrégulier). Le vote blanc consiste à accomplir son devoir électoral de citoyen mais en affirmant ainsi une opinion de neutralité, ou de refus de voter pour les candidats ou les propositions soumises au vote, ou encore une opinion de protestation. Depuis 2013, les votes blancs sont reconnus en tant que tels ; ils sont décomptés et présentés séparément. En revanche, ils n'entrent pas dans le calcul des suffrages exprimés.

Lire aussi » Citoyenneté - État - Politique - Question d'actualité 15 p. 47

Développement

Il ne faut pas confondre croissance et développement, même si ces deux notions sont liées. La croissance est un phénomène économique quantitatif, donc mesurable, caractérisant l'augmentation des richesses produites par un pays sur une période donnée. Le développement correspond à l'ensemble des transformations techniques, sociales et culturelles qui permettent l'apparition et la prolongation de la croissance économique.

SOMMAIRE

- Les inégalités de développement
- Les causes des inégalités de développement
- Les stratégies de développement
- Coopération et aide au développement

Les inégalités de développement

La croissance traduit une augmentation de la production et elle se mesure grâce au PIB (produit intérieur brut). Le **développement**, en revanche, est un phénomène qualitatif, irréversible et qui ne peut s'observer que sur une très longue période. On peut définir un processus de développement par la combinaison des changements touchant l'ensemble des structures économiques, sociales, culturelles et démographiques. De nombreux critères doivent donc évoluer simultanément : le **niveau de vie** (mesuré par le PNB par habitant, par exemple), la part de l'industrie et des services dans la production et dans la population active, les écarts de revenus, l'espérance de vie, le taux de mortalité infantile, le taux d'alphabétisation, le nombre d'étudiants, de chercheurs, etc. L'analyse de ces critères fait apparaître de fortes inégalités de développement dans le monde.

Développement
Ensemble des transformations techniques, sociales et culturelles qui permettent l'apparition et la prolongation de la croissance économique ainsi que la hausse des niveaux de vie.

Longtemps, on a opposé les pays développés aux pays sous-développés (les pays socialistes constituant un groupe à part). Aujourd'hui, les pays en développement ne forment plus un ensemble homogène car il existe aussi entre eux de très fortes inégalités de développement.

Définitions

Le **tiers monde** est une expression créée par le démographe Alfred Sauvy au début des années 1950 pour désigner, par analogie avec la notion politique de « tiers état » – en vigueur avant la Révolution de 1789 –, les pays qui cherchaient une alternative politique et économique, une « troisième voie », face aux mondes capitaliste et socialiste.
À la notion de « **pays sous-développés** », on préfère l'expression **pays en voie de développement (PVD)** ou, plus simplement, **pays en développement (PED)**.

La mesure des inégalités de développement

On peut distinguer les indicateurs de richesse d'un pays et les indicateurs de niveau de vie. Le PIB est un indicateur de richesse très imparfait, notamment parce qu'il ignore les coûts environnementaux comme les finalités des biens et services produits. C'est pourquoi la Banque mondiale a récemment proposé de définir la richesse d'une nation non comme une variable de flux de production, mais comme une variable de stocks de capitaux (capitaux liés à la nature, capitaux économiques et ressources humaines mesurées par le niveau d'éducation et de nutrition) autorisant le « développement durable d'une nation ». Les indicateurs de niveau de vie montrent comment la croissance de la richesse des nations profite aux individus. Le PIB par habitant est une première mesure mais il rencontre les mêmes limites que la notion de PIB. Le Programme des Nations unies pour le développement (**PNUD**) a récemment proposé deux autres indicateurs, l'**IDH** et l'**IPH**.

L'**indicateur de développement humain** est un indicateur composite (compris entre 0 et 1) ayant pour objectif de refléter trois aspects du développement économique et social d'un pays : espérance de vie à la naissance, degré d'éducation (mesuré par la durée moyenne de scolarisation) et le revenu brut par habitant en parité de pouvoir d'achat. En 1997, un quart seulement de la population mondiale vivait dans un pays ayant un IDH élevé (un tiers dans un pays à IDH faible). L'IDH est une moyenne nationale qui ne tient

Indicateur de développement humain (IDH)
Indice publié par les Nations unies pour mesurer le développement social et culturel des pays du monde.

pas compte des sexes, régions, classes de revenus. En 1997, le PNUD a proposé un nouvel indicateur, l'indicateur de pauvreté humaine (IPH) fondé sur trois éléments : l'espérance de vie, le niveau d'éducation et les conditions de vie, mesurées à partir de trois variables : l'accès au service de santé, l'accès à l'eau potable et la part des enfants de moins de 5 ans victimes de malnutrition. L'IPH, qui existe aussi pour les pays développés (IPH-2 mesurant l'exclusion sociale), complète l'IDH car l'amélioration de ce dernier peut cacher une répartition inégale des progrès réalisés ou la persistance de zones de pauvreté.

Une typologie des pays en développement

Face à la diversité des PED, les organisations internationales retiennent une classification de ces pays selon leur niveau de développement. On distingue :

– Les nouveaux pays industriels (NPI). Ceux-ci correspondaient notamment aux quatre « dragons » d'Asie (Corée du Sud, Taïwan, Singapour et Hong Kong) ainsi qu'à quelques pays d'Amérique latine (Mexique, Brésil, Argentine). Les NPI se caractérisaient par les éléments suivants : un rythme de croissance économique très rapide, une part importante, par rapport aux autres PED, du secteur manufacturier dans le PNB, une part croissante des services, un degré d'ouverture sur l'extérieur très élevé (entre 60 et 70 %), des excédents commerciaux conséquents. Ce sont les filiales des entreprises multinationales qui sont à l'origine du développement des NPI, ces délocalisations étant destinées à profiter du faible niveau des salaires. La très forte croissance économique de tous ces pays et de quelques autres (Thaïlande, Indonésie, Chine notamment) durant les années 1990 a rendu caduque cette notion de NPI. L'ensemble de ces économies, situées en Asie, en Amérique latine ou en Europe centrale, sont aujourd'hui qualifiées de « pays émergents ». Cette notion vise à caractériser leur important taux de croissance (entre 5 % et 10 % par an) et le fort développement de leurs marchés financiers.

– Les pays de l'OPEP (Organisation des pays exportateurs de pétrole) sont des pays dont 30 % au moins des exportations de marchandises sont constituées de ventes de pétrole et de gaz.

– Les pays les moins avancés (PMA) regroupent les pays les plus défavorisés de la planète pour lesquels des mesures particulières doivent être prises. Autour d'une cinquantaine, principalement situés en Afrique, les PMA se caractérisent par un faible niveau de revenu par habitant, un taux d'alphabétisation inférieur à 20 %, un très faible poids du secteur industriel (moins de 10 % du PNB) et des perspectives de développement extrêmement limitées.

Les causes des inégalités de développement

Les facteurs naturels et démographiques

L'absence de richesses du sous-sol ainsi que les effets défavorables d'un climat tropical ont souvent été présentés comme des causes naturelles du sous-développement. Pourtant, certains pays ont réussi à combattre ces handicaps : Australie ou Sud des États-Unis pour les effets du climat, Japon pour l'absence de ressources naturelles, tandis que certains PED ne présentent pas ces handicaps.

La forte croissance démographique ne constitue pas davantage une explication du phénomène car dans de nombreux pays d'Asie ou d'Amérique latine, la croissance de la population a accompagné et favorisé la croissance économique.

La thèse du retard de développement

Certains économistes considèrent le développement comme un processus linéaire, toutes les sociétés devant passer par les mêmes étapes du développement. Ainsi, W.W. Rostow, dans *Les Étapes de la croissance économique* (1960) décrit le passage des sociétés par cinq phases : la société traditionnelle, les conditions préalables au démarrage, le décollage (*take off*), le progrès vers la maturité et l'ère de la consommation de masse. La phase du décollage est l'étape décisive puisque l'accroissement de l'épargne et de l'investissement, ainsi que la levée des obstacles structurels qui s'opposaient à la croissance rendent celle-ci irréversible. D'après W.W. Rostow, le décollage de la France se situe entre 1830 et 1860.

Cette analyse, d'inspiration libérale, montre ainsi que les pays en développement sont à un stade où se trouvaient autrefois les pays aujourd'hui développés. Les retards actuels de développement s'expliquent alors par une main-d'œuvre abondante et peu qualifiée, un taux d'épargne trop faible et une absence de véritables entrepreneurs.

Le sous-développement, conséquence du développement

D'autres économistes refusent de considérer que les PED suivent les traces, avec un siècle de retard, des pays développés car l'économie mondiale leur paraît dominée hier comme aujourd'hui par ces mêmes pays développés. Le sous-développement correspond alors au « blocage de croissance », selon l'expression de François Perroux, résultant de la domination des pays développés. Le sous-développement des uns serait la conséquence du développement des autres.

Plusieurs manifestations de ce processus sont ainsi mises en avant :
– l'« échange inégal » qui maintient les pays en développement dans la production de produits de base (d'origine agricole et minière) et les condamne à servir de débouchés aux produits manufacturés des pays industrialisés ;
– le développement des cultures d'exportation réservées aux marchés étrangers (coton, arachides, tabac) aux dépens des cultures vivrières permettant d'améliorer le niveau de subsistance des populations ;
– la dégradation des termes de l'échange qui appauvrit les PED puisqu'ils achètent de plus en plus cher des produits étrangers alors que les prix des produits qu'ils exportent eux-mêmes diminuent ;
– le développement du dualisme économique et social, c'est-à-dire la coupure, la fragmentation des structures économiques et sociales en deux groupes séparés (opposition entre un secteur moderne et un secteur traditionnel, dans l'agriculture comme dans l'industrie ; opposition entre les villes et les campagnes, etc.).

Dualisme
Structure économique et sociale d'un pays en développement caractérisée par la juxtaposition, dans de nombreux domaines, d'un secteur moderne et d'un secteur traditionnel.

Le rôle des institutions

Les analyses du développement tendent aujourd'hui à accorder une place déterminante au cadre juridique et politique dans lequel les acteurs économiques réalisent leurs échanges.

Le cas de la Chine ainsi que l'exemple inverse de la plupart des pays d'Afrique montrent l'importance d'un État fort dans l'explication du développement ou du non développement. Néanmoins, même si Taïwan et la Corée du Nord ont aussi été caractérisés par un régime autoritaire fort lors de leur décollage, les cas de l'Inde, qui est la plus grande démocratie du monde (quoique très inégalitaire), et du Brésil témoignent de la compatibilité entre démocratie et développement.

Le facteur essentiel se trouve, en définitive, dans la stabilité politique et dans la sécurité juridique des contrats passés entre les agents économiques (confiance, respect des contrats, institutions financières solides). En garantissant le fonctionnement normal des institutions, l'État joue un rôle central dans le processus de développement.

Les stratégies de développement

Les stratégies de développement agricole

Contrairement aux prévisions catastrophiques des années 1970, la planète est aujourd'hui en mesure de se nourrir et la famine n'existe plus en Asie. Il s'agit là d'une situation globale car certaines zones connaissent encore des situations dramatiques (Afrique du Sahel par exemple) tandis que perdurent dans d'autres la **sous-alimentation** (ration calorique insuffisante) et la **malnutrition** (mauvais équilibre provoquant des carences).

Les progrès agricoles en Asie résultent en partie de la « **révolution verte** », c'est-à-dire l'essor spectaculaire de la production de céréales (blé et riz) permis par la diffusion de variétés à haut rendement et à cycle court, ainsi que par le développement de l'irrigation et de l'utilisation des engrais.

Les stratégies d'industrialisation

Le modèle de **développement autocentré**, ou autonome, repose sur la priorité accordée au développement du marché intérieur et le refus de participer à la spécialisation internationale. L'objectif est alors d'assurer la formation d'une base industrielle nationale privilégiant certaines branches industrielles (les « **industries industrialisantes** ») qui sont des activités motrices caractérisées par leurs effets d'entraînement, en amont et en aval, sur l'ensemble de l'industrie (sidérurgie, métallurgie, pétrochimie comme en Algérie). On rencontre aussi des stratégies d'industrialisation par **substitution d'importations**, les produits importés étant peu à peu fabriqués localement (ce qui suppose une demande intérieure suffisante).

Développement autocentré
Modèle de développement accordant la priorité au marché intérieur et refusant la participation à la spécialisation internationale.

Les stratégies d'ouverture

Les stratégies d'ouverture sur l'économie mondiale correspondent à une activité productive orientée par les marchés étrangers (stratégie d'**extraversion**). C'est le cas de l'industrialisation par promotion des exportations par laquelle les pays en développement cherchent à exporter des produits transformés plutôt que des produits primaires (stratégie des NPI).

Les pays en développement choisissant une stratégie de promotion des exportations ont cherché à attirer les capitaux et à développer les **transferts de technologie** (investissements directs notamment).

Transfert de technologie
Acquisition de biens d'équipement, de brevets et de licences ou d'usines « clés en main » issus des pays développés par les pays en développement afin d'accélérer leur développement grâce à l'usage de technologies modernes.

Coopération et aide au développement

La coopération internationale pour le développement correspond au dialogue noué entre les pays industrialisés et les pays en développement (**dialogue Nord-Sud**), dialogue organisé sous l'égide des Nations unies, qui ont créé dans ce but en 1964, la **Conférence des Nations unies pour le commerce et le développement (CNUCED)**. Cette coopération n'a pas donné, dans les années 1960, les résultats escomptés. L'absence d'accords généraux sur la coopération lors des conférences de la CNUCED (qui se réunit tous les quatre ans) n'a pas empêché l'adoption de mesures spécifiques. Celles-ci concernent essentiellement l'adaptation des règles du GATT. Le « **système des préférences généralisées** » (**SPG**), instauré en faveur des produits des PED, prévoit que les pays industrialisés accordent des préférences tarifaires (c'est-à-dire des diminutions de droits de douane) à ces produits, sans que ces conditions soient étendues à d'autres pays industrialisés. Par ailleurs, les PED ne sont pas obligés d'accorder la réciprocité (les importations venant des pays industriels peuvent donc supporter des droits de douane).

CNUCED
Cycle de réunions qui ont lieu tous les quatre ans et qui regroupent les pays en développement afin de promouvoir une organisation du commerce international qui leur soit plus favorable.

L'Union européenne a aussi noué des relations spécifiques avec des États d'Afrique, des Caraïbes et du Pacifique (près de 80 États formant ainsi les **ACP**).

La **Banque mondiale** est la principale institution d'aide au développement. Créée en 1944, lors des accords de Bretton Woods, la **Banque internationale pour la reconstruction et le développement (BIRD)** est la principale organisation de la Banque mondiale et s'est spécialisée aujourd'hui dans la réduction de la pauvreté dans le monde.

En matière d'**aide au développement**, la CNUCED a recommandé d'affecter 1,5 % du PNB des pays industrialisés à des transferts vers les PED. De leur côté, les pays industrialisés ont fixé le principe d'une **aide publique au développement** (**APD**, aide provenant des fonds publics des États ou de prêts à des conditions favorables) de 0,7 % de leur PNB. Mais cette aide est souvent une « **aide liée** », c'est-à-dire subordonnée à des achats au pays qui l'accorde.

Une forme récente d'aide publique au développement est la **taxe sur les billets d'avion** instaurée en 2006 pour treize pays, à l'initiative de la France. D'un montant de 1 à 40 euros selon la destination et la classe, cette taxe devrait rapporter plus d'un milliard de dollars pour alimenter une centrale d'achat de médicaments contre le sida, le paludisme et la tuberculose. Ainsi, pays riches du Nord et pays pauvres du Sud devraient s'associer pour prélever cette taxe touchant l'un des secteurs qui bénéficie toujours plus de la mondialisation, les transports aériens, et redistribuer à ceux qui en ont le plus besoin.

Les autres formes d'aides proviennent des **ONG**, organisations non gouvernementales (associations). C'est par exemple le développement du commerce équitable. Le **commerce équitable** cherche à promouvoir des relations commerciales plus justes avec les pays producteurs du Sud. Les organisations de commerce équitable établissent des circuits de commercialisation parallèles afin d'acheter directement, sans intermédiaires, les produits de base (matières premières, artisanat) aux producteurs (coopératives par exemple). Le développement du commerce équitable permet de donner aux pays pauvres les moyens de se développer eux-mêmes, selon le principe *Trade not Aid* (du commerce, pas de l'aide) énoncé pour la première fois au milieu des années 1960 par la CNUCED.

Commerce équitable
Achats de produits à des producteurs du Sud afin que ceux-ci reçoivent une rémunération leur assurant un niveau de vie décent.

Lors du Sommet du Millénaire en septembre 2000, l'ensemble des pays se sont mis d'accord pour réduire de moitié la pauvreté et la faim dans le monde d'ici 2015 (« **Objectifs du Millénaire pour le développement** » ou **OMD**). L'OMD comporte un certain nombre de principes : les pays industrialisés s'engagent à accroître le montant de leur aide publique (0,54 % en réalité alors que l'objectif, fixé en 1970, est de 0,7 % du PNB) ; l'aide publique n'est plus considérée comme acquise et elle doit se mériter à l'aune de son efficacité (aide sélective et non plus fondée sur des critères politiques) ; nouveau partenariat entre des pays en développement qui acceptent leurs devoirs de démocratie (bonne gouvernance, lutte contre la corruption), tandis que les pays industrialisés assument leurs responsabilités financières. Le texte adopté insiste sur le fait que « chaque pays est responsable de son développement », mettant ainsi un terme à une relation Nord-Sud longtemps fondée sur un devoir d'assistance de la part des pays riches.

Une illustration de ce processus est le **NEPAD**, Nouveau partenariat pour le développement de l'Afrique. Avec le NEPAD, l'aide publique au développement peut être confiée aux autorités économiques (devenues responsables et non plus assistées) lorsqu'elles font la preuve de la bonne gouvernance de leur pays (lutte contre la corruption, démocratie, rigueur des finances publiques, etc.). Le NEPAD met aussi en avant le développement d'un double partenariat (privé/public et national/étranger) dans le financement des projets.

NEPAD
Nouveau partenariat pour le développement en Afrique, proposé en 2001 par une coalition de pays africains (Afrique du Sud, Algérie, Égypte, Nigeria), soucieux d'éviter que le continent africain soit exclu de la mondialisation.

Si l'objectif de passer de 47 % de personnes en-dessous du seuil de pauvreté en 1990 dans les PED à 21 % en 2015 est réalisé, cette réduction globale de la pauvreté est due à la croissance des seuls pays émergents, plus particulièrement de la Chine et de l'Inde. En revanche, plusieurs autres régions du monde ne devraient pas atteindre l'objectif (Afrique subsaharienne, Moyen Orient).

En 2015, les OMD ont laissé la place aux ODD, Objectifs du développement durable, privilégiant la lutte contre les inégalités.

Enfin, récemment est apparue la notion de **co-développement** qui se fonde sur l'idée que les immigrés qui souhaitent retourner dans leur pays, comme ceux qui, durablement installés dans un pays développé, souhaitent aider leur pays, disposent de compétences acquises, de capacités d'épargne et de réseau de relations qui sont une vraie source de richesse et de développement pour leur pays d'origine. Le co-développement, qui vise à compenser les effets de la « fuite des cerveaux » (*brain drain*), est mis en avant par les gouvernements dans leur politique de gestion des flux migratoires.

Lire aussi » **Croissance - Question d'actualité 10 p. 42**

École

Si l'école transmet d'abord des savoirs et des compétences, elle joue également un rôle dans les destinées sociales et professionnelles des individus. L'école en France est marquée par un certain paradoxe entre la volonté de construire une école républicaine et démocratique qui donne à chacun les mêmes chances de réussite et les constats de différentes enquêtes indiquant que les inégalités scolaires et les inégalités sociales se renforcent mutuellement.

SOMMAIRE

- Le rôle de l'école dans les sociétés démocratiques
- Massification et démocratisation de l'école en France
- Un système scolaire très inégalitaire
- Inégalités scolaires et inégalités sociales
- École et mobilité sociale

Le rôle de l'école dans les sociétés démocratiques

L'idéal républicain en France

La France a une histoire particulière concernant son école puisque les idéaux qui la fondent sont nés avec la Révolution française, en particulier avec Condorcet qui présente, en 1791, son rapport sur l'instruction publique, gratuite, laïque, obligatoire et commune à tous les citoyens. Il prône une éducation pour tous qui soit émancipatrice afin que chacun, grâce aux savoirs et à la connaissance, puisse se délester de ses préjugés, liés à ses origines sociales, religieuses ou géographiques. Ainsi, seront formés de véritables citoyens, libres et « éclairés », conformément à l'esprit des Lumières. Ces principes vont inspirer les républicains et les libéraux au cours du XIXe siècle. Les lois de Jules Ferry (1881-1882) mettent en place l'école primaire républicaine, chargée d'instruire et d'éduquer (importance des « leçons de morale ») tous les élèves, Français ou immigrés, et de favoriser l'intégration et la mobilité sociales.

Cette école républicaine demeure toutefois sélective et inégalitaire, avec une coupure très nette entre la filière de l'école primaire (complétée par quelques années menant au « certificat d'études » pour les meilleurs) et la filière de l'enseignement secondaire et supérieur réservée de fait aux enfants des catégories favorisées qui passent le baccalauréat. Ainsi, même si l'école primaire constitue une remarquable voie de promotion sociale, le système scolaire reste très élitiste (c'est-à-dire réservé à une élite) et ce n'est qu'à partir des années 1960 que tous les élèves de l'école primaire peuvent accéder au collège.

L'école de l'égalité des chances

En France, il faut attendre l'après-guerre pour passer d'une école fondée sur l'égalité d'accès à une école fondée sur l'égalité des chances. On caractérise souvent, notamment de nos jours, l'école de « républicaine » pour dire que chacun a les mêmes droits, mais il convient de bien distinguer les deux projets. L'école républicaine de Jules Ferry souhaite former des citoyens qui disposent tous d'un socle minimal de connaissances et partagent tous les mêmes valeurs de la République (unité nationale en particulier). Mais l'égalité des chances y est limitée sans être inexistante. Les idéaux d'une école donnant à tous les mêmes chances de réussite et de promotion sociale reposent au contraire sur l'idée que l'égalité des droits n'est pas suffisante pour assurer une véritable égalité sociale et que la justice sociale exige que les conditions de départ faites aux individus soient les mêmes pour tous, sans privilèges ni handicaps pour certains. Ainsi, dans les années 1950 se met en place l'enseignement unique pour tous les élèves jusqu'à 15 ans et durant les années 1960 et 1970 vont être créées les conditions pour une **massification** et une **démocratisation** de l'enseignement en France.

Cette transformation du système éducatif pour assurer l'égalité des chances se retrouve dans tous les pays démocratiques. La démocratisation de l'école, qui correspond justement à l'idéal d'égalité des chances, est un processus qui se réalise dans tous les pays qui cessent de faire de l'école primaire le lieu d'une instruction primaire de base pour en faire plutôt une première étape d'une scolarité incluant l'enseignement secondaire.

Massification et démocratisation de l'école en France

Si ces deux termes sont souvent employés indistinctement, il convient de les distinguer, quoique, souvent, ils jouent en même temps. Par exemple, le fait que tous les élèves de 3 ans sont aujourd'hui scolarisés alors qu'ils n'étaient qu'un tiers dans ce cas en 1960 traduit à la fois une massification de l'école mais également une démocratisation car les premières années d'école maternelle jouent un rôle important dans la réussite scolaire ultérieure des enfants issus de familles plus défavorisées.

La massification de l'école est aussi fortement liée à l'explosion démographique à partir des années 1950. Mais ce sont les réformes successives qui ont ouvert progressivement l'accès de tous à l'enseignement secondaire et supérieur (exemples de la prolongation de la scolarité obligatoire jusqu'à 16 ans en 1959 ou encore de la réforme Haby créant le collège unique en 1975). Ainsi, pour le collège, qui correspond à la scolarité obligatoire, au début des années 1980, 25 à 30 % des élèves quittaient le collège à la fin de la classe de 5e alors qu'aujourd'hui ils réalisent tous une scolarité complète au collège. Ainsi le **taux de scolarisation**, qui est le rapport entre le nombre d'élèves (ou d'étudiants et d'apprentis en formation initiale) d'un âge déterminé inscrits dans un établissement d'enseignement et le nombre de jeunes de cet âge, est de quasi 100 % au collège.

Pour le lycée, la massification peut s'observer à un double niveau. Ainsi, on observe un accès massif à la classe de terminale, avec un taux de scolarisation de 70 % aujourd'hui alors qu'il n'était que de 10 % à la fin des années 1950 et de 30 % au début des années 1970. Parallèlement, la proportion de bacheliers dans une génération a fortement progressé pour atteindre 80 % alors que cette proportion n'était que de 26 % en 1980. Enfin, l'accès à l'enseignement supérieur s'est également fortement élargi puisque le nombre d'étudiants a été multiplié par 8 depuis 1960. Aujourd'hui, 40 % d'une génération atteint le niveau de la licence contre 15 % au début des années 1980.

Avec cette massification de l'enseignement, on constate indéniablement une certaine démocratisation, avec une ouverture de l'accès aux études longues pour les enfants des milieux populaires. C'est vrai pour le lycée, notamment avec la création des baccalauréats technologiques et professionnels, mais aussi pour l'enseignement supérieur, grâce au développement des filières courtes (IUT et BTS). Cette démocratisation scolaire est néanmoins inaboutie.

➲ Un système scolaire très inégalitaire

Les inégalités de réussite scolaire

Le système scolaire français, en dépit des ambitions et des professions de foi, demeure très inégalitaire. Certes, l'école assure une très grande réussite pour une partie des élèves (10 à 20 %), mais elle est incapable de résorber le « noyau dur » d'élèves en échec scolaire : 20 % des élèves, chiffre supérieur à la moyenne de l'OCDE mesuré par les enquêtes PISA (Programme International pour le Suivi des Acquis des Élèves) ; 15 % seulement à la fin des années 1990. Cet échec scolaire touche surtout les élèves issus de catégories sociales défavorisées puisque 40 % d'entre eux sont en difficulté scolaire en fin de collège, ce qui n'est le cas que pour 5 % des enfants issus de milieux favorisés.

Pour la réussite au baccalauréat, les inégalités des taux de réussite au sein d'une génération sont très nettes, malgré une véritable progression. Ainsi, entre les élèves nés en 1970 et ceux nés en 1994, le taux de réussite est passé de 53 à 69 % pour l'ensemble, mais de 41 à 58 % pour les enfants d'employés/ouvriers et de 68 à 81 % pour les enfants de cadres.

La démocratisation de l'enseignement supérieur rencontre également des limites. Dans les institutions les plus prestigieuses, les enfants des classes supérieures dominent alors que ce sont les enfants d'origine socialement défavorisée qui peuplent les filières courtes ou non sélectives. Si cette situation est observable dans la plupart des autres systèmes d'enseignement, elle est particulièrement marquée en France, où elle entraîne des conséquences particulièrement graves dans la mesure où le diplôme acquis en formation initiale possède une valeur symbolique plus forte que dans beaucoup d'autres pays et détermine plus fortement qu'ailleurs les trajectoires professionnelles.

Diplôme initial et destins professionnels

Ces limites peuvent être illustrées avec les orientations dans les différents types de lycées. Le baccalauréat général s'est en réalité moins ouvert depuis les années 1980 et la progression de ces dernières décennies dans les taux de réussite au baccalauréat d'une génération est due à l'augmentation des baccalauréats professionnels qui n'offrent pas les mêmes chances de réussite dans l'enseignement supérieur que les baccalauréats généraux et technologiques. À la différence des autres pays de l'OCDE, les élèves possédant le baccalauréat professionnel s'insèrent plus difficilement sur le marché du travail en France. Les destins professionnels et donc sociaux des bacheliers français sont ainsi très différents selon leur diplôme de fin de lycée.

L'importance du diplôme initial dans la vie professionnelle des individus est une caractéristique française. Elle joue sur les premiers emplois, le taux de chômage des non-diplômés étant trois fois plus élevé que pour les titulaires d'un niveau licence, mais aussi tout au long de la vie.

Des inégalités scolaires qui s'accroissent

Les écarts sociaux de réussite ont même eu tendance à s'accentuer, comme le montrent les résultats des collégiens à l'écrit en fin de 3e avec une augmentation rapide du nombre d'élèves très faibles (de 15 % à 20 %, entre 2000 et 2016) qui sont aussi les élèves les plus défavorisés. L'enquête PISA de l'OCDE, pour les élèves de 15 ans, publiée fin 2019, montre que la France fait partie des pays les plus inégalitaires : l'écart de performances (le « grand écart ») entre les élèves les plus favorisés socialement et les élèves les moins favorisés y étant le plus fort. Elle note cependant que le creusement des inégalités a été stoppé entre 2003 et 2012. De même, les inégalités scolaires entre les filles et les garçons continuent de se réduire. Enfin, elle indique que la France est le pays où le poids de l'origine sociale pèse le plus fortement sur les destins scolaires.

➲ Inégalités scolaires et inégalités sociales

La France est le pays de l'OCDE où le déterminisme social est le plus fort. Les destinées sociales se figent largement dès la naissance. L'école française contribue à la reproduction sociale par la mise en œuvre d'une longue chaîne de processus inégalitaires (ségrégation spatiale et scolaire, mécanismes d'orientation, stratégies familiales, etc.).

L'influence des origines sociales sur les inégalités scolaires

Les inégalités sont ainsi le résultat d'un cumul de difficultés qui commencent à l'école maternelle. Les moins favorisés prennent du retard tandis que les enfants des milieux favorisés qui rencontrent des difficultés scolaires au cours de leur scolarité bénéficient de soutiens scolaires. Dès le cours préparatoire, les enfants de milieux favorisés bénéficient d'un avantage lors de l'apprentissage de la lecture et du vocabulaire avec l'importance des apprentissages familiaux informels. Ainsi, les avantages dont bénéficient les familles favorisées en termes de **capital économique** ou de **capital culturel** (P. **Bourdieu**) permettent de rattraper les difficultés scolaires et de rester sur des trajectoires scolaires menant aux études supérieures.

Les inégalités face à l'école sont également renforcées par les effets de la ségrégation scolaire liée à la ségrégation spatiale. Il existe des écarts considérables entre des établissements de quartiers différents (le capital économique permettant d'habiter près des « bons » établissements). Les choix d'orientation jouent ensuite un rôle non négligeable et diffèrent selon les catégories sociales. Les enfants d'agriculteurs, d'ouvriers ou d'employés choisissent nettement moins souvent que les enfants de cadres, à niveau scolaire équivalent, une seconde générale ou technologique. Les familles les moins favorisées intériorisent aussi très tôt les limites du destin scolaire de leurs enfants (c'est encore plus flagrant pour les filles) en s'autocensurant dans leurs stratégies individuelles et leurs ambitions : comme le montre à nouveau l'étude PISA de 2019, les élèves défavorisés, même lorsqu'ils ont de bons résultats scolaires, se projettent moins dans l'avenir que les enfants issus de milieux favorisés. Ils envisagent moins souvent des études supérieures, renoncent plus fréquemment à quitter leur foyer car ce changement représente un coût pour des résultats qu'ils estiment incertains, optent davantage pour des études courtes, etc. Il est vrai aussi que l'information sur les métiers et les meilleures filières pour y accéder n'est pas la même selon les catégories sociales (rôle du capital social).

Le rôle de l'école dans le développement des inégalités sociales

Si les origines sociales déterminent fortement les réussites scolaires, en sens inverse, l'école (au sens large) contribue à entretenir les inégalités sociales. Le système scolaire, loin de réduire les inégalités, les accroît plutôt. On constate donc en France plus qu'ailleurs un cercle vicieux où les inégalités sociales et scolaires se renforcent mutuellement, à travers une longue chaîne de processus inégalitaires. On a déjà évoqué un premier rôle de l'école dans la détermination de la destinée sociale des individus avec l'importance du diplôme initial dans toute la vie professionnelle. Mais il apparaît, notamment à travers une étude du CNESCO (Conseil national d'évaluation du système scolaire, supprimé en 2019), que c'est bien l'ensemble du système scolaire qui amplifie les inégalités de la société (voir schéma p. 196). Loin des objectifs de mixité sociale affichés par les responsables politiques, l'école demeure un lieu de ségrégation sociale et de « discrimination négative », ce qui nuit aux apprentissages des élèves en difficulté et accentue les inégalités scolaires.

La chaîne des processus inégalitaires

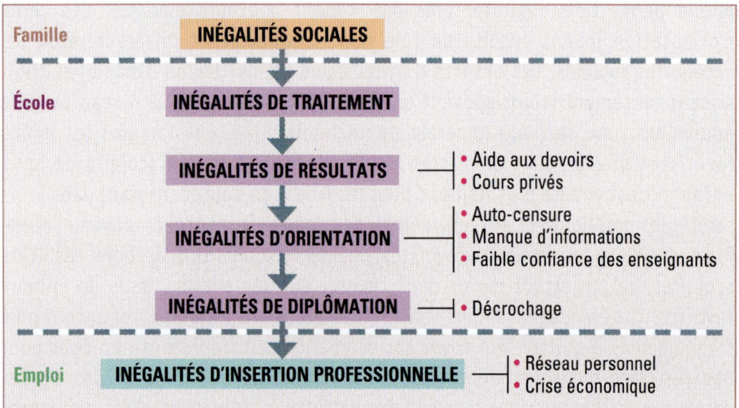

Source : CNESCO, 2016.

Pour expliquer ce constat, il convient d'en chercher les causes, qui ne peuvent se ramener seulement à la situation propre des familles défavorisées à qui il « manquerait » toutes sortes de capitaux (économique, culturel ou social) pour permettre à leurs enfants de réussir. Comment sinon expliquer la hausse des inégalités scolaires depuis 20 ans ? Comment aussi expliquer que certains pays de l'OCDE ont réussi à réduire les inégalités scolaires pour les groupes sociaux les moins bien dotés ? Le sociologue Georges Felouzis, dans *Les Inégalités scolaires* (2014) montre ainsi qu'existe une véritable responsabilité du système éducatif lui-même dans cette aggravation des inégalités. Certes, l'écart culturel et social joue toujours mais ce n'est pas seulement parce qu'une famille est pauvre que ses enfants échouent à l'école. C'est aussi parce que l'école organise, selon cet auteur, la ségrégation sociale entre les élèves. Les politiques d'éducation prioritaire en sont une illustration, même si c'est bien un ensemble de facteurs qui jouent. Conçues pour être temporaires il y a plus de trente ans, ces politiques ont conduit à des effets pervers liés à la stigmatisation de ces établissements qui concernent un cinquième des élèves en 2015 : départ des familles les plus favorisées, difficulté des enseignants (jeunes et peu expérimentés) à exercer leur métier, temps d'enseignement plus courts, diminution des exigences en termes d'acquisitions scolaires, climat scolaire moins favorable, dégradation du niveau des élèves. Certains de ces constats pourraient également être faits pour l'enseignement professionnel scolaire.

École et mobilité sociale

L'Insee montre que sur la période 1977-2015 la mobilité sociale globale des hommes âgés de 35 à 59 ans est restée stable (elle progresse nettement en revanche pour les femmes) et qu'elle est toujours majoritairement une mobilité ascendante. Mais celle-ci a tendance à se réduire, notamment pour les enfants des classes populaires. Ainsi, l'ascenseur social ne fonctionne plus comme durant les Trente Glorieuses.

Comment expliquer ce constat face à l'allongement de la scolarité, à la démocratisation de l'accès aux savoirs et à l'accroissement du nombre de diplômés ? Deux grands types d'interprétation relient l'évolution de la mobilité sociale et le rôle de l'école, qui s'est avérée incapable d'assurer une égalité des chances conduisant à une position sociale fondée sur le seul mérite individuel.

La première interprétation, à laquelle s'attache le nom du sociologue Raymond **Boudon**, considère qu'il s'agit là d'un effet mécanique, automatique des évolutions sociales. Comme la structure de la société, caractérisée par l'ensemble des positions socioprofessionnelles susceptibles d'être occupées par les actifs, se transforme moins vite que le système des qualifications obtenues par tous les actifs, il y a de plus en plus d'enfants qui ont un niveau d'instruction supérieur à celui de leur père et qui ne peuvent pas obtenir un statut social supérieur. Voilà pourquoi le niveau croissant d'éducation dans les sociétés industrielles (en France comme dans les autres pays développés) ne favorise pas les chances de mobilité (c'est le **paradoxe d'Anderson**). Cela permet aussi d'expliquer pourquoi les diplômes paraissent moins « rentables » qu'auparavant.

Selon la seconde interprétation, défendue notamment par le sociologue Pierre **Bourdieu**, les origines sociales influencent sans cesse, déterminent même le parcours social d'un individu, qu'il s'agisse de son passage à l'école ou de son évolution professionnelle (carrière ou **trajectoire sociale**). Selon cette analyse, le milieu d'origine oriente fortement les cursus scolaires, mais plus encore, avec le même diplôme, des personnes issues de milieux différents n'ont pas la même position sociale. Par exemple, les bacheliers fils de cadres supérieurs sont beaucoup plus nombreux à devenir cadres supérieurs que les bacheliers fils de cadres moyens ou d'employés. Les fils ressemblent donc toujours aux pères et la société se caractérise par une **reproduction sociale** (ceci étant valable pour la société prise globalement et non pour des individus en particulier). Cette reproduction est facilitée par le volume des différents « capitaux » possédés par les groupes sociaux. Il peut s'agir de **capital économique** bien sûr, mais aussi de **capital culturel** (capacités intellectuelles, biens culturels possédés, titres scolaires, etc.) et de **capital social** (réseau de relations sociales).

Lire aussi » **Égalité et inégalités - Question d'actualité 17 p. 49**

Économie

Le mot *économie* vient du grec *oïkonomia* (de *oïkos*, la maison et de *nomos*, la loi, les règles). Étymologiquement, l'économie désignait donc les règles de conduite de la maison. Il s'agissait de la science de la vie domestique privée par rapport à la politique dont l'objet était la gestion de la cité.

SOMMAIRE

- Qu'est-ce que l'économie ?
- À quoi sert l'économie ?

Qu'est-ce que l'économie ?

On pourrait définir l'économie par l'ensemble des sujets dont elle s'occupe. On dirait ainsi que l'économie est l'analyse de la production, des échanges, de la monnaie, de l'inflation, du chômage, de la répartition, du budget de l'État, etc. Cependant, il ne s'agit pas toujours là de phénomènes strictement économiques car ils comportent tous d'autres dimensions, politiques (pour le budget de l'État, par exemple), sociales (pour l'inflation ou la répartition), psychologiques, juridiques, qui justifient le recours à d'autres disciplines scientifiques.

L'**économie** se définit plutôt par une façon particulière de considérer les comportements humains. L'économie étudie la manière dont les individus, les groupes, les sociétés utilisent des ressources rares en vue de satisfaire au mieux leurs besoins. Précisons les termes de cette définition.

Économie
Science ayant pour objet l'étude de la production, de la répartition et de la consommation des biens ou services rares.

L'économie s'intéresse aux individus, aux groupes qu'elle qualifie d'**agents économiques**. Ces derniers se définissent par leur autonomie de décision. Par exemple, pour une entreprise, l'économiste attribue toutes les décisions à l'agent économique « entreprise », même si de nombreuses personnes différentes ont, chacune de leur côté, pris des décisions. L'économiste s'occupe donc des ménages, des entreprises et se désintéresse de ce qui se produit au sein de ces ménages ou de ces entreprises. En procédant ainsi, l'économiste peut regrouper facilement tous les ménages, toutes les entreprises en grandes catégories. Dans la comptabilité nationale, « les ménages » regroupent tous les ménages de l'économie. L'économie se différencie alors de la **gestion** qui s'intéresse essentiellement aux phénomènes se déroulant à l'intérieur d'une entreprise.

Les agents économiques ont des objectifs (manger, se vêtir, se distraire, se cultiver, etc.), que l'économie appelle des besoins, mais ils disposent surtout de moyens limités (les revenus pour un ménage, le budget pour l'État, les recettes pour une entreprise) pour les satisfaire. Si tous les biens désirés existaient en quantité illimitée dans la nature, il serait inutile de s'interroger sur la façon de choisir tel bien plutôt que tel autre. L'idée de **rareté** est donc fondamentale pour définir l'activité économique. C'est parce que les biens sont rares que la science économique existe. La rareté permet aussi de définir un **bien économique** (c'est un bien rare), par opposition à un bien non économique (exemple de l'air) qui existe en quantité illimitée. Un tel bien, disponible sans effort, est appelé **bien libre**.

Rareté
État défini par le caractère non abondant des ressources, l'obtention de celles-ci nécessitant un effort.

Bien économique
Tout objet ou service qui procure une satisfaction, existe en quantité limitée et peut s'échanger sur un marché.

Bien libre
Bien surabondant et immédiatement disponible, sans effort particulier.

L'économie est donc la science des choix. Elle étudie la façon dont s'effectuent les choix des agents économiques. La définition précise aussi que les choix se font d'une manière optimale, ce qui signifie que les agents économiques font des calculs afin d'obtenir le maximum de satisfaction pour le minimum d'effort ou le minimum de ressources utilisées. Les agents économiques sont donc des êtres de calcul, des êtres rationnels. On peut donner comme exemple de définition de l'économie celle de l'économiste français contemporain Edmond Malinvaud. Selon lui, l'économie est une « science qui étudie comment des ressources rares sont employées pour la satisfaction des besoins des hommes vivant en société. Elle s'intéresse d'une part aux opérations essentielles que sont la production, la distribution et la consommation des biens, d'autre part, aux institutions et aux activités ayant pour objet de faciliter ces opérations. »

À quoi sert l'économie ?

Une partie de la réponse vient d'être donnée. La science économique indique les meilleurs choix possibles compte tenu des ressources dont disposent les agents économiques. L'économie sert aussi à accroître les possibilités de choix en permettant l'augmentation des biens produits. Il est plus facile de partager une production lorsqu'elle augmente régulièrement. La science économique cherche donc à favoriser la croissance économique tout en examinant les causes d'un affaiblissement, voire d'une disparition de la croissance.

Concrètement, l'économie met en évidence des relations entre les variables économiques (les prix et la demande, la consommation et les revenus, le taux d'intérêt et les investissements, etc.) : elle cherche à savoir quelles sont les variables qui sont des causes pour d'autres phénomènes économiques. Par exemple, si l'on sait qu'à tel moment ce sont les taux d'intérêt qui expliquent le niveau des investissements dans une économie (les taux représentent le coût des emprunts), on pourra plus facilement chercher à les faire baisser pour relancer les investissements. Mais cette politique économique s'avérerait inutile si les choix d'investissement s'expliquaient autrement.

On comprend pourquoi l'économie est incapable de prévoir l'avenir. Il y a un tel nombre de variables qui agissent les unes sur les autres dans une économie que la connaissance de quelques relations est insuffisante. L'analyse économique raisonne ainsi « **toutes choses égales par ailleurs** ». Lorsque l'on montre, par exemple, que l'augmentation du revenu des ménages conduit à une augmentation de l'épargne globale, on ne dit pas que seul le revenu influe sur l'épargne, car il existe bien d'autres facteurs (le taux d'intérêt qui est la rémunération de l'épargne notamment). On dit seulement que si ces autres facteurs ne bougent pas (c'est le « toutes choses égales par ailleurs »), l'évolution du revenu détermine l'évolution de l'épargne.

Pour tenter d'approcher le plus près de la réalité, l'économiste bâtit des « **modèles** », c'est-à-dire un ensemble de relations entre le plus grand nombre de variables économiques possibles. Mais il doit pour cela faire de nombreuses simplifications et certains économistes contestent ces méthodes. En fait, les économistes ne sont pas tous d'accord sur la façon d'envisager la coordination des millions de décisions indépendantes prises par les agents économiques. Deux grandes analyses théoriques partagent ainsi les économistes, avec d'un côté l'« économie néoclassique », et de l'autre, l'« économie keynésienne ».

Lire aussi » **Économie keynésienne - Économie néoclassique**

Économie keynésienne

John Maynard Keynes (1883-1946) est un économiste et un haut fonctionnaire britannique dont les analyses ont bouleversé la théorie et la politique économique.
La théorie keynésienne, tout en restant dans le cadre de l'économie de marché, s'oppose vivement à la théorie néoclassique et justifie la nécessité d'une intervention de l'État face aux crises économiques. Cette théorie est présentée dans l'ouvrage majeur de Keynes, *Théorie générale de l'emploi, de l'intérêt et de la monnaie*, publié en 1936.

SOMMAIRE

→ Les fondements de la théorie keynésienne
→ L'analyse keynésienne de l'activité économique
→ Quelle politique économique keynésienne ?

➲ Les fondements de la théorie keynésienne

Le cœur de l'**analyse keynésienne** est le refus de faire confiance aux mécanismes du marché pour rétablir spontanément l'équilibre. Comme cette analyse s'inscrit dans le cadre de la grande dépression des années 1930, le déséquilibre majeur auquel pense Keynes est alors le chômage. Le maintien durable d'un important taux de chômage apportait la démonstration de l'échec de la théorie néoclassique selon laquelle les fluctuations étaient de courte durée et devaient se corriger d'elles-mêmes.

Économie keynésienne
Ensemble des analyses économiques issues des travaux de Keynes qui, en s'opposant à une approche néoclassique de l'économie, justifient une intervention de l'État dans certaines circonstances.

Si Keynes ne croit pas au caractère autorégulateur du marché, il ne condamne pas pour autant l'économie de marché. Pour lui, celle-ci est tout à fait compatible avec une certaine intervention de l'État. En outre, Keynes reconnaît aux entrepreneurs le rôle primordial dans le fonctionnement de l'activité économique. Ce sont en effet les chefs d'entreprise qui décident seuls du niveau de la production et donc des emplois nécessaires.

Il est important, enfin, de garder à l'esprit que les principaux raisonnements keynésiens ne s'appliquent qu'à des situations particulières, se manifestant sur une courte période, dans lesquelles les facteurs de production sont sous-utilisés. La sous-utilisation du facteur travail correspond au chômage puisque tous ceux qui souhaitent travailler ne le peuvent pas. La sous-utilisation du facteur capital signifie que toutes les **capacités de production** (les machines, équipements, etc.) existant dans les entreprises ne sont pas employées ; les entreprises ont acquis des équipements qui ne fonctionnent pas à plein régime car les entreprises jugent inutile de produire des biens qui ne seront pas vendus, faute d'une demande suffisante. L'existence d'équipements sous-utilisés permet une reprise rapide de la production, sans embauches ni investissements nouveaux, dès lors que la conjoncture s'améliore.

Capacités de production
Ensemble des machines et des équipements disponibles dans les entreprises (mais pas nécessairement utilisés) afin d'assurer la production.

L'analyse keynésienne de l'activité économique

Une analyse en termes de circuit

Keynes se place immédiatement dans une perspective **macroéconomique**. Contrairement à l'analyse néoclassique qui examine les actions individuelles des agents économiques sur les différents marchés, l'analyse keynésienne décrit et étudie les relations entre les grandes variables économiques que sont la production, la consommation, l'emploi, etc. Au lieu de s'en tenir à un fonctionnement de l'activité comme résultat de l'ensemble des comportements des individus, l'analyse keynésienne met l'accent sur les interdépendances globales (offre globale, demande globale, etc.).

Macroéconomie
Étude des relations entre les données globales de l'économie (les agrégats) telles que la production, l'emploi, l'épargne, l'investissement, la consommation, etc.

La demande effective et l'équilibre de sous-emploi

Keynes réfute l'analyse néoclassique selon laquelle un déséquilibre lié à une offre de travail des salariés supérieure à la demande de travail exprimée par les entreprises (chômage) se résorbe grâce à une baisse des salaires.

Normalement, selon cette théorie, le chômage (l'excès d'offre) devrait conduire à une baisse du prix d'équilibre sur le marché du travail, c'est-à-dire une baisse des salaires, et donc à une augmentation de la demande de travail (baisse du chômage). Mais comment expliquer alors que, durant les années 1930, le chômage ne diminue pas ? Comment analyser la persistance d'un chômage très élevé ?

La réponse de l'école néoclassique a consisté à dire que le chômage se maintenait ainsi car les individus le voulaient bien ; c'est la notion de « **chômage volontaire** ». Pour les néoclassiques, les chômeurs ne souhaitent pas travailler aux niveaux de salaires proposés par les entreprises. À l'inverse, en acceptant une telle baisse des rémunérations, ils pourraient trouver du travail sans difficultés.

Keynes refuse cette explication. Une baisse des salaires ne peut conduire qu'à une réduction du pouvoir d'achat des consommateurs et donc à une diminution de la demande sur laquelle peuvent compter les entrepreneurs. En soulignant que le chômage ne peut être qu'involontaire, Keynes complète sa démonstration du fonctionnement « en circuit » de l'économie.

L'élément fondamental de l'édifice keynésien est le principe de la **demande effective**, c'est-à-dire, la **demande anticipée** par les entreprises, afin de leur permettre la mise en œuvre d'un certain niveau d'investissements et donc d'emplois.

Contrairement à une idée reçue, ce n'est pas la demande des agents qui constitue le moteur de la vie économique, mais l'offre des entreprises, celle-ci étant déterminée par une certaine idée qu'elles se font de la demande future (il s'agit d'une **anticipation**). Les anticipations des entrepreneurs sont donc à l'origine d'un certain volume de production et donc d'un certain volume d'emploi. Mais, et là est le point important, il n'y a aucune raison pour que ce volume d'emplois, décidé par les entrepreneurs, corresponde exactement au plein emploi, à l'emploi de ceux qui sont disposés à travailler au salaire courant. L'état de la demande effective peut conduire à un équilibre entre l'offre et la demande de travail, mais cela résulte du hasard. Il n'y a aucun mécanisme d'ajustement faisant coïncider offre et demande de travail.

Demande effective ou anticipée

Notion introduite par Keynes pour caractériser la demande prévue par les chefs d'entreprise lorsqu'ils décident de produire, d'investir et éventuellement d'embaucher des salariés supplémentaires.

Anticipation

Prévision de la valeur future d'une grandeur économique (consommation, investissement, etc.).

Le principe de la demande anticipée

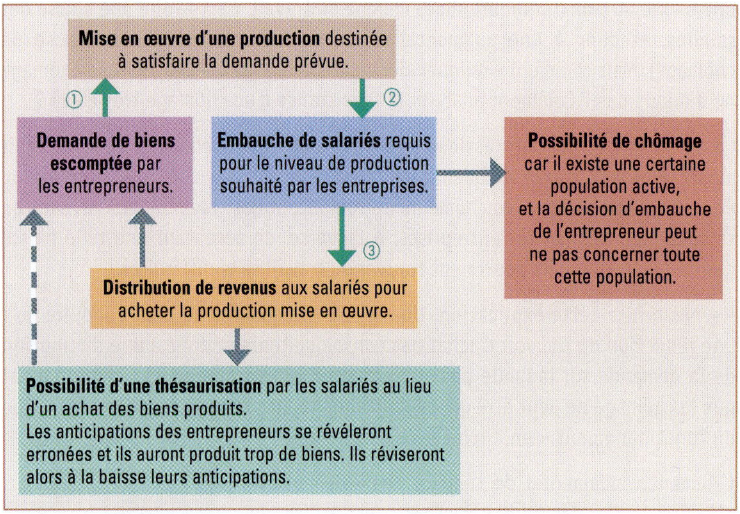

Keynes montre en outre que si les revenus distribués à l'occasion de la production en permettent l'achat intégral (absence de « fuites » du circuit), on obtient un équilibre entre l'offre et la demande de biens (équilibre sur le marché des biens), mais cet équilibre peut aussi coexister avec un déséquilibre de l'emploi (chômage). Keynes propose alors d'appeler cette situation « **équilibre de sous-emploi** ».

Quelle politique économique keynésienne ?

La nécessité d'une intervention de l'État

Si les entrepreneurs sont pessimistes quant aux perspectives de la demande (ils anticipent donc un faible niveau de demande effective), ils contribuent au chômage car ils ne produisent pas suffisamment pour permettre l'emploi de tous. Une autorité supérieure, en l'occurrence l'État, doit alors intervenir pour améliorer le climat économique. Ainsi, les entreprises anticipant une croissance de la demande accéléreront leur programme de production et embaucheront.

Par quels moyens l'État peut-il améliorer la situation ? Ici entre en jeu un mécanisme fondamental de l'analyse keynésienne qui est le multiplicateur. Lorsque l'État injecte dans l'économie des ressources supplémentaires (il peut décider d'augmenter les dépenses publiques par exemple), celles-ci créent une demande nouvelle pour les entreprises, demande qui engendre une production supplémentaire. Celle-ci, à son tour, est l'occasion d'une distribution de revenus nouveaux, ce qui augmente encore la demande, etc. Le multiplicateur décrit ainsi des mécanismes en chaîne à l'issue desquels une injection de revenus dans l'économie a provoqué un accroissement beaucoup plus important de la production.

Relance par la consommation ou par l'investissement

L'État doit donc avoir une action globale sur la demande. Une relance par la consommation consiste à augmenter les revenus des ménages afin qu'ils dépensent davantage. Une telle politique est nécessaire lorsque le chômage est important et lorsqu'il existe des capacités de production inemployées (équipements) ou des stocks importants dans les entreprises.

En revanche, s'il n'existe pas de capacités de production inemployées, si les équipements fonctionnent déjà au maximum de leurs capacités, une telle relance menée pour réduire le chômage est dangereuse. En effet, les entreprises seront dans l'incapacité d'accroître rapidement leur production pour satisfaire la demande nouvelle. Il en résultera alors une inflation (inflation par excès de demande) ou un déficit commercial (achats de produits étrangers grâce aux ressources distribuées). La proposition keynésienne de relancer la consommation pour réduire le chômage est donc liée à l'existence d'une sous-utilisation des équipements. Dans le cas contraire, il est alors préférable de relancer d'abord l'investissement afin de créer des capacités de production nouvelles (et des emplois nouveaux).

Politique monétaire et politique budgétaire

Comment accroître la demande ? On peut utiliser la politique monétaire en augmentant la quantité de monnaie en circulation dans l'économie ou mener une politique budgétaire d'accroissement des dépenses (grands travaux, investissements publics, aides fiscales aux entreprises, etc.).

L'accroissement de l'offre de monnaie a pour objectif de faire baisser les taux d'intérêt (augmentation de l'offre de capitaux). Disposant de liquidités plus abondantes, les ménages vont placer davantage d'épargne qu'avant sur le marché financier en cherchant à acheter des actions et des obligations, ce qui va peser sur les taux d'intérêt. À son tour, la baisse des taux doit inciter les entreprises à investir (réduction du coût de leur endettement).

Le déficit budgétaire est la principale modalité de la politique budgétaire puisqu'il influence directement la demande. L'augmentation des dépenses publiques, sans que les recettes s'accroissent simultanément, peut donc pallier l'insuffisance de la demande privée.

Deux précisions peuvent conclure cette présentation de l'analyse keynésienne. Tout d'abord, on ne peut établir une assimilation entre cette analyse et l'utilisation exclusive, unique, de l'instrument budgétaire. Keynes a clairement établi que les circonstances économiques commandaient le maniement de la politique monétaire ou de la politique budgétaire. En outre, on ne peut guère plus assimiler cette analyse à une politique de relance systématique. L'analyse keynésienne montre surtout la nécessité du rôle de régulation de l'État, soit lorsque la conjoncture s'emballe (inflation), soit, au contraire, en cas de récession.

La politique économique keynésienne

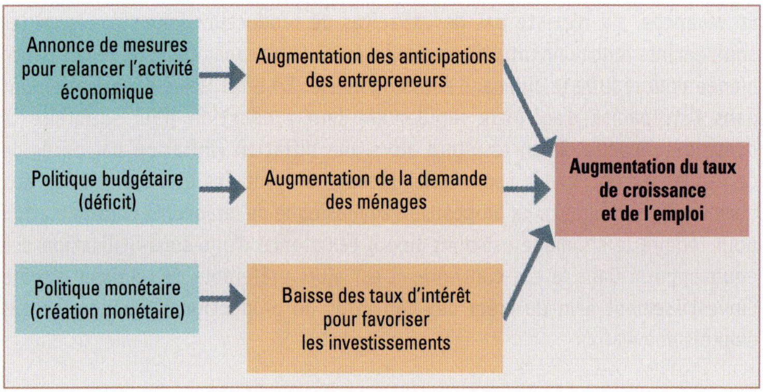

Lire aussi » Circuit économique - Multiplicateur

Économie néoclassique

Les historiens des théories économiques font une distinction entre les économistes de la fin du XVIIIe siècle qu'on appelle les « classiques » (les Anglais, Adam Smith et David Ricardo, le Français, Jean-Baptiste Say) et les économistes néoclassiques de la seconde moitié du XIXe siècle (Léon Walras, Vilfredo Pareto notamment).

SOMMAIRE

→ Fondements théoriques

→ L'analyse néo-classique

Fondements théoriques

Dans le cadre des économies de marché, l'analyse économique néoclassique repose sur trois grands principes (ce sont les hypothèses de la théorie) auxquels s'ajoute une idée qui constitue le dénominateur commun de nombreuses analyses théoriques (le refus de l'intervention économique de l'État).

Classiques
Ensemble d'économistes qui, à la fin du XVIIIe siècle, ont fondé la science économique en cherchant à établir des « lois naturelles » pour éclairer le fonctionnement de l'économie.

Économie néoclassique
Théorie économique qui analyse et cherche à démontrer l'efficacité d'une organisation économique fondée sur la libre concurrence, l'initiative individuelle et les mécanismes du marché.

Les principes de l'économie néoclassique

La première hypothèse de l'**économie néoclassique** consiste à rechercher l'explication des phénomènes économiques observés dans l'action des seuls individus, considérés comme des « atomes », identiques les uns aux autres, de la société. Cette méthode (appelée **individualisme méthodologique**) s'oppose donc à une approche globale de la société qui prend pour point de départ de l'analyse la société dans son ensemble (et non les individus séparément), avec ses groupes et ses classes sociales, ses institutions, ses réseaux de relations sociales, etc.

Le deuxième principe affirme que l'individu est un être rationnel, c'est-à-dire qu'il raisonne et calcule afin d'atteindre le mieux possible un objectif, compte tenu des contraintes auxquelles il doit faire face (contrainte de ressources, par exemple). Ainsi, la consommation est l'occasion de calculs puisque le consommateur cherche à obtenir la satisfaction la plus élevée possible en achetant le maximum de biens correspondant à ses préférences, étant donné les prix de ces biens et ses ressources. Dans le langage de l'économie néoclassique, on dit que le consommateur maximise ses préférences sous la contrainte de revenu dont il dispose.

Utilitarisme

Théorie philosophique, inspirée par le philosophe anglais Bentham (1748-1832), selon laquelle les individus recherchent toujours le maximum de plaisir tout en limitant leurs efforts. Au sens courant, l'utilitarisme est associé à la recherche incessante par les individus de leur intérêt personnel.

Altruisme

Doctrine qui fait de la recherche de l'intérêt général la source du comportement des individus.

Le troisième principe précise que chaque individu poursuit son seul intérêt particulier, sans se préoccuper des autres. La **rationalité** du comportement de l'individu et la poursuite de son seul intérêt définissent alors l'***homo œconomicus*** qui est un « modèle », c'est-à-dire une façon schématique de représenter les individus, de la théorie néoclassique. On peut associer à ce modèle abstrait la notion d'**utilitarisme**, qui est une théorie philosophique selon laquelle les individus recherchent le maximum de plaisir tout en limitant leurs « peines » et leurs efforts. En cela, l'*homo œconomicus* n'est pas motivé par un comportement **altruiste**.

Intérêt personnel et intérêt général

La recherche de l'intérêt personnel ne constitue pas un obstacle au bien-être de la société. Au contraire, c'est précisément la poursuite par chacun de son propre intérêt qui permet de réaliser l'intérêt général. L'économiste classique Adam **Smith**, dans *Recherche sur la nature et les causes de la richesse des nations* (1776), précise : « nous n'attendons pas notre dîner de la bienveillance de notre boucher ou de celle du marchand de vin et du boulanger, mais bien de la considération qu'ils ont de leur propre intérêt. Nous nous adressons non pas à leur humanité mais à leur égoïsme, nous ne leur parlons pas de nos besoins, mais de leurs intérêts. » C'est l'intérêt personnel qui, sans le savoir et sans le vouloir, mène naturellement la société au bien-être et à la prospérité. C'est la fameuse « **main invisible** » d'Adam Smith qui démontre l'existence d'un ordre économique naturel spontané fondé sur l'intérêt personnel des individus.

Dès lors que l'harmonie des intérêts est naturelle, nul besoin d'une intervention de l'État dans la sphère économique. L'État doit seulement veiller au respect des libertés économiques.

Économie néoclassique, microéconomie et libéralisme

Le refus de l'intervention de l'État et la confiance absolue dans l'efficacité des mécanismes du marché constituent le socle commun de nombreuses théories économiques. Poursuivant les analyses des « classiques », les économistes néoclassiques ont cherché à démontrer scientifiquement cette conviction de la supériorité d'une organisation de l'économie fondée sur le libre fonctionnement des marchés et la rationalité des comportements individuels. C'est cette démonstration qui est présentée schématiquement dans les parties suivantes. L'analyse néoclassique, appelée aussi analyse microéconomique ou microéconomie, repose sur une formalisation mathématique, mais il est possible de décrire simplement ses principaux éléments.

Microéconomie
Partie de la science économique qui étudie le comportement des agents économiques individuels (entreprise, consommateur, salarié, etc.) considérés comme des agents rationnels.

Le libéralisme économique partage avec l'économie néoclassique la volonté de maintenir l'État hors de la vie économique. Il existe cependant d'importantes différences comme le montre l'hostilité manifestée par l'économiste libéral Hayek à l'égard de la théorie néoclassique.

➜ L'analyse néoclassique

La concurrence pure et parfaite

Dans le modèle de concurrence pure et parfaite, les prix sont des données pour les agents économiques. Aucun agent n'est assez important pour peser sur la fixation des prix.

Par ailleurs, il existe un ensemble de marchés qui permettent de déterminer un prix pour tous les biens. La théorie néoclassique décrit ainsi quatre grands types de marchés :
– le marché des biens où se déterminent les prix et les quantités produites des différents biens ;
– le marché du travail où se déterminent le salaire et le niveau de l'emploi ;

– le **marché des capitaux** où se rencontrent l'offre des capitaux proposée par les épargnants et la demande des entrepreneurs. C'est le taux d'intérêt qui est le prix d'équilibre de ce marché ;
– le marché de la monnaie avec une offre déterminée par les autorités monétaires.

Les agents et leurs opérations

L'**analyse néoclassique** distingue deux grandes catégories d'agents, les ménages qui consomment des biens et des services (les consommateurs) et les entreprises qui les produisent (les producteurs). Les **ménages** sont caractérisés par leurs goûts (ils préfèrent un bien A à un bien B, ou un ensemble de biens à un autre) et par un ensemble de ressources dont ils disposent (revenus du travail notamment). Ils cherchent à maximiser leur **utilité** (c'est-à-dire le degré de satisfaction que leur procurent leurs achats) compte tenu de leurs ressources et des prix fixés sur le marché. Les ménages interviennent aussi sur le marché du travail en offrant leur travail. Sur ce marché, ce sont les entreprises qui demandent le travail et les salariés qui offrent le travail. Les ménages répartissent leur temps disponible entre le loisir et une activité rémunérée, cette dernière permettant l'achat de biens de consommation.

Utilité
Degré de satisfaction lié à la consommation d'un bien économique.

Les **entreprises** sont caractérisées par une **fonction de production** qui relie les différents éléments entrant dans la production (matières premières, travail, et capital, aussi appelés ***inputs***) à la quantité maximale de produit (***output***) que l'on peut obtenir d'eux compte tenu des techniques en vigueur. L'objectif des entreprises est de maximiser leur profit. Elles augmentent donc leur production et donc l'achat d'*inputs*, aussi longtemps que cela est rentable (jusqu'à ce que la recette procurée par la vente de la dernière unité de bien produite couvre juste son coût en *inputs*).

Fonction de production
Relation établie, pour chaque entreprise, entre son niveau de production et les quantités de facteurs de production nécessaires.

Équilibre partiel et équilibre général

L'analyse néoclassique montre que la confrontation des offres et des demandes des agents économiques conduit à un **équilibre** stable. On peut alors considérer des marchés isolés (**équilibre partiel**) ou tous les marchés simultanément (équilibre général).

Équilibre
Situation observée par l'analyse néoclassique lorsque l'offre et la demande sur un marché s'égalisent à un prix qui satisfait acheteurs et vendeurs.

L'analyse en termes d'équilibre partiel permet de confronter l'offre et la demande d'un bien. Prenons l'exemple du travail.

Le **salaire** d'équilibre est déterminé par la rencontre de l'offre et de la demande de travail. Lorsque les salaires augmentent, l'offre de travail (il s'agit, selon le langage courant, de demandes d'emploi) faite par les individus s'accroît. Lorsque les salaires diminuent, le coût du facteur travail baisse pour les entreprises, ce qui les incite à augmenter leur demande pour ce facteur (la demande de travail correspond à l'offre d'emploi du langage courant).

Le marché du travail

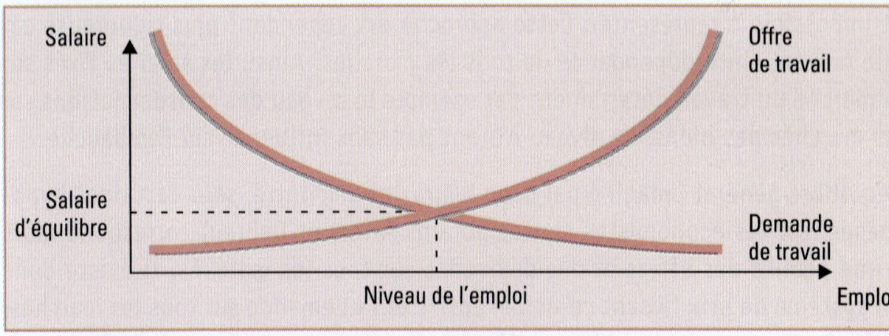

L'analyse en équilibre partiel permet de présenter simplement ce qui se passe sur un marché. Imaginons le cas d'un salaire supérieur au salaire d'équilibre. Ce peut être, par exemple, un salaire minimum légal.

Pour le niveau du salaire minimum, l'offre O' excède la demande D', c'est-à-dire que de nombreux salariés cherchent à travailler pour ce salaire minimum alors que les entreprises refusent d'embaucher une main-d'œuvre dont le coût leur

L'instauration d'un salaire minimum

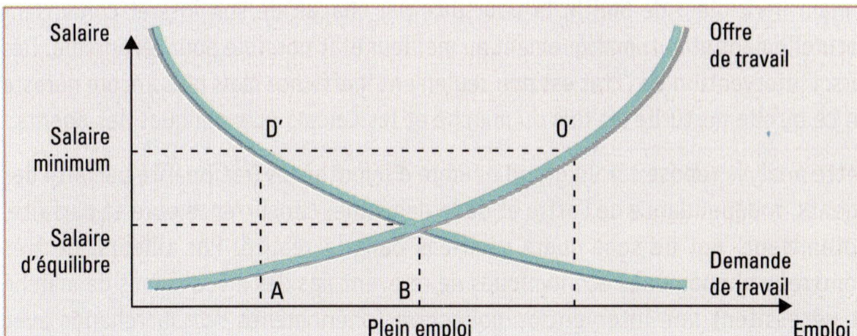

paraît excessif. Elles embauchent donc une quantité A de main-d'œuvre, et provoquent un chômage. Le point A correspond à la demande de travail souhaitée par les entreprises pour un tel niveau de salaire. Mais c'est un chômage « volontaire » car si les individus acceptaient un salaire moins élevé (le salaire d'équilibre), les entreprises embaucheraient tous ceux qui souhaitent travailler à ce niveau de salaire, si bien qu'en définitive le plein emploi (au salaire d'équilibre) serait réalisé. Cet exemple montre que pour les économistes néoclassiques, l'existence d'un salaire minimal fausse le libre jeu du marché du travail.

L'approche en termes d'**équilibre général** prend en compte toutes les offres et toutes les demandes sur tous les marchés. Cette situation est donc très complexe et impossible à représenter. Cette approche est cependant plus rigoureuse car elle montre l'interdépendance de tous les marchés. Ainsi, les salaires fixés sur le marché du travail déterminent par exemple le niveau des consommations sur les marchés des biens, ce niveau n'étant pas sans influence sur l'embauche.

L'équilibre général (imaginé par Léon **Walras** et démontré, sous certaines hypothèses, par les économistes contemporains Arrow et Debreu) correspond alors à une égalité des offres et des demandes sur tous les marchés. Il existe donc un système de prix faisant coïncider l'offre et la demande sur tous les marchés. Vilfredo **Pareto** a, par ailleurs, démontré que cet équilibre général pouvait constituer un optimum économique (**optimum de Pareto**), c'est-à-dire une situation dans laquelle il n'est pas possible d'améliorer la satisfaction d'un individu sans détériorer celle d'au moins un autre. À l'équilibre, tous les échangistes sont satisfaits et il n'y a plus de possibilité d'échanges. Le marché a permis de réaliser l'allocation optimale des ressources.

Les limites de la théorie néoclassique

La théorie néoclassique se veut une démonstration scientifique de la fameuse « main invisible » de Smith, la poursuite par chacun de son intérêt conduisant naturellement et automatiquement au meilleur état possible pour l'économie. Dès lors, l'intervention de l'État est non seulement inefficace mais plus encore néfaste en ce qu'elle perturbe les lois du marché et les calculs économiques des agents.

Cette analyse repose sur un grand nombre d'hypothèses (rationalité parfaite des agents, indépendance de l'offre et de la demande, concurrence pure et parfaite, notamment) qui ne sont guère vérifiées dans la réalité. Par ailleurs, de très nombreux phénomènes économiques ne relèvent pas des mécanismes de marché et nécessitent une intervention collective (phénomènes non marchands avec les effets externes et les biens collectifs).

La nouvelle école classique

> **Anticipations rationnelles**
> Anticipations que les agents économiques forment pour les valeurs futures des variables économiques en utilisant toute l'information disponible au moment de leur prévision.

Les **anticipations** sont des hypothèses sur l'évolution de la situation économique que les agents économiques prennent comme point de départ lorsqu'ils décident de produire, consommer, épargner, investir. On parle d'**anticipations adaptatives** lorsque les anticipations d'une valeur future (le taux d'inflation par exemple) sont fondées sur la série des valeurs passées de cette variable (les taux d'inflation des années précédentes). Les **anticipations rationnelles**, qui ont été développées par des économistes américains fondateurs d'un courant appelé « **nouvelle école classique** » et dont Robert **Lucas**, prix Nobel 1995, est le plus célèbre représentant, partent de l'idée que les agents utilisent rationnellement toutes les informations disponibles lorsqu'ils prennent une décision d'ordre économique. Par exemple, si les pouvoirs publics annoncent une politique monétaire expansionniste, les agents vont anticiper une hausse de l'inflation, et cela quelle que soit la série des taux d'inflation passés.

Pour les « **nouveaux classiques** », la représentation des agents s'ajuste instantanément à la réalité économique. En conséquence, ils anticipent immédiatement les conséquences néfastes des politiques économiques, ce qui en assure automatiquement l'inefficacité.

Lire aussi » **Économie keynésienne - Marché**

Égalité et inégalités

L'égalité est depuis longtemps au centre de la vie politique et sociale.
Son expression moderne s'est traduite pour la première fois par l'article 1er de la Déclaration des droits de l'homme et du citoyen de 1789, selon laquelle « tous les hommes naissent et demeurent libres et égaux en droits ». Le principe d'égalité des droits n'a toutefois pas entravé la persistance d'inégalités.

SOMMAIRE

- Définitions
- Égalité, équité et justice sociale
- La mesure des inégalités
- Les grandes tendances d'évolution des inégalités au XXe siècle

Définitions

La Constitution de 1958, après avoir rappelé dans son préambule les principes de la Déclaration de 1789, proclame « l'égalité devant la loi de tous les citoyens, sans distinction d'origine, de race ou de religion ». Le principe d'**égalité** est ainsi reconnu comme ayant une valeur constitutionnelle, c'est-à-dire que toutes les lois (qui sont en dessous de la Constitution) et toutes les décisions administratives doivent respecter ce principe d'égalité des droits. Cependant, la conception juridique, issue de la Révolution française, qui a fondé le principe d'égalité, n'a pas pu empêcher que des inégalités économiques, sociales, culturelles persistent, voire se développent.

Égalité
Principe général selon lequel les individus, au sein d'une société, doivent être traités de la même façon.

Inégalités
Différences entre des individus ou des groupes sociaux qui sont socialement perçues comme injustes ou illégitimes.

Une **inégalité** ne doit pas être confondue avec une différence. Une différence quelconque entre deux individus ou deux groupes d'individus devient une inégalité quand elle est traduite en termes d'avantages ou de désavantages par rapport à une échelle de valeurs. Dans certaines sociétés, les inégalités ne sont pas acceptées. Ces sociétés sont alors caractérisées par l'**égalitarisme**, c'est-à-dire une idéologie qui accorde à l'égalité la première place parmi les valeurs qui guident et dominent la société. Connaître les différentes inégalités, les mesurer, constitue donc un préalable à toute lutte contre les inégalités.

Égalité, équité et justice sociale

Les différentes formes d'égalité

On distingue d'abord l'**égalité civile** ou juridique, acquise avec la fin de la féodalité. Ainsi, tous les hommes naissent libres et égaux en droits. Quels sont ces droits ? Il s'agit de l'interdiction de l'esclavage et du servage, de l'égalité de traitement devant la justice, du droit de propriété, de la liberté de pensée, d'aller et venir, etc.

Il y a ensuite l'**égalité politique**, obtenue progressivement en France depuis plus de deux siècles. Le droit de vote pour tous les adultes, hommes et femmes, le droit d'être élu, la liberté de réunion et la liberté d'association (sous forme de partis politiques par exemple) permettent l'égalité entre les citoyens.

Même si l'**égalité de droit** entre les hommes n'est pas toujours une **égalité de fait** (c'est-à-dire observée dans la vie réelle), égalité civile et égalité politique sont en grande partie aujourd'hui assurées ; il n'en est pas de même pour l'égalité économique et sociale. Les **inégalités économiques** correspondent aux différences de revenus ou de patrimoines entre les individus. Les **inégalités sociales**, très diverses sont difficilement mesurables. On peut citer celles face aux études et à l'éducation, devant la mort, devant la culture. Pour tous ces domaines, les individus ne bénéficient pas des mêmes chances en raison de leur position différente dans l'échelle sociale.

L'égalité, une notion ambiguë

Il existe au moins deux façons de définir l'égalité. Il peut s'agir d'une égalité arithmétique, en vertu de laquelle tous les individus, sans distinction, doivent être traités de la même manière.

Une autre conception de l'égalité met en relation les revenus des individus et le travail ou les efforts consacrés à cet objectif. Cette conception s'oppose donc à la précédente car, selon elle, celui qui n'a pas travaillé ne doit pas recevoir autant que celui qui a réalisé beaucoup d'efforts. Deux notions liées caractérisent cette conception : l'égalité des chances et la méritocratie.

Égalité des chances

Conception de l'égalité selon laquelle les individus doivent disposer, au début de leur vie sociale, des mêmes chances et des mêmes possibilités d'accéder aux professions et aux positions sociales de leur choix.

L'**égalité des chances** signifie que les conditions de départ faites aux individus dans leur vie sociale doivent être égales. L'héritage, les privilèges et les handicaps de départ sont donc condamnés. La **méritocratie** signifie qu'une fois tous les individus mis sur le même plan, il devient acceptable et normal que les meilleurs atteignent les meilleures places dans la société. Les inégalités « à l'arrivée » sont donc « justes » si deux conditions sont respectées : véritable égalité des chances au départ et inégalités observées liées aux seuls mérites, efforts et volonté des individus. C'est une des orientations de la sociologie actuelle que de s'interroger sur la réalité de ces deux conditions.

Égalité des chances et équité

Personne ne souhaite aujourd'hui une égalité arithmétique selon laquelle tous les individus sont identiques. Mais l'égalité des droits montre aussi ses limites ; elle protège seulement les individus contre des règles ou des décisions injustes ou arbitraires ; elle ne donne aucune garantie de résultats quant à l'égalité des conditions économiques et sociales des individus. Il faut donc adopter une conception de l'égalité qui aille au-delà et qui permette de réduire un certain nombre d'inégalités. À certaines conditions, l'égalité des chances permet d'élargir le principe d'égalité.

Équité
Recherche d'une égalité des chances qui ne soit pas seulement un principe affirmé mais aussi une réalité concrète permettant une véritable réduction des inégalités sociales.

Dans l'après-guerre, l'État-providence a ainsi mis en place un système d'assurances sociales permettant de placer chacun à égalité devant les grands risques de la vie (maladie, vieillesse, etc.). Plus récemment, certaines prestations comme le RMI ont permis de lutter contre de trop fortes inégalités. L'égalité des chances n'est cependant pas toujours respectée. On peut alors définir l'**équité** comme la caractéristique des politiques ou des mesures prises par les pouvoirs publics qui visent à rendre effective et réelle l'égalité des chances. La recherche d'une véritable égalité des chances passe par des mesures qui s'éloignent parfois de l'égalité arithmétique. Ainsi, la progressivité de l'impôt sur le revenu constitue une application équitable du principe d'égalité : tous les individus ne paient pas le même impôt, et les plus fortunés versent d'autant plus que leurs revenus sont élevés, ce qui doit conduire à une réduction des inégalités. Le philosophe contemporain américain John **Rawls** a de son côté montré que certaines inégalités étaient acceptables lorsqu'elles permettaient d'améliorer la situation des moins favorisés.

Le respect de l'égalité des chances est aussi assuré par l'existence de « **discriminations positives** » qui permettent d'aider davantage certaines catégories de la population. Il s'agit là d'une différenciation des droits visant à « donner plus à ceux qui ont le moins ». Une mesure de discrimination positive restaure l'égalité des chances même si elle rompt avec la règle de l'égalité des droits et d'égalité devant le service public.

Discrimination positive
Différence de traitement entre les individus afin d'obtenir la réduction d'une inégalité.

Qu'est-ce que la justice sociale ?

La conception méritocratique de l'égalité a été l'objet de deux critiques. Que doit-on faire de ceux qui n'ont aucun mérite, ou qui, pour diverses raisons, sont incapables de travailler pour assurer leur subsistance ? Que faire des individus sans qualification, des involontairement inactifs ? Les réponses relèvent d'un jugement moral. On peut considérer qu'il est nécessaire de répondre aux « besoins » de ces personnes, l'État devant intervenir pour réduire ces inégalités qui sont des injustices : première approche de l'idée de justice sociale.

Une deuxième critique de la conception méritocratique s'adresse aux excès qu'elle peut engendrer. Le philosophe Jean-Jacques Rousseau a montré qu'une société pouvait être menacée si les riches étaient trop riches et les pauvres trop pauvres. Le lien social, le contrat social qui fait que les individus acceptent de vivre ensemble et d'avoir des relations sociales stables, peut être remis en cause si les inégalités de richesse sont excessives. La lutte contre des inégalités trop criantes est donc nécessaire à la survie même de la société démocratique. Voilà une deuxième approche de la **justice sociale** à laquelle doit contribuer l'autorité politique. La justice sociale est donc une conception qui prône la recherche d'une plus grande équité dans la répartition des richesses.

Justice sociale
Conception qui prône la recherche d'une plus grande équité dans la répartition des richesses.

Inégalités et discriminations

Une discrimination ne doit pas être confondue avec une inégalité. Une **discrimination** est une atteinte aux droits civils ou politiques d'une personne fondée sur ses caractéristiques propres (âge, sexe, origine, handicap, etc.). La lutte contre les discriminations contribue à réduire les inégalités mais elle ne renvoie qu'à une conception minimaliste de l'égalité (égalité des droits, de traitement) et ne peut se substituer à une politique de lutte contre les inégalités. Afin de lutter contre les discriminations et protéger les individus contre toute atteinte à leur droit, une Haute Autorité de lutte contre les discriminations et pour l'égalité (HALDE) a été créée en 2005. La **HALDE** reçoit les réclamations, traite les dossiers individuels et transmet les faits délictueux à la justice. L'origine est le premier critère mis en avant par les réclamants, avant la santé et le handicap puis le sexe, l'âge, la situation de famille, les opinions. La HALDE, supprimée en 2011, a vu ses missions transférées au **Défenseur des droits**, institution qui regroupe aussi le Défenseur des enfants et le Médiateur de la République.

La mesure des inégalités

On dispose de certains outils méthodologiques pour mesurer les inégalités. Par exemple, on peut découper l'ensemble des ménages en dix groupes, allant des 10 % les plus pauvres jusqu'aux 10 % les plus riches. On relie ensuite ces groupes à la part des revenus qu'ils reçoivent ou à la part des richesses qu'ils détiennent.

Par exemple, les 10 % des ménages les plus pauvres reçoivent 5 % de l'ensemble des revenus et les 20 % des ménages les plus pauvres (ce groupe contient donc les 10 % les plus pauvres) reçoivent 11 % de l'ensemble des revenus, etc. En commençant par l'autre bout, on a par exemple 10 % des ménages les plus riches qui reçoivent 30 % des revenus, etc. On mesure ainsi ce qu'on appelle la **concentration des revenus** (l'opération est identique pour les patrimoines). La concentration des revenus sur certains ménages (les plus riches) s'oppose à une répartition égalitaire des revenus (ou des richesses) dans laquelle 10 % des individus ont 10 % des revenus, 20 % des individus disposent de 20 % des revenus… et 90 % ont 90 %.

Il existe une représentation graphique de ces situations : c'est la **courbe de Lorenz** (voir p. 219). C'est un graphique rectangulaire avec, en abscisse, le pourcentage cumulé des effectifs (10 % des ménages, 20 % des ménages, etc.) et, en ordonnée, le pourcentage cumulé des revenus (ou des patrimoines) correspondant. À l'origine, en 0,0 % des ménages reçoit 0 % des revenus. Au point A, 100 % des ménages reçoivent la totalité des revenus distribués. Une répartition des revenus parfaitement égalitaire correspond à la diagonale OA du rectangle.

Concentration des revenus
Répartition inégale des revenus de telle sorte que la plus grande part de ceux-ci soit reçue par une faible proportion des ménages.

Courbe de Lorenz
Représentation graphique des inégalités de revenus (ou de patrimoines) et du degré de concentration des revenus (ou des patrimoines) sur une faible proportion des ménages.

La courbe de Lorenz

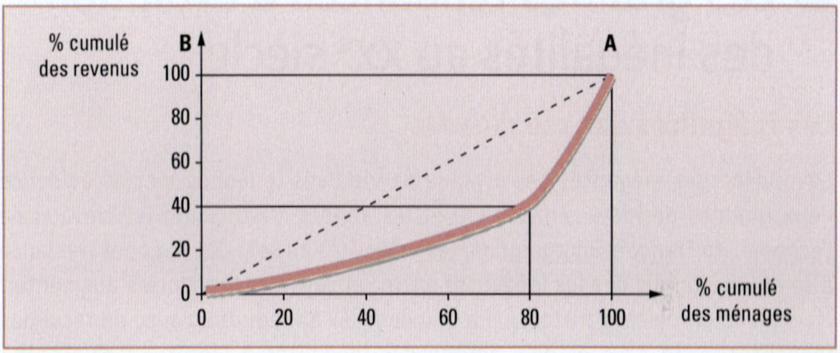

La courbe de Lorenz mesure donc la concentration des revenus. Plus la concentration est forte, plus la courbe s'éloigne de la diagonale. Ainsi, sur le graphique, 80 % des ménages disposent de 40 % des revenus alors que les 20 % les plus riches se partagent 60 % des revenus. La courbe de Lorenz peut aussi s'appliquer à la concentration des entreprises (abscisse : % d'entreprises ; ordonnée : % cumulé de parts de marché). La courbe de Lorenz permet aussi de donner une mesure précise de la concentration appelée **coefficient de Gini** (il varie de 0 à 1).

$$\text{coefficient de Gini} = \frac{\text{surface entre la courbe et la diagonale}}{\text{surface du triangle OBA}}$$

Les indicateurs de dispersion représentent d'autres outils pour mesurer les inégalités (voir Outils statistiques, p. 591).

Les outils statistiques pour mesurer les inégalités sont moins adaptés qu'auparavant soit parce qu'ils sont incomplets (inégalité des patrimoines et de leurs revenus par exemple) soit parce qu'ils sont trop simples (les catégories socioprofessionnelles, conçues à une époque où les groupes sociaux étaient homogènes). Surtout, ils ne parviennent pas à mesurer les nouvelles inégalités apparues au sein de chaque catégorie sociale (exposition au risque de chômage ou de précarité par exemple).

Ainsi, c'est moins le niveau de vie d'un ménage à un instant donné qui importe aujourd'hui que sa constance et sa régularité dans le temps pour chacun de ses membres. La persistance d'« inégalités invisibles » et d'un écart entre le sentiment d'être égaux en droit et le constat d'inégalités de fait peut ainsi nuire à la cohésion sociale.

Les grandes tendances d'évolution des inégalités au XXe siècle

Les inégalités dans le monde

L'évolution des inégalités des niveaux de vie dans le monde met en évidence deux grandes périodes. Entre 1870 et les années 1990, selon les travaux de l'économiste François Bourguignon, les inégalités au sein des pays ont tendance à se réduire tandis que les inégalités entre les pays ont tendance à augmenter. Mais un retournement historique a lieu dans les années 1990 avec un recul des inégalités entre pays et une montée des inégalités à l'intérieur d'un grand nombre de pays. La croissance exceptionnelle des pays émergents explique la réduction récente des inégalités entre pays. À l'inverse, la mondialisation a un impact négatif sur les salaires et les emplois, en particulier dans les pays développés, tandis que la libéralisation financière favorise l'augmentation des hauts revenus. Les indicateurs d'inégalités montrent néanmoins que les inégalités entre pays sont plus marquées aujourd'hui que les inégalités internes.

Les inégalités ont augmenté dans presque toutes les régions du monde depuis les années 1990, avec de fortes hausses dans des pays comme les États-Unis, la Russie ou la Chine ; le Brésil étant par ailleurs l'un des pays les plus inégalitaires au monde (les 1 % les plus aisés détiennent 55 % du revenu national). La part du revenu national allant aux 10 % des contribuables les plus riches est passée de 34 à 47 % aux États-Unis et de 27 à 41 % en Chine entre 1980 et 2016 (de 33 à 37 % en Europe).

Les inégalités économiques en France

Dans son étude sur les inégalités depuis un siècle (*Le Capital au XXIe siècle*, publié en 2013), Thomas Piketty constate que la part du revenu total détenue par le dernier décile (les 10 % des ménages qui ont les revenus les plus élevés) a considérablement diminué, passant de 45 % avant la Première Guerre mondiale à 33 % à la fin des années 1990, marquant ainsi une forte réduction des inégalités. Cette évolution résulte même de la situation du dernier centile (les 1 % des ménages qui ont le plus de revenus) qui a vu sa part du revenu total se réduire considérablement, passant de 20 % du revenu total au début du siècle à 8 % à la fin du siècle. Ce sont des chocs comme la guerre, l'inflation et surtout la crise des années 1930 qui ont provoqué un effondrement des revenus du capital, qui constituaient la plus grande part de leurs hauts revenus. Ainsi, après la Seconde Guerre mondiale, les grandes fortunes financières, symbolisées avant-guerre par l'expression des « 200 familles » (en fait, les 200 plus gros actionnaires de la Banque de France, alors privée), ne se sont pas reconstituées et, pour T. Piketty, c'est la conséquence et le mérite de l'impôt progressif sur le revenu (créé en 1914) car il a évité l'accumulation rapide des patrimoines grâce à des taux marginaux d'imposition élevés sur les revenus les plus importants. Le lien revenu-patrimoine est en effet déterminant car c'est bien la réduction de l'inégalité des patrimoines, et la baisse des revenus qui en est issue, qui explique l'essentiel de la réduction des inégalités de revenus en France au XXe siècle (surtout en fin de période). La part du patrimoine national possédée par le centième le plus riche se situe autour de 22 % en 1970 alors qu'elle était de 60 % au début du siècle. La progressivité de l'impôt sur le revenu a donc permis de resserrer l'éventail des revenus (après impôt) tout en limitant l'épargne des plus aisés qui leur permet d'accroître leur patrimoine. Dans le même temps, les salaires réels ont été multipliés par 5 (phénomène lié à la forte croissance économique des Trente Glorieuses), mais comme tout le monde a été concerné, la hiérarchie des rémunérations salariales ne s'est pas modifiée. Il n'y a pas eu de réduction des inégalités salariales durant le XXe siècle.

Le mouvement continu de réduction des inégalités, que l'on a observé en France dans les années 1970 et 1980, s'arrête à la fin des années 1980. Et si la France est moins inégalitaire aujourd'hui que dans les années 1960, elle connaît une accentuation des inégalités à partir des années 2000, avec une progression plus importante des revenus élevés (hausse des revenus du patrimoine, hausse des salaires des cadres dirigeants). Pour T. Piketty, cette situation renvoie à l'augmentation du capital (au sens de patrimoine) détenu par les ménages alors que le ralentissement de la croissance ne permet pas la progression des salaires de la majorité des individus ainsi que des revenus sociaux. Pour cet économiste, la poursuite de ce processus pourrait conduire à rapprocher la situation française des niveaux d'inégalités d'avant la Première Guerre mondiale, d'autant que certaines mesures fiscales récentes vont dans le même sens (transformation en 2018 de l'impôt de solidarité sur la fortune en impôt sur la fortune immobilière et plafonnement à 30% des taux d'imposition sur les revenus du capital).

Lire aussi » **Exclusion - Questions d'actualité 14 p. 46, 18 p. 50**

Engagement politique

Dans un sens très large, l'engagement politique correspond à une participation active à la vie de la cité. Celle-ci peut prendre différentes formes, du simple vote jusqu'à un engagement militant. Dans un sens plus restreint, l'engagement politique correspond à la participation à la vie d'un parti ou d'un mouvement politique concourant pour les élections.

SOMMAIRE

- Engagement et participation politiques
- Les conditions de l'action collective
- Les facteurs socio-démographiques de l'engagement
- Mouvements sociaux et nouvelles formes d'actions collectives

Engagement et participation politiques

L'**engagement** correspond à l'action de se lier par une promesse ou une convention. S'engager, c'est embrasser volontairement une cause politique, civile, culturelle, humanitaire, sportive, par une contribution personnelle (offrir du temps, un savoir-faire) ou matérielle (donner de l'argent, des ressources).

Engagement politique
Participation volontaire à une action collective en apportant une contribution personnelle.

L'engagement dans la vie publique

La **citoyenneté** ne se définit pas uniquement d'un point de vue juridique avec des droits et des devoirs. Elle se définit aussi comme une participation à la vie de la cité, le citoyen restant libre de participer ou non à la vie publique. Le **vote** représente la participation la plus essentielle car il contribue à exprimer la volonté générale des citoyens et à élire les autorités politiques. Mais en dehors des élections, les citoyens peuvent également, de façon quotidienne parfois, jouer un rôle important dans la société. Par exemple, ils peuvent adhérer à une association, un syndicat ou un parti politique et, ainsi, tenter de faire évoluer la société, de venir en aide aux autres ou d'influencer la politique nationale.

Dans une association par exemple, on peut s'engager de différentes manières. On peut participer sans être membre, en effectuant des dons ou en s'impliquant ponctuellement dans certaines actions de l'association. On peut aussi être adhérent, en payant régulièrement une cotisation. On peut s'engager de manière plus importante, en prenant directement en charge les actions mises en œuvre par l'association : distribution de denrées pour des associations à but humanitaire ; participation à l'action d'une ONG (organisation non gouvernementale), mise en place d'expositions pour les associations visant une diffusion de la culture, etc. Enfin, on peut participer aux organes dirigeants de l'association, le bureau, dont les membres sont nommés par le conseil d'administration, lui-même élu par les adhérents. Une **association** est ainsi un groupement de personnes volontaires réunies autour d'un projet commun et qui partagent des activités (à l'exclusion de la recherche d'un bénéfice).

L'engagement politique peut aussi prendre des formes moins traditionnelles et moins permanentes. Ainsi, dans les années 1980 sont apparues des « coordinations » caractérisant un mouvement qui regroupait des personnes défendant leurs intérêts professionnels en dehors d'une organisation syndicale. Plus récemment, les formes d'engagement politique se sont diversifiées, favorisées par de nouvelles formes de participation en ligne (on parle de technologies civiques ou *civic tech*). Cet ensemble de services et d'outils (forum citoyens, plateformes de pétitions en ligne, budgets participatifs, etc.) vise à renforcer l'engagement et la participation démocratique. Dès les années 1990 et jusqu'à nos jours, la société civile s'est appropriée ces possibilités offertes par les nouvelles technologies à des fins politiques, pour recréer de nouvelles formes de participation, à côté ou en marge des institutions politiques ou médiatiques traditionnelles, voire parfois contre elles. Internet s'est révélé particulièrement efficace pour mobiliser des individus, agréger des actions individuelles, former des communautés éphémères et faire nombre afin de peser dans le débat public.

Engagement et partis politiques

Dans une démocratie, les activités politiques ne sont pas réservées aux seuls professionnels (hommes politiques, élus, journalistes, militants) car les citoyens peuvent prendre part à la vie politique en votant, en manifestant, en signant des pétitions, etc. La **participation politique**, qui décrit l'ensemble des actions visant à influencer le gouvernement, correspond ainsi à l'exercice de la citoyenneté.

Participation politique
Ensemble des activités menées par les individus afin d'exercer une influence sur les autorités politiques.

La participation politique peut prendre des formes légales ou considérées comme légitimes (vote, adhésion à un parti, participation à des réunions, des meetings, etc.), mais elle peut aussi se réaliser à travers de nombreux moyens d'expression qui ne sont ni officiels, ni institutionnels (manifestations, actions de protestations, etc.).

Dans un parti politique, il faut distinguer les militants des adhérents. Les adhérents sont des personnes affiliées à un parti politique, dont elles possèdent la carte après avoir payé une cotisation. Le militant, quant à lui, est un adhérent actif. Ce qui signifie qu'il accepte de faire bénévolement un travail de terrain et de participer à la vie du parti (réunions, distribution de tracts, collage d'affiches, opérations de « porte-à-porte »).

On observe depuis de nombreuses années une crise de la participation politique. L'accroissement du nombre d'abstentions, la chute des engagements dans les partis politiques ou encore la baisse de la lecture de la presse d'opinion sont autant d'indices de cette crise qui témoignerait d'une profonde remise en question du mécanisme de la représentation des citoyens par les hommes politiques qu'ils ont choisis (défiance à l'égard des élus). On assiste néanmoins à l'émergence de nouvelles formes de participation politique (manifestations pour la défense des valeurs démocratiques, comités, coordinations, pétitions, occupations, etc.) et d'engagements qui sont plus spontanés, plus proches de la société civile et plus directs puisqu'ils s'affranchissent de la médiation des représentants élus.

➲ Les conditions de l'action collective

Un groupe de pression, une association de consommateurs ou une manifestation sont quelques-unes des formes d'**action collective** que l'on rencontre aujourd'hui. Mais pourquoi existe-t-il un groupe de personnes mobilisées sur tel sujet et non sur tel autre dont l'importance n'est pas moindre ? Comment un « groupe latent » (expression du sociologue allemand Ralf Dahrendorf pour désigner un ensemble d'individus caractérisés par un intérêt commun) est-il capable d'entreprendre une action pour faire prévaloir l'intérêt de ses membres ? Par quels processus se transforme-t-il en groupe organisé ?

> **Action collective**
> Action commune menée par plusieurs personnes en vue d'atteindre un certain objectif.

La création d'un groupe organisé en vue d'une action collective passe par les deux étapes suivantes : la prise de conscience par les personnes concernées d'un intérêt commun à défendre ou à promouvoir et la **mobilisation** qui les conduit à s'organiser et à instaurer des mécanismes de décision collective. La mobilisation d'un groupe en vue d'une action collective n'est pas automatique. Mancur Olson (dans son ouvrage *La Logique de l'action collective*, publié en 1978) a ainsi montré que l'existence d'un intérêt commun ne conduit pas toujours à une action collective. Il met en évidence une limite de l'action collective, à l'aide d'une analyse inspirée par l'individualisme méthodologique et l'*homo oeconomicus* : comme les bénéfices de l'action collective seront acquis à tous les membres du groupe, qu'ils aient participé ou non, il est rationnel pour chacun de ne rien faire en comptant sur l'action des autres ; chacun menant le même raisonnement, il n'y a pas d'action collective. Manson Olson met bien en évidence le phénomène du **passager clandestin** *(free rider)* qui utilise un bien ou un service sans en payer le prix. Ce phénomène explique la sous-production ou l'absence d'un bien collectif comme la surexploitation d'une ressource naturelle. L'analyse coûts/bénéfices explique aussi la réussite de certaines formes d'action collective comme les groupes de pression (agriculteurs par exemple) car les coûts des mesures prises en leur faveur sont largement répartis sur toute la population des contribuables tandis que les bénéfices sont concentrés sur un petit nombre. Ce type d'analyse caractérise l'école américaine du ***Public Choice*** qui cherche à expliquer les facteurs de la croissance de l'État. Ce dernier augmente les dépenses pour satisfaire les nombreux **groupes d'intérêt** (les ***lobbies***) politiquement importants, sans que la masse des contribuables-électeurs ne s'y oppose.

Mobilisation
Processus qui conduit un ensemble de personnes ayant conscience de leur intérêt commun à s'organiser pour le défendre ou le promouvoir.

Passager clandestin
Acteur économique ou social qui profite d'un bien, d'un service ou d'une action collective dû à d'autres sans en supporter le coût.

Groupe d'intérêt
Groupe représentant un intérêt particulier et faisant pression sur les autorités (législatives ou administratives) afin de faire adopter une réglementation qui lui est favorable (ou supprimer une réglementation défavorable).

Les facteurs économiques ne sont toutefois pas les seuls à intervenir dans la constitution d'une action collective. Durkheim a par exemple mis en avant l'importance de la « densité morale » au sein d'un ensemble de personnes, c'est-à-dire la fréquence des contacts et des communications, pour expliquer l'organisation d'un groupe en vue d'une action.

Les facteurs sociodémographiques de l'engagement

Le rôle des déterminismes sociaux

Tout en étant volontaire et libre, l'engagement n'échappe pas au poids des déterminismes sociaux et culturels. Le niveau d'études comme de diplôme et la catégorie socioprofessionnelle jouent un rôle essentiel dans la décision à la fois de faire partie d'une association et de s'engager dans une activité de bénévolat ou de volontariat : les cadres et les diplômés du supérieur s'investissent plus que les autres. Ce phénomène se vérifie dans toutes les classes d'âge. Ainsi, selon l'étude de France Stratégie en 2015, 45 % des jeunes ayant terminé leurs études à 22 ans au plus tôt participent au moins à une association, contre seulement 24 % de ceux qui les ont achevées à 18 ans. De même, cela concerne 47 % des jeunes ayant un emploi contre 18 % des chômeurs et 50 % des titulaires du baccalauréat contre 38 % sans le baccalauréat.

Le degré d'engagement des parents constitue également un facteur de reproduction sociale : en moyenne, plus leurs parents pratiquent le bénévolat, plus les jeunes sont à leur tour impliqués. La reproduction sociale joue donc également en matière d'engagement politique.

L'engagement politique des jeunes

Peut-on déduire de la plus faible participation électorale des jeunes par rapport aux autres catégories qu'ils se désintéressent de la politique et de l'avenir de la société ? Certes, ils s'abstiennent de plus en plus et votent par intermittence, ils adhèrent de moins en moins à un syndicat mais ils sont de plus en plus nombreux à s'engager bénévolement et à donner de leur temps à des associations ou à une organisation similaire (un tiers des 18-20 ans) et ils plébiscitent le service civique qui propose des missions d'intérêt général pour plusieurs mois. Néanmoins, ils préfèrent les petites associations, plus locales et plus souples, aux grandes associations traditionnelles, plus hiérarchisées et où les décisions sont souvent prises par les seuls responsables. Ils s'intéressent également à toutes les nouvelles formes militantes et utilisent massivement les outils de démocratie numérique. Ainsi, loin de refuser de participer à la vie publique, les jeunes initient, accompagnent et amplifient les nouvelles formes d'engagement politique et d'actions collectives.

Mouvements sociaux et nouvelles formes d'actions collectives

Si l'engagement dans des partis politiques fait l'objet d'une véritable désaffection, ce n'est pas le cas pour la participation à d'autres actions collectives. Au contraire, et cette désaffection pouvant expliquer cela, de nouveaux modes d'actions et d'organisations des individus émergent afin de créer un mouvement social cherchant à transformer les choses. Le mouvement des Gilets jaunes, les manifestations des très jeunes pour le climat, les actions de désobéissance civile ou encore les campagnes sur Internet pour dénoncer et protester témoignent d'une vitalité de la participation politique qui, en outre, coexistent avec des participations plus traditionnelles (mouvement de protestation contre la réforme des retraites par exemple).

Les mouvements sociaux

Parmi tous les types d'action collective, les mouvements sociaux occupent une place à part dans les analyses des sociologues. Dans le sens courant, un **mouvement social** désigne une action revendicative, généralement une grève, menée dans une entreprise (un mouvement social à la SNCF par exemple). Mais d'un point de vue sociologique, les mouvements sociaux correspondent à une action collective qui se déroule à l'échelle de la société toute entière. Qu'il s'agisse de défendre ou de promouvoir un intérêt ou une idée, un mouvement social commence par une phase de mobilisation et d'actions plutôt désordonnées (manifestations, grèves, occupations illégales, etc.) qui peu à peu s'organisent et se structurent. Un mouvement social, à la différence d'autres types d'actions collectives, cherche à généraliser les enjeux, à leur donner un sens qui déborde le contexte de départ afin d'acquérir une puissance qui lui permettra d'agir pour transformer certains éléments de l'organisation sociale.

Mouvement social
Rassemblement et mobilisation de personnes dont les actions visent à transformer la société.

Pour le sociologue Alain **Touraine**, qui a étudié dans les années 1970 et 1980 de nombreux mouvements sociaux (écologistes, antinucléaires, mouvements féministes par exemple), ceux-ci sont un moteur du changement et un facteur de structuration sociale. Surtout, ils mettent en évidence les relations de domination dans la société, la distribution inégale du pouvoir et de l'autorité et les groupes sociaux centraux qui sont concernés.

La transformation des modes d'action collective

La plupart des nouvelles mobilisations collectives se caractérisent par plusieurs traits communs.

À l'opposé des formes d'engagement traditionnelles (adhésion à un parti ou à un syndicat), sont aujourd'hui privilégiées des implications plus informelles, davantage ponctuelles ou spontanées, soulignant une tendance à l'engagement concret, loin des idéologies, et parfois à court terme (pétitions, manifestations, boycotts, etc.). Les nouvelles mobilisations manifestent un besoin de résultats immédiats, qui les fait se questionner en permanence sur l'utilité des actions entreprises. L'usage des réseaux sociaux comme espaces et outils d'information, de coordination et de mobilisation (à faibles coûts) est une autre caractéristique partagée pour tous ces nouveaux acteurs sociaux. Le refus des organisations verticales au profit de fonctionnements plus horizontaux traduit un fort attachement aux procédures démocratiques, même s'il s'agit plutôt ici de démocratie directe, par rejet de tout représentant ou intermédiaire. Ces modèles se caractérisent en parallèle par la méfiance vis-à-vis de tout leader, voire le refus de toute figure d'autorité. Ainsi, les mouvements protestataires prennent des formes nouvelles (pétition, manifestation, boycott, occupation) au détriment des actions de militantisme traditionnel.

Enfin, on peut compter parmi ces nouvelles formes d'intervention dans la vie publique, des actions plus radicales comme, par exemple, le développement d'un mouvement de désobéissance civile porté par les militants écologistes face à l'inaction des autorités politiques pour lutter contre le réchauffement climatique (exemple du mouvement social écologiste international Extinction Rebellion). Initiée et théorisée par l'auteur américain Henry D. Thoreau (1817-1862), qui refusa de payer ses impôts pour marquer son opposition aux autorités esclavagistes de son époque, la désobéissance civile a inspiré les actions collectives menées par Gandhi et Martin Luther King contre la ségrégation raciale. Fondée sur la non-violence à l'égard des personnes, elle n'hésite pourtant pas à transgresser la loi (blocage, occupation, destructions) ; les procès qui s'ensuivent permettant d'alerter l'opinion et de faire évoluer le droit.

Lire aussi » **Démocratie - Vote**

Entreprise

Dans une économie, la production est principalement issue de l'activité des entreprises. Il existe cependant une très grande diversité entre les entreprises, du petit commerce de quartier aux grandes sociétés employant de très nombreux salariés.

SOMMAIRE

- Qu'est-ce qu'une entreprise ?
- La diversité juridique des entreprises
- La diversité économique des entreprises

Qu'est-ce qu'une entreprise ?

Renault, la Croix-Rouge, La Poste, une exploitation agricole, un collège, un avocat, sont des agents économiques qui ont comme point commun de produire des biens et services. Pourtant, ces unités de production ne sont pas toutes des entreprises.

Une **entreprise** est une unité de production qui vend ses produits sur un marché. Elle produit donc des biens et des services marchands. Une banque, une clinique, une exploitation agricole, une boucherie, un cabinet médical sont ainsi des entreprises.

Entreprise
Unité économique et juridique produisant des biens et des services pour les vendre sur un marché afin de réaliser un bénéfice.

En revanche, une **administration** est une unité de production de services non marchands, mais ce n'est pas une entreprise. Une administration (un lycée, une mairie, un tribunal, etc.) a une activité productive, mais les services qu'elle produit ne sont pas vendus sur un marché moyennant le paiement d'un prix.

Une **association** est définie par la célèbre loi du 1er juillet 1901 sur la liberté d'association. L'association est un contrat passé entre plusieurs personnes qui mettent en commun « leurs connaissances ou leurs activités dans un but autre que de partager les bénéfices ». Contrairement à l'entreprise

Association
Groupement volontaire résultant d'un contrat passé entre plusieurs personnes qui mettent en commun leurs connaissances ou leurs activités dans un but autre que partager les bénéfices.

qui a pour objectif de faire des bénéfices, une association poursuit d'autres buts. Une association produit généralement des services non marchands destinés à ses membres. Une association peut cependant avoir une activité commerciale mais les bénéfices qu'elle réalise ne doivent pas revenir à ses membres ; ils doivent être mis en réserve.

Il ne faut pas confondre, enfin, entreprise et **établissement**. Une entreprise peut être constituée d'unités situées à des endroits différents ; ce sont les établissements (usines, ateliers, siège social, agence commerciale, etc.).

La diversité juridique des entreprises

Les différents types d'entreprises

Il existe de nombreuses structures juridiques pour les entreprises déterminant, pour chacune d'elles, la répartition de la propriété et des pouvoirs de direction. La principale distinction concerne les entreprises individuelles et les sociétés.

Dans une **entreprise individuelle**, une même personne assure la direction de l'entreprise, l'apport des capitaux (donc la propriété de l'entreprise) et l'activité productive. Il n'y a pas de séparation entre le patrimoine privé du chef de l'entreprise individuelle (exploitation agricole, commerce, cabinet de médecine libérale par exemple) et son patrimoine professionnel. Il perçoit seul les bénéfices de son activité et il peut avoir des salariés (conjoint salarié par exemple).

Dans une **société**, il y a généralement une distinction entre ceux qui fournissent le travail et ceux qui apportent les capitaux, ces derniers étant directement ou indirectement les dirigeants de l'entreprise.

Avant d'examiner les différentes formes de sociétés, on peut définir quelques catégories particulières d'entreprises.

– **Entreprises publiques** : sociétés dont le capital ou la majorité du capital appartient à l'État. Certaines administrations, qui vendent plus de la moitié de leur

Entreprise individuelle

Entreprise possédée et gérée par une seule personne, le patrimoine de l'entreprise et celui du chef d'entreprise étant confondus.

Société

Personne morale créée par un contrat entre plusieurs personnes (les associés) qui décident de mettre en commun des ressources (capitaux) afin de réaliser des activités productives et commerciales et d'en partager les bénéfices.

Entreprise publique

Entreprise dont le capital ou la majorité du capital appartient à l'État.

production, sont considérées comme des entreprises (exemple de La Poste). Certaines entreprises publiques sont qualifiées de mixtes (on parle aussi d'**économie mixte** pour caractériser le développement de ce type d'entreprises) car elles associent capitaux publics et capitaux privés (France Télécom).

– **Coopératives** : sociétés privées présentant certaines caractéristiques particulières. Ses objectifs sont la défense des intérêts de ses membres, appelés sociétaires. Une coopérative recherche donc moins le profit que la satisfaction de ses adhérents ; par exemple, les bénéfices sont répartis équitablement entre les sociétaires. Le pouvoir de décision appartient aux sociétaires eux-mêmes, selon le principe « un homme = une voix » quels que soient leurs apports (et non une action = une voix, comme dans les autres sociétés). On distingue les **coopératives de production**, créées pour produire en commun (exemple des coopératives agricoles), et les **coopératives de consommation**, créées pour bénéficier des avantages des achats groupés.

Coopérative
Entreprise privée appartenant à l'ensemble de ses membres et dont l'objectif est de satisfaire tous les adhérents sur une base égalitaire.

Les coopératives appartiennent à ce qu'on appelle l'**économie sociale** (ou **tiers secteur**) qui regroupe les mutuelles (systèmes d'assurance fondés sur l'entraide et la solidarité), les coopératives et les associations.

Économie sociale
Secteur de l'économie regroupant les coopératives, les associations et les mutuelles.

– **Entreprises d'insertion** : entreprises aidées par les pouvoirs publics afin qu'elles emploient des personnes connaissant des difficultés d'insertion (chômeurs de longue durée, allocataires du RMI par exemple). Appelées autrefois **entreprises intermédiaires**, elles ont une mission de réinsertion professionnelle.

Les principales formes juridiques des sociétés

La forme juridique de la société a été imaginée pour rassembler des capitaux importants, ce qui ne pouvait être réalisé par une seule personne. Les deux formes de société les plus répandues sont la **société à responsabilité limitée (SARL)** et la **société anonyme (SA)**.

Une SARL peut être créée avec deux associés seulement (une cinquantaine au maximum) et un capital social minimum peu important. Chaque associé fait un apport en capital à l'entreprise et reçoit des **parts sociales** correspondant à la fraction du capital qu'il détient. Les associés ne sont responsables que dans la mesure de leurs apports ; cette responsabilité limitée signifie que si la SARL fait de mauvaises affaires, ils ne perdront que cet apport. La SARL est un statut juridique qui a été souvent choisi par les entreprises familiales afin de protéger le patrimoine personnel en cas de faillite.

Dans une société anonyme, les actionnaires doivent être au moins sept et le capital social, qui est divisé en actions, a un montant minimum très élevé. La SA permet ainsi de réunir des actionnaires et des capitaux très nombreux. La responsabilité des actionnaires joue comme pour une SARL.

Chaque actionnaire, qui reçoit une partie du bénéfice appelée dividende, participe à la gestion de la SA lors des assemblées générales des actionnaires. Son **droit de vote** est proportionnel à la part du capital qu'il détient. L'assemblée générale des actionnaires élit les membres du **conseil d'administration** de la société (de trois à douze membres) parmi les actionnaires. Les membres du conseil d'administration sont les administrateurs et ils reçoivent une rémunération sous la forme de « **jetons de présence** » (en référence à leur présence au conseil d'administration). Le conseil d'administration, qui gère la société, élit et peut révoquer à tout moment le président du conseil d'administration. Souvent, ce président est aussi le directeur général salarié de l'entreprise, celui qui dirige effectivement l'entreprise ; il est alors **P-DG**.

Les SA ont aussi la possibilité de choisir une autre organisation de la direction : celle-ci peut être assurée par un **conseil de surveillance** (membres élus par les actionnaires) et un **directoire** (cinq membres élus par le conseil de surveillance sans être nécessairement des actionnaires).

Les groupes d'entreprises

Les actionnaires d'une société anonyme détiennent une fraction du capital social. Les actionnaires peuvent être des personnes physiques, mais aussi d'autres sociétés. On appelle ainsi **participation** d'une société dans une autre la détention d'un certain nombre d'actions de la première société dans la seconde.

La participation peut être simple (X possède 30 % du capital de Y par exemple), réciproque (X possède 30 % de Y et Y possède 20 % de X), pyramidales ou « en cascades » (X possède 30 % de Y qui possède 60 % de Z, etc.).

Lorsque plusieurs sociétés sont liées par des participations, elles peuvent constituer un groupe. Un **groupe** est un ensemble de sociétés composé d'une **société-mère** et de filiales. Une société-mère peut se définir comme une société non détenue à plus de

Groupe
Ensemble de sociétés reliées financièrement entre elles et dépendant d'un même centre de décision (société-mère).

50 % par une autre société et qui possède des participations supérieures à 50 % dans une ou plusieurs sociétés appelées alors **filiales**. Lorsque la part du capital d'une société détenue par une autre est inférieure à 50 %, cette première société n'est pas une filiale, mais une simple « participation ».

Filiale
Société dont le capital est détenu majoritairement par une autre société.

Un groupe d'entreprises

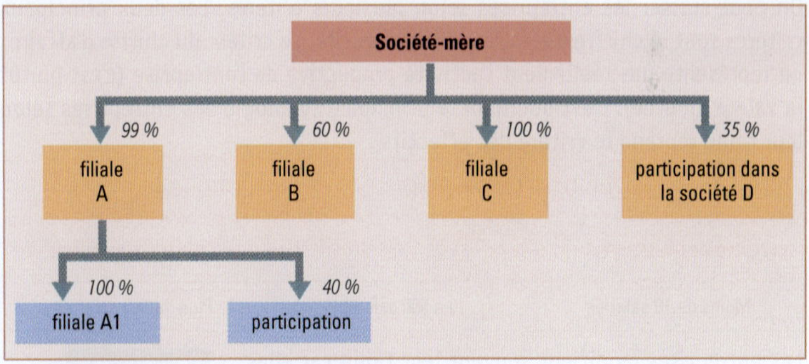

La société-mère assure la direction du groupe qui poursuit généralement un objectif commun aux sociétés qui en font partie. Il existe de nombreux liens techniques, commerciaux ou financiers entre les sociétés d'un même groupe. Lorsque la société-mère n'a pas d'activités productives propres et se contente de détenir et de gérer ses participations dans d'autres sociétés, il s'agit d'une **holding**. Une holding a donc une activité financière.

Holding
Société qui ne produit pas mais qui détient des participations dans le capital d'autres sociétés afin d'en contrôler et d'en orienter l'activité.

La défaillance de l'entreprise

Lorsqu'une entreprise connaît des difficultés, elle ne peut plus payer ses fournisseurs, puis les administrations fiscales et sociales, et enfin, ses salariés. Lorsqu'elle n'est plus en mesure de payer ses dettes, elle peut être déclarée en « **cessation de paiement** ». Dans ce cas-là, ou bien lorsque le chef d'entreprise a déclaré un « **dépôt de bilan** », le tribunal peut prononcer le **règlement judiciaire** de l'entreprise, ou sa **liquidation**, c'est-à-dire sa disparition. Un **redressement judiciaire** peut en revanche permettre de sauver l'entreprise.

Le tribunal nomme un mandataire, l'**administrateur judiciaire**, pour assurer la gestion provisoire de l'entreprise qui, durant cette période, n'a pas à payer ses dettes.

La diversité économique des entreprises

On peut classer les entreprises selon plusieurs critères. Les deux principaux critères sont le chiffre d'affaires et les effectifs. Le critère du chiffre d'affaires ne représente pas réellement l'activité productive de l'entreprise (c'est plutôt la valeur ajoutée). C'est pourquoi la principale typologie des entreprises selon leur taille reprend le critère des effectifs :

Typologie des entreprises selon leur taille

Petites entreprises	Petites et moyennes entreprises (PME)	Grandes entreprises
Moins de 10 salariés	10 à 500 salariés	Plus de 500 salariés

Concentration
Processus économique général consistant dans l'augmentation régulière de la taille des entreprises, notamment grâce à des rachats et des fusions avec d'autres entreprises.

Les entreprises modifient souvent leur taille car elles réalisent des opérations de concentration. La **concentration** peut être définie comme un processus économique très général consistant dans l'augmentation régulière de la dimension des entreprises d'une économie. La **concentration économique** désigne ainsi la situation particulière d'une activité qui est dominée par quelques producteurs (industrie automobile par exemple). Cette tendance générale à la concentration, qui n'est pas toujours vérifiée, est le résultat d'opérations de concentration réalisées par les entreprises.

Les entreprises peuvent d'abord procéder à des **concentrations techniques**. C'est par exemple le cas d'une entreprise qui regroupe plusieurs établissements de production (ateliers, usines, etc.) en une seule unité de production afin de profiter d'économies d'échelle.

La concentration peut aussi caractériser le regroupement de deux ou plusieurs entreprises qui étaient auparavant juridiquement indépendantes. Il s'agit là d'une **concentration financière** dont les modalités peuvent être la **fusion** (les entreprises A et B disparaissent au profit d'une nouvelle entreprise C) ou encore l'**absorption** (l'entreprise A passe sous contrôle de l'entreprise B).

On distingue généralement trois types de concentration :
- **concentration horizontale** : elle réunit des entreprises fabriquant le même produit ou situées à un même stade du processus de production ; elle permet de réaliser des économies d'échelle et d'accroître le pouvoir de négociation face aux partenaires extérieurs (baisses de prix exigées des fournisseurs) ;
- **concentration verticale** : elle regroupe des entreprises situées à des stades complémentaires d'un processus de production ; il s'agit alors d'une **intégration verticale** destinée à garantir la sécurité des approvisionnements ou à diminuer les coûts d'achats des produits intermédiaires ;
- **concentration conglomérale** : elle regroupe dans un **conglomérat** des entreprises ayant des activités totalement différentes afin de diversifier les placements financiers ; les profits de certaines activités peuvent compenser les pertes d'autres parties de l'entreprise.

Concentration horizontale
Regroupement d'entreprises ayant la même activité.

Concentration verticale
Regroupement d'entreprises ayant des activités complémentaires.

Les opérations de concentration juridique correspondent à un processus de **croissance externe** de l'entreprise. Cette dernière développe sa production et son chiffre d'affaires en acquérant des moyens de production (usines, réseaux commerciaux, image de marque, par exemple) déjà existants. L'entreprise peut aussi mettre en œuvre une stratégie de **croissance interne**, plus lente et moins onéreuse, en créant et en développant elle-même ses moyens de production.

Les types de concentration d'entreprises

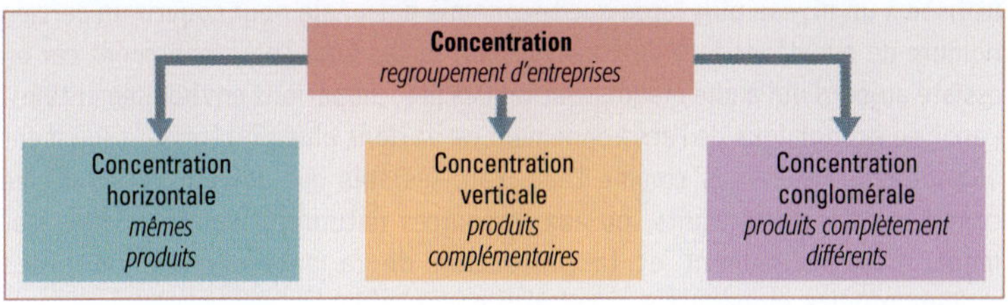

Le champ des activités d'une entreprise se modifie sans cesse. Depuis quelques années, les grandes entreprises multiplient les opérations d'**externalisation** en confiant à des entreprises plus spécialisées certaines de leurs activités qu'elles ne jugent pas essentielles pour leur compétitivité (la gestion des rémunérations, le nettoyage, la sécurité ou encore la gestion informatique par exemple).

Lire aussi » **Production - Théories de l'entreprise - Valeur ajoutée**

Environnement

Les préoccupations liées à la préservation de l'environnement conduisent de plus en plus les pouvoirs publics à rechercher et à mettre en œuvre des mesures de protection et de prévention. Mais les politiques de l'environnement se heurtent souvent aux contraintes de l'activité économique tandis que la préservation de la nature et des ressources naturelles constitue une question mondiale dépassant le cadre d'un pays.

SOMMAIRE

- L'environnement, un bien public mondial
- Les négociations sur le climat
- Les instruments de lutte contre les pollutions
- Environnement et développement durable
- Les indicateurs de développement durable

L'environnement, un bien public mondial

La notion de « bien public », issue de l'économie publique, est aujourd'hui utilisée à un niveau plus large que l'économie nationale pour couvrir un certain nombre de questions internationales. C'est le cas pour l'environnement car on assiste aujourd'hui à une mondialisation des préoccupations environnementales. L'analyse économique de l'environnement ne va donc plus s'intéresser seulement aux « biens naturels », comme l'eau, l'air, les sols qui doivent cesser d'être considérés comme gratuits, ou aux ressources naturelles menacées d'épuisement. L'environnement et la protection de la nature deviennent des « **biens publics mondiaux** », c'est-à-dire des biens collectifs, propriété de l'ensemble de l'humanité, et dont la production et la préservation ne peuvent être laissées au libre jeu des intérêts privés et des mécanismes du marché. La notion de bien public mondial ou global, qui concerne aussi d'autres domaines que l'environnement comme la santé ou la sécurité, mêle

Bien public mondial
Bien collectif qui est la propriété de l'humanité tout entière et qui doit faire l'objet d'une régulation à l'échelle mondiale.

les notions économiques traditionnelles de bien collectif et d'externalité pour montrer que ces questions, qui exigent la participation de tous, doivent relever d'autorités publiques à l'échelle mondiale, sous la forme, par exemple, d'accords internationaux ou d'organisme international.

Un exemple en est donné par le **protocole de Kyoto** signé en 1997 et qui prévoit la réduction des émissions des **gaz à effet de serre (GES)**, comme le gaz carbonique (CO_2) ou le méthane, issues des activités industrielles et domestiques (chauffage, transports, etc.). L'ensemble des analyses sur la question de l'**effet de serre** montrent en effet que ce mécanisme naturel, qui bloque la réémission vers l'espace du rayonnement infrarouge et piège ainsi la chaleur (ce qui permet à la terre d'avoir une température moyenne de 15° au lieu de – 18°), connaît une intensification sous l'action de l'homme entraînant des conséquences dramatiques. Fonte des glaciers, inondations, famines, épidémies, disparition de terres arables devraient suivre le réchauffement de la planète (estimé entre 3 et 5 °C). Ces catastrophes naturelles se produiront de façon inégale selon les régions puisque ce sont surtout les pays en développement qui en seront les victimes, conduisant à l'apparition de « réfugiés climatiques ». À Kyoto, les pays industrialisés s'étaient engagés à réduire globalement leurs émissions de GES de 5 % d'ici 2010 par rapport à 1990. L'Union européenne, elle, s'était engagée à réduire ses émissions de 8 % sur la période 2008-2012. Toutefois, les États-Unis ont refusé de ratifier ce Protocole, alors qu'ils représentent le principal émetteur de GES avec le tiers des émissions mondiales, sous prétexte qu'aucun effort quantitatif n'était exigé des pays en développement. Ces derniers ont, de leur côté, manifesté une hostilité à la disposition du Protocole qui fonde les droits d'émissions autorisés sur les émissions existantes (ce qui induit un partage inégal de l'usage de l'atmosphère).

Les négociations sur le climat

Les rapports scientifiques du **GIEC (Groupe d'experts intergouvernemental sur l'évolution du climat)** publiés régulièrement depuis 1990 ne laissent plus aucun doute sur la prépondérance du rôle des activités humaines dans le réchauffement climatique.

La période d'engagement du protocole de Kyoto s'achevant fin 2012, de nouvelles négociations ont été lancées afin de fixer de nouveaux objectifs de maîtrise des émissions. Adopté en 2015 par la Conférence des Nations unies sur les changements climatiques (**COP 21**), l'**Accord de Paris** est entré en vigueur en octobre

2016. Ce traité prévoit l'engagement des 195 États parties prenantes à contenir la hausse des températures sous la barre des 2° C et fait suite à une série d'échecs des négociations. Lors de la COP 21, les États-Unis ont joué un rôle moteur pour entraîner les autres grands pollueurs (Chine, Inde, Brésil) dans la lutte contre le réchauffement de la planète. Toutefois, l'élection du président D. Trump s'est traduite par une sortie officielle des États-Unis de l'Accord de Paris en 2019. Les États-Unis renoncent à verser leur contribution financière au « **Fonds vert** » pour le climat (destiné à soutenir les pays du Sud les plus vulnérables au réchauffement) et ont supprimé les restrictions à la production d'énergies fossiles sur leur territoire. Un désengagement américain n'a pas conduit pour autant les autres pays à suivre cet exemple, la Chine souhaitant notamment maintenir les objectifs de réduction des émissions afin de lutter contre la pollution.

En France, une vaste consultation publique associant tous les acteurs intéressés par les questions d'environnement s'est réunie en 2007 sous le nom de **Grenelle de l'environnement**. Ces travaux, qui ont notamment abouti à deux lois, en 2009 (Grenelle 1) et 2010 (Grenelle 2), ont surtout porté sur le climat et ont fixé l'objectif de diviser par quatre les émissions de GES d'ici 2050, notamment dans les secteurs du bâtiment et des transports (40 % du total des émissions). Peu de mesures concrètes toutefois en ont résulté.

Les instruments de lutte contre les pollutions

Comme la dégradation de l'environnement est liée aux activités humaines et qu'il convient de ne pas entraver le développement des activités économiques, les mesures prises ont cherché à s'inscrire dans le cadre de l'économie de marché, les réglementations autoritaires ayant du mal à s'imposer à des entreprises qui doivent affronter la concurrence d'autres entreprises pas forcément soumises aux mêmes contraintes.

Ce sont donc essentiellement des mécanismes de marché qui ont été proposés afin d'encourager les producteurs et les consommateurs à limiter leurs pollutions.

Le premier instrument repose sur le **principe du pollueur-payeur**. Ce principe, qui découle de l'analyse économique publique, montre que l'activité des

Principe du pollueur-payeur

Obligation pour une entreprise polluante de payer le coût des dommages que son activité provoque ou de prendre en charge leur élimination.

entreprises produit des « externalités », c'est-à-dire des effets néfastes sur l'environnement, sans qu'elles compensent cette dégradation pour la société. Le principe du pollueur-payeur consiste alors à « internaliser » ces coûts en les faisant payer par ceux qui les engendrent. Selon ce principe, adopté par l'OCDE en 1975, c'est le responsable de la pollution qui paie les coûts des dommages ou des mesures nécessaires pour les éliminer. Ceci ne l'empêche pas de répercuter ces coûts sur les consommateurs, mais seulement si les conditions de son marché le permettent ; dans le cas contraire, il est contraint de modifier son système de production afin d'être à la fois plus compétitif et moins polluant.

C'est ce principe qui est à l'origine des projets de création de taxes sur les activités polluantes. À la fin des années 1990, le gouvernement français a proposé de mettre en œuvre une « **éco-taxe** », mais ce projet n'a pas abouti. Il s'agissait d'imposer une taxe à tous les consommateurs d'énergie selon leurs émissions de CO_2. La taxation permet en effet de créer des incitations (à réduire les émissions par exemple) tout en dégageant les moyens permettant de financer des mesures de réparations ; on parle alors de « **double dividende** ».

Dans le cadre du Grenelle de l'environnement, la France s'est engagée à réduire ses émissions de GES d'ici 2050. Ainsi, la **Contribution Climat-Énergie (CCE)** a été créée en 2014. Cette nouvelle taxe carbone augmente les taxes intérieures sur la consommation des produits énergétiques polluants en fonction de leurs émissions de CO_2 (carburant, fioul, gaz).

Permis d'émission ou droit à polluer
Permis négociable donné à une entreprise d'émettre une certaine quantité de gaz à effet de serre (GES) égale à ce qu'elle a émis au cours d'une période de référence.

Un autre instrument consiste à instaurer des **quotas d'émission** de produits polluants par pays accompagnés d'un système permettant une certaine flexibilité. C'est le système qui a été adopté à Kyoto et qui devrait donner naissance à des « **permis d'émission** » négociables ainsi qu'à un **marché des droits à polluer**. C'est un système alternatif à la taxation qui concerne les activités particulièrement polluantes. À chaque entreprise serait attribué un permis (ou droit d'émission, ou encore droit à polluer) lui donnant le droit d'émettre une quantité de GES égale à ce qu'elle a émis au cours d'une année de référence, multipliée par un coefficient de progression. Si l'entreprise émet moins que ne le prévoit son permis, elle peut vendre la différence entre son permis et son émission réelle à une entreprise dont l'émission aurait au contraire excédé le permis. En sens inverse, elle peut émettre plus que ne le prévoit son permis si elle achète à une autre l'excédent de permis de celle-ci.

Dans ce système, chaque entreprise a un quota de droits d'émission de GES qu'elle peut utiliser pour elle ou échanger (si par exemple elle développe des productions moins néfastes pour l'environnement). Ce système doit être accompagné de la création d'un marché des droits d'émission où s'échangeraient les déficits et excédents des entreprises par rapport à leurs droits autorisés.

L'intérêt de ce système apparaît bien dans le cadre d'une réduction globale des émissions de produits polluants puisqu'il suffit, comme le prévoit le protocole de Kyoto, de limiter voire de réduire le total des quotas attribués aux pays ou aux entreprises pour atteindre l'objectif de préservation de l'environnement. Le Protocole devrait ainsi instaurer un marché mondial des « permis d'émission internationalement négociables » afin de réduire les émissions de gaz à effet de serre. Remarquons enfin que ce système exige une réglementation importante afin d'organiser l'attribution des permis aux entreprises existantes, l'attribution des nouveaux droits, la surveillance du système, une institution en charge de celui-ci, etc.

Environnement et développement durable

Ce sont les questions environnementales qui ont conduit, dans les années 1980, à l'émergence de la notion de développement durable (*sustainability* en anglais) afin de lier fortement le développement économique avec le maintien des équilibres écologiques. La notion a été précisée notamment en 1987 dans le rapport de la Commission Brundtland des Nations unies qui définit le **développement durable** comme « celui qui répond aux besoins du présent sans compromettre la capacité des générations futures à répondre à leurs propres besoins ». Le développement durable ou « soutenable » assure ainsi une certaine équité intergénérationnelle puisqu'il impose de ne pas prendre de décisions qui se révéleraient irrévocables pour les générations futures. Les générations actuelles ont donc une responsabilité particulière quant aux biens de la nature. Elles doivent éviter les dégradations irréversibles et l'épuisement des ressources naturelles non renouvelables afin de préserver la reproduction de la biosphère.

Développement durable
Développement qui répond aux besoins du présent sans compromettre la capacité des générations futures à répondre à leurs propres besoins.

C'est lors du premier Sommet de Rio en 1992 qu'est apparu un principe qui, aujourd'hui, revêt une importance particulière pour tout ce qui touche aux conditions de vie des individus, à savoir le **principe de précaution**. Face aux risques menaçant l'environnement, la santé ou encore la sécurité alimentaire, un nombre croissant de personnes et d'organismes (associations, ONG) ont cherché à faire prévaloir ce principe. Inscrit dans le traité européen de Maastricht, le principe de précaution a été introduit en France dans la loi Barnier de 1995 sur l'environnement. Il y est défini ainsi : « l'absence de certitudes, compte tenu des connaissances scientifiques et techniques du moment, ne doit pas retarder l'adoption de mesures effectives et proportionnées visant à prévenir un risque de dommages graves et irréversibles. » Ainsi, lorsqu'il existe des incertitudes quant aux risques pour l'environnement ou la santé des personnes, les pouvoirs publics peuvent prendre des mesures sans avoir à attendre que la réalité et la gravité des risques soient établies. Le principe de précaution n'est pas, comme on le croit souvent, une règle d'abstention (n'autoriser que les activités humaines et les produits dont l'innocuité est scientifiquement prouvée) mais une règle d'action pour les autorités qui doivent alors intervenir pour interdire ou réglementer des activités ou des développements scientifiques qui présentent des risques. Depuis mars 2005, ce principe figure dans la Constitution dans le cadre de la Charte de l'environnement.

Principe de précaution
Principe selon lequel une action de prévention face à un risque ne doit pas être retardée par le manque de certitudes scientifiques.

Certains économistes refusent néanmoins la notion de développement durable et dénoncent la course à la production, la nécessité de produire toujours davantage (le **productivisme**).

La **décroissance** caractérise alors un courant de pensée qui prône la réduction de la production de richesses. C'est pour ce courant la seule façon de résoudre les problèmes écologiques car croissance de la production de biens et de services et respect de l'environnement sont incompatibles.

Décroissance
Diminution régulière de la production d'un pays.

Les indicateurs de développement durable

Si le PIB demeure l'indicateur économique majeur, la prise de conscience des risques environnementaux et de la rareté des ressources naturelles a conduit au développement de nouveaux indicateurs tenant compte de ces dégradations.

Une première série de travaux a cherché à définir un « **PIB vert** » afin de compléter le PIB qui ignore les impacts négatifs de certaines activités. Pour calculer ces « **indicateurs de bien-être économique durable (IBED)** », on évalue en unités monétaires les effets positifs et négatifs des activités humaines oubliées dans le PIB : valeur (ajoutée) du travail domestique ou bénévole, valeur (perdue) liée aux dommages à l'environnement, etc. Les résultats de ce type de calculs sont peu précis car ils dépendent des hypothèses retenues, mais ils sont davantage pertinents lorsque l'on raisonne sur la longue période.

D'autres indicateurs, non monétaires, ont été plus récemment élaborés, avec notamment l'**empreinte écologique**. Celle-ci désigne, pour une population donnée, la surface de la planète, exprimée en hectares, dont cette population dépend compte tenu du volume de sa consommation et des surfaces nécessaires pour produire les ressources comme pour absorber les déchets générés. Ce type de mesure indique, par exemple, que si tous les habitants de la planète avaient le niveau de vie des Américains, il faudrait plus de cinq planètes pour y faire face, sur la base des techniques actuelles de production et de consommation. De même, on peut mesurer que c'est vers le début des années 1980 que l'ensemble de l'humanité a commencé à consommer plus de ressources et à rejeter plus de déchets et de pollutions que ce que la planète peut régénérer. Toutefois, la majorité des habitants de monde ont une empreinte écologique très faible. L'empreinte écologique, qui met l'accent sur la capacité de régénération de la Terre, mesure donc la demande exercée par les hommes envers les « services écologiques » fournis par la nature. Elle ne doit pas être confondue avec la notion d'**empreinte carbone** (ou **bilan carbone**) qui, pour un individu ou une population (mais aussi un produit), mesure le volume d'émission de gaz à effet de serre dont le mode de vie est responsable. Ainsi, un Français émet en moyenne chaque année 9 tonnes d'équivalent CO2 (24 pour un Américain).

Avec ces nouveaux indicateurs, se développe la notion de seuils d'irréversibilité, au-delà desquels la dégradation du capital naturel ne peut être ni réparée, ni compensée par des investissements.

Lire aussi » **État dans l'économie - Question d'actualité 12 p. 44**

Épargne

Les ménages ne dépensent pas tous leurs revenus en achetant des biens de consommation. Ils mettent aussi des sommes d'argent de côté pour réaliser certains objectifs. Les ménages ne sont pas les seuls agents qui épargnent. C'est aussi le cas des entreprises. En permettant le financement des investissements, l'épargne joue un rôle économique fondamental.

SOMMAIRE

→ Qu'est-ce que l'épargne ?

→ À quoi sert l'épargne ?

Qu'est-ce que l'épargne ?

Définition

Au sens courant, épargner consiste à mettre de l'argent de côté, à faire des économies. La notion économique d'épargne rejoint en partie le sens courant car l'**épargne** représente la partie du revenu qui n'est pas destinée à une consommation. L'épargne est donc un acte de renonciation à une satisfaction immédiate au profit d'une satisfaction future, d'une consommation future. Placer son argent à la caisse d'épargne, acheter des actions ou des obligations, ou conserver des billets chez soi constituent des formes d'épargne pour les ménages.

Épargne
Partie du revenu qui n'est pas consommée.

L'épargne nationale

Pour la comptabilité nationale, l'épargne est un flux et non un stock. La mesure de l'épargne des différents agents économiques porte sur les sommes épargnées durant une certaine période et non sur le montant de leur épargne à un moment donné.

Épargne nationale
Ensemble de l'épargne de tous les agents économiques (ménages, entreprises, État).

On distingue en outre l'**épargne brute**, qui est la différence entre le revenu d'un agent et sa consommation, et l'**épargne nette**, qui est égale à l'épargne brute diminuée des amortissements (c'est-à-dire les sommes mises de côté pour permettre le renouvellement des équipements).

On peut calculer le taux d'épargne d'une économie.
C'est la part du PIB qui est consacrée à l'épargne.

$$\text{taux d'épargne nationale} = \frac{\text{épargne nationale}}{\text{PIB}}$$

Taux d'épargne nationale
Part du PIB qui est consacrée à l'épargne.

L'**épargne nationale** est ici la somme de l'épargne de tous les agents économiques (ménages, entreprises, administrations). Mais la nation elle-même peut dégager une épargne, résultat de ses transactions courantes avec le reste du monde. Il y a ainsi une « **épargne de la nation** » lorsque la balance des paiements courants dégage un excédent. Cela signifie que toute l'épargne des agents économiques ne trouve pas à s'employer dans l'économie nationale et que l'excédent est prêté à des agents économiques extérieurs. Si la balance des transactions courantes est déficitaire, une épargne étrangère vient, en France, s'ajouter à l'épargne nationale.

L'épargne des ménages

Dans la comptabilité nationale, l'épargne des ménages correspond à la part de leurs revenus qui n'est pas destinée à la consommation. L'épargne brute des ménages correspond alors à trois éléments :
– l'épargne des entrepreneurs individuels, mesurée par les investissements (FBCF, formation brute de capital fixe) qu'ils réalisent ;
– les achats de biens immobiliers. Font aussi partie de cette épargne, les remboursements de prêts immobiliers (on parle d'**épargne contractuelle**) ;
– l'épargne financière des ménages, appelée capacité de financement des ménages.

Globalement, l'épargne totale des ménages est supérieure à leurs besoins d'investissements, si bien qu'ils disposent d'une capacité de financement.

Ainsi, l'épargne des ménages peut être « investie » (achats de logement, achats de biens de production pour l'entreprise individuelle par exemple). Il s'agit de l'**épargne non financière**. En revanche, la capacité de financement des ménages est susceptible de plusieurs utilisations. Une partie de cette **épargne financière** peut être thésaurisée (en or, en biens précieux), c'est-à-dire conservée par l'épargnant et non réintroduite dans le circuit économique. L'autre partie peut être placée, c'est-à-dire confiée au système financier, moyennant une rémunération appelée intérêt.

L'Insee calcule les rapports suivants à propos de l'épargne des ménages :

Taux d'épargne des ménages
Part du revenu disponible qui est consacrée à l'épargne.

$$\text{taux d'épargne des ménages} = \frac{\text{épargne brute}}{\text{revenu disponible brut}}$$

$$\text{taux d'épargne financière} = \frac{\text{épargne financière}}{\text{revenu disponible brut}}$$

L'épargne des entreprises

L'épargne brute des entreprises correspond à leur autofinancement, c'est-à-dire la part de leur bénéfice net (après impôt) qui n'est pas distribuée aux actionnaires (sous forme de dividendes) à laquelle s'ajoute l'amortissement (sommes mises de côté pour reconstituer le capital technique).

épargne brute des entreprises = autofinancement =
amortissement + bénéfices non distribués

À la différence de l'ensemble des ménages, les entreprises ont un « besoin de financement » puisque l'épargne qu'elles dégagent est insuffisante pour couvrir leurs dépenses d'investissement.

L'Insee calcule chaque année un taux d'épargne des entreprises :

Taux d'épargne des sociétés
Part de la valeur ajoutée qui est épargnée au sein de l'entreprise afin de financer une partie des dépenses d'investissement.

$$\text{taux d'épargne des sociétés} = \frac{\text{épargne brute}}{\text{valeur ajoutée}}$$

À quoi sert l'épargne ?

Le rôle économique de l'épargne

La présentation du « circuit économique » montre l'importance de l'épargne pour l'activité économique. En permettant de financer l'investissement, l'épargne assure le maintien et la croissance du niveau de la production.

Lorsque l'on calcule, après une période comme une année par exemple (on dit « ex post »), les grandeurs économiques comme la production, la consommation, l'épargne et l'investissement, on constate que l'épargne est toujours égale à l'investissement (si les échanges avec l'extérieur sont en équilibre).

Pourquoi les ménages épargnent-ils ?

Les déterminants de l'épargne des ménages

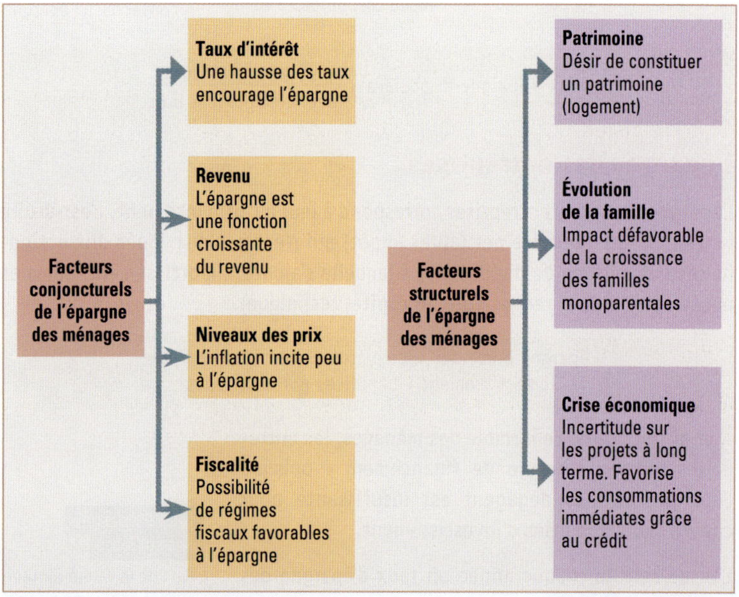

Les ménages épargnent pour acheter des biens immobiliers afin de se loger. Ils épargnent aussi afin de se protéger contre certaines éventualités (chômage, grosses dépenses imprévues, etc.) ; il s'agit donc aussi d'une épargne de précaution.

Les ménages peuvent aussi décider d'épargner pour leurs « vieux jours ». La théorie économique a analysé les implications d'une telle stratégie d'épargne sous le nom de **théorie du « cycle de vie »**. Présentée simplement, celle-ci indique que les ménages épargnent durant leur vie active afin d'accumuler un patrimoine qu'ils « consommeront » durant leur retraite.

Théorie du « cycle de vie »
Théorie présentée par l'économiste américain d'origine italienne Modigliani pour décrire l'évolution de l'épargne des ménages en fonction de leur âge.

Ils pratiqueront ainsi, à leur retraite, une **désépargne** (transformer une épargne, ou le résultat d'une épargne, en consommation), après avoir constitué, durant leur période d'activité, une épargne longue, c'est-à-dire immobilisée longtemps auprès du système financier. Cette théorie met ainsi en avant la démographie pour expliquer le montant de l'épargne des ménages dans une économie. Si les actifs d'un pays sont nombreux et les inactifs en faible nombre, l'épargne sera élevée.

Désépargne
Transformation d'une épargne en consommation.

Les ménages peuvent aussi choisir d'épargner pour obtenir des ressources régulières sous forme d'intérêts. À cet égard, la théorie économique présente deux visions opposées du phénomène de l'épargne.

Pour les économistes classiques, le partage du revenu entre la consommation et l'épargne s'explique par le niveau du taux d'intérêt ; ainsi, un taux élevé favorise l'épargne qui est alors bien rémunérée. Un taux élevé compense le sacrifice représenté par la renonciation à une consommation présente.

Pour l'économiste John M. **Keynes**, les ménages choisissent d'abord un certain niveau de consommation, l'épargne étant alors ce qu'il reste du revenu. Ainsi, les ménages à faibles revenus épargneront peu tandis que les ménages à forts revenus épargneront une part plus importante de leurs ressources.

Keynes définit ainsi une **propension à épargner** :

$$\text{propension à épargner} = \frac{\text{épargne}}{\text{revenu}}$$

Propension à épargner
Part du revenu qui est épargnée.

Il montre ensuite que lorsque les revenus augmentent, la part destinée à l'épargne s'accroît (la propension à épargner augmente avec le niveau de revenu) tandis que celle qui est affectée à la consommation diminue.

Pour Keynes enfin, le taux d'intérêt permet aux ménages de répartir, dans un second temps, leur épargne entre une forme financière (rémunérée aux taux d'intérêt en vigueur) et une forme liquide (thésaurisation). Le taux d'intérêt explique ainsi la structure de l'épargne et non son montant global.

Lire aussi » **Circuit économique - Intérêt**

État

L'État est une forme d'organisation de la vie politique et sociale qui apparaît en France à la fin du Moyen Âge. On rencontre aujourd'hui différents types d'État, comme les États unitaires et les États fédéraux.

SOMMAIRE

- Qu'est-ce que l'État ?
- Les différentes formes d'État

Qu'est-ce que l'État ?

Une définition

Dans les sociétés modernes, certaines activités ne sont exercées que par l'État, comme par exemple la défense du territoire, la police, le recouvrement des impôts ou la justice, alors qu'autrefois ces mêmes activités étaient privées (mercenaires, milices, fermiers généraux dans la monarchie française, justice rendue par les seigneurs féodaux). Dans d'autres activités, l'État joue un rôle prépondérant, même s'il n'est pas le seul ; ainsi, l'éducation ou la santé sont des domaines où l'activité peut aussi être privée, l'État intervenant par sa réglementation.

L'**État** est une forme d'organisation politique caractérisée par les éléments suivants.

L'État détient tout d'abord le monopole du pouvoir de contrainte sur un territoire et une population donnée. Il dispose seul de la capacité de contraindre éventuellement les particuliers à se conformer aux règles de conduite qu'il a édictées. Max **Weber** a notamment défini l'État comme l'instance qui, sur un territoire donné, possède le « monopole de la contrainte physique légitime ». Mais cela ne suffit pas à définir l'État, d'autant que certaines activités étatiques ne requièrent ni la menace ni l'emploi de la force. Il leur suffit d'être légitimes et cette **légitimité** provient,

État
Forme d'organisation politique caractérisée par le monopole du pouvoir de contrainte sur un territoire et une population donnés et par un ensemble de règles juridiques stables (constitution, lois).

Légitimité
Caractère de ce qui est librement accepté et reconnu dans une société.

dans les sociétés dotées d'un État, de l'existence de règles et non, comme dans les autres sociétés, de la tradition ou du charisme du chef.

Second élément, l'État dispose d'une administration et de règles stables (lois, règlements, principes juridiques) qui ne changent pas au gré des autorités politiques. L'élaboration croissante de réglementations de plus en plus spécialisées, le développement du droit, et notamment du **droit public** qui organise les relations des particuliers avec la puissance publique, montrent l'émergence d'un domaine spécifique de l'activité sociale qui ne concerne ni le pouvoir politique, ni la production de biens économiques, ni même la religion ; ce domaine, c'est l'**administration**.
La multiplication du nombre de fonctionnaires et la constitution d'une administration ou d'une bureaucratie constituent ainsi un aspect important de l'État moderne.

Enfin, l'État ne doit pas être confondu avec le gouvernement qui est l'organe central de décision d'une collectivité. L'État ne se limite pas à exercer un pouvoir exécutif (gouvernement et président de la République en France). Il exerce aussi un pouvoir législatif (Parlement) et judiciaire. L'ensemble de ces pouvoirs sont appelés **pouvoirs publics**.

Pouvoirs publics
Ensemble des autorités publiques qui détiennent le pouvoir dans l'État (pouvoir exécutif, pouvoir législatif, pouvoir judiciaire, administrations).

L'État de droit

L'État est aujourd'hui inséparable de la notion de droit. Un fonctionnement réellement démocratique cherche à assurer la protection des citoyens face à l'arbitraire du pouvoir. La notion d'**État de droit** repose sur l'idée que le citoyen n'obéit pas au pouvoir, mais aux lois que le pouvoir est seulement chargé de mettre en œuvre.

État de droit
État dans lequel les citoyens sont protégés contre les abus du pouvoir.

Au cœur de l'État de droit, on trouve l'existence d'une Constitution ainsi qu'une institution permettant le contrôle de constitutionnalité des lois (le Conseil constitutionnel en France). Invoquant la Déclaration des droits de l'homme ainsi que les « principes fondamentaux reconnus par les lois de la République », le Conseil constitutionnel assure la protection des libertés individuelles (liberté d'association par exemple) et politiques contre les empiétements du pouvoir législatif ou du pouvoir exécutif.

Les différentes formes d'État

L'État unitaire

L'**État unitaire** est celui qui, sur son territoire, ne comporte qu'une seule organisation politique, administrative et juridique disposant de l'ensemble des compétences étatiques. En France, où la « République est une et indivisible », l'État est unitaire. Les États unitaires se caractérisent par la **centralisation** de leurs activités ; toutes les décisions sont prises dans la capitale, centre administratif et politique.

Imposée souvent par l'histoire, cette centralisation des pouvoirs a été peu à peu atténuée par la mise en œuvre de la déconcentration et de la décentralisation.

État unitaire
État qui ne comporte, sur son territoire, qu'une seule organisation politique, administrative et juridique disposant de l'ensemble des compétences étatiques.

Centralisation
Réunion sous l'autorité d'un organisme central de toutes les attributions de la puissance publique.

Avec la **déconcentration**, ce sont les agents régionaux et locaux de l'État, c'est-à-dire des fonctionnaires, qui prennent directement certaines décisions intéressant leurs circonscriptions. Par exemple, le préfet peut prendre certaines décisions à la place des administrations centrales (les ministères à Paris) dont il est le représentant dans le département. De nombreux ministres nomment ainsi des fonctionnaires qui les représentent localement (recteur dans les régions et inspecteurs d'académie dans les départements pour l'Éducation nationale). Les fonctionnaires locaux bénéficiant de pouvoirs particuliers en vertu de la déconcentration de leur ministère (Éducation nationale par exemple) demeurent soumis à un strict contrôle hiérarchique de la part des autorités administratives.

Décentralisation et déconcentration

Décentralisation →	L'État abandonne certaines de ses activités (les « compétences ») et les confie à des institutions autonomes
Déconcentration →	L'État transfère des compétences de ses services centraux à Paris vers les services régionaux ou départementaux de l'État (« services déconcentrés »)

Avec la **décentralisation**, l'État crée des **collectivités territoriales** (régions, départements et communes), qui ont la personnalité morale et qui sont donc autonomes, auxquelles il confie certaines activités. En donnant un véritable pouvoir de décision sur des questions importantes (urbanisme, enseignement par exemple) aux représentants élus qui dirigent ces collectivités, l'État central voit son champ d'action se réduire. Les **collectivités locales** sont en effet indépendantes de l'État, ce dernier assurant uniquement un contrôle sur la légalité des décisions prises (respect du droit public).

Décentralisation
Processus qui consiste à attribuer des pouvoirs de décision aux collectivités locales en les affranchissant de tout devoir d'obéissance vis-à-vis du pouvoir central.

Collectivités locales
Communes, départements et régions qui sont des personnes morales, autonomes juridiquement et qui ne dépendent pas de l'administration de l'État.

La France a une longue tradition de centralisme administratif. Comme l'a noté Alexis de **Tocqueville** dans *L'Ancien Régime et la Révolution* (publié en 1856), cette centralisation est l'œuvre de la monarchie, qui a peu à peu réduit à néant le rôle politique que jouait la noblesse dans les provinces. Elle a été accentuée par la Révolution et plus particulièrement par Napoléon (création des préfets). Dans les années 1960, la nécessité d'une décentralisation s'est faite jour. L'idée était d'accroître peu à peu l'indépendance et les pouvoirs des collectivités locales.

L'État fédéral

Un **État fédéral** est un État qui rassemble sous sa bannière des États membres ou fédérés. Cela signifie que l'État fédéral partage ses compétences avec les autres États membres de la fédération. L'État fédéral est toujours un produit de l'histoire et la constitution d'un tel État (**fédéralisme**) peut provenir d'une association d'États unitaires (cas des États-Unis en 1787), ou bien d'une dissociation d'un État unitaire qui accepte la transformation des structures.

État fédéral
État qui rassemble des États membres ou fédérés, l'État fédéral partageant ses compétences avec les États fédérés.

Fédéralisme
Doctrine et système politique fondés sur le partage des compétences législatives, juridiques et administratives entre le gouvernement central de l'État (fédéral) et les gouvernements des États membres ou fédérés.

Un État fédéral ne doit pas être confondu avec une **confédération** qui est une association d'États demeurant souverains mais qui, par traité, délèguent certaines compétences (Défense par exemple) à des organes communs. C'est par exemple le cas de la CEI, Communauté des États indépendants, qui a succédé à l'URSS à la fin de 1991.

Lire aussi » **Politique**

État dans l'économie

Il existe, en économie, deux façons de considérer l'État. Une conception restrictive ne retient que les administrations centrales, c'est-à-dire les ministères, et les grands organismes publics (État au sens strict). Une conception plus large regroupe l'État et les administrations publiques locales (régions, départements, communes) ainsi que les organismes de Sécurité sociale (versement de prestations sociales et prélèvement de cotisations sociales).

SOMMAIRE

→ Le rôle économique et social de l'État

→ Fondements théoriques de l'intervention de l'État

→ Les moyens d'intervention de l'État

Le rôle économique et social de l'État

Le développement des interventions économiques et sociales

Pendant très longtemps, l'**État** a eu pour fonction principale d'assurer la sécurité, intérieure et extérieure, de la nation. Les dépenses publiques étaient donc entièrement destinées à financer les trois activités correspondant à ce qu'on a appelé l'**État-gendarme** ou **État-protecteur**, à savoir le maintien de l'ordre (police), la justice et la défense nationale.

C'est au cours de la première moitié du XXe siècle que se développent les interventions économiques et sociales de l'État. Cette évolution correspond surtout à un changement des mentalités concernant le rôle de l'État. L'ampleur de la crise des années 1930 est telle que peu à peu s'impose l'idée d'un recours nécessaire

État (sens économique)
Au sens large, il s'agit de l'ensemble des administrations publiques centrales (ministères et grands organismes publics) et locales (collectivités locales) ainsi que des organismes de Sécurité sociale.

État-gendarme
Rôle de l'État qui est réduit à sa fonction principale qui est d'assurer la sécurité intérieure et extérieure de la nation.

à l'État pour soutenir l'activité économique. Après le second conflit mondial, les besoins de la reconstruction donnent une nouvelle impulsion au rôle économique de l'État alors que la création de la Sécurité sociale en 1945 instaure l'État-providence.

L'État-providence

Arrêtons-nous sur ce terme, employé pour la première fois par le député Émile Ollivier en 1870. L'**État-providence** est dans un sens strict et historique l'intervention de l'État dans le domaine social par l'intermédiaire du système de la Sécurité sociale, lequel vise à garantir un revenu aux personnes touchées par certains risques sociaux (accident du travail, maladie, chômage, vieillesse, etc.). Les assurances sociales sont apparues dès la fin du XIXe siècle (en Allemagne, avec Bismarck notamment), mais c'est véritablement en 1942, avec le rapport **Beveridge** qui organise le système britannique de sécurité sociale, qu'apparaît l'État-providence, ce ***Welfare State*** (l'État de bien-être) désignant alors la responsabilité de l'État en matière de progrès social.

État-providence
Au sens strict et historique, intervention de l'État dans le domaine social par l'intermédiaire du système de la Sécurité sociale.
Au sens large, ensemble des interventions économiques et sociales de l'État.

Les deux définitions de l'État

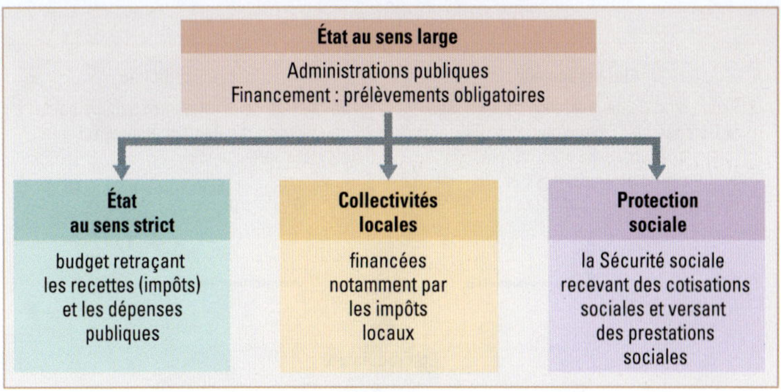

Si l'État-providence correspond strictement au système de protection sociale (la crise de l'État-providence fait alors référence aux problèmes du financement des prestations sociales comme par exemple les retraites), cette notion est de plus en plus utilisée dans un sens large pour désigner les interventions économiques et sociales de l'État. Celles-ci continuent à se développer durant les années 1950 et 1960 et connaissent un regain avec la crise économique de 1973 (indemnisation du chômage, versement des préretraites par exemple). Il importe de bien faire la distinction entre les deux conceptions de l'État.

La comptabilité nationale caractérise l'État au sens large avec le terme d'**administrations publiques**. Quant à l'État au sens strict, ses recettes (impôts) et ses dépenses sont inscrites dans le budget de l'État.

Administrations publiques
Notion de comptabilité nationale désignant les organismes publics qui dépendent de l'État ou des collectivités locales et qui produisent des services non marchands.

Au sens large, les interventions économiques et sociales de l'État correspondent alors aux dépenses publiques portant sur ces domaines (subventions et aides économiques, allégements de charges sociales pour l'emploi de chômeurs par exemple) auxquelles s'ajoutent les prestations sociales (ce que les ménages reçoivent) de la Sécurité sociale. Depuis une trentaine d'années, ce sont moins les dépenses publiques (du budget de l'État au sens strict) que les dépenses liées à l'État-providence (la protection sociale) qui expliquent le développement du rôle économique et social de l'État (sens large des « administrations publiques »).

L'État (sens strict du budget) et la protection sociale sont donc deux institutions différentes.

Les trois fonctions de l'État

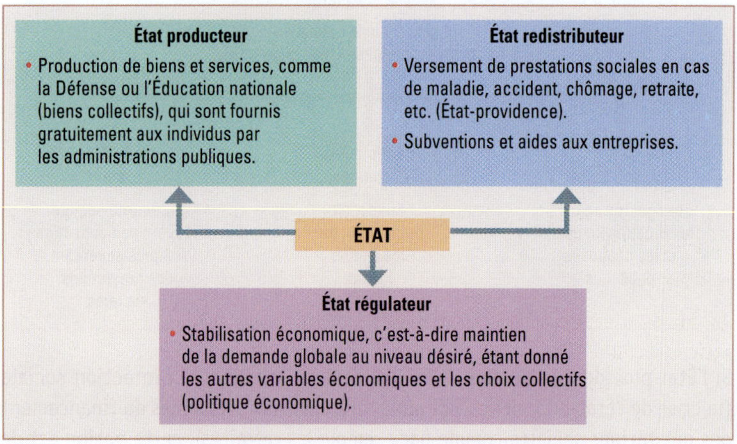

Comment expliquer la croissance du rôle économique et social de l'État ?

Parmi les nombreuses explications données au rôle croissant de l'État dans la vie économique et sociale, on peut mentionner celle de l'économiste allemand **Wagner** (« **loi de Wagner** » émise à la fin du XIXe siècle). Celui-ci a montré que les dépenses de l'État augmentaient plus rapidement que la production en raison des éléments suivants : l'amélioration du niveau de vie entraîne un accroissement des dépenses consacrées à l'éducation ; le développement économique s'accompagne d'investissements très importants (infrastructures, recherche) que le secteur privé ne peut financer (rentabilité à court terme insuffisante) ; enfin, la réglementation (dépenses d'administration générale) s'accroît avec l'industrialisation et l'urbanisation. Aujourd'hui, on peut résumer l'ensemble des interventions de l'État en trois grandes fonctions : production, régulation et redistribution.

➔ Fondements théoriques de l'intervention de l'État

L'approche libérale : intervention minimale de l'État

L'école libérale ne reconnaît, en principe, aucune activité économique à l'État, qui doit se limiter aux fonctions dites « régaliennes » (justice, armée, police). Toutefois, deux types de situations justifient un rôle économique de l'État.

L'État doit d'abord veiller au respect des « règles du jeu » de l'économie de marché qui peuvent être remises en cause. En particulier, le maintien de la concurrence implique une activité réglementaire (à l'exemple des lois antitrust américaines) destinée à limiter le pouvoir de certains monopoles ou à réprimer certaines ententes.

Les limites du marché se rencontrent aussi à propos des biens particuliers que sont les biens collectifs et à propos d'un phénomène particulier, les effets externes.

Un **bien collectif** (comme l'éducation, la défense nationale, ou un phare de mer) est un bien qui n'est pas divisible et dont le coût de production ne peut être imputé à un individu spécifique, ce qui rend difficile, voire impossible, la fixation du prix.

Bien collectif

Bien qui n'est pas divisible et dont le coût de production ne peut être imputé à un individu en particulier.

De plus, la consommation de ce bien par un individu ou par plusieurs est identique. Un consommateur supplémentaire n'implique donc pas un coût supplémentaire pour l'entreprise (le « coût marginal » est nul et donc la théorie néoclassique de fixation du prix au niveau du coût marginal ne peut s'appliquer). La consommation par un agent économique d'un bien collectif n'empêche pas un autre agent de le consommer simultanément.

Un effet externe est un avantage ou un inconvénient résultant pour une tierce personne d'un échange entre d'autres agents économiques. L'effet est externe au marché et au système de prix car il ne s'accompagne pas de compensation monétaire. La pollution est un exemple d'effet externe (les effets négatifs sont appelés déséconomies externes ou nuisances) car certaines personnes subissent un désagrément provoqué par une activité productive sans que l'entreprise concernée ne verse une indemnisation.

Effet externe
Avantage ou inconvénient résultant pour une tierce personne d'un échange marchand entre d'autres agents économiques.

À l'inverse, une amélioration du niveau général d'instruction d'un pays bénéficie aux entreprises sans que celles-ci financent spécifiquement ce « service » qui leur est rendu (effet externe positif ou économie externe). Pour caractériser les effets externes, on utilise aussi la notion d'externalités (externalités positives, externalités négatives).

L'approche keynésienne du rôle de l'État

L'analyse keynésienne ne correspond ni à un étatisme (doctrine prônant la toute-puissance de l'État dans la vie économique et sociale, y compris en matière de propriété de moyens de production) ni à un dirigisme (doctrine confiant à l'État le contrôle de l'activité économique dans un cadre économique libéral).

L'analyse keynésienne, qui s'inscrit dans l'économie de marché, souligne seulement l'impuissance du marché dans certaines circonstances. Une crise économique qui persiste doit amener les pouvoirs publics à intervenir afin de soutenir la demande qui s'adresse aux entreprises. Le chômage ne peut pas être combattu par une baisse des salaires (comme le pense l'analyse libérale), car cette diminution réduit encore davantage le pouvoir d'achat, donc la demande.

La relance de la demande doit alors être impulsée par une augmentation des dépenses publiques ou une baisse des taux d'intérêts (pour favoriser l'investissement).

Les moyens d'intervention de l'État

La réglementation

La **réglementation** désigne l'ensemble des obligations juridiques qui s'imposent aux acteurs économiques (lois, règlements administratifs dont les décrets). Tous les domaines de la vie économique et sociale reposent sur une certaine réglementation. Celle-ci a cependant été allégée depuis les années 1980. C'est par exemple le cas des prix. Depuis 1945, il existait une réglementation permettant de bloquer tous les prix lorsque les pouvoirs publics le jugeaient nécessaire (politique de lutte contre l'inflation comme en 1976 ou 1982). En 1986, cette réglementation a été abrogée. Toutefois, l'État garde le contrôle de certains prix (tarifs des services publics comme l'électricité, le chemin de fer ou le prix des médicaments, puisque ceux-ci ne doivent pas répondre au jeu de l'offre et de la demande).

Réglementation
Ensemble des obligations juridiques (normes européennes, lois, règlements administratifs) qui s'imposent aux acteurs économiques.

Les entreprises publiques

Une **entreprise publique** est une entreprise contrôlée directement ou indirectement par les administrations publiques (État, collectivités locales). Les entreprises publiques, que l'on désigne aussi sous le nom de « **secteur public** » par opposition au secteur privé, sont le résultat des nombreuses nationalisations réalisées depuis 1936.

Entreprise publique
Société dont le capital ou la majorité du capital appartient à l'État.

Une **nationalisation** est une opération juridique consistant à transférer à la collectivité la propriété d'une entreprise ou d'un groupe d'entreprises. Toujours accompagnée de l'indemnisation des actionnaires, la nationalisation peut concerner la totalité du capital de l'entreprise ou une partie (supérieure à 50 %).

Nationalisation
Transfert total ou partiel de la propriété d'une entreprise à l'État.

Il y a eu trois vagues de nationalisations : en 1936, après la victoire du Front populaire (SNCF, entreprises d'armement, aéronautique) ; en 1939-1945, à la Libération (EDF, Charbonnages de France, Renault, Banque de France, les grandes banques de dépôts comme le Crédit Lyonnais) ; en 1982, au début du premier septennat de François Mitterrand (Usinor, Thomson, Péchiney, Saint-Gobain, Rhône-Poulenc, Suez, Paribas notamment).

En revanche, de nombreuses **privatisations** (opération inverse de la nationalisation) ont été réalisées depuis la fin des années 1980.

Privatisation
Vente totale ou partielle par l'État du capital d'une entreprise publique à des actionnaires privés.

Au milieu des années 2000, les anciennes entreprises publiques qui ne remplissaient pas de missions de service public ont presque toutes été privatisées, même si l'État conserve une partie du capital. Pour les grandes entreprises nationales de service public, on parle aujourd'hui d'« **ouverture du capital** » davantage que de privatisation. C'est dans les télécommunications que cette libéralisation a été le plus loin.

L'État actionnaire

Depuis quelques années, on assiste au contraire à un retour de l'État dans le capital des entreprises comme au développement d'une stratégie de gestion de ce portefeuille d'actions, transformant l'**État** en un **actionnaire** important et actif dans le paysage des entreprises françaises. En 2014, l'État s'est ainsi porté acquéreur de 14,1 % du groupe PSA (Peugeot) puis de 20 % du groupe Alstom lorsque ces groupes ont rencontré d'importantes difficultés. Pour justifier ces interventions dans le capital de groupes privés, voire familiaux, le gouvernement a précisément indiqué que cet actionnariat familial entravait le développement du groupe en bloquant toute augmentation de capital, qu'il ne pouvait pas suivre. Dès lors, l'État pouvait jouer ce rôle d'actionnaire de substitution, ne cherchant pas à contrôler ou dominer l'entreprise (pour PSA, l'État partage le pouvoir avec le chinois Dongfeng, et avec General Electric chez Alstom).

Pour jouer son rôle d'actionnaire, qui vend et qui achète des actions et des participations au capital d'entreprises cotées, l'État a même créé en 2004 l'Agence des participations de l'État (APE). L'APE gère donc toutes les participations de l'État dans des entreprises comme EDF, Renault, Engie, Safran, France Télévisions, Airbus, Orange, SNCF, RATP, Thalès, La Poste, Aéroport de Paris ou Air France-KLM. L'APE joue donc un véritable rôle de banque d'affaires. Son champ d'action demeure néanmoins le territoire français et elle ne peut être comparée aux « fonds souverains » qui se sont récemment développés et qui sont des fonds d'État constitués de placements financiers sur les marchés internationaux détenus par un État (cas de la Chine, des pays du Golfe ou encore de la Norvège, grâce à ses revenus pétroliers).

Le nouveau volontarisme de l'État s'inscrit dans la perspective d'un renouveau de la politique industrielle et de la défense du tissu industriel français.

La planification

La planification repose sur un document, le « Plan », qui présente les grandes orientations économiques et sociales pour l'avenir. Le Plan ne comporte aucune mesure obligatoire pour les entreprises (c'est une planification indicative). L'exécution du Plan, qui dure cinq ans, repose sur des incitations financières. De 1947, date du Ier Plan (Plan Monnet « d'équipement et de modernisation ») jusqu'en 1996, il y a eu onze plans. Mais seuls les deux premiers plans, à l'époque de la reconstruction dans les années 1950, ont eu une réelle influence.

Planification
Ensemble d'orientations économiques et sociales à moyen terme que l'État (en France) proposent aux agents économiques (entreprises, partenaires sociaux notamment).

L'action sur les structures économiques

Une théorie récente, celle de la croissance endogène, apporte une justification nouvelle au rôle de l'État dans l'économie. Présentée par l'économiste américain Paul Romer, cette analyse vise à renouveler les théories de la croissance qui, dans les années 1960 et 1970, ne parvenaient à expliquer la croissance à long terme qu'en faisant appel, aux côtés du travail et du capital, à un facteur exogène, le progrès technique. La théorie de la croissance endogène réintroduit (« endogénéise ») le progrès technique dans le modèle explicatif en montrant que les agents économiques produisent de l'innovation et que les connaissances constituent un stock de capital (capital humain) qui peut être accumulé. Mais ce faisant, cette analyse rencontre une limite bien connue des mécanismes de marché avec la présence d'externalités. Car en participant à l'innovation et au développement des compétences, les agents sous-estiment les externalités positives qu'ils créent et n'en tiennent pas compte dans leurs calculs ; ils cessent leurs investissements dès que leur rentabilité devient insuffisante (ils ne sont pas rémunérés en effet pour les effets positifs dont profitent les autres), alors que la collectivité en tirerait globalement avantage. Pour que la société bénéficie du rendement collectif de ces facteurs tout en assurant un rendement privé suffisant à leurs initiateurs, l'État doit intervenir. Il favorisera la croissance à long terme en aidant la formation, en développant les infrastructures et en soutenant la recherche et l'innovation.

Lire aussi » Économie keynésienne - Protection sociale

Euro

Le 1er janvier 1999, l'euro est devenu la monnaie unique de onze pays de l'Union européenne. Ainsi, la France et dix autres pays, rejoints ensuite par huit autres pays, ont décidé d'abandonner leur monnaie nationale pour créer une Union économique et monétaire (UEM). Mais l'euro n'est vraiment devenu la monnaie des Français qu'à partir du 1er janvier 2002 lorsque les billets et les pièces en euros sont devenus disponibles. Prévu par le traité de Maastricht signé en février 1992, ce passage à la monnaie unique est le résultat d'une longue expérience de coopération monétaire en Europe inaugurée par le Système monétaire européen (SME).

SOMMAIRE

- Le système monétaire européen
- L'Union économique et monétaire
- L'euro

Le système monétaire européen

Les turbulences du Système monétaire international (SMI) dans les années 1970 ont peu à peu amené les pays de la Communauté économique européenne (CEE) à établir entre eux une coopération monétaire permettant une plus grande stabilité du cours de leurs monnaies. À l'initiative de la France et de la RFA, le **SME** est créé en 1979.

Système monétaire européen (SME)
Accord monétaire passé en 1979 entre les pays de la Communauté européenne afin de permettre une stabilité du cours de leurs monnaies.

Ses objectifs sont la stabilité entre les monnaies européennes, indispensable au bon fonctionnement du marché commun (échanges commerciaux, politique agricole commune notamment) et le rapprochement (ou « **convergence** ») des situations économiques grâce aux disciplines que doivent s'imposer les États membres (en matière d'inflation, de politique budgétaire, etc.). Le SME est un système de change reposant sur un élément de référence, l'écu.

L'**écu** ***(european currency unit)*** se définit par un « **panier de monnaies** », c'est-à-dire que sa valeur est calculée à partir des douze monnaies communautaires. Chacune de ces monnaies n'a pas la même importance dans la définition de l'écu et la pondération doit correspondre au poids économique de chaque pays dans la CEE. Comme les cours de ces monnaies fluctuent librement sur le marché des changes, la CEE calcule quotidiennement la valeur de l'écu dans les douze monnaies des États membres.

➔ L'Union économique et monétaire

Une **Union économique et monétaire (UEM)** se caractérise par l'existence, entre plusieurs États, de politiques économiques concertées, d'une politique monétaire unique, d'une banque centrale commune émettant une seule monnaie. Dans une UEM, une seule monnaie circule librement et chaque pays abandonne, de fait, sa souveraineté monétaire (son pouvoir régalien d'émettre sa propre monnaie) au profit d'une souveraineté commune.

Union économique et monétaire (UEM)

Accord entre les pays européens (sommet de Maastricht en décembre 1991) pour instaurer une monnaie unique en Europe avant 2002. Accord entre plusieurs pays pour abandonner leur souveraineté monétaire au profit d'une souveraineté commune (monnaie et politique monétaire uniques).

C'est lors du sommet de Maastricht, en décembre 1991, que les Douze se sont mis d'accord sur le contenu du traité d'Union économique et monétaire. Les Quinze ont adopté, en 1995, le nom « euro ».

L'UEM comprend trois étapes. La première étape, engagée en juillet 1990 avec la libération complète des mouvements de capitaux, s'est achevée fin 1993. Durant cette phase, les pays ont dû présenter des programmes de convergence afin de rapprocher leurs performances économiques (taux d'inflation, déficit budgétaire, dette publique), ce rapprochement étant nécessaire à l'établissement de parités fixes entre les monnaies.

La deuxième étape, à partir du 1er janvier 1994, a été une phase de transition où le processus de convergence des économies s'est amplifié. L'**Institut monétaire européen (IME)** a été mis en place afin de renforcer la coordination des politiques monétaires, de promouvoir le rôle de l'euro et de préparer l'installation de la **Banque centrale européenne** pour la troisième phase.

La troisième phase a débuté le 1er janvier 1999, lorsque onze pays ont abandonné leur monnaie nationale au profit de l'euro. Il s'agit de la France, l'Allemagne, l'Italie, l'Espagne, les Pays-Bas, la Belgique, le Luxembourg, le Portugal, l'Autriche, la Finlande et l'Irlande. Sélectionnés lors du Conseil européen de Bruxelles du 2 mai 1998, ces pays – qui constituent la **zone euro** – ont dû remplir les critères de convergence exigés, depuis le traité de Maastricht, pour pouvoir prétendre à l'euro. Un pays, la Grèce, n'a pas rempli immédiatement ces critères tandis que trois pays, le Royaume-Uni, le Danemark et la Suède ont préféré attendre avant de changer de monnaie nationale. La Grèce a adopté l'euro en 2001, la Slovénie est entrée dans la zone euro le 1er janvier 2007, Chypre et Malte le 1er janvier 2008, la Slovaquie le 1er janvier 2009, l'Estonie le 1er janvier 2011, la Lettonie le 1er janvier 2014 et la Lituanie le 1er janvier 2015, si bien que la zone euro compte désormais dix-neuf pays.

Les **critères de convergence** étaient les suivants : déficits publics (État, collectivités locales et Sécurité sociale) ne dépassant pas 3 % du PIB et dette publique inférieure à 60 % du PIB, inflation ne dépassant pas de plus de 1,5 point la moyenne des trois meilleurs pays en la matière, taux d'intérêt à long terme n'excédant pas de plus de 2 points les taux moyens des trois pays les moins inflationnistes, maintien d'une marge de fluctuation de 2,25 %.

Convergence
Diminution des écarts entre des ensembles d'indicateurs économiques relatifs à plusieurs pays (convergence réelle pour les niveaux de vie ou convergence nominale pour les prix et les variables monétaires).

L'euro

Une monnaie unique

Depuis l'instauration de l'**euro** le 1er janvier 1999, les monnaies nationales n'existent plus. La monnaie de la France est donc l'euro. Toutefois, les pièces et les billets en euros n'ont été disponibles qu'à partir du 1er janvier 2002 et c'est seulement sous forme scripturale (comptes chèques, cartes bancaires, virements) que les agents économiques ont pu avant cette date utiliser l'euro. On a appelé « période transitoire » ces trois années où francs et euros ont coexisté. C'est le 17 février 2002 que les euros se sont totalement substitués aux francs, les pièces et les billets en francs étant retirés de la circulation (le franc a cessé d'avoir cours légal).

Euro
Nom donné à la monnaie unique des pays de l'Union européenne sélectionnés en mai 1998 par le Conseil européen.

La valeur de l'euro a été fixée le 31 décembre 1998 sur la base du cours constaté pour l'écu ce jour-là avec la convention d'un euro pour un écu.

On a eu ainsi :
1 euro = 6,55957 francs,
mais aussi :
1 euro = 1,95583 marks
1 euro = 1936,27 lires

Depuis le 1er janvier 1999, la valeur du franc (du mark, de la lire, etc.) par rapport à l'euro a été définitivement fixée et n'a plus été susceptible de modification.

Le 1er janvier 1999, l'ensemble des marchés financiers (marché des changes, marché monétaire unifié, marchés des actions et des obligations) est passé à l'euro tandis qu'un **SME-bis** a été créé afin d'organiser les relations monétaires entre les pays de l'euro et les autres pays de l'UE (pour éviter notamment qu'ils pratiquent des dévaluations compétitives).

SME-bis
Accord de change fondé sur les mêmes principes que le SME et liant, depuis le 1er janvier 1999, les pays de la zone euro et les autres pays de l'Union européenne qui le souhaitent.

Les enjeux de l'euro

La création de l'euro représente l'achèvement de l'intégration économique européenne. L'euro constitue une réponse à la mondialisation et à la puissance des marchés financiers en faisant du continent européen (320 millions d'habitants pour la zone euro) une grande puissance économique et monétaire. L'euro peut ainsi concurrencer le dollar.

L'euro réduit le coût des transactions entre pays de l'euro puisqu'il n'y a plus conversion de monnaies. La monnaie unique accroît aussi la concurrence entre les entreprises, ce qui bénéficie aux consommateurs. La zone euro doit aussi se caractériser par la stabilité monétaire (faible inflation, taux d'intérêt réduits) qui rend l'espace européen attractif pour les capitaux étrangers. La zone euro dépend moins du reste du monde puisque son degré d'ouverture est de 16 % (moindre contrainte extérieure).

En favorisant l'activité économique, l'euro doit stimuler la croissance et l'emploi. Toutefois, le développement de la concurrence amplifie la recherche de compétitivité, ce qui mènera à de nouvelles rationalisations (fermetures d'entreprise, délocalisations, licenciements). En outre, l'existence de l'UEM rend problématique le traitement par un pays d'une crise économique qui le toucherait alors que ses partenaires de la zone euro se portent bien. Ni la politique monétaire, ni la dévaluation ne peuvent être menées par un seul pays de la zone euro.

L'euro et les politiques économiques

> **Banque centrale européenne (BCE)**
> Banque centrale unique des dix-neuf pays ayant adopté l'euro et chargée de définir et de conduire la politique monétaire ainsi que d'assurer le contrôle de la création monétaire en euros (elle est indépendante et siège à Francfort).

La politique monétaire, et donc le pouvoir de création d'euros, appartient au Système européen des banques centrales (SEBC) composé des banques centrales des différents pays sous la responsabilité de la Banque centrale européenne (BCE). La BCE, dont l'indépendance à l'égard du pouvoir politique est garantie par ses statuts, a pour mission exclusive la stabilité des prix et la lutte contre l'inflation. Elle est dirigée par un directoire de six membres (nommés au Conseil européen) auquel appartient sa présidente, (la Française, Christine Lagarde), et par un Conseil des gouverneurs (le directoire et les gouverneurs des banques centrales). La BCE est une institution fédérale car elle prend les décisions à la majorité simple de son conseil. La politique monétaire est mise en œuvre par chaque banque centrale, mais c'est la BCE qui fixe les taux directeurs sur un marché monétaire unifié ; ainsi elle augmente les taux dès que la reprise de l'inflation se manifeste. Si les monnaies divisionnaires sont toujours créées par chaque banque centrale, les billets en euros sont créés par la BCE. Celle-ci surveille la croissance de la masse monétaire (agrégat monétaire M3 regroupant la monnaie fiduciaire, les dépôts à vue et à terme, les titres de créances d'une durée inférieure à 2 ans et des titres d'OPCVM monétaires) qui ne devrait pas excéder 4,5 % par an. Plutôt qu'un objectif intermédiaire contraignant, la masse monétaire est un indicateur de l'évolution future des prix. L'objectif du Conseil des gouverneurs est de maintenir le taux d'inflation, mesuré par l'IPCH, entre 0 % et 2 %.

À l'inverse de la politique monétaire, la politique budgétaire continue à être menée par chaque pays. Cependant, son autonomie est limitée car les pays de l'euro ne peuvent pas pratiquer une relance par un déficit budgétaire comme ils le souhaiteraient. Le traité de Maastricht interdit en effet les « déficits publics excessifs » tandis que le Pacte de stabilité et de croissance (PSC), demandé par les autorités allemandes, impose une discipline identique à celle qui a dominé le processus de convergence. Le PSC pose en effet un principe : le déficit des administrations publiques des pays membres de l'UEM ne doit pas dépasser 3 % du PIB. Pour favoriser le respect de ce principe, le Pacte fixe un objectif de « quasi-équilibre » et organise la surveillance mutuelle des politiques budgétaires

> **Pacte de stabilité et de croissance (PSC)**
> Pacte de discipline budgétaire contraignant les pays de l'euro à maintenir leurs déficits publics dans les mêmes limites que celles exigées pour le passage à l'euro.

nationales. Ainsi, les États membres doivent transmettre aux autorités européennes (Conseil des ministres, Commission) des programmes de stabilité, rendus publics, précisant des objectifs de moyen terme pour leurs finances publiques. L'examen de ces programmes peut donner lieu à des recommandations, elles aussi rendues publiques (ce sont les **GOPE**, ou **Grandes orientations de la politique économique**, adoptées à la majorité qualifiée). L'objectif des autorités européennes est alors d'atteindre un excédent budgétaire pour les pays membres afin de donner des marges de manœuvre en cas de retournement de la conjoncture (déficit du budget), puis de dégager des excédents structurels pour faire face aux chocs éventuels. Le PSC prévoit que dans le cas d'une récession sévère (2 % de baisse du PIB), le pays n'est pas sanctionné si son déficit excède 3 % du PIB. Si la récession est faible (baisse du PIB inférieure à 0,75 %), les sanctions sont automatiques (pénalités très importantes à verser au budget communautaire). Entre ces deux bornes, c'est le Conseil Écofin qui apprécie l'opportunité des sanctions.

Le Conseil Écofin, ou « **Écofin** », désigne le « Conseil économique et financier » composé des ministres des Finances des 27 pays de l'Union européenne. Chargé de la coordination des politiques économiques, il définit aussi les grandes orientations de ces politiques et contrôle que chaque pays respecte bien le Pacte de stabilité et de croissance. Le **Conseil de l'euro**, ou **Eurogroupe**, est une instance informelle réunissant les seuls ministres des Finances des dix-neuf pays de l'euro ; il n'a aucun pouvoir de décision. Signalons que le traité de Lisbonne de 2008 reconnaît l'existence de l'Eurogroupe.

Écofin
Conseil des ministres des Finances des 27 pays qui se réunit chaque mois pour traiter des affaires concernant l'Union économique et monétaire.

Eurogroupe
Réunion des ministres des Finances des dix-neuf pays de la zone euro.

Enfin, la BCE est chargée de mettre en œuvre les principes de la politique de change définie par les instances politiques (Conseil Écofin, sommets européens). Toutefois, la BCE, qui gère les réserves de change, accepterait peut-être difficilement une politique (baisse du taux de change pour améliorer la compétitivité) qui risquerait de relancer l'inflation importée. La valeur externe de l'euro n'est pas un objectif de la politique monétaire unique. C'est une différence importante par rapport à la politique monétaire précédemment menée en France (stabilité du franc puis politique du franc fort). Ceci s'explique par le fait que la zone euro présente un faible degré d'ouverture aux échanges internationaux (16 % mais 13 % aux États-Unis).

La réforme du Pacte de stabilité

En mars 2003, la Commission européenne a décidé d'ouvrir une « procédure en déficit excessif » à l'encontre de la France puisque son déficit public représentait plus de 3 % du PIB sans que des circonstances exceptionnelles, c'est-à-dire indépendantes de la volonté de l'État, ou une récession grave, puissent expliquer cette situation. Après la France, d'autres pays dont l'Allemagne, ont été l'objet de lancement de procédures disciplinaires de la part des autorités européennes. Mais compte tenu de la situation de faible croissance et de chômage au milieu des années 2000, les procédures ont été suspendues. Lors de la crise économique de 2008-2010, les déficits publics s'accroissent et les « circonstances exceptionnelles » vont s'appliquer. Pourtant, en 2010, tous les pays sauf le Luxembourg sont touchés par la procédure de déficit excessif.

La crise grecque, puis la crise irlandaise (voir l'article « Crise financière, crise économique et crise de la dette souveraine, p. 145 »), ont conduit les pays de l'UE à mettre en place en mai 2010 un plan d'aide global pour les pays en difficulté (création du **Fonds européen de stabilité financière**, **FESF**). Mais ce plan est temporaire et, devant la menace d'action des marchés financiers qui s'attaqueraient à un pays rencontrant des difficultés à réduire dettes et déficits publics, les pays de l'UE ont décidé de mettre en place en 2013 un mécanisme permanent de gestion de crise (**Mécanisme européen de stabilité**, ou **MES**). Toutefois, la création de ce dispositif a été soumis à l'accord de l'Allemagne qui refusait d'aider les pays qui, par leur politique économique inconsidérée, mettraient en péril les autres pays de l'euro. Les pays de l'UE ont aussi décidé, en 2010-2012, un renforcement du Pacte de stabilité et de croissance.

Le renforcement de la discipline budgétaire des pays de l'Union se traduit par l'instauration de sanctions (amendes) quasi automatiques à l'égard des États qui ne respectent pas leurs engagements, la mise en œuvre de politiques restrictives visant à réduire l'endettement, un contrôle bi-annuel des budgets nationaux avant leur adoption par les Parlements et un pouvoir d'intervention accrue pour la Commission vis-à vis des États connaissant des déficits excessifs.

Le Pacte budgétaire européen

Signé en mars 2012 par tous les pays de l'Union, à l'exception du Royaume-Uni et de la République tchèque, le **Traité sur la stabilité, la coordination et la gouvernance** (**TSCG** ou **Pacte budgétaire européen**) a pour objectif de renforcer la discipline budgétaire des pays européens afin de rassurer les marchés financiers et de garantir des solutions collectives et solidaires aux difficultés financières de certains États. Partant du principe que la cause de ces difficultés réside dans un certain laxisme budgétaire des pays (ce qui est d'ailleurs inexact s'agissant de l'Espagne ou de l'Irlande, qui étaient en excédent budgétaire), ce Pacte engage tous les gouvernements à se doter d'une « règle d'or », inscrite dans la Constitution ou un texte de portée équivalente, les obligeant à adopter des budgets en équilibre ou de retour à l'équilibre (voir l'article « Politique budgétaire », p. 388).

Le TSCG accorde néanmoins aux États la possibilité d'agir, en cas de besoin, avec un déficit conjoncturel momentané puisque la règle d'équilibre budgétaire correspond au maintien d'un déficit public structurel inférieur à 0,5 % du PIB, sous peine de sanctions, sauf circonstances exceptionnelles. Le TSCG donne aussi la possibilité d'un déficit structurel plus élevé (jusqu'à 1 % du PIB) lorsque l'endettement public est très inférieur à 60 %.

Le Pacte budgétaire européen était une condition pour que l'Allemagne et la BCE acceptent d'aller plus loin dans l'aide aux pays en difficulté. Il complète les règles en vigueur, celles du Pacte de stabilité et de croissance, qui ont été récemment renforcées.

Avec le projet d'Union bancaire pour 2014, la mise en place du MES et la nouvelle politique de la BCE, l'Europe s'est donné ainsi les moyens d'éloigner une crise de l'euro.

Toutefois, les mécanismes de discipline budgétaire n'ont pas joué comme prévu. La France, par exemple, n'a pu tenir son engagement de revenir au seuil des 3 % en 2013. Elle a même, en 2014, reculé deux fois cette date limite. Le budget français pour 2016 a connu un déficit de 3,3 % du PIB en contradiction avec les règles européennes. Les sanctions prévues n'ont cependant pas été exigées par les autorités européennes. Plusieurs raisons l'expliquent : une nouvelle Commission, l'aggravation de la situation économique en Europe, mais aussi le constat, partagé, que les restrictions budgétaires demandées aux pays en difficulté sont allées beaucoup trop loin. La France doit néanmoins mener en contrepartie d'importantes réformes structurelles.

Le retour sous le seuil des 3 % a été réalisé en France en 2017 (2,8 % du PIB après 3,5 % en 2016), la réduction progressive du déficit public devant conduire à un taux de 1,2 % en 2022, afin de pouvoir redonner des marges de manœuvre budgétaire en cas de crise économique.

Lire aussi » **Change - Crise financière, crise économique et crise de la dette souveraine - Union européenne**

Exclusion

La société française prend de plus en plus conscience d'un phénomène ancien qui tend à s'aggraver avec la persistance d'un chômage élevé, le phénomène de l'exclusion sociale. Si l'exclusion est souvent une conséquence du chômage et de l'absence de ressources suffisantes pour vivre décemment, elle relève surtout d'un problème d'intégration des individus à la société.

SOMMAIRE

- L'exclusion sociale
- La pauvreté

L'exclusion sociale

L'**exclusion sociale** peut se définir comme une rupture du **lien social**. Les exclus sont des individus atomisés, isolés, qui n'appartiennent plus à un groupe de base de la société comme la famille, le groupe de voisinage, etc. Mis à l'écart, n'ayant plus de soutiens d'aucune sorte, ils perdent peu à peu les repères sociaux qui les maintenaient encore insérés dans le tissu social. Ainsi, ils en arrivent à ne plus fréquenter les institutions caritatives (associations d'aide aux plus démunis), les centres d'accueil ou les bureaux d'aide sociale des mairies. La perte du lien social s'accompagne aussi d'une image de soi dévalorisée.

Exclusion sociale

Phénomène social caractérisé par les difficultés d'intégration à la société d'un nombre croissant d'individus.

Lien social

Ensemble des liens culturels, sociaux et économiques qui relient les individus dans leur vie quotidienne et qui assurent l'unité et la cohésion de la société.

En France, ces exclus sont surtout représentés par les « **sans domicile fixe** » **(SDF)** qui n'ont plus aucune adresse à donner à un éventuel employeur.

L'exclusion sociale résulte d'un processus de cumul des précarités et des handicaps sociaux. C'est un processus infernal aux multiples facettes dont la plus courante conduit du chômage durable à la destruction du tissu familial et à la perte du logement. Le chômage, la pauvreté, l'âge, l'absence de diplôme, les problèmes de santé et la faible insertion dans des réseaux familiaux ou sociaux constituent des facteurs de précarité qui peuvent conduire à l'exclusion sociale.

Par exemple, le chômage d'exclusion rassemble tous ceux qui sont progressivement enfermés dans un chômage de longue durée ; après une première période de chômage, ils sont considérés comme ayant des difficultés de réinsertion (en raison de leur âge ou de leur niveau de qualification, par exemple) et perdent, de ce fait, toute chance de sortir du chômage.

En définitive, l'exclusion sociale témoigne d'un défaut d'intégration sociale pour de nombreuses personnes. La lutte contre l'exclusion ne peut alors se limiter à une réponse économique (donner une aide financière). Le processus d'exclusion montre surtout que les actions à entreprendre doivent intervenir bien avant l'aboutissement du processus, afin d'éviter la rupture du lien social.

Le processus de passage de l'intégration à l'exclusion sociales, avec l'affaiblissement des relations et des liens sociaux, a été nommé désaffiliation sociale par le sociologue Robert Castel. La notion de disqualification sociale, due au sociologue Serge Paugam, est plus forte car elle traduit un rejet, un discrédit du côté de la société et une dévalorisation de soi pour des personnes qui se mettent à l'écart du dispositif officiel d'assistance.

Désaffiliation sociale
Processus traduisant le passage d'un individu de l'intégration à l'exclusion sociales.

Disqualification sociale
Processus d'affaiblissement ou de rupture des liens de l'individu à la société caractérisé par la perte de la protection et de la reconnaissance sociales.

➔ La pauvreté

Il n'existe pas de définition unique de la pauvreté. Certains pays en donnent une définition en termes absolus ; ainsi, les pauvres seraient les personnes dont les ressources resteraient en dessous d'un certain seuil (fixé en unités monétaires). Par exemple, la Banque mondiale fixe le seuil de pauvreté « absolue » à 1,25 dollar par jour. Mais la pauvreté est un phénomène qui ne peut pas se limiter aux aspects strictement financiers. D'autre part, elle constitue un phénomène relatif (la définition de la pauvreté change d'un pays à l'autre, comme le montre la définition américaine du seuil de pauvreté, qui est fixé à 10 500 dollars par an), voire subjectif (chacun, selon son groupe social et son niveau de revenu, n'a pas la même conception de la pauvreté).

Pauvreté
Au sens général, c'est l'incapacité pour un individu de satisfaire un certain nombre de besoins essentiels (alimentation, habillement, logement, santé, etc.). Sont considérées comme pauvres les personnes dont les ressources sont inférieures à un certain seuil.

En Europe, le seuil relatif de pauvreté est équivalent à la moitié du revenu moyen par habitant (pour l'Insee, il correspond à 60 % du revenu médian, c'est-à-dire le niveau qui partage en deux la population des ménages). On distingue donc la **pauvreté absolue**, par rapport au seuil fixé en unités monétaires, et la **pauvreté relative** dont la mesure ne change pas si l'ensemble des revenus de la population connaît une même augmentation en pourcentage.

Deux autres notions accompagnent la pauvreté: la précarité et la **nouvelle pauvreté**. La **précarité** désigne un certain nombre de situations qui se placent juste au-dessus de l'état de pauvreté. Les nouveaux pauvres, qui sont apparus avec la crise économique, désignent les catégories de personnes touchées par des difficultés croissantes d'insertion sur le marché du travail (chômage de longue durée en particulier). Dans les pays anglo-saxons, où domine la flexibilité des salaires et des conditions de travail, les années 1990 ont vu l'émergence d'un nombre croissant de « ***working poors*** », c'est-à-dire des personnes qui ont un emploi mais qui reçoivent des rémunérations trop faibles pour vivre décemment.

La mesure de la pauvreté fait aujourd'hui l'objet de controverses. Les revenus, et donc le niveau médian, seraient sous-estimés ; la pauvreté est multidimensionnelle et touche de nombreux aspects de la vie quotidienne que les évaluations monétaires appréhendent mal (logement, accès à l'emploi et aux soins, éducation).

Ainsi, les taux de pauvreté ne rendent pas compte de l'intensité de la pauvreté, c'est-à-dire de l'écart entre les revenus réels et le seuil de 60 % de la médiane, ni de sa persistance ou de sa durée.

Aux côtés des indicateurs de **pauvreté monétaire** sont apparues alors des mesures de la **pauvreté d'existence**, à partir de toutes les dimensions des conditions de vie satisfaisantes pour un individu ou un ménage. L'OCDE par exemple considère comme pauvre une personne qui est démunie dans au moins deux des dimensions suivantes : chauffage du logement insuffisant, limitation du choix de produits alimentaires, manque d'espace d'habitation, mauvaises conditions environnementales, retard de paiement des factures courantes, retard de paiement d'un loyer ou d'un emprunt, difficultés à boucler le budget du ménage. L'Insee de son côté reconnaît comme pauvre une personne qui cumule 8 privations sur les 27 qu'elle retient. (voir « Repères statistiques », p. 619).

Pauvreté monétaire

Mesure de la pauvreté établie à partir du revenu ou de la consommation d'un individu ou d'un ménage.

Pauvreté d'existence

Mesure de la pauvreté établie à partir des multiples dimensions des conditions de vie d'un individu ou d'un ménage.

La mesure de la pauvreté d'existence est délicate car il faut pouvoir distinguer ce qui correspond à un choix et ce qui est contraint. Par ailleurs, il faut relever que les deux types de mesure, à partir des revenus ou des conditions d'existence, ne se recoupent pas complètement.

La création du **Revenu minimum d'insertion (RMI)** en 1988 avait pour objet d'apporter une réponse au développement des nouvelles formes de pauvreté. Le RMI était une allocation versée à toutes les personnes âgées de plus de 25 ans lorsque l'ensemble de leurs ressources (prestations familiales, etc.) était inférieur au montant du revenu minimum (celui-ci, fixé en euros, était modifié chaque année). Le RMI était une allocation différentielle puisqu'elle s'ajoutait à ces ressources pour atteindre le montant fixé du revenu minimum. Le RMI a été remplacé par le **Revenu de solidarité active (RSA)** en 2009. Financé par les départements, le RSA vise à pallier les inconvénients du RMI, lorsque la personne renonçait à reprendre un emploi faiblement rémunéré car, au bout du compte, elle subissait une perte de pouvoir d'achat (perte du RMI et de plusieurs autres prestations). Cette situation allait à l'encontre du retour à l'emploi et de l'insertion accompagnant le RMI. Le RSA garantit que tout accès ou retour à l'emploi donne lieu à une augmentation des revenus. Le RSA fait partie des **minima sociaux** qui sont des allocations garanties destinées à certaines personnes ne disposant pas de ressources suffisantes.

Le maintien d'une certaine pauvreté conduit enfin certains à redouter l'avènement d'une **société duale**, c'est-à-dire une société à deux vitesses où pauvres et riches non seulement s'ignoreraient mais vivraient aussi dans deux systèmes économiques et sociaux différents, l'un fondé sur l'emploi et l'assurance, l'autre financé par la protection sociale, voire la charité.

Minima sociaux

Ensemble des allocations minimum garanties à certaines personnes qui ne disposent pas des ressources suffisantes pour vivre décemment (minimum vieillesse, etc.).

Société duale

Société divisée en deux groupes de personnes vivant chacun dans des systèmes économiques et sociaux différents.

Lire aussi » Chômage - Égalité et inégalités

Famille

Institution présente dans toutes les sociétés, la famille se caractérise cependant par des formes très diverses. Ce sont les rôles économiques et sociaux qu'elle remplit qui lui garantissent une telle permanence.

SOMMAIRE

→ Qu'est-ce que la famille ?

→ Mariage et relation matrimoniales

Qu'est-ce que la famille ?

Les deux sens du mot famille

Le mot **famille** peut prendre deux sens différents. Il peut désigner l'ensemble des personnes qui ont des liens de parenté et d'alliance (grands-parents, oncles, tantes, cousins, etc.). Mais il correspond aussi au groupe de personnes qui vivent ensemble dans le même foyer, c'est-à-dire généralement les parents et les enfants.

Le premier sens, de nature biologique (lien de consanguinité), correspond aux notions synonymes de **parenté** et de **parentèle** tandis que le second, de nature économique (logement et ressources communes), administrative (les « familles nombreuses ») et affective, correspond à la notion de **groupe domestique**. Dans de nombreuses sociétés, la parenté joue un rôle très important. Les alliances et les mariages, le travail, la résidence dépendent ainsi de la place de l'individu dans le système de parenté.

Parenté
Ensemble des personnes qui ont des liens de parenté et d'alliance, qu'elles résident ensemble ou non.

Groupe domestique
Ensemble des personnes vivant au sein du même foyer.

Les différents types de famille

Les sociologues ont mis en évidence trois types fondamentaux de famille (groupe domestique).

La **famille étendue** ou indivise (on dit encore **famille élargie**) regroupe dans un même lieu l'ensemble des personnes liées par le sang ou le mariage (grands-parents, parents, enfants). Il s'agit donc d'un groupe nombreux, caractérisé par sa continuité puisqu'il y a toujours un chef de famille, un « patriarche », qui détient l'autorité. La pression sociale du groupe sur les individus est forte (choix du conjoint par exemple).

La **famille souche** se caractérise par le regroupement de plusieurs générations, mais avec un seul couple à chaque génération. La famille souche possède un bien, un patrimoine qui est la base de la famille (une terre, par exemple). Pour éviter la dispersion de ce patrimoine, qui fait vivre la famille, il ne doit y avoir qu'un seul héritier à chaque génération, les autres enfants devant partir.

La **famille conjugale** ou **famille nucléaire** réunit dans le même foyer les parents et les enfants non mariés. C'est elle que nous connaissons aujourd'hui. Le développement de la famille conjugale témoigne aussi de l'affaiblissement progressif du rôle économique de la famille comme unité de production autonome (exploitation agricole ou artisanale).

Famille nucléaire
Famille limitée à la réunion d'un couple et de ses enfants non mariés.

Si la famille conserve toujours sa fonction de socialisation et d'éducation, préparant les enfants à vivre en société, elle tend à jouer aujourd'hui un nouveau rôle, lié à la persistance de la crise économique. Elle assure ainsi une fonction de solidarité et de refuge pour les personnes ayant des difficultés d'intégration sociale et économique. La famille conserve cependant une dimension économique fondamentale car c'est une unité de consommation, un cadre spécifique pour un certain nombre de dépenses.

Ménage et famille au sens de l'Insee

Un **ménage**, au sens de l'Insee, est l'ensemble des personnes partageant le même logement, qu'elles aient ou non un lien de parenté. Un ménage peut donc être constitué d'une seule personne comme d'un grand nombre de personnes (plusieurs « familles », une caserne, un couvent par exemple). Dans chaque ménage, l'Insee distingue une « **personne de référence du ménage** », appelée autrefois « chef du ménage ».

Ménage (au sens de l'Insee)
Ensemble des occupants d'un même logement qu'ils aient ou non des liens de parenté.

La **famille**, en revanche, est formée d'au moins deux personnes. Il peut s'agir soit d'un couple (marié ou non) avec ou sans enfants, soit d'un seul parent avec au moins un enfant. Ce dernier cas correspond aux **familles monoparentales**, qui sont le résultat d'un divorce ou de situations de veuvage ou de célibat

Famille (au sens de l'Insee)
Partie d'un ménage (au moins deux personnes) et constituée soit d'un couple et, le cas échéant, de ses enfants célibataires encore à sa charge, soit d'un parent isolé avec au moins un enfant.

avec enfant. Les personnes qui appartiennent à un ménage sans appartenir à une famille sont dites « isolées ».

La politique familiale

D'inspiration nataliste (on cherche à encourager les naissances) dans les pays développés, la **politique familiale** correspond à l'ensemble des actions des pouvoirs publics visant à réduire la charge financière que constitue la présence d'enfants dans une famille. Le principal instrument est représenté par les allocations familiales qui sont un complément de ressources versé chaque mois aux familles ayant au moins deux enfants.

Mariage et relations matrimoniales

Le **mariage** est une institution sociale organisant et réglementant la création du groupe conjugal. Outre l'union des conjoints, le mariage peut remplir de nombreuses fonctions sociales (alliances entre plusieurs familles ou groupes) et économiques (échanges de biens entre les groupes, etc.). Les modalités du mariage (relations matrimoniales) varient considérablement selon les sociétés et les époques, mais une règle commune se dégage cependant avec la **prohibition de l'inceste** (interdiction de mariages entre parents proches).

Les différentes modalités de mariage

Si la plupart des sociétés connaissent la **monogamie** (un homme et une femme), certaines se caractérisent par la **polygamie** (une personne épouse plusieurs conjoints). Cette forme d'organisation familiale se subdivise en **polygynie** (un homme épouse plusieurs femmes) et **polyandrie** (une femme épouse plusieurs hommes). En matière de choix du conjoint, on observe aussi certaines règles sociales, comme par exemple l'**endogamie** qui est l'obligation pour une personne de chercher son conjoint à l'intérieur du groupe auquel elle appartient (clan, groupe territorial, caste, société, milieu social). L'**exogamie** est le contraire de l'endogamie.

Monogamie
Forme familiale dans laquelle une personne ne peut avoir qu'un seul conjoint à la fois.

Polygamie
Forme familiale dans laquelle une personne (homme ou femme) peut avoir simultanément plusieurs conjoints reconnus officiellement.

On observe aussi une **homogamie** puisque l'on tend à épouser son semblable sur le plan social ou professionnel. Cette homogamie était vraie autrefois, et elle existe encore aujourd'hui dans les sociétés modernes.

Homogamie
Choix d'un conjoint appartenant au même milieu social que le sien.

La nuptialité aujourd'hui

La **nuptialité** caractérise le passage de l'état de célibataire à celui de personne mariée. On peut calculer un **taux de nuptialité** (exprimé en ‰ pour un pays et une année) :

$$\text{taux de nuptialité} = \frac{\text{nombre de mariages conclus}}{\text{population moyenne}}$$

Les transformations récentes des familles, notamment l'augmentation du nombre des divorces, ont conduit à des changements de dénomination. Ainsi, la **cohabitation**, ou **union libre** désigne la situation d'un couple vivant ensemble sous le même toit sans être marié (on parlait autrefois de concubinage).
Lorsque tous les « cohabitants » sont des jeunes, il s'agit de **cohabitation juvénile**.

Cohabitation
Couple de deux personnes qui vivent ensemble sans être mariées.

De la même façon, la notion de **naissances hors mariage** s'est substituée à la notion de naissances illégitimes. Ces bouleversements s'accompagnent de l'apparition d'une nouvelle forme d'organisation familiale, la **famille recomposée** (lorsque les enfants vivant avec un couple n'ont pas les mêmes parents).

Le **Pacte civil de solidarité (PACS)**, a été créé en 1999 afin de donner un cadre juridique aux personnes qui vivent en couple mais qui ne veulent pas se marier. C'est une nouvelle forme de vie en couple, intermédiaire entre le mariage et l'union libre pour ce qui est des droits et des devoirs. Le PACS, qui était aussi une reconnaissance institutionnelle de l'homosexualité (5 % des PACS), accorde en particulier un certain nombre de droits dont ne bénéficie pas l'union libre (fiscalité des revenus et des successions par exemple).

PACS
Contrat d'union accordant des droits nouveaux aux couples non mariés, hétérosexuels ou homosexuels.

En 2013, avec la loi sur le mariage pour tous, la France devient le neuvième pays européen à autoriser le mariage homosexuel.

Malgré la baisse du nombre de mariages et la banalisation des divorces (le divorce par consentement mutuel, et non plus pour faute, n'est reconnu qu'en 1970), la vie en couple reste la norme, avec 70 % de la population adulte vivant avec un partenaire. Mais cette vie à deux, avec ou sans enfants, peut prendre des formes différentes (voir « Repères statistiques », pp. 616 et 617).

Lire aussi » **Population**

Financement de l'économie

Une économie se caractérise par la coexistence de deux sortes d'agents ; ceux qui ont un besoin de financement (généralement les entreprises pour réaliser des investissements), et ceux qui ont une capacité de financement (bien souvent les ménages qui déposent leur argent sur un compte bancaire). La banque sert donc fréquemment d'intermédiaire entre les deux. Mais depuis les années 1980, les entreprises ont aussi largement recours aux marchés de capitaux (notamment la Bourse).

SOMMAIRE

- Les besoins en capitaux de l'économie
- Capacités et besoins de financement
- Les deux sources de financement
- Les circuits de financement

Les besoins en capitaux de l'économie

L'activité économique ne peut se passer de financement. Par exemple, une entreprise doit souvent disposer de moyens financiers avant même de produire des biens qui seront commercialisés et qui lui procureront des bénéfices. Elle doit, en effet, acheter des machines et des matières premières et verser les premiers salaires. Une telle entreprise peut disposer de réserves financières, qu'il s'agisse des bénéfices réalisés antérieurement et mis de côté, ou encore des ressources personnelles de ses propriétaires, mais généralement elle doit emprunter ses moyens financiers auprès d'autres agents économiques.

De nombreux ménages souhaitent aussi utiliser des ressources financières qu'ils ne possèdent pas et empruntent auprès des banques (**crédits**).

Crédit
Ressources prêtées par une banque ou un établissement financier à un agent économique qui s'engage à payer des intérêts et à rembourser le capital du prêt.

Capacités et besoins de financement

Le fonctionnement de l'économie exige ainsi des capitaux puisque tous les agents économiques y compris l'État, peuvent être amenés à emprunter pour financer leur activité ou leurs besoins. Mais ces agents économiques ont aussi des ressources propres : les ménages ont souvent à leur disposition une épargne accumulée au fil des ans ; les entreprises bénéficiaires dégagent un autofinancement (c'est l'épargne des entreprises). Lorsque les agents économiques ont une épargne disponible qu'ils n'utilisent pas pour investir eux-mêmes, ils ont des « **capacités de financement** » qu'ils mettent à la disposition de l'ensemble de l'économie. À l'inverse, ils ont des « **besoins de financement** » lorsque leur épargne est inférieure aux investissements qu'ils souhaitent réaliser.

Capacité de financement
Épargne des agents économiques disponible pour d'autres agents.

Besoin de financement
Situation d'un agent économique lorsque son épargne est inférieure aux investissements qu'il souhaite réaliser.

Si l'on considère toutes les entreprises et tous les ménages au sein de l'économie, on constate que les ménages ont des « capacités de financement » tandis que les entreprises ont des « besoins de financement ». En conséquence, même si un certain nombre de ménages empruntent chaque année, les ménages pris dans leur ensemble ont des ressources d'épargne disponibles. Celles-ci vont être utilisées par les entreprises qui sont dans une situation inverse.

Les deux sources de financement

L'épargne des ménages permet donc aux entreprises de disposer de capitaux nécessaires à leur activité de production. Cependant, dans les économies actuelles, les besoins en capitaux sont immenses et l'épargne des agents économiques se révèle tout à fait insuffisante pour les satisfaire. Les besoins de financement des entreprises sont ainsi largement supérieurs aux capacités de financement de l'économie.

Quels sont les moyens de financement supplémentaires ? Le supplément de financement peut provenir des autres pays qui placent leur propre épargne (épargne étrangère) dans l'économie française. C'est, par exemple, la situation d'une banque étrangère qui prête des fonds à une grande entreprise française.

Les financements supplémentaires résultent surtout de la création monétaire, c'est-à-dire de l'accroissement des moyens de paiement mis à la disposition de l'économie chaque année. Ce sont les banques qui, par leur activité de création monétaire, assurent le financement des entreprises (en consentant des crédits bien au-delà des dépôts placés) qui ne peut être couvert par la seule épargne.

Il existe ainsi deux types de financement de l'économie :
– un **financement** que l'on peut qualifier de « **non monétaire** » car il est lié à des ressources préexistantes (l'épargne constituée par les différents agents économiques). Le financement non monétaire correspond ainsi à la transformation de l'épargne de certains agents en financement pour d'autres ;
– un **financement monétaire** correspondant à la création de ressources monétaires nouvelles.

Financement non monétaire
Utilisation des ressources de l'épargne des agents pour accorder des financements à d'autres agents économiques.

Financement monétaire
Financement des agents économiques dû à la création monétaire.

En réalité, il n'est pas simple cependant d'observer une telle distinction comme le montre la description des différents circuits de financement de l'économie.

Les circuits de financement

Ce sont évidemment les **banques** qui assurent, seules, le financement monétaire de l'économie. En matière de financement non monétaire, deux circuits assurent la mise en relation des prêteurs (ceux qui ont une capacité de financement) et des emprunteurs (ceux qui ont un besoin de financement) ; les marchés de capitaux et le système bancaire. Les marchés de capitaux sont la Bourse ou marché financier pour les capitaux à long terme et le marché monétaire pour les capitaux à court terme. Sur ces marchés, l'emprunteur obtient directement des fonds de l'épargnant grâce à l'émission de titres (actions, obligations, billets de trésorerie, etc.) qu'il lui vend.

Banque
Entreprise particulière, dénommée aussi établissement de crédit, qui reçoit les dépôts d'argent de ses clients, gère leurs moyens de paiements (cartes de crédit, chèques) et leur accorde des prêts.

En revanche, dans le second circuit, les banques jouent le rôle d'intermédiaire entre les prêteurs et les emprunteurs puisqu'elles fournissent des crédits à plus ou moins long terme grâce aux dépôts que leur confient leurs clients. Ce second circuit caractérise ainsi le rôle d'**intermédiation** du système bancaire. En effet, à la différence du circuit des marchés de capitaux, les épargnants ne savent pas précisément à qui sont destinées leurs ressources ; de même les emprunteurs s'engagent auprès des banques et ne connaissent pas les épargnants. Le rôle d'intermédiation des banques se double d'une activité nommée « **transformation** ». En effet, les épargnants et agents confient généralement leurs ressources pour des échéances très courtes (quelques semaines ou mois). En revanche, les emprunteurs s'endettent plutôt à moyen terme (de 18 mois à 5 ans) ou à long terme (au-delà de 5 ans). La transformation bancaire consiste à utiliser des ressources de court terme pour financer les crédits à moyen et long terme.

Intermédiation
Rôle d'intermédiaire joué par les banques entre les prêteurs (même s'il s'agit de prêteurs involontaires dans le cas des agents qui ne réalisent que des dépôts à vue) et les emprunteurs.

La distribution des crédits bancaires est donc réalisée autant à partir de l'épargne des agents (leurs **dépôts**) que de la création monétaire. En définitive, le financement de l'économie s'effectue selon deux modalités, quelle que soit l'origine des fonds prêtés. Le financement assuré par les marchés de capitaux correspond à un mécanisme de « **finance directe** » tandis que le financement réalisé par l'intermédiation bancaire correspond à la « **finance indirecte** ».

Dépôt à vue
Fonds déposés par les agents économiques dans les banques et restant disponibles à tout moment pour un retrait.

Dépôt à terme
Fonds déposés qui ne peuvent être retirés avant un certain délai.

Finance directe et finance indirecte

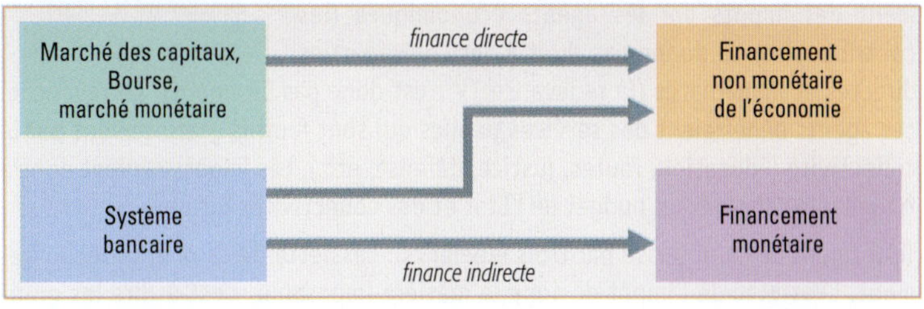

Dans les années 1980, le rôle d'intermédiation des banques a diminué au profit de financements réalisés sur les marchés en plein développement (Bourse, notamment grâce aux titres de court terme). Le phénomène a reçu le nom de **désintermédiation**. Un mouvement en sens inverse s'est produit au début des années 1990 (phénomène de réintermédiation).

Lire aussi » **Bourse - Monnaie**

Impôts

Tous les individus contribuent au financement du budget de l'État en payant des impôts. Les actifs, comme les entreprises, versent une contribution liée à leurs revenus. Mais tous les consommateurs paient aussi, à chaque achat, un impôt sur la consommation par l'intermédiaire de la TVA.

SOMMAIRE

→ Impôs et fiscalité

→ Les grandes catégories d'impôts

Impôts et fiscalité

Impôt
Versement obligatoire que font les agents économiques (ménages et entreprises) au profit du budget de l'État et des collectivités locales.

Fiscalité
Terme général désignant l'ensemble des réglementations concernant les impôts.

L'**impôt** désigne les versements obligatoires que font les agents économiques (ménages et entreprises) au profit du budget de l'État et des collectivités locales. En France, les versements obligatoires aux organismes de Sécurité sociale ne sont pas des impôts, car la protection sociale n'est pas financée par le budget de l'État : les cotisations sociales sont versées à des organismes indépendants du budget de l'État. La **fiscalité** est un terme général qui désigne l'ensemble des réglementations concernant les impôts. Le paiement des impôts par les agents économiques (les contribuables) ne donne pas droit à des contreparties directes et immédiates (la redevance TV n'est donc pas un impôt). En revanche, ces agents bénéficient des services publics qui sont fournis gratuitement par la collectivité (éducation, routes, justice, défense, etc.). Les impôts servent donc à financer les charges du budget de l'État et des collectivités locales.

Tout impôt se caractérise par trois éléments : l'assiette, le taux et le recouvrement. L'**assiette** de l'impôt désigne la matière imposable, c'est-à-dire les grandeurs économiques (revenus, patrimoine, valeur d'un produit, etc.) servant de base au calcul de l'impôt. Le calcul du montant de l'impôt se fait alors en appliquant un certain pourcentage (le **taux de l'impôt**) à l'assiette. Lorsque plusieurs taux existent pour des valeurs différentes de l'assiette (exemple de l'impôt sur le revenu), ils figurent dans un **barème d'imposition**.

Les grandes catégories d'impôts

L'État et les collectivités locales prélèvent toutes sortes d'impôts, sur certains produits importés (droits de douane), sur les revenus, sur les achats des consommateurs, sur les tabacs, les alcools, les jeux, etc.

Impôts directs et impôts indirects

Les **impôts directs** désignent les impôts qui sont supportés et versés au percepteur par le même agent économique. Au contraire, les **impôts indirects** sont supportés par certains agents et versés au fisc par d'autres agents. La taxe sur la valeur ajoutée (TVA) est ainsi un impôt indirect, car c'est le consommateur qui la paye véritablement (il achète en effet une marchandise supportant la TVA plus cher qu'en l'absence de taxe) alors qu'elle est versée au fisc par le commerçant. À cet égard, les impôts indirects sont souvent qualifiés d'indolores car les agents économiques ne s'aperçoivent pas qu'ils payent de tels impôts. Un impôt indirect peut donc être répercuté dans les prix puisque c'est l'acheteur, ou les acheteurs successifs, qui le supportent.

Impôt direct
Impôt supporté et versé au percepteur par le même agent économique.

Impôt indirect
Impôt supporté par un agent et versé au fisc par un autre agent.

Les impôts sur le revenu et sur les bénéfices des sociétés, les impôts sur le patrimoine, les impôts locaux sont des impôts directs. En revanche, la TVA, les droits de douane, la taxe sur les produits pétroliers, les tabacs et les alcools sont des impôts indirects. En France, et à la différence d'autres pays, la part des impôts indirects est très importante (plus de la moitié du total des impôts). La notion de **taxe**, synonyme d'impôt, concerne les impôts directs et indirects.

L'impôt sur le revenu

L'**impôt sur le revenu** est un impôt progressif versé par les personnes physiques sur l'ensemble des revenus qu'elles ont perçus durant une année. Cet impôt porte sur le **revenu net imposable** (assiette) qui est calculé en faisant la somme de tous les revenus (salaires, pensions, bénéfices de l'activité individuelle ou libérale, revenus immobiliers, revenus de l'épargne, etc.) nets d'éventuels abattements et déductions propres à chaque catégorie de revenus et en déduisant certaines charges (pensions alimentaires par exemple). Depuis

Impôt sur le revenu
Contribution obligatoire versée par les personnes physiques et calculée par référence à l'ensemble des revenus perçus pendant une année et en tenant compte de la taille du ménage (barème progressif de l'IR).

2019, l'impôt sur le revenu est prélevé à la source, c'est-à-dire que c'est l'employeur qui le prélève directement sur chaque revenu qu'il verse, si bien que les revenus perçus sont « net d'impôt » (le taux d'imposition est communiqué par l'administration fiscale).

Progressivité
Caractère d'un impôt dont le taux de prélèvement s'accroît avec l'augmentation du revenu.

C'est un **impôt progressif** car le taux de l'impôt n'est pas unique, mais s'accroît avec l'augmentation du revenu imposable.

Exemple d'impôts proportionnel et progressif

Imaginons trois contribuables X, Y, et Z ayant un revenu annuel imposable suivant :

- X revenu imposable → 8 000 €
- Y revenu imposable → 15 000 €
- Z revenu imposable → 30 000 €

(a) S'il existe un seul taux d'imposition, 10 % par exemple, les impôts sont les suivants :

- X impôts de → 800 €
- Y impôts de → 1 500 €
- Z impôts de → 3 000 €

Dans ce cas, l'impôt sur le revenu est proportionnel.

(b) Dans un impôt progressif, les taux augmentent. Par exemple, les taux seront de 10 % pour un revenu imposable inférieur à 10 000 €, de 15 % pour un revenu imposable compris entre 10 000 et 25 000 € et de 20 % pour un revenu imposable supérieur à 25 000 €.
On aura alors :

- Impôts de X → 800 €
- Impôts de Y → 2 250 €
- Impôts de Z → 6 000 €

Avec l'**impôt proportionnel**, tous les contribuables sont affectés de façon identique. La **CSG** est un prélèvement proportionnel car tous les revenus, importants ou non, sont taxés au taux de 9,2 %. La CSG, qui s'apparente à un impôt par certains aspects, est d'ailleurs devenue le premier impôt direct des Français, devant l'impôt sur le revenu.

L'impôt progressif sur le revenu, qui a été instauré en France en 1914, cherche à satisfaire un principe de justice et d'équité puisque l'on considère que le taux d'impôt, l'effort fiscal en quelque sorte, doit être d'autant plus élevé que les revenus sont importants. Deux autres caractéristiques de l'impôt français sur le revenu reposent aussi sur un principe de justice et de solidarité : il existe d'abord un seuil minimum de revenu imposable en deçà duquel l'impôt sur le revenu n'est pas perçu. C'est ensuite le **quotient familial** qui est un allégement d'impôt qui permet de prendre en compte les charges de famille.

Ainsi, à revenu imposable égal, un ménage paie d'autant moins d'impôts qu'il a d'enfants à charge.

Comment calcule-t-on l'impôt sur le revenu ? Le revenu est divisé en **tranches** et un taux s'applique à chaque tranche. Révisé annuellement pour tenir compte de l'inflation, le barème est le même pour tous les contribuables.

Exemple fictif de calcul d'impôt sur le revenu

- De 0 à 10 000 € de revenu imposable, taux 0 %
- De 10 000 à 15 000 €, taux de 10 %
- De 15 000 à 20 000 €, taux de 20 %
- De 20 000 à 25 000 €, taux de 30 %
- De 25 000 à 35 000 €, taux de 40 %
- Au-delà de 35 000 €, taux de 50 %

Calculons l'impôt sur le revenu d'un cadre supérieur célibataire dont **le revenu imposable est de 28 000 €** (son salaire annuel est plus élevé, car il y a des abattements et déductions).
Le calcul est le suivant :

- 10 000 €, taux de 0 %, → 0 € d'impôts pour cette tranche
- 5 000 €, taux de 10 %, → 500 € pour la 2e tranche
- 5 000 €, taux de 20 %, → 1 000 € pour la 3e tranche
- 5 000 €, taux de 30 %, → 1 500 € pour la 4e tranche
- 3 000 €, taux de 40 %, → 1 200 € pour la 5e tranche

Total : 4 200 € d'impôts

Le salarié a un revenu imposable situé dans la 5e tranche (celle où les revenus sont compris entre 25 000 et 35 000 euros). Le taux correspondant est de 40 %, mais cela ne veut pas dire que l'impôt va représenter 40 % de son revenu total. Ce sont uniquement les revenus supérieurs à 25 000 euros (ici, 3 000 euros) qui se verront appliquer ce taux, dit **taux marginal d'imposition**.

Son **taux moyen d'imposition** est seulement de 15 % (4 200 €/ 28 000 €).

Les autres grands impôts directs

L'**impôt sur les sociétés** concerne les sociétés de capitaux (SARL, SA par exemple). Le résultat de l'activité fournit un bénéfice imposable auquel s'applique un taux d'imposition. C'est le bénéfice net d'impôt qui permet ensuite de distribuer des dividendes et de réaliser un autofinancement.

Impôt sur les sociétés
Imposition sur les bénéfices des sociétés de capitaux.

L'impôt de solidarité sur la fortune (ISF), créé en 1988, était un impôt annuel calculé sur l'ensemble du patrimoine des ménages (lorsque le patrimoine dépasse un certain seuil). L'assiette de l'impôt intégrait la résidence principale, l'ensemble des actifs mais il excluait l'outil de travail (l'entreprise d'un entrepreneur). Il a été remplacé en 2018 par l'impôt sur la fortune immobilière (IFI) qui ne taxe désormais que le seul patrimoine immobilier (avec un abattement de 30 % sur la valeur de la résidence principale).

Impôt de solidarité sur la fortune (ISF)

Impôt annuel, créé en 1988, calculé sur l'ensemble du patrimoine des ménages (le patrimoine professionnel est exclu).

Les impôts locaux, qui sont des impôts annuels perçus par les collectivités locales, sont au nombre de quatre : la taxe d'habitation (payée par les ménages en fonction de la valeur de leur habitation, qu'ils soient locataires ou propriétaires), cet impôt est progressivement réduit pour disparaître en 2022 ; la taxe professionnelle, payée par les entreprises et qui a été remplacée en 2010 par la Contribution économique territoriale (CET), et les taxes foncières sur les propriétés bâties et non bâties payées par les propriétaires.

La taxe sur la valeur ajoutée (TVA)

D'une façon générale, la taxe sur la valeur ajoutée (TVA) est un impôt portant sur les biens et les services consommés en France et dont la collecte est assurée par les entreprises pour le compte de l'État.

Taxe sur la valeur ajoutée (TVA)

Impôt portant sur les biens et les services consommés en France. La collecte en est assurée par les entreprises et les commerçants pour le compte de l'État ; taxe payée par les consommateurs.

Lorsqu'une entreprise fait une facture à un client (consommateur final ou autre entreprise), elle indique le prix hors taxe (HT), c'est-à-dire hors TVA, du bien, puis le montant de la taxe, et, enfin, le montant toutes taxes comprises (TTC) que doit payer ce client. Cette entreprise verse la taxe à l'État et conserve pour elle la valeur hors taxe du bien. Si ce client est une autre entreprise, cette dernière pourra déduire elle-même la TVA payée (sur ses propres achats) des montants de TVA qu'elle prélèvera sur ses propres clients.

Exemple fictif de TVA (taux de 15 %)

Entreprise de bois	Prix de vente hors taxe des planches	10 000
	TVA facturée	1 500
	TVA versée au fisc	1 500
↓	Prix de vente TTC	11 500
Entreprise de meubles	Prix de vente hors taxe d'un meuble	30 000
	TVA facturée	4 500
	TVA versée au fisc (4 500 – 1 500)	3 000
↓	Prix de vente TTC	34 500
Consommateur		

Plusieurs remarques se dégagent de cet exemple.

– Chaque entreprise placée au long du circuit de production peut se faire rembourser la TVA payée sur ses consommations intermédiaires. Cela revient à dire que l'entreprise de meubles paye ses matières premières 10 000 euros (le prix hors taxe). On dit alors que la TVA est un impôt neutre pour les entreprises (elle n'a aucune incidence sur leurs coûts ; elle ne les accroît pas).

– Si l'on considère l'entreprise de meubles qui a versé 3 000 euros de TVA au fisc, on remarque que cette somme correspond à 15 % de sa propre valeur ajoutée (30 000 – 10 000). Voilà l'explication du terme « TVA ».

– L'État a reçu 4 500 euros, soit 15 % du prix du produit dont le prix HT est de 30 000 euros. Ce montant n'a pas été versé par le consommateur, mais par chaque entreprise située en amont (1 500 euros et 3 000 euros).

– Qui paye en définitive la TVA ? C'est le consommateur qui, ne vendant rien, ne peut récupérer la TVA payée sur ses achats, comme le font les entreprises. La TVA est donc bien un impôt sur la consommation.

La TVA est donc neutre pour les entreprises situées aux différents stades de production. Par ailleurs, elle ne fausse pas la concurrence entre les pays car les exportations françaises sont exonérées de TVA (à la frontière, le produit devient hors taxe) tandis que les importations sont soumises à la TVA. Comme la plupart des pays ont instauré un système de TVA après avoir copié le système français inventé en 1954, les exportations françaises sont taxées au taux de TVA du pays dans lequel elles sont vendues. En revanche, une voiture allemande produite en Allemagne et exportée en France sera imposée selon les taux français. Un projet de réforme de la TVA reste en discussion entre les pays de l'UE. Il existe plusieurs taux de TVA en France : un taux normal de 20 % et plusieurs taux réduits (10 %, 5,5 % et 2,1 %). Les taux réduits s'appliquent notamment aux produits alimentaires, aux livres et aux services destinés aux particuliers.

Lire aussi » **Budget - Politique budgétaire**

Inflation

Alors qu'au XIXe siècle, les hausses et les baisses de prix alternaient selon la conjoncture économique, au XXe siècle l'inflation est un phénomène prédominant. Il n'y a pas d'explication définitive pour un déséquilibre qui modifie sensiblement la répartition des richesses entre tous les agents économiques.

SOMMAIRE

- Qu'est-ce que l'inflation ?
- Causes et conséquences de l'inflation

Qu'est-ce que l'inflation ?

Définition

L'**inflation** désigne une hausse durable des prix. Lorsque le prix d'un seul bien ou de quelques biens augmente, il n'y a pas forcément d'inflation car les prix de tous les autres biens peuvent ne pas bouger, voire diminuer. L'inflation correspond alors à une hausse du prix moyen de tous les biens et services.

Inflation
Hausse durable du niveau général des prix.

Mais il faut aussi que ce mouvement de hausse des prix soit durable. Ainsi, lorsque tous les prix augmentent à une certaine date de 1 % puis restent stables pendant de longs mois, on ne peut pas parler d'inflation. En revanche, s'ils augmentent ainsi tous les mois, on est bien en présence d'inflation.

En période d'inflation, certains prix augmentent plus vite que d'autres ; l'inflation s'accompagne donc d'une modification des **prix relatifs**, c'est-à-dire des rapports de prix entre les biens, considérés deux à deux.

La mesure de l'inflation : l'indice des prix à la consommation

Comment mesurer le niveau général des prix, c'est-à-dire l'ensemble des prix des biens et des services ? Il faut résumer dans un chiffre unique une quantité importante de prix. Ce chiffre, c'est l'indice des prix à la consommation (IPC). La mesure de l'inflation consiste alors à mesurer l'évolution, la variation de cet indice.

Indice des prix à la consommation
Instrument statistique utilisé chaque mois par l'Insee pour mesurer l'évolution du niveau général des prix, c'est-à-dire l'ensemble des prix des biens et des services consommés par les ménages.

On s'intéresse d'abord aux prix des produits qui sont consommés par les ménages (on parle aussi, dans ce cas, de prix de détail), les prix à la production ou les prix de gros ne sont donc pas pris en compte.

Mais il est impossible de mesurer tous les prix, pour tous les produits de consommation et pour tous les points de vente. En outre, tous les ménages ne consomment pas les mêmes produits et ne sont donc pas sensibles à l'évolution des mêmes prix.
L'indice des prix à la consommation, que calcule l'Insee, consiste à choisir un certain nombre de produits que l'on juge représentatifs de la consommation des ménages. L'Insee relève ainsi les prix de 161 groupes de produits regroupés en 12 ensembles (santé, transports, loirsirs, culture, etc.) représentant plus des 9/10e des biens et services consommés par les ménages. La technique du sondage permet ainsi, après un nombre de relevés suffisants, de calculer les variations des prix de ces différents produits.

La construction de l'indice des prix à la consommation comporte une deuxième étape car il serait absurde de faire la simple moyenne des variations de prix de tous ces postes. Les produits n'étant pas consommés dans les mêmes quantités, il convient d'affecter à ces articles des pondérations correspondant à la part de chacun dans la consommation moyenne des Français. L'Insee a choisi, pendant longtemps, comme référence des pondérations, les ménages urbains dont le chef est employé ou ouvrier, catégories dont la structure de la consommation était proche de celle de la moyenne de la population totale. Depuis janvier 1993, l'indice est calculé « tous ménages », comme dans les autres pays européens, en prenant comme pondération la part de chaque dépense dans le total.

L'indice des prix à la consommation est donc un instrument statistique élaboré chaque mois par l'Insee. Comme tout instrument, il présente des limites : comment prendre en compte les changements dans les comportements de consommation des ménages ? Comment intégrer les produits nouveaux ? Cet indice reste cependant une référence importante pour l'économie (relèvement du SMIC, indexation d'un certain nombre de grandeurs économiques). Surtout, c'est lui qui intervient dans la mesure de la croissance du PIB réel.

Comment calculer le taux d'inflation ? Le **taux d'inflation** correspond au taux de variation de l'indice des prix à la consommation entre deux dates.

Taux d'inflation
Taux de variation de l'indice des prix à la consommation entre deux dates.

Si l'indice est 145 pour l'année 1 ($I_1 = 145$) et 150 pour l'année 2 ($I_2 = 150$), le taux d'inflation de l'année 2 est :

$$\text{taux d'inflation} = \frac{I_2 - I_1}{I_1} \times 100 = \frac{150 - 145}{145} \times 100 = 3{,}4\ \%$$

Le taux d'inflation est donc de 3,4 %.

Le **taux d'inflation** annuel peut être calculé **en glissement** ou **en moyenne**. Le calcul en glissement compare l'indice des prix du mois de décembre des deux années. Le calcul en moyenne compare la moyenne annuelle de l'indice (moyenne arithmétique simple des douze indices de l'année) des deux années considérées. Avec le passage à l'euro, les onze pays concernés ont mis en place un taux d'inflation reposant sur des critères communs : c'est l'**indice des prix à la consommation harmonisés (IPCH)**.

Dans le cadre de l'harmonisation des statistiques économiques au niveau européen, une méthode commune a été définie : ce sont les indices des prix à la consommation harmonisés (IPCH). En ce qui concerne la France, l'IPCH ressemble beaucoup à l'indice des prix à la consommation. On calcule aussi un indice des prix européen avec l'**indice des prix à la consommation dans l'Union européenne (IPCUE)**, fondé sur les IPCH des pays de la zone euro. Les pondérations utilisées reflètent la part de chaque pays dans les dépenses de consommation finale de la zone euro. Pour la zone euro, la BCE définit la stabilité des prix comme une progression sur un an de l'IPCUE inférieure à 2 %.

Déflation et désinflation

Si l'inflation caractérise la hausse des prix, le contraire de ce phénomène est donc la baisse de prix. Il s'agit alors de la **déflation**. On ne doit pas confondre la déflation avec la **désinflation** qui désigne la baisse du taux d'inflation. Quand les prix augmentent toujours, mais à un rythme moins important qu'auparavant, il s'agit de la désinflation. Durant les années 1980, les pays occidentaux ont connu une désinflation, le taux d'inflation passant, en France par exemple, de près de 14 % en 1981 à 2,1 % en 1986, niveau auquel il s'est fixé depuis.

Déflation
Baisse du niveau général des prix. Désigne aussi une politique économique visant à réduire brutalement la demande afin de faire baisser les prix et la consommation.

Désinflation
Diminution du taux d'inflation.

Causes et conséquences de l'inflation

Les causes de l'inflation

Les économistes distinguent plusieurs causes de l'inflation.

L'**inflation par la monnaie** voit dans la hausse des prix le résultat d'une création monétaire excessive. Cette explication, apparue dès le XVIe siècle lorsque l'afflux de métaux précieux d'Amérique provoqua une hausse des prix, a reçu le nom de « **théorie quantitative de la monnaie** ». L'inflation monétaire provient donc d'une quantité de monnaie excessive ou, plus exactement, d'une croissance de la masse monétaire trop importante par rapport à la croissance de la production.

Théorie quantitative de la monnaie
Théorie qui relie l'augmentation des prix à l'accroissement des moyens de paiement en circulation dans l'économie.

L'**inflation par la demande** explique la hausse des prix par un déséquilibre entre l'offre de biens, qui est insuffisante, et la demande des consommateurs. Une création de monnaie trop importante peut être une explication de cette demande trop forte, mais d'autres facteurs peuvent intervenir (augmentation de la population, par exemple). Cette explication permet de trouver un remède à l'inflation dans l'accroissement de l'offre de biens, dans l'augmentation des capacités de production des entreprises (et pas seulement dans une réduction de la masse monétaire).

Inflation par la demande
Hausse des prix liée à un déséquilibre entre l'importance de la demande et la faiblesse de l'offre des produits.

L'**inflation par les coûts** met en cause un ou plusieurs coûts de production. Elle se traduit par une répercussion sur les prix de vente d'une augmentation du prix des matières premières, des salaires ou des autres coûts auxquels les entreprises doivent faire face. Une hausse du prix du pétrole peut ainsi se répercuter sur l'ensemble de l'économie (il s'agit en outre d'une **inflation importée**, c'est-à-dire liée à l'augmentation du prix des importations). Par ailleurs, si les salaires augmentent plus rapidement que les gains de productivité, le coût du travail augmentera et sera peut-être répercuté sur les prix de vente.

Inflation par les coûts
Hausse des prix liée à l'accroissement des coûts de production des entreprises.

Inflation importée
Inflation liée à l'augmentation du prix des importations.

L'inflation par les coûts traite des facteurs qui interviennent dans la fixation des prix de revient par les entreprises. Mais aux côtés des coûts, on rencontre aussi le profit. Les entreprises ont ainsi la possibilité d'augmenter leurs prix afin de maintenir ou d'accroître leurs profits résultant de leur activité productive, ce qui influe sur le niveau général des prix. Dès lors l'inflation peut aussi s'analyser comme une spirale salaires-profits (« **spirale inflationniste** »), la hausse des uns ne faisant que compenser celle des autres.

Les conséquences de l'inflation

L'inflation correspond d'abord à une diminution du pouvoir d'achat de la monnaie (on peut parler, dans une certaine mesure, de **dépréciation** de la monnaie au niveau **interne**). Comme le **pouvoir d'achat** désigne la quantité de biens et de services qu'un certain revenu permet d'obtenir, la hausse des prix conduit à une diminution de la quantité de biens que permet d'acheter une certaine somme.

Dépréciation (au niveau interne)
Diminution du pouvoir d'achat de la monnaie au sein d'une économie en raison de la hausse des prix.

Pouvoir d'achat
Quantité de biens et de services qu'un certain revenu permet d'obtenir.

Exemple de calcul de l'évolution d'un pouvoir d'achat

Prenons une certaine somme : 10 000 euros entre deux dates, t1 et t2, pendant lesquelles l'inflation s'est accrue (3 % d'inflation).
En t2, 10 000 euros ne permettent plus d'acheter la même quantité de biens que durant la période précédente t1. Les prix ont augmenté de 3 % et l'indice des prix est passé de 100 à 103.
Le pouvoir d'achat de 10 000 euros est devenu :

$$\frac{10\,000}{103} \times 100 = 9\,708{,}70 \text{ euros}$$

En t2, 10 000 euros correspondent à la **valeur nominale**, ou **valeur à prix courants**, tandis que 9 708,70 euros correspondent à la **valeur réelle** (le pouvoir d'achat), ou **valeur à prix constants** par rapport à l'année t1.

On dit que l'on a « déflaté » la valeur nominale. Le passage d'une valeur à prix courants à une valeur à prix constants s'est fait grâce à un **déflateur** (indice des prix ici). Déflater consiste donc à corriger une grandeur économique des effets de l'inflation.

Déflateur
Instrument permettant de corriger une grandeur économique des effets de l'inflation.

$$\text{On a ainsi : valeur réelle} = \frac{\text{valeur nominale} \times 100}{\text{indice des prix}}$$

En période d'inflation, si les revenus augmentent, l'augmentation nominale (celle qui apparaît sur le bulletin de salaire) est moins importante que la véritable augmentation de pouvoir d'achat (augmentation en valeur réelle).

Exemple fictif d'augmentation du pouvoir d'achat

Un salaire passe de 2 000 euros à 2 300 euros entre janvier de l'année 1 et janvier de l'année 2.
Durant la même période, l'indice des prix à la consommation passe de 100 à 104,8 (base 100 l'année 1).
Pour une base 100 l'année 1, le salaire passe à 115, soit 15 % d'augmentation.

Pour trouver l'augmentation du pouvoir d'achat, il ne faut pas faire la différence des pourcentages, mais le rapport des indices de l'année considérée.

$$\text{Indice du pouvoir d'achat} = \frac{\text{indice du salaire nominal}}{\text{indice des prix}} \times 100$$

Soit, $\frac{115}{104{,}8} \times 100 = 109$.

Le pouvoir d'achat a augmenté de près de 10 % entre les deux dates.

Valeur nominale = valeur à prix courants

Valeur réelle = valeur à prix constants (mesure du pouvoir d'achat)

L'inflation pénalise donc les détenteurs de revenus fixes (épargnants par exemple) puisque leur pouvoir d'achat diminue. Elle bénéficie alors aux agents endettés puisque la valeur réelle de leur dette diminue. L'inflation provoque ainsi des transferts de pouvoir d'achat entre les agents.

Les effets de l'inflation jouent aussi sur le commerce extérieur puisqu'une inflation plus importante en France qu'ailleurs pénalise les exportations françaises alors que les prix des importations deviennent moins élevés que les prix des produits intérieurs. Il convient, dans ce cas, d'observer le **différentiel d'inflation**, c'est-à-dire l'écart entre le taux d'inflation français et le taux d'inflation de chacun de nos partenaires.

Différentiel d'inflation
Écart entre le taux d'inflation d'un pays et le taux d'inflation d'un ou de plusieurs autres pays.

Lire aussi » **Politique monétaire - Questions d'actualité 5 p. 37, 6 p. 38, 7 p. 39**

Intérêt

L'intérêt est un revenu ; c'est la rémunération du service qu'un prêteur rend à un emprunteur. Cette rémunération versée par le débiteur (celui qui a une dette envers son créancier) représente un pourcentage du capital prêté appelé taux d'intérêt. Le taux d'intérêt est une notion économique fondamentale.

SOMMAIRE

→ Intérêt et taux d'intérêt

→ Une notion économique fondamentale

Intérêt et taux d'intérêt

L'emprunteur d'une somme d'argent s'engage à rembourser le capital à une certaine échéance, mais il doit aussi verser régulièrement (tous les ans en général) un revenu au prêteur. L'**intérêt** représente ainsi le loyer de l'argent prêté. Par exemple, les intérêts représentent les revenus reçus par les détenteurs d'obligations.

Un emprunt est aussi un prêt pour un autre agent. Un **prêt** correspond au placement d'une somme d'argent, d'un capital destiné à procurer des revenus réguliers. Une opération de prêt (placement auprès d'une banque, par exemple) ou d'emprunt comporte plusieurs caractéristiques : le montant du capital, la durée qui détermine l'échéance du remboursement et le prix du service (**taux d'intérêt**).

Intérêt
Revenu qui rémunère le service qu'un prêteur rend à un emprunteur en lui prêtant une somme d'argent, appelée « capital », pour une certaine durée.

Taux d'intérêt
Rapport entre l'intérêt (rémunération annuelle reçue ou versée) et la somme prêtée ou empruntée.

Le calcul des intérêts

Il existe deux méthodes de calcul des intérêts.

– La première est la méthode des **intérêts simples**.
À la fin de chaque période, les intérêts ne sont pas ajoutés au capital pour le calcul des intérêts de la période suivante. À la fin de chaque période, les intérêts sont calculés sur le capital initial.

Exemple de calcul des intérêts simples

- Une somme de 5 000 euros est placée pendant 4 ans au taux de 10 %.
- Intérêts produits chaque année : 5 000 × 0,10 = 500 €.
- Intérêts totaux : 500 × 4 = 2 000 €.
- Valeur acquise par le capital au bout de 4 ans : 5 000 + 2 000 = 7 000 €.

Si C représente le capital prêté ou placé, t le taux d'intérêt et d la durée du prêt, on obtient l'intérêt I suivant :

$$I = C \times t \times d$$

Il faut faire particulièrement attention à la signification de t. Le taux d'intérêt représente le taux annuel pour 100 € placés ou prêtés.

En conséquence, une somme de 1 000 € placée au taux de 10 % pendant 100 jours procure les intérêts suivants :

$$I = 1\,000 \times 0{,}10 \times \frac{100}{365} = 27{,}30\ €$$

– La seconde est la méthode des **intérêts composés**.

Lorsque le prêt ou le placement sont faits à intérêts composés, on ajoute à la fin de chaque période l'intérêt simple de la période au capital. À la période suivante, l'intérêt simple est alors calculé sur le capital augmenté des intérêts des périodes antérieures.

Exemple de calcul des intérêts composés

Une somme de 5 000 € est placée à intérêts composés pendant 4 ans au taux de 10 %.

- Intérêts produits à la fin de la 1re année : 500 €.
- Valeur du placement durant la 2e année : 5 500 €.
- Intérêts produits à la fin de la 2e année : 5 500 × 0,10 = 550 €.
- Intérêts produits à la fin de la 3e année : (5 500 + 550) × 0,10 = 605 €.
- Intérêts produits à la fin de la 4e année : (5 500 + 550 + 605) × 0,10 = 665,50 €.

Valeur du placement au bout de 4 ans :
5 000 + 500 + 550 + 605 + 665,50 = 7 320,50 €.

Dans une opération financière réalisée avec les intérêts composés, on dit que les intérêts sont capitalisés (intégrés au capital) à la fin de chaque période. Les **intérêts capitalisés** (et non versés au prêteur) représentent ainsi un nouveau capital portant à son tour intérêt.

Si Co est le capital initial, n le nombre d'années et Cd la valeur acquise à la fin de la période d, on a :

$$Cd = Co\ (1 + t)^n$$

On peut retrouver cette formule avec notre exemple :
C1 = 5 000 + 5 000 × 0,10 = 5 000 (1 + 0,10)
C2 = [5 000 (1 + 0,10)] + [5 000 (1 + 0,10)] × 0,10
= [5 000 (1 + 0,10)] × (1 + 0,10) = 5 000 × $(1 + 0,10)^2$, etc.

Les différents taux d'intérêt

Il existe une multitude de taux.
– **Taux de l'usure** ou **taux usuraire** : c'est un taux d'intérêt défini légalement qui représente le taux maximum d'intérêt au-delà duquel il est interdit de prêter une somme d'argent.
– **Taux effectif global (TEG)** : c'est le taux réel d'une opération financière (placement ou prêt) et non le taux nominal annoncé. Le taux nominal ne prend pas en compte certains éléments (assurance, commissions et frais de toute nature, etc.) si bien que les consommateurs ou les épargnants peuvent se laisser abuser par une publicité imprécise. En réintégrant l'ensemble de ces éléments, le TEG, qui doit être précisé pour toute opération, permet de connaître le coût réel d'un emprunt.
– **Taux de l'argent au jour le jour** : il s'agit du taux de l'argent à court terme déterminé quotidiennement sur le marché monétaire ; il représente le taux d'intérêt d'un placement à vingt-quatre heures.
– **Taux de base bancaire (TBB)** : taux d'intérêt que les banques demandent à leurs meilleurs clients, c'est-à-dire ceux dont le risque de défaillance est le plus faible.
– **Taux débiteurs** : taux demandés par la banque à la clientèle qui emprunte.
– **Taux créditeurs** : taux versés par la banque pour obtenir des ressources.
– **Taux à long terme** : taux qui se déterminent sur le marché financier (taux moyen des obligations par exemple).

Taux de base bancaire
Taux d'intérêt demandé par les banques à leurs meilleurs clients, c'est-à-dire aux clients présentant le risque de défaillance le plus faible.

Taux nominal et taux réel

Le **taux d'intérêt nominal** est le taux fixé pour une opération (placement, prêt). Comme la hausse des

Taux d'intérêt nominal
Taux d'intérêt fixé par le contrat liant le prêteur et l'emprunteur.

prix conduit à réduire la valeur du capital, on calcule souvent un **taux d'intérêt réel** qui élimine les effets négatifs de l'inflation. Si une somme de 1 000 euros est placée 1 an à 10 % alors que l'inflation est de 20 % cette année-là, la valeur réelle du capital et des intérêts sera inférieure, à l'issue de la période, au capital initial.

Taux d'intérêt réel
Taux d'intérêt correspondant à la rémunération réelle d'un placement (ou au coût réel d'un emprunt) lorsque l'on a éliminé les effets de l'inflation.

Un taux d'intérêt réel peut ainsi être de signe négatif lorsque le taux de hausse des prix est supérieur au taux nominal. Un taux réel négatif correspond à une perte de pouvoir d'achat du capital initial. Pour calculer un taux d'intérêt réel, il ne faut pas soustraire le taux d'inflation du taux nominal, mais il faut diviser les indices ou les coefficients multiplicateurs correspondants. Certains utilisent cependant la soustraction lorsque les valeurs des taux sont faibles.

Une notion économique fondamentale

Les taux d'intérêt ont quatre rôles importants.
– Le taux d'intérêt et l'épargne : comme rémunération de l'épargne placée, le taux d'intérêt influence le niveau d'épargne d'une économie. S'il est trop élevé, il peut même inciter les entreprises à placer leurs ressources sur les marchés monétaires et financiers plutôt que d'investir.
– Le taux d'intérêt et l'investissement : pour la plupart des entreprises, le taux d'intérêt représente le coût des emprunts destinés à financer l'investissement. Des taux d'intérêt élevés découragent l'investissement.
– Le taux d'intérêt et la politique monétaire : le taux d'intérêt est traditionnellement un instrument de la politique monétaire. Si les autorités monétaires décident d'intervenir sur le marché monétaire pour faire baisser les taux, c'est toute la série des taux (taux au jour le jour, puis taux de base bancaire, puis taux débiteurs, enfin taux à long terme) qui va connaître, de proche en proche, une évolution semblable.
– Le taux d'intérêt et le taux de change : le taux d'intérêt est aussi parfois un objectif de la politique monétaire lorsque, par exemple, les autorités fixent le taux d'intérêt à court terme de façon à respecter un certain taux de change pour leur monnaie nationale. Dans le cas contraire, une hausse des taux d'intérêt se traduirait par un afflux massif de capitaux à la recherche de placements rémunérateurs, ce qui conduirait à une hausse du taux de change. Une baisse des taux d'intérêt conduirait à une baisse du taux de change (sorties de capitaux et échanges d'euros contre des devises).

Lire aussi » **Politique monétaire**

Investissement

L'investissement, qui représente l'acquisition de machines et de moyens de production, est une nécessité pour les entreprises. Les équipements, qui s'usent, doivent être remplacés, mais l'entreprise doit aussi réaliser de nouveaux investissements pour se développer, ou plus simplement, maintenir son activité face à la concurrence. L'investissement joue donc un rôle très important dans une économie.

SOMMAIRE

- Qu'est-ce que l'investissement ?
- Le choix des investissements

Qu'est-ce que l'investissement ?

Définition

L'**investissement** est l'opération réalisée par un agent économique consistant à obtenir des biens de production (machines, bâtiments, équipements, etc.). L'investissement représente alors un accroissement de son capital technique.

Investissement
Opération réalisée par un agent économique consistant à acquérir des moyens de production (machines, équipements, etc.).

Dans une entreprise, l'investissement est une dépense destinée à maintenir ou à accroître son potentiel productif. Il ne faut donc pas confondre un investissement et une consommation intermédiaire. L'investissement correspond à l'achat de biens qui vont servir plusieurs fois en cours du processus de production alors que les consommations intermédiaires (matières premières, produits semi-finis, etc.) sont immédiatement détruites ou transformées dans ce processus.

Dans une économie, les entreprises ne sont pas les seules à investir. L'État investit en réalisant des équipements collectifs (infrastructures, écoles, etc.) tandis que les investissements des ménages correspondent aux achats de logement (les achats de biens durables comme l'automobile sont considérés par la comptabilité nationale comme des consommations) et aux achats de biens d'équipements par les entrepreneurs individuels.

La notion économique d'investissement est différente, enfin, du sens courant d'investissement qui correspond à un placement financier (« investir en bourse »).

Les différentes formes d'investissement

Investissement brut et investissement net

Lorsqu'une entreprise investit en achetant, par exemple, de nouvelles machines, elle ne dispose pas nécessairement d'une augmentation de son potentiel productif équivalente aux nouveaux équipements. Une partie de ceux-ci servent en effet à remplacer les machines usées ou victimes de l'**obsolescence** (elles sont dépassées et coûtent trop cher pour fonctionner). Ces **investissements de remplacement** correspondent à la notion économique d'**amortissement**. Plus précisément, l'amortissement désigne l'opération permettant de financer le renouvellement des équipements et des biens de production pour tenir compte de leur vieillissement. L'amortissement n'est pas une dépense réelle de l'entreprise ; c'est une pratique de la comptabilité privée des entreprises qui permet de conserver les sommes correspondantes dans l'entreprise (elles diminuent toutefois le bénéfice imposable). Comme tout capital fixe fait l'objet d'un amortissement, l'entreprise peut de la sorte reconstituer la totalité de ses biens de production.

L'**investissement net** désigne l'investissement nouveau, celui qui permet une augmentation du volume du capital technique de l'entreprise. L'**investissement brut** représente en revanche le montant total de l'investissement.

Obsolescence
Vieillissement d'un équipement industriel dû à l'apparition d'un matériel nouveau, de meilleure qualité ou plus performant.

Amortissement
Sommes que l'entreprise met de côté afin de reconstituer son capital technique, usé ou frappé d'obsolescence.

Investissement brut
Montant total des investissements de l'entreprise ou d'une économie comprenant les investissements nouveaux (investissement net) et les investissements de remplacement.

Investissement net = investissement brut – amortissement

Investissement matériel et investissement immatériel

Les machines, les bâtiments, les véhicules de transport de marchandises représentent des **investissements physiques, matériels**. On leur oppose les investissements immatériels, appelés aussi investissements intellectuels ou incorporels, qui sont des dépenses particulières destinées à améliorer le potentiel productif de l'entreprise.

Les **investissements immatériels** regroupent les dépenses suivantes : dépenses liées à l'innovation (recherche, brevets, licences, etc.), dépenses de formation des salariés, dépenses en logiciels, dépenses en publicité, dépenses commerciales (création d'un réseau commercial, à l'étranger par exemple). Les investissements immatériels, appelés à se développer, sont souvent étroitement imbriqués avec des investissements matériels (exemple de l'ordinateur et du logiciel ou de l'ordinateur et de la formation du personnel à ce matériel).

Investissement immatériel
Achat de biens immatériels par les entreprises (formation, logiciels, publicité) destinés à accroître le potentiel de production.

Cependant, les investissements immatériels sont encore considérés par la comptabilité des entreprises comme des consommations intermédiaires ; ils ne peuvent donc donner lieu à des amortissements venant réduire le bénéfice imposable de l'entreprise.

Investissements de capacité ou de productivité

Les **investissements de capacité** sont destinés à accroître les capacités de production. Ils consistent donc à rajouter par exemple de nouvelles machines à celles qui existent afin de produire en plus grande quantité. Ils s'accompagnent ainsi de créations d'emplois pour faire fonctionner les nouvelles machines.

Investissement de capacité
Investissement permettant d'augmenter les capacités de production (nouvelles machines s'ajoutant aux anciennes) et donc l'emploi.

En revanche, les **investissements de modernisation ou de productivité** visent à diminuer les coûts de production en remplaçant une machine par une autre plus productive, c'est-à-dire utilisant une main-d'œuvre ou des consommations intermédiaires en quantité plus faible. Un investissement de productivité ne s'accompagne donc pas nécessairement d'une augmentation de la production et de l'emploi. Remarquons cependant qu'un investissement peut combiner ces deux caractéristiques (capacités supplémentaires et gains de productivité).

Investissement de modernisation ou de productivité
Investissement destiné à remplacer d'anciennes machines par de nouvelles, plus performantes.

L'investissement dans l'économie

L'investissement joue un rôle important dans une économie car il se situe autant du côté de la demande que du côté de l'offre.
L'investissement constitue en effet une composante de la demande (comme la consommation ou les exportations) puisque l'entreprise qui investit fait travailler d'autres entreprises fabriquant les machines par exemple. La demande d'investissement stimule ainsi l'activité économique. Par ailleurs, l'investissement favorise l'offre de biens et de services puisqu'il permet de produire plus et mieux.

Il est donc important de connaître et de mesurer le niveau des investissements dans l'économie, c'est l'objet de la FBCF calculée par l'Insee. La **formation brute de capital fixe (FBCF)** désigne la « valeur des biens durables acquis pour être utilisés pendant au moins un an dans le processus de production ». Elle regroupe ainsi les investissements de tous les agents économiques de l'économie (État, entreprises et ménages). Depuis 2000, les achats et les dépenses en logiciels sont considérés comme faisant partie de la FBCF (et non plus des consommations intermédiaires).

Formation brute de capital fixe (FBCF)
Terme de la comptabilité nationale désignant l'ensemble des investissements (usines, machines, logements, routes, etc.) réalisés par l'économie durant une certaine période.

La « **formation de capital** » regroupe ces investissements et les stocks (qui ne sont pas du capital fixe). La **formation nette de capital fixe**, qui exclut les amortissements du total des investissements comptabilisés, correspond ainsi à l'accroissement de l'investissement dans l'économie.

Formation nette de capital fixe
Nouveaux investissements d'une économie qui s'ajoutent à ceux qui sont financés grâce au mécanisme de l'amortissement.

formation de capital = FBCF + stocks
FBCF = formation nette de capital fixe + amortissement

On définit aussi la notion d'**investissement productif** pour désigner les investissements en capital fixe des entreprises qui sont véritablement destinés à produire d'autres biens. Les dépenses en logement ou bâtiment sont exclues.

L'**investissement industriel** ou **manufacturier** désigne l'investissement de l'industrie au sens strict (biens de production, biens intermédiaires et biens de consommation).
Le **taux d'investissement** mesure l'effort d'investissement d'une économie et permet ainsi des comparaisons internationales :

Taux d'investissement
Effort d'investissement d'une économie mesuré par le rapport de l'investissement réalisé durant une année et du PIB de la même année.

$$\text{taux d'investissement} = \frac{\text{FBCF}}{\text{PIB}}$$

C'est la part de la richesse produite en une année qui est destinée à renouveler et à accroître le potentiel productif.

Le choix des investissements

Le financement des investissements

Pour une entreprise qui a besoin de financement pour ses investissements, plusieurs possibilités sont ouvertes. Elle peut tout d'abord faire appel à sa propre épargne (autofinancement constitué des amortissements et des bénéfices non distribués mis en réserve). Elle peut également trouver des capitaux auprès des associés de l'entreprise ou des actionnaires (émission d'actions en bourse) et augmenter ainsi son capital. Elle peut aussi recourir à des emprunts à moyen et long terme. Le **crédit-bail** constitue une autre possibilité : il s'agit d'un système de location avec une option d'achat à terme. Cette formule permet à l'entreprise de disposer de moyens de production sans immobiliser de capitaux.

Les sources de financement

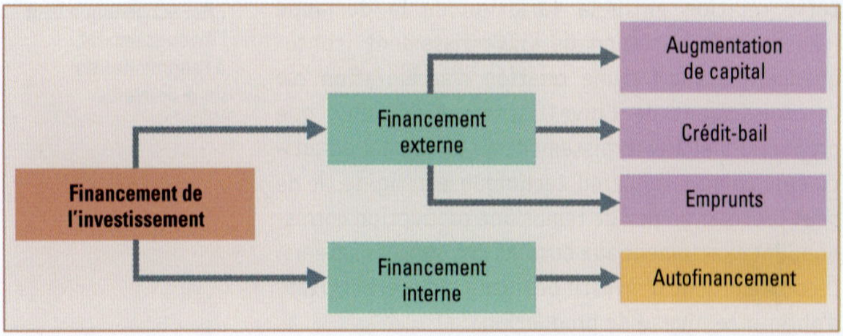

Comment se déterminent les investissements ?

Dans une entreprise, un investissement est réalisé s'il permet de rapporter davantage qu'il ne coûte. Si l'entreprise décide de financer elle-même cet investissement, elle va comparer les profits entraînés par cette dépense (les profits sur plusieurs années) et les gains que lui rapporterait un placement de cette somme à l'extérieur de l'entreprise (à la Bourse, par exemple). Un investissement financé sur ses ressources propres comporte pour l'entreprise un « coût d'opportunité » défini comme le manque à gagner par rapport à un placement financier. L'entreprise investira lorsque le profit de l'investissement sera supérieur à ce coût d'opportunité.

Si l'entreprise emprunte une somme pour investir, elle va comparer le taux de l'intérêt et le taux de rendement de l'investissement :

$$\text{taux de rendement de l'investissement} = \frac{\text{profits futurs liés à l'investissement}}{\text{coût de l'investissement}}$$

Si le taux de rendement est supérieur au taux d'intérêt, l'entreprise réalisera l'investissement en empruntant.

Dans une économie, le niveau des investissements réalisés est le résultat de plusieurs facteurs. Les profits, qui permettent de financer l'investissement, et les taux d'intérêt, qui représentent le coût d'un emprunt, figurent parmi ces éléments. Mais l'investissement dépend aussi des perspectives de demande que prévoient les chefs d'entreprise. L'investissement permet à l'entreprise d'ajuster ses capacités de production à la demande qu'elle anticipe. Si le climat économique est morose, les entreprises ne seront pas incitées à investir. En revanche, si le niveau de production que souhaitent réaliser les entreprises est élevé, elles vont investir.

La théorie économique a intitulé « **accélération** » cette relation entre la variation de la demande (cause) et la variation de l'investissement (conséquence). Il s'agit d'une relation d'accélération car l'accroissement de l'investissement est plus que proportionnel à l'accroissement de la demande (anticipée). Comme l'appareil technique est rigide, il ne peut procurer en peu de temps une production correspondant exactement aux besoins des consommateurs. Il convient donc d'investir beaucoup pour être certain d'obtenir ce niveau de production.

Accélération
Effet économique liant l'investissement à l'augmentation de la demande.

Les déterminants de l'investissement

Les facteurs liés à la situation des entreprises

- **Les profits**
  Des profits élevés constituent un indicateur de la rentabilité de l'investissement, mais engendrent aussi des ressources (autofinancement) pour investir
- **La structure financière des entreprises**
  Importance des fonds propres et endettement réduit
- **Le taux d'utilisation des capacités de production**
  Si elles sont pleinement employées, la demande est forte et l'entreprise doit peut-être investir

Les facteurs externes

- **La demande**
  Les entreprises investissent si elles prévoient des débouchés nouveaux pour leur production (effet accélérateur où la demande anticipée détermine l'investissement)
- **Les taux d'intérêt**
  Des taux peu élevés diminuent le coût d'acquisition des capitaux empruntés pour investir
- **Le coût relatif des facteurs**
  Une hausse du coût du travail supérieure à celle du coût du capital favorise une substitution du capital au travail

Lire aussi » Coût - Économie keynésienne - Politique économique

Libéralisme

Le libéralisme est une doctrine qui affirme le caractère fondamental de la liberté individuelle dans les domaines économique et politique. Elle repose sur la volonté de limiter l'action de l'État. On distingue plusieurs conceptions du libéralisme.

SOMMAIRE

- Les différents libéralismes
- La politique économique libérale

Les différents libéralismes

Les principes

Le **libéralisme** est né au XVIIIe siècle en réaction à l'absolutisme royal. Il érige en principe fondamental la liberté individuelle, c'est-à-dire l'autonomie et la libre initiative des individus dans l'organisation de leur existence. Libres et responsables, ceux-ci doivent décider eux-mêmes de leurs actions.

Libéralisme
Doctrine qui affirme le caractère fondamental de la liberté individuelle dans les domaines politique et économique, et qui cherche à limiter l'action et l'influence de l'État.

Ce principe en implique aussitôt un autre, la limitation du pouvoir politique quel qu'il soit. On distingue alors deux grandes traditions libérales pour garantir cette limitation. Pour la première, seule la règle peut limiter le pouvoir ; on définit au départ des domaines où l'État ne doit pas intervenir (activités économiques par exemple). Le nom de **Montesquieu** (1689-1755) est inséparable de la seconde tradition pour laquelle seul « le pouvoir arrête le pouvoir » il est donc nécessaire, dans ce cas, de diviser le pouvoir, de le répartir afin que, plusieurs pouvoirs (législatif, exécutif, judiciaire par exemple) s'opposant entre eux, aucun ne puisse dominer absolument.

L'affirmation de la liberté des individus et la nécessité de limiter le pouvoir étatique laissent cependant sans réponse des questions essentielles : comment éviter que la liberté permette aux plus forts de dominer « librement » les plus faibles (une formule célèbre parle de la liberté du renard dans le poulailler) ? Comment harmoniser les différentes actions des individus et éloigner le spectre d'une « loi de la jungle », lorsque chacun est libre d'agir à sa guise ?

Libéralisme économique et libéralisme politique apportent des réponses différentes à ces questions.

Libéralisme politique et libéralisme économique

Le libéralisme politique repose sur l'égalité civile des individus qui se transforment alors en citoyens. La liberté d'opinion, de réunion, d'information, la liberté de se regrouper en associations ou en partis politiques représentent les libertés publiques sur lesquelles repose le libéralisme politique. Le cœur du libéralisme politique reste toutefois le libre choix des gouvernants. Il est donc inséparable de l'existence d'élections (démocratie). Les lois réglant la vie sociale sont donc le résultat de la volonté des citoyens.

Libéralisme politique
Doctrine et système politiques reposant sur la reconnaissance et la mise en œuvre des libertés politiques individuelles ainsi que de la démocratie.

Le libéralisme économique offre une vision très différente. À partir du moment où un certain nombre de libertés sont assurées et respectées (liberté de la propriété privée, libre concurrence, liberté du travail), il suffit que chacun poursuive son activité pour que se réalise l'harmonie sociale. Le libéralisme économique fonde alors cette conviction d'un ordre naturel et spontané dans les bienfaits d'un mécanisme de régulation unique, le marché. Le marché est un processus d'ajustement entre les actions économiques des individus. L'échange est avantageux pour tous les participants et l'intérêt général n'est que la somme des intérêts particuliers des uns et des autres (« la main invisible » de l'économiste Adam Smith). Le marché apparaît en définitive comme le seul moyen de concilier l'autonomie individuelle et un minimum d'ordre et de contraintes sociales.

Libéralisme économique
Doctrine économique hostile à l'intervention de l'État dans la vie économique et sociale.

Dans la réalité, libéralisme économique et libéralisme politique ne coïncident pas toujours. De nombreuses dictatures politiques mettent en œuvre les principes de l'économie libérale. À l'inverse, de nombreux pays politiquement libéraux refusent de s'en remettre entièrement à ces mêmes principes économiques.

Les différents libéralismes économiques

Le libéralisme économique est né à la fin du XVIIIe siècle avec des économistes comme Adam Smith (1723-1790), Thomas Malthus (1766-1834) et David Ricardo (1772-1823). Jean-Baptiste Say (1767-1832) et John Stuart Mill (1806-1873) sont aussi d'importants théoriciens du libéralisme économique. Conformément à la double tradition libérale, les économistes se réclamant du libéralisme économique ne sont pas d'accord sur la façon de limiter l'action économique de l'État. Pour certains, l'État ne doit pas intervenir dans la vie économique car il perturberait les mécanismes du marché et détruirait l'allocation optimale des ressources qu'il assure. D'autres, au contraire, pensent qu'il n'est pas possible d'émettre une telle interdiction générale car l'État est obligé d'intervenir (situations où le marché est défaillant ou impuissant comme pour les biens collectifs et les effets externes, par exemple). Dès lors, il est préférable de limiter son action en favorisant l'émergence de contre-pouvoirs efficaces (groupes de pression, syndicats, mouvements de consommateurs, etc.).

La politique économique libérale

Les propositions de politique économique inspirées par le libéralisme économique s'expliquent par le rôle que joue l'État dans le domaine économique. Déjà au XVIIIe siècle, les économistes libéraux dénoncent l'État et les réglementations des échanges qu'il a instaurées. Contre la doctrine du mercantilisme, qui justifie le protectionnisme, les libéraux affirment, comme Vincent de Gournay (1712-1759), « laissez passer les choses, laissez faire les hommes ».

Politique économique libérale
Politique économique qui cherche à réduire la place et le rôle de l'État dans l'économie afin de développer la place et le rôle des mécanismes de marché.

Devant l'impuissance des politiques économiques à vaincre la crise et face aux excès et aux limites de l'intervention économique et sociale de l'État (crise de l'État-providence, par exemple), certains économistes et hommes politiques ont plaidé dans les années 1980 pour un retour au libéralisme économique. On a ainsi appelé « **économie de l'offre** » l'ensemble des analyses présentées durant cette période qui démontraient la nécessité de réduire le poids de l'État dans la vie économique afin de libérer les initiatives individuelles (l'offre des entrepreneurs, l'offre de travail des individus). L'économie de l'offre n'est donc ni une véritable doctrine ni une théorie, mais un programme de politique économique dont les principaux aspects sont la diminution des impôts directs affectant les personnes et les entreprises, la diminution des dépenses publiques d'interventions économiques et sociales et l'élimination des réglementations inefficaces qui brouillent les messages du marché. Plus profondément, c'est toute la politique économique

Économie de l'offre
Analyse économique justifiant la réduction du poids de l'État dans la vie économique et sociale afin de libérer les initiatives des individus et des entrepreneurs.

conjoncturelle qui est dénoncée par les économistes de l'offre. Un exemple d'analyse appartenant à ce courant de pensée est donné par la « **courbe de Laffer** ». Cette courbe a pour but de montrer l'inefficacité d'une trop lourde imposition des individus. Si, en effet, les impôts sont trop importants (taux d'imposition élevés), les individus vont préférer diminuer leur travail plutôt que de travailler pour les impôts. Ainsi, un niveau trop élevé d'impôt conduit à une activité économique moins importante, et donc à une diminution des recettes fiscales pour l'État, d'autant que cette situation encourage fraude, travail au noir et évasion fiscale. La fiscalité est donc de moins en moins efficace (« trop d'impôt tue l'impôt ») et Laffer montre qu'un même niveau de recettes peut être atteint avec des taux d'impôt beaucoup moins importants. En effet, l'encouragement au travail, à l'effort et à l'initiative que constitue la baisse des impôts doit provoquer une relance de l'activité. Celle-ci conduira à son tour, à une hausse des impôts (les rentrées fiscales comme la TVA, les impôts sur le revenu augmentent avec le PIB) qui compensera les effets de la baisse initiale du taux d'imposition.

La courbe de Laffer

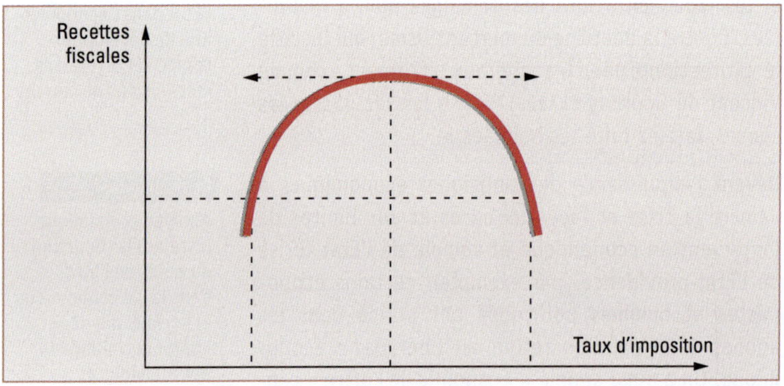

Cette analyse est directement à l'origine de la politique du président américain Ronald Reagan menée au début des années 1980 aux États-Unis (forte baisse des impôts). Cependant, celle-ci correspond davantage à la politique traditionnelle (inspirée par Keynes) de relance de l'activité par le déficit budgétaire. Les politiques d'inspiration libérale (privatisation d'entreprises publiques, déréglementation) ont été aussi appliquées au Royaume-Uni par Margaret Thatcher (1979-1991) et en France, notamment en 1986-1988.

Lire aussi » **Économie néoclassique - Marché**

Libre-échange

Doctrine économique prônant la liberté de circulation de tous les biens économiques entre les pays, le libre-échange s'est imposé après la Seconde Guerre mondiale grâce à la coopération entre les pays industrialisés sous l'égide du GATT, devenu aujourd'hui l'OMC.

SOMMAIRE

- Les origines du libre-échange
- Les fondements théoriques du libre-échange
- Du GATT à l'OMC

Les origines du libre-échange

Les fondements

Libre-échange
Doctrine économique prônant la liberté de circulation de tous les biens économiques (produits, services, capitaux, monnaie) entre les pays.

Le **libre-échange** correspond à une doctrine économique (c'est le « laissez faire » du libéralisme économique), née au tournant des XVIIIe et XIXe siècles, qui préconise la liberté du commerce entre les nations et la suppression de toutes les entraves aux échanges (droits de douane, contingentements).

Adam **Smith**, dans son ouvrage *Recherches sur la nature et les causes de la richesse des nations* (1776), montre les avantages d'une division internationale du travail entre tous les pays en s'opposant aux thèses mercantilistes qui considéraient le commerce international comme un affrontement où un pays gagnait ce que l'autre perdait (l'enjeu étant les métaux précieux). David **Ricardo**, avec les *Principes de l'économie politique et de l'impôt* (1817), est le fondateur des théories libérales de l'échange international qui montrent que le commerce ne désavantage aucun des participants, chacun ayant tout à y gagner.

Les périodes de libre-échange

Les premières applications de cette théorie ont lieu en Angleterre avec l'abolition en 1846 des « lois sur les blés » (*Corn Laws*) qui dataient de 1815 et qui protégeaient les blés anglais par des droits de douane élevés. La France imite l'Angleterre après la signature du traité de commerce franco-anglais imposé par

Napoléon III en 1860. Une ère libre-échangiste règne ainsi en Europe jusqu'en 1876. La France, de son côté, revient au protectionnisme de 1892 (lois Méline) à 1914.

Avec le premier conflit mondial, le Pacte de la Société des Nations reprend le treizième des « quatorze points » énoncés par le président américain Wilson qui prescrit la suppression de toutes les barrières économiques entre les nations. Mais ces déclarations d'intention ne peuvent empêcher le protectionnisme de se développer, même en Angleterre, patrie du libre-échange, et aux États-Unis (tarifs douaniers Hawley-Smoot de 1930) à la suite de la grande crise. L'autre grande période de libre-échange s'ouvre alors au lendemain de la Seconde Guerre mondiale sous l'égide du GATT.

Les fondements théoriques du libre-échange

La division internationale du travail (DIT)

Le commerce international est le résultat d'une division du travail qui s'opère à l'échelle du monde. L'échange international est nécessaire car les pays ne peuvent produire l'ensemble des biens et des services dont ils ont besoin. Les pays européens ont ainsi besoin de matières premières qui n'existent pas chez eux tandis que d'autres pays souhaitent obtenir leurs produits de haute technologie. Chaque pays peut donc se spécialiser dans la production d'un certain type de bien et pratiquer des échanges avec les pays disposant d'une autre spécialisation.

Division internationale du travail (DIT)
Répartition des différentes spécialisations entre tous les pays du monde.

La répartition des différentes spécialisations entre tous les pays du monde constitue la DIT, la division internationale du travail. Celle-ci n'est jamais définitive même si pendant très longtemps, la DIT fut fondée sur l'échange de matières premières et de produits de base provenant des pays en développement contre des produits manufacturés exportés par les pays industriels. À cette ancienne DIT, qui attribuait à chaque nation une place particulière, a succédé une DIT moins rigide, puisque de nouveaux pays peuvent rapidement jouer un rôle important dans le commerce international (NPI), et plus complexe. Les pays occidentaux étant devenus les premiers producteurs mondiaux de produits agricoles, la nouvelle DIT se fonde plutôt sur l'échange de produits manufacturés de consommation courante fabriqués par la main-d'œuvre abondante et bon marché des PED contre les produits plus sophistiqués des pays industrialisés.

Les explications traditionnelles de l'échange international

Cherchant à défendre l'idée du libre-échange, Adam **Smith** montre, à la fin du XVIIIe siècle, qu'un pays ne doit pas hésiter à acheter à l'extérieur ce que les producteurs étrangers peuvent produire à meilleur compte que les producteurs nationaux. Le pays qui vend un certain produit moins cher que tous les autres pays possède ainsi un **avantage absolu** pour ce produit. Smith indiquait alors qu'un pays devait se spécialiser dans la production de biens pour lesquels il possédait cet avantage absolu et acheter tous les autres biens.

Cette analyse présentait cependant l'inconvénient d'exclure de l'échange international les nations qui ne disposaient d'aucun avantage absolu. C'est un autre économiste anglais, David **Ricardo**, qui a démontré, au début du XIXe siècle, que même si un pays était moins bien placé que les autres pour tous les biens, il devait se spécialiser dans la production pour laquelle son désavantage était le moins grand. C'est la **théorie de l'avantage comparatif**. Prenons l'exemple de Ricardo, celui des échanges de vin et de drap entre l'Angleterre et le Portugal. Avec un même nombre d'heures de travail, le Portugal produit 20 mètres de drap et 300 litres de vin tandis que l'Angleterre produit 10 mètres de drap et 100 litres de vin. Si l'on s'en tient à la théorie des avantages absolus, le Portugal doit assurer seul la production de drap et de vin. Ricardo montre alors que l'Angleterre a intérêt à se spécialiser dans la production de drap, où elle possède un avantage relatif, car avec 10 mètres de drap elle obtiendra 150 litres de vin du Portugal (contre 100 chez elle). À l'inverse, le Portugal devra se spécialiser dans la production vinicole puisque l'échange avec l'Angleterre de 300 litres de vin portugais lui permettra d'obtenir 30 mètres de drap anglais au lieu des 20 mètres de drap portugais. Le Portugal a un avantage comparatif dans la production du vin. L'analyse de Ricardo, qui calcule la valeur des biens à partir de la quantité de travail nécessaire pour les produire (**théorie de la valeur-travail** des économistes classiques), montre ainsi que la spécialisation fondée sur les avantages comparatifs permet une augmentation simultanée de la production de vin et de drap. Le libre-échange est donc une bonne chose car toutes les nations en retirent des bénéfices.

> **Avantage comparatif**
> Analyse due à D. Ricardo qui fonde la théorie libérale de l'échange international en montrant que le commerce ne désavantage aucun des participants, chacun ayant tout à y gagner.

Cette théorie des coûts comparatifs a été approfondie au XXe siècle par les économistes Hecksher, Ohlin et Samuelson qui ont cherché à expliquer les différences de coûts comparatifs entre les pays. Selon eux, chaque pays doit se spécialiser dans la production utilisant les facteurs de production (travail, capital, terre) dont il dispose en abondance et importer des biens produits avec des facteurs qu'il possède en moindre quantité. La spécialisation s'explique ainsi par les **dotations factorielles** de chaque pays (**théorème dit HOS**, du nom de ces économistes) comme le montre l'exemple de l'Angleterre et de l'Australie. La première possède du capital et du travail en abondance et se spécialisera donc dans les produits manufacturés qu'elle échangera contre des produits agricoles australiens, puisque la terre est le facteur en abondance relative en Australie. L'échange permet d'ailleurs une égalisation des prix de ces produits.

Les analyses récentes de l'échange

La théorie traditionnelle de Ricardo a été souvent critiquée pour les échanges actuels. Ainsi, le développement des échanges intra-firmes (entre filiales, entre filiales et maison-mère) montre qu'une partie des échanges, en échappant aux règles du marché, ne peuvent s'expliquer par la théorie des avantages comparés.

Mais c'est surtout l'accroissement des échanges de produits similaires entre les pays qui remet en question l'analyse traditionnelle. Le développement du commerce intra-branche entre pays voisins ne peut s'expliquer ni par des productivités du travail différentes (optique de Ricardo), ni par des dotations en facteurs de production inégales (optique HOS). Certains économistes ont alors mis en avant les conditions relatives à la demande pour expliquer l'échange. Les consommateurs souhaitent acheter des produits semblables mais non identiques, se différenciant par leurs caractéristiques. La différenciation des produits est aussi une préoccupation des entreprises qui cherchent ainsi à retrouver un certain pouvoir de monopole (concurrence monopolistique).

Mondialisation et théorie des avantages comparatifs

La mondialisation et l'émergence de nouvelles puissances imposent à nouveau de s'interroger sur la validité de la théorie. Récemment, Paul **Samuelson** lui-même a remis en cause cette théorie en s'appuyant sur les relations sino-américaines. Il montre qu'il n'y a pas gain global à l'échange mais au contraire perte globale de bien-être quand un pays détient en abondance du travail qualifié et non-qualifié, qu'il est présent dans les secteurs high-tech et low-tech et qu'il détient en abondance capital et travail. Pour Samuelson, pour qu'il y ait avantage comparatif, il faut qu'il y ait spécialisation de chacun des partenaires, ce qui n'est pas le cas de la Chine. L'économiste indo-américain Jagdish Bhagwati montre à l'inverse que les États-Unis comme l'Europe continuent à avoir des avantages relatifs dans le « haut de gamme », les « systèmes techniques » à forte intensité en capital et en travail qualifié et l'édition de logiciels. La dynamique de la spécialisation obéit ainsi à une spécialisation intra-branche de plus en plus fixe. Cela conduit à l'internationalisation de la **chaîne de valeur** pour les grandes entreprises, l'ensemble de leurs activités de production étant fractionnées et réparties entre différents pays selon leurs avantages respectifs.

Chaîne de valeur
Succession des étapes conduisant à la réalisation du produit final.

Du GATT à l'OMC

Le GATT et ses principes fondamentaux

GATT
Accord général sur les tarifs douaniers et le commerce (*General Agreement on Tariffs and Trade*) ayant permis de supprimer progressivement la plus grande partie des obstacles aux échanges internationaux dans la seconde moitié du XXe siècle.

Multilatéralisme
Principe de coopération internationale selon lequel l'ensemble des pays renonce aux discriminations envers certains pays.

Pour éviter le retour aux désordres commerciaux de l'entre-deux-guerres, les pays occidentaux ont conclu, en octobre 1947, un **Accord général sur les tarifs douaniers et le commerce** (*General Agreement on Tariffs and Trade* – **GATT**) permettant de supprimer progressivement tous les obstacles aux échanges internationaux. Plus de cent pays ont signé cet accord qui comporte une double dimension. Le GATT énonce une série de principes et de règles que les pays signataires s'engagent à respecter, mais il organise aussi périodiquement de grandes négociations commerciales, les ***Rounds***.

Le premier principe du GATT est la non-discrimination entre les nations. Le commerce international doit se développer sur la base du **multilatéralisme** et non du **bilatéralisme** (accord entre deux pays seulement, à l'exclusion des autres). Ce principe s'incarne dans plusieurs règles. Tout d'abord, la **clause de la nation la plus favorisée** implique l'engagement d'étendre à tous les pays signataires de l'accord les conditions les plus favorables appliquées à l'un de ceux-ci. Ainsi, tout nouveau signataire bénéficie de toutes les concessions déjà réalisées par les autres pays. Existent aussi la **règle de réciprocité** (un pays abaisse ses barrières commerciales si ses partenaires lui accordent des avantages équivalents) et la **règle du traitement national** (aucune discrimination entre les producteurs nationaux et ceux des pays signataires).

Le second principe est l'interdiction des restrictions aux échanges (droits de douane élevés, restrictions quantitatives, etc.) et du dumping (prix des exportations moins élevés que les produits vendus sur le marché intérieur).

Un bilan du GATT

Le GATT, qui a permis le développement du libre-échange dans le monde, a largement contribué à l'essor du commerce international dans les années 1950 et 1960. Le GATT a favorisé de très importantes réductions des droits de douane. Ainsi, avec les *Kennedy Round* (1961-1966) et *Nixon Round* (ou *Tokyo Round* de 1973-1979), les pays signataires décidèrent des réductions qui firent passer les droits de douane moyens de 40 % au début des années 1960 à 5 à 8 % dans les années 1980.

Les progrès du GATT ont été ralentis par de nombreuses limites : traitement particulier en faveur des pays en développement et des zones de libre-échange (les pays membres de ces zones, comme la CEE, pouvaient ainsi réduire ou éliminer les obstacles à leurs échanges réciproques, sans étendre ces avantages aux autres pays du GATT), exception importante pour le commerce des produits agricoles, accords d'auto-limitations, regain du bilatéralisme (contraire au principe de non-discrimination).

L'*Uruguay Round*, commencé en 1986 et adopté en 1994, a prévu la création d'une Organisation mondiale du commerce (OMC) qui se substitue au GATT.

L'OMC

Avec l'OMC, la libéralisation des échanges est prise en charge par une véritable organisation internationale et non plus par un simple accord entre pays. L'OMC a aussi une mission plus large que le GATT puisque l'*Uruguay Round* a étendu le processus de libéralisation, jusque là limité aux produits manufacturés, aux services et à l'agriculture. L'OMC compte, en 2020, 164 pays. L'OMC doit mettre en œuvre les résultats de l'Uruguay Round (Accords de Marrakech en avril 1994) et impulser des négociations sur les services. La grande innovation de l'OMC est toutefois la création d'une procédure de règlement des litiges commerciaux.

OMC
Organisation internationale qui se substitue au GATT en 1995 et dont les objectifs sont d'assurer le respect des règles commerciales internationales, de surveiller et de réprimer les pratiques déloyales.

L'OMC se compose d'une conférence ministérielle, d'un conseil général et d'un secrétaire général. La conférence ministérielle comprend tous les pays membres de l'OMC. En novembre 1999, la troisième conférence ministérielle de Seattle (États-Unis), qui devait lancer le « **cycle du millénaire** », a été un échec puisque les conflits entre pays du Nord et pays du Sud comme entre les États-Unis et l'UE n'ont pas trouvé de solution, tandis que montait en puissance un front antimondialisation. La quatrième conférence ministérielle a eu lieu en novembre 2001 à Doha (Qatar) et a décidé de lancer un nouveau cycle de négociations multilatérales, dit « **cycle du développement** ». Ce neuvième *round* vient ainsi se substituer à l'*Uruguay round*.

L'OMC ne produit pas de règles et ne fait que gérer les accords conclus entre ses membres. Pour ceux-ci, c'est le principe « un État, une voix » qui s'applique. L'OMC institue un système juridique contraignant puisqu'un organe de règlement des conflits (l'**ORD,** ou **Organe de règlement des différends**) est institué. En cas de litiges, si un compromis n'est pas trouvé entre les États concernés, l'OMC peut, après des rapports d'experts (les « **panels** »), condamner un État et autoriser les pays membres qui s'estiment lésés à prendre des mesures compensatoires.

Les enjeux des négociations concernaient d'abord l'application complète des accords de l'*Uruguay round*, surtout en matière de mesures antidumping et de barrières tarifaires (démantèlement des restrictions sur les textiles notamment). Il s'agissait ensuite du dossier agricole avec l'exigence des pays en développement (PED) d'une abrogation complète des subventions. Enfin, la question des droits de propriété intellectuelle constituait un autre sujet de friction (avec l'accès aux brevets ou aux médicaments, pour lesquels un « droit à la santé publique » pour les PED a été reconnu). Il existait aussi d'autres enjeux forts, cette fois du côté des pays développés, comme les normes sociales, les services, les investissements et la concurrence ou, enfin, les préoccupations environnementales (jugées par les PED comme du protectionnisme déguisé).

La fin de l'OMC ?

Les difficultés du processus de Doha ont conduit à un certain déclin du rôle de l'OMC. En témoigne la négociation lancée dans le plus grand secret en 2013 par une cinquantaine de pays, dont les membres de l'UE, sur la libéralisation des échanges de services. Cette négociation se déroule en dehors de l'OMC, ces États ne souhaitant plus voir les discussions s'enliser. Le rôle de l'OMC est aussi de plus en plus contesté par la multiplication des accords bilatéraux et régionaux, avec le risque que les règles du jeu du commerce international s'établissent selon la loi de la puissance économique la plus forte, que ce soit les États-Unis, la Chine ou l'Europe. C'était pour éviter ce risque que l'OMC avait été créée en 1995, sur le principe démocratique d'une voix pour chaque pays.

L'absence de conclusion du cycle de Doha marque le lent déclin de l'OMC, qui trouve un aboutissement en décembre 2019 avec le refus des États-Unis de continuer à faire fonctionner l'Organe de règlement des différends, instance supranationale entre les 164 États membres permettant de trancher les conflits dans un cadre multilatéral. Les États-Unis avaient pourtant utilisé régulièrement cette instance d'arbitrage, avec notamment la condamnation d'Airbus pour des aides illégales de l'Union européenne. Les règles de l'OMC sont alors vues par les États-Unis comme un obstacle à la guerre commerciale contre la Chine car les sanctions et les mesures que le président D. Trump veut instaurer sont en contradiction avec les règles de l'OMC. Néanmoins, l'OMC a sa part de responsabilité. La règle de l'unanimité ne permettait plus de conclure une négociation. Les règles avaient été fixées avant que la Chine et l'Inde ne deviennent des puissances économiques. En devenant membre de l'OMC en 2001, la Chine avait notamment pris des engagements, en particulier sur le respect de la propriété intellectuelle, mais il a été largement prouvé qu'elle avait abusé de la bienveillance des pays occidentaux.

Les États-Unis se sont donc retirés du jeu du multilatéralisme et l'OMC a perdu une part de sa raison d'être, les accords n'ayant plus la même force d'application sans organisme chargé de veiller à leur mise en œuvre. Désormais, les grands pays pourront imposer des mesures de rétorsion et obtenir plus facilement des concessions des autres pays. Toutefois, cette situation ne marque pas la fin de la libéralisation des échanges internationaux car le relais est prix par la conclusion d'accords bilatéraux ou régionaux, plus petits et plus faciles à négocier.

On assiste depuis les années 1990 à la multiplication des accords régionaux (**ALENA** regroupant depuis 1994 dans un accord de libre-échange nord-américain les États-Unis, le Canada et le Mexique ; **MERCOSUR**, instauré en 1995 entre l'Argentine, le Brésil, le Paraguay, l'Uruguay, la Bolivie et le Chili étant des membres associés) ou des tentatives de rapprochements régionaux (exemple de l'*Asia Pacific Economic Cooperation* (**APEC**) réunissant tous les pays – dont les États-Unis – donnant sur le Pacifique).

ALENA

Accord de libre-échange nord-américain (NAFTA en anglais) en vigueur depuis 1994 entre les États-Unis, le Canada et le Mexique.

MERCOSUR

Association économique des pays d'Amérique latine (*Mercado Común del Sur*) créée en 1995 pour instaurer un tarif économique commun et favoriser la liberté de circulation des biens et des services.

La régionalisation des échanges internationaux, ou **régionalisme**, peut donc gêner la poursuite du processus multilatéral. Pour certains cependant, le régionalisme, voire le bilatéralisme, peuvent constituer un premier pas vers le multilatéralisme, les accords pouvant être étendus à des zones de plus en plus vastes.

Régionalisme
Phénomène lié aux relations commerciales internationales et caractérisé par le fort développement des échanges régionaux (entre pays voisins), voire l'émergence de blocs régionaux.

L'ALENA a par exemple conduit à supprimer progressivement les droits de douane entre les trois pays et à ouvrir chacun aux investissements de ses partenaires. Cet accord a été renégocié en 2019 sous la pression américaine afin d'obtenir davantage de concessions de la part du Canada et du Mexique.

Les États-Unis ont proposé en 2013 à l'Union européenne d'ouvrir des négociations pour parvenir à un accord de Partenariat transatlantique pour le commerce et l'investissement (*Trans-Atlantic Trade and Investment Partnership* – TTIP), même si cette proposition a pu sembler étonnante compte tenu des liens économiques anciens et importants entre les deux zones. Ainsi, dans le domaine commercial, c'est entre ces deux zones que les échanges économiques sont les plus intenses au monde. De même, pour les investissements, plus de la moitié des investissements américains dans le monde sont réalisés au sein des pays de l'Union européenne, tandis que les investissements étrangers de ces derniers vont à plus de 70 % vers les États-Unis. En dépit de ces relations économiques intenses, les deux zones ont constamment développé une rivalité commerciale qui s'est traduite par de grands différends comme ceux concernant l'aéronautique (Boeing et Airbus), les produits alimentaires (bœufs aux hormones, OGM, foie gras, etc.) ou les grands groupes numériques (Apple, Amazon, Google). Par ailleurs, les deux zones ont toujours cherché à conserver diverses protections pour leurs marchés et leurs produits agricoles.

Ce projet d'accord de libre-échange entre les États-Unis et l'Union européenne porte sur l'ensemble des sujets commerciaux, à l'exception des produits culturels (exigence de la France), et vise l'élimination de tous les obstacles aux échanges entre les deux zones. La réduction des tarifs douaniers (qui sont de 2 à 3 % dans chacune des zones) et des obstacles non-tarifaires comme les réglementations, notamment pour les échanges de services, pourrait conduire à une forte hausse des échanges bilatéraux (de l'ordre de 50 %). Les États-Unis seraient gagnants pour les exportations de leurs produits agricoles, tandis que l'Europe verrait ses exportations de produits industriels et de services favorisées.

Une des principales difficultés des négociations a concerné les produits agricoles qui sont parmi les plus protégés tant en Europe qu'aux États-Unis. Ainsi, les États-Unis exigeaient des droits de douane de plus de 20 % pour les importations de tabac ou de produits laitiers (100 % pour les fromages) européens, de près de 18 % pour les sucres. Du côté européen, les droits de douane sont particulièrement élevés pour les viandes (45 %) notamment. Les produits textiles sont aussi fortement taxés de part et d'autre. Les obstacles non-tarifaires sont un autre grand domaine d'achoppement entre les deux zones. Ils concernent les normes, l'accès aux marchés publics (plus difficile aux États-Unis), les indications d'origine géographique, auxquelles les pays membres de l'Union européenne sont très attachés (vins par exemple), les droits de propriété intellectuelle (brevets, droits d'auteurs, droits de marques, etc.), l'ouverture des lieux de transits (aéroports et ports) qui sont aujourd'hui fermés aux avions et bateaux européens, alors que l'inverse n'est pas vrai, ou encore les réglementations fiscales (facilités dont bénéficient les multinationales américaines). Ce traité de libre-échange transatlantique est toujours en cours de négociations. Celles-ci ont été gelées en 2016 face à l'opposition virulente de l'opinion publique européenne et à la suite de l'élection de D. Trump. En 2019, le Conseil de l'Union européenne a chargé la Commission de relancer les négociations, pour un accord moins ambitieux (ne s'appliquant ni aux produits agricoles, ni aux marchés publics). Toutefois les Américains souhaitent que l'agriculture soit incluse dans cet accord.

En quelques années, les accords de libre-échange préférentiels au sein d'un bloc régional (UE, ALENA, etc.) ont laissé la place à une nouvelle intégration bilatérale entre blocs régionaux existants. En témoignent le partenariat transpacifique (*Trans-Pacific Partnership*, TPP) entre l'Amérique du Nord, l'Australie et les pays d'Asie mais sans la Chine, ou encore l'accord d'intégration économique entre l'UE et le Canada (*Comprehensive Economic and Trade Agreement*, CETA) qui prévoit la suppression des droits de douane sur tous les produits (actuellement, un quart des produits européens entrant au Canada sont en franchise de droits).

Approuvé par le Parlement européen en 2017, le CETA est appliqué provisoirement dans l'attente de sa ratification par le Parlement français (voté par l'Assemblée nationale en 2019 et dans l'attente du vote du Sénat). C'est un traité controversé, pour trois raisons principales. D'abord, ses détracteurs soulignent que les importations de produits agricoles canadiens pourraient se faire avec des standards sanitaires inférieurs aux normes européennes (bœufs nourris aux farines animales et dopés aux antibiotiques ou aux hormones). Ensuite, ils craignent la très forte concurrence qui pèsera sur les agriculteurs français. Enfin, ils mettent en avant une perte de souveraineté des pays avec un volet de l'accord qui permet aux multinationales, qui contestent une décision d'un État membre, de l'attaquer devant un tribunal international d'exception pour obtenir un arbitrage (et non une décision de justice d'un tribunal européen).

Enfin, l'Union européenne et les pays du MERCOSUR (260 millions d'habitants et plus de 80 % du PIB sud-américain) veulent profiter du retrait relatif des Américains des grands accords mondiaux pour resserrer leurs liens et intensifier les échanges. Ils ont ainsi négocié et conclu en 2019 un vaste traité de libre-échange qui inquiète fortement les agriculteurs français. Résumé par l'idée d'un échange « bœuf contre voiture », ce projet consiste à faciliter les exportations agricoles de ces pays vers l'Europe en échange d'une ouverture du marché commun sud-américain aux voitures, aux produits pharmaceutiques, aux produits laitiers et aux vins européens. Ce sont les producteurs de viande bovine, déjà en crise, qui dénoncent une concurrence déloyale, avec des productions qui respectent moins les contraintes sanitaires. La politique brésilienne d'encouragement à la déforestation de l'Amazonie est une autre critique que portent de nombreux européens sur un accord qui doit encore être ratifié par les États membres.

Lire aussi » **Mondialisation - Protectionnisme - Question d'actualité 3 p. 35**

Marché

Le marché est le lieu de rencontre des offres et des demandes de biens ou de titres (dans le cas de la Bourse). C'est donc là que se fixe, si les conditions de la libre concurrence sont respectées, le prix d'équilibre des produits. Mais l'application simultanée de ces conditions reste théorique.

SOMMAIRE

- Qu'est-ce qu'un marché ?
- Marché et formation des prix
- La régulation de l'économie par le marché
- Les structures du marché
- Les défaillances du marché

Qu'est-ce qu'un marché ?

Marché
Lieu de rencontre de l'offre des vendeurs et de la demande des acheteurs dans le but de réaliser un échange.

Dans toutes les villes, il existe souvent un **marché**, situé parfois place du marché, sur lequel s'achètent (si l'on est client) et se vendent (lorsqu'on est commerçant) des produits de consommation courante, alimentaires le plus souvent.

Dans un premier sens courant, un marché est donc un endroit où se rencontrent des acheteurs et des vendeurs, les produits s'échangeant contre de l'argent. Cependant, sur certains marchés, les vendeurs (offreurs) ne rencontrent pas physiquement les acheteurs (demandeurs). Par exemple, le marché des changes, où se rencontrent l'offre et la demande de monnaie nationale et de monnaie d'autres pays, met en relation des banques (auxquelles nous nous adressons pour obtenir des euros ou des devises étrangères) qui communiquent les offres et les demandes à l'aide d'un réseau moderne de télécommunication (téléphone, télécopie, Internet, etc.).

La rencontre de l'offre et de la demande peut s'effectuer en un lieu géographique spécifique (par exemple la Bourse où se vendent et s'achètent des actions et des obligations), mais parfois le lieu du marché n'est pas localisé : c'est encore le cas du marché des changes.

Enfin, un marché peut caractériser la situation de l'offre et de la demande pour un produit particulier sur une zone géographique déterminée ; on parlera du marché français de l'automobile ou du marché mondial des télécommunications.

Marché et formation des prix

La loi de l'offre et de la demande

La **demande** représente la quantité de produits que les acheteurs sont prêts à acquérir pour un certain prix. On dit aussi qu'il s'agit d'une **demande solvable**, puisque les agents disposent des ressources financières suffisantes pour acheter ces produits. Ainsi, les besoins des individus en matière de luxe (grosses voitures par exemple) ne se transforment pas toujours en une demande en raison du prix élevé de ces biens.
L'**offre**, de son côté, représente la quantité de produits que les vendeurs souhaitent vendre à un prix donné.

Demande
Quantité de produits que les acheteurs sont prêts à acquérir pour un certain prix.

Offre
Quantité de produits que les vendeurs souhaitent vendre à un prix donné.

La demande, l'offre et le prix d'un bien sont en effet liés. Lorsque le prix d'un produit baisse, les consommateurs ont tendance à en acheter davantage. La diminution du prix peut aussi rendre ce produit plus abordable, compte tenu de leurs ressources. Ainsi, une baisse de prix correspond à un accroissement de la demande. C'est généralement vrai, mais dans certains cas, ce mécanisme n'est pas vérifié. Par exemple, certains produits ne sont pas achetés en plus grande quantité lorsque leur prix baisse (le pain, le beurre, le sucre). Comme la demande de ces produits est peu sensible au prix, on dit que l'élasticité de la demande de ces produits par rapport à leur prix est faible ou nulle (voir « Outils statistiques », p. 586).
Du côté de l'offre, la baisse du prix d'un bien conduit généralement les entreprises productrices à réduire les quantités fabriquées. Les prix baissant, les rémunérations des producteurs diminuent, ce qui n'incite pas ces derniers à poursuivre la fabrication du produit dans les mêmes quantités. Une baisse de prix correspond à une diminution de l'offre.

La **loi de l'offre et de la demande** correspond ainsi aux réactions opposées des vendeurs et des acheteurs lorsque les prix varient sur un marché. Ainsi, une baisse des prix conduit les acheteurs à accroître leur demande et les vendeurs à réduire leur offre. À l'inverse, une

Loi de l'offre et de la demande
Variation de l'offre et de la demande lorsque les prix se modifient sur un marché.

hausse amène les vendeurs à offrir davantage alors que les acheteurs modèrent leur demande. On peut faire deux graphiques représentant ainsi les relations offre-prix et demande-prix :

Offre, demande et prix

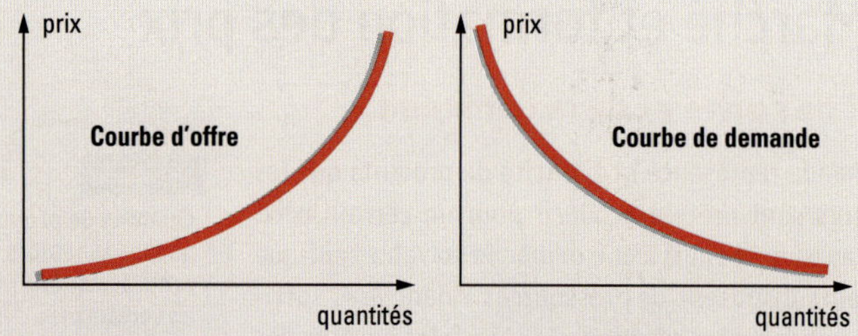

Les quantités offertes par l'entreprise augmentent avec les prix.

Les quantités demandées par les consommateurs augmentent lorsque les prix baissent.

La formation du prix d'équilibre

Prenons l'exemple d'un marché local de la pêche (le fruit). Les offres et les demandes sont indiquées dans le tableau ci-dessous ; elles sont évidemment fonction du prix au kilogramme.

On constate ainsi que l'offre est une fonction croissante du prix (elle s'accroît quand le prix augmente) et que la demande est une fonction décroissante du prix (elle diminue lorsque le prix augmente). On peut représenter ces offres et ces demandes par des courbes : ce sont la **courbe d'offre** et la **courbe de demande**.

Courbe d'offre
Représentation graphique des variations de l'offre en fonction de celles du prix.

Courbe de demande
Représentation graphique des variations de la demande en fonction des variations du prix.

Offre (en kg)	Prix (en €)	Demande (en kg)
2 000	3,0	600
1 500	2,0	1 200
1 400	1,8	1 400
1 000	1,0	2 200
500	0,6	3 000

Si dans un premier temps le prix du marché est de 3 euros le kilo, les producteurs proposent à la vente 2 000 kg. Mais pour ce prix, la demande des commerçants et des grossistes n'est que de 600 kg. Comme les nombreux producteurs qui sont en concurrence cherchent à écouler le maximum de produits, le prix proposé aura tendance à baisser. Si le prix passe de 3 à 2 euros, la demande double pour monter à 1 200 kg. Si le prix passe enfin à 1,8 euro le kg, vendeurs et acheteurs sont d'accord sur les quantités qu'ils peuvent s'échanger à un tel prix. Remarquons aussi que les acheteurs auraient demandé davantage avec un kilo à 1 euro (2 200 kg) mais à ce prix, l'offre aurait été insuffisante pour tous les satisfaire.

Le marché de la pêche

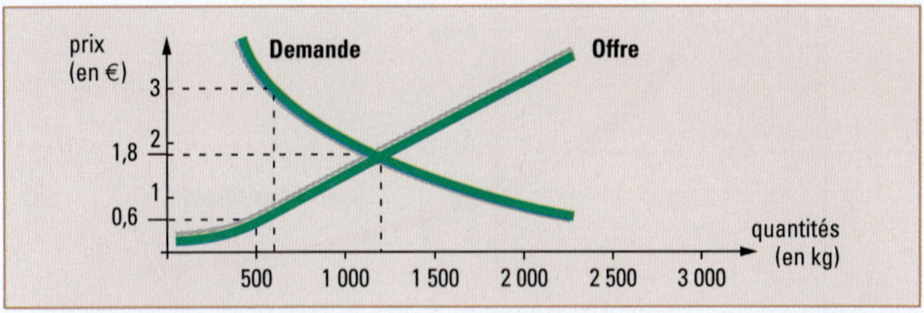

Cet exemple nous montre la façon dont se forme un **prix d'équilibre** sur un marché. Le mécanisme du marché ainsi décrit correspond donc à un processus d'ajustements successifs entre les agents économiques présents, à un processus de « tâtonnements » qui se déroule jusqu'à la détermination d'un prix d'équilibre.

Prix d'équilibre
Prix qui égalise les offres et les demandes sur un marché.

Le prix d'équilibre est donc le prix qui égalise les offres et les demandes sur un marché. Toutes les quantités offertes à ce prix sont vendues tandis que les quantités demandées pour ce même prix sont achetées.

On peut dire aussi que le prix d'équilibre se fixe au point de rencontre des courbes d'offre et de demande. Cependant, un certain nombre de conditions doivent être respectées pour que les mécanismes du marché fonctionnent ainsi. Il est d'abord nécessaire que la concurrence joue normalement sur ce marché ; en particulier, aucun intervenant ne doit pouvoir imposer ses prix. Par ailleurs, l'offre et la demande doivent être fortement élastiques (forte croissance de la demande et diminution importante de l'offre quand le prix baisse). Ainsi, la formation d'un prix d'équilibre sur un marché est un résultat de la loi de l'offre et de la demande.

Le marché et les variations de l'offre et de la demande

Il peut exister des situations particulières quant à l'équilibre de l'offre et de la demande pour un bien. Prenons par exemple le cas des producteurs de pêches à l'issue de leur récolte. Ils ont produit une certaine quantité Q, indépendamment du prix du kilo dont ils ne pouvaient avoir connaissance au moment du lancement de leur production. Et ils sont disposés à vendre toute leur production, quel que soit le prix du kilo (sauf lorsqu'il est très bas et, dans ce cas, les producteurs peuvent mener des actions collectives). Cette situation est décrite dans la figure suivante.

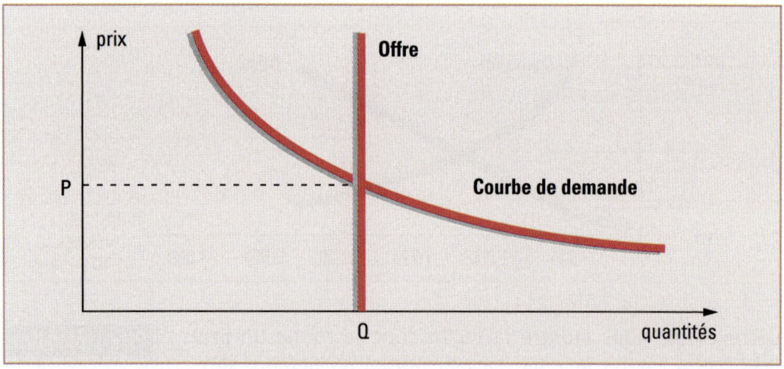

L'offre de pêche est représentée par la demi-droite verticale passant par Q, la quantité Q étant vendue à un prix qui correspondra à l'équilibre obtenu avec les combinaisons de quantités et de prix voulues par les consommateurs. Il y aura bien « équilibre » selon la théorie, mais si les consommateurs obtiennent le maximum de satisfaction (d'utilité pour reprendre le vocabulaire de la théorie du consommateur) puisqu'ils étaient prêts à payer le prix P pour les quantités Q. C'est moins vrai pour les producteurs qui n'ont pas eu le choix d'ajuster les quantités produites au prix et qui sont obligés d'accepter un prix qui peut ne pas leur convenir.

On peut trouver une autre situation particulière où l'offre d'une entreprise est nulle tant que le prix n'a pas atteint un certain seuil, ce qui est le cas lorsque des coûts fixes importants sont nécessaires pour lancer la production. La production de cette entreprise ne devient rentable qu'à partir d'un seuil de prix de vente et de quantités. Ce cas est illustré par la figure ci-contre.

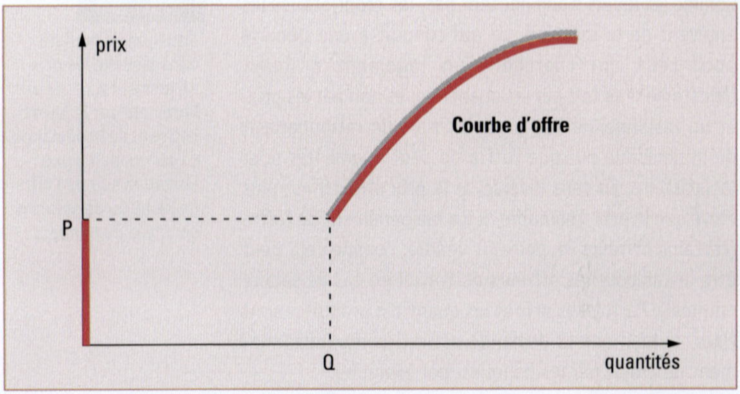

Si le prix de vente est supérieur à P, il devient rentable pour l'entreprise de produire et sa courbe d'offre à un profil particulier. Mais rien n'assure qu'il y ait des consommateurs prêts à payer ce prix (situation décrite dans la figure ci-dessous). P et Q sont trop élevés pour qu'il y ait équilibre. Il n'y a pas de demande pour le prix P et les quantités correspondantes. Mais pour un prix inférieur, il n'y a pas d'offre (Q = 0).

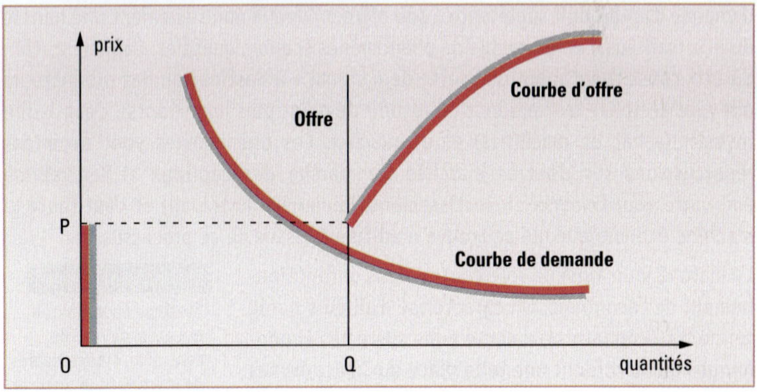

Un dernier cas particulier concerne les situations dans lesquelles les prix sont rigides ou réglementés (fixés à l'avance) et se retrouvent inférieurs ou supérieurs au prix théorique d'équilibre, c'est-à-dire résultant du jeu de l'offre et de la demande. Prenons l'exemple du « blocage des loyers » qui peut être imposé par les pouvoirs publics (c'est arrivé en France après la Seconde Guerre mondiale). Si le marché jouait librement, les loyers augmenteraient et les propriétaires en loueraient davantage.

Comme les loyers n'augmentent pas, les propriétaires les enlèvent de la location, ce qui conduit à une pénurie pour ceux qui cherchent un logement à louer. L'ajustement se fait par les quantités, et non par les prix, et un **rationnement** se produit ; c'est un rationnement de la demande puisque l'offre ne peut augmenter pour la satisfaire. En sens inverse, si le prix effectif est plus élevé que le prix d'équilibre, il y a rationnement de l'offre (certains offreurs ne peuvent vendre, comme cela peut être le cas pour les offreurs de travail en cas de salaire minimal). Parfois les prix et les quantités produites sont fixés, si bien que la demande est rationnée (rationnement du crédit par les banques, par exemple).

Rationnement
Situation de marché dans laquelle les prix ne peuvent pas se fixer librement par le jeu de l'offre et de la demande, ce qui conduit à une limitation soit de l'offre de biens ou de services, soit de la demande.

La régulation de l'économie par le marché

Le rôle du marché ne se limite pas à la détermination du prix d'équilibre. L'activité économique ne s'arrête jamais et les prix se modifient sans cesse. Ainsi, une demande d'un produit supérieure à son offre provoque non seulement une hausse du prix mais aussi un ensemble de phénomènes économiques liés. L'augmentation du prix constitue d'abord une sorte de « signal » à destination des producteurs qui vont accroître leur production (espoir de gains plus importants), c'est-à-dire investir (achat de machines) et embaucher. Ces phénomènes vont avoir des répercussions sur d'autres marchés (le marché des capitaux si l'entreprise emprunte pour financer l'investissement, le marché du travail) et c'est toute la machine économique qui se trouve modifiée à l'issue de ce processus.

Le marché joue ainsi un rôle central dans le fonctionnement de l'économie. On caractérise d'ailleurs par le terme d'« **économie de marché** » les systèmes économiques qui accordent une telle place aux mécanismes de marché (par opposition au rôle prédominant joué par la planification).

Économie de marché
Système économique qui accorde un rôle central aux mécanismes de marché pour assurer la régulation des activités économiques.

Les économies occidentales sont des pays à économie de marché. Toutefois la régulation économique ne fait pas intervenir que le marché ; d'autres acteurs sont présents : l'État, les groupes particuliers comme les organisations professionnelles, les associations, etc.

La régulation de l'activité économique par le seul marché constitue une certaine façon de voir le fonctionnement de l'économie. Celle-ci est alors considérée comme un ensemble de marchés assurant automatiquement l'équilibre entre les offres et les demandes des biens économiques.

Cette représentation de l'économie est qualifiée de libérale car la régulation automatique ne doit pas être perturbée par les actions intempestives de l'État.

➔ Les structures du marché

Une classification possible des marchés consiste à partir du nombre de vendeurs et d'acheteurs. Il est alors possible de donner des noms particuliers à certaines situations que l'on peut facilement observer dans la vie économique.

La concurrence

La notion de **concurrence** possède un sens courant et une signification économique. Au sens courant, la concurrence correspond à une compétition, une confrontation entre plusieurs vendeurs (ou acheteurs) d'un même produit. Par extension, la concurrence désigne aussi les autres entreprises qui sont sur le même marché que soi-même.

Dans le sens économique, la concurrence désigne une structure de marché où les vendeurs et les acheteurs sont suffisamment nombreux pour qu'aucun ne puisse exercer une influence sur le prix ; seuls les mécanismes du marché déterminent le prix d'équilibre qui s'impose à tous.

Concurrence (sens courant)
Compétition ou confrontation entre plusieurs vendeurs (ou plusieurs acheteurs) d'un même produit. Par extension, désigne les autres entreprises qui sont sur le même marché.

Concurrence (sens économique)
Structure de marché où vendeurs et acheteurs sont suffisamment nombreux pour qu'aucun ne puisse exercer une influence sur le prix.

Une typologie des marchés

Demande \ Offre	Une seule entreprise	Quelques entreprises	Nombreuses entreprises
Un seul acheteur	monopole bilatéral		monopsone
Nombreux acheteurs	monopole	oligopole	concurrence

Il existe toutefois des degrés différents de concurrence. La théorie néoclassique définit ainsi une **concurrence pure et parfaite**. La concurrence est qualifiée de « pure » si elle répond aux trois hypothèses suivantes :

> **Concurrence pure et parfaite**
> Notion introduite par la théorie néoclassique pour décrire l'ensemble des conditions requises pour obtenir un fonctionnement idéal de tous les marchés.

- atomicité : acheteurs et vendeurs sont nombreux au point que nul ne peut à lui seul influencer les prix ;
- homogénéité : les produits échangés sont identiques et substituables (ils permettent de satisfaire un même besoin) les uns aux autres ;
- libre entrée sur le marché : il n'existe aucune entrave, aucune barrière à l'entrée de nouvelles entreprises.

La concurrence est « parfaite » si deux hypothèses sont réunies :
- transparence : l'information des agents économiques (en particulier sur la qualité des produits) est totale ;
- mobilité des facteurs de production : le travail et le capital doivent pouvoir s'orienter vers les emplois les plus rémunérateurs.

Il s'agit donc d'un « modèle », d'une « représentation » de la réalité puisque ces cinq hypothèses se trouvent très rarement vérifiées simultanément. Lorsque l'une d'entre elles ne se vérifie pas, la **concurrence** est qualifiée d'**imparfaite**. Si le monopole et l'oligopole sont les deux formes principales de la concurrence imparfaite, il faut souligner deux approfondissements théoriques de cette notion.

La concurrence ne passe pas toujours par les prix, car les firmes cherchent à se démarquer les unes des autres en proposant des produits légèrement différents, par leur qualité notamment (c'est la **différenciation**). La **concurrence monopolistique** (notion de l'économiste anglais Chamberlin dans les années 1930) caractérise alors un marché où il existe un grand nombre de vendeurs (concurrence), chacun se trouvant cependant en situation de monopole pour son produit, étant donné ses caractéristiques spécifiques (image de marque, qualité, situation dans la gamme, etc.). Par exemple, les produits du marché automobile ne sont pas homogènes et certains constructeurs bénéficient d'un quasi-monopole sur certains types de véhicules.

> **Concurrence monopolistique**
> Situation de concurrence dans laquelle les entreprises différencient tellement leurs produits qu'elles se trouvent disposer d'un certain monopole pour leurs propres produits.

La notion de **marché contestable** est due à l'économiste américain Baumol au début des années 1980, qui définit la concurrence par la liberté d'entrée et de sortie d'un marché. Ainsi, un marché est « contestable » et donc la concurrence est sauvegardée, si l'entrée y est absolument libre (aucun obstacle pour entrer sur le marché) et si la sortie est peu coûteuse (les coûts irrécupérables doivent être faibles, sinon l'entreprise ne peut prendre le risque d'entrer sur le marché). Cette théorie montre que la concurrence n'est pas forcément liée à un nombre important d'offreurs et de demandeurs. Il peut y avoir une très forte concurrence entre deux firmes seulement et la simple possibilité de nouveaux concurrents suffit à éviter une hausse des prix.

Concurrence imparfaite et monopoles

Face au modèle de la concurrence parfaite, il existe une grande diversité de situations de concurrence imparfaite. Les entreprises cherchent en effet à échapper à la concurrence pour acquérir un **pouvoir de marché**, c'est-à-dire fixer plus librement leurs prix. Elles peuvent nouer des ententes entre elles, investir massivement afin de dissuader les nouveaux entrants (créant ainsi une « barrière à l'entrée » comme le montre l'exemple des grands groupes américains du numérique, qui sont prêts à ne pas faire de bénéfice pendant plusieurs années) ou encore racheter un nouveau venu qui pourrait devenir un concurrent (achat de WhatsApp par Facebook). Mais la situation idéale pour toute entreprise est de n'avoir aucun concurrent, en devenant un monopole.

Lorsqu'un seul vendeur propose un certain produit, il s'agit d'un **monopole** (le **monopole** est **bilatéral** s'il fait face à un seul acheteur). Une entreprise qui est seule sur un marché peut donc fixer elle-même son prix ; on dit que le monopole est **faiseur de prix**. Le prix est supérieur au prix qui résulterait de la libre concurrence sur le marché, mais il ne peut s'élever sans limite. En effet, il existe une limite au pouvoir du monopole : la demande du consommateur. Celle-ci baisse si le prix augmente. Une entreprise en situation de monopole peut choisir de produire, pour un même niveau de profit, une grande quantité de produits vendus à un prix faible ou une petite quantité vendue à un prix élevé (c'est la connaissance de la courbe de demande du consommateur qui permet au monopole de faire le meilleur choix possible).

> **Monopole**
> Entreprise qui est seule à vendre un certain produit ; forme de concurrence imparfaite dans laquelle un vendeur (offre) fait face à une multitude d'acheteurs (demande).

Les vrais monopoles sont très rares (EDF pendant longtemps pour le transport de l'électricité par exemple) car il y a toujours des produits substituables (exemple de la SNCF concurrencée par la route et les compagnies aériennes). Les origines d'un monopole sont diverses : une innovation technologique, une situation géographique privilégiée ou une réglementation. Certains monopoles ont une origine historique, comme la SEITA (producteur d'allumettes) qui détenait, depuis Colbert au XVIIe siècle, le monopole de la distribution du tabac et des allumettes en France. La SEITA était un monopole d'achat (**monopsone**) car tous les producteurs français de tabacs devaient lui vendre leurs récoltes.

L'existence de monopoles s'explique surtout par la présence de coûts fixes importants, compte tenu de la taille du marché. En effet, ces coûts (infrastructure coûteuse comme pour les chemins de fer, coûts de recherche exorbitants) sont trop élevés pour pouvoir être amortis s'il existe plus d'une entreprise.

Si la situation est favorable pour l'entreprise qui détient un monopole, la théorie économique montre que l'existence de monopoles est inefficace pour l'ensemble de l'économie. Si l'on utilise les outils de la microéconomie (cf. Théorie du consommateur et du producteur, p. 525), on met en évidence cette inefficacité du monopole (voir schéma ci-dessous). En cherchant un profit maximal, il augmente sa production tant que la recette issue de la vente d'une unité supplémentaire de son bien (recette marginale) est supérieure à ce que lui coûte la production de cette unité supplémentaire (coût marginal). Dans le schéma, la recette marginale est une droite décroissante (la recette baisse avec l'augmentation des quantités produites, selon la théorie des rendements décroissants). Le coût marginal augmente, à l'inverse, avec les quantités produites. Le monopole va donc produire la quantité Q1 (au point A, la recette marginale est égale au coût marginal), mais il va pouvoir la vendre plus cher, au prix P1, car les consommateurs acceptent de payer ce prix (ils sont représentés par la droite de demande, avec les quantités demandées qui augmentent lorsque le prix baisse). Or, en situation de concurrence, il pourrait vendre davantage (quantité Q2) en baissant son prix (de P1 à P2), l'équilibre se faisant au point B, lorsque la demande (qui est aussi la recette moyenne) est égale au coût marginal.

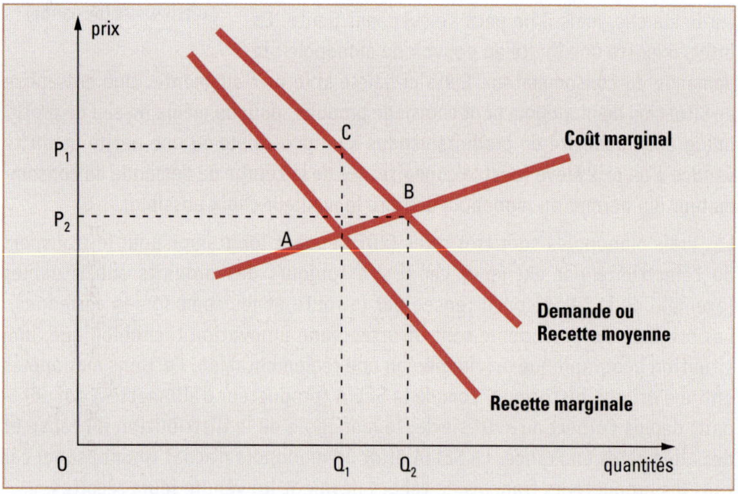

La situation de monopole pénalise donc les consommateurs qui doivent bien sûr payer plus cher, mais aussi ceux qui souhaitent acquérir ce bien en payant moins cher (de C à B), grâce au jeu de la concurrence. L'analyse en termes de surplus du consommateur montre que le quadrilatère (P1-C-B-P2) correspond à une perte pour les consommateurs au profit du monopole. L'ensemble de l'économie est également perdante car moins de biens sont mis à disposition des consommateurs par cette entreprise par rapport à la situation de concurrence parfaite. Toutefois, certains monopoles peuvent être efficaces lorsque les coûts fixes sont très élevés ou les rendements croissants (notion de monopole naturel p. 477). Par ailleurs, les monopoles peuvent dégager des bénéfices supplémentaires pour investir dans la recherche et les innovations, ce qui peut à terme profiter aux consommateurs et à l'économie.

Les oligopoles

Lorsqu'un très petit nombre d'entreprises se partagent un marché, on se trouve en présence d'un **oligopole** et si elles ne sont que deux, il s'agit d'un **duopole** (Airbus et Boeing par exemple). Dans un oligopole, chaque vendeur peut alors influencer le prix mais il doit décider en tenant compte de ce que font les autres.

> **Oligopole**
> Situation de concurrence imparfaite dans laquelle un petit nombre de vendeurs font face à une multitude d'acheteurs.

La situation de quelques grandes entreprises seulement qui se font concurrence peut être analysée grâce à la théorie des jeux, une branche des mathématiques s'intéressant aux interactions stratégiques entre des agents, appelés joueurs. La plus célèbre illustration en est le **dilemme du prisonnier** qui montre, avec un exemple un peu particulier, que des choix rationnels du point de vue d'un agent ne sont pas rationnels pour l'ensemble des agents concernés. Le dilemme est le suivant : deux personnes revendant des marchandises volées sont arrêtées pour ce vol et menacées de prison. Il est proposé à chacune séparément le choix suivant : si elle dénonce l'autre, qui se tait de son côté, elle ressortira libre (l'autre sera alors condamnée à 5 ans de prison par exemple), mais si elle se tait, elle subira une peine minimale de 6 mois. Si les deux personnes se dénoncent mutuellement, elles seront condamnées à une peine de 3 ans. Le problème réside dans le fait qu'en l'absence de communication entre elles, chacune craindra que l'autre ne la trahisse et choisira donc la stratégie de dénoncer l'autre. Les deux vont donc être perdantes alors qu'une stratégie d'entente ou de coopération aurait été préférable (par crainte de devoir faire 5 ans de prison, elles vont toutes les deux passer trois ans en prison au lieu de 6 mois). Cette situation de la théorie des jeux montre que les deux joueurs ont intérêt à coopérer. Dans une situation de duopole par exemple, celui qui baisse ses prix (ou met en œuvre une campagne publicitaire très coûteuse) gagne des parts de marché et accroît ses bénéfices, mais si son concurrent fait la même chose, les deux y perdront par rapport à la situation antérieure (stabilité de leurs parts de marché mais baisse de leurs bénéfices en raison de la baisse des prix ou de l'augmentation de leurs coûts). Dans le cadre de marchés imparfaits dominés par des oligopoles voire des duopoles, les entreprises ont intérêt à coopérer et à créer des **ententes** ou des **cartels**. Un cartel est un accord temporaire entre les producteurs d'un bien afin de réglementer la production ou les ventes. C'est par exemple le cartel des pays producteurs de pétrole (et non des entreprises, dans ce cas) qui peuvent organiser une baisse volontaire de la production des adhérents afin de faire monter les prix du pétrole. Un cartel ou une entente a pour objectif de limiter ou de supprimer la concurrence entre les productions d'un même bien économique (produit ou service).

Entente
Accord passé entre plusieurs entreprises dans le but de fausser le libre jeu de la concurrence.

Comme ces stratégies entre grandes entreprises conduisent à pénaliser les consommateurs et la collectivité, les pays mènent, sur leur propre territoire, des politiques dites de la concurrence afin d'éviter ou de limiter ces situations.

Les politiques de la concurrence

Le respect de la concurrence concerne d'abord l'interdiction des ententes et des cartels. L'Union européenne, comme en France, l'Autorité de la concurrence créée en 1986, sont chargées de faire respecter cette réglementation, au besoin en soumettant les entreprises contrevenantes à de très lourdes amendes. La réglementation des fusions et acquisitions vise également à restreindre voire à interdire ces opérations capitalistiques lorsqu'elles risquent d'avoir pour conséquence la création de monopoles ou d'oligopoles qui pénaliseraient les consommateurs et l'économie. Ces opérations doivent en effet être approuvées par les autorités de la concurrence (aux États-Unis, on parle surtout d'autorités *anti-trust*), mais la difficulté est alors d'évaluer les avantages et les inconvénients de ces opérations en considérant l'espace européen ou mondial plutôt que le strict territoire national. Aujourd'hui, la concentration des entreprises tend à s'accroître au niveau mondial comme le montre l'exemple des grandes entreprises du numérique (les GAFA) qui bénéficient des effets de réseau et donc de rendements croissants (par contre, les barrières à l'entrée sont faibles car un nouveau venu peut très bien lancer une application innovante).

Les défaillances du marché

L'existence de situations de concurrence imparfaite représente une première série de critiques portées à la théorie néoclassique selon laquelle la poursuite de leurs intérêts privés par les acteurs économiques conduit automatiquement à la réalisation de l'intérêt général. Une deuxième série de critiques, présentées dans d'autres thèmes, montrent que les mécanismes du marché sont parfois défaillants et peuvent alors justifier une intervention publique (cas des externalités, des biens publics ou collectifs et du monopole naturel).

Asymétrie d'information
Situation d'échange dans laquelle certains participants disposent d'informations sur la qualité du produit ou du service que les autres n'ont pas.

Une troisième série de critiques met en évidence les **imperfections des marchés** reposant sur une information imparfaite des acteurs qui échangent ou cherchent à échanger un bien ou un service. Les économistes caractérisent ces situations en utilisant la notion d'**asymétrie d'information**, lorsque certains individus disposent d'une information privée que les autres n'ont pas, et démontrent que le marché ne fonctionne pas correctement dans ces cas-là.

L'exemple utilisé par l'économiste qui a mis en évidence ce phénomène (George Akerlof, en 1970) est celui du marché des voitures d'occasion. Il se caractérise en effet par une très forte asymétrie d'information puisque certains vendeurs ont intérêt à ne pas dévoiler aux acheteurs le mauvais état du véhicule qu'ils mettent en vente. Les acheteurs, de leur côté, pour éviter un achat risqué, vont considérer que le prix proposé par le vendeur est toujours trop élevé (dans le cas où ils tomberaient sur une voiture défectueuse). Ils n'achèteront donc un certain modèle que s'il est vendu peu cher. Mais alors, les propriétaires de ces mêmes modèles qui vendent une voiture en très bon état de marche ne seront pas satisfaits par ce faible prix et se retireront du marché. Le résultat de l'absence d'informations symétriques entre les acheteurs et les vendeurs est que le fonctionnement réel du marché exclut l'échange des produits de bonne qualité, voire empêche tout échange. Cette situation est appelée « **anti-sélection** » (ou **sélection adverse**) par les économistes pour décrire l'impossibilité pour tous les participants de connaître toutes les caractéristiques des biens échangés, avec pour conséquence l'absence d'échange. Les mécanismes concurrentiels ne sont donc pas efficaces et le prix n'est pas le bon signal de la valeur du bien proposé car, pour un même prix, il peut y avoir des produits de qualité très différente. Ce modèle d'Akerlof peut s'appliquer à de nombreuses situations (assurances, produits des marchés financiers par exemple).

Une autre conséquence de l'asymétrie d'information entre vendeurs et acheteurs peut concerner le comportement ou la décision d'un agent économique lorsque celui-ci, en suivant son propre intérêt, adopte un comportement opportuniste. Ce comportement constitue une information privée que l'autre participant à l'échange ne connaît pas (dans le cas contraire, le prix de l'échange aurait été différent). Par exemple, sur le marché du crédit, un emprunteur peut modifier son comportement après avoir emprunté à un certain taux et être dans l'incapacité de rembourser ensuite ses échéances. Sur le marché de l'assurance automobile, un individu peut avoir souscrit un contrat et prendre ensuite beaucoup plus de risques que ce qui est prévu par l'assureur pour calculer ses prix (primes d'assurance). Sur le marché du travail, l'employeur ne sait pas si le salarié recruté va fournir les efforts attendus. Toutes ces situations d'asymétrie d'information sont qualifiées d'**aléa moral**, ou de **risque moral**, et perturbent aussi le fonctionnement du marché.

Aléa moral

Situation d'un agent économique qui, après la signature d'un contrat, peut être pénalisé par un comportement de l'autre partie qu'il ne pouvait pas prévoir.

Dans un contexte d'information imparfaite, les agents économiques vont développer des stratégies permettant de révéler l'information manquante ou de neutraliser les effets pervers de ces imperfections (proposer, pour un garage ou pour les voitures d'occasion, un remboursement en cas de vice caché ; ou bien réglementer en imposant des procédures de recours pour les consommateurs). La **théorie des incitations** se propose ainsi d'étudier tous les moyens qui, dans les contrats entre acteurs économiques, peuvent inciter ceux qui disposent d'informations privées à les révéler. L'économie de la santé est un domaine où la question des incitations liées à des asymétries d'information est importante.

Lire aussi » **Économie néoclassique - Théorie du consommateur et du producteur**

Marxisme

Le marxisme peut être défini, dans un sens strict, comme l'ensemble des thèses exposées par le philosophe allemand Karl Marx (1818-1883). S'il est impossible de séparer le marxisme de l'utilisation qui a été faite de cette doctrine au cours du XXe siècle, on ne présentera cependant ici que la composante économique de l'œuvre de Marx.

SOMMAIRE

- Marx et le marxisme
- Une interprétation économique de l'histoire
- L'analyse du système capitaliste
- L'analyse marxiste aujourd'hui

Marx et le marxisme

Karl **Marx** a été un philosophe et un militant révolutionnaire. Aussi, la prudence dans l'analyse s'est-elle souvent effacée devant la doctrine politique. Pourtant, l'œuvre de Marx est loin de présenter une vision unique de la réalité, une orthodoxie précise. Au contraire, la diversité de ses travaux, historiques, économiques, politiques, philosophiques, témoigne du caractère ouvert de ses réflexions. Ainsi, son œuvre majeure qui concerne l'économie, *Le Capital* (1867 pour une partie de l'ouvrage) est restée inachevée. L'analyse du capitalisme n'a donc pas conduit Marx à fournir des éléments définitifs. En particulier, il met en évidence non des lois de développement inéluctables, mais seulement des tendances, susceptibles d'être infirmées par des mouvements inverses.

Une interprétation économique de l'histoire

Les modes de production

Chaque société peut se caractériser, à un moment donné, par son **mode de production**. Celui-ci désigne la combinaison de deux éléments qui sont les forces productives et les rapports de production.

Mode de production

Combinaison des forces productives et des rapports de production qui permet, dans l'analyse marxiste, de caractériser une société donnée à un moment de son histoire.

Les forces productives regroupent les instruments de production, la force de travail, physique et intellectuelle, des hommes, les objets du travail, les sciences et les techniques en vigueur, l'organisation du travail. À l'occasion de cette activité de production, les hommes nouent entre eux des relations sociales que Marx appelle précisément des rapports de production. En particulier, les rapports de production correspondent aux rapports de propriété des moyens de production (machines, usines, etc.) et permettent de donner une définition des classes sociales selon la place qu'elles occupent par rapport à la propriété de ces moyens.

Forces productives
Ensemble des éléments qui assurent, à un moment donné, l'existence et le développement des activités productives.

Rapport de production
Relations sociales et juridiques qui accompagnent les forces productives.

Ainsi, au lieu de parler de régime économique ou de structure sociale à une époque donnée, Marx utilise la notion de mode de production. Il peut alors distinguer les étapes de l'histoire humaine en déterminant quatre modes de production :
- le mode de production asiatique se caractérise par des sociétés quasi esclavagistes dans lesquelles la population est subordonnée à l'État, qui est relativement développé, centralisé et fort ;
- le mode de production antique est caractérisé par l'esclavage ;
- le mode de production féodal est défini par le servage, la société étant divisée en deux camps antagonistes, les seigneurs et les serfs ;
- le mode de production capitaliste ne se distingue pas par la propriété des moyens de production, mais par le salariat qui assimile le travail des hommes à une marchandise qui peut être achetée et vendue.

La dynamique des modes de production

Pour Marx, le mouvement de l'histoire s'explique par les contradictions entre les forces productives et les rapports de production. Dans un mode de production, les forces productives représentent un élément dynamique comme le montrent l'histoire des découvertes, les inventions, les progrès de la division du travail, la rationalisation de la production, etc. Comme les rapports de production sont, en revanche, relativement stables et immuables, il arrive un moment où ils entravent le développement des forces productives.

Ce schéma peut ainsi expliquer le passage du mode de production féodal au mode de production capitaliste. Ainsi, la naissance de l'industrie moderne avec les manufactures et le développement de l'économie marchande sont venus peu

à peu buter sur des rapports de production figés (division de la société en ordres, corporations qui entravaient la liberté du commerce et du travail). En effet, comme le rappelle Marx, « les conditions féodales de la propriété ne correspondaient plus aux forces productives déjà développées. Elles se transformaient en autant de chaînes. Il fallut les briser, elles furent brisées. »
Le même processus doit, selon Marx, conduire du mode de production capitaliste au mode de production socialiste ou communiste. À travers une série de crises, le capitalisme doit peu à peu s'effondrer pour laisser la place au **socialisme** (« à chacun selon son travail »), puis au **communisme** (« de chacun selon ses capacités, à chacun selon ses besoins ») caractérisé par l'abolition de l'État, des classes sociales et de l'exploitation de l'homme par l'homme.

Communisme
Notion marxiste caractérisant une société débarrassée des hiérarchies sociales et de l'exploitation de l'homme par l'homme.

Le matérialisme historique

Ce schéma d'analyse a reçu le nom de **matérialisme historique**. Il s'agit d'abord d'un matérialisme car ce sont les conditions matérielles, c'est-à-dire la base économique de la société, qui expliquent le mouvement de l'histoire. Ce ne sont donc pas les idées qui mènent le monde, mais les contradictions qui naissent au sein du mode de production de chaque société (contradictions qui assurent aussi le développement de la lutte des classes). Karl Marx est ainsi amené à opposer l'**infrastructure** d'une société (son mode de production) et sa **superstructure** qui comprend l'organisation juridique (le droit), l'organisation politique (l'État, les partis), le système de valeurs (la religion, l'idéologie, etc.). Une superstructure caractérise donc tout mode de production, mais elle en est le reflet, la conséquence.

Matérialisme historique
Doctrine explicative de l'évolution des sociétés humaines fondée sur les caractéristiques matérielles, c'est-à-dire économiques, de ces sociétés.

Ce matérialisme peut être qualifié en outre d'historique car Marx montre comment les modes de production se sont nécessairement succédés dans l'histoire. Il s'agit cependant de l'histoire occidentale, le mode de production asiatique ne constituant pas une étape de l'histoire de l'Occident. Ce mode de production se révèle d'ailleurs intéressant car, en raison de son fondement sur l'exploitation de la société entière par l'État ou la classe bureaucratique, il a pu être appliqué autant à l'Égypte pharaonique qu'aux anciens pays socialistes caractérisés par la propriété collective des moyens de production (analyse du sociologue Karl **Wittfogel** dans *Le Despotisme oriental,* 1984).

➲ L'analyse du système capitaliste

Le mécanisme de l'exploitation et la plus-value

Selon Marx, la société capitaliste est divisée en deux classes antagonistes. C'est la propriété privée des moyens de production qui est à l'origine de cette organisation économique et sociale : ceux qui possèdent des moyens de production (la **bourgeoisie** ou les capitalistes) dominent et exploitent ceux qui ne possèdent que leur travail, leur « **force de travail** » (les prolétaires et le prolétariat, c'est-à-dire la classe ouvrière). Cette capacité de travail est donc une simple chose, une marchandise comme une autre.

Bourgeoisie
Dans l'analyse marxiste, classe sociale qui possède les moyens de production.

Force de travail
Capacité de travail que les ouvriers vendent au propriétaire des moyens de production.

Selon la théorie marxiste, les capitalistes achètent cette force de travail contre un **salaire de subsistance** (qui assure juste la survie des ouvriers, c'est-à-dire l'entretien et la reproduction de leur force de travail), mais ils opèrent surtout un prélèvement sur la valeur créée par le travail de ces ouvriers. En effet, la force de travail peut fournir davantage de travail qu'elle n'en coûte. Rappelons que Marx, comme certains économistes classiques (Ricardo, par exemple), considère le travail comme l'unique source de la valeur des biens produits. La différence entre la quantité de travail fournie par les ouvriers et la quantité de travail juste nécessaire au paiement de leurs salaires revient au capitaliste : c'est la **plus-value**. Elle résulte donc de la propriété privée des moyens de production et de l'**exploitation** des salariés.

Plus-value
Dans l'analyse marxiste, différence entre la valeur créée par la force de travail des ouvriers et la valeur que cette force de travail coûte au capitaliste (salaire des ouvriers).

Les contradictions du système capitaliste

Mais, selon Marx, le **capitalisme** est un système dans lequel se développent des contradictions qui peuvent l'amener à disparaître. Il existe ainsi une contradiction entre capitalistes et prolétaires, mais aussi au sein même de la classe des capitalistes.

L'essence du capitalisme réside dans le réinvestissement des profits (les marxistes parlent, à ce propos, d'**accumulation**), mais le développement illimité de

Capitalisme
Système économique caractérisé par la propriété privée des moyens de production ainsi que par la nécessité d'accumuler sans cesse du capital (utilisation des profits pour investir et développer la production).

la production s'oppose aussi au pouvoir d'achat de plus en plus limité des salariés (phénomène de **paupérisation**). Alors apparaissent régulièrement des crises de surproduction. Marx montre ainsi que les crises sont des phénomènes nécessaires de remise en ordre.

Il met aussi en évidence une **« loi » de la baisse tendancielle du taux de profit**. Les capitalistes utilisent, en effet, de plus en plus les machines (effet du progrès technique et du réinvestissement des profits dans l'acquisition de moyens de production toujours plus nombreux), ce qui traduit une **suraccumulation** du capital. Mais, dans le même temps, la rentabilité des capitaux diminue car la plus-value, donc les profits, baissent en raison du remplacement des travailleurs par les machines.

➔ L'analyse marxiste aujourd'hui

Sans réduire le marxisme à un **économisme** (tout s'expliquerait par l'économie et non par les idées, les valeurs, les sentiments) ou à un déterminisme (la révolution et la victoire du prolétariat seraient l'unique issue du capitalisme), force est de reconnaître le caractère erroné de l'analyse marxiste de la plus-value. En refusant d'admettre le rôle spécifique de l'entrepreneur justifiant une rémunération particulière (combiner les facteurs de production, prendre des risques, etc.), Marx fait du profit le résultat de la seule exploitation des ouvriers. Or c'est sur ce postulat que repose toute son analyse de l'exploitation et de la lutte des deux classes (bourgeoisie et prolétariat).

Économisme

Système de pensée et d'analyse qui tend à tout expliquer (y compris les idées, les valeurs, voire les sentiments) par le jeu de facteurs économiques.

L'analyse marxiste conserve cependant un intérêt pour décrire le système capitaliste. Le bouleversement perpétuel nécessaire des activités productives, l'extension sans limites de l'économie marchande et l'**aliénation** de l'homme de la société capitaliste, dépossédé de ses moyens de production, de sa production et, finalement, de son être (impossibilité de se sentir concerné par ce qu'on fait) sont des aspects des analyses de Marx qui restent d'actualité.

Aliénation

Notion utilisée par Marx pour décrire une situation dans laquelle les individus, dépossédés du sens de leur travail, deviennent étrangers à eux-mêmes.

Lire aussi » **Capitalisme - Stratification sociale**

Mobilité sociale

Dans le langage courant, la mobilité correspond à un changement de situation. On parle souvent de la mobilité de la main-d'œuvre, qu'il s'agisse de la mobilité géographique (changement de lieu de résidence afin d'aller, par exemple, dans des régions qui créent des emplois), de mobilité professionnelle (changement de profession) ou de mobilité sectorielle (changement de secteur d'activité). La mobilité sociale est une notion sociologique.

SOMMAIRE

→ Définitions
→ La mesure de la mobilité sociale
→ L'analyse de la mobilité sociale
→ L'évolution de la mobilité sociale en France

Définitions

Qu'est-ce que la mobilité sociale ?

Mobilité sociale
Changement de position sociale d'un individu ou d'un groupe d'individus.

La **mobilité sociale** correspond au changement de position sociale d'un individu ou d'un groupe d'individus. Une **position sociale** est une place dans la société. La société peut ainsi être découpée en catégories, par exemple des professions et catégories socioprofessionnelles (nomenclature PCS de l'Insee) ou des classes sociales. Ces catégories peuvent être hiérarchisées, certaines catégories étant considérées comme supérieures à d'autres. Le passage d'un individu d'un groupe social à un autre, jugé supérieur, correspond alors à une **mobilité ascendante**. Lorsqu'un ouvrier professionnel devient cadre ou patron de PME après s'être mis à son compte, il y a mobilité sociale ascendante. Parfois, il est plus difficile de préciser si la mobilité sociale est ascendante ou descendante comme le montre le cas d'un ouvrier qualifié qui devient employé. On peut ainsi distinguer la **mobilité verticale** (passage d'une position sociale à une autre, jugée supérieure ou inférieure) et la **mobilité horizontale** (passage d'une position sociale à une autre, jugée équivalente).

Si la mobilité sociale est toujours liée à une **mobilité professionnelle**, l'inverse n'est pas toujours vrai car un individu peut changer de profession sans changer de position sociale.

Mobilité professionnelle
Changement de profession d'un individu.

La mobilité intergénérationnelle

La notion de mobilité sociale correspond toujours à un certain découpage de la société, découpage nécessaire pour étudier cette société. Ce qui intéresse le sociologue, c'est surtout l'analyse de la mobilité verticale. Mais cette étude se heurte cependant à des obstacles de méthode car il n'existe pas une seule hiérarchie sociale acceptée par tout le monde, chacun s'accordant à penser que telle ou telle position vaut mieux que telle autre, toutes les positions dans la société pouvant ainsi être classées sur une échelle de valeur.

La **sociologie** cherche à étudier les grandes évolutions, les permanences, les régularités que l'on peut observer sur une longue période. Elle privilégie ainsi l'analyse des groupes d'individus et non celle d'un individu particulier. Pour l'ensemble de ces raisons, l'étude sociologique de la mobilité sociale concerne surtout la mobilité entre les générations, c'est-à-dire les différences et les changements entre la position sociale des individus et la position sociale de leur père, c'est la **mobilité intergénérationnelle**. Elle s'oppose à la **mobilité intragénérationnelle** qui caractérise les changements de position sociale des individus au cours de leur vie active.

Mobilité intergénérationnelle
Mobilité entre les générations, c'est-à-dire changement entre la position sociale des individus et celle de leurs pères.

Mobilité intragénérationnelle
Changement de position sociale des individus au cours de leur vie active.

La mesure de la mobilité sociale

La mesure de la mobilité sociale intergénérationnelle s'effectue à travers des **tables de mobilité**. Ce sont des tableaux qui permettent de faire un rapprochement entre l'origine sociale des individus, mesurée par la position sociale de leur père, et leur position sociale actuelle.

Pour construire ces tableaux, il convient de former des catégories sociales. En France, on prend alors la nomenclature des PCS. On compare donc la PCS du père et celle du fils.

La première question est la suivante : que sont devenus les individus nés dans un certain milieu ? Par exemple, quelle est la **destinée** de 100 individus fils d'agriculteur (on prend 100 pour établir des pourcentages) ? Ou encore, dans quelle PCS se répartissent 100 fils d'ouvrier ?

Destinée sociale en 2015 (en %)

PCS du fils / PCS du père	Agriculteur exploitant	Cadre, profession intellectuelle supérieure	Employé	Ouvrier	Autres	Ensemble
Agriculteur exploitant	25	8,8	7,1	32,5	26,6	100
Cadre, profession intellectuelle supérieure	0,2	47	9,1	10	33,7	100
Employé	0,5	16,3	16,6	33,6	33	100
Ouvrier	0,5	9,4	12,3	47,6	30,2	100

On peut alors construire le tableau (partiel) suivant, en reprenant les données de l'Insee pour l'année 2015 et en ne retenant que quatre PCS.

Le tableau ci-dessus se lit ainsi : sur 100 fils d'agriculteur en 2015, 25 sont agriculteurs, 8,8 sont devenus cadres ou membres d'une « profession intellectuelle supérieure », 32,5 sont devenus ouvriers, 7,1 employés (les autres se répartissent dans les autres groupes) ; en 2015, 47,6 % des fils d'ouvrier sont eux-mêmes ouvriers, tandis que 12,3 % sont devenus employés.

Dans ce premier tableau, on part de l'origine sociale des individus pour analyser leur destinée, ce qu'ils sont devenus. On peut cependant prendre le problème d'une autre façon et construire une autre table de mobilité, en se demandant quelle est l'origine sociale (le **recrutement social**) des personnes qui occupent une position sociale donnée. Par exemple, quelle est l'origine sociale (PCS du père) des agriculteurs, des ouvriers, des cadres supérieurs âgés de 30 à 59 ans en 2015 ? On peut chercher à savoir quelle est l'origine sociale des cadres supérieurs, c'est-à-dire combien de cadres supérieurs en 2015 sont fils d'agriculteur, de cadre, d'ouvrier, etc. Sur 100 ouvriers, combien sont fils d'ouvrier, d'agriculteur, etc.

Le tableau de recrutement social de la p. 341 se lit ainsi : sur 100 agriculteurs en 2015, 81 sont fils d'agriculteur tandis que 7 ont un père employé ou ouvrier qualifié ; 30 % des artisans, commerçants et chefs d'entreprise ont un père de même origine sociale (PCS), mais ils étaient 40 % dans cette situation en 1977.

Origine sociale en 2015 (en %)

PCS du père / PCS du fils	Agriculteur exploitant	Artisan, commerçant, chef d'entreprise	Cadre, profession intellectuelle supérieure	Employé, ouvrier qualifié	Employé, ouvrier non qualifié	Ensemble
Agriculteur exploitant						
1977	90	3	1	2	4	100
2015	81	4	1	7	3	100
Artisan, commerçant, chef d'entreprise						
1977	18	40	4	17	14	100
2015	7	30	12	28	9	100

En définitive, le tableau sur la destinée sociale nous indique, par exemple, que tous les enfants d'agriculteur ne deviennent pas, en 2015, agriculteurs (25 % seulement le deviennent), mais le tableau sur l'origine sociale nous apprend que la quasi-totalité des agriculteurs (soit 81 %) sont fils d'exploitant agricole.

➔ L'analyse de la mobilité sociale

On analyse la mobilité sociale selon une optique statique (quel constat à un moment donné ?) ou selon une optique dynamique (quelle évolution entre deux dates ?).

Reproduction sociale et mobilité parfaite

Une mobilité sociale nulle signifie que tous les enfants ont la même position sociale que leur père (« tel père, tel fils »). Les positions sociales sont les mêmes d'une génération à l'autre. Par exemple, en raisonnant avec les PCS, tous les enfants d'agriculteur deviennent agriculteurs, tous les enfants de cadre deviennent cadres, etc. On constate alors aussi que 100 % des agriculteurs sont fils d'agriculteur. Une mobilité sociale nulle correspond donc à la reproduction sociale, c'est-à-dire que la société se reproduit à l'identique à chaque génération.

Reproduction sociale
Situation d'une société qui se reproduit à l'identique à chaque génération en raison d'une absence de mobilité sociale (« tel père, tel fils »).

En France, il est évident que la mobilité sociale existe. On ne fait pas toujours le même métier que son père et on n'occupe pas nécessairement la même position sociale. Y a-t-il pour autant **mobilité parfaite** ? Les enfants d'agriculteur, d'ouvrier, de cadre ont-ils la même chance (en terme de probabilité) de devenir cadre ? La PCS du fils est-elle totalement indépendante de celle du père ?

Si, par exemple, la proportion de cadres dans la société est de 10 %, la mobilité est qualifiée de parfaite lorsque les enfants des membres des différentes PCS ont tous la même probabilité de devenir cadre (c'est-à-dire une chance sur dix), mais aussi la même probabilité d'accéder à une autre PCS (cette probabilité étant égale à la part de cette PCS dans la population active).

L'analyse de la mobilité sociale sur une longue période

La réalité sociale se situe, en France aujourd'hui, entre ces deux situations extrêmes. Il existe bien une mobilité sociale. Ainsi les enfants d'ouvrier ne deviennent pas tous ouvriers, mais employés, cadres, etc. Mais l'analyse doit être complétée par l'étude de l'évolution de cette mobilité. Si durant plusieurs décennies les tables de mobilité donnent toujours les mêmes pourcentages, on dira que la mobilité sociale se caractérise par une certaine **inertie sociale**.

On peut d'ailleurs calculer un **indice d'immobilité**, c'est-à-dire la proportion de fils appartenant à la même PCS que leur père. La comparaison entre une **mobilité ascendante** et une **mobilité descendante** pour une même catégorie sociale est un autre outil d'analyse. La mobilité ascendante ou ascension sociale (inversement la mobilité descendante ou déclassement) désigne des situations où la catégorie socioprofessionnelle de l'individu est considérée comme supérieure, ou socialement plus valorisée, à celle du parent auquel il est comparé.

Le constat d'une mobilité sociale ascendante ne correspond pas nécessairement à un progrès en termes d'égalité des chances, par exemple si les chances de progresser dans la hiérarchie sociale augmentent de façon semblable pour toutes les catégories sociales. Les sociologues utilisent alors la notion de **fluidité sociale**, c'est-à-dire les chances relatives d'accéder aux différents groupes sociaux selon son origine et surtout son évolution. La fluidité sociale mesure un rapport des chances relatives ; plus il est proche de 1 et plus les origines et destinées sociales sont indépendantes l'une de l'autre, et donc plus il y a d'égalité des chances.

L'analyse de la mobilité présente cependant de nombreuses limites qui réduisent la portée des résultats observés. Ces limites proviennent d'abord de la nomenclature des PCS. Cette nomenclature regroupe les actifs en quelques groupes, si bien que les phénomènes de mobilité concernant des sous-groupes échappent à l'examen.

Les limites des analyses de mobilité tiennent enfin au choix du père de famille comme chef de ménage. Nécessaire pour les comparaisons dans le temps, cette convention peut paraître contestable car les femmes sont désormais massivement présentes sur le marché du travail et sont souvent chefs de ménage (familles monoparentales).

L'évolution de la mobilité sociale en France

Mobilité structurelle et mobilité nette

L'interprétation des données statistiques est cependant perturbée par l'existence d'une **mobilité sociale structurelle** entre deux périodes. Si, par exemple, le nombre d'agriculteurs diminue d'une génération à l'autre, certains fils d'agriculteur devront nécessairement exercer un autre métier que celui de leur père et deviendront mobiles. À l'inverse, si le nombre de cadres supérieurs s'accroît dans une société, il y aura nécessairement des individus originaires d'autres PCS qui connaîtront une mobilité sociale ascendante en devenant cadre supérieur. En définitive, cette mobilité sociale est davantage le résultat d'une modification de la structure socioprofessionnelle (diminution du nombre des agriculteurs et accroissement du nombre de cadres), ce qui explique le nom de mobilité sociale structurelle, que la conséquence d'une société plus égalitaire. La mobilité sociale qui ne découle pas des changements structurels s'appelle mobilité non structurelle ou **mobilité nette**. Précisons enfin qu'il est très difficile de mesurer statistiquement l'une et l'autre.

Mobilité structurelle
Mobilité sociale qui s'explique par les modifications de la structure socio-professionnelle de la société.

Mobilité nette
Mobilité sociale qui ne découle pas des changements structurels de la société (modification du poids de chaque groupe socio-professionnel) et qui traduit, lorsqu'elle s'accroît, une réelle démocratisation de la société.

Le fait que la mobilité sociale a progressé durant les Trente Glorieuses résulte principalement des transformations de la structure des emplois (accroissement de la part des cadres, des professions intermédiaires et des employés dans la population active). La mobilité structurelle explique ainsi la plus grande partie des changements de position sociale constatés entre les enfants et leurs parents.

L'évolution récente de la mobilité sociale

L'analyse de l'Insee sur la période 1977-2015 montre que la mobilité sociale globale des hommes âgés de 35 à 59 ans est restée stable. En 2015 comme en 1977, près des deux-tiers d'entre eux appartiennent à une autre catégorie sociale que celle de leur père. En revanche, la mobilité sociale des femmes a nettement progressé, notamment par rapport à leur mère (catégorie différente pour 71 % des femmes en 2015 contre 59 % en 1977). Contrairement à la période précédente, cette mobilité est de moins en moins liée à l'évolution intergénérationnelle de la structure des emplois et, sur la période de ces quarante années, la structure des emplois des hommes et celle de leurs pères se sont progressivement rapprochées (phénomène qui est moins marqué pour les femmes). La mobilité sociale des hommes est toujours une mobilité ascendante, mais celle-ci tend à diminuer depuis 2003 (31 % de la mobilité globale contre 28 % en 2015). De 1977 à 2003, les hommes en ascension sociale étaient 3 fois plus nombreux que ceux dont la trajectoire était descendante et, en 2015, ils ne sont que 1,8 fois plus nombreux. Il est vrai que durant cette période le taux de mobilité descendante a été multiplié par 2. Ainsi, les déclassements ont progressé en 40 ans et cette dégradation des destinées sociales, nette pour le haut de l'échelle sociale, se mesure dans la part des fils de cadres qui sont employés ou ouvriers (11 % en 1977 et 17 % en 2015).

Entre 1977 et 2015, la reproduction sociale est restée forte pour les cadres comme pour les employés et les ouvriers qualifiés. L'immobilité sociale est toutefois moins marquée pour les hommes dont le père exerçait une profession intermédiaire ou se situait dans le bas de l'échelle sociale (entrée dans le salariat des personnes issues des catégories des indépendants). Au contraire, près d'une employée ou ouvrière non qualifiée sur deux est originaire du même milieu social depuis 1977.

Enfin, la transmission des inégalités sociales, mesurées par l'indicateur de fluidité sociale, s'est nettement réduite jusqu'en 1993 mais a tendance à stagner depuis cette date. En 2015, les inégalités d'accès à la catégorie des cadres restent encore fortes tandis que les chances de devenir artisans et commerçants sont devenues de plus en plus proches entre toutes les catégories de salariés. La fluidité sociale a progressé jusqu'au début des années 1990, mais les frontières entre les groupes sociaux restent encore aujourd'hui relativement étanches. Ainsi, en 2015, les fils de cadres sont 35 fois plus souvent cadres qu'employés ou ouvriers non qualifiés, par rapport aux enfants de ces derniers. L'égalité des chances n'a donc guère progressé durant le dernier quart de siècle.

Lire aussi » **Égalité et inégalités - Stratification sociale - Question d'actualité 18 p. 50**

Mondialisation

La mondialisation est une notion récente qui apparaît dans les années 1990. Elle caractérise une nouvelle économie mondiale où tous les biens économiques circulent sans entrave ; les entreprises, les systèmes productifs et les États devenant concurrents. Le développement des entreprises se fait aujourd'hui à l'échelle mondiale.

SOMMAIRE

- Une économie mondiale
- Les firmes multinationales
- Avantages et limites de la mondialisation
- Les relations commerciales particulières

Une économie mondiale

De l'internationalisation à la mondialisation

Internationalisation
Processus caractérisant le développement des relations économiques entre les nations.

L'**internationalisation** correspond au développement des relations économiques entre les différentes nations. À l'internationalisation des échanges, caractérisée par l'accroissement du volume des biens et des services échangés, s'est ajoutée l'internationalisation de la production. Ce ne sont plus les produits seuls qui se déplacent mais aussi les capitaux car les firmes exportent aussi leurs usines qui fabriquent ces produits. L'internationalisation financière, qui s'est développée depuis le début des années 1970, désigne la multiplication des mouvements de capitaux en quête de placements rémunérateurs ainsi que l'essor des firmes multinationales bancaires et financières (sociétés d'assurance par exemple).

L'économie mondiale a toutefois connu une étape supplémentaire vers le début des années 1990 lorsque plusieurs phénomènes se sont conjugués, au point de donner le sentiment que le monde était devenu un seul marché ; les entreprises, les systèmes productifs, les États, les individus aussi, étant mis en concurrence.

La **mondialisation** (globalisation en anglais) est une notion qui s'est partout imposée pour décrire cette nouvelle réalité, voire pour désigner une menace. Favorisée par des décisions politiques (déréglementation, libéralisation des échanges), des évolutions technologiques **(nouvelles technologies de l'information et de la communication, NTIC)** et des ruptures géopolitiques (chute du communisme), la mondialisation est au carrefour de plusieurs phénomènes récents : globalisation financière, affirmation de la concurrence des pays émergents, extension du champ de la concurrence internationale à des domaines ou des secteurs qui en étaient autrefois protégés (services financiers, transports, télécommunication, etc.). Avec la mondialisation, les entreprises sont obligées de mener des stratégies mondiales, et non plus locales ou régionales. Les conjonctures et les politiques économiques sont de plus en plus interdépendantes.

Mondialisation

Intégration économique mondiale qui va au-delà de l'internationalisation des échanges de marchandises, de services ou de capitaux et qui se caractérise par une mobilité parfaite des capitaux et par une concurrence accrue entre les firmes et les nations.

La mondialisation fait ainsi craindre certaines menaces qui concernent surtout l'emploi (exacerbation de la concurrence entre les entreprises, délocalisations) et la souveraineté économique des États dont la marge de manœuvre se réduit.

Ces craintes expliquent le développement de mouvements de protestation rassemblés sous l'intitulé d'**altermondialisme**. Formé par une coalition de groupes très divers (ONG, mouvements pacifistes, associations, etc.), l'altermondialisme cherche à définir une alternative à la mondialisation (d'où son nom, l'anglais utilisant le mot « antiglobalisation »).

Altermondialisme

Mouvement d'idées et mouvement politique et social international qui proteste contre les excès d'une mondialisation « libérale », conduite sous l'égide des États-Unis, qui pénalise principalement les exclus (paysans pauvres du Sud, salariés précaires du Nord, chômeurs).

Les États peuvent aussi réagir, comme le montre la France, avec l'idée de **patriotisme économique**. Lancée par le Premier ministre en 2005, la notion de patriotisme économique désigne le comportement des pouvoirs publics ou des agents économiques destiné à favoriser une entreprise française ou une entreprise dont les activités se situent en grande partie en France (renforcement de la réglementation sur les OPA).

Les nouvelles caractéristiques des échanges de produits

Le **commerce intra-branche** connaît un fort développement : il s'agit d'échanges de produits similaires appartenant à une même branche, à une même industrie, comme par exemple des échanges d'automobiles entre les pays européens, alors que le commerce traditionnel reposait plutôt sur un **commerce inter-branches**, chaque pays étant soit exportateur, soit importateur d'un produit donné. Si ces produits sont similaires car ils appartiennent à la même branche de l'économie, ils ne sont jamais parfaitement identiques car les producteurs pratiquent une **différenciation** de leurs produits pour répondre aux préférences des consommateurs (couleur, puissance pour une voiture par exemple).

Commerce intra-branche
Échange de produits similaires appartenant à une même branche, à une même industrie.

Différenciation
Stratégie des entreprises pour contourner les inconvénients de la concurrence tout en répondant aux attentes des consommateurs.

Par ailleurs, en raison du développement des firmes multinationales, une part croissante des échanges internationaux (environ le tiers aujourd'hui) revêt la forme d'un **commerce intra-firme** (on parle aussi de **commerce captif**). Les échanges ne sont internationaux que du point de vue douanier car ces échanges entre la maison mère et ses filiales ou entre filiales d'une même firme multinationale obéissent en fait à des règles très différentes des principes classiques de l'offre et de la demande de produits. Un tel phénomène rend ainsi délicat l'analyse des résultats commerciaux.

L'essor des investissements directs

Les mouvements de capitaux entre les pays peuvent prendre deux formes. Ils peuvent correspondre d'abord à un **investissement direct à l'étranger (IDE)**, c'est-à-dire une création d'entreprise à l'étranger, un rachat ou une prise de participation dans une société étrangère afin d'acquérir un pouvoir de décision effectif dans la gestion de cette entreprise. À l'inverse, un **investissement de portefeuille** correspond à l'achat de parts ou d'actions de sociétés étrangères dans l'optique de la rentabilité (plus-values ou dividendes) et non pour contrôler réellement l'entreprise.

Investissement direct à l'étranger (IDE)
Exportation de capitaux dans un autre pays afin d'y créer une entreprise, de racheter ou de prendre une participation dans une entreprise de ce pays.

Investissement de portefeuille
Achat de parts ou d'actions de sociétés étrangères dans une optique de rentabilité de l'investissement financier.

Les investissements directs, qui connaissent depuis le milieu des années 1980 une croissance spectaculaire, se manifestent sous quatre formes (définition du FMI) :
- la création d'une entreprise ou d'un établissement à l'étranger ;
- l'acquisition d'au moins 10 % du capital social d'une société étrangère déjà existante ;
- le réinvestissement de bénéfices par la filiale ou la succursale ;
- les opérations entre la maison mère et les filiales (souscription à une augmentation de capital, prêts, avances de fonds, etc.).

Les investissements directs sont les instruments de la multinationalisation des entreprises.

Certains de ces IDE sont parfois appelés investissements « greenfields » lorsqu'il s'agit d'investissements productifs créateurs d'emplois durables (contrats à durée indéterminée). Contribuant à la création ou à l'extension des capacités productives, ils représentent un dixième des IDE (automobile, mécanique surtout) en France.

Les firmes multinationales

Définitions

IBM, General Motors, Nestlé et Renault sont des multinationales. Une **firme multinationale** est une grande entreprise nationale qui possède ou contrôle plusieurs filiales de production dans plusieurs pays.

Firme multinationale
Grande entreprise d'origine nationale qui exerce ses activités productives dans plusieurs pays.

Une firme multinationale est d'abord une entreprise nationale. Les termes de « multinationale » ou de « transnationale » présentent une certaine ambiguïté en suggérant que ces firmes pourraient avoir plusieurs nationalités ou, ce qui revient au même, n'en avoir aucune. Or, en pratique, on observe que toutes ces entreprises conservent une nationalité, celle de leur pays d'origine. Plusieurs signes en témoignent : la nationalité des détenteurs de ses capitaux, celle de ses dirigeants, les liens étroits avec l'État par exemple.

Une firme multinationale est composée d'une société, appelée « société-mère », qui se situe dans le pays d'origine et de l'ensemble des entreprises détenues ou contrôlées par cette société-mère et appelées « filiales ».

La délocalisation de la production

Délocalisation
Pratique des entreprises consistant à fermer une usine sur le territoire national pour en ouvrir une autre à l'étranger où les conditions de production sont jugées plus favorables.

Une des menaces liées à la mondialisation a concerné, au milieu des années 1990, la question des **délocalisations**, certaines entreprises, employant en général une main-d'œuvre abondante, fermant leurs unités de production situées en France pour les installer dans des pays où les coûts salariaux étaient plus faibles. Après avoir nourri des débats passionnés, les délocalisations sont peu à peu apparues comme un phénomène limité. Si elles touchent sévèrement certains secteurs particuliers, elles représentent globalement une faible part du total des investissements directs français à l'étranger. La délocalisation de la production peut être aussi une notion plus générale, correspondant au déplacement des activités productives pour répondre aux nouvelles conditions de la concurrence internationale.

La définition de la firme multinationale exclut les firmes qui ne possèdent à l'étranger que des **filiales de commercialisation**, c'est-à-dire des filiales qui ont pour mission d'importer les produits de la société-mère et d'en assurer la commercialisation, soit directement auprès du client final, soit par l'intermédiaire des réseaux locaux de distribution (exemple des réseaux de concessionnaires automobiles étrangers en France).

La firme multinationale comprend donc des **filiales de production** qui produisent à l'étranger. Deux étapes caractérisent le développement de ces filiales. Dans un premier temps, l'entreprise décide de produire directement sur place car ses seules exportations ne suffisent pas à augmenter sa part des marchés étrangers. Dans une optique qui reste commerciale, les filiales produisent alors les mêmes biens que la maison-mère et on les qualifie de **filiales-relais**. Dans un deuxième temps, les sociétés-mères jugent moins efficace l'existence de filiales-relais et préfèrent spécialiser chacune de leurs filiales dans la production d'un élément de la gamme ou dans un type de pièces détachées. Chaque filiale, qualifiée de **filiale-atelier**, produit ainsi pour un marché plus vaste que son marché national. Les filiales-ateliers d'une firme multinationale se livrent ainsi mutuellement leurs productions et les échanges internes à la firme multinationale ne se limitent plus aux relations maison-mère/filiales.

Les prix auxquels sont facturés les biens ou services qui font l'objet de transactions au sein d'une firme multinationale sont appelés **prix de transfert** ou prix de cession interne. Ces prix sont déterminés par la firme seule et peuvent être très différents des prix d'exportations de produits identiques réalisés par d'autres entreprises. Une firme multinationale peut ainsi modifier ses prix de transfert selon les conditions fiscales ou réglementaires des pays où elle est présente. Elle peut, par exemple, pratiquer une surfacturation du produit importé par sa filiale afin de diminuer le bénéfice, et donc les impôts, de cette dernière.

Les produits actuels, de plus en plus complexes, se composent de sous-ensembles ou de composants qui peuvent être fabriqués de façon autonome les uns des autres. Cette décomposition du produit peut alors permettre de fabriquer les différents éléments dans des pays différents, le produit final étant recomposé lors de l'assemblage. Par exemple, une firme multinationale peut exporter des pièces détachées afin de faire réaliser l'assemblage et le montage, opérations nécessitant beaucoup de main-d'œuvre peu qualifiée, dans des pays où cette main-d'œuvre est abondante et bon marché avant de réimporter les produits finis. On parle alors de décomposition ou de segmentation internationale des processus productifs.

Ces stratégies ne sont jamais définitives car chaque segment du processus de production peut faire l'objet de relocalisation partielle dans les pays d'origine ou ailleurs.

Les firmes multinationales multiplient aujourd'hui les accords de coopération sous forme, par exemple, de participations réciproques ou de filiales communes. La forme principale de coopération est la filiale commune, ou **co-entreprise**. Le terme de ***joint venture*** correspond à cette notion de filiale commune, mais il couvre plus largement, dans les pays anglo-saxons, toute forme organisée de coopération entre entreprises.

Avantages et limites de la mondialisation

La mondialisation est devenue le phénomène dominant de l'économie depuis une trentaine d'années. Elle s'accompagne de la montée en puissance des pays émergents d'Asie et du recul relatif des États-Unis et de l'Europe. La Chine est ainsi devenue la première puissance économique mondiale et l'Inde bientôt la quatrième, le centre de gravité de l'économie mondiale se déplaçant de l'Atlantique (relation États-Unis/Europe) vers le Pacifique (relation États-Unis/Asie).

Au-delà des débats sur ce phénomène, la plupart des économistes s'accordent sur les avantages et les limites d'une mondialisation liée à la libéralisation des échanges sous l'égide du GATT puis de l'OMC.

Les avantages de la mondialisation

Les principaux avantages de la mondialisation sont les suivants :
– Le développement rapide de certaines économies émergentes. Le rôle des investissements directs et des firmes occidentales dans les pays de cette zone comme la possibilité d'écouler leurs produits dans les pays développés ont été déterminants pour transformer ces pays et améliorer les niveaux de vie de leur population. Les inégalités mondiales ont donc plutôt diminué avec la mondialisation, y compris durant la crise, mais ce résultat provient essentiellement de la forte croissance de la Chine et de l'Inde.
– Le maintien des échanges de biens et de services entre les pays durant la crise, ce qui contribue à soutenir la croissance dans les pays malgré la crise. Contrairement aux années 1920, la crise n'a pas provoqué de repli des pays sur eux-mêmes, ni de déclenchement en chaîne de mesures protectionnistes.
– La baisse des coûts de production et des prix dans les pays développés. Les entreprises des pays développés ont pu faire produire à bon marché de nombreux composants qu'elles importaient alors des pays émergents ou des pays en développement, contribuant ainsi à réduire les prix de leurs produits. C'est le rôle déflationniste des achats de produits réalisés et vendus par les pays émergents, la Chine en particulier. En effet, la demande massive de ces produits comme l'impact qu'ils ont eu sur les prix des produits concurrents ont contribué à contenir l'inflation dans les pays développés.

Les limites de la mondialisation

Les limites de la mondialisation les plus souvent évoquées sont les suivantes :
– La diminution dans les pays développés des emplois industriels et des emplois non qualifiés avec la concurrence des pays à faibles salaires, ce qui a favorisé les fermetures d'usines ou la rigueur salariale, incité aux délocalisations et amené une nouvelle hausse du chômage ainsi que de nouvelles formes d'emplois, moins rémunérés.
– La marginalisation des pays parmi les plus pauvres de la planète, notamment en Afrique, dont les taux de croissance sont restés très faibles. Ce sont les 50 pays les moins avancés, les PMA, dont 34 se situent en Afrique et 16 en Asie, Antilles et Pacifique.
– L'accroissement des inégalités sociales dans les pays anglo-saxons à partir des années 1980 et dans les pays européens plus récemment. L'explosion des activités financières, facilitée par la libéralisation des marchés financiers et les innovations les plus hardies, a conduit à élever les niveaux de rentabilité et de profits exigés des entreprises, ce qui a pesé sur l'emploi et la rémunération

des salariés. Ces effets se sont ajoutés à ceux de la concurrence des entreprises des pays émergents. Les écarts de rémunérations se sont ainsi accrus entre les cadres dirigeants de ces entreprises et les bénéficiaires de la mondialisation financière d'un côté et les salariés touchés par la hausse des emplois précaires et la moindre progression des salaires de l'autre.

Mondialisation et crise économique

Si la mondialisation produit un certain nombre d'effets négatifs, peut-on dire qu'elle est aussi responsable de la crise de la fin des années 2000 ? Il faut prendre garde tout d'abord à ne pas mettre sur le compte de la mondialisation des choix ou des phénomènes qui relèvent des seuls pays (stratégie de change, politique économique ou salariale restrictive, progrès technique et recherche des gains de productivité, surendettement, exposition des banques aux risques, etc.). Mais les choses sont parfois plus complexes car les phénomènes sont mêlés. Ainsi, le progrès technique et la substitution de travailleurs qualifiés à des travailleurs moins qualifiés peuvent expliquer, mieux que la mondialisation, la montée des inégalités salariales et la destruction des emplois industriels. Mais, en retour, la mondialisation peut aussi favoriser le progrès technique car il représente une réponse à la pression concurrentielle des importations. Par ailleurs, les pays qui ont le mieux défendu leurs emplois dans l'industrie, comme l'Allemagne, sont des pays fortement exportateurs. Il existe aussi des liens réciproques entre la mondialisation et la crise de 2008-2009. La mondialisation n'est pas responsable de cette crise mais elle l'a certainement amplifiée. La généralisation de la finance de marché et des innovations est à l'origine de la crise mais la mondialisation, en créant une interdépendance des économies, en a favorisé la diffusion et donc l'ampleur. Les déséquilibres commerciaux entre les pays ont aussi accentué la crise économique.

Un fort courant d'opinion en Europe demande aujourd'hui une protection de l'industrie face aux délocalisations dues aux avantages salariaux des pays émergents. Certains évoquent même une **démondialisation** accompagnée d'une promotion de la souveraineté économique nationale (« Achetez français »). Le retour à un certain protectionnisme est toutefois dangereux et inefficace car les exportations françaises contiennent de plus en plus de biens intermédiaires importés (30 %) qui verraient alors leurs prix augmenter. D'autres préfèrent prôner une mondialisation modérée encadrée par une gouvernance mondiale.

La démondialisation a un second sens et caractérise aussi le phénomène inverse de la mondialisation qu'on observe de façon croissante. Avec la lutte contre les paradis fiscaux, la mondialisation financière recule. Les délocalisations ralentissent, tandis que se produit un mouvement de **relocalisation** avec le retour des unités de production et de montage dans leur pays d'origine. Les écarts de coûts de production (coûts salariaux unitaires) se réduisent fortement. La Chine, comme les grands pays émergents, se recentrent sur leur marché intérieur.

La crise financière de 2008-2009 marque le début de la fin d'un âge d'or de la mondialisation qu'ont connu les années 1990-2010. La mondialisation progresse aujourd'hui à faible vitesse, marquée par les tensions permanentes, voire une guerre commerciale entre la Chine et les États-Unis, un déclin des règles du multilatéralisme, une faible croissance mondiale, une montée régulière des services qui ne peuvent être facilement exportés ou importés. Cette situation va encourager les liens au sein des blocs régionaux, en Asie notamment, renforcer l'intégration régionale et accentuer la fragmentation du monde. Il sera alors plus difficile de résoudre les questions qui se posent à l'échelle mondiale comme le changement climatique ou les migrations.

Les relations commerciales particulières

Un **embargo** représente une interdiction d'exportation formulée pour des raisons politiques ou stratégiques. C'est une arme économique destinée à infliger de lourdes pertes économiques au pays concerné (surcoûts d'approvisionnement, création de goulot d'étranglement). Le **boycott** correspond à un embargo généralisé et au refus d'entretenir des relations économiques avec un pays afin d'exercer des pressions (Afrique du Sud durant de longues années, Iran).

Les **zones franches** sont des enclaves délimitées géographiquement et dotées d'un statut à durée limitée, qui se caractérisent par l'absence de droits de douane et de contrôle à l'importation. Elles peuvent également accorder une exemption de l'impôt sur les sociétés, ou alléger certaines réglementations.

Enfin, certains pays n'hésitent pas à mener une stratégie de **dumping social** ou **fiscal**, en allégeant leurs réglementations.

Dumping social (ou fiscal)

Stratégie d'un pays qui choisit de réduire les normes et les réglementations concernant le travail, la protection sociale (ou la fiscalité) afin d'attirer les investissements au détriment de ses voisins.

Lire aussi » Libre-échange - Union européenne - Question d'actualité 2 p. 34

Monnaie

La monnaie est constituée par l'ensemble des moyens de paiement dont disposent les agents économiques pour régler leurs transactions. Elle permet d'effectuer un paiement immédiat. Les formes de la monnaie sont multiples : pièces, billets, chèques, cartes de crédit... Depuis le 1er janvier 1999, l'euro a remplacé le franc et depuis le 1er janvier 2002, les billets et les pièces sont en euros.

SOMMAIRE

- Fonctions et formes de la monnaie
- La création monétaire
- Les agrégats monétaires
- Le marché monétaire

Fonctions et formes de la monnaie

Les trois fonctions de la monnaie

On distingue traditionnellement trois fonctions de la **monnaie**. Elle sert d'intermédiaire des échanges, d'unité de compte et d'instrument de réserve de valeur.

Dans certaines sociétés qualifiées de primitives, les échanges, très limités, se réalisaient sous forme de **troc**. Les produits s'échangeaient contre d'autres produits. Lorsque les échanges se sont développés, le troc est devenu impossible et un bien quelconque (coquillage par exemple) a servi d'intermédiaire.

Monnaie
Ensemble des moyens de paiement dont disposent les agents économiques pour régler leurs transactions.

Troc
Système d'échanges où les produits s'échangent contre d'autres produits et non contre de la monnaie.

Les produits s'échangeaient alors contre ce bien particulier, appelé **monnaie d'échange**. Celui-ci permettait ensuite l'achat d'autres biens. La monnaie est donc un bien particulier, reconnu et accepté par tous, destiné à faciliter les échanges. Avec l'introduction de la monnaie, on peut aussi mesurer et comparer des biens ou des services très différents. C'est donc aussi une **unité de compte** qui permet d'établir le prix de chaque bien. La monnaie détermine ainsi une échelle générale des prix entre tous les biens.

La monnaie est enfin un **instrument de réserve** de valeur, un instrument d'épargne. Cela signifie qu'elle peut être conservée afin de reporter dans le temps les achats. La monnaie représente alors, comme l'a écrit Keynes, « un lien entre le présent et l'avenir ». La mise en réserve de la monnaie pour des achats ultérieurs repose cependant sur le maintien du pouvoir d'achat de la monnaie (absence d'inflation).

Les formes de la monnaie

La monnaie se présente aujourd'hui sous trois formes principales. Il y a la **monnaie divisionnaire** (pièces ou monnaie métallique), la **monnaie fiduciaire** (billets de banque acceptés par tous, en lesquels tout le monde a confiance) et la **monnaie scripturale** qui correspond aux transferts d'un compte bancaire à un autre par simple jeu d'écriture (manuelle ou électronique).

Le règlement d'un achat dans un magasin grâce à un chèque correspond à l'utilisation de monnaie scripturale puisque la somme d'argent passe directement du compte du client au compte du magasin.

La monnaie scripturale désigne donc les dépôts à vue possédés par les agents économiques dans les comptes courants des banques (et de La Poste, avec le CCP). Elle circule grâce aux chèques, aux virements bancaires et aux cartes de crédits.

Monnaie divisionnaire

Pièces ou monnaie métallique.

Monnaie fiduciaire

Instrument de paiement en qui tous les agents économiques ont confiance (pièces et billets dont la valeur faciale est très supérieure à la valeur intrinsèque).

Monnaie scripturale

Instrument de paiement se présentant sous la forme d'écriture sur les comptes bancaires ou postaux.

L'histoire de la monnaie depuis quelques siècles montre un processus constant de **dématérialisation** puisque les billets ont d'abord acquis la prépondérance face aux monnaies métalliques. Puis les chèques ont succédé (dans la seconde moitié du XXe siècle) aux billets comme principal instrument de règlement des échanges. Enfin, une monnaie électronique tend à supplanter aujourd'hui l'usage des chèques.

Il faut enfin noter qu'une conception plus large de la monnaie est retenue par les autorités monétaires car celles-ci rajoutent les avoirs qui, sans permettre de régler un achat immédiatement, peuvent très facilement se transformer en moyens de paiement (livret de caisse d'épargne par exemple).

La création monétaire

Le processus de création monétaire

Aujourd'hui, les banques ne sont plus de simples intermédiaires qui prêtent des fonds (crédits accordés aux clients) à partir des dépôts reçus. Elles créent de la monnaie lorsqu'elles accordent des crédits.

À l'origine, les banques ne prêtaient qu'à hauteur du montant de monnaie métallique détenue à leur actif. Ainsi, lorsqu'un dépôt d'or était effectué pour une durée d'un an par exemple, la banque pouvait prêter cette somme pour une durée inférieure. Les banques s'aperçurent que leurs stocks de **monnaies métalliques** (or, argent) ne descendaient jamais en dessous d'un certain seuil puisqu'une partie des sommes prêtées revenaient toujours dans leurs caisses sous forme de dépôts. Les banques décidèrent alors de prêter une nouvelle fois ces **encaisses**, donc d'accorder de nouveaux crédits, sans prendre trop de risques, puisque les dépôts se reconstituaient dans les comptes des nouveaux emprunteurs. Ainsi les banques prêtaient plusieurs fois les mêmes sommes.

Chaque déposant considérait ses dépôts comme disponibles alors qu'ils étaient à l'origine de nouveaux crédits (mais aussi de nouveaux dépôts). Il y avait ainsi une **création monétaire** puisque les moyens de paiement dont pouvaient disposer les individus étaient bien supérieurs aux encaisses métalliques ou, plus tard, aux billets en circulation dans l'économie.

Création monétaire
Processus de création de nouveaux moyens de paiement mis à la disposition des agents économiques.

Aujourd'hui, les banques ne prêtent même plus à partir d'un minimum de dépôts préalables. Elles créent de la monnaie en accordant des crédits et ce sont ces crédits qui entraînent les dépôts dans les banques (il faut considérer l'ensemble des banques). Ainsi, ce sont désormais « les crédits qui font les dépôts » et non plus l'inverse.

Concrètement, comment une banque crée-t-elle de la monnaie ? Imaginons qu'elle accorde un crédit de 10 000 euros à M. Martin. Elle écrit sur du papier ou sur un écran d'ordinateur (on parle de « jeu d'écritures ») deux opérations symétriques : à son passif, elle inscrit les 10 000 euros que M. Martin est autorisé à retirer sur le compte qu'elle lui a ouvert ; à son actif, elle inscrit la reconnaissance de dette de M. Martin (il s'agit bien d'une créance pour la banque qui représente la promesse de remboursement signée par M. Martin).

La banque a donc créé sa propre monnaie. Il n'y a pas eu d'épargne préalablement au crédit et personne n'a renoncé à son pouvoir d'achat pour permettre ce crédit. La banque, enfin, n'a pas besoin de détenir dans ses caisses la somme correspondante. Elle a créé de nouveaux moyens de paiement qui vont circuler dans l'économie.

Notons que le remboursement de l'emprunt conduit à une opération symétrique de destruction monétaire (la banque annule sa créance de l'actif de son bilan et M. Martin annule sa dette au passif de son bilan).

Le bilan de la banque est :

Actif	Passif
créance sur M. Martin 10 000 €	dépôt (compte de M. Martin) 10 000 €

Le bilan de M. Martin est :

Actif	Passif
compte courant bancaire 10 000 €	dette auprès de la banque 10 000 €

Qui peut créer de la monnaie ?

La création monétaire est assurée par trois catégories d'agents : les banques, la Banque centrale et le Trésor public.

Les banques

Les opérations de crédit réalisées par les banques représentent donc une source majeure de création monétaire. Il s'agit des crédits accordés aux particuliers, aux entreprises, mais aussi, parfois à l'État. Lorsque le Trésor public, banquier de l'État, veut financer le déficit budgétaire, il peut émettre des bons du Trésor qui seront achetés par les banques. Ces dernières acquièrent donc une créance sur le Trésor public en créant de la monnaie. Si elles prêtent en revanche des ressources qu'elles possèdent déjà, il n'y a pas création monétaire.

La Banque centrale

C'est désormais la Banque centrale européenne et le Système européen de banques centrales (SEBC) qui créent les euros. Pour bien comprendre le rôle d'une banque centrale en matière monétaire, on peut décrire la situation de la Banque de France avant 1999.

La **Banque de France** crée deux sortes de monnaies. Il s'agit d'abord de la monnaie fiduciaire puisqu'elle détient depuis 1848 le **monopole d'émission des billets** (c'est la fameuse planche à billets). Il s'agit ensuite de la monnaie scripturale qu'elle peut créer selon les mêmes mécanismes que la création monétaire des banques, c'est-à-dire lorsqu'elle transforme une créance en moyens de paiement (on parle de **monétisation** d'une créance). Avec le passage à la monnaie unique, la Banque de France perd seulement le pouvoir d'émission d'euros (même si concrètement la Banque de France participe à la fabrication des billets en euros).

La Banque de France crée de la monnaie scripturale au profit des banques lorsqu'elle leur achète les créances qu'elles détiennent (créances sur les particuliers, les entreprises ou le Trésor). Elle peut ainsi pratiquer le **réescompte**.

Prenons l'exemple d'une société X qui doit une somme d'argent à une société Y. X signe donc une reconnaissance de dette. Si Y a besoin de cette somme avant l'échéance, elle peut porter ce papier (effet de commerce, traite) à sa banque qui lui échangera contre des moyens de paiement disponibles immédiatement (moyennant un prix qui est le **taux d'escompte**). La banque peut à son tour faire escompter ce papier auprès de la Banque de France. Par le réescompte, la Banque de France crée de la monnaie au profit de la banque (la dette de X est donc transférée à l'actif de la Banque de France).

> **Escompte**
> Procédure bancaire permettant d'accorder un crédit à court terme à une entreprise en échange d'un effet de commerce que cette dernière détient.

La Banque de France peut aussi créer directement de la monnaie au profit du Trésor public en lui accordant des **avances** (c'est un découvert puisque le compte du Trésor est crédité de nouveaux moyens de paiement) ou en lui achetant directement des bons du Trésor. Cette possibilité ne jouait plus vraiment car le traité de Maastricht a interdit le financement monétaire (par création monétaire) des déficits publics.

Enfin, la Banque de France crée de la monnaie, en l'occurrence des euros, en contrepartie des devises étrangères (qui sont des créances sur l'extérieur) apportées par les banques et provenant des clients. Si, une certaine journée les échanges d'euros contre des dollars et de dollars contre des euros ne se compensent pas et s'il y a, par exemple, une importante demande d'euros en échange de dollars, la Banque de France va acquérir les dollars et donner les euros demandés, augmentant ainsi la masse monétaire. Plus généralement, un excédent commercial conduit à une augmentation de la masse monétaire, puisque les exportateurs français ont des excédents de devises qu'ils souhaitent échanger contre des euros.

Créée en 1800, nationalisée en 1945, la **Banque de France** est devenue indépendante en 1994. Elle fait désormais partie du Système européen des banques centrales (SEBC) mais auparavant, c'était le Conseil de la politique monétaire, composé de neuf personnalités indépendantes et du gouverneur, qui définissait la politique monétaire en France.

Le Trésor public

La dernière institution qui peut créer de la monnaie en France est le **Trésor public**. Le Trésor est l'agent financier de l'État, une sorte de « caissier » puisqu'il perçoit les recettes publiques (impôts) et exécute les dépenses. C'est aussi le banquier de l'État. Le Trésor crée la monnaie divisionnaire (monopole de fabrication des pièces) mais il peut aussi créer de la monnaie scripturale. Par exemple, lorsque le compte chèque postal (CCP) d'un fournisseur de l'État (ou d'un fonctionnaire à qui l'État doit verser un salaire) est crédité, le Trésor crée sa propre monnaie scripturale.

Trésor public
Agent financier de l'État.

En définitive, la création monétaire repose sur la transformation de créances en moyens de paiement. Les **contreparties de la monnaie** représentent alors l'ensemble des créances qui ont permis la création monétaire durant une certaine période. Les **créances sur l'économie** (crédits aux particuliers et aux entreprises), les **créances sur le Trésor** et les **créances sur l'étranger** sont les trois contreparties de la masse monétaire. Elles indiquent donc l'origine de cette création.

Qui peut créer de la monnaie ?

Les banques	La Banque centrale				Le Trésor	
Crédits aux agents économiques (particuliers, entreprises, État)	Fabrication des billets (monnaie fiduciaire)	Achats de créances aux autres banques (réescompte)	Avances au Trésor public et achats de bons du Trésor	Achats de devises et émission de monnaie nationale en contrepartie	Fabrication de pièces (monnaie divisionnaire)	Comptes chèques postaux qui permettent de créditer les comptes de certains agents économiques

Limites de la création monétaire

Si une banque crée aussi facilement de la monnaie par les crédits qu'elle accorde, quelles sont les limites de ce pouvoir de création monétaire ?

Une première limite de ce pouvoir a priori illimité tient au risque de ne pouvoir faire face à des demandes de conversion en billets de la part des déposants. Si toute la monnaie créée par la banque reste dans son propre circuit, il n'y a pas de problème et la création peut se poursuivre. Si, en revanche, le public préfère régler ses transactions avec des billets plutôt que sous forme de chèques, la banque peut être incapable d'obtenir tous les billets nécessaires.

De même, si l'ensemble des nouveaux moyens de paiement créés à l'occasion de crédits sont utilisés par les agents pour acquérir des devises afin d'acheter des produits étrangers, la Banque centrale peut très vite refuser de fournir celles-ci (risque d'épuiser les réserves en devises, risque de dépréciation de la monnaie sur le marché des changes car on vend la monnaie nationale pour acheter des devises, ce qui provoque sa baisse).

Par ailleurs, les chèques tirés par les clients d'une banque bénéficient aux clients d'autres banques, si bien que chaque banque peut se trouver en situation de devoir ou de recevoir de la monnaie des autres banques. La **compensation** désigne alors la rencontre quotidienne (qui a lieu à la Banque de France) entre toutes les banques pour solder leurs offres et leurs demandes de monnaie. Par exemple, quand la compensation fait apparaître un excédent au profit d'une banque, celle-ci voit son compte courant à la Banque de France crédité par des virements des banques débitrices. On désigne d'ailleurs par liquidité bancaire, ou **monnaie banque centrale**, les encaisses en billets et les avoirs des banques sur leur compte courant à la Banque de France.

La **liquidité bancaire** correspond à la capacité des banques de faire face à une demande de remboursement en billets. Si la liquidité bancaire diminue, les banques rencontreront des difficultés pour satisfaire les besoins de leurs clients et seront alors conduites à réduire leur création monétaire. En revanche, une augmentation de la liquidité bancaire induit un accroissement de la masse monétaire. La liquidité bancaire (appelée parfois « **base monétaire** ») est donc une notion très importante : elle détermine le pouvoir de création monétaire de chaque banque.

> **Liquidité bancaire**
> Encaisse en billets des banques et avoirs que celles-ci détiennent sur un compte courant à la Banque centrale.

Le **multiplicateur de crédit** désigne le coefficient multiplicateur reliant l'augmentation de la monnaie banque centrale à l'augmentation plus importante de la masse monétaire.

La liquidité bancaire constitue ainsi une limite monétaire en instaurant une dépendance des banques à l'égard de la Banque centrale, « **prêteur en dernier ressort** ». La Banque centrale assure l'unité (le bouclage) du circuit monétaire en permettant aux banques de satisfaire les demandes de conversion de la clientèle. En application des décisions prises en matière de politique monétaire, la Banque centrale régule la création monétaire des banques nationales.

Prêteur en dernier ressort

Institution financière (Banque centrale dans un pays ou organisation internationale qui se verrait confier ce rôle) qui garantit la fourniture de liquidités aux agents économiques quelles que soient les circonstances.

Les agrégats monétaires

La **masse monétaire** désigne la quantité de monnaie en circulation dans une zone déterminée. Il s'agit de la monnaie au sens large.

Elle comprend de multiples éléments dont les billets, les pièces et les dépôts à vue ne constituent qu'une partie. Elle comprend aussi des **actifs monétaires** qui sont des moyens de paiement immédiats mais aussi des **actifs non monétaires**, c'est-à-dire de l'épargne, qui peuvent être plus ou moins rapidement transformés en moyens de paiement.

Masse monétaire

Quantité de monnaie en circulation dans une économie ou une zone monétaire (monnaie au sens large).

Les **agrégats monétaires** sont un regroupement, établi de façon conventionnelle, de tous ces actifs dans des grandes catégories qui s'imbriquent les unes dans les autres. Les **disponibilités monétaires** regroupent les monnaies divisionnaires, les billets et les comptes à vue. C'est la masse monétaire au sens strict.

Agrégats monétaires

Regroupements conventionnels des actifs monétaires selon leur degré de liquidité.

Un agrégat plus large regroupe un ensemble d'actifs appelés aussi « **quasi-monnaie** » : placements à vue rémunérés (compte sur livret, livret de caisse d'épargne, livret de développement durable et solidaire, compte d'épargne logement). Les sommes qui sont sur ces comptes n'ont pas de **pouvoir libératoire** immédiat (elles ne peuvent servir à régler une transaction), mais elles peuvent être transformées instantanément en moyens de paiement.

Un agrégat plus large encore ajoute au précédent les placements à terme : dépôts en devises, titres du marché monétaire émis par les banques. Il représente donc la masse monétaire au sens large. C'est sur cet agrégat, M3, que portent les normes de progression de la masse monétaire, normes définies par les autorités monétaires (BCE).

Le **marché monétaire** représente le marché des capitaux à court et moyen terme alors que le marché financier correspond aux capitaux à long terme (la Bourse). Depuis 1985, le marché monétaire comprenait en France deux compartiments, le marché interbancaire et le marché des titres courts.

Marché monétaire
Marché des capitaux à court et moyen terme.

Le marché monétaire

Le **marché interbancaire**, réservé aux banques, assurait la rencontre des offres et des demandes de monnaie banque centrale. Les banques s'y échangeaient leurs excédents et leurs déficits de trésorerie et la Banque de France pouvait intervenir sur ce marché afin de retirer des liquidités, selon les objectifs de politique monétaire.

Sur l'autre marché monétaire, celui des **titres courts**, les banques, les entreprises ou l'État pouvaient émettre ou s'échanger des titres négociables (de 10 jours à 7 ans) ; la création de **billets de trésorerie** (pour les entreprises), de **certificats de dépôts** (pour les banques) et de **bons du Trésor négociables** a donné l'accès du marché des capitaux à court terme à ces agents alors qu'auparavant, pour leurs placements ou leurs emprunts à court terme, ils devaient s'adresser aux banques (intermédiation), à des conditions moins intéressantes. L'ouverture du marché monétaire à l'ensemble des investisseurs (les compagnies d'assurances, les caisses de retraites, etc.) a notamment permis aux banques de satisfaire leurs besoins de liquidité bancaire sans s'adresser à d'autres banques.

Depuis le 1er janvier 1999 et l'instauration de l'euro, il existe un seul marché monétaire en euros pour les pays de la zone euro, sur lequel la BCE peut intervenir pour fournir les liquidités aux banques et modifier les taux à court terme.

Lire aussi » **Euro - Politique monétaire**

Multiplicateur

Le multiplicateur est un processus économique général montrant que l'augmentation d'une grandeur économique entraîne l'accroissement plus important d'une autre grandeur. L'effet multiplicateur est un élément fondamental de la théorie économique keynésienne.

SOMMAIRE

→ Qu'est-ce que le multiplicateur ?

→ Les effets multiplicateurs

➲ Qu'est-ce que le multiplicateur ?

On peut présenter ce mécanisme avec l'exemple du **multiplicateur d'investissement** keynésien. **Keynes** montre qu'une dépense supplémentaire d'investissement (ΔI) dans une économie détermine une hausse plus importante de la production nationale (ΔY). Les richesses nouvellement produites sont ainsi supérieures à la dépense d'investissement initiale.

Multiplicateur
Mécanisme par lequel une dépense nouvelle de l'État (par exemple, des investissements) engendre une hausse de la production supérieure à la dépense initiale.

On a : $\Delta Y = k\ \Delta I$, k étant le **coefficient multiplicateur**

Décrivons d'abord le processus : supposons que l'investissement augmente de 100 millions dans une branche quelconque de l'économie. Ces sommes vont alors être distribuées aux agents économiques qui ont contribué à produire les biens d'équipement ; ceux-ci vont à leur tour dépenser une partie de ces revenus (ils épargnent l'autre partie), cette dépense fournissant de nouveaux revenus pour d'autres agents économiques qui, eux aussi, consommeront une part de ces nouvelles ressources, et ainsi de suite.

Il s'agit donc d'un processus en chaîne où, à chaque étape, la partie du revenu qui est consommée augmente la production de biens et entraîne la distribution de nouveaux revenus. Mais le multiplicateur n'est pas un processus sans fin puisque les sommes distribuées sont, à chaque étape, moins importantes en raison de la part qui est épargnée.

On peut donner une illustration de l'**effet multiplicateur** en supposant que la part consommée est identique à chaque étape du processus et égale à 0,8. Ce chiffre représente la propension marginale à consommer (c), c'est-à-dire la partie du revenu supplémentaire qui induit une augmentation de la consommation ($\Delta C = c\ \Delta R$).

L'effet multiplicateur

	Production (P)	**Consommation (C)**	**Épargne (E)**
Investissement initial : 100 →	100 →	80 →	20
1re étape	80	64	16
2e étape	64	51	12,8
3e étape	51		

Le résultat de ce processus est, qu'à chaque étape, la production totale augmente (aux 100 millions de la production initiale s'ajoutent 80, puis 64, etc.). Quelle est alors la production totale issue de l'effet de multiplication ?

Les mathématiques montrent que la somme infinie suivante :
$100 + 0{,}8 \times 100 + 0{,}8\ (0{,}8 \times 100) + (0{,}8)^3 \times 100 + \ldots$
ou encore
$100 + c \times 100 + c^2 \times 100 + c^3 \times 100 + \ldots\ c^n \times 100$
soit $100\ (1 + c + c^2 + \ldots + c^n)$
admet le résultat suivant :

$$100 \times \frac{1}{1 - c} = 100 \times \frac{1}{1 - 0{,}8} = 500$$

Ainsi, un investissement initial de 100 millions entraîne une augmentation de la production nationale de 500 millions.

On a donc $\Delta DY = k\ \Delta I$, avec $k = 5$.

Le multiplicateur a pour formule générale : $k = \frac{1}{1 - c}$

L'effet multiplicateur, ainsi que le coefficient multiplicateur, dépendent donc de la propension marginale à consommer. Si celle-ci est faible, c'est-à-dire si une partie importante des nouveaux revenus est épargnée, l'effet multiplicateur joue moins.

Les effets multiplicateurs

Le processus décrit pour l'investissement peut être appliqué à de nombreuses autres grandeurs économiques.

On distingue ainsi les multiplicateurs concernant les différentes composantes de la demande. L'impulsion, l'origine du mécanisme se situe dans une composante de la demande (des ménages, des entreprises, de l'État) tandis que le point d'arrivée est toujours la production ou le revenu national.

Le **multiplicateur des dépenses publiques** montre le rôle joué par la demande autonome de l'État ; les achats supplémentaires de l'État induisent une augmentation de la production plus importante que la dépense initiale.

Le multiplicateur peut aussi s'appliquer à l'emploi : le **multiplicateur d'emploi** est un mécanisme suivant lequel la création d'un nombre donné d'emplois entraîne, grâce aux revenus ainsi distribués, la création d'autres emplois (exemple des grands travaux publics).

Enfin, une dernière application du multiplicateur concerne le processus de création monétaire, c'est le **multiplicateur de crédit**. Ce dernier décrit les possibilités de création monétaire des banques à partir de leurs ressources en monnaie émise par la Banque centrale (monnaie banque centrale ou liquidité bancaire représentées par les billets en circulation et les avoirs des banques en compte courant à la Banque de France).

Une politique budgétaire ou une politique monétaire de distribution de nouveaux moyens de paiement dans l'économie contribuent à stimuler l'activité économique lorsque le chômage augmente. S'appuyant sur le rôle déterminant de la consommation et de la dépense dans le fonctionnement de l'activité, le multiplicateur keynésien sert de fondement et de justification à l'intervention de l'État dans la vie économique. Il faut cependant en mesurer les limites.

Pour que l'effet multiplicateur se réalise, il doit exister dans les entreprises des capacités de production inemployées (machines qui ne produisent pas, par exemple). Dans le cas contraire, s'il y a pleine utilisation des facteurs de production, la demande supplémentaire des agents ne pourra être immédiatement satisfaite et la relance conduira soit à une inflation, soit à des importations.

Lire aussi » **Économie keynésienne**

Nation

On peut définir, d'une manière générale, la nation comme une unité humaine et politique partageant un même territoire. Tous les pays n'ont pas la même conception de la nation, ce qui implique des droits de la nationalité (conditions d'acquisition de la nationalité) fort différents d'un pays à l'autre.

SOMMAIRE

→ Qu'est-ce que la nation ?
→ L'acquisition de la nationalité
→ Nation et nationalisme

Qu'est-ce que la nation ?

Préciser cette notion conduit immédiatement à distinguer deux grandes conceptions de la **nation**. Les philosophes allemands du début du XIXe siècle ont fondé l'idée de nation sur des éléments comme la langue, la race, la culture ou la religion. Le philosophe allemand Fichte définit la nation comme la réunion des individus qui parlent la même langue. D'autres, qui ont mis en avant la notion de race comme déterminant seule l'appartenance à une nation, ont inspiré les doctrinaires nazis. Ainsi, selon cette première grande conception, l'appartenance à la nation ne dépend absolument pas de la volonté des individus, mais résulte d'éléments « objectifs » comme une langue, une origine ethnique, une religion, une histoire commune. On fait partie d'une nation dès sa naissance et rien ne peut supprimer ce lien. Mais, à l'inverse, rien ne peut créer ce lien si notre naissance en a décidé autrement.

Nation
Communauté humaine définie comme entité politique, réunie sur un territoire propre et partageant une identité collective.

À cette conception « ethnique » de la nation, des philosophes français comme Ernest **Renan** ont opposé une **théorie « élective » de la nation**. La nation est alors le produit de la volonté des individus et de leur libre choix de s'associer, de vouloir vivre ensemble. Pour Renan (« Qu'est-ce qu'une nation ? », titre d'une conférence prononcée en 1882), la nation n'est ni le produit de la race, ni de la religion, ni de la communauté des intérêts, ni même de l'unité géographique. Elle est au contraire un passé commun, dans lequel s'enracine l'identité collective, mais elle est surtout la volonté des individus de vivre ensemble au sein d'une collectivité nationale. Pour Renan, « l'existence d'une nation est un plébiscite de tous les jours ».

En France, la question reste présente comme en témoignent, d'une façon anecdotique, le refus de la notion de « peuple corse », et d'une façon plus générale, le droit français d'accession à la nationalité française. En 1991, le Conseil constitutionnel a rejeté un projet de loi instaurant la notion de « peuple corse », ce qui aurait conduit à accepter dans la définition de la nation une composante ethnique fondée sur le droit du sang (sont corses les fils de Corses), alors que la France a toujours fondé la nation sur un contrat avec pour traduction un code de la nationalité établi sur le droit du sol (critères de naissance et de résidence sur le sol français).

L'acquisition de la nationalité

Les grands pays occidentaux, selon leur conception de la nation et selon leur histoire, se distinguent par la façon dont ils envisagent l'acquisition de la **nationalité**. Jusqu'à ces dernières années, l'Allemagne, par exemple, appliquait une stricte définition ethnique de la nation. La législation allemande sur l'acquisition de la nationalité s'est rapprochée de la législation française en 1999. Les grands pays comme les États-Unis, le Canada ou l'Australie ne pouvaient pas avoir de conception ethnique de la nation, puisque ce sont précisément les vagues successives d'immigration qui ont constitué leur nation. Dans ces pays, l'acquisition de la nationalité est cependant devenue très sélective.

Nationalité
Lien d'appartenance d'une personne à un État déterminé, ce qui lui ouvre des droits juridiques et politiques.

La France a connu, à partir du milieu du XIXe siècle, plusieurs vagues d'immigration toujours liées aux besoins d'industrialisation. L'intégration progressive à la société française, grâce à l'apprentissage scolaire de la langue et de la culture française, a permis à un très grand nombre d'étrangers d'acquérir la nationalité française. Le droit de la nationalité, qui est l'un des plus ouverts des droits européens, repose d'abord sur la filiation (**droit du sang** ou ***jus sanguinis*** selon lequel un enfant de Français a automatiquement la nationalité française), mais aussi sur la naissance et la résidence sur le sol national (**droit du sol** ou ***jus soli***) ainsi que sur la volonté de devenir français.

Acquisition de la nationalité française

Les principaux modes d'acquisition de la nationalité française

- Acquisition automatique
  - **Par la naissance en France**
    - *Enfant né en France lorsque l'un des deux parents y est né lui-même (double droit du sol) ; acquisition dès la naissance.*
    - *Enfant né en France de parents étrangers ; acquisition à 18 ans (obligation d'avoir résidé au moins 5 ans entre 11 et 18 ans et de résider en France à cette date).*
  - **Par la filiation**
    - *Enfant mineur né de parents étrangers dont l'un devient français par naturalisation.*
- Acquisition volontaire
  - **Par une déclaration ou une demande**
    - *Mariage avec un conjoint français ; après 4 ans de vie commune.*
    - *Mineur né en France de parents étrangers résidant en France depuis plus de 5 ans ; acquisition à 16 ans après demande ; possibilité aussi entre 13 et 16 ans.*
  - **Par naturalisation (décret)**
    - *Avoir 18 ans ; résider depuis plus de 5 ans (ou plus de 2 ans pour diplômés de l' enseignement supérieur) ; être de bonne vie et de bonnes mœurs ; être « assimilé à la communauté française ».*

Nation et nationalisme

La plupart des pays occidentaux se caractérisent aujourd'hui par une correspondance entre la nation et l'État, ces deux réalités se superposant (on parle d'**État-nation**). Cela n'a pas toujours été le cas. Ainsi, dans certains pays d'Europe, comme l'Allemagne ou l'Italie, la formation de la nation a précédé celle de l'État. L'unité politique sous l'égide d'un État est venue tardivement, comme reconnaissance de l'existence d'une nation.

État-nation
Autorité souveraine s'exerçant sur l'ensemble d'une nation.

En revanche, en France, l'État royal s'est développé bien avant la constitution de la nation française. En termes politiques, la souveraineté a d'abord reposé sur le roi et le pouvoir monarchique avant de devenir **souveraineté nationale** après la Révolution française. Ces circonstances historiques expliquent l'évolution du nationalisme en France.

Souveraineté nationale
Principe de l'autorité suprême qui repose sur le peuple réuni au sein de la nation.

Le **nationalisme** qui correspond à l'exaltation du sentiment d'appartenance à une collectivité nationale, a pris deux formes successives. Après la Révolution française, il s'agit d'un nationalisme qui oppose la nation à l'autorité royale, encore dominante en Europe, et qui affirme le droit de toute collectivité de s'organiser librement. Au XIXe siècle, une autre forme de nationalisme devient peu à peu prédominante, c'est un nationalisme cocardier, antiparlementaire, antisémite et protectionniste, un nationalisme qui, sous l'influence du penseur royaliste Charles Maurras et du journal *L'Action française* (« organe du nationalisme intégral »), choisit et exclut, un nationalisme qui rejette tout ce qui est étranger.

Nationalisme
Doctrine politique revendiquant la primauté de la puissance nationale sur tout autre considération de rapports internationaux.
Sentiment d'attachement passionné et exclusif à la nation dont on fait partie.

Lire aussi » **Exclusion - Population - Société**

Opinion publique

Dans les démocraties, l'opinion publique joue un rôle important car elle donne aux gouvernants une idée de ce que pense la population sur un sujet précis en dehors des élections. L'opinion publique, qui a revêtu des formes très variées au cours de l'histoire, est aujourd'hui fortement associée aux sondages d'opinion. Depuis l'avènement d'Internet cependant, ce sont les réseaux sociaux qui, davantage que les sondages, contribuent à façonner opinions et opinion publique.

SOMMAIRE

- → Sondages et opinion
- → La technique des sondages
- → L'opinion publique
- → Opinion publique et sondages
- → Réseaux sociaux, opinion publique et démocratie

Sondages et opinion

Comment faire pour connaître les caractéristiques d'une population (quels sont les opinions, l'équipement en automobiles ou en téléviseurs des individus qui la composent) lorsqu'il n'est pas possible d'interroger tous ces individus ? Seuls les recensements ou les consultations électorales permettent de répondre à quelques-unes de ces questions, mais ils ne donnent qu'une connaissance partielle et datée des comportements et des opinions. Il est intéressant dans ce cas d'utiliser la technique des sondages.

Définition générale

Les **sondages** sont une technique permettant d'examiner l'évolution des opinions et des comportements. Elle consiste à observer une petite partie de cette population pour en déduire des résultats sur l'ensemble. Par exemple, l'enquête Emploi réalisée en mars de chaque année par l'Insee est un sondage qui permet de connaître le nombre de chômeurs (au sens de

Sondage
Technique qui consiste à mesurer les comportements ou les opinions d'un ensemble de personnes à partir du recueil (par questionnaire) des comportements ou des opinions d'une partie seulement de cet ensemble.

l'Insee). Les sondages ne se limitent donc pas aux enquêtes d'opinion ou aux sondages électoraux puisqu'on les utilise aussi pour mesurer des faits économiques ou sociaux (nombre de chômeurs, comportements culturels des Français, taux d'équipement en biens durables par exemple).

La connaissance des opinions et des comportements

Si l'on demande à un individu ce qu'il pense de tel homme politique en lui posant la question « Aimez-vous Monsieur X, un peu, beaucoup, pas du tout ? », la réponse donnée (par exemple, « je l'aime un peu ») exprime une opinion, celle de l'individu interrogé. Les sociologues définissent alors l'**opinion** comme « un accord avec une formule nuancée, sur une question déterminée et à un moment donné » (Henri Mendras). Dans un autre contexte social, l'opinion peut s'exprimer différemment.

Opinion
Formule nuancée qui, sur un sujet donné à un instant donné, reçoit l'accord d'un individu.

Un **comportement** désigne ce que font les individus, à la différence de l'opinion (ce qu'ils pensent). Un comportement électoral, c'est-à-dire l'action de voter lors d'une élection, est un comportement qui exprime une opinion. Mais il existe de nombreux autres comportements, religieux (aller à la messe), sociaux (participer à une association, à un syndicat) ou culturels (lire un livre).

Comportement
Manière d'agir d'un individu ou d'un groupe d'individus.

L'observation régulière, grâce notamment aux sondages, des opinions et des comportements montre qu'il existe quelque chose de plus stable chez les individus que ces opinions et comportements. Il s'agit des attitudes.

Une **attitude** est une disposition d'esprit plus ou moins permanente qui est à l'origine d'un grand nombre d'opinions ou de comportements. Résultat du processus de socialisation et fortement ancrées dans la personnalité de chacun, les attitudes ne sont pas observables directement, mais par l'intermédiaire de leurs expressions.

Attitude
Disposition d'esprit plus ou moins permanente qui est à l'origine des comportements et des opinions des individus.

Une grande partie des sondages publiés sont aujourd'hui des **sondages d'opinion** cherchant à connaître ce que pense l'opinion publique.

La technique des sondages

L'échantillon

Pour réaliser un sondage, il convient d'abord de sélectionner le petit nombre de personnes qui seront interrogées par un **enquêteur**. Cette sélection, qui est importante, conduit ainsi à déterminer un **échantillon** de personnes.

Échantillon
Ensemble des personnes sélectionnées pour être interrogées par un enquêteur lors de la réalisation d'un sondage.

Comment choisir cet échantillon ? On ne peut choisir n'importe qui et n'importe où car l'échantillon doit être représentatif de la population dont on cherche à mesurer un comportement ou une opinion. Il existe en fait deux méthodes principales de constitution d'un échantillon.

La méthode aléatoire

La **méthode aléatoire** signifie que le choix se fait « au hasard ». Mais le « hasard » des statisticiens a une définition très précise. Ce n'est pas choisir « au hasard » des personnes dans la rue car on risque d'obtenir surtout des personnes actives en écartant des personnes inactives ou plus âgées. La catégorie des actifs est alors « surreprésentée » dans l'échantillon par rapport à son poids réel dans la population ; on dit aussi que l'échantillon comporte un **biais**. Pour réaliser un sondage au hasard, on tire au sort certains individus, chaque élément ayant la même probabilité, c'est-à-dire les mêmes chances d'être choisi (exemple : on tire un nombre entre 1 et 100, par exemple 45, et on prélève tous les éléments dont le numéro se termine par 45).

Méthode aléatoire
Détermination de l'échantillon par tirage au sort, afin que chaque élément ait la même probabilité d'être choisi.

La méthode des quotas

La **méthode des quotas** cherche à constituer un échantillon représentatif de la population en le construisant à l'image de la population. Par exemple, si la population contient un tiers de personnes âgées de plus de 60 ans, l'échantillon en contiendra la même proportion. L'échantillon doit donc posséder les mêmes caractéristiques (répartition par âge, par sexe, par catégorie socioprofessionnelle, etc.) que la population totale considérée. Concrètement, l'enquêteur est libre de choisir les personnes qu'il doit interroger à condition de rester dans la limite des quotas.

Méthode des quotas
Constitution d'un échantillon représentatif de la population étudiée.

La méthode des quotas est utilisée par les instituts de sondage d'opinions car elle est plus souple et surtout moins coûteuse que l'autre méthode, pratiquée par l'Insee.

La méthode statistique

Les sondages contiennent un mystère : comment peut-on passer de l'observation de quelques-uns, même bien choisis, à des résultats valables pour tous ?

La réponse à cette question tient en une formule, la **loi des grands nombres**. Si l'on interroge, par exemple, une personne pour savoir si elle fume, elle répondra oui avec une certaine probabilité. Si l'on interroge 1 000 personnes, la probabilité aura tendance à se rapprocher de la proportion réelle de fumeurs dans la société. Si, enfin, 250 000 personnes sont interrogées, la loi des grands nombres montre que l'on a 99 % de chances d'obtenir la proportion exacte de fumeurs à 1 % près (plus exactement, le pourcentage obtenu peut avoir un point en plus ou en moins). Si une population a une caractéristique qui se rencontre dans une proportion p, il suffit de tirer un échantillon d'un effectif peu important de cette population, mais suffisant pour que la proportion p' observée dans cet échantillon soit presque sûrement très voisine de p. C'est la loi des grands nombres. Ainsi, un petit nombre de personnes suffit pour constituer l'échantillon interrogé.

La précision des sondages

Le résultat d'un sondage s'exprime toujours de la façon suivante : il y a 95 % de chances (par exemple) que la proportion cherchée soit comprise dans l'intervalle [a, b].

La précision du sondage, c'est-à-dire la largeur de l'intervalle, dépend du nombre de personnes interrogées. Par exemple, si la véritable proportion d'électeurs pour un candidat est de 50 %, les sondages donneront, avec une probabilité d'erreur de 5 % :
- une fourchette de plus ou moins 4 points si 625 personnes sont interrogées (soit un résultat compris entre 46 et 54 %) ;
- une fourchette de plus ou moins 2 points si 2 500 personnes sont interrogées (entre 48 et 52 %) ;
- une fourchette de plus ou moins 1 point si l'échantillon comprend 10 000 personnes (soit un résultat compris entre 49 et 51 %).

De la méthode statistique et de la recherche de précision découlent un certain nombre de conséquences :
- plus le nombre de personnes interrogées est grand, plus la précision du sondage sera élevée ;
- la technique du sondage est inopérante sur un échantillon constitué d'un petit nombre ;
- la certitude absolue est inaccessible car il y a toujours un risque d'erreur ; la méthode des probabilités conduit à donner une fourchette (d'autant plus étroite que l'échantillon est important), jamais un nombre ;
- le résultat d'un sondage ne dépend absolument pas de l'effectif total de la population considérée. Que l'on s'interroge sur les choix électoraux dans une ville de 100 000 habitants ou dans l'ensemble du pays, il faudra interroger exactement le même nombre de personnes pour obtenir une précision identique ; il est donc plus facile d'avoir une bonne prévision pour une élection présidentielle que pour une élection par circonscriptions (à moins de multiplier le coût du sondage par le nombre de circonscriptions).

Les limites techniques des sondages

Un certain nombre d'imperfections doivent être corrigées par les responsables des sondages ; on dit qu'ils effectuent des « redressements ».

La première source d'imperfections tient à l'existence, dans tout sondage, d'un certain nombre de « non-réponses ». Certaines personnes choisies dans l'échantillon ne répondent pas (absence ou refus). Le statisticien cherche donc à annuler l'effet de ces « non-réponses » qui risquent de fausser le résultat.

En outre, il existe souvent des biais dans le choix de l'échantillon. Ainsi, un échantillon constitué de réponses à un questionnaire ne prend en compte que des volontaires qui ne sont pas nécessairement représentatifs de la population étudiée. Cette imperfection renvoie aussi au problème des enquêteurs. On a souvent remarqué que ces derniers avaient tendance à sélectionner des personnes appartenant à un milieu social proche du leur. Certaines règles existent donc aussi pour les enquêteurs ; il serait par exemple absurde d'aller interroger, pour une enquête sur les loisirs des Français, les personnes qui attendent devant les cinémas parisiens.

Les enquêtes sont désormais effectuées avec Internet. Les sondages sont alors plus rapides, moins coûteux et plus fiables car les personnes s'expriment plus facilement. Ils sont donc plus nombreux mais comportent aussi un « biais d'échantillonnage » (personnes équipées et connectées, disposant de temps pour répondre).

➲ L'opinion publique

L'opinion publique a toujours été une préoccupation des gouvernants, entendue comme opinion du peuple qui peut jouer un rôle décisif, dans certaines circonstances, pour soutenir ou détruire un pouvoir. Ainsi Nicolas Machiavel, dans *Le Prince* (1532) proclame : « C'est du peuple qu'il importe de mériter l'affection, car il est le plus fort et le plus puissant ». Dans les États forts, comme les monarchies, la connaissance de l'opinion du peuple vise plutôt à prévenir et à éviter les troubles (révoltes populaires par exemple). Au siècle des Lumières, l'opinion publique désigne plutôt l'opinion « éclairée » des élites qui fréquentent ou lisent les philosophes dont les ouvrages ou les pamphlets, fondés sur la raison, dénoncent l'intolérance, les superstitions et les injustices. C'est dans les salons, les clubs ou les cafés (qui connaissent un grand développement à cette époque) que s'exprime cette opinion éclairée. Après la Révolution française et tout au long du XIXe siècle, l'apparition du suffrage universel (1848), les débuts de la presse, l'amorce de la déchristianisation, l'essor des villes conduisent peu à peu chacun à faire valoir sa propre opinion. L'émergence de l'opinion publique est ainsi une condition et une conséquence du développement de la démocratie. Les sondages sont aujourd'hui une pratique courante dans les démocraties et demeurent interdits dans les pays non démocratiques.

Aujourd'hui, l'opinion publique est une opinion sur un sujet précis partagée par le plus grand nombre, sans qu'on puisse la réduire à ce qui est seulement mesuré par les sondages d'opinion. Une autre erreur serait aussi de personnifier l'« opinion publique » ou le « public » pour en faire un sujet unifié qui agit (l'opinion pense, le public veut…) alors que les seuls sujets observables sont les individus. L'opinion publique est donc parfois présentée comme le résultat de l'agrégation des opinions individuelles mais encore faut-il que ces opinions s'expriment dans l'espace public. De nos jours, les individus ont plusieurs façons d'exprimer publiquement leurs opinions, lors du vote à une élection par exemple, mais cela ne se produit qu'épisodiquement, ou bien en manifestant ou encore sur les réseaux sociaux. Si le vote est anonyme, l'expression d'une opinion sur les réseaux sociaux ne l'est pas toujours.

Dans une conférence puis un article célèbre publié en 1973, Pierre **Bourdieu** a fortement critiqué les sondages d'opinion en déclarant que « l'opinion publique n'existe pas ». Il s'agit d'une construction artificielle (un artefact), qui n'a pas de réalité sociale et qui repose sur trois postulats loin d'être établis scientifiquement : tout le monde peut avoir une opinion, toutes les opinions se valent et sont comparables et, enfin, il y a un consensus sur les questions qui méritent d'être posées. Devant ces postulats, P. Bourdieu montre que tous les individus n'ont pas la même capacité à produire des opinions sur n'importe quel sujet (nombre important des « non-réponses », liées à certaines catégories sociales ; réticences à délivrer sa véritable opinion à des sondeurs, malgré l'anonymat) et que les questions posées par les sondages comme leurs résultats publics correspondent à des sujets qui intéressent davantage les responsables politiques et économiques que les citoyens. À l'inverse, si l'opinion publique se mobilise sur un sujet, c'est moins en raison d'une addition de motivations et de jugements individuels que d'une dynamique sociale, souvent complexe, où interviennent des organisations, des relais d'opinion comme la presse, des responsables politiques, syndicaux ou associatifs, etc.

Opinion publique et sondages

Il importe de bien distinguer les **sondages**, qui demeurent une technique pour connaître les opinions d'une population sur une question donnée, et les usages sociaux des sondages, notamment dans le domaine politique. Ceux qui commandent les sondages, mais également les organes de presse, les utilisent pour leurs propres intérêts, politiques ou commerciaux.

La sociologie politique, notamment américaine, s'est longtemps interrogée sur le pouvoir des sondages dans une démocratie. Ne conduisent-ils pas à orienter les votes et les opinions au lieu de simplement les refléter et les mesurer ? N'y a-t-il pas des risques de manipulation de l'opinion publique ? Ces réflexions se sont appuyées sur les analyses, plus anciennes, portant sur le rôle et l'influence des moyens de communication de masse, les médias, dans la vie politique et sociale (travaux du sociologue américain Paul Lazarsfeld montrant l'importance décisive des « **leaders d'opinion** » qui diffusent les messages auprès de leurs cercles d'influence). La multiplication des sondages depuis la fin du XXe siècle a donné un poids de plus en plus important à l'opinion publique tandis que les craintes d'une trop grande influence des sondages sur l'opinion des électeurs ont conduit à des législations qui interdisent la publication des sondages les veilles d'élections.

Pour qu'un sondage ait une influence sur l'opinion d'un individu, par un effet de persuasion, voire de propagande, il convient que cet individu soit poussé à modifier son opinion, à l'abandonner ou bien à en adopter une autre, à la suite d'un sondage publié. Les sociologues ont cependant montré que les individus hésitent à se mettre en désaccord avec leur communauté ou leur environnement social, ce qui les pousse à ne pas s'écarter de l'opinion dominante de leur groupe. Dès lors, la publication d'enquête conduit au renforcement du conformisme au groupe majoritaire. Mais elle a aussi un autre impact sur la vie politique en écartant les opinions minoritaires, en les disqualifiant. La sociologie américaine a proposé d'appeler « **effet bandwagon** », cette tendance des individus à rejoindre le camp majoritaire afin d'éviter l'isolement et « **effet underdog** » la tendance au renoncement à exprimer ses opinions lorsqu'elles sont très minoritaires.

La vision critique des sondages, ayant des effets mécaniques sur l'opinion publique, doit être nuancée. Les sciences politiques ont montré depuis longtemps que dans le cadre d'une campagne électorale, la détermination des opinions et des votes devait beaucoup plus aux conditions sociales des individus, et en particulier à l'importance des réseaux de liens sociaux, qu'à l'information qu'ils sont censés recevoir (dont les sondages).

Le développement d'Internet et l'explosion des échanges sur les réseaux sociaux ont quelque peu rendu dépassés les débats sur le rôle manipulatoire des sondages d'opinion. Ces dernières années, les succès des populismes en Europe, l'utilisation des réseaux sociaux lors des dernières élections américaines ou encore la mobilisation des Gilets jaunes ont montré la puissance de ces nouveaux outils de communication pour mobiliser les électeurs et les citoyens et contribuer à forger leurs opinions.

Réseaux sociaux, opinion publique et démocratie

Internet, facteur de démocratisation

Média de masse et également outil de communication interpersonnelle, Internet représente un véritable appui pour la vie démocratique. Il est d'ailleurs très fortement contrôlé dans les États non démocratiques. Dans *La Démocratie Internet*, ouvrage publié en 2010, le sociologue Dominique Cardon montre qu'Internet a favorisé les prises de parole publique et a contribué à élargir l'espace public avec des propos plus subjectifs, plus audacieux et moins aseptisés que dans les médias traditionnels. Ainsi les blogs, les forums, les plateformes en ligne créent de nouvelles possibilités d'expression des individus qui multiplient conversations en ligne, commentaires, points de vue et, bien souvent aussi, exposition d'éléments de leur vie privée. Il montre également que cette individualisation de l'expression et de l'engagement sur les réseaux sociaux s'accompagne de la formation de communautés virtuelles, d'espaces numériques collectifs qui peuvent aller jusqu'à jouer un rôle politique, faisant naître ainsi de nouvelles formes de participation démocratique. À une échelle plus locale, les individus se créent avec les réseaux sociaux des cercles de relations virtuelles, en choisissant des « amis » et en décidant de « suivre » d'autres personnes. Comme l'indique D. Cardon, ils créent ainsi un écosystème d'amis, d'experts, de sources et de centres d'intérêt qui va structurer ensuite leur pratique d'Internet comme leurs opinions.

Les réseaux sociaux contre la démocratie

Avec Internet et la possibilité pour chacun de s'exprimer, la nature de l'information diffusée en ligne change. Des informations ne sont plus filtrées (c'est-à-dire sélectionnées, vérifiées, contextualisées, hiérarchisées) avant d'être publiées. Les prises de parole des professionnels, dont les journalistes, ou des experts sont concurrencées par celles d'amateurs et d'anonymes, d'autant que la masse de contenus disponibles sur Internet est colossale (on parle d'« infobésité » du web). Plus de 50% des Américains déclarent aujourd'hui ne s'informer que par Facebook et Twitter. Pour beaucoup, et notamment les jeunes générations, les réseaux sociaux deviennent la principale source d'information. Avec un effet majeur, qui est la tentation de les utiliser pour influencer l'opinion publique. C'est le phénomène des ***Fake News***, fausses informations ou désinformations, qui s'est récemment développé avec Internet. Les campagnes de diffusion de fausses informations destinées à influencer les comportements des électeurs ont été dénoncées lors de l'élection présidentielle de 2016 aux États-Unis ou du référendum sur le Brexit au Royaume-Uni la même année. On semble ainsi revenu à un rôle manipulatoire des réseaux sociaux, où les partis politiques, les agences gouvernementales, voire des États étrangers, n'hésitent pas à faire circuler de fausses informations en période électorale.

Mais les *Fake News* ne sont pas le seul effet pervers du développement des réseaux sociaux. Ceux-ci contribuent aussi à l'émergence de ce que les sociologues appellent des « **bulles informationnelles** » qui enferment les individus dans une sorte de bulle d'opinions. Ces phénomènes sont à la conjonction d'un ensemble de traits psychosociologiques et d'une utilisation massive des algorithmes des réseaux sociaux pour personnaliser les messages qui apparaissent sur les écrans des internautes. Tout d'abord, l'exposition massive à une très grande quantité d'informations met en jeu des mécanismes individuels bien repérés par les sciences sociales. Ce sont les biais cognitifs qui faussent notre jugement, qu'il s'agisse des biais de confirmation (on ignore une information qui contredit nos croyances ou nos opinions), des biais de représentativité (on met en avant un exemple pour généraliser et en faire une vérité universelle) ou encore des biais d'exposition (à force de voir une information répétée, elle devient crédible). Dans le même temps, les réseaux sociaux, qui ont accumulé une masse considérable de traces numériques sur chacun d'entre nous, fournissent des réponses ou mettent en avant des informations qui sont en lien avec notre profil (rôle des fameux algorithmes). Cette personnalisation peut d'ailleurs se mesurer lorsque deux personnes font la même recherche sur Google pour un sujet où existent des appréciations diverses. Assez vite, les références ne sont plus identiques car elles sont liées aux usages et aux caractéristiques de l'internaute. Ainsi, peu à peu les géants de l'Internet enferment chaque internaute dans une bulle où il se voit uniquement proposer des choix, des contenus, des produits, des informations aussi, et même des « amis » qui correspondent à ses goûts, à ses attentes et à ses opinions supposées. Les algorithmes, qui sont prévus pour nous encourager à rester connectés, ne nous proposent que des choses qui ne viennent pas perturber notre façon de penser. En sont écartés les contenus divergents, les points de vue des autres, les débats d'idées qui sont la substance vitale de la démocratie.

Lire aussi » **Réseaux sociaux**

Patrimoine

La plus grande partie des agents économiques disposent d'un patrimoine, qu'il s'agisse des ménages, des entreprises ou de l'État. Le patrimoine, c'est ce que l'on possède. Mais les économistes cherchent à donner une définition plus précise de cette notion.

SOMMAIRE

- La notion de patrimoine
- Le patrimoine des ménages
- Les caractéristiques du patrimoine

La notion de patrimoine

Dans le langage courant, la notion de **patrimoine** est généralement utilisée pour désigner les richesses de la collectivité. Ainsi, le **patrimoine culturel** recouvre les biens matériels hérités collectivement du passé (les monuments historiques, les œuvres d'art, etc.) tandis que le **patrimoine naturel** représente l'ensemble des biens relatifs à la nature et à l'environnement (espace, territoire, mer, milieux physiques ou vivants).

Patrimoine
Ensemble des biens possédés par un agent économique à un moment donné.

Patrimoine naturel
Ensemble des biens relatifs à la nature.

En économie, on préfère utiliser, pour les individus et les ménages ou les entreprises, la notion de patrimoine à celles de richesse ou de fortune, moins précises.

Le patrimoine désigne l'ensemble des biens susceptibles d'avoir une valeur monétaire (un prix) que possède un agent économique à un instant donné.

Ainsi, à la différence du revenu qui constitue un flux sur une période donnée, le patrimoine se définit en termes de stocks. C'est la photographie à un instant précis de l'ensemble des avoirs d'un agent économique.

Cette définition précise du patrimoine est le résultat de « conventions statistiques », ce qui signifie que les responsables de l'Insee choisissent d'inclure et d'exclure de cette définition certains éléments.

Ainsi, à la différence d'autres pays comme les États-Unis, les biens de consommation durables (automobile par exemple) ne font pas partie de la définition statistique du patrimoine. D'autres éléments, dont la connaissance peut être difficile ou dont l'évaluation monétaire peut poser des problèmes, sont eux aussi exclus : or, bijoux, objets d'art.

Lorsqu'un ménage ne possède qu'un appartement de 600 000 euros par exemple, ce bien constitue le patrimoine du ménage. Si l'appartement n'est pas encore entièrement payé, c'est-à-dire si le ménage doit encore rembourser un emprunt qui lui a permis de l'acquérir, on peut distinguer son patrimoine brut (la valeur de l'appartement au moment de l'évaluation du patrimoine) et son **patrimoine net** (cette valeur diminuée des dettes).

Patrimoine net
Montant du patrimoine total d'un agent économique diminué de ses dettes.

Le patrimoine des ménages

Les biens possédés par les ménages, qui sont appelés des **actifs**, se décomposent en actifs non financiers et en actifs financiers. Les actifs non financiers, appelés aussi **actifs réels**, peuvent être des actifs physiques ou matériels comme les logements, les terres, les machines (pour les entrepreneurs individuels), etc. Mais les actifs non financiers peuvent aussi regrouper des **actifs incorporels** comme les brevets d'invention par exemple, ou encore le fonds de commerce d'un commerçant. Les **actifs financiers** regroupent l'épargne des ménages, qu'il s'agisse d'une épargne liquide (comptes chèques dans les banques) ou non (dépôts à terme, valeurs mobilières par exemple).

Actif
Nom donné à un bien matériel ou immatériel possédé par un agent économique.

La composition du patrimoine des ménages

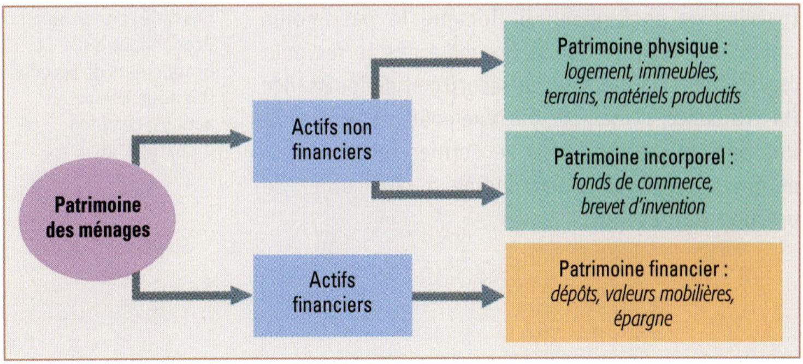

Les caractéristiques du patrimoine

Le patrimoine d'un ménage s'accroît pour des raisons très différentes. L'épargne, voire le recours à l'emprunt, constituent un facteur traditionnel. Un autre facteur réside dans la transmission par héritage. Successions et donations sont deux formes de transmission d'un patrimoine d'une génération à la suivante. La **succession** est reçue après le décès d'un parent ou d'un proche. La **donation** a lieu du vivant du donateur. La donation-partage permet de partager une partie ou la totalité des biens entre les enfants du donateur. L'inflation constitue un dernier facteur d'accroissement du patrimoine. Les **plus-values** mobilières (sur les actions par exemple) ou immobilières sont des gains exceptionnels qui résultent d'un prix de vente d'un bien supérieur à son prix d'achat. Ce gain, souvent lié à l'inflation, permet d'augmenter la valeur du patrimoine.

Plus-value
Gain résultant d'un prix de revente d'un bien (réel ou financier) supérieur à son prix d'achat.

Le patrimoine est un stock qui est difficile à évaluer. Les actifs d'un patrimoine ont été acquis à des dates différentes, ce qui ne poserait aucun problème si les prix étaient stables.

On peut ainsi prendre plusieurs évaluations : la **valeur historique** de l'actif (sa valeur d'achat au moment de l'acquisition), la valeur de transaction ou **valeur vénale** (sa valeur de revente au moment de l'évaluation), sa valeur de remplacement (ce qu'il en coûterait pour le remplacer) et, enfin, sa valeur de capitalisation (la somme, ramenée à des euros actuels, des flux futurs de revenus qu'il procurera).

Trois grandes fonctions sont assurées par les actifs patrimoniaux. Il s'agit de la fonction professionnelle (**patrimoine professionnel**), lorsque le patrimoine constitue l'outil de travail (exemple des terres pour l'agriculteur), la fonction de sécurité et de jouissance (la résidence principale par exemple) et, enfin, la fonction de rapport. Dans ce dernier cas du **patrimoine de rapport**, le patrimoine a pour objet de procurer des revenus.

Patrimoine de rapport
Ensemble des biens possédés par un agent économique qui sont producteurs de revenus (biens immobiliers, actions, comptes d'épargne, etc.).

Lire aussi » **Revenus**

Politique

Dans toutes les sociétés, il existe des activités et des institutions chargées d'organiser et de diriger la vie en société. Dans les sociétés modernes, certains individus ou certains groupes se sont spécialisés dans ce type d'activités : ce sont les gouvernants.

SOMMAIRE

- La politique
- Le pouvoir politique
- La diversité des régimes politiques
- Les partis politiques

La politique

Le terme « **politique** » peut être associé aux notions de partis politiques, d'hommes politiques, de gouvernement, d'État, d'élections, etc. Mais la notion de « politique » est très générale et peut aussi s'appliquer à des sociétés différentes qui ne connaissent ni les partis, ni l'État.

La politique (traduction d'un terme grec qui signifie « le régime de la cité, c'est-à-dire le mode d'organisation du commandement considéré comme caractéristique du mode d'organisation de la collectivité tout entière », selon le politologue Raymond Aron) correspond à l'ensemble des règles que s'impose à elle-même une collectivité pour vivre en sécurité.

Devant les menaces extérieures des voisins, une collectivité doit s'organiser. Mais ce sont surtout les dangers intérieurs qui expliquent l'organisation politique en société d'un groupe d'individus. Comme le rappelle Thomas **Hobbes** (1588-1679) dans *Le Léviathan,* « l'homme est un loup pour l'homme », et l'absence d'organisation conduirait à la « guerre perpétuelle » entre groupes rivaux et, en définitive, à l'éclatement de la collectivité. À la suite de Hobbes, les doctrines du **contrat social**, dont Jean-Jacques

Politique
Ensemble des règles et des institutions que s'impose à elle-même une collectivité pour vivre en sécurité.

Contrat social
Notion philosophique désignant le pacte établi entre les membres d'une société par lequel ceux-ci abandonnent la liberté dont ils jouissaient dans l'état de nature (avant l'instauration de la société politique) au profit de la collectivité qui acquiert ainsi la souveraineté et leur garantit en retour la protection de leurs droits individuels.

Rousseau (1712-1778) est le plus illustre représentant, montrent que le passage de l'état de nature à la société est le résultat d'une création volontaire des hommes qui, par un pacte social, s'engagent à respecter les lois et l'autorité souveraine qui, en contrepartie, leur assurent une protection. La politique crée ainsi les règles qui permettent de réguler et d'encadrer les opinions, les intérêts et les passions des hommes.

Le pouvoir politique

Comment les hommes peuvent-ils s'organiser pour vivre ensemble ? La politique est inséparable de la notion de pouvoir dont disposent certaines personnes car, faute d'un gouvernement de la cité ou de l'État, l'organisation collective ne résisterait pas aux affrontements entre les groupes particuliers. Il doit donc exister un pouvoir, qui se situe au-dessus des individus et des intérêts particuliers.

Le **pouvoir** désigne d'abord une relation sociale entre au moins deux personnes. C'est la capacité dont dispose une personne (ou un groupe) de faire appliquer une certaine décision par une ou plusieurs autres personnes.

L'influence, l'autorité et la puissance représentent quelques-unes des formes de pouvoir. Ainsi, l'**influence** est une relation sociale dans laquelle une personne (ou un groupe) modifie le comportement d'une autre personne (ou d'un groupe) par un simple processus de communication.

L'**autorité** correspond à l'aptitude à se faire obéir lorsqu'on commande. Au contraire, la **puissance** ou la **domination** correspondent à l'incapacité de se faire obéir sans recourir à la force et à l'application éventuelle de sanctions. De façon symétrique, on peut ainsi opposer l'**obéissance** qui est librement consentie à la **soumission** qui est toujours contrainte.

Tout pouvoir n'est pas politique. Il y a un pouvoir domestique, un pouvoir économique, etc. Le **pouvoir politique** désigne le pouvoir qui s'exerce sur la société globale. On dit que le pouvoir politique est le pouvoir suprême ou souverain car il est supérieur aux autres

Pouvoir
Capacité d'une personne (ou d'un groupe) à faire appliquer une décision par une ou plusieurs autres personnes même contre leur gré.

Autorité
Pouvoir d'imposer l'obéissance non par la force mais par la reconnaissance du caractère légitime du pouvoir.

Domination
Pouvoir qui ne peut s'exercer que grâce au recours à la force et à l'application éventuelle de sanctions.

Pouvoir politique
Pouvoir suprême que les gouvernants exercent sur la société globale.

pouvoirs qui se trouvent dans la société. Le gouvernement, au sens général, est l'exercice du pouvoir suprême. Le pouvoir politique est alors l'objet d'une compétition importante entre les différents groupes composant une société (familles, clans, factions, partis, etc.) et la lutte pour le pouvoir est au cœur de la vie politique. Il est donc dans la nature du pouvoir politique d'être à la fois accepté et reconnu comme garant de l'ordre et de la sécurité, mais aussi contesté et critiqué en raison des inégalités qu'il provoque.

Le pouvoir politique réussit à faire appliquer ces décisions grâce à un mélange de puissance et d'autorité, mélange dont les proportions varient selon les sociétés. La puissance, qualifiée de publique, se caractérise alors par des institutions comme l'armée, la police et la justice. Mais un pouvoir politique, s'il pratique l'abus de pouvoir en utilisant la seule puissance pour faire appliquer ses décisions, ne peut se maintenir très longtemps. Celui-ci doit être légitime, c'est-à-dire qu'il doit se fonder, s'appuyer sur des valeurs reconnues et partagées par l'ensemble de la collectivité.

➔ La diversité des régimes politiques

Les théoriciens politiques, comme par exemple **Montesquieu** au XVIIIe siècle, ont souvent proposé des classifications et des typologies de **régimes politiques**. Dans *L'Esprit des lois*, Montesquieu distingue la république, la monarchie et le despotisme. Dans une **république**, c'est le peuple, ou une partie du peuple, qui gouverne. Dans une **monarchie**, un seul gouverne, mais en fonction de lois fixes et établies. Enfin le **despotisme** (ou **tyrannie**) se caractérise par le gouvernement d'un seul, mais sans lois ni règles. Chacun de ces systèmes correspond à un principe d'action, le sens civique pour la république, l'honneur pour la monarchie et la crainte pour le despotisme.

Régime politique
Mode d'organisation du pouvoir politique d'une société.

Si la monarchie et le despotisme sont bien caractérisés, il n'en va pas de même pour la république. Au sein même de cette forme d'organisation politique, on peut distinguer l'oligarchie, l'aristocratie et la démocratie.

Oligarchie et aristocratie

L'**oligarchie** est une forme de régime politique qui s'est développée en Grèce antique lorsque certaines cités se sont laissé gouverner par un petit nombre d'individus (propriétaires terriens ou grandes familles). Par extension, l'oligarchie désigne aujourd'hui une situation où le pouvoir est conçu comme la propriété privée du groupe qui l'exerce et qui ne souhaite s'en dessaisir à aucun prix.

L'**aristocratie**, qui désigne un groupe social dans les régimes féodaux, est une forme particulière d'oligarchie où le gouvernement de quelques-uns est réservé à un groupe particulier, généralement du fait de sa naissance, les « meilleurs » (traduction du mot grec).

Aristocratie
Régime politique caractérisé par le gouvernement des « meilleurs » ; groupe social particulier dans les régimes féodaux.

La démocratie

La **démocratie** est un système politique dans lequel le pouvoir émane du peuple et appartient au peuple dans son ensemble. Aujourd'hui, c'est moins cette définition abstraite qui permet de caractériser une démocratie (car tous les régimes, quels qu'ils soient, se réclament du peuple) que l'existence des pratiques suivantes : les **libertés publiques**, une pluralité de véritables partis, le suffrage universel, des élections régulières, la séparation des pouvoirs législatif, exécutif et judiciaire, etc. La fin du XXe siècle voit le triomphe des démocraties sur d'autres formes d'organisation politique que l'on rassemble parfois sous le nom de totalitarisme.

Démocratie
Régime politique dans lequel le pouvoir émane du peuple et appartient au peuple dans son ensemble.

Libertés publiques
Ensemble de droits et de prérogatives des individus définis et garantis constitutionnellement.

Le totalitarisme

Si la **dictature**, dont l'origine date de la Rome antique, désigne aujourd'hui un régime politique autoritaire et illégitime, établi et maintenu grâce à la violence, la notion de totalitarisme implique aussi une volonté de transformation profonde de la société et l'avènement d'un homme nouveau.

Plus encore que le **fascisme**, qui correspond au régime politique de l'Italie mussolinienne de 1922 à 1943, le **totalitarisme** est un système politique qui impose à la société et aux individus la toute-puissance de l'État et d'une idéologie. Le rejet de l'individualisme et la négation de l'individu, qui doit être soumis au groupe, s'appuient sur la suppression de toutes les institutions qui échappent à l'État (associations notamment), sur la réglementation de tous les aspects de la vie sociale et culturelle, sur l'embrigadement de la jeunesse et le développement de la propagande, sur le règne de la terreur qui ne sévit plus contre les seuls

Totalitarisme
Régime politique qui impose aux individus et à l'ensemble de la société la toute-puissance de l'État.

ennemis déclarés du régime, mais contre toute volonté d'autonomie individuelle. L'État, comme la société, sont dans ce système, sous la domination du parti unique.

La notion de totalitarisme est née dans le contexte de la guerre froide des années 1950 et 1960, dans le but de mettre sur un même plan le nazisme et le stalinisme d'Union soviétique. Si ce dernier est indiscutablement un totalitarisme, le philosophe Raymond **Aron** s'est refusé à les confondre puisque le nazisme s'est aussi distingué par le racisme et la volonté de détruire un peuple.

➲ Les partis politiques

Certains théoriciens, comme Raymond Aron, ont fait de l'existence de nombreux partis le critère unique de la démocratie. Les partis politiques constituent un phénomène récent puisqu'ils apparaissent peu à peu à partir de la seconde moitié du XIXe siècle dans les pays occidentaux.

On peut définir un **parti politique** comme l'organisation durable d'un certain nombre d'individus en vue de l'exercice du pouvoir, c'est-à-dire la conquête ou la conservation du pouvoir, grâce à un soutien populaire (élections). La volonté délibérée d'exercer directement le pouvoir distingue les partis des **groupes de pression** qui cherchent seulement à influencer le pouvoir. Les groupes de pression (syndicat, association, etc.) représentent des intérêts particuliers qu'ils cherchent à faire prévaloir dans la société.

Le phénomène des partis politiques a été parfois critiqué. À une critique traditionnelle qui accusait les partis de diviser la nation a succédé une condamnation des partis qui ne représenteraient plus réellement la société et les citoyens. On oppose ainsi au jeu des partis la **société civile** regroupant les forces vives de la nation qui ne viennent ni de l'État, ni du personnel politique traditionnel. La notion de société civile a donc aujourd'hui un sens très différent du sens que lui donnaient les théoriciens politiques du XVIIIe siècle puisqu'elle désignait au contraire les affaires de la cité par opposition aux affaires privées.

Parti politique

Organisation durable d'un certain nombre d'individus en vue de l'exercice du pouvoir (conquête ou maintien au pouvoir) grâce à un soutien populaire s'exprimant lors d'élections.

Groupe de pression

Groupe organisé afin de défendre un intérêt particulier en faisant pression sur les pouvoirs publics (administration, Parlement) pour faire adopter un règlement qui lui est favorable ou pour faire supprimer une réglementation défavorable.

Lire aussi » Démocratie - État - Question d'actualité 15 p. 47

Politique budgétaire

Avec l'importance des ressources qui sont à sa disposition (recettes des impôts), l'État a souvent la tentation d'agir directement sur certains domaines de l'activité économique. Mais c'est seulement au XXe siècle que l'utilisation systématique des composantes du budget de l'État a donné naissance à la politique budgétaire.

SOMMAIRE

- Les caractéristiques de la politique budgétaire
- Les effets de la politique budgétaire
- Une « règle d'or » pour les comptes publics

Les caractéristiques de la politique budgétaire

À quoi sert la politique budgétaire ?

Politique budgétaire
Politique économique qui consiste à utiliser le budget de l'État pour atteindre certains objectifs.

La **politique budgétaire** est une politique économique qui consiste à utiliser le budget de l'État pour atteindre certains objectifs. Autrefois, le budget de l'État ne jouait pas de rôle économique. Il servait seulement à procurer des ressources à l'État afin d'assurer le bon fonctionnement des administrations. C'est seulement à partir de la crise des années 1930 que les autorités économiques ont commencé à considérer le budget, ses dépenses et ses recettes, comme un instrument de politique économique.

Les analyses de l'économiste anglais John M. **Keynes** ont donné une justification théorique à cette idée en montrant que l'utilisation du budget pouvait influencer la demande des agents économiques (consommation des ménages, investissements des entreprises).

Le budget de l'État peut donc être utilisé dans le cadre d'une **politique de régulation** de la conjoncture. Mais il ne faut pas oublier que cette régulation peut jouer dans les deux sens : dans un sens expansionniste lorsque l'on cherche à soutenir ou à favoriser l'activité économique (situations où le chômage est important) ou dans un sens restrictif lorsque l'on cherche à réduire la demande des agents économiques (situations inflationnistes ou déficits extérieurs importants).

En quoi consiste la politique budgétaire ?

La gamme des instruments de la politique budgétaire est très large car le budget de l'État regroupe une multitude de ressources et de dépenses possibles. Mais le principal instrument consiste à pratiquer un déficit budgétaire en prévoyant un montant de dépenses publiques largement supérieur aux ressources prélevées sur les agents économiques.

Dépenses et recettes

Avec les **dépenses publiques** qu'il effectue, l'État verse des ressources monétaires aux différents agents économiques. Une augmentation des dépenses publiques accroît le montant de ces ressources et stimule la dépense des agents.

> **Dépenses publiques**
> Dépenses de l'État qui figurent dans le budget de l'État voté chaque année par le Parlement (dépenses budgétaires).

Les dépenses publiques sont de natures diverses. Il peut s'agir d'abord des rémunérations des fonctionnaires ; ainsi, l'État qui embauche de nouveaux fonctionnaires favorise l'emploi et la consommation des ménages lorsque le chômage sévit. Les **aides aux entreprises** constituent un deuxième grand type de dépenses destinées à favoriser l'activité ; ce sont par exemple les **subventions** (dons) ou les **bonifications d'intérêt** grâce auxquelles la banque accorde des taux d'intérêt moins élevés que ceux du marché avec une aide de l'État qui comble la différence. Le budget de l'État contribue aussi à soutenir la demande grâce aux dépenses d'infrastructures (transports, autoroutes, par exemple, afin de soutenir l'industrie du bâtiment et des travaux publics) ainsi que par l'intermédiaire de sa propre activité productive (entreprises publiques qui, par exemple, investissent massivement lorsque le secteur privé ne le fait pas).

Depuis le début des années 1980, la politique budgétaire passe aussi par les **recettes** de l'État. En effet, une diminution de ces recettes, par exemple une réduction d'impôts, favorise la demande des agents économiques. Ainsi, une réduction de l'impôt sur le revenu stimule la consommation des ménages tandis que la baisse du taux de l'impôt sur les sociétés ou certains **dégrèvements fiscaux** (ce sont des remises

> **Recettes publiques**
> Ressources de l'État constituées des impôts, des taxes et des ressources non fiscales (recettes des privatisations par exemple).

d'impôts qui réduisent le montant versé) favorisent l'activité des entreprises (embauches, investissements).

Le déficit budgétaire

Un **déficit budgétaire** a indéniablement un effet stimulant sur l'activité car l'État dépense davantage qu'il ne prélève. Pendant longtemps a régné le dogme de l'**équilibre budgétaire** selon lequel tout déficit public était a priori condamnable. Dès qu'une telle situation se présentait, lorsque les prévisions de dépenses et de recettes ne se réalisaient pas (conjoncture défavorable par exemple), les pouvoirs publics devaient tout mettre en œuvre pour rétablir l'équilibre budgétaire. Avec la théorie keynésienne, ce dogme fut contesté car Keynes démontrait les effets bénéfiques d'un déficit. Grâce aux dépenses publiques supplémentaires permises par ce déficit, l'activité économique se développait et les nouvelles richesses produites permettaient alors de combler le déficit, car le surcroît de richesses créait des ressources fiscales nouvelles.

> **Déficit budgétaire**
> Solde budgétaire négatif, les dépenses publiques de l'État étant supérieures aux recettes publiques.

Remarquons, enfin, que les instruments budgétaires peuvent servir dans les deux directions. Ainsi, dans les années 1980, la politique budgétaire a plutôt été utilisée dans un sens restrictif ; cette **rigueur budgétaire** s'est traduite notamment par une stabilisation des dépenses, voire des baisses dans certains domaines (infrastructures par exemple dans les pays anglo-saxons), ainsi que par une réduction des déficits budgétaires.

La situation du solde budgétaire et, plus encore, l'évolution de ce solde d'une année sur l'autre montrent l'orientation des politiques budgétaires suivies.

Les instruments de la politique budgétaire

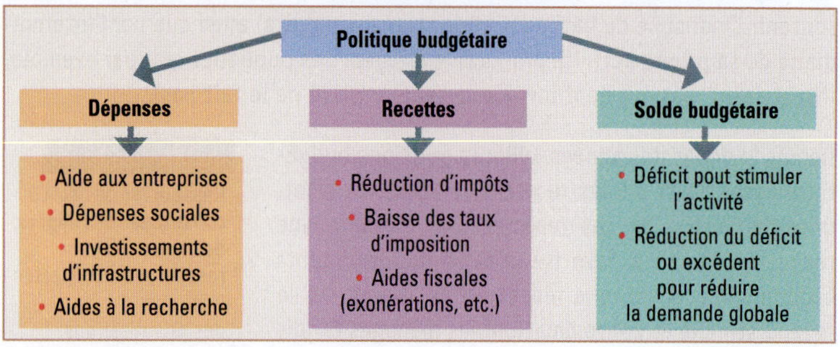

Dans le cadre de l'UEM et de l'avènement de l'euro, les politiques budgétaires des pays de la zone euro demeurent autonomes mais elles sont fortement encadrées puisque le pacte de stabilité et de croissance interdit les déficits publics allant au-delà de 3 % du PIB, à moins que le pays le pratiquant connaisse une récession.

Dans le cadre des accords européens conclus pour lutter contre la crise des dettes publiques, la France s'est engagée à ramener son déficit public à 3 % du PIB en 2013 et à revenir à l'équilibre de ses comptes publics en 2017. Cette politique doit se traduire par une hausse des impôts et une diminution des dépenses publiques.

Les effets de la politique budgétaire

Les effets positifs de la politique budgétaire

Comment expliquer l'efficacité du budget sur l'activité économique ? Comment une augmentation des dépenses ou l'acceptation d'un déficit peuvent-elles conduire à une plus forte croissance de la production nationale ?

L'effet positif du budget correspond au mécanisme du multiplicateur développé par Keynes. Les dépenses publiques représentant une composante de la demande globale (avec la consommation, l'investissement et les exportations), une augmentation de ces dépenses produit, grâce au mécanisme en chaîne du multiplicateur, un accroissement plus important de la production nationale.

Ces mécanismes jouent favorablement dans deux circonstances différentes, lorsque le déficit est provoqué volontairement par la politique économique (on parle de **déficit structurel**) et lorsque le déficit résulte uniquement de l'évolution de la conjoncture économique (**déficit conjoncturel**, lorsque par exemple, une faible activité économique réduit les recettes fiscales attendues).

Déficit structurel
Déficit des administrations publiques hors paiement des intérêts liés à la dette publique.

Lorsque le déficit est lié à la seule conjoncture, le mécanisme du multiplicateur peut même provoquer un retour automatique à l'équilibre budgétaire. Cet enchaînement économique, qui a reçu le nom de « **stabilisateur automatique** », est le suivant : une récession ou une baisse de l'activité provoquent de moindres recettes fiscales (ayant moins de revenus, les agents versent moins d'impôts) ; cette baisse des impôts soutient et stimule

Stabilisateurs automatiques
Mécanismes économiques jouant lorsque le budget est déséquilibré (excédent ou déficit) et favorisant automatiquement un retour à l'équilibre.

la demande des ménages et des entreprises, ce qui permet ensuite de rééquilibrer le budget (les impôts augmentent). Le même mécanisme peut jouer en sens inverse, dans le cas d'une **surchauffe** de l'activité, lorsqu'une demande trop vigoureuse risque de provoquer une inflation ou un déficit extérieur.

Un exemple de stabilisation automatique

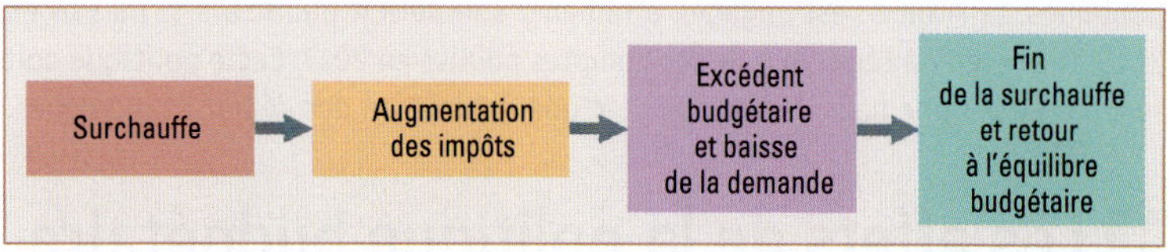

Quel est l'intérêt de cette notion de « stabilisateurs automatiques » ? C'est de montrer que l'apparition d'un déficit conjoncturel ne doit pas amener les autorités économiques à réagir immédiatement en diminuant autoritairement la demande des agents pour revenir à l'équilibre budgétaire. Les pouvoirs publics doivent éviter de prendre des mesures rigoureuses car le budget revient automatiquement à l'équilibre. Dans une conjoncture difficile, le budget déficitaire soutient la demande ; on dit qu'il joue un rôle **contracyclique** (son action sur la demande est opposée à l'effet négatif de la conjoncture).

Les effets négatifs de la politique budgétaire

La politique budgétaire est l'objet de trois grandes critiques. La première est liée à l'ouverture des économies aux échanges internationaux. Une politique de relance économique fondée sur un déficit budgétaire risque de favoriser les entreprises étrangères, les nouveaux revenus distribués enclenchant le mécanisme du multiplicateur au profit des seuls agents économiques étrangers. C'est une manifestation de la contrainte extérieure. La deuxième critique correspond au problème du financement du déficit budgétaire. S'il est financé par création monétaire, il y a un risque d'inflation. S'il est, en revanche, financé grâce à des emprunts auprès des agents économiques, se pose le problème de l'**effet d'éviction** (voir « Principales lois et effets économiques », p. 601). Dans le cas d'un déficit budgétaire, le recours à l'emprunt provoque un déplacement des ressources d'épargne disponibles vers le secteur public au détriment des autres agents économiques. Le résultat de cet effet est une hausse des taux d'intérêt. Ceux-ci augmentent car la demande de capitaux s'accroît, les pouvoirs publics devant aussi proposer une meilleure rémunération pour attirer de nouveaux

Effet d'éviction
Phénomène économique qui conduit l'activité du secteur public à supplanter celle du secteur privé.

épargnants. La conséquence de ce phénomène est que les dépenses des agents économiques sensibles aux taux d'intérêt (investissements) sont freinées. L'effet d'éviction provoque un ralentissement de l'activité économique. Remarquons toutefois que ce mécanisme n'a jamais été véritablement démontré, bien d'autres causes (niveau souhaité des taux de change par exemple, lorsqu'il s'agit de respecter un accord international de change) influençant le niveau des taux.

Les principaux effets du déficit budgétaire

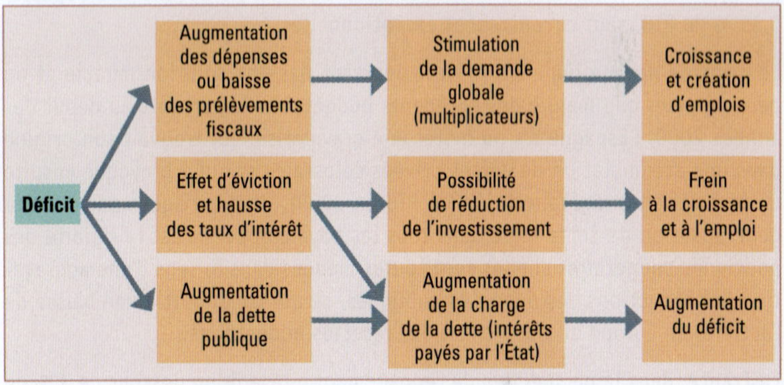

Une dernière critique importante de la politique budgétaire, liée elle aussi au financement d'un déficit, concerne le problème de la dette. Plusieurs années de déficits budgétaires peuvent conduire à une accumulation de la dette publique (en cas de financement par l'emprunt). Un risque important apparaît alors, celui d'un « **effet boule de neige** » de la dette. Il s'agit du cercle vicieux suivant : une dette importante implique le versement d'intérêts considérables aux épargnants créanciers de l'État. Le poids de ces intérêts, qui sont une charge, c'est-à-dire une dépense du budget, aggrave le déficit et conduit à un nouvel endettement public qui, à son tour, conduira à un niveau d'intérêts encore plus important, etc.

Une « règle d'or » pour les comptes publics

Pour limiter l'augmentation de la dette publique, il existe des règles plus ou moins automatiques destinées à éloigner la tentation pour les pouvoirs publics de profiter des déficits budgétaires. Ainsi, le Pacte de stabilité et de croissance de 1997 impose un plafonnement du déficit public à 3 % et de la dette à 60 % du PIB. Toutefois, ces règles n'ont pas été assez contraignantes pour éviter la crise récente de la dette et certains ont alors proposé de lier davantage les mains des gouvernants en faisant inscrire une règle de limitation dans la Constitution, de façon à l'imposer chaque année lors du vote du budget puisque la loi de finances, comme toutes les lois, doit respecter la Constitution. C'est la fameuse « **règle d'or** ». En Allemagne, une telle règle d'équilibre est entrée par exemple en vigueur en 2016, le solde budgétaire ne devant plus dépasser 0,35 % du PIB, sauf circonstances exceptionnelles.

Le principe de la « règle d'or » n'est pourtant pas une solution miracle et on peut rappeler que malgré des excédents budgétaires importants au début des années 2000, l'Espagne n'a pu éviter une grave crise, qui trouvait son origine dans une accumulation de dettes privées colossales et qui a provoqué ensuite un fort déficit budgétaire (11 % du PIB en 2009). Un des risques porté par la généralisation de cette règle dans tous les pays européens est la rigidité des politiques budgétaires si elles sont toutes menées dans le sens d'une aggravation des réductions des dépenses publiques, ce qui conduirait à une baisse de l'activité en Europe et à une chute des recettes budgétaires.

En France, dans la perspective de l'engagement à revenir en dessous de 3 % de déficit à partir du budget 2013 (engagement qui sera plusieurs fois retardé), une « règle d'or d'équilibre des finances publiques » a été votée à l'automne 2012 par le Parlement. Prévue par le Traité budgétaire européen de 2012, elle prévoit une limitation obligatoire à 0,5 % du PIB du déficit structurel annuel, c'est-à-dire hors aléas de la conjoncture. Elle n'est donc pas inscrite dans la Constitution mais dans une loi-cadre qui détermine pour trois ans, en fonction d'hypothèses macroéconomiques, le montant autorisé des dépenses et des recettes publiques. On est pourtant loin de tout automatisme car la notion de déficit structurel est difficile à définir et à chiffrer.

Le déficit structurel correspond à la composante du solde budgétaire qui ne dépend pas de la conjoncture mais des seuls choix des autorités politiques. La composante conjoncturelle de son côté est liée à l'activité économique et à son impact automatique sur les recettes et les dépenses (par exemple, les recettes liées à la TVA augmentent avec la croissance). Les prévisions du solde budgétaire dépendent donc déjà d'hypothèses qui peuvent être source de contestations. Mais comment définir préalablement, au moment de la définition du budget futur, le solde structurel d'une économie ? Les économistes ont alors recours à la notion de « **PIB potentiel** » qui est définie comme le niveau maximal d'activité compatible avec la stabilité des prix. Concrètement, si le PIB réel est inférieur au PIB potentiel, cela signifie qu'il existe des marges de manœuvre pour stimuler l'activité économique sans provoquer une hausse de l'inflation. Si, au contraire, le PIB réel est supérieur au PIB potentiel, cela signifie que la croissance attendue se traduira par des tensions inflationnistes. Comme les économistes ont mis en évidence un lien très fort entre le taux de chômage et le taux d'inflation, le PIB potentiel est aussi lié à une autre notion théorique qui est le **NAIRU** (ou *Non Accelerating Inflation Rate on Unemployment*), c'est-à-dire le taux de chômage en deçà duquel la baisse du chômage génère une hausse de l'inflation car les salariés, en position de force, peuvent négocier plus facilement des augmentations. Le niveau d'emploi potentiel, comme bien d'autres variables (productivité, niveau de l'investissement, évolution des taux d'activité, soutien à l'innovation et à la recherche, etc.), contribuent à définir la croissance du PIB potentiel. La croissance du PIB potentiel va servir à calculer le solde budgétaire structurel. En effet, si le PIB prévu et le PIB potentiel sont proches, cela signifie que les effets de la conjoncture sur les dépenses et les recettes publiques ont été parfaitement anticipés et pris en compte ; dès lors, s'il y a déficit par exemple, il relève bien d'un choix de politique économique et c'est un déficit structurel.

La variété des hypothèses et la complexité des calculs du solde structurel laissent donc entrevoir les difficultés futures de mise en œuvre de cette règle d'or.

Lire aussi » **Budget - Économie keynésienne - État - Multiplicateur**

Politique de change

La politique de change représente l'action des pouvoirs publics visant à modifier le taux de change de la monnaie nationale. Alors qu'autrefois il s'agissait surtout de rétablir l'équilibre commercial, la politique de change a pour but aujourd'hui de lutter contre l'inflation.

SOMMAIRE

- Dévaluation et réévaluation
- Une politique de monnaie forte

Dévaluation et réévaluation

Définitions

Une **dévaluation** est une décision officielle des autorités monétaires consistant à diminuer la valeur de la monnaie nationale par rapport à un étalon de référence (or, une autre monnaie, etc.). Prenons l'exemple d'une dévaluation du franc de 10 % par rapport au dollar dans les années 1960 :
avant la dévaluation : 1 $ = 5 F (1 F = 0,2 $) ;
après la dévaluation : 1 $ = 5,5 F (1 F = 0,18 $).

Ainsi, après une dévaluation, il est nécessaire de fournir davantage de francs français pour obtenir un dollar. Un dollar permet d'acheter davantage de biens en France qu'auparavant.

Une dévaluation (ou l'opération inverse qu'est la **réévaluation**) n'est possible que dans un système de changes fixes, où les parités des monnaies correspondent à des taux de change officiels et stables par rapport à un étalon (système monétaire international de Bretton Woods de 1944 à 1973).

La **dépréciation** d'une monnaie (sur le plan externe) doit être distinguée de la dévaluation. Dans un

Politique de change
Action des pouvoirs publics visant à modifier le taux de change de la monnaie nationale afin de rétablir l'équilibre commercial ou de lutter contre l'inflation.

Dévaluation
Décision officielle des autorités monétaires consistant, dans un système de changes fixes, à diminuer la valeur de la monnaie nationale par rapport à un étalon de référence (or, une autre monnaie, etc.).

Dépréciation
Diminution de la valeur d'une monnaie, constatée sur le marché des changes, par rapport à une ou plusieurs autres devises.

système monétaire international où les changes ne sont pas fixes, c'est-à-dire lorsque les banques centrales ne sont pas obligées d'assurer la stabilité de leur propre monnaie par rapport à d'autres devises, les taux de change fluctuent librement sur le marché des changes. La dépréciation correspond à la diminution de la valeur d'une monnaie par rapport à une ou plusieurs autres devises.

Une dépréciation (ou, à l'inverse, une **appréciation**) peut être un processus très lent, à l'inverse d'une dévaluation qui est une modification brutale et officielle de la valeur d'une monnaie. On observera, par exemple, sur le marché des changes, durant une journée ou durant une autre période, une dépréciation de l'euro par rapport au yen japonais et une appréciation de l'euro par rapport au dollar (le dollar se déprécie donc face au yen).

Appréciation
Augmentation de la valeur d'une monnaie, constatée sur le marché des changes, par rapport à une ou plusieurs autres devises.

L'usage du terme de dévaluation (ou de réévaluation) est devenu impropre depuis l'abandon des parités fixes entre les monnaies en 1973. Il demeure cependant dans le cadre des accords monétaires européens puisque l'on parle de dévaluation ou de réévaluation lorsque l'on a modifié les « cours-pivots » entre les monnaies appartenant au mécanisme de change du Système monétaire européen avant 1999.

Les effets traditionnels d'une dévaluation

Partons de l'exemple d'une dévaluation du yen japonais. Les conséquences valent aussi pour une dépréciation lorsque celle-ci est suffisamment importante sur le marché des changes. En outre, des raisonnements inverses permettent de décrire les effets d'une réévaluation – appréciation. En opérant une dévaluation, un pays cherche à réduire un déficit commercial ou à améliorer le solde de sa balance des transactions courantes. L'objectif est de diminuer la valeur du yen par rapport aux monnaies des partenaires commerciaux du Japon. Lorsque l'on passe, par exemple (fictif), d'un dollar à 5 yens (1 yen = 0,2 dollar) à un dollar à 5,50 yens (1 yen = 0,18 dollar ; dévaluation de 10 %), les achats japonais de produits américains (importations japonaises) vont être plus onéreux (pour acheter un produit américain à 1 000 dollars, il faudra 5 500 yens au lieu de 5 000 yens). À l'inverse, les exportations de produits japonais aux États-Unis seront moins chères sur le marché américain (un produit japonais de 8 000 yens coûtera 1 440 dollars à un client américain ; c'est-à-dire 8 000 × 0,18 au lieu de 1 600 dollars).

Les effets de la dévaluation

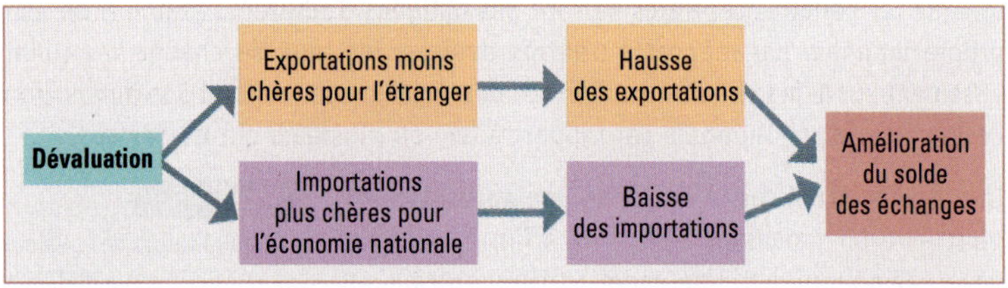

Moins chères pour les clients étrangers, les exportations se développeront tandis que le renchérissement des importations en freinera la croissance sur le marché intérieur, les acheteurs japonais préférant alors les produits nationaux meilleur marché. Le solde des échanges (balance commerciale ou balance courante) doit donc s'améliorer grâce à la dévaluation-dépréciation.

Les conditions de réussite d'une dévaluation

Les avantages d'une opération de dévaluation doivent être nuancés. D'abord, les effets positifs ne jouent pas immédiatement. Dans un premier temps, la valeur des importations augmente car celles-ci coûtent plus cher et les agents ne réduisent pas immédiatement leurs achats de produits étrangers. De même, les exportations, dont le volume ne s'accroît pas aussitôt, rapportent moins de yens (leurs prix ont en effet diminué). C'est seulement dans un deuxième temps que le solde des échanges s'améliore, avec l'augmentation du volume des exportations (quantités de biens exportés). Ces mécanismes reçoivent une illustration graphique avec la **courbe en J**.

Courbe en J
Représentation graphique des effets d'une dévaluation ou d'une forte dépréciation sur l'évolution du solde commercial.

La courbe en J

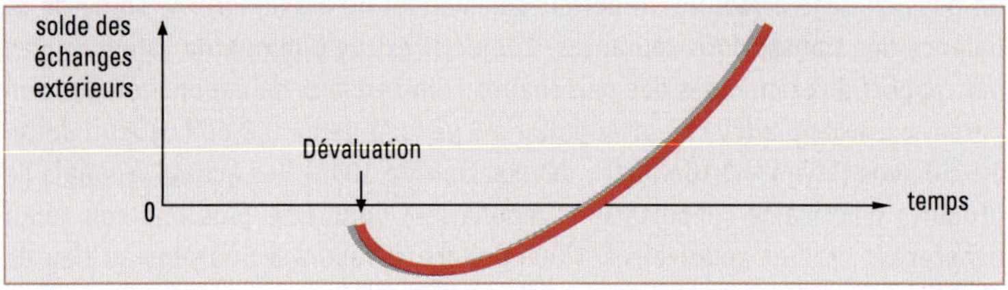

D'autres conditions sont aussi nécessaires. Les capacités de production (l'offre nationale) doivent être suffisantes pour faire face à l'augmentation de la demande intérieure et extérieure, sinon les importations ne diminueront guère. Par ailleurs, les entreprises japonaises ne doivent pas modifier leurs comportements de marge, c'est-à-dire profiter de la dévaluation pour augmenter leurs prix à l'étranger (produit japonais qui est toujours vendu 1 600 dollars aux États-Unis, ce qui permet à l'industriel japonais d'accroître sa marge puisqu'il reçoit 8 800 yens). En outre, les échanges doivent être sensibles aux modifications des prix, c'est-à-dire que la demande de produits étrangers doit baisser si les prix augmentent (l'élasticité-prix des importations doit être forte).

Enfin, la politique de dévaluation ne peut réussir que si les autres pays ne pratiquent pas une politique similaire.

Les limites actuelles des dévaluations : l'inflation

On observe désormais dans les pays occidentaux un effet important et néfaste des dévaluations : celles-ci favorisent l'inflation. Avec l'incompressibilité de certaines importations, si nécessaires que leur demande ne diminue pas alors que leurs prix augmentent après une dévaluation (énergie, matières premières, machines), se produit un accroissement des prix intérieurs (**inflation importée**). Les coûts de production des entreprises s'élèvent alors, ce qui contribue à l'augmentation générale des prix et annule les effets bénéfiques de la dévaluation.

Inflation importée
Inflation liée à l'augmentation du prix des importations.

Le cercle vicieux de la dévaluation

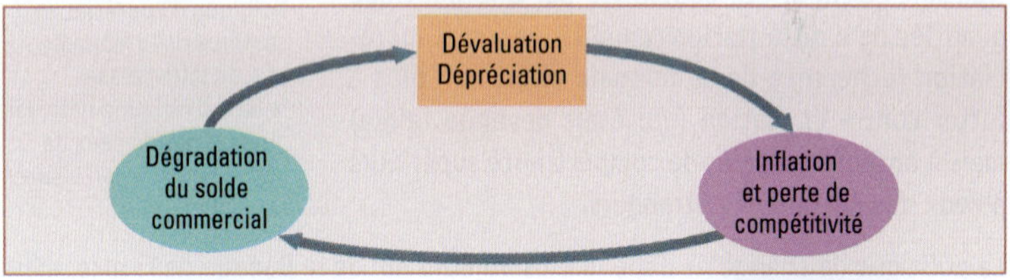

Une politique de monnaie forte

Une **monnaie forte** est une monnaie fortement et durablement demandée sur le marché des changes : sa valeur augmente, elle s'apprécie par rapport aux autres monnaies. Inversement, une **monnaie faible**, plus souvent offerte que demandée sur le marché des changes, a tendance à se déprécier.

Monnaie forte
Monnaie fortement et durablement demandée sur le marché des changes et dont la valeur s'apprécie par rapport aux autres monnaies.

Monnaie faible
Monnaie dont la valeur se déprécie par rapport aux autres monnaies.

Dans un contexte de forte inflation ou de menace inflationniste, de nombreux pays ont vu les avantages qu'il y avait à favoriser, non plus la dépréciation de leur monnaie, mais au contraire son appréciation.

À l'inverse du cercle vicieux précédent, on peut mettre en œuvre un cercle vertueux de l'appréciation, où la hausse de la valeur de la monnaie sur le marché des changes permet de lutter contre l'inflation. Les importations deviennent moins chères, ce qui contribue à limiter les coûts de production des entreprises et favorise la baisse régulière du taux d'inflation (il s'agit alors d'une **désinflation importée**).

Une **politique de monnaie forte** cherche donc à provoquer l'appréciation de la monnaie nationale sur le marché des changes afin de lutter contre l'inflation. Par ailleurs, cette politique vise aussi un objectif de modernisation de l'économie puisque l'abaissement des prix des produits importés entraîne l'élimination ou l'adaptation des entreprises qui se révéleraient peu compétitives (à l'inverse, une dévaluation – dépréciation protège les entreprises peu compétitives de la concurrence étrangère). L'adhésion de la France au SME en 1979 a eu pour objectif de « lier » le franc au mark allemand afin de profiter de l'appréciation de la devise allemande. Le SME a ainsi permis à la France de mener une **politique de franc fort** à partir du milieu des années 1980. Cette politique a parfois été contestée par certains économistes d'autant qu'elle a été poursuivie par une politique qualifiée de « **désinflation compétitive** » où l'appréciation recherchée de la monnaie visait non plus à lutter contre l'inflation (qui était devenue faible) mais à obtenir des gains de compétitivité supérieurs à ceux des partenaires étrangers.

Désinflation compétitive

Politique d'appréciation continue de la monnaie afin de faire baisser le taux d'inflation national au-dessous de ceux de ses principaux partenaires commerciaux.

La politique de change ne dépend plus aujourd'hui de la Banque de France, mais de la Banque centrale européenne et du Conseil des ministres des Finances des pays de l'Union européenne. L'avènement de la monnaie unique dans la zone euro induit une seule politique de change vis-à-vis des autres pays.

Pour mener une politique de monnaie forte (euro fort) ou afin de défendre la valeur de leur monnaie sur le marché des changes, les autorités monétaires peuvent décider d'accroître les taux d'intérêt. Cette mesure permet d'attirer les capitaux étrangers, à la recherche des rémunérations les plus favorables. Pour acquérir des valeurs mobilières ou des titres à court terme dans la zone euro, les investisseurs étrangers vendent leurs devises et achètent des euros, ce qui provoque une hausse de la monnaie européenne (ou évite une baisse) sur le marché des changes.

Les conséquences d'une monnaie forte

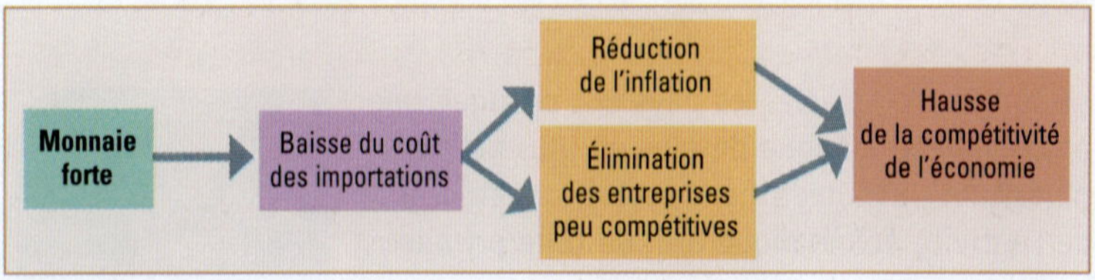

L'euro fort

Les effets négatifs d'un euro fort sont les suivants :
– perte de compétitivité des entreprises européennes car leurs produits deviennent plus chers sur les marchés étrangers que ceux de leurs concurrents américains ou japonais ;
– diminution des bénéfices rapatriés par les entreprises qui ont d'importantes activités aux États-Unis, ce qui pèse sur leurs résultats.
Toutefois, il existe des effets positifs :
– baisse du coût d'achat des matières premières et du pétrole, généralement libellés en dollars, ce qui est favorable aux entreprises ;
– bouclier contre l'inflation ;
– baisse des prix des importations, ce qui correspond à une hausse du pouvoir d'achat des ménages et donc stimule leur consommation et la croissance. Il importe alors de savoir comment ces différents effets se compensent. Pour certains économistes, les mouvements divergents sur le prix du pétrole et de l'euro se neutralisent. Pour d'autres, une hausse du cours de l'euro de 10 % par rapport au dollar entraîne un demi-point de croissance du PIB en moins.

Plusieurs éléments montrent aussi qu'il faut nuancer l'impact d'un euro fort :
– les trois quarts des exportations européennes se font au sein de la zone euro et donc ne sont pas pénalisées par l'appréciation de l'euro ;
– l'Allemagne ne souffre pas de l'euro fort comme en témoignent ses excédents commerciaux records ;
– la France est au septième rang mondial (deuxième rang européen) pour l'accueil des investissements des entreprises étrangères, ce qui montre qu'elle conserve de forts avantages en termes de compétitivité.

Il n'en demeure pas moins que la comparaison avec l'Allemagne indique un problème de compétitivité spécifique pour les entreprises françaises, en particulier dans l'industrie.

Lire aussi » **Change - Euro - Système monétaire international**

Politique économique

Au long du XXe siècle, les pays ont pratiqué une politique économique de plus en plus active, n'hésitant pas à modifier l'évolution naturelle de l'activité économique afin de faire prévaloir certains objectifs collectifs (lutte contre le chômage, par exemple).

SOMMAIRE

- Qu'est-ce que la politique économique ?
- Les choix de politique économique

Qu'est-ce que la politique économique ?

Définition

La **politique économique** désigne un ensemble de décisions prises par les pouvoirs publics afin d'atteindre, grâce à l'utilisation de divers instruments, certains objectifs concernant la situation économique.

> **Politique économique**
> Ensemble des décisions prises par les pouvoirs publics afin d'atteindre, grâce à l'utilisation de divers instruments, certains objectifs concernant la situation économique.

Ce sont les autorités économiques et monétaires d'un pays qui prennent les décisions de politique économique. Comme ces mesures doivent être coordonnées et cohérentes entre elles, il est nécessaire qu'une seule autorité décide ; c'est donc le gouvernement qui, avec l'aide des ministères et plus particulièrement du ministère de l'Économie, prend les mesures de politique économique. Dans certains pays comme les États-Unis ou dans les pays de la zone euro formée par dix-neuf pays européens dont la France, certaines décisions de nature monétaire sont prises par une instance indépendante du ou des gouvernement(s), la Banque centrale.

La politique économique cherche à modifier l'évolution spontanée ou naturelle de l'activité économique. La politique économique s'appuie toujours sur une certaine vision, consciente ou non, du fonctionnement de l'économie. Par exemple, la théorie keynésienne justifie l'intervention de l'État par le refus du « laissez-faire » du marché.

Aux États-Unis comme en France, les décisions économiques du gouvernement sont souvent préparées et analysées par un conseil économique regroupant des experts. En France, le **Conseil d'analyse économique (CAE)** regroupe depuis 1997, auprès du Premier ministre, une trentaine d'économistes afin « d'éclairer, par la confrontation des points de vue et des analyses, les choix du gouvernement en matière économique. »

Les trois composantes de la politique économique

Une politique économique répond d'abord à certaines finalités. Ce sont les grands objectifs de nature politique et sociale, choisis par les électeurs ou inscrits dans les traditions nationales, qui fondent et expliquent les choix d'objectifs plus strictement économiques. La solidarité, la justice sociale, l'amélioration des niveaux de vie constituent les grandes finalités de la politique économique.

Les objectifs économiques visent à traduire ces finalités dans des grandeurs mesurables (taux de croissance, taux de chômage, revenu par tête, etc.). Il existe de très nombreux objectifs mais on résume souvent les quatre principaux à l'aide d'une représentation graphique appelée « **carré magique** » et due à l'économiste britannique Nicholas Kaldor. Ces quatre objectifs sont l'emploi, la croissance, la stabilité des prix et l'équilibre extérieur (balance extérieure équilibrée). Le schéma présente les quatre indicateurs propres à ces objectifs. On peut alors prendre, pour une série de pays, ces quatre indicateurs et les faire figurer sur le schéma. En rejoignant les points, on obtient un quadrilatère qui représente d'autant mieux une situation économique favorable qu'il est proche du carré magique.

Carré magique
Représentation graphique des quatre grands objectifs de la politique économique.

Le carré magique

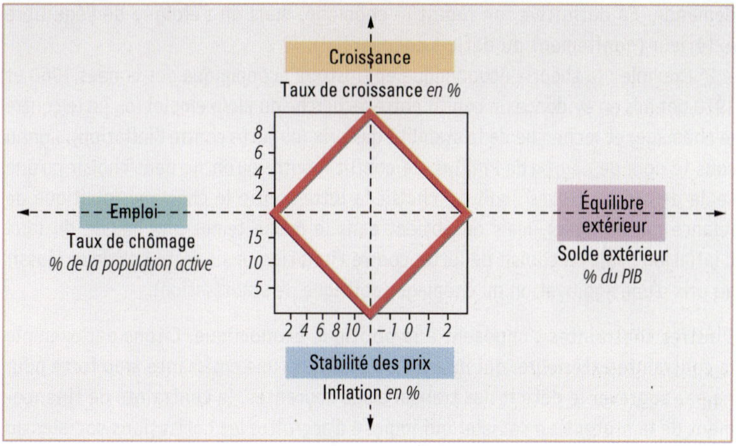

Les instruments de la politique économique sont nombreux et divers. Ils correspondent aux grands domaines de l'économie. Les deux instruments traditionnels sont la politique budgétaire et la politique monétaire. On rencontre aussi des **politiques des revenus** (action des pouvoirs publics sur la formation des revenus des agents économiques), des politiques de la concurrence ou des politiques de change. Les pouvoirs publics disposent en outre de nombreux autres moyens d'action (réglementation, entreprises publiques par exemple).

Politique des revenus
Action de l'État sur les revenus des agents économiques.

Les choix de politique économique

Les contraintes de la politique économique

La politique économique consiste à faire des choix. Il faut choisir des objectifs puis il faut choisir des instruments cohérents avec ces objectifs. Mais les autorités ne sont pas totalement libres de choisir car elles doivent respecter un certain nombre de contraintes.

La première contrainte est que certains objectifs de la politique économique sont contradictoires. Donnons deux exemples.
– 1er exemple : pour rétablir le plein emploi, on applique une politique de relance de l'activité économique en baissant, par exemple, tous les impôts. Mais ce nouveau pouvoir d'achat profite d'abord aux entreprises étrangères car l'appareil de production intérieur ne réagit pas assez rapidement à l'augmentation de la demande. En définitive, on réduit le chômage, mais on s'éloigne de l'équilibre extérieur (gonflement du déficit commercial).
– 2e exemple : la théorie économique et l'histoire économique des années 1960 et 1970 ont mis en évidence un conflit entre recherche du plein emploi (ou lutte contre le chômage) et recherche de la stabilité des prix (ou lutte contre l'inflation). Connu sous le nom de **courbe de Phillips**, ce conflit montre qu'on ne peut choisir qu'une seule de ces politiques : soit on choisit la lutte contre le chômage (politique de relance par exemple), mais on obtient dans le même temps une hausse du taux d'inflation ; soit on choisit de lutter contre l'inflation, mais cette politique réussit au prix d'une aggravation du chômage (politique de stabilisation).

D'autres contraintes s'imposent à la politique économique. Citons par exemple la contrainte extérieure, qui interdit de pratiquer une croissance trop forte pour ne pas aggraver le déficit des transactions courantes, la contrainte de financement de la protection sociale, qui impose d'accroître les cotisations sociales au détriment du salaire direct, ou encore les contraintes internationales (respect des règles décidées en accord avec d'autres pays comme le montrent les exemples du GATT, de la politique agricole commune ou de l'UE).

Quelle politique économique choisir ?

On oppose souvent la **politique conjoncturelle**, dont l'horizon est le court terme (de quelques mois à une ou deux années), et la **politique structurelle**, dont les effets se font sentir à moyen et long terme (au-delà de deux ans). Dès lors, la politique conjoncturelle chercherait à maintenir ou à rétablir ce que l'on nomme parfois les « **grands équilibres** » (les quatre objectifs du « carré magique ») et cela grâce aux **politiques de régulation** de la demande (encouragement ou freinage de la demande).

La politique structurelle chercherait en revanche à améliorer les structures et les bases de l'économie. On cite, parmi les principales politiques structurelles, la politique de la recherche, la politique des transports, la politique industrielle ou la politique agricole.

La politique économique peut être globale lorsqu'elle s'applique à plusieurs aspects de l'activité économique (l'investissement, la consommation, etc.). Elle peut aussi avoir un caractère spécifique. Une politique de relance et une politique de stabilisation sont caractéristiques des politiques globales axées sur la demande.
- **Politique de relance** : on cherche à stimuler la demande afin que les entreprises produisent davantage et embauchent. Une ou plusieurs composantes de la demande sont favorisées : la consommation des ménages, l'investissement des entreprises ou les dépenses publiques.
- **Politique de stabilisation** : l'objectif est la lutte contre l'inflation. On réduit la demande intérieure et on cherche à rétablir les équilibres (budget, balance commerciale). C'est l'exemple de la **politique de rigueur**, ou **politique d'austérité**.

Politique conjoncturelle
Action de l'État à court terme sur les « grands équilibres » (taux de chômage, taux de croissance, taux d'inflation, solde extérieur).

Politique structurelle
Action de l'État pour modifier en profondeur et durablement les structures de l'économie.

Relance
Politique économique agissant sur la demande (consommation, investissement) afin d'accroître la production et l'emploi.

Stabilisation
Politique économique visant à lutter contre l'inflation et passant généralement par une réduction de la demande (baisses des dépenses publiques, augmentation des impôts).

Les choix de politique économique peuvent aussi concerner l'usage conjoint des instruments budgétaires et monétaires : c'est la ***policy mix***. Si l'usage de ce terme est récent, la combinaison des instruments budgétaire et monétaire a toujours existé. Dans les années 1950 et 1960, la politique monétaire était qualifiée d'« accommodante » car elle fournissait sans restriction tous les moyens monétaires dont l'économie avait besoin, tandis que seule la politique budgétaire était utilisée à des fins de régulation de la conjoncture (relance ou stabilisation). C'est à partir du début des années 1980 que l'on commence à parler de *policy mix* lorsque les États-Unis adoptent une politique monétaire très restrictive (stratégie de P. Volcker à la tête de la **FED** – *Federal Reserve,* Banque centrale des États-Unis – pour lutter contre l'inflation) combinée avec une politique budgétaire très expansionniste (réduction d'impôts et déficit budgétaire sous la présidence Reagan). La notion de *policy mix* est donc utile pour caractériser des situations où les principaux instruments de politiques économiques sont utilisés selon des orientations différentes. En Europe, si les années 1980 ont été marquées par un *policy mix* alliant politique budgétaire de soutien à la conjoncture déprimée et politique monétaire restrictive (taux d'intérêt élevés pour lutter contre l'inflation et pour maintenir la parité des monnaies dans le cadre du SME), on observe à partir du milieu des années 1990 un renversement puisque les politiques budgétaires deviennent nettement plus restrictives (contrainte des critères de convergence pour le passage à l'euro) tandis que les politiques monétaires s'assouplissent comme en témoigne la baisse des taux d'intérêt au début des années 2000.

Policy mix

Dosage des politiques budgétaire et monétaire dans le cadre d'une stratégie macroéconomique globale.

Politique économique et Union européenne

À partir des années 2000, les instruments de la politique macroéconomique se réduisent en France car, aux effets des interdépendances internationales, s'ajoutent les contraintes liées à l'intégration européenne. La France, comme les autres pays de la zone euro, abandonne en 1999 sa souveraineté monétaire, c'est-à-dire qu'elle ne peut plus utiliser individuellement sa politique monétaire, celle-ci relevant désormais de la **Banque centrale européenne**. C'est aussi le cas pour la politique de change. Un pays de la zone euro ne peut donc plus jouer de la création monétaire pour relancer son économie, pas plus qu'il ne peut dévaluer sa monnaie pour favoriser ses exportations et rééquilibrer sa balance commerciale.

Les États conservent la maîtrise de leurs politiques budgétaires et fiscales mais celles-ci sont assez encadrées par les contraintes du **Pacte de stabilité et de** croissance. Ce dernier, en effet, cherche à éviter que certains pays mènent des politiques trop différentes de celles de leurs voisins, ce qui aurait des conséquences néfastes pour tous les pays. Ainsi, les pays doivent viser à moyen terme l'équilibre ou un excédent pour les finances publiques, les déficits des administrations publiques ne pouvant dépasser la limite de 3 % du PIB que dans des cas exceptionnels. La crise économique récente et l'accroissement consécutif des déficits et de l'endettement publics dans les pays européens ont même conduit à un renforcement des contraintes budgétaires européennes.

Ainsi, en 2012, en contrepartie de l'aide financière apportée par l'Europe aux pays de la zone euro en difficulté, l'Allemagne a souhaité qu'une plus grande rigueur budgétaire soit rendue obligatoire. C'est l'objet du Traité sur la stabilité, la coordination et la gouvernance (TSCG) qui impose un retour à l'équilibre budgétaire (« règle d'or ») et la mise en œuvre de politiques budgétaires restrictives pour y parvenir.

La France, pour respecter ses engagements et pour éviter de devenir une cible pour les marchés financiers (avec une hausse des taux d'intérêt à la clé pénalisant les entreprises et les ménages), s'est engagée à ramener son déficit public à 3 % du PIB dès 2013 et à revenir à l'équilibre des comptes publics d'ici 2017. Toutefois, la France n'a pas pu tenir ces engagements. En mai 2014, le « programme de stabilité pour 2014-2017 » prévoyait le retour aux 3 % dès 2015 mais, dès octobre 2014, le projet de budget 2015 reportait une nouvelle fois cette échéance à 2017 (3,3 % en 2016). La très faible croissance depuis plusieurs années ainsi que la baisse des recettes publiques liée au Pacte de responsabilité lancé en janvier 2014 expliquent que la France parvient difficilement à réduire son déficit public. Les effets positifs de ce Pacte tardant à se manifester, les autorités européennes n'ont accepté cette entorse aux règles communes qu'à la condition que la France entame des réformes structurelles (marché du travail).

Le respect des engagements de la France vis-à-vis de ses partenaires n'a eu lieu qu'en 2017, avec un déficit public inférieur à 3 % (2,8 % après 3,5 % en 2016). Une grande partie de cette diminution est due à la faiblesse des taux d'intérêt qui réduit très fortement les charges de la dette. Il est prévu que ce déficit soit autour de 2 % en 2019 et 2020, l'objectif affiché par le gouvernement étant d'avoir un solde budgétaire négatif représentant 1,2 % du PIB en 2022. Les différentes mesures annoncées à la suite de la crise des Gilets jaunes ont conduit les autorités à ralentir le rythme de baisse de la part du PIB consacrée au déficit budgétaire. Toutefois, la France ne sera pas en mesure de respecter le Pacte de stabilité qui prévoit une réduction du déficit structurel de 0,5 % par an. Les différents objectifs devraient permettre de réduire le ratio d'endettement public en-dessous des 100 %.

Lire aussi » **Euro - Politique budgétaire - Politique monétaire**

Politique monétaire

Avec la politique budgétaire, la politique monétaire est l'un des principaux instruments dont disposent les responsables économiques d'un pays. Définir une politique monétaire est une obligation pour un pays, car la production de moyens de paiement, c'est-à-dire la création monétaire, ne peut pas être laissée à la seule initiative des agents privés. Depuis l'avènement de l'euro, la politique monétaire concernant la France est la politique unique des dix-neuf pays de la zone euro.

SOMMAIRE

- Définition et objectifs de la politique monétaire
- Les instruments de la politique monétaire
- Les fondements théoriques de la politique monétaire

Définition et objectifs de la politique monétaire

Définition

La **politique monétaire** fournit les liquidités nécessaires au bon fonctionnement et à la croissance de l'économie tout en veillant à la stabilité de la monnaie.

La quantité de monnaie en circulation dans une économie ne doit pas être en effet trop faible, car les agents économiques seront alors obligés de limiter leurs activités économiques (consommation, production, investissement, etc.). À l'inverse, une quantité de monnaie trop abondante met à la disposition des agents un pouvoir d'achat bien supérieur à la quantité de biens disponibles, ce qui peut provoquer une hausse des prix (inflation).

Politique monétaire

Instrument de politique économique consistant à fournir les liquidités nécessaires au bon fonctionnement et à la croissance de l'économie tout en veillant à la stabilité de la monnaie.

Les objectifs de la politique monétaire

Les objectifs de la politique monétaire rejoignent ainsi les objectifs de la politique économique que sont la croissance (avec un niveau satisfaisant de moyens de paiement en circulation dans l'économie) et la stabilité interne de la monnaie (afin d'éviter l'inflation). Mais la politique monétaire ne peut pas agir directement sur ces objectifs. En revanche, elle peut agir efficacement sur certaines variables de l'économie qui elles-mêmes influencent les objectifs de croissance et de stabilité des prix. Ces variables, comme la masse monétaire par exemple, sont appelées des « **objectifs intermédiaires** ». Les autorités monétaires se fixent donc des objectifs intermédiaires sur lesquels elles exercent une influence directe. Quels sont ces objectifs intermédiaires ? Ce sont les objectifs quantitatifs, les objectifs de taux d'intérêt et les objectifs de change.

Les objectifs quantitatifs

Les **objectifs quantitatifs** portent sur l'évolution des **agrégats monétaires**, c'est-à-dire sur les différents indicateurs de la masse monétaire en circulation dans l'économie. L'objectif consiste, pour les autorités monétaires (BCE), à fixer un taux de croissance pour l'augmentation annuelle de la masse monétaire (par exemple, un taux de croissance de 3 % pour un agrégat particulier). Durant l'année, les autorités devront donc utiliser tous les instruments de la politique monétaire qui sont à leur disposition (voir *infra*) pour que la masse monétaire ne dépasse pas le niveau fixé.

Les objectifs de taux d'intérêt

Les **objectifs de taux d'intérêt** amènent les autorités monétaires à fixer un niveau souhaitable pour les taux d'intérêt. Elles ne peuvent pas évidement déterminer un taux précis car ce sont les mécanismes de marché (le marché monétaire) qui décident, selon le jeu de l'offre et de la demande de monnaie, du niveau des taux (taux d'intérêt à très court terme comme le taux au jour le jour). Comme la Banque centrale est un acteur très important sur le marché monétaire, son action permet cependant d'orienter le taux d'intérêt.

Lorsque les autorités souhaitent favoriser l'épargne des ménages (pour aider l'industrie ou pour réduire une consommation jugée trop importante, par exemple), elles cherchent alors à relever les taux d'intérêt. À l'inverse, un objectif de taux d'intérêt faibles doit conduire à stimuler la croissance et l'investissement (le coût des emprunts baisse pour les entreprises).

Les objectifs de change

Les **objectifs de change** ont pris depuis quelques années une place très importante. Les autorités monétaires peuvent utiliser les instruments monétaires pour atteindre un certain niveau du taux de change de la monnaie nationale sur le marché des changes. Un pays peut rechercher une dépréciation de sa monnaie pour relancer ses exportations ou, au contraire, une appréciation de sa monnaie (s'il veut bénéficier d'une **désinflation importée** avec la baisse des prix de ses importations). Cette politique de maîtrise du taux de change peut d'ailleurs s'inscrire parfois dans un contexte de changes fixes ou d'accords de change (cas du SME).

Politique monétaire et politique économique

Objectif intermédiaire		Objectif final
• Faire baisser les taux d'intérêt	→	Favoriser l'investissement
• Faire monter les taux d'intérêt	→	Favoriser l'épargne
• Autoriser une faible croissance de la masse monétaire	→	Freiner la consommation pour lutter contre l'inflation
• Apprécier sa monnaie	→	Lutter contre l'inflation importée
• Déprécier sa monnaie	→	Favoriser les exportations et l'excédent commercial

Les instruments de la politique monétaire

Les autorités monétaires peuvent, directement, chercher à limiter autoritairement la quantité de monnaie créée par les banques lorsque celles-ci distribuent des crédits (politique d'**encadrement du crédit**). Indirectement, elles peuvent intervenir au moment où les banques ont besoin elles-mêmes de monnaie (« monnaie banque centrale » nécessaire pour faire face aux retraits de la clientèle, par exemple).

Encadrement du crédit
Mesure réglementaire s'imposant aux banques qui doivent alors respecter un certain pourcentage d'augmentation annuelle des crédits qu'elles distribuent.

L'encadrement du crédit

C'est une mesure réglementaire qui s'impose aux banques. Celles-ci doivent respecter un certain pourcentage d'augmentation annuelle des crédits qu'elles distribuent ; ainsi, d'une année sur l'autre, le total des crédits distribués ne doit pas augmenter de plus de tant de %. En cas de dépassement, les banques sont soumises à des sanctions (en particulier, la « monnaie banque centrale » dont elles ont besoin leur coûtera plus cher). Comme les banques limitent alors la distribution de crédits aux différents agents de l'économie, la création monétaire est ralentie. L'encadrement du crédit, longtemps utilisé en France, a été supprimé en 1987.

Refinancement et réserves obligatoires

Les banques ne peuvent pas créer autant de monnaie qu'elles le souhaitent car elles doivent être en mesure, à tout instant, de faire face à une demande de la clientèle qui désire retirer ses fonds. Lorsqu'elles ont besoin de « monnaie banque centrale » (billets, par exemple) pour satisfaire les besoins de la clientèle, elles ont la possibilité de s'adresser à la Banque centrale (« prêteur en dernier ressort ») afin de « mobiliser » des créances qu'elles détiennent.

La Banque centrale agit alors avec la banque comme cette dernière a pratiqué avec l'entreprise : elle crée de la monnaie (concrètement, elle crédite le compte que la banque détient à la Banque centrale) en échange de la créance que lui donne la banque. Cette opération de **refinancement** (aussi appelée parfois **réescompte** lorsque la Banque centrale rachète une créance que la banque avait escomptée à la demande d'une entreprise) a cependant un coût pour les banques, coût représenté par le taux d'intérêt exigé par la Banque centrale.

> **Refinancement**
> Possibilité pour une banque d'obtenir des liquidités auprès d'une autre banque ou de la Banque centrale.

En augmentant ce **coût du refinancement** des banques, la Banque centrale les oblige à réduire leurs activités de distribution de crédit. Les banques peuvent continuer à distribuer des crédits au même taux pour la clientèle mais leurs profits diminuent très rapidement car les ressources qu'elles prêtent leur coûtent de plus en plus cher (politique qui ne peut durer longtemps). Elles préfèrent alors augmenter les taux des crédits à la clientèle, ce qui freine les demandes de crédits.

Le coût du refinancement permet à la Banque centrale d'agir sur la distribution de crédits des banques et donc sur la création monétaire. Ainsi, une baisse des taux de refinancement entraîne les banques à créer davantage de moyens de paiement à la disposition des agents économiques (politique de relance de l'activité économique).

Les autorités disposent d'un autre instrument permettant de peser sur l'activité des banques avec les réserves obligatoires. Les **réserves obligatoires** sont des dépôts non rémunérés que chaque banque doit effectuer sur un compte à la Banque centrale. Le montant de ces dépôts correspond à une part du total des dépôts réalisés dans les banques.

> **Réserves obligatoires**
> Dépôts non rémunérés que chaque banque doit effectuer sur un compte à la Banque centrale.

Les réserves obligatoires sont donc des ressources que les banques donnent gratuitement à la Banque centrale (celle-ci ne les utilise pas) alors qu'elles auraient pu les prêter à leurs clients afin de réaliser un profit. Ainsi, lorsque la Banque centrale augmente le montant des réserves obligatoires, les banques doivent réduire leurs offres de crédit ; en revanche, une diminution de ces réserves encourage les banques à prêter davantage de fonds (augmentation de la masse monétaire).

L'intervention sur le marché monétaire

Les mécanismes de la création monétaire montrent le rôle fondamental joué par le marché monétaire. Quotidiennement, l'ensemble des banques se retrouvent sur le marché monétaire pour s'échanger leurs besoins et leurs déficits de « monnaie banque centrale ». Une banque qui a un besoin de liquidités peut se refinancer après de la Banque centrale, mais elle peut aussi s'adresser directement au marché monétaire. C'est en particulier le cas lorsque les taux pratiqués sur le marché monétaire sont inférieurs aux taux de refinancement.

L'intervention de la Banque centrale

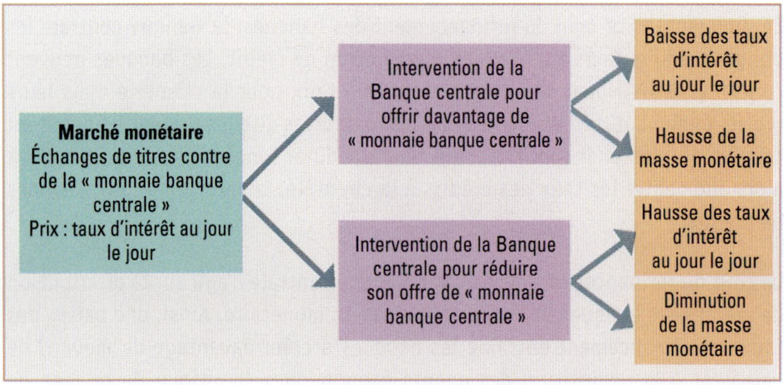

Mais la Banque centrale européenne (BCE) est aussi un acteur important sur ce marché. Comme tout acteur important sur un marché, elle peut orienter les prix ou les quantités, c'est-à-dire, pour le marché monétaire, les taux d'intérêt ou la quantité de « monnaie banque centrale ».

Prenons quelques exemples. Si les autorités cherchent à faire baisser les taux d'intérêt, la BCE va acheter massivement des créances (bons du Trésor possédés par les banques par exemple) et distribuer en contrepartie de la monnaie supplémentaire, cette offre nouvelle de monnaie sur le marché monétaire favorisant une diminution des taux. Si les autorités désirent ralentir la création monétaire des banques, la BCE vend des titres (bons du Trésor par exemple) aux banques qui cèdent alors de la « monnaie banque centrale » (celle-ci est « détruite » par la Banque centrale), ce qui réduit les possibilités de crédit des banques. Il faut néanmoins préciser que les banques cèdent leurs ressources en « monnaie banque centrale » car la rémunération des titres qu'elles achètent est élevée (on retrouve bien ainsi la hausse des taux d'intérêt sur le marché monétaire).

Un marché monétaire qui n'exige pas l'intervention quotidienne et obligée de la Banque centrale est qualifié d'*open market* (marché ouvert). Sur un tel marché, à l'image du marché monétaire américain, les intervenants sont suffisamment nombreux pour que le mécanisme de l'offre et de la demande de monnaie joue normalement.

La Banque centrale européenne agit surtout par l'intermédiaire de son principal **taux directeur**, qui est le taux de refinancement. Cet instrument est utilisé lors des opérations hebdomadaires de refinancement par la BCE pour alimenter les banques en liquidités. Par son intermédiaire, la Banque centrale espère agir sur l'ensemble de l'économie. Par exemple, une baisse des taux directeurs peut influencer l'activité économique à travers trois canaux habituels de transmission :
– la chaîne des taux d'intérêt, du court au long terme ;
– le crédit bancaire accordé aux agents économiques ;
– la modification du taux de change (sorties de capitaux, dépréciation de la monnaie, amélioration de la compétitivité).

Taux directeur
Taux d'intérêt au jour le jour (à très court terme) fixés par la Banque centrale.

Objectifs et instruments de la politique monétaire

Objectifs	Instruments
• Objectifs quantitatifs (taux de croissance de la masse monétaire par exemple) • Objectifs de taux d'intérêt (choix d'un certain niveau des taux d'intérêt) • Objectifs de change (choix d'un certain niveau des taux de change de la monnaie)	• Encadrement du crédit • Coût de refinancement des banques • Réserves obligatoires des banques • Intervention de la Banque centrale sur le marché monétaire

Lors de la crise économique, la BCE et la FED ont baissé de façon importante leur taux (pour atteindre 1 % pour la BCE en 2009 et 0,5 % pour la FED).

Les fondements théoriques de la politique monétaire

Trois grandes analyses économiques offrent trois politiques différentes.

La théorie quantitative de la monnaie

La **théorie quantitative de la monnaie** est d'abord apparue au XVIe siècle lorsque l'afflux des métaux précieux d'Amérique latine provoqua en Europe de très fortes augmentations des prix. La hausse des prix fut alors expliquée par l'augmentation du stock de monnaie en circulation. Il appartient à l'économiste Irving **Fisher** d'avoir mis en forme cette idée, au début du XXe siècle, avec une équation :

Théorie quantitative de la monnaie
Théorie qui relie l'augmentation des prix à l'accroissement des moyens de paiement en circulation dans l'économie.

$$M \times V = P \times T$$

où M est la masse monétaire en circulation,
V est la vitesse de circulation de la monnaie,
P le niveau général des prix et
T le volume des transactions.

Pour comprendre la notion de **vitesse de circulation**, on peut imaginer une situation où les prix et la quantité de monnaie sont constants ; si la vitesse de circulation de la monnaie est multipliée par deux, les billets, par exemple, circulent deux fois plus vite et permettent d'acheter deux fois plus de biens.

Vitesse de circulation de la monnaie
Nombre moyen de transactions effectuées grâce à une même unité monétaire au cours d'une période donnée.

Selon la **théorie quantitative de la monnaie**, lorsque le volume des transactions et la vitesse de rotation de la monnaie ne se modifient pas, une variation de la quantité de monnaie entraîne une variation des prix. En conséquence, la quantité de monnaie doit s'adapter aux échanges de biens dans une économie afin d'éviter l'inflation. La masse monétaire ne doit donc pas augmenter plus vite que l'activité économique (taux de croissance du PIB, par exemple).

Keynes et la politique monétaire

Keynes conteste d'abord les hypothèses de la théorie quantitative en remarquant qu'une augmentation de la masse monétaire ne conduit pas nécessairement à la hausse des prix. Si les capacités de production ne sont pas toutes employées, c'est-à-dire si les machines peuvent produire rapidement davantage de biens sans augmentation excessive des coûts, ou bien si les entreprises disposent de stocks importants, un accroissement de la quantité de monnaie permet immédiatement des achats supplémentaires puisque les entreprises arrivent à satisfaire cette nouvelle demande. Ainsi, dans certaines circonstances, l'augmentation de la masse monétaire induit un accroissement de l'activité économique et non une hausse des prix. Une politique monétaire active, destinée à lutter contre le chômage, est donc possible.

Pour Keynes, une politique monétaire agit cependant différemment car elle provoque plutôt une variation des taux d'intérêt. Ainsi, une augmentation de l'offre de monnaie sur le marché monétaire, qui conduit la Banque centrale à acheter des titres fournis par les banques contre de la monnaie nouvelle (création monétaire), entraîne une baisse des taux d'intérêt. Celle-ci à son tour favorise les entreprises puisque le coût des emprunts destinés à financer les investissements diminue. À l'inverse, une politique monétaire destinée à ralentir l'activité économique passe par une diminution de l'offre de monnaie (vente de titres) et une hausse des taux.

Il convient cependant de remarquer que les conditions économiques observées par Keynes dans les années 1930 le conduisaient à douter de l'efficacité de la politique monétaire. En particulier, il pensait que les investissements ne dépendaient pas seulement des taux d'intérêt, mais bien davantage du climat économique et des perspectives de ventes qu'anticipaient les entreprises.

Keynes et la politique monétaire

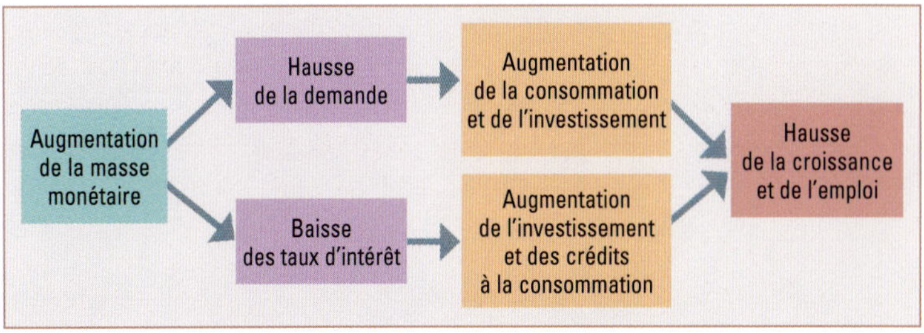

Le monétarisme

L'**analyse monétariste**, en particulier celle de l'économiste américain Milton **Friedman**, reprend la théorie quantitative de la monnaie puisqu'elle considère que l'inflation est partout et toujours un phénomène monétaire. Critiquant les interventions de l'État en matière monétaire, les monétaristes proposent d'adopter des normes d'augmentation annuelle de la masse monétaire afin que celle-ci ne progresse pas plus rapidement que le taux de croissance de l'économie (certains monétaristes proposent même d'inscrire cette règle dans la Constitution).

Monétarisme

Doctrine économique inspirée par la théorie quantitative de la monnaie et qui prône un contrôle de la masse monétaire pour lutter contre l'inflation.

L'idée centrale des thèses monétaristes est que la politique monétaire n'a, à long terme, aucun effet réel sur l'activité économique. Elle ne peut influencer, avec l'inflation, que les grandeurs nominales de l'économie.

Lire aussi » Change - Euro - Système financier international - Question d'actualité 7 p. 39

Population

Régulièrement, l'Insee lance une grande opération appelée recensement afin d'interroger toutes les personnes résidant en France.
Le recensement permet alors une connaissance approfondie des caractéristiques démographiques, mais aussi sociales et culturelles, de la population.

SOMMAIRE

- Les indicateurs démographiques
- Les évolutions de la population
- Les théories de la population

Les indicateurs démographiques

Natalité et fécondité

Le nombre de naissances constatées dans une année constitue un indicateur démographique peu précis lorsque l'on cherche à comparer les pays. En effet, un même nombre de naissances peut s'observer dans des pays dont la **population** totale est très différente. Il convient alors d'utiliser le **taux de natalité**.

$$\text{taux de natalité} = \frac{\text{nombre de naissances de l'année}}{\text{population totale moyenne de l'année}}$$

Le taux de natalité est un indicateur qui ne correspond pas uniquement aux comportements de procréation d'une population puisqu'il dépend aussi de la structure par âge de cette population. Ainsi une augmentation du taux de natalité peut provenir de choix volontaires de la population en faveur d'un plus grand nombre d'enfants ou bien correspondre, de façon mécanique, à l'augmentation du nombre de femmes en âge de procréer (exemple d'une population « jeune » où le poids des jeunes **générations** est plus important qu'ailleurs).

Population
Ensemble des personnes résidant sur le territoire d'un pays à un moment donné.

Taux de natalité
Rapport du nombre de naissances à la population totale moyenne durant la même période.

Génération
Synonyme de classe d'âge, c'est-à-dire ensemble des personnes nées la même année.

Une connaissance plus précise des comportements en matière de fécondité est donc nécessaire. Mais un problème particulier se pose alors, car on ne peut connaître la **fécondité** d'une génération de femmes qu'à l'issue de sa période féconde, soit une quarantaine d'années. La notion de **descendance finale** correspond ainsi au nombre moyen d'enfants d'une génération de femmes qui n'est plus en âge de procréer (au-delà de 50 ans). Pour les générations encore en âge de procréer (de 15 à 50 ans), on ne peut donner la descendance finale, mais on peut calculer pour chaque génération un taux de fécondité. Ainsi le **taux de fécondité** des femmes de 30 ans est, à une date donnée, le rapport :

Fécondité
Nombre d'enfants vivants que chaque génération de femmes a mis au monde.

Taux de fécondité
Rapport, établi pour chaque génération de femmes, entre le nombre de naissances vivantes et le nombre de femmes.

$$\frac{\text{nombre de naissances vivantes issues des femmes de 30 ans}}{\text{nombre de femmes de 30 ans}}$$

Pour obtenir une estimation de la fécondité du moment, les démographes calculent un **indicateur conjoncturel de fécondité** (appelé aussi **indicateur synthétique** ou **somme des naissances réduites**) égal à la somme des taux de fécondité par âge de toutes les générations en âge de procréer. L'indicateur conjoncturel de fécondité est donc le nombre moyen d'enfants par femme en âge de procréer. Cet indicateur rassemble ainsi dans une valeur unique les comportements féconds, relatifs à 35 générations différentes, observés une année donnée. En France, l'indicateur conjoncturel de fécondité est resté stable dans les années 1990 (1,8 enfant en moyenne par femme), puis est remonté autour de 2,0 depuis 2008. Ce taux est presque suffisant pour assurer le renouvellement de la population, le **remplacement des générations**. Le remplacement numérique des parents par les enfants correspond en effet en France à un indicateur conjoncturel de fécondité de 2,1 enfants en moyenne par femme (2,1 et non pas 2 car il faut tenir compte de la constante biologique selon laquelle il naît 105 garçons pour 100 filles).

Indicateur conjoncturel de fécondité
Nombre d'enfants par femme en âge de procréer.

La population et les migrations

La France a mis en place à partir de 2003 une nouvelle méthode de **recensement**. Dans chacune des quelques 35 000 communes de moins de 10 000 habitants (environ 50 % de la population), un recensement exhaustif intervient tous les 5 ans, avec un roulement de 20 % des communes chaque année. Dans les quelques 900 villes de plus de 10 000 habitants,

Recensement
Instrument de mesure d'une population à un moment donné.

des enquêtes annuelles de recensement par sondage ont lieu chaque année sur 8 % de la population (en 5 ans, 40 % de la population de la commune aura été recensée).

L'**émigration** est l'acte qui consiste à quitter son pays pour aller s'établir dans un autre. On parle de pays d'émigration pour un pays qui connaît de très nombreux départs de ses nationaux. Un émigré, pour son pays d'origine, est aussi un immigré dans le pays qui l'accueille, l'**immigration** caractérisant l'entrée dans un pays de personnes étrangères.

Mais il est très important de ne pas confondre la notion d'**étranger**, notion juridique reposant sur le critère de la nationalité, et celle d'**immigré**. Sont comptées comme « étrangères » lors d'un recensement, les personnes résidant en France de façon permanente qui déclarent n'avoir pas la nationalité française. Ces personnes peuvent d'ailleurs être nées en France ou hors de France. En revanche, les personnes immigrées sont les personnes étrangères nées à l'étranger et résidant en France au moment du recensement. Parmi celles-ci, certaines sont restées étrangères tandis que d'autres sont devenues françaises (« Français par acquisition »). Il existe ainsi des étrangers nés en France qui ne sont pas des immigrés. Enfin, les notions d'étranger ou d'immigré ne doivent pas être confondues avec la notion de **personne d'origine étrangère**, définie par l'Institut national des études démographiques (INED), comme une « personne née en France d'un parent ou d'un grand-parent ayant immigré en France ». Depuis quelques années, certains réclament la production de données **statistiques « ethniques »** ou « relatives aux origines » afin de mieux mettre en valeur les processus de ségrégation et de discrimination dont sont victimes les personnes issues de l'immigration ou les « **minorités visibles** ». Pour d'autres cependant, ces distinctions statistiques sont contraires au modèle républicain français qui ne distingue pas les individus en fonction de leur race ou de leurs origines.

Une décomposition de la population en France

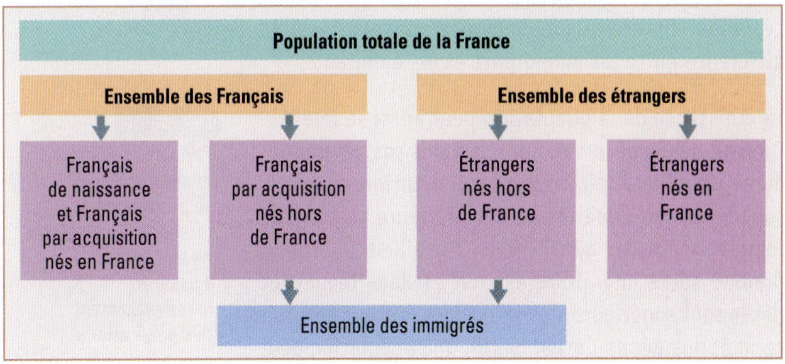

Les évolutions de la population

La croissance de la population

On peut écrire l'équation fondamentale de la population d'un pays sous la forme suivante :

population au 1er janvier d'une année n =
population au 1er janvier de l'année n – 1
+ nombre de naissances
– nombre de décès
+ nombre d'immigrants
– nombre d'émigrants

Cette équation montre que la **croissance de la population** est le résultat de deux évolutions, l'une liée aux mouvements naturels de la population et l'autre aux migrations.

Solde naturel
Différence entre les naissances et les décès au sein d'une même population.

On appelle **solde naturel** la différence entre les naissances et les décès. Il y a **excédent naturel** lorsque le nombre des naissances est supérieur à celui des décès.

Taux d'accroissement naturel
Taux de croissance de la population résultant des seules évolutions naturelles (naissances et décès).

solde naturel = nombre de naissances – nombre de décès

Le **taux d'accroissement naturel** d'une population est la différence entre le taux de natalité et le taux de mortalité.

taux d'accroissement naturel = taux de natalité – taux de mortalité

Le **solde migratoire** (ou immigration nette) est la différence entre les immigrants et les émigrants.

Dénatalité
Phénomène démographique se produisant lorsque les naissances ne suffisent plus à assurer le remplacement des générations.

La croissance de la population peut aussi se ralentir. On peut même observer, dans certains cas, un phénomène de **dénatalité** lorsque la diminution des naissances résulte d'une fécondité inférieure au seuil de remplacement des générations. Par ailleurs, un pays dont le solde migratoire est nul et dans lequel les décès sont supérieurs aux naissances (déficit naturel) connaît une **dépopulation**. Enfin, une population peut être caractérisée par un **vieillissement démographique** lorsque la part de personnes âgées augmente dans la population totale.

La transition démographique

Estimée à 7,6 milliards d'habitants, la population mondiale se montait à 500 millions d'habitants en 1500 et à 1,6 milliard en 1900. Cette augmentation spectaculaire ne doit pas conduire à la fausse conclusion d'une population suivant une croissance « exponentielle ». Le phénomène de la transition démographique (expression d'Adolphe Landry), que suivent les différents pays les uns après les autres (à des rythmes différents toutefois), montre que cette **croissance** est de type « **logistique** » (accélération puis ralentissement jusqu'à un niveau de croissance plus faible).

La **transition démographique** représente le passage d'un mode de croissance démographique caractérisé par des taux de natalité et de mortalité très élevés à un mode de croissance caractérisé par des taux de natalité et de mortalité faibles. Si dans ces deux modes de croissance démographique, la population augmente lentement (solde naturel faible), durant la phase de transition, la population connaît un essor important. La mortalité diminue (progrès de la médecine) d'abord, alors que la baisse des naissances n'intervient que beaucoup plus tardivement (changement des mentalités, des conditions de vie, élévation du niveau d'instruction des femmes en particulier).

Transition démographique

Phénomène démographique représenté par le passage d'un mode de croissance de la population caractérisé par des taux de natalité et de mortalité élevés à un mode de croissance démographique caractérisé par des taux de natalité et de mortalité faibles.

La transition démographique

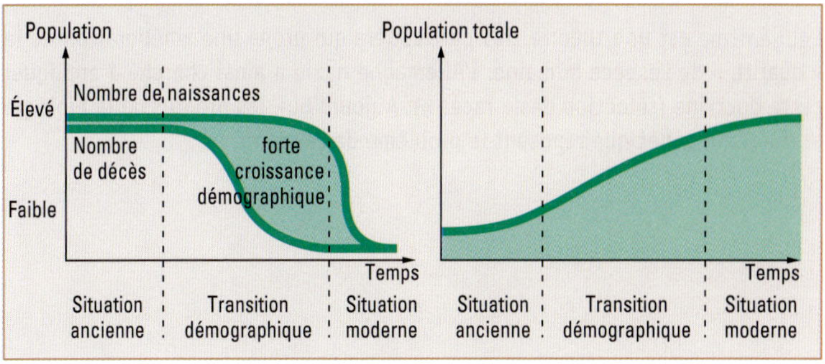

En Europe, la transition démographique est achevée. Elle est encore en cours dans certains pays en développement. Les démographes estiment que la population mondiale devrait se stabiliser autour de 11 milliards d'individus vers 2100. Toutefois, une douzaine de pays, notamment en Afrique, n'ont pas encore amorcé leur transition démographique.

Les théories de la population

Les évolutions de la population, dans un sens ou dans un autre (trop ou pas assez de naissances), ont été à l'origine de théories particulières dont l'objectif était de servir de fondement et de justification à des **politiques démographiques**. Celles-ci représentent les actions des pouvoirs publics visant à modifier les comportements des habitants.

La théorie de la population la plus connue est le **malthusianisme**. Il s'agit d'une doctrine inspirée par l'économiste anglais Thomas **Malthus** (1766-1834) qui prône une limitation volontaire de la population. Le point de départ de Malthus était que la population augmentait beaucoup plus rapidement que la production agricole, ce qui devait conduire à la misère et au décès des plus pauvres.

Malthusianisme
Doctrine inspirée de T. Malthus qui prône une limitation volontaire de la population.

À l'opposé du malthusianisme, on rencontre le **natalisme** qui prône un relèvement de la natalité. Les politiques natalistes sont aujourd'hui observées dans les pays qui connaissent un non-renouvellement des générations (déficit démographique).

Natalisme
Politique démographique ou doctrine prônant un relèvement de la natalité.

L'**eugénisme** est une théorie très particulière qui prône une amélioration de la « qualité » de l'espèce humaine. L'Allemagne nazie a ainsi cherché à appliquer cette doctrine (sélection des « races »). Aujourd'hui, les progrès de la biologie et du génie génétique reposent le problème de l'eugénisme.

Lire aussi » **Population active - Stratification sociale**

Population active

L'Insee définit la population active comme l'ensemble des personnes exerçant une activité rémunérée (population active occupée) ou recherchant un emploi rémunéré (chômeurs). La population active se répartit en trois secteurs : primaire (agriculture), secondaire (industrie) et tertiaire (services).

SOMMAIRE

- Qu'est-ce que la population active ?
- Structure de la population active

Qu'est-ce que la population active ?

La population totale comprend la population inactive (les inactifs) et la population active (les actifs).

La **population active** comprend les personnes qui exercent une activité professionnelle rémunérée et les chômeurs. L'ensemble des actifs ayant un emploi représente la **population active occupée**.

Les **inactifs** regroupent un ensemble disparate de personnes (enfants, étudiants, personnes âgées, femmes au foyer notamment). Certaines catégories se situent à la frontière de l'activité et de l'inactivité (aides familiaux agricoles, travailleurs saisonniers et occasionnels, stagiaires par exemple, qui sont des catégories classées parmi les actifs).

Population active
Ensemble des personnes exerçant une activité rémunérée ou recherchant un emploi.

Population active occupée
Ensemble des actifs ayant un emploi.

La décomposition de la population totale

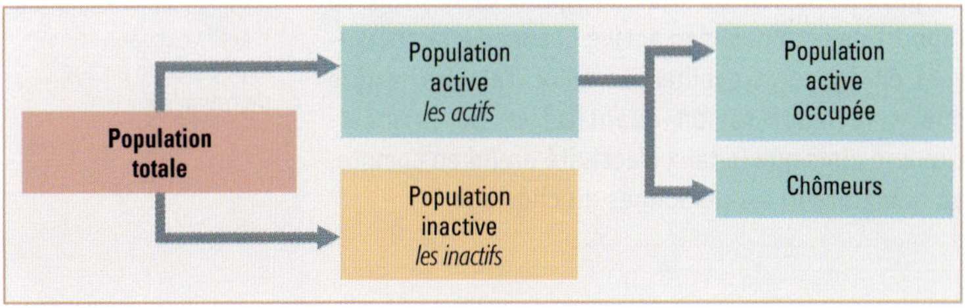

Comme l'ensemble de la population se partage en deux groupes, il est possible de calculer le **rapport actifs-inactifs** d'un pays.

$$\text{rapport actifs-inactifs} = \frac{\text{ensemble de la population active}}{\text{ensemble des inactifs}}$$

Ce rapport est souvent utilisé lorsque l'on aborde la question de la protection sociale (financée, en France, essentiellement par les actifs ayant un emploi). Le vieillissement de la population à terme et le non-renouvellement des générations provoquent une diminution du rapport actifs-inactifs et donc une charge de financement pour les actifs de plus en plus lourde.

Le principal indicateur utilisé pour la population active est le taux d'activité. Le **taux d'activité** d'un groupe donné est le rapport des personnes actives de ce groupe à la population totale en âge de travailler (plus de 15 ans généralement) de ce groupe.

Taux d'activité
Rapport entre le nombre d'actifs et la population totale en âge de travailler correspondante.

$$\text{taux d'activité} = \frac{\text{ensemble des actifs}}{\text{population en âge de travailler}}$$

On peut ainsi calculer le taux d'activité de l'ensemble de la population (part des actifs parmi la population totale en âge de travailler) ou bien des hommes, des femmes, des personnes de telle ou telle tranche d'âge. Par exemple, l'abaissement de l'âge de la retraite a entraîné une baisse du taux d'activité entre 60 et 65 ans. Par ailleurs, l'augmentation importante du taux d'activité des femmes depuis une vingtaine d'années traduit la croissance de la population active féminine. De nombreux facteurs interviennent pour faire varier le niveau de la population active d'un pays, qu'il s'agisse d'éléments structurels (évolution démographique, âge de la retraite) ou de comportements (durée des études, activité féminine).

L'OCDE et la Commission européenne utilisent de plus en plus la notion de **taux d'emploi**, c'est-à-dire le rapport de la population active occupée à la population en âge de travailler. Le taux d'emploi reflète mieux la mobilisation quantitative de la main-d'œuvre alors que le taux d'activité prend en compte, au numérateur, les personnes au chômage.

Taux d'emploi
Rapport entre le nombre d'actifs occupés et la population en âge de travailler.

Structure de la population active

PCS et salarisation

La nomenclature des professions et catégories socioprofessionnelles (PCS) est une manière de concevoir la stratification sociale. Cette classification permet aussi de distinguer les actifs salariés des actifs non salariés. Ces derniers, qualifiés de travailleurs indépendants (agriculteurs, artisans, commerçants, professions libérales, chefs d'entreprise) ont vu leur part se réduire dans l'ensemble de la population active. Les salariés représentent un poids de plus en plus important (près de 85 % en France aujourd'hui) des actifs, ce qui correspond à un phénomène de salarisation de la population active.

Salarisation
Phénomène qui correspond à la hausse de la part des salariés dans l'ensemble de la population active.

Trois secteurs d'activité

On doit la classification des activités économiques en trois secteurs à l'économiste australien Colin Clark dans les années 1940. Un secteur regroupe l'ensemble des entreprises qui ont la même activité principale, chaque entreprise ayant une seule activité principale.

Secteur d'activité
Entreprises ayant la même activité principale (chaque entreprise ayant une seule activité principale).

Le secteur primaire correspond à l'ensemble des activités productrices de matières premières (agriculture, mines). Le secteur secondaire concerne les activités industrielles prises dans un sens large (énergie, industries agro-alimentaires, industries de biens de production et de biens de consommation, bâtiment et travaux publics). Le secteur tertiaire regroupe alors toutes les activités qui ne sont pas classées dans les deux autres secteurs. Il s'agit des services, qu'ils soient marchands (commerce, transports et télécommunications, tourisme, services aux entreprises et aux ménages) ou non marchands (santé par exemple). Les services sont des biens immatériels qui peuvent être produits dans toutes sortes d'activités. L'économiste français Jean Fourastié a repris cette classification avec une modification, puisqu'il place les activités extractives dans le secteur secondaire.

La classification de la population active en trois secteurs est très commode mais elle présente aussi des limites car les activités de services se développent au sein même des entreprises industrielles (gestion, services informatiques…) alors que les services eux-mêmes utilisent de plus en plus de matériels industriels (télécommunication, transport…).

Lire aussi » Chômage - Stratification sociale - Question d'actualité 8 p. 40

Prélèvements obligatoires

De nombreux pays occidentaux ont pratiqué, à partir des années 1980, des baisses d'impôts. À l'exemple des États-Unis, de la Grande-Bretagne ou de la France, ces pays ont considéré que le niveau élevé des prélèvements obligatoires pouvait pénaliser l'activité économique.

SOMMAIRE

- Définitions
- Le niveau des prélèvements obligatoires

Définitions

Prélèvements obligatoires
Ensemble des impôts et des cotisations sociales versés par les agents économiques aux administrations publiques, c'est-à-dire à l'État (sens strict), aux collectivités locales et aux organismes de Sécurité sociale.

Les **prélèvements obligatoires** désignent les impôts et les cotisations sociales versés par les agents économiques aux administrations publiques, c'est-à-dire à l'État (sens strict), aux collectivités locales et aux organismes de Sécurité sociale. Les prélèvements obligatoires émanent donc de l'ensemble des administrations publiques et non de l'État seul (l'administration et les ministères).

prélèvements obligatoires des administrations publiques
= impôts + cotisations sociales

Les impôts comme les cotisations sociales versées aux organismes de la Sécurité sociale sont obligatoires.

Les prélèvements obligatoires servent à financer l'ensemble des dépenses des administrations publiques, c'est-à-dire les dépenses du budget de l'État, celles des collectivités locales et celles, enfin, des organismes de protection sociale (il s'agit des prestations sociales).

Dans certains pays, les cotisations sociales et les prestations figurent, à la différence de la France, dans le budget de l'État. C'est pourquoi une comparaison entre les pays doit prendre en compte non seulement le budget mais l'ensemble des ressources et des dépenses des administrations publiques. La notion de prélèvements obligatoires permet ainsi les comparaisons.

On préfère cependant prendre un autre instrument de comparaison, utilisable aussi dans le temps (entre deux périodes), le **taux de prélèvements obligatoires**.

Taux de prélèvements obligatoires
Rapport des prélèvements obligatoires à l'ensemble du PIB.

$$\text{taux de prélèvements obligatoires} = \frac{\text{impôts + cotisations}}{\text{PIB}}$$

Remarquons cependant qu'un taux de 50 % ne signifie pas que la moitié des revenus des agents reviennent aux administrations publiques car la plus grande partie de ces prélèvements est aussitôt redistribuée aux mêmes agents économiques sous différentes formes (dépenses publiques, travaux d'équipement, aides diverses, prestations sociales, traitements des fonctionnaires, etc.).

Le niveau des prélèvements obligatoires

Depuis le milieu des années 1980, le taux de prélèvements obligatoires est, en France, voisin de 45 %. Ce taux a connu une très forte augmentation puisqu'il était de 33 % en 1960. L'évolution d'un rapport comme le taux de prélèvements obligatoires résulte d'une augmentation des prélèvements obligatoires beaucoup plus rapide que celle de la croissance économique.

L'accroissement du taux de prélèvements obligatoires résulte donc d'un double phénomène : la hausse de ces prélèvements et une moindre croissance économique (crise économique après 1973). Pendant cette période de crise, les prélèvements augmentent mais il convient de différencier selon ces prélèvements. Ce sont essentiellement les cotisations sociales qui expliquent cette hausse ; la fiscalité locale voit aussi son poids s'accroître tandis que la part de la fiscalité de l'État diminue. De nombreux agents économiques ont réagi à une pression fiscale qu'ils jugeaient trop élevée. La **pression fiscale** peut se définir par rapport à un ménage ou pour un pays.

Pression fiscale
Part du revenu consacrée à l'impôt.

Lire aussi » **Budget - Impôts - Libéralisme**

Production

Produire consiste à créer des biens et des services. Mais l'économiste retient une définition plus précise pour la notion de production. Grâce à des facteurs de production, comme le travail et le capital, qu'elles utilisent dans des proportions variables, les unités de production créent de nouvelles richesses dans l'économie.

SOMMAIRE

→ Qu'est-ce que la production ?

→ Comment mesure-t-on la production d'une entreprise ?

→ Comment mesure-t-on la production d'une économie ?

Qu'est-ce que la production ?

Définitions

Dans un sens courant, la **production** désigne l'activité économique consistant à créer des biens et des services. La production apparaît d'abord comme le résultat d'un travail fourni par l'homme.

Cependant, tout travail ne conduit pas à une production ; la mère de famille qui fait le ménage ou le père de famille qui fait la vaisselle ne réalisent pas une production. De même, une personne cultivant un jardin potager pour sa propre consommation ne produit pas au sens économique.

Production (sens courant)
Activité humaine consistant à créer des biens et des services propres à satisfaire des besoins individuels ou collectifs.

Deux éléments distincts permettent de définir la production. Il faut que les biens produits s'échangent sur un marché ou alors que ceux-ci soient le résultat d'un travail rémunéré. Ainsi, la culture d'un jardin potager, qui ne conduit pas à une production lorsqu'elle est destinée à un usage personnel (autoconsommation), en devient une lorsque les produits sont vendus. Les travaux réalisés chez soi (ménage, cuisine, bricolage) ne sont pas considérés comme une production, mais ils le deviennent lorsqu'ils sont effectués chez quelqu'un d'autre en étant rémunérés (exemple d'une femme ou d'un homme de ménage travaillant chez autrui). Le **travail domestique**, c'est-à-dire réalisé chez soi, n'est donc pas productif. Plus généralement, tout travail gratuit ou bénévole ne peut contribuer à une activité productive.

L'Insee et la comptabilité nationale donnent la définition suivante de la **production** : c'est « l'activité économique socialement organisée consistant à créer des biens et des services s'échangeant habituellement sur le marché ou obtenus à partir des facteurs de production (travail, machines notamment) s'échangeant sur le marché ».

La production est ainsi une activité sociale, excluant les travaux individuels réalisés pour soi-même. En outre, la relation au marché est déterminante, la production étant soit destinée à être vendue, soit réalisée avec des facteurs de production venant du marché. Cette double référence au marché permet à l'Insee de distinguer la production marchande et la production non marchande :
- **production marchande** : production des biens et des services destinée à être vendue sur un marché ;
- **production non marchande** : services gratuits ou quasi gratuits réalisés avec des facteurs de production obtenus sur le marché.

Par exemple, les services d'enseignement de l'Éducation nationale sont une production car ils sont réalisés à l'aide de salariés rémunérés. De façon plus générale, les administrations produisent des **services non marchands**.

Travail domestique
Activité de production de biens et de services pour son usage personnel ou privé (famille, amis, etc.).

Production (sens de l'Insee)
Activité économique socialement organisée consistant à créer des biens et des services s'échangeant habituellement sur le marché ou obtenus à partir des facteurs de production (travail, machines notamment) s'échangeant sur le marché.

Production marchande
Production des biens et des services destinée à être vendue sur un marché.

Production non marchande
Services gratuits ou quasi gratuits réalisés avec des facteurs de production obtenus sur le marché.

En comptabilité nationale, tous les biens matériels sont considérés comme marchands (les biens non marchands, comme les produits de jardins familiaux, ne sont pas une production économique). En revanche, les services peuvent être marchands (publicité par exemple) ou non marchands (défense nationale). Certains services sont parfois marchands, parfois non marchands (santé, enseignement).

L'activité productive et ses résultats

L'activité productive consiste à combiner différents éléments, appelés **facteurs de production** (travail, machines), en choisissant la meilleure combinaison possible.

La **combinaison productive (des facteurs de production)** dépend de la rareté relative des facteurs et de leur coût. Par exemple, dans un pays où les capitaux sont rares et la main-d'œuvre abondante, les entreprises développeront des activités utilisant peu de machines et beaucoup de travail. Lorsque dans certaines activités, on remplace les hommes par des machines, on substitue du capital au travail (**substitution capital-travail**).

Facteurs de production
Ensemble des éléments qui sont combinés durant l'activité économique pour produire des biens et des services (travail et capital).

Combinaison productive
Choix par le chef d'entreprise d'une certaine quantité de chaque facteur de production pour réaliser sa production.

L'activité productive permet de réaliser la production de **biens économiques**. Les biens économiques sont des biens rares ou des productions de l'homme. Les facteurs de production étant rares, les biens économiques le sont aussi. Ils s'opposent donc aux **biens libres**, qui sont des biens disponibles en abondance, aucun travail n'étant nécessaire pour en bénéficier (air, soleil, eau parfois). Les préoccupations écologiques tendent cependant à montrer qu'il s'agit de moins en moins de biens libres.

On peut classer les biens économiques en plusieurs typologies.
La première distingue les biens matériels et les biens immatériels :
– **biens matériels** : biens ayant une réalité physique, palpable et pouvant être stockés ;
– **biens immatériels ou services** : biens non palpables et non stockables dont la production et la consommation sont réalisées simultanément ; une réparation automobile, une coupe de cheveux, une consultation médicale ou une projection de film sont des services marchands destinés aux ménages. La publicité, le travail temporaire, les conseils juridiques et fiscaux sont des services marchands destinés aux entreprises.

Une autre typologie distingue les **biens de consommation**, qui peuvent être **durables** (équipement électroménager, automobile) ou **non durables**, et les **biens de production** (machines, bâtiments, énergie, matières premières, services rendus par une entreprise à une autre entreprise). La notion de **biens d'équipement** correspond, pour l'Insee, aux produits industriels destinés à équiper les entreprises (biens d'équipement, comme les machines) ou les ménages (les biens d'équipement des ménages correspondent aux biens de consommation durables, comme l'automobile).

➲ Comment mesure-t-on la production d'une entreprise ?

Production en volume et production en valeur

La production d'une entreprise peut être mesurée en volume ou en valeur.

Prenons l'exemple de la production d'une entreprise fabriquant des téléviseurs. Elle a produit 100 000 téléviseurs au prix moyen de 250 euros.
Production en volume : 100 000 téléviseurs.
Production en valeur :
100 000 × 250 = 25 millions d'euros.

La **production en volume** désigne une production mesurée par des unités physiques. Si l'entreprise produit d'autres biens, il sera impossible de mesurer sa production en volume. Il faut alors trouver une unité de mesure commune pour additionner des productions différentes. Cette unité de mesure commune, c'est le prix des différentes productions. Elle permet donc d'obtenir une **production en valeur**.

> **Production en volume**
> Production mesurée par des unités physiques ; mais aussi, production mesurée en monnaie constante, c'est-à-dire en éliminant l'effet de l'inflation sur la hausse de la valeur de la production.

On peut aussi mesurer une évolution de la production en valeur et en volume. Supposons que la production en valeur de l'entreprise de téléviseurs ait augmenté de 20 %. Elle est donc passée à 30 millions d'euros. Mais peut-on en déduire que la production en volume se soit accrue de 20 % ?

C'est le cas si le prix moyen d'un téléviseur est resté le même. Si, en revanche, le prix a augmenté, la production en volume n'a pas pu s'accroître de 20 %. À la limite, si le prix moyen du téléviseur est désormais de 300 euros, la production en volume est restée constante.

On peut aussi rencontrer des situations où la production en valeur augmente tandis que la production en volume diminue (si le prix augmente).

L'expression « production en volume » a cependant une autre signification et il est important de bien distinguer les deux phénomènes. La production en volume peut représenter une valeur (une somme d'argent) exprimée en monnaie constante.

Dans ce deuxième cas, la distinction production en valeur/production en volume correspond à la distinction production mesurée en valeur à prix courants/production mesurée en valeur (et non en quantités physiques) à prix constants.

Chiffre d'affaires et valeur ajoutée

Le chiffre d'affaires représente le montant total des ventes réalisées par une entreprise au cours d'une année.

Chiffre d'affaires
Montant total des ventes de l'entreprise durant une période.

Le chiffre d'affaires ne mesure ainsi que la production qui est vendue par l'entreprise. Les ventes peuvent être très différentes de la production effectivement réalisée (existence d'invendus, de stocks, par exemple).

Le chiffre d'affaires est un indicateur qui permet de comparer les entreprises d'un même secteur. Toutefois, il ne correspond pas réellement à la contribution économique d'une entreprise à la production nationale. Par exemple, une entreprise commerciale vend la production d'autrui et sa marge correspond au chiffre d'affaires (hors taxe) diminué du coût d'achat des marchandises vendues.

C'est la valeur ajoutée d'une entreprise, c'est-à-dire la valeur de sa production diminuée de la valeur de ses consommations intermédiaires (matières premières, électricité, produits semi-finis, etc.), qui mesure sa contribution à la production totale de l'économie.

Comment mesure-t-on la production d'une économie ?

Pour mesurer la production annuelle d'une économie, c'est-à-dire les richesses nouvelles créées par les agents économiques, il faut additionner les valeurs ajoutées de chaque unité de production.

Valeur ajoutée
Différence entre le chiffre d'affaires de l'entreprise et la valeur des biens et services achetés à d'autres entreprises (consommations intermédiaires).

Prenons l'exemple d'une fabrique de planches et d'une fabrique de meubles. La première vend des planches pour 200 000 euros à la seconde. Celle-ci, à son tour, fabrique des meubles qu'elle vend à sa clientèle pour 1 million d'euros. Quelle est la production totale ? On pourrait additionner les productions des deux entreprises, soit 1,2 million d'euros. Mais les planches seraient alors comptées deux fois, une fois comme bois brut, une fois dans les meubles. Pour éviter ce double emploi, on évalue la production de la deuxième entreprise en ne retenant

que ce qu'elle a ajouté elle-même aux matières premières (le bois) achetées à la première entreprise.
On ne comptabilise sa contribution qu'en mesurant sa « valeur ajoutée », c'est-à-dire la valeur totale des meubles diminuée de la valeur des produits utilisés. Soit, 1 000 000 – 200 000 = 800 000 euros.
On retrouve ainsi la production totale de 1 million d'euros (200 000 pour la fabrique de planches et 800 000 pour l'entreprise de meubles).
La production d'une économie est donc égale à la somme des valeurs ajoutées de toutes les entreprises. Cette production totale est appelée produit intérieur brut par la comptabilité nationale.

PIB = somme des valeurs ajoutées

Le PIB se décompose en PIB marchand et PIB non marchand, le PIB non marchand regroupant les productions non marchandes de l'économie. Comme il n'existe aucun prix pour ces productions, elles sont mesurées par leur coût total de production. Le PIB d'une économie exclut donc l'autoconsommation des ménages (jardins familiaux par exemple) et le travail domestique.

Un certain nombre de productions échappent à l'enregistrement statistique dans les comptes de l'économie. Le baby-sitting d'un étudiant, la réfection d'un appartement sans facture ou le commerce de stupéfiants constituent des activités productives qui participent à l'activité économique (elles créent des revenus).

On appelle alors **économie souterraine** ou **économie non officielle** les activités de production suivantes :
– les activités productives licites et non déclarées ; il s'agit du **travail au noir** (travail non déclaré afin d'éviter les prélèvements fiscaux et sociaux ainsi que certaines contraintes réglementaires) ;
– les activités illicites productrices de biens ou de services (trafics de drogue, ventes d'alcools prohibés, vols commis par les salariés).

Économie souterraine
Ensemble des activités de production, licites ou illicites, qui ne font pas l'objet d'un enregistrement statistique dans les comptes de l'économie (PIB).

Certaines activités illicites (cambriolages, racket) ne font pas partie de l'économie souterraine (ou encore **économie parallèle**) car elles constituent non des activités de production mais des transferts de revenus et de capital.

Lire aussi » **Capital - Croissance - Valeur ajoutée**

Productivité

La productivité est un phénomène apparemment mystérieux qui figure parmi les mécanismes les plus importants de l'économie. D'une façon générale, elle met en rapport une production et les facteurs qui y ont contribué. Produire davantage en utilisant les mêmes quantités de travail et de capital représente ainsi une augmentation de la productivité qui va bénéficier à toute l'économie. La productivité est ainsi au cœur de la dynamique économique.

SOMMAIRE

- Qu'est-ce que la productivité ?
- À quoi sert la productivité ?
- Comment obtient-on des gains de productivité ?

Qu'est-ce que la productivité ?

On peut définir la **productivité** d'une façon très générale comme un rapport entre une production et les facteurs (travail, capital notamment) mis en œuvre pour la réaliser. On peut alors calculer la productivité d'un salarié, d'un atelier, d'une entreprise, d'une économie.

Productivité
Rapport entre une production et les facteurs de production mis en œuvre pour la réaliser.

On s'intéresse souvent à la productivité du travail, mais d'autres productivités peuvent être mesurées.

La productivité du travail

La **productivité du travail** repose sur une comparaison entre une production donnée et la quantité de travail nécessaire à cette production.

Productivité du travail
Rapport entre la valeur ajoutée et la quantité de travail nécessaire, celle-ci étant représentée soit par les effectifs employés soit par le nombre total d'heures travaillées.

Par exemple, si 5 000 salariés produisent chaque année dans une usine 100 000 véhicules, la productivité du travail sera :

$$\frac{100\ 000}{5\ 000} = 20 \text{ véhicules par salarié.}$$

On définit ainsi une **productivité physique du travail** car le numérateur, la production, est mesuré en unité physique.

$$\text{productivité physique du travail} = \frac{\text{quantité de production}}{\text{quantité du facteur travail}}$$

La notion de **rendement** est aussi souvent utilisée pour mesurer et présenter la productivité physique d'un facteur de production (travail, capital, terres), c'est-à-dire la quantité de production réalisée par une unité du facteur. On peut ainsi calculer le rendement d'un salarié (nombre de pièces réalisées par un salarié ou nombre de pièces réalisées pendant une heure de travail), le rendement d'une machine (nombre de pièces réalisées pendant une heure de fonctionnement de la machine) ou le rendement d'une terre (nombre de quintaux de blé à l'hectare).

Pour établir des comparaisons, on préfère cependant utiliser la **productivité en valeur** du travail. Dans la productivité en valeur, la production est mesurée en valeur, c'est-à-dire en termes monétaires et non plus en termes physiques (quantités produites).

$$\text{productivité en valeur du travail} = \frac{\text{valeur de la production}}{\text{quantité du facteur travail}}$$

Pour calculer la productivité d'une entreprise, qui produit en général des biens de valeur différente, on exprime la valeur de la production par la valeur ajoutée de cette entreprise et non par son chiffre d'affaires (montant des ventes). Utiliser la notion de valeur ajoutée est préférable car il s'agit de ce qui est véritablement ajoutée aux consommations intermédiaires (produits semi-finis par exemple) grâce aux facteurs de production.

$$\text{productivité en valeur du travail} = \frac{\text{valeur ajoutée}}{\text{quantité du travail utilisé}}$$

Comment mesurer cette quantité de facteur travail ? On peut la mesurer par les effectifs employés. On obtient ainsi la **valeur ajoutée par tête** :

$$\text{productivité du travail ou valeur ajoutée par tête} = \frac{\text{valeur ajoutée}}{\text{effectifs employés}}$$

Cette définition ne tient pas compte toutefois de la durée du travail qui varie selon les individus. On préfère alors mesurer la **productivité horaire du travail**.

$$\text{productivité horaire du travail} = \frac{\text{valeur ajoutée}}{\text{nombre d'heures travaillées}}$$

Cette définition, qui est celle de l'Insee, peut d'ailleurs être remplacée par une autre, le nombre d'heures travaillées étant égal à la durée individuelle moyenne du travail multipliée par les effectifs.

$$\text{productivité horaire du travail} = \frac{\text{valeur ajoutée}}{\text{effectifs} \times \text{durée moyenne du travail}}$$

Dans le calcul de la productivité, numérateur et dénominateur sont mesurés pour une même période (un mois, une année).

Productivité du capital et productivité globale des facteurs

Deux entreprises ayant des effectifs et une valeur ajoutée identiques ont la même productivité du travail. Mais si la première a des équipements et des machines plus modernes et plus performantes que la seconde, il est évident que les salariés ne travaillent pas de la même façon dans les deux entreprises. Dans la seconde, leurs efforts, l'intensité de leur tâche doivent être beaucoup plus importants.

Cet exemple montre que la productivité des salariés et la productivité des machines sont inséparables. Ce sont les machines plus performantes de la première entreprise qui expliquent la productivité du travail.

Mesurer la seule productivité du travail donne une vision partielle de l'efficacité du facteur travail. C'est pourquoi l'Insee parle d'une **productivité « apparente »** du travail.

L'Insee calcule ainsi une **productivité** (apparente) **du capital** :

$$\text{productivité du capital} = \frac{\text{valeur ajoutée}}{\text{capital fixe}}$$

> **Productivité du capital**
> Rapport entre la valeur ajoutée et le stock de capital.

Le stock de capital fixe correspond au stock d'équipements et de machines (hors bâtiments).

Comme un facteur n'est productif que grâce aux autres facteurs, l'Insee calcule aussi une productivité totale, appelée **productivité globale des facteurs** et calculée comme une moyenne particulière des productivités apparentes.

Qu'est-ce que la productivité marginale d'un facteur ?

La théorie microéconomique, qui décrit et analyse les comportements individuels des agents économiques que sont les consommateurs et les producteurs (les entreprises), emploie souvent l'expression de productivité marginale. La productivité marginale du travail, par exemple, se définit comme la production supplémentaire qui provient du dernier salarié embauché. Il suffit alors de le rémunérer à un niveau de salaire égal à cette productivité marginale (c'est-à-dire la production supplémentaire). Si l'entreprise le rémunère davantage, elle perd de l'argent. L'analyse microéconomique déduit de cette constatation que l'ensemble des salariés doit recevoir cette même rémunération.

Productivité marginale
Production supplémentaire d'une entreprise liée à l'utilisation d'une unité supplémentaire d'un facteur de production (une machine, un salarié).

À quoi sert la productivité ?

La productivité dans l'entreprise

Deux mécanismes bien différents peuvent jouer dans une entreprise. Les économies d'échelle et les gains de productivité. Pour réaliser des économies d'échelle, l'entreprise cherche à augmenter les quantités produites afin de bénéficier d'une diminution des coûts de production unitaires (meilleure répartition des charges fixes par exemple). L'amélioration de la productivité peut, en revanche, être obtenue sans pour autant accroître l'échelle de production, c'est-à-dire les quantités produites.

Exemple d'amélioration de la productivité

- L'année 1, 5 000 salariés produisent, dans une usine, 100 000 véhicules.
- L'année 2, la concurrence oblige l'usine à augmenter sa productivité de 25 %. La productivité par tête doit donc passer de 20 véhicules par salariés à 25 véhicules.
  L'usine dispose de plusieurs solutions :

1) Produire la même quantité de véhicules, soit 100 000, avec moins de salariés.
Pour obtenir la nouvelle productivité, elle ne doit employer que 4 000 salariés.

$\frac{100\,000}{4\,000}$ = 25 véhicules par salarié.

2) Conserver le même nombre de salariés, mais produire désormais 125 000 véhicules.

En effet : $\frac{125\,000}{5\,000}$ = 25 véhicules par salarié.

3) Trouver une combinaison entre Q (nombre de véhicules) et E (effectifs) telle que :

$\frac{Q}{E} = 25$.

Augmenter la productivité consiste ainsi à produire davantage avec la même quantité de facteurs, ou bien à produire autant (ou moins) avec une moindre quantité de facteurs. Dans la première hypothèse, l'amélioration de la productivité peut s'expliquer par la réalisation d'économies d'échelle.

L'amélioration de la productivité dans une entreprise permet de créer des revenus supplémentaires. Prenons la productivité horaire du travail. Si celle-ci augmente, cela signifie, par exemple, que le même nombre d'heures de travail produit une valeur ajoutée plus importante. Comme le coût du travail ne se modifie pas (on n'embauche pas et on n'augmente pas la durée du travail), l'entreprise réalise un gain, appelé **gain de productivité**.

Gain de productivité
Ressource supplémentaire obtenue par une entreprise lorsque sa valeur ajoutée augmente plus rapidement (ou diminue moins vite) que le coût des facteurs de production.

Les gains de productivité et leurs utilisations

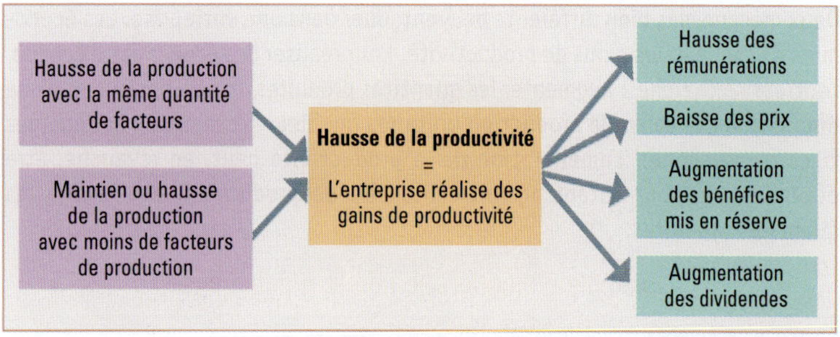

Les gains de productivité, liés à l'amélioration de l'**efficacité** des facteurs de production, représentent donc une ressource supplémentaire que l'entreprise peut répartir entre plusieurs bénéficiaires : les salariés (on augmente leur rémunération), les consommateurs (on baisse les prix), l'entreprise elle-même (accroissement des bénéfices non distribués) ou ses propriétaires (hausse des dividendes).

Les gains de productivité dans l'économie

Les études économiques s'intéressent moins au niveau de la productivité qu'à son évolution entre deux dates. On cherche à mesurer les progrès de la productivité dans un secteur ou dans l'économie et on utilise les taux de croissance annuels de la productivité. Au niveau de l'économie dans son ensemble, les gains de productivité se situent au cœur de la dynamique de la croissance à long terme.

Productivité et croissance économique

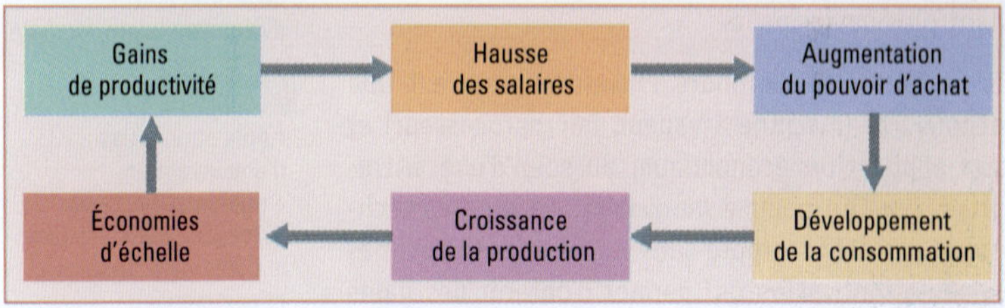

Ce schéma caractérise la période des Trente Glorieuses en France. Les gains importants de productivité ont permis d'améliorer le niveau de vie des individus et une consommation de masse s'est développée autour des biens durables (l'automobile, par exemple). Production de masse et consommation de masse se sont alors mutuellement entraînées, dans un cercle vertueux. Ce phénomène a été appelé « fordisme », par référence à la pratique d'Henry Ford au début du siècle qui doubla le salaire de ses ouvriers (le *five dollars day*) afin qu'ils achètent leurs propres productions. À plus court terme, la productivité connaît de fortes variations selon un mécanisme appelé « **cycle de productivité** ». Lorsque l'activité ralentit, par exemple, les entreprises ne licencient pas immédiatement et préfèrent, dans l'attente d'une reprise, conserver leur personnel. Il en découle une baisse de la productivité. Si la mauvaise conjoncture persiste, elles ajusteront dans un deuxième temps leurs effectifs au niveau réduit de production et licencieront (remontée de la productivité). De la même façon, une accélération de la croissance incite les entreprises à accroître l'efficacité des salariés en place (hausse de la productivité grâce à une meilleure utilisation des machines par exemple) avant d'embaucher. Le cycle de productivité traduit le retard de l'adaptation des facteurs de production aux variations de la demande.

Comment obtient-on des gains de productivité ?

Le **progrès technique** est l'un des principaux facteurs d'amélioration de la productivité. Il désigne le développement et le perfectionnement des moyens de production, les équipements et les machines devenant plus performants.

Il ne faut pas confondre l'**invention**, qui est une découverte (machine à vapeur, microprocesseur) et son application économique, au sein d'une entreprise, que l'on nomme **innovation**. Le progrès technique, qui est incorporé dans les machines, n'est pas la seule innovation qui permet d'obtenir des gains de productivité. L'économiste autrichien Joseph **Schumpeter** a ainsi montré, au début du siècle, que l'innovation, qui est mise en œuvre par l'entrepreneur, peut prendre plusieurs formes comme le progrès technique, l'ouverture d'un nouveau débouché, la fabrication d'un produit nouveau, ou encore, la mise en œuvre d'une nouvelle méthode d'organisation de la production.

Progrès technique
Ensemble des éléments qui permettent d'améliorer les méthodes de production et d'accroître la productivité.

Innovation
Application réussie d'une invention, d'une découverte ou d'une idée nouvelle dans le domaine économique et commercial.

Ainsi, l'organisation du travail peut aussi permettre, comme le montrent les pratiques de Taylor et de Ford, d'accroître la productivité. Lorsqu'il s'accompagne de gains de productivité, le progrès technique mis en œuvre dans les entreprises est souvent à l'origine de restructurations et de licenciements. La machine supprime, en effet, le travail de l'homme, puisqu'elle est conçue dans ce but. L'histoire économique a cependant montré que, jusqu'à présent, les effets du progrès technique sur l'emploi étaient, à long terme, favorables.

Lire aussi » Coût - Production - Travail - Question d'actualité 1 p. 33

Profit

Très souvent utilisée, la notion de profit n'a pas de définition précise. Le profit correspond approximativement aux recettes de l'entreprise qui ne sont pas utilisées pour acheter les consommations intermédiaires (matières premières, énergie, produits semi-finis, etc.) et pour rémunérer les salariés.

SOMMAIRE

- Les résultats de l'activité de l'entreprise
- Le profit et le financement de l'entreprise

Les résultats de l'activité de l'entreprise

L'activité productive et commerciale de l'entreprise lui procure un **profit**, des fonds, des ressources monétaires, appelés **produits**, liés aux ventes de biens et services. En contrepartie, des fonds ont dû être utilisés pour produire et commercialiser ces biens et services. Ces utilisations des fonds sont appelées **charges** (achats de marchandises, paiement des salaires, électricité, etc.).

Les amortissements, qui représentent la dépréciation (usure, obsolescence) du matériel de production, sont par exemple des charges (**dotation aux amortissements**).

Le **compte de résultat** de l'entreprise retrace l'ensemble des charges et des produits. La différence entre les produits et les charges correspond au **résultat net** de l'entreprise. Il s'agit d'un **bénéfice** si les produits sont supérieurs aux charges et d'une **perte** dans le cas contraire.

Profit
Revenus de l'entreprise qui vont permettre de rémunérer ses propriétaires (bénéfices distribués) ou qui vont constituer de nouveaux moyens de financement pour l'entreprise.

Compte de résultat
Document comptable de l'entreprise retraçant les produits et les charges liés à son activité durant une année.

Bénéfice
Revenu de l'entreprise, déduction faite de l'ensemble des charges.

résultat net = produits – charges

Ce bénéfice, qui peut être assimilé au profit de l'entreprise, a trois utilisations. Une partie est destinée à l'**impôt sur les bénéfices** (impôt sur les sociétés ou IS).

Si par exemple le **bénéfice (imposable)** est de 500 000 euros tandis que le taux de l'impôt sur les bénéfices est de 40 %, le montant de l'IS sera : 500 000 × 0,4 = 200 000 euros.

Après paiement de cet impôt, les dirigeants de l'entreprise ont le choix d'affecter le bénéfice restant (300 000 euros dans notre exemple) aux propriétaires ou à l'entreprise elle-même. Dans le premier cas, on parle de **bénéfices distribués**. Ce sont par exemple les dividendes versés aux actionnaires. Les bénéfices distribués peuvent être assimilés au profit des propriétaires de l'entreprise. Dans le deuxième cas (**bénéfices non distribués**), une partie du profit de l'entreprise est mis en « **réserve** » ; elle permettra de financer de nouveaux investissements.

Le profit et le financement de l'entreprise

Grâce aux profits non distribués aux propriétaires, l'entreprise peut financer ses investissements et son développement. Mais elle dispose aussi d'autres ressources internes qui n'apparaissent pas dans les bénéfices non distribués.

Le compte de résultat de l'entreprise détermine son bénéfice (si le résultat est positif), mais il s'agit d'un **bénéfice net** dont on a déduit les amortissements. L'entreprise a en effet la possibilité de déduire de son bénéfice (avant calcul de l'impôt) des sommes qui correspondent au renouvellement de ses équipements. Elle inscrit ces amortissements comme une charge, mais ce n'est pas une dépense réelle. Les sommes figurant dans la « dotation aux amortissements » viennent s'ajouter au bénéfice non distribué. Le total de ces deux éléments représente le montant disponible de ressources internes que l'entreprise va pouvoir utiliser. Ce montant total s'appelle l'**autofinancement**.

Autofinancement
Moyens de financement obtenus au sein même de l'entreprise grâce à son activité (bénéfices non distribués aux actionnaires et dotations aux amortissements).

autofinancement = bénéfices non distribués + amortissement

On trouve souvent la notion de **capacité d'autofinancement,** ou ses synonymes comme **marge brute d'autofinancement (MBA)** ou encore ***cash-flow***. Celle-ci désigne la capacité bénéficiaire de l'entreprise, c'est-à-dire l'ensemble des **ressources internes** dont elle pourrait à la limite disposer pour financer son activité. La capacité d'autofinancement ajoute ainsi à l'autofinancement les bénéfices distribués aux propriétaires, puisque les dirigeants pourraient faire le choix de mettre en réserve pour l'entreprise elle-même l'ensemble des bénéfices.

capacité d'autofinancement = autofinancement + bénéfices distribués

On peut, en définitive, récapituler les ressources internes de l'entreprise (par opposition aux ressources externes comme les emprunts ou les augmentations de capital souscrites par les actionnaires) par le schéma suivant :

Les ressources de l'entreprise

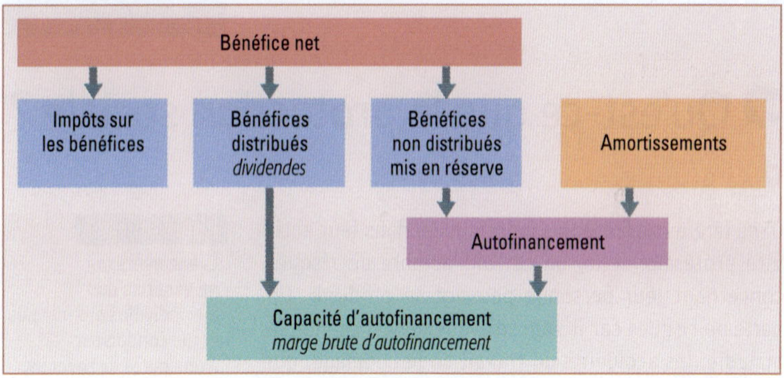

Les profits réalisés par l'entreprise constituent une source de financement. Mais les profits représentent aussi un indicateur de la **performance** d'une entreprise. Celle-ci se mesure avec la **rentabilité**. La rentabilité met en relation les capitaux engagés dans une entreprise et les profits réalisés. La rentabilité est le rapport entre les résultats et les capitaux mis en œuvre pour l'obtenir. On calcule ainsi la **rentabilité économique** d'une entreprise lorsque l'on prend en compte la totalité des capitaux mis en œuvre (capitaux propres et capitaux empruntés).

$$\text{rentabilité économique} = \frac{\text{résultats avant paiement des intérêts}}{\text{ensemble des capitaux}}$$

Lire aussi » **Coût - Entreprise - Valeur ajoutée**

Protection sociale

Protection sociale, sécurité sociale, assurances sociales sont des notions très proches qui désignent les mécanismes mis en place dans de nombreux pays occidentaux après la Seconde Guerre mondiale, afin d'assurer des ressources régulières aux individus placés dans des circonstances particulières (maladie, chômage, retraite, etc.). L'organisation de la protection sociale connaît de grandes différences selon les pays.

SOMMAIRE

→ Qu'est-ce que la protection sociale ?

→ Cotisations et prestations sociales

→ Le système de protection sociale en France

→ Économie de la protection sociale

Qu'est-ce que la protection sociale ?

Définition

Dans la vie courante des individus ou dans leur activité professionnelle, un certain nombre de **risques** concernant leur personne peuvent se produire. On parle de risques car il s'agit d'événements, comme la maladie, les accidents du travail ou le chômage, qui interviennent brutalement et qui ne sont pas dus aux individus eux-mêmes. La réalisation de ces risques, qui entraîne des pertes de revenus, peut donc toucher n'importe quel individu.

Risques sociaux
Événements qui ne sont pas dus aux individus eux-mêmes et qui conduisent à une perte de revenus.

Comme il est apparu injuste que le hasard pénalise des individus qui n'étaient pas responsables de ce qu'il leur arrivait, l'idée d'une **solidarité** entre toutes les personnes s'est peu à peu imposée à partir de la fin du XIXe siècle. Des mécanismes se sont donc mis progressivement en place afin que ces individus reçoivent des ressources de remplacement. Ce principe de solidarité s'est ensuite étendu à d'autres événements de la vie courante qui n'étaient pas, à proprement parler, des risques, mais qui se traduisaient eux aussi par des pertes de ressources (maternité, famille nombreuse, retraite et vieillesse).

La **protection sociale** désigne ainsi l'ensemble des institutions et des mécanismes, fondés sur l'idée d'une solidarité nationale, qui garantissent des ressources aux individus placés dans des circonstances particulières (maladie, accident, chômage, maternité, famille, vieillesse).

L'expression de **Sécurité sociale** est synonyme de protection sociale mais elle désigne plus spécifiquement les organismes et les institutions qui gèrent la protection sociale. La notion d'**assurance sociale**, dont l'origine remonte aux premières lois françaises sur les assurances sociales de 1928 et 1930, correspond aussi à la protection sociale mais elle met plutôt l'accent sur les mécanismes (les lois, la réglementation qui organisent le versement de ressources et décident des prélèvements). Enfin, l'État-providence est une notion d'origine historique qui désigne aussi le système de protection sociale.

La notion de « **modèle social** » désigne l'ensemble des règles et des institutions organisant la protection sociale des individus et le marché du travail (niveau des garanties du droit du travail notamment). Le modèle social français allie une protection sociale de niveau élevé et un marché du travail fortement réglementé.

Protection sociale
Institutions et mécanismes, fondés sur le principe d'une solidarité nationale, qui garantissent des ressources aux individus placés dans des circonstances particulières (maladie, vieillesse, etc.).

Sécurité sociale
Ensemble des organismes et des institutions qui gèrent la protection sociale.

Assurance sociale
Système d'assurance obligatoire reposant sur un principe de solidarité et couvrant les risques sociaux.

Les spécificités de la protection sociale

La notion d'État-providence doit être maniée avec précaution car, en France, la protection sociale est indépendante de l'État (au sens strict de l'administration et des ministères) ainsi que du budget de l'État. En revanche, les organismes de Sécurité sociale constituent, avec l'État et les collectivités locales, ce que l'on nomme les **administrations publiques**. Concrètement, cette indépendance des institutions de protection sociale signifie que ce ne sont pas les impôts qui financent les dépenses de protection sociale (c'est-à-dire les **prestations sociales** versées), mais des prélèvements spécifiques, différents des impôts des agents économiques et qui s'appellent des cotisations sociales. Rappelons que les cotisations sociales et les impôts forment les prélèvements obligatoires.

Cette présentation de la protection sociale doit cependant être quelque peu nuancée car certaines dépenses du budget de l'État (donc financées par l'impôt) correspondent au versement de prestations sociales.

Il s'agit par exemple du **minimum vieillesse** pour les personnes âgées sans ressources ou encore des allocations de chômage destinées à ceux qui n'ont pas versé de cotisations pour bénéficier de l'assurance chômage. Ces dépenses sociales de l'État correspondent au principe de l'**assistance**. La société reconnaît à chacun de ses membres le droit à un minimum de ressources même s'il n'a pas cotisé auparavant.

La plus grande partie du système de protection sociale repose donc sur le principe de l'**assurance** (on verse des cotisations pour recevoir des prestations si certains événements se réalisent). Mais il faut noter quelques différences par rapport au système traditionnel de l'assurance (exemple de l'assurance automobile). Les assurances sociales reposent sur un **principe de solidarité** (il s'agit d'une redistribution des actifs vers les inactifs, des bien-portants vers les malades, etc.), ce qui entraîne deux conséquences : les cotisations sont calculées en fonction des ressources des individus et non d'après le coût du risque (dans le cas contraire, les personnes âgées paieraient des cotisations exorbitantes tandis que les jeunes actifs, moins souvent malades, ne verseraient presque rien) ; les prestations versées sont calculées en fonction de ce coût du risque et non d'après les cotisations payées (dans le cas contraire, un individu ayant peu de revenus et donc de faibles cotisations ne serait guère indemnisé en cas de problème grave).

Assistance

Garantie offerte aux personnes subissant des risques sociaux même si celles-ci n'ont pas cotisé ou ont insuffisamment cotisé, le principe de solidarité reconnaissant à chacun le droit à un minimum de ressources.

Solidarité

Principe de redistribution des revenus de certaines catégories de personnes vers d'autres plus défavorisées.

Les assurances sociales se distinguent donc des assurances traditionnelles qui fonctionnent selon une logique libérale : l'individu doit se garantir volontairement grâce à son épargne contre les risques et il est seul responsable du choix entre la souscription à des assurances ou une autre utilisation de ses revenus. Ceci permet de comprendre alors la contrepartie du principe de solidarité de la protection sociale : le versement des cotisations est obligatoire.

Dans le système de protection sociale, la **couverture des risques**, c'est-à-dire le versement de ressources de remplacement, n'est pas totale. Par exemple, les individus partant à la retraite ne reçoivent pas des pensions mensuelles égales à leurs anciens revenus, mais inférieures. Pour compléter les indemnisations,

les assurés sociaux peuvent souscrire des assurances traditionnelles mais ils peuvent aussi adhérer à des mutuelles qui fonctionnent selon les mêmes principes que la protection sociale.
Pour offrir les différentes prestations, le système de Sécurité sociale dispose de ressources, les cotisations.

Cotisations et prestations sociales

Les cotisations sociales

Les cotisations sociales sont des versements réguliers effectués par les personnes appartenant à un régime de Sécurité sociale. La plus grande partie des cotisations sociales sont des versements réalisés à partir des revenus d'activité des individus (salaires et revenus du travail non salariaux).

Cotisations sociales
Prélèvement obligatoire sur les revenus des agents économiques et qui sert à financer la protection sociale.

Prenons l'exemple des salariés dans une entreprise.
À partir d'un salaire de base appelé salaire brut, les entreprises calculent des cotisations à la charge des salariés (le salaire brut se décompose donc en cotisations salariales et en salaire net) et des cotisations à leur charge propre (cotisations patronales). C'est cependant l'employeur qui verse les deux types de cotisations à l'organisme collecteur de toutes les cotisations qu'est l'Urssaf (Union de recouvrement des cotisations de sécurité sociale et d'allocations familiales).
La plupart des cotisations sont calculées d'après les salaires, mais elles ne sont pas strictement proportionnelles aux salaires puisqu'il existe un « plafond » au-delà duquel on ne prélève pas de cotisations.

Exemple fictif de cotisations salariales

Cotisations pour l'assurance maladie : 3 %. Plafond : 1 800 euros par mois.

- Cotisations versées par un salarié recevant 2 200 euros brut par mois :
1 800 × 0,03 = 54 euros par mois.
- Cotisations versées par un salarié recevant 1 500 euros brut par mois :
1 500 × 0,03 = 45 euros par mois.

Le déplafonnement des cotisations correspond alors à l'augmentation du plafond (les cotisations augmentent donc). Une partie des cotisations sont en outre déplafonnées puisqu'elles sont calculées sur la totalité du salaire brut.

Les principales prestations sociales

Les **allocations familiales** sont des prestations versées mensuellement à tous les ménages qui ont au moins deux enfants à charge de moins de 20 ans. Depuis 2014, les allocations familiales, qui étaient versées auparavant sans condition de ressources, sont modulées selon les revenus des ménages.

Les **prestations sociales** en matière de santé sont de deux sortes puisqu'elles correspondent d'une part à des indemnités journalières compensant la perte de revenus (il s'agit de versement en espèces que reçoit l'employeur pour maintenir le salaire de son employé malade) et d'autre part à des remboursements des dépenses de santé (versements en nature pour le médecin, les médicaments, l'hôpital, etc.). Les prestations sociales ne couvrent pas toujours la totalité des dépenses de santé puisqu'une partie de celles-ci reste à la charge de l'assuré (c'est le « **ticket modérateur** » que peuvent d'ailleurs rembourser les mutuelles).

> **Prestations sociales**
> Versements fournis à toute personne assujettie à un organisme de Sécurité sociale lors de la réalisation d'un risque couvert (maladie, retraite, invalidité, chômage, etc.).

L'**indemnisation du chômage** comprend deux éléments : une **allocation de base** pour les chômeurs qui ont cotisé au régime de l'assurance chômage et des allocations (régime de la solidarité nationale) pour ceux qui n'ont pas cotisé ou qui ont épuisé leurs droits. L'ensemble de ces prestations était géré par des organismes régionaux appelés **Assedic** (Associations pour l'emploi dans l'industrie et le commerce), regroupés au niveau national dans l'**Unedic** (Union nationale pour l'emploi dans l'industrie et le commerce). C'est désormais Pôle emploi qui assure cette gestion.

Les **retraites**, appelées aussi **pensions**, sont des prestations versées tous les mois aux personnes ayant cessé leur activité professionnelle et remplissant certaines conditions (âge, durée de cotisation par exemple). Les retraites sont d'un montant moins élevé que les revenus d'activité. On appelle **taux de remplacement** le rapport de la pension au salaire de référence (celui qui sert de base au calcul de la retraite). Selon les pays, les systèmes de retraites sont organisés selon deux modalités différentes (qui peuvent coexister) ; il s'agit des **retraites par répartition** (cas de la France) et des **retraites par capitalisation**.

> **Retraites par répartition**
> Système dans lequel les retraites des inactifs sont financées par les cotisations des actifs.

> **Retraites par capitalisation**
> Système dans lequel la retraite ou une partie de la retraite est financée par l'épargne accumulée par la personne retraitée.

Dans le premier système, les pensions sont directement financées par les cotisations payées au même moment par les personnes actives. On répartit donc les cotisations de l'assurance-vieillesse entre tous les « ayant-droits », c'est-à-dire les retraités. Il est donc important de connaître la proportion d'actifs qui cotisent par rapport aux inactifs retraités. C'est le **rapport démographique** :

$$\text{rapport démographique} = \frac{\text{nombre d'actifs occupés}}{\text{nombre d'inactifs retraités}}$$

Dans un système de **capitalisation**, chaque actif épargne lui-même afin de constituer des ressources pour sa période de retraite. Face aux difficultés futures des régimes de retraite, un système de retraite par capitalisation permet d'assurer un complément pour chaque actif qui le souhaite. Celui-ci épargne donc durant sa vie active. Cette épargne, qui bénéficie d'avantages fiscaux, est confiée à des « **fonds de pension** » chargés de la gérer prudemment sur les marchés financiers.

Le système de protection sociale en France

Si les premières grandes **lois sociales** datent des années 1930, c'est en 1945, à la Libération, qu'est créée la Sécurité sociale pour l'ensemble de la population. Cependant, la généralisation de toutes les prestations à tous les individus ne se fera que progressivement. La Sécurité sociale relève toutefois d'une organisation très complexe faite d'une multitude de « **régimes** », c'est-à-dire d'organismes spécialisés dans un type de prestations pour certaines catégories (les salariés, les marins, les agriculteurs, etc.). Le régime le plus important est le **régime général des salariés**, qui regroupe les deux tiers des cotisants.

L'ensemble des cotisations et des prestations sont toutefois regroupées dans un compte de la Sécurité sociale où peut apparaître un déficit (prestations supérieures aux cotisations) lié essentiellement aux retraites et aux dépenses de santé. La Sécurité sociale, prise globalement, a toujours tendance à être, de nos jours, déficitaire. Cette évolution, qui résulte surtout de la croissance des dépenses de retraites et de santé, a nécessité des réformes successives qui s'inscrivent toutes dans la même direction (hausse des cotisations, allongement de la durée de cotisation pour la retraite, maîtrise des dépenses de santé).

Proposée en 2019 et présentée au Parlement en 2020, la réforme du système français de retraite est sans commune mesure avec les réformes déjà mises en œuvre à quatre reprises depuis 1993 et qui visaient toutes à rétablir l'équilibre des comptes, principalement en allongeant l'âge du départ à la retraite et en désindexant les pensions des hausses de salaires pour les aligner seulement sur l'inflation. Dans un contexte où l'équilibre du régime des retraites n'est menacé ni à court ni à moyen terme, le gouvernement lance une réforme très profonde qui se caractérise par trois éléments principaux. C'est d'abord la fusion de tous les régimes de retraite existants (42 jusqu'alors) et la suppression de la quasi-totalité des régimes spéciaux donnant des avantages supplémentaires à leurs retraités (SNCF, RATP principalement). Le deuxième volet vise à transformer le calcul des retraites afin d'obtenir un système identique pour tous. Dans la cadre d'un système par répartition, les individus accumuleraient des « points de retraite » durant leur vie professionnelle et, au moment de leur retraite, les points seraient convertis en euros (actuellement, le montant des retraites dépend du nombre de trimestres cotisés). Ce système par points sera alors dépendant de la valeur du point à la date du départ à la retraite. Enfin, il est envisagé de retarder de fait (de 62 ans à 64 ans) l'âge de départ en instaurant une pénalité pour ceux qui partiraient entre ces deux dates.

Le financement de la solidarité

La protection sociale couvre la quasi-totalité des individus contre les différents risques. Lorsque certains risques ne sont plus pris en compte par la protection sociale, on sort de la logique de l'assurance pour rentrer dans celle de l'assistance ou de la « solidarité nationale » (financée par le budget de l'État, c'est-à-dire par la solidarité de la collectivité dans son ensemble). Plusieurs exemples le montrent : les personnes âgées sans ressources et les retraités dont la pension se situe en dessous d'un certain seuil minimum reçoivent le minimum vieillesse ; les chômeurs qui ne peuvent plus recevoir les allocations chômage perçoivent une **allocation de solidarité**, puis lorsque celle-ci cesse, le **RSA (revenu de solidarité active)**. On peut aussi citer l'**APA (allocation personnalisée pour l'autonomie)** créée récemment pour aider les personnes âgées dépendantes. Un autre exemple de prestation solidarité est la **CMU (couverture maladie universelle)**, mise en place en 2000. Elle accorde un accès totalement gratuit aux soins de santé pour les personnes les plus démunies.

Allocation personnalisée pour l'autonomie (APA)
Allocation attribuée sans conditions de ressources aux personnes âgées de plus de 60 ans qui sont dépendantes.

Cette généralisation de la couverture sociale n'était pas prise en compte jusqu'à une date récente dans le mode de financement de la protection sociale qui reposait principalement sur les cotisations perçues sur les seuls revenus du travail. Dans un souci de justice sociale, une **contribution sociale généralisée (CSG)** a été instaurée en 1990 afin d'obtenir un financement plus large de la Sécurité sociale, son principe étant : « à revenu égal, contribution égale ». Représentant un pourcentage de tous les revenus (revenus d'activité, revenus du patrimoine et revenus de remplacement), la CSG s'assimile à un impôt. Son taux est d'ailleurs décidé par le Parlement. Pour les salariés, il s'agit d'un impôt prélevé à la source, puisqu'il figure sur leur bulletin de paie ; il est retenu par l'employeur. Autre particularité : le produit de la CSG n'est pas affecté au budget de l'État, mais directement aux organismes de Sécurité sociale. La CSG se situe donc entre l'impôt et la cotisation.

Contribution sociale généralisée (CSG)
Prélèvement instauré en 1990 pour obtenir un financement supplémentaire de la protection sociale et qui est devenu par la suite un prélèvement important touchant l'ensemble des revenus, et pas seulement les revenus d'activités.

Pour continuer à financer des prestations qui relèvent de la solidarité nationale, sans pour autant aggraver les charges sociales des entreprises, certains proposent d'instaurer une **TVA sociale**. Il s'agirait ainsi d'augmenter de quelques points le taux de TVA afin que des rentrées fiscales supplémentaires permettent de financer la protection sociale (ou des baisses de charges sociales, comme les allocations familiales que financent les entreprises). La TVA sociale permettrait aussi de faire contribuer les produits importés au financement de la protection sociale tandis que les exportations, exonérées de TVA, verraient leur prix baisser si la TVA se substituait à une part des charges sociales.

Le financement de la dépendance

Les besoins de financement pour couvrir des prestations correspondant à la solidarité nationale vont fortement augmenter dans les prochaines décennies avec la question de la **dépendance,** c'est-à-dire la prise en charge par la protection sociale des dépenses liées à la perte d'autonomie des personnes âgées. Avec l'augmentation de l'espérance de vie et l'arrivée au grand âge des générations nombreuses du baby-boom, le nombre de personnes dépendantes devrait s'accroître fortement, surtout à partir de 2030. L'APA ne suffira pas et si certains prônent la mise en place d'une assurance obligatoire privée, d'autres proposent la création d'une cinquième branche de la Sécurité sociale (après celles créées à la Libération, maladie, retraite, famille et accidents du travail). Elle permettrait que chacun,

Dépendance
Perte d'autonomie des personnes âgées prise en charge par la protection sociale.

sur le principe de la solidarité, ait droit à une compensation de la perte d'autonomie, en lien avec ses besoins et ses ressources mais non avec les cotisations qui devraient être versées au fil du temps pour parer ce risque.

Économie de la protection sociale

La protection sociale a d'abord été analysée comme un instrument de régulation macroéconomique, en contribuant au soutien de la demande en période de ralentissement économique. Cette fonction de stabilisation économique s'intégrait dans les analyses d'inspiration keynésienne. Elle est aussi vue, toujours dans une optique macroéconomique, comme un outil de redistribution et de réduction des inégalités.

Avec la montée du chômage, les premières critiques ont porté sur les effets défavorables de prélèvements obligatoires élevés (coût du travail lié à l'importance des charges sociales). Plus récemment, les questions autour des retraites et des dépenses de santé ont nourri les débats sur l'économie de la protection sociale, toujours d'un point de vue macroéconomique (partage solidarité nationale/assurances privées ; rôle de l'État ; etc.).

Mais la protection sociale, et notamment les systèmes de santé, se prêtent aussi à l'application de concepts et de méthodes économiques, ceux de la microéconomie actuelle en particulier. Les biens et les services de santé ne sont pas des biens et des services comme les autres ; ils ne s'échangent pas sur un vrai marché permettant, par le jeu de l'offre et de la demande, de déterminer les prix d'équilibre. Il existe aussi une importante réglementation qui encadre les activités de ce secteur et, dans tous les pays, des acteurs publics comme privés se partagent la gestion de la protection sociale. Néanmoins, ce sont bien des comportements individuels qui expliquent les évolutions que connaît la protection sociale. Dès lors, les outils de la théorie économique peuvent aider à comprendre ces évolutions (analyse dite positive) et à proposer des solutions pour résoudre les difficultés de financement (analyse dite normative). Ainsi, « la santé n'a pas de prix », mais elle a un coût qui croît fortement aujourd'hui avec l'augmentation de l'espérance de vie et le vieillissement.

La santé, avec ses trois grands domaines que sont la médecine de ville (on parle de **soins ambulatoires** pour tous les soins hors hôpitaux), le secteur hospitalier et les médicaments, offre un champ immense aux analyses de l'économie publique (biens collectifs, externalités), à la microéconomie actuelle qui étudie les imperfections du marché (asymétrie d'information, aléa moral) et à des nouveaux domaines de connaissance (économie du risque par exemple, économie expérimentale en « laboratoire »). L'information est ainsi l'un des principaux objets d'études puisque la relation entre le patient et son médecin, ou entre le patient et les organismes de santé, repose sur une asymétrie d'information. Le patient ne dispose pas de l'information lui permettant d'évaluer la pertinence de la prescription médicale, tandis que l'organisme d'assurance ne connaît qu'imparfaitement l'état de santé de cette personne. On retrouve ici la « triade » médicale, définie par Kenneth Arrow au début des années 1960 pour analyser l'économie de la santé, avec le patient, le médecin et l'assureur ou le financeur de la dépense. Les déterminants de la demande et de l'offre de soins font en particulier l'objet de nombreux travaux. En ce qui concerne la demande, le coût des soins n'est pas payé par celui qui décide de les engager (malade ou médecin) mais par l'assurance maladie, si bien que le prix de ces soins, le tarif de la consultation médicale par exemple, ne peut pas jouer pour déterminer le niveau de la demande. Si en revanche le patient finançait lui-même une partie importante de la consultation (forte hausse du ticket modérateur par exemple, sans prise en charge par les mutuelles complémentaires de l'assurance maladie), alors la demande pourrait être en fonction du prix, ce qui ne serait pas forcément souhaitable ni équitable. Par ailleurs, les économistes montrent que ces mécanismes de « responsabilisation » du patient ne peuvent pas vraiment jouer pour les soins hospitaliers.

On comprend donc l'importance des incitations monétaires sur le comportement des individus. Un grand nombre de travaux cherchent ainsi à expliquer les déterminants des pratiques médicales et de l'offre de soins. On sait par exemple que pour un niveau de santé donné d'une population, plus il y a de médecins, plus les dépenses de santé sont importantes. La rémunération de l'activité des hôpitaux est aussi une question importante car si le paiement est forfaitaire, ceux-ci auront tendance à limiter leur activité et à refuser de prendre en charge les patients en trop mauvaise santé. Mais en sens inverse, un paiement « à l'acte médical » ne donne aucune garantie de contrôle des dépenses de santé, les hôpitaux pouvant, à la limite, devenir des « dispensaires » d'autrefois où tout le monde venait faute de pouvoir trouver ou payer un médecin.

L'analyse des dépenses de santé ne relève toutefois pas uniquement des outils de la théorie microéconomique car la forte croissance de ces dépenses doit être mise en relation avec de grandes évolutions comme l'augmentation des niveaux de vie, le vieillissement de la population, les progrès techniques en santé ou encore les avancées de la recherche médicale. Par ailleurs, la santé au sens large est en elle-même un secteur économique important qui emploie un nombre croissant de personnes (10 % de l'emploi en France), en particulier avec le développement du vieillissement et de la dépendance.

Lire aussi » **État dans l'économie - Marché - Revenus**

Protectionnisme

Le protectionnisme correspond à une doctrine économique, mais aussi à une politique économique fondées sur l'application de mesures visant à favoriser les activités nationales et à pénaliser la concurrence étrangère.

SOMMAIRE

- Le protectionnisme traditionnel
- Le renouveau du protectionnisme

Le protectionnisme traditionnel

Les instruments du protectionnisme

Le principal instrument du **protectionnisme** est le **droit de douane** qui est un impôt prélevé sur une marchandise importée lors de son passage à la frontière. Ces droits peuvent être forfaitaires ou représenter un pourcentage du prix (**droits *ad valorem***). En rendant plus chers les produits étrangers, cette pratique cherche à en décourager la consommation. Les droits de douane correspondent à une **barrière tarifaire**.

Il existe aussi des mesures beaucoup plus brutales et directes. Ce sont les prohibitions commerciales, qui sont une véritable interdiction d'importer (embargo par exemple), et surtout les **contingentements**, qui fixent autoritairement le volume d'importations autorisées.

Protectionnisme
Doctrine et politique économiques qui reposent sur l'application de mesures visant à favoriser les activités nationales et à pénaliser la concurrence étrangère.

Droit de douane
Impôt prélevé sur une marchandise importée lors de son passage à la frontière.

Avantages et inconvénients

Le principal théoricien du protectionnisme fut l'économiste allemand Friedrich **List** qui, vers le milieu du XIXe siècle, défendit l'idée d'un protectionnisme temporaire et limité afin de protéger le développement des « industries naissantes ». Pour List, ces industries ne pouvaient lutter à armes égales avec les industries des pays plus développés (rôle des économies d'échelle) et, pour éviter leur blocage ou leur disparition, il était nécessaire de les mettre à l'abri de la concurrence.

Le protectionnisme peut être offensif avec l'instauration de zones commerciales privilégiées (zones de libre-échange) à l'intérieur desquelles règne le libre-échange, tandis que le protectionnisme domine dans les relations économiques de la zone avec l'extérieur. C'est par exemple le *Zollverein*, union douanière allemande en vigueur de 1834 à 1866. Mais le protectionnisme est surtout défensif, les préoccupations sociales étant déterminantes. Il peut s'agir de défendre l'emploi, de faciliter la reconversion d'activités condamnées ou de donner satisfaction à certaines catégories socioprofessionnelles influentes. Cette dernière situation est illustrée par les lois Méline de 1892 du nom du ministre de l'Agriculture, qui instaurent des droits de douane élevés pour les produits agricoles.

Les inconvénients du protectionnisme sont toutefois nombreux : caractère incompressible de certaines importations, que l'on ne peut donc réduire (matières premières, biens d'équipement), mesures de représailles des pays étrangers, isolement de l'économie, hausse des prix qui pénalise les consommateurs et les entreprises, retards dans l'introduction des progrès techniques, sclérose et inefficacité des entreprises trop protégées.

Le protectionnisme dans l'histoire économique

Le protectionnisme ne doit être confondu ni avec le mercantilisme, ni avec l'autarcie. Le mercantilisme est une doctrine qui a été en vigueur eu Europe entre le XVIe et le XVIIIe siècle et qui est fondée sur la croyance à la prééminence des métaux précieux, l'or et l'argent, constituant alors le facteur prédominant de la puissance des nations. Une nation doit donc les accumuler en vendant plus à l'étranger qu'elle ne lui achète. Elle doit donc dégager des excédents commerciaux au détriment des autres nations. Cette doctrine a été utilisée pour justifier des pratiques opposées : protectionnisme et limitation des importations en Espagne ou bien volonté de vendre d'abord comme en Angleterre. En réalité, le mercantilisme a surtout été une notion utilisée par les économistes libéraux au XVIIIe siècle pour dénoncer la politique d'intervention de l'État. À cet égard, le « colbertisme », en protégeant les activités nationales par une réglementation douanière, visait moins à acquérir des métaux précieux qu'à stimuler l'industrie nationale.

Mercantilisme
Doctrine et politique économiques fondées sur la croyance à la prééminence des métaux précieux, facteurs de puissance, et qu'il convient d'accumuler.

L'**autarcie** est un terme plus récent qui désigne une politique économique fondée sur l'isolement commercial par rapport au reste du monde. Par exemple, l'Italie fasciste et l'Allemagne hitlérienne sont passées du protectionnisme à l'autarcie en considérant que leur pays devait se suffire à lui-même, quitte à connaître un certain rationnement.

Autarcie
Politique économique fondée sur l'isolement commercial par rapport au reste du monde.

L'histoire économique montre une répétition de phases de protectionnisme et de libre-échange. L'Angleterre est ainsi protectionniste au début du XIXe siècle, avec les *Corn Laws*, jusqu'à ce que les industriels, partisans du libre-échange, réussissent à les faire abolir. Elles les obligeaient en effet à augmenter les salaires de leurs ouvriers car la nourriture coûtait plus cher.

Le protectionnisme domine ensuite en Europe des années 1880 à la veille de la guerre, puis entre la crise de 1929 et le second conflit mondial (hausse des droits de douane et, surtout, développement d'un **protectionnisme monétaire**, chaque pays dévaluant sa monnaie pour vendre davantage à l'extérieur et freiner les importations devenues plus coûteuses).

Le renouveau du protectionnisme

On constate depuis le début des années 1970, c'est-à-dire depuis la crise économique liée au premier choc pétrolier de 1973, un renouveau du protectionnisme, sous des formes différentes du protectionnisme traditionnel. On parle ainsi de **néo-protectionnisme** pour qualifier le protectionnisme non tarifaire (normes techniques ou sanitaires, quotas, subventions aux producteurs, aides aux exportations).

Les barrières non tarifaires sont en effet nombreuses. Ce sont d'abord les **accords d'autolimitations** des exportations comme les **accords Multifibres (AMF)**, signés régulièrement depuis 1973 par les pays producteurs de textiles et de vêtements afin de réguler leurs exportations vers les pays consommateurs (ils ont cessé le 1er janvier 2005). Ces accords sont souvent présentés par les pays consommateurs comme étant une réponse aux pratiques déloyales de **dumping**. Cette pratique consiste, au sens strict, à vendre un produit sur les marchés étrangers moins cher que sur son propre marché.

Dumping
Vente à perte, c'est-à-dire à un prix inférieur au coût de production.

Lire aussi » Libre-échange - Mondialisation - Question d'actualité 3 p. 35

Relations professionnelles

Dans une entreprise, employeur et salariés n'ont pas forcément les mêmes intérêts sur de nombreuses questions (salaires, organisation du travail, etc.). Une négociation entre les partenaires sociaux, c'est-à-dire l'employeur et les représentants des salariés, peut se conclure par un accord collectif. À l'inverse, un conflit collectif témoigne d'un désaccord. Les relations professionnelles caractérisent l'ensemble des relations, conflictuelles ou non, entre les partenaires sociaux.

SOMMAIRE

- Les salariés dans l'entreprise
- Les syndicats de salariés
- La négociation collective
- Les conflits collectifs

Les salariés dans l'entreprise

Les pouvoirs du chef d'entreprise

Le recrutement du personnel d'une entreprise passe juridiquement par un contrat de travail. Un **contrat de travail** est une convention, généralement écrite, par laquelle le salarié s'engage à mettre son activité à la disposition de l'employeur, sous la subordination duquel il se place, moyennant une rémunération. Le droit du travail parle de lien de subordination pour le contrat de travail (à la différence d'autres contrats). Cette subordination signifie que l'employeur organise le travail et donne des ordres. Il dispose donc d'un pouvoir de commandement, de direction et de contrôle.

Relations professionnelles
Ensemble des relations (négociations, conflits, etc.) entre les partenaires sociaux dans l'entreprise (patronat, syndicats).

Le pouvoir du chef d'entreprise se manifeste dans le règlement intérieur (dans les entreprises de plus de 20 salariés), qui précise les règles de fonctionnement.

En particulier, ce règlement donne la liste des sanctions que peut prendre l'employeur en vertu de son pouvoir disciplinaire.

La représentation des salariés dans l'entreprise

Les salariés sont doublement représentés auprès de l'employeur, par un syndicat (section syndicale et délégué syndical) d'un côté et par une représentation élue par le personnel d'un autre côté. Il s'agit dans ce dernier cas des délégués du personnel et du comité d'entreprise.

Les **délégués du personnel** doivent être élus dans tous les établissements comprenant plus de 10 salariés. Reconnus en 1936, les délégués du personnel sont les porte-parole des salariés auprès du chef d'entreprise. Ils lui présentent les réclamations individuelles ou collectives relatives aux salaires, aux conditions de travail, etc. Ils peuvent informer l'inspecteur du travail des irrégularités en matière de législation sociale.

> **Délégué du personnel**
> Représentant élu par les salariés afin de transmettre à l'employeur les réclamations individuelles et collectives des salariés.

Le **comité d'entreprise** est une institution créée en 1945. Un comité d'entreprise doit être mis en place dans toutes les entreprises comprenant plus de 50 salariés. Doté de la personnalité morale, il comprend le chef d'entreprise et des représentants élus du personnel. Avec la réforme du Code du travail votée par ordonnances en 2017, dans les entreprises de plus de 50 salariés, une nouvelle instance, le **Comité social et économique (CSE)** remplace et fusionne le comité d'entreprise, les délégués du personnel et le Comité d'hygiène et de sécurité sur les conditions de travail (CHSCT).

> **Comité d'entreprise**
> Organisme obligatoire dans les entreprises de plus de 50 salariés, dont les rôles sont d'être consulté sur la gestion de l'entreprise et de gérer les œuvres sociales.

Le comité d'entreprise gère les activités sociales et culturelles (cantines, colonies de vacances, coopératives de consommation, activités sportives, etc.) destinées au personnel. Ces activités sont financées par une contribution versée par l'employeur (un certain pourcentage de la masse salariale). Le comité d'entreprise a aussi un rôle consultatif en matière économique puisqu'il est obligatoirement informé et consulté pour les questions touchant l'organisation et la gestion de l'entreprise (effectifs, déménagement, licenciements, conditions de travail, etc.).

L'ensemble des représentants du personnel bénéficient de facilités (**crédit d'heures** rémunérées comme temps de travail, liberté de déplacement), mais aussi d'une protection particulière (en cas de licenciement, par exemple) puisqu'ils doivent pouvoir exercer librement et en toute indépendance leurs fonctions.

Les syndicats de salariés

Depuis longtemps, ceux qui ont des intérêts professionnels communs ont cherché à se regrouper pour les défendre. Sous l'Ancien Régime par exemple, les ouvriers se regroupaient dans des sociétés de compagnonnages. Mais en 1791, la loi Le Chapelier interdit « toute association de salariés ou d'employeurs ». C'est seulement en 1884, avec la loi Waldeck-Rousseau, que les syndicats sont légalement autorisés : ils peuvent se constituer librement et avoir la personnalité juridique (possibilité d'action en justice).

À quoi servent les syndicats ?

Un **syndicat** a pour seul objet la défense des droits et des intérêts professionnels, matériels et moraux, tant collectifs qu'individuels, de ses membres (selon le Code du travail). En particulier, le syndicat peut négocier et signer des contrats collectifs (conventions collectives, accords collectifs).

Syndicat
Association chargée de défendre les intérêts professionnels de ses membres (syndicats de salariés, d'employeurs).

Les syndicats diffèrent des partis politiques puisqu'ils ne visent pas la conquête et l'exercice du pouvoir politique. Ils diffèrent aussi des groupes de pression puisque leurs objectifs dépassent la simple volonté de modifier les décisions des pouvoirs publics.

Aujourd'hui, dans la plupart des grandes entreprises, les syndicats ne sont pas seulement une forme d'organisation des salariés. Ils représentent surtout un partenaire stable avec lequel la direction peut discuter et négocier.

La liberté syndicale

La **liberté syndicale** est reconnue par la Constitution puisqu'elle est inscrite dans son préambule depuis 1946.

C'est d'abord la liberté de création des syndicats (il suffit de déposer les statuts avec le nom des dirigeants). C'est ensuite la liberté pour le salarié d'adhérer ou non à un syndicat. La liberté syndicale a pour corollaire le pluralisme syndical (existence de nombreux syndicats). Enfin, l'employeur ne doit pas tenir compte de l'appartenance syndicale d'une personne pour prendre une décision (embauche, licenciement, avancement...).

Depuis 1982, des salariés peuvent se réunir pour former une section syndicale, quel que soit leur effectif. La seule condition est que cette section soit affiliée à une organisation nationale représentative. La **section syndicale** bénéficie d'un certain nombre de droits (liberté d'affichage, droit de réunion une fois par mois dans l'entreprise, etc.).

Tout syndicat représentatif qui a créé une section syndicale dans l'entreprise peut désigner un ou plusieurs **délégués syndicaux** à condition que l'entreprise emploie au moins 50 salariés.

Délégué syndical
Personne désignée par un syndicat représentatif au niveau national pour le représenter auprès de l'employeur.

La négociation collective

La **négociation collective** représente la recherche d'accords entre les partenaires sociaux. Elle se déroule souvent au niveau national entre les représentants des organisations syndicales et ceux des employeurs. Comme les lois votées ne couvrent pas l'ensemble de la vie de l'entreprise, la négociation collective permet de compléter la législation sociale. Quand les nouvelles règles en matière sociale sont le résultat de la négociation collective, on parle de « **politique contractuelle** ».

Une **convention collective** est un contrat entre représentants des salariés et représentants des employeurs relatif aux conditions d'emploi et de travail ainsi qu'aux garanties sociales. Une convention collective ne concerne qu'une activité professionnelle déterminée (le bâtiment ou la chimie par exemple). Un **accord collectif** est un contrat qui ne traite que d'un ou plusieurs sujets particuliers. Il peut être interprofessionnel quand il concerne plusieurs professions (exemples de l'accord collectif sur l'indemnisation du chômage concernant toutes les entreprises ou, en 2003, l'accord interprofessionnel sur le droit individuel à la formation).

Convention collective
Accord écrit relatif aux conditions de travail, entre un employeur ou un ensemble d'employeurs et un ou plusieurs syndicats représentatifs de salariés.

Ces conventions et accords sont négociés par les organisations syndicales représentatives et les syndicats d'employeurs. Leurs dispositions bénéficient à tous les salariés, même si tous les syndicats n'ont pas signé l'accord. Ces dispositions, qui ont une valeur juridique, sont rendues obligatoires pour les employeurs qui les ont signées ou qui sont membres des organisations signataires. Les conventions collectives peuvent être étendues par arrêté du ministère du Travail.

Les conflits collectifs

La vie en entreprise est source de deux types de conflits, les conflits individuels, où un salarié est opposé à son employeur (pour licenciement abusif par exemple), et les **conflits collectifs**.

Les conflits individuels trouvent leur règlement dans une juridiction particulière, le conseil des **prud'hommes**. Les conseillers, qui sont des salariés ou des employeurs, sont des juges élus ; ils sont à parité, c'est-à-dire qu'il y a autant de conseillers élus par les employeurs que par les salariés.

Les conflits, opposant salariés et employeurs, se traduisent le plus souvent par la grève. Ce terme de grève vient de la place de Grève à Paris, aujourd'hui place de l'Hôtel-de-Ville, où se réunissaient autrefois les compagnons à la recherche de travail.

La **grève** est une cessation collective (on ne peut faire grève seul) et concertée du travail afin de voir satisfaire des revendications d'ordre professionnel. Le **droit de grève**, qui a été reconnu en 1864 (fin de l'interdiction des coalitions datant de la loi Le Chapelier de 1791), est inscrit dans le préambule de la Constitution de 1946 repris par l'actuelle Constitution. Le droit de grève est toutefois réglementé. La grève, appelée aussi **débrayage**, doit respecter la propriété individuelle (celle de l'employeur) et la liberté du travail des non-grévistes. Certaines grèves sont licites, c'est-à-dire reconnues par la loi, comme les **grèves tournantes** (grèves successives dans différents secteurs de l'entreprise), les grèves avec occupation des locaux (« **grève sur le tas** »), les **grèves du zèle** dans l'administration (application stricte des règlements afin de désorganiser une activité). D'autres grèves sont illicites (grèves pour motifs politiques par exemple). Pendant une grève, les grévistes ne sont pas payés.

Grève
Interruption de la production résultant d'une cessation collective et concertée du travail afin de voir satisfaire des revendications d'ordre professionnel.

Lire aussi » **Revenus - Travail**

Réseaux sociaux

Si l'expression est aujourd'hui bien connue des utilisateurs et des observateurs du monde de l'Internet, elle correspond à des modes de relations entre les individus qui sont étudiés depuis plusieurs dizaines d'années par les sociologues.

SOMMAIRE

- L'analyse des réseaux sociaux
- À quoi sert l'analyse des réseaux sociaux ?
- Lien social et société numérique

L'analyse des réseaux sociaux

Les **réseaux sociaux** sont une réalité très présente dans la vie des individus. Groupe d'amis, cercle de relations, associations d'anciens élèves, réseaux Internet, autant d'exemples qui montrent la diversité de ce mode de sociabilité entre les membres d'une même société.

Réseaux sociaux
Ensemble d'acteurs sociaux de toute nature qui ont des relations régulières entre eux.

L'analyse des réseaux sociaux privilégie l'étude des relations entre les membres de ces réseaux et cherche d'abord à décrire les formes ou la structure que prennent ces relations. Elle se différencie de l'analyse des groupes sociaux qui, eux, se définissent par leurs attributs, individuels ou collectifs (âge, sexe, valeurs, pratiques sociales ou culturelles, etc.). Un réseau social est composé d'individus mais aussi de groupements comme les ménages, les associations, etc., et ce sont les interactions au sein du réseau, c'est-à-dire les relations réciproques entre ces éléments qui intéressent le sociologue.

L'analyse des réseaux sociaux a d'abord été l'œuvre de la **psychologie sociale,** cette science sociale qui examine l'impact des structures sociales sur la psychologie des individus mais aussi le rôle des mécanismes et des dispositions psychologiques des individus sur les organisations et les phénomènes sociaux (le fonctionnement des petits groupes, les rumeurs, les phénomènes de foules sont quelques-uns de ses objets d'étude). L'étude des petits groupes précisément a permis de mettre en évidence les relations entre ses membres comme dans les recherches de l'américain Jacob **Moreno**, fondateur de la « **sociométrie** » dans les années 1950. Il s'agit de tests consistant à demander à chaque individu quelles sont ses relations avec les autres membres du groupe. On peut mesurer ainsi l'intensité de ses relations avec les uns ou les autres (fréquence, proximité), la nature de ces relations (affinités, rejets, etc.). On définit alors un « **sociogramme** » dans lequel chaque individu est représenté par un point, les relations entre les individus étant caractérisées par un trait entre les points. On peut alors voir que certains individus jouent un rôle particulier dans le groupe (un leader, un individu isolé, etc.) ou encore mesurer les communications entre les membres du groupe. À la suite de Moreno, de nombreux chercheurs ont tenté de décrire les relations au sein des réseaux sous forme de « graphes ». Une autre analyse venant de la psychologie sociale est celle du psychologue américain Stanley **Milgram** qui, à partir d'expériences menées dans les années 1960, a montré que la longueur de la chaîne de personnes requises pour lier une personne choisie arbitrairement à n'importe quelle autre sur Terre est généralement courte. Ces recherches sur le « petit monde » ont ainsi montré que deux personnes aux États-Unis sont reliées entre elles par moins de six connaissances. Des études plus récentes sur l'Internet confirment qu'il n'est pas besoin de plus de dix à douze liens de connaissance pour mettre en relation n'importe quel individu de la planète avec n'importe quel autre.

La sociologie s'est à son tour intéressée à l'analyse des réseaux sociaux. La notion permet de décrire un état des liens sociaux entre les individus. On peut ainsi appartenir à de multiples réseaux sans que ces appartenances nous assignent une position dans l'espace social comme le ferait l'appartenance à un groupe social. La plupart des réseaux sociaux présentent quelques caractéristiques communes : une forme d'égalité entre leurs membres, l'absence de hiérarchie, l'importance des relations de réciprocité (sur laquelle insiste le sociologue allemand Georg Simmel, 1858-1918), le choix volontaire d'en faire partie, voire un certain degré d'interdépendance et de confiance entre leurs membres.

La notion de réseau social montre aussi que les individus ont des relations diverses et variées entre eux et que le lien social ne saurait se fonder uniquement, comme le pensait Durkheim, sur les interdépendances et la spécialisation du travail entre les individus, bien obligés de nouer des relations avec les autres.

La notion de réseau décrit donc la situation des individus au sein d'un groupe et les relations au sein de ce groupe, mais peut-elle faire davantage que décrire la réalité ? Peut-on expliquer des phénomènes sociaux ou des comportements à partir de l'analyse des réseaux sociaux ?

À quoi sert l'analyse des réseaux sociaux ?

L'étude de la fréquence des relations au sein d'un réseau a ainsi conduit les sociologues à distinguer des liens forts et des liens faibles entre ses membres, cette distinction permettant alors d'interpréter la réalité. Ainsi, le sociologue Mark Granovetter en a montré l'intérêt dans une étude (publiée en 1973) sur la recherche d'emplois aux États-Unis. Il met en évidence la « **force des liens faibles** » en démontrant que la majorité des cadres interrogés pour l'enquête ont trouvé un emploi grâce à leur appartenance à des réseaux caractérisés par les liens faibles, alors qu'on aurait pu s'attendre à ce que ce rôle revienne davantage aux liens forts existants dans d'autres groupes auxquels ils appartiennent (famille, amis, etc.). Les liens faibles sont donc plus efficaces car ils apportent des informations nouvelles et aident à sortir du cercle étroit de ses relations. Michel Forsé a toutefois montré (étude publiée en 1997) que si ces processus fonctionnaient bien pour les catégories supérieures ou intermédiaires, c'étaient plutôt les liens forts qui jouaient pour les catégories plus modestes (famille proche en particulier). De façon plus générale, le rôle des réseaux dans un certain nombre de situations sociales (recherche d'emplois, pratiques sociales, choix du conjoint, etc.) a déjà été évoqué par la sociologie de Pierre Bourdieu avec la notion de **capital social**, défini comme le réseau de relations qu'un individu est en mesure de mobiliser.

Un autre intérêt sociologique de la notion de réseaux sociaux est de permettre d'expliciter la diffusion des innovations, qu'elles soient sociales ou techniques, la mode relevant aussi des mêmes mécanismes.

Enfin, un réseau social peut-il créer du changement social ? L'analyse des réseaux Internet a donné naissance à d'importants débats sur leur rôle et leur impact politique et social. Certains ont mis en avant leur pouvoir de mobiliser les individus contre des régimes politiques contestés (soulèvements populaires dans le monde arabe) ou leur capacité à renouveler les formes de mobilisation politique (élections de Barack Obama). D'autres, en revanche, estiment que les réseaux Internet reposent sur des liens faibles, insuffisants pour se substituer aux formes politiques traditionnelles (activisme, militantisme, etc.).

Lien social et société numérique

L'apparition d'Internet et les premiers développements de la société numérique ont également été analysés sous l'angle de leur impact sur les relations sociales et la sociabilité. Trois grandes façons d'envisager cette question se sont succédé. Dans un premier temps, Internet a été envisagé comme une formidable occasion de développer la communication et les liens entre les individus, tendance renforcée par l'apparition des premiers réseaux sociaux (2008 pour Facebook en France) et le développement des téléphones portables intelligents (milieu des années 2000). Mais très vite, de nombreuses analyses ont remis en cause cette vision idyllique en stigmatisant les utilisateurs assidus des réseaux sociaux, accusés de se mettre en retrait de leurs proches pour privilégier les relations « virtuelles » et de se centrer davantage sur des liens affinitaires faibles, au détriment des liens directs et des solidarités traditionnelles de leur environnement social. On aurait ainsi davantage d'« amis » et de « suiveurs » mais de moins en moins de relations d'amitié. Les réseaux sociaux seraient ainsi devenus des vecteurs de déconnexion sociale et d'isolement tandis qu'ils entraîneraient des effets néfastes sur les individus (addiction, stress, perte d'attention, cyberharcèlement, violence, etc.). Enfin, dans un troisième temps, des analyses sociologiques ont posé un regard plus nuancé sur les effets du numérique sur les liens sociaux. En particulier, le sociologue Antonio Casilli, dans *Les Liaisons numériques, Vers une nouvelle sociabilité ?* (2010) a réfuté l'idée d'une « désocialisation numérique » et d'un affaiblissement des liens sociaux avec le développement des réseaux sociaux au profit d'une accentuation de l'individualisation. Certes, les nouvelles technologies numériques bouleversent les sociabilités traditionnelles mais dans le sens d'un enrichissement. Le mouvement des Gilets jaunes par exemple a montré la puissance des réseaux sociaux pour créer du lien social qui n'était pas que virtuel (rassemblement sur les ronds-points). Ce mouvement a ainsi mis en évidence le fait que les liens virtuels ne se substituent pas aux liens réels, mais les complètent et les prolongent. Internet ne se substitue pas au monde réel, mais contribue à le transformer en proposant de nouvelles modalités de relations sociales.

Lire aussi » **Sociologie**

Revenus

Le salaire n'est pas le seul revenu perçu par les ménages. Tous les ménages ne sont pas salariés et il existe bien d'autres sources de revenus (bénéfice de l'entreprise individuelle, loyers, intérêts, dividendes, etc.). La production de biens et services donne naissance à la distribution de revenus pour ceux qui ont participé, directement ou indirectement, à cette production.

SOMMAIRE

- Du revenu national au revenu disponible des ménages
- La formation des salaires

Du revenu national au revenu disponible des ménages

Le revenu national

Dans une économie, l'activité productive des entreprises et des administrations donne naissance à des biens et des services, mais, dans le même temps, elle permet la distribution de revenus aux agents économiques qui ont participé à la production.

Si l'on raisonne globalement, pour l'ensemble de l'économie, on observe que la création de richesses nouvelles, telle qu'elle est mesurée annuellement par le PIB, conduit à une distribution de revenus. Ainsi, les revenus distribués dans l'économie sont tous issus de l'activité productive et le **revenu national (RN)** se calcule à partir du PIB.

Revenu national
Ensemble des revenus des agents économiques qui sont issus de leurs activités de production.

Le revenu national représente l'ensemble des revenus issus de la production des agents économiques. Mais l'ensemble du PIB ne constitue pas un revenu pour les facteurs de production. Une partie de la production n'est pas mise en vente, et donc n'entraîne pas de revenus pour les agents, car elle est conservée dans les entreprises pour renouveler les machines, le capital (c'est l'amortissement). Une autre partie de la production, exclue du calcul du revenu national, est constituée par les impôts liés à la production. Ceux-ci ne sont pas, en effet, des rémunérations pour les agents économiques qui ont participé à la production. Enfin, le PIB ne concerne que la production des agents économiques résidant en France alors que le RN correspond à la production permise par les facteurs de production fournis par les résidents.

revenu national = PIB – amortissements
– impôts liés à la production
+ solde des revenus reçus
et versés à l'extérieur

Les revenus primaires des ménages

Le RN représente donc l'ensemble des revenus qui sont reçus immédiatement par les agents économiques en rémunération des facteurs de production (travail, capital). On appelle ces revenus, les **revenus primaires**. Ce sont les revenus qui font l'objet d'une **répartition** entre les différents agents.

Revenus primaires
Revenus des agents économiques qui sont reçus immédiatement en rémunération des facteurs de production (travail, capital).

RN = somme des revenus primaires distribués aux unités économiques participant à la production

Comme les autres catégories d'agents économiques (entreprises par exemple), les ménages reçoivent des revenus primaires à la condition qu'ils aient participé directement ou indirectement à la production. Lorsque ces revenus sont directement issus de l'activité productive, il s'agit de **revenus d'activité**. Lorsque ces revenus sont indirectement liés à l'activité, il s'agit de **revenus de la propriété**.

Revenu d'activité
Revenu provenant du travail, que celui-ci soit salarié ou non (travail indépendant, profession libérale).

Les revenus d'activité

Les revenus d'activité sont les revenus du travail. Mais le travail peut être un travail salarié ou non.

Le **salaire** est le plus courant des revenus du travail car plus des 4/5e de la population active est salariée. Chaque salarié a droit à un salaire de base auquel peuvent s'ajouter des heures supplémentaires (mieux payées), des primes régulières (primes d'ancienneté) ou exceptionnelles (prime de rendement par exemple). Cette rémunération ne constitue cependant qu'une partie des revenus du travail salarié.

Salaire
Rémunération versée à un salarié par son employeur.

Les revenus du travail salarié désignent tout ce que l'employeur verse pour le salarié : il s'agit du coût salarial pour l'entreprise.

Les éléments du coût salarial

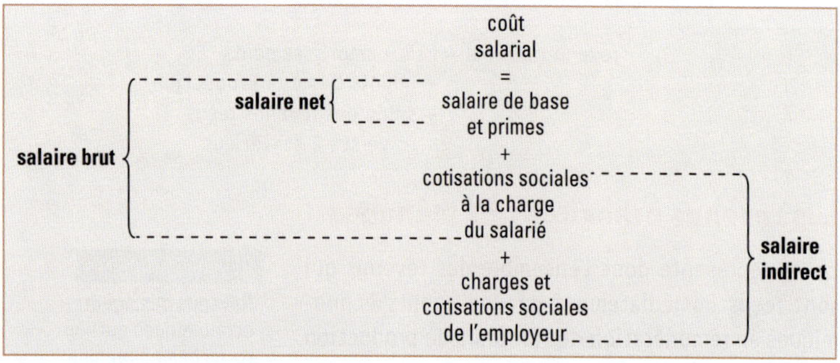

Les revenus de l'activité non salariée correspondent aux **bénéfices** d'une entreprise individuelle. Il s'agit donc des revenus des professions indépendantes comme les professions libérales qui vivent de « l'exercice de leur science » (exemple des médecins, architectes, avocats qui reçoivent des **honoraires**), les artisans et les commerçants, les industriels (non salariés) et les agriculteurs.

Les revenus de la propriété

Les revenus de la propriété sont liés à un patrimoine, à un capital. Ces revenus du capital, ou revenus du patrimoine, résultent de la propriété (tous les biens possédés ne rapportent pas toutefois un revenu).

> **Revenus de la propriété**
> Revenus provenant de la propriété des biens ou de placements financiers (patrimoine).

On peut distinguer deux grandes catégories de revenus de la propriété, les **revenus immobiliers** et les revenus mobiliers. La rémunération provenant du patrimoine immobilier prend la forme de loyers versés par les locataires, de fermages ou de baux commerciaux.

Les **revenus mobiliers** correspondent aux revenus provenant de la possession d'un patrimoine financier. Ainsi, la détention d'actions ou de parts sociales procure des revenus appelés **dividendes**. La détention d'obligations, qui sont avec les actions des valeurs mobilières, procure des **intérêts**. Les autres formes d'épargne fournissent aussi des intérêts.

Les revenus mixtes

La distinction entre revenu du travail et revenu du capital n'est pas toujours aussi tranchée car, dans certains cas, les revenus mélangent ces deux types de rémunération. Les non-salariés, qui sont donc des entrepreneurs individuels, sont propriétaires de leur entreprise et celle-ci exige très souvent un outil de travail. Qu'il s'agisse d'une activité artisanale, agricole, commerciale ou libérale, la constitution d'un capital (locaux, terres, etc.) est indispensable pour l'activité elle-même.

En conséquence, le revenu de l'activité (le bénéfice) représente autant une rémunération du facteur travail qu'une rémunération du facteur capital. Les revenus de l'activité non salariée peuvent donc aussi être considérés comme des **revenus mixtes** dès lors qu'ils rémunèrent aussi la possession d'un patrimoine nécessaire à l'activité.

Revenus mixtes

Revenus de l'activité non salariée qui rémunèrent à la fois du travail fourni par un agent économique et d'un patrimoine utilisé dans son activité.

De quoi se compose le revenu primaire des ménages ?

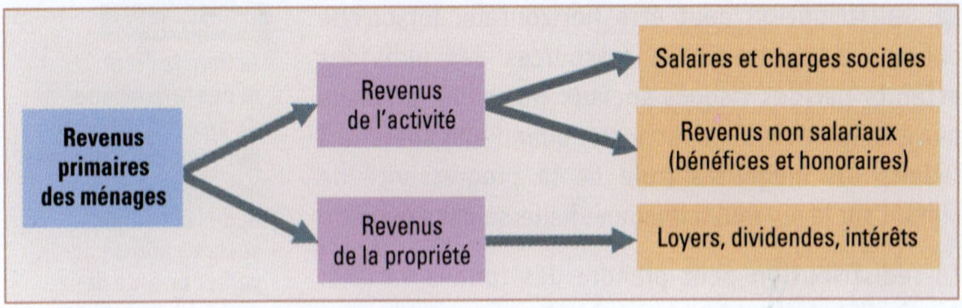

Le revenu disponible des ménages

Les revenus primaires des ménages ne correspondent pas exactement à ce dont ils peuvent disposer pour consommer ou pour épargner. Les ménages ont d'abord l'obligation de payer des impôts, ce qui vient limiter leurs revenus. Ensuite, ils doivent verser des cotisations sociales et ils reçoivent en contrepartie des prestations sociales (remboursements de soins, retraites, indemnités, etc.). Cotisations et prestations représentent les **transferts sociaux** ; les prestations sociales constituent des **revenus de transfert** reçus par les ménages.

L'État et la Sécurité sociale modifient donc la répartition des revenus primaires. Leur action correspond au processus de **redistribution** qui permet de passer du revenu primaire des ménages à leur **revenu disponible**.

Revenus de transfert

Revenus financés par les cotisations (essentiellement) et par l'impôt et versés aux assurés sociaux pour les couvrir contre les risques sociaux dont ils ne sont pas responsables (maladie, vieillesse, accident du travail, etc.).

Revenu disponible

Revenu dont dispose réellement un ménage pour consommer et épargner.

revenu primaire des ménages →
redistribution → revenu disponible des ménages

Des revenus primaires au revenu disponible

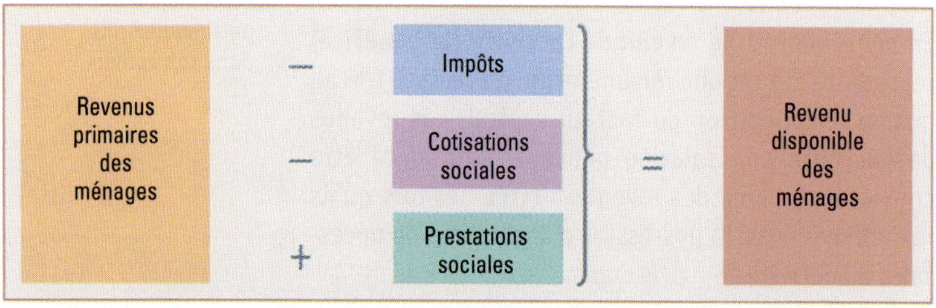

La **redistribution** peut être horizontale, lorsqu'elle cherche à maintenir les ressources des individus atteints par des risques sociaux (maladie, chômage par exemple) ou bien verticale, quand elle cherche à réduire les inégalités (rôle de la progressivité de l'impôt sur le revenu, minimum vieillesse par exemple).

> **Redistribution**
> Action de l'État et des organismes de protection sociale qui consiste à prélever des impôts et des cotisations sociales afin de verser ensuite des prestations sociales.

La redistribution peut prendre des formes variées. Ainsi, l'État peut verser lui-même une aide aux ménages à faibles revenus, sans passer par des prestations de Sécurité sociale. Un exemple en est donné par le mécanisme de l'**impôt négatif**. Il s'agit d'un revenu versé par l'État lorsque les ressources d'un ménage sont en dessous d'un certain seuil. Au-dessus de ce seuil, l'État prélève des impôts ; au-dessous, il verse une allocation (d'où le nom d'impôt négatif). Cette allocation mensuelle est d'autant moins élevée que les revenus sont proches du seuil. Existant depuis longtemps aux États-Unis, ce mécanisme s'est appliqué en France avec la « **prime pour l'emploi** » créée en 2001, et supprimée en 2014, afin de lutter contre le phénomène des *working poors*, c'est-à-dire des personnes actives peu rémunérées.

En 2015, la **prime d'activité** a été créée pour soutenir le pouvoir d'achat des salariés ou des indépendants les moins bien rémunérés pour les inciter à garder ce type d'emplois plutôt que de rester au chômage.

Le revenu disponible des ménages est la notion la plus proche du sens courant du terme « revenu » puisqu'elle désigne les sommes que les ménages sont libres d'affecter à leur consommation ou à leur épargne.

Le revenu disponible peut être brut (RDB) lorsqu'il comprend l'amortissement des entrepreneurs individuels (sommes destinées au renouvellement de leur outil de production).

La formation des salaires

Les salaires sont fixés par un accord entre le salarié et l'employeur. Mais l'entreprise est en position de force, et l'État joue un rôle important.

La politique des salaires

Depuis 1945, les pouvoirs publics jouent un rôle non négligeable dans la formation des salaires. Ce rôle, que l'on désigne souvent sous le nom de politique des salaires, correspond aux deux éléments suivants : la fixation du salaire minimum (SMIC) et la détermination des salaires de la fonction publique (rémunérations des fonctionnaires).

C'est en 1950 qu'a été créé le SMIG, salaire minimum interprofessionnel garanti. Depuis cette date, aucun salarié travaillant à temps plein ne peut recevoir une rémunération inférieure. Le SMIG était accompagné d'un mécanisme d'indexation sur les prix, c'est-à-dire que toute augmentation des prix à la consommation était répercutée sur le SMIG afin que le pouvoir d'achat de ce minimum vital soit préservé. Mais durant les années de forte croissance des années 1950 et 1960, le SMIG a pris du retard par rapport aux autres rémunérations qui bénéficiaient d'augmentations importantes (liées aux gains de productivité). Les inégalités entre les salaires se sont accrues.

En 1968, le SMIG devient le SMIC (salaire minimum interprofessionnel de croissance) afin d'ajouter à l'indexation sur les prix un mécanisme d'indexation sur la croissance et les gains de productivité de l'économie. Désormais, les fruits de la croissance devaient aussi bénéficier aux salariés recevant le SMIC. Ainsi, deux modalités de fixation du SMIC interviennent dès que l'indice des prix augmente de plus de 2 % : le montant du SMIC est relevé chaque année en juillet, le SMIC est révisé pour tenir compte de l'augmentation du pouvoir d'achat des autres salariés ouvriers.

SMIC
Salaire minimum interprofessionnel de croissance destiné à garantir aux salariés ayant les plus faibles rémunérations un salaire horaire minimum et une progression de leur pouvoir d'achat proche de celle de la moyenne des salariés.

Le rôle d'employeur que joue l'État par rapport aux fonctionnaires l'amène à fixer une partie des salaires de l'économie ; comme cette fixation se négocie avec les syndicats, on parle de politique contractuelle. L'évolution des salaires publics a souvent des effets sur les salaires du secteur privé.

Par exemple, en 1983, ce sont les salaires du secteur public qui ont impulsé une politique de désindexation salariale. Alors qu'avant, les salaires suivaient automatiquement l'évolution des prix (indexation salariale) dans tous les secteurs, la politique de désindexation a consisté à refuser de répercuter entièrement l'augmentation des prix sur l'évolution des salaires du secteur public. Cette pratique s'est étendue ensuite au secteur privé et a permis de contribuer à la lutte contre l'inflation.

Indexation salariale
Mécanisme qui consiste à lier la valeur des salaires à l'évolution de l'indice des prix.

Les salaires et les autres rémunérations dans les entreprises

L'individualisation des salaires correspond à une augmentation individuelle du salaire en rapport avec les qualités professionnelles du salarié. C'est le contraire d'une augmentation généralisée des salaires où, par exemple, chacun voit sa rémunération s'accroître automatiquement en fonction de son ancienneté dans l'entreprise. L'individualisation traduit la reconnaissance financière du mérite individuel du salarié.

D'autres formes de rémunérations, qui ne sont pas des salaires, sont cependant versées aux salariés afin de les faire profiter de l'expansion de l'entreprise ou bien afin de les inciter à travailler davantage. C'est d'abord la participation, qui est obligatoire dans les entreprises de plus de 50 salariés. La participation « aux fruits de l'expansion » consiste à distribuer une partie des bénéfices aux salariés, au prorata de chaque salaire. L'intéressement, qui est une autre forme de complément de rémunération, vise davantage à améliorer la productivité. Ses modalités de calcul sont diverses (fonction du résultat, des bénéfices, des gains de productivité). L'intéressement est facultatif et soumis à la signature d'un accord d'entreprise.

L'actionnariat salarié : stock-options et épargne salariale

Au-delà des dispositifs existants de partage des profits avec les salariés (participation et intéressement), on constate qu'un nombre croissant de salariés deviennent actionnaires de leur entreprise et voient donc leurs revenus évoluer avec la situation de l'entreprise et ses cours boursiers (pour les grandes entreprises cotées).

Les **stock-options** représentent une première modalité d'actionnariat salarié. Si *stock* signifie action en anglais, l'*option* désigne le droit accordé à un salarié d'acheter des actions de son entreprise dans le futur à un prix fixé à l'avance. C'est l'entreprise qui émet les stock-options au profit de ses dirigeants, des cadres, et plus exceptionnellement de ses autres salariés. Elle les propose à un prix intéressant, inférieur au cours de l'action sur le marché financier. Le salarié, qui est obligé de détenir les stock-options durant un certain nombre d'années, peut « lever l'option » et acheter les actions pour les revendre à un cours beaucoup plus élevé afin d'empocher une plus-value. Tout ceci suppose que le cours de l'action ait augmenté mais, de ce fait, les salariés concernés sont intéressés à la bonne marche de l'entreprise et à ses résultats. Pour les salariés, les stock-options représentent une source potentielle de revenus qui peuvent être particulièrement importants, à la mesure de la progression des cours de l'action. Pour l'entreprise, les stock-options permettent de rémunérer d'une autre façon ses cadres supérieurs et ses dirigeants, sans avoir à débourser de l'argent ni à payer des charges sociales.

Stock-options
Droit d'acheter des actions à un cours avantageux accordé par l'entreprise émettrice à certains salariés.

De nombreux débats ont entouré les stock-options : celles-ci sont réparties inégalement dans l'entreprise ; elles sont liées à la Bourse et posent le problème de la taxation des plus-values réalisées. Surtout, elles ne remplissent pas un des objectifs recherchés par les entreprises qui est de diversifier leur actionnariat en augmentant l'actionnariat des salariés (que l'on peut facilement contrôler) au détriment notamment des actionnaires étrangers (fonds de pension anglo-saxons par exemple). C'est pourquoi, le développement de l'épargne salariale est encouragé par les pouvoirs publics.

L'**épargne salariale** désigne les sommes versées par l'entreprise aux salariés au titre de l'intéressement et de la participation. Cette épargne est déposée dans des plans d'épargne aux noms divers mais aux caractéristiques communes : épargne bloquée pendant plusieurs années, épargne avantagée puisqu'elle bénéficie de l'absence de prélèvements fiscaux (ce qui est intéressant pour les salariés) et de prélèvements sociaux (ce qui est intéressant pour les entreprises),

Épargne salariale
Sommes versées par l'entreprise à ses salariés sous forme d'épargne et qui peuvent être investies en actions de l'entreprise elle-même.

épargne gérée sous forme de SICAV ou de fonds communs de placement mais investie en actions de l'entreprise, épargne augmentée par l'entreprise (c'est l'abondement qui autorise l'entreprise à compléter l'épargne de ses salariés, ce qu'elle préfère parfois à l'augmentation des salaires). Les pouvoirs publics ont donc cherché à développer cette forme d'épargne, car au début 2000, moins d'un quart des salariés disposent d'une épargne salariale capitalisée. Les plans d'épargne entreprise (PEE) ont d'abord été créés (épargne bloquée à 5 ans). Plus récemment, la loi sur l'épargne salariale de 2001 a créé le plan partenarial d'épargne salariale volontaire (PPESV). La loi de 2003 réformant les retraites a créé le plan d'épargne pour la retraite collectif (PERCO) qui bénéficie d'un important avantage fiscal (les sommes épargnées sont déductibles du revenu déclaré dans une certaine limite).

Le développement de l'épargne salariale pose néanmoins un certain nombre de problèmes. Le premier est son impact sur le financement de la protection sociale car ce sont des ressources de plus en plus importantes qui échappent aux prélèvements sociaux. Mais le principal risque est celui d'une épargne des salariés investie dans les actions de leur propre entreprise. La faillite d'Enron, septième société américaine, en décembre 2001 en est une illustration puisque les salariés étaient obligés de détenir une partie importante de leur retraite en actions de leur employeur.

Salaire d'efficience

Salaire d'efficience
Niveau de salaire, supérieur au salaire d'équilibre, qui assure à l'entreprise une hausse de sa productivité.

Le salaire d'efficience est celui qui constitue une incitation à la hausse de la productivité de la part des salariés. Ainsi, selon l'analyse en termes de salaire d'efficience, le taux de salaire peut influencer la productivité alors que dans la théorie néoclassique, c'est, à l'inverse, la productivité (marginale) qui détermine le niveau de salaire. L'intérêt de cette notion est de considérer qu'il peut être rationnel pour l'entreprise de fixer un niveau de salaire (le salaire d'efficience) au-dessus du salaire d'équilibre (résultat de l'offre et de la demande sur le marché du travail). Une telle rémunération permet en effet d'attirer et de sélectionner une main-d'œuvre de meilleure qualité, de limiter l'incitation à la mobilité et de stimuler l'effort au travail. La théorie du salaire d'efficience met donc en évidence les inconvénients d'une baisse des salaires nominaux car le découragement, la diminution de l'effort, voire les démissions qui résulteraient de cette réduction pourraient abaisser la productivité au point que le coût unitaire du travail augmente au lieu de diminuer.

Lire aussi » Comptabilité nationale - Protection sociale

Service public

L'idée d'un « service public » correspond à une très forte spécificité française qui s'est notamment affirmée au lendemain de la Seconde Guerre mondiale avec la mise en place de l'État-providence, le recours à la planification et la nationalisation de grandes entreprises. Caractéristique du modèle économique et social français, le service public désigne le rôle particulier de l'État qui, au nom de l'intérêt général, assure la production d'un certain nombre de services collectifs.

SOMMAIRE

- La notion de service public
- Les services publics industriels et commerciaux
- De la réglementation à la régulation des services publics
- Service public à la française et service universel

La notion de service public

Dans un sens très général, on appelle en France service public l'ensemble des activités d'intérêt général qui sont, d'une manière ou d'une autre, prises en charge par la collectivité. La justice, la police, l'éducation, la prévention sanitaire, la fourniture d'électricité sont des services publics.

En économie, c'est davantage le sens restreint de la notion de service public qui est retenu : un **service public** est une activité économique d'intérêt général qui s'exerce sous l'égide des pouvoirs publics. Il s'agit donc des services publics industriels et commerciaux fournis sur un marché, ce qui signifie que les prestations sont payantes et qu'elles couvrent normalement leurs coûts de production.

Service public
Activité économique d'intérêt général qui s'exerce sous l'égide des pouvoirs publics (communications, transports, énergie).

Ces services ont été organisés sous la forme d'un monopole, avec des statuts juridiques différents : Électricité de France (EDF), Gaz de France (GDF), SNCF, La Poste, France Télécom, etc.

Le service public ne doit pas être confondu avec le **secteur public** qui regroupe l'ensemble des entreprises publiques, y compris celles qui ne produisent pas de **services d'intérêt général** (Renault, par exemple).

La conception générale du service public (justice, éducation, etc.) est importante car, en France, elle sert de fondement à toute l'activité de l'État. Elle joue aussi un rôle important dans la vie politique, économique et sociale. C'est à la fin du XIXe siècle qu'est reconnue la notion de service public avec le développement d'un régime juridique spécifique (le droit administratif), distinct du régime de droit commun des activités commerciales marchandes. C'est ce droit qui s'applique aux services publics dans les domaines de l'éducation, de la santé, de la culture, etc., même si des organismes privés exercent aussi la production de ces services (cliniques, établissements d'enseignement privés, associations).

Tous les services publics de l'État sont ainsi soumis à quelques grands principes qui leur imposent une éthique d'intérêt général et les distinguent des activités privées lucratives :

– Égalité d'accès aux services publics et égalité de traitement pour tous les citoyens, quelles que soient leur origine sociale (pas d'inégalités selon l'origine sociale) ou leur situation géographique (pas d'inégalités selon les régions). Ce principe est assuré par la pratique de prix abordables et par le mécanisme de la « **péréquation** » : les différences de coûts de production du service ne sont pas répercutées dans le prix du service, qui est souvent le même pour tous, ce qui permet au producteur de compenser les pertes d'un côté par des gains de l'autre. Ainsi, la distribution d'électricité dans les régions montagneuses est subventionnée par celle réalisée dans les zones urbaines.

Péréquation

Financement d'activités peu rentables par des gains réalisés sur des activités rentables.

– Continuité du service qui doit toujours être assuré. Ce principe s'oppose néanmoins au droit de grève, ce qui explique les débats sur une obligation de **service minimum**.

– Neutralité du service public (absence de discrimination ou de favoritisme par exemple).

– Adaptabilité du service public afin que son organisation et son fonctionnement puissent s'adapter aux nouveaux besoins.

Les services publics industriels et commerciaux

Même si l'acheminement du courrier est régi par l'État depuis des siècles, ce sont les diverses nationalisations en 1936 (SNCF par exemple) et en 1945 (EDF) qui ont montré la nécessité de monopoles publics pour la fourniture de services publics. En effet, l'avènement des réseaux (chemin de fer, électricité, téléphone) repose sur des investissements initiaux très lourds qui ne peuvent être assurés correctement et sur une longue période par le secteur privé. Le préambule de la Constitution de la IVe République affirme d'ailleurs comme nécessaire la propriété publique en cas de monopole.

L'analyse économique permet de justifier l'intervention publique dans ces activités en raison des défaillances du marché. Il s'agit des externalités et des biens collectifs. Mais la théorie montre aussi qu'il peut être nécessaire de confier à l'État la propriété d'un monopole produisant certains services collectifs. Lorsque la production de ceux-ci exige un important investissement de départ, ce qui est le cas pour tous les services publics en réseaux, l'entreprise se retrouve rapidement en situation de monopole car elle bénéficie de rendements croissants, c'est-à-dire que la production du service coûte d'autant moins cher à l'unité qu'il est produit en grandes quantités ; les économistes parlent alors de **monopole naturel** dans ces situations de rendements fortement croissants et durables car la concurrence n'est pas facilement praticable. Dans une situation de monopole naturel, où la concurrence n'existe plus, l'entreprise peut alors fixer ses prix sans considération aucune de l'utilité collective, ce qui justifie un contrôle de la part des pouvoirs publics.

Monopole naturel
Entreprise qui, du fait de ses rendements fortement croissants, se retrouve naturellement sans concurrents.

De la réglementation à la régulation des services publics

Un nouveau contexte

Plusieurs facteurs obligent aujourd'hui à repenser la notion et l'organisation des services publics industriels et commerciaux.

Il s'agit d'abord de la construction européenne puisque la réalisation du marché unique impose l'application des règles communautaires de la concurrence à tous les secteurs, y compris les services publics qui, comme l'énergie et les communications, sont qualifiés dans le traité de Rome de « services d'intérêt économique général ». La Commission européenne va ainsi s'attaquer aux monopoles publics qui sont les opérateurs des services publics en réseau.

Les évolutions économiques et sociales constituent un autre facteur de transformation. Les contraintes du budget de l'État limitent les moyens d'actions, ce qui oblige les services publics à rechercher l'efficacité. Le développement de la concurrence comme les développements technologiques poussent aussi les entreprises à accroître leur compétitivité. Par ailleurs, les usagers se montrent plus exigeants et demandent à être traités comme des clients, ce qui incite les entreprises à faire des efforts en termes de qualité du service (exemple du client des télécommunications qui peut choisir l'opérateur de son choix).

Mais, au même moment, certaines analyses économiques se développent pour montrer les limites du rôle de l'État et critiquer les monopoles publics. Ces analyses d'inspiration libérale considèrent en effet que l'État ne peut pas être le garant de l'intérêt général car il est soumis à l'influence des groupes de pression. Elles réclament alors l'introduction de la concurrence dans la production des services publics, seule à même de faire progresser la productivité, de faire baisser les prix et d'inciter à l'innovation. Ces analyses ont connu des développements récents avec la théorie des « **nouvelles régulations** », théorie qui remet en cause l'analyse économique traditionnelle des services publics dans laquelle l'État pallie les défaillances du marché. Un des principes de cette théorie est que seules les infrastructures des services publics, et non la totalité des services offerts par l'entreprise publique, sont en situation de monopole naturel. Il est donc nécessaire de désintégrer les anciens monopoles en séparant infrastructures et services de façon à assurer l'égalité de traitement entre l'opérateur historique et les nouveaux producteurs sur le marché des services.

Déréglementation et régulation des services publics

À partir du début des années 1980, plusieurs pays comme les États-Unis ou le Royaume-Uni avec le gouvernement de Margaret Thatcher vont s'attacher à transformer les services publics afin de réduire le rôle qu'y joue l'État. Cette stratégie s'est déclinée sous trois formes différentes : déréglementation, libéralisation et privatisation.

La **déréglementation** (*deregulation* en anglais) consiste en la suppression des règles qui encadraient la production de ces services afin de favoriser le marché et l'offre privée.

Déréglementation
Suppression des règles qui encadrent l'activité économique dans certains secteurs afin de favoriser la concurrence.

La **libéralisation** désigne l'action de rendre au marché la production de biens et de services autrefois sous contrôle public. La libéralisation des services publics se caractérise donc par l'ouverture à la concurrence, plus ou moins grande selon le degré de libéralisation. Cette stratégie est celle qui est aujourd'hui mise en avant par les autorités européennes pour les principaux services publics.

La **privatisation** enfin désigne la vente par l'État au secteur privé de tout ou partie (c'est alors une privatisation partielle) d'un capital d'une entreprise publique. Il existe toutefois des formes moins radicales de transformation des services publics de l'État comme le montrent les exemples de La Poste et de France Télécom qui, en 1990, ont cessé d'être des administrations pour devenir des entreprises (statut d'établissements publics industriels et commerciaux).

La **régulation** désigne un mode d'intervention de l'État qui assure l'équilibre et le bon fonctionnement entre les différents opérateurs d'un service public. Cette intervention s'exerce à travers la création d'**autorités de régulation**, ou régulateurs, qui sont des autorités administratives indépendantes chargées d'organiser la fourniture d'un service public et de veiller en particulier au respect des règles de la concurrence entre les entreprises publiques et privées qui en assurent la production (exemple de l'ARCEP, Autorité de régulation des communications électroniques et des postes). La régulation consiste aussi à organiser l'ouverture à la concurrence de services publics autrefois produits dans le cadre de monopoles étatiques.

Régulation
Ensemble des règles émises par l'État dans un secteur économique particulier afin de concilier les exigences du service public et le développement de la concurrence entre les entreprises publiques et privées.

Service public à la française et service universel

La France est aujourd'hui obligée de mettre fin à un certain nombre de monopoles dans le domaine des services publics industriels ou commerciaux. Elle a néanmoins obtenu de l'UE la reconnaissance de la spécificité des services publics face à une conception anglo-saxonne qui, dans l'expression « services publics industriels et commerciaux », ne retient que les deux derniers adjectifs.

En 1996, l'Europe a reconnu la légitimité des services publics (ce sont les « **services d'intérêt général** ») et la liberté des États-membres de définir les missions d'intérêt général que le marché ne peut remplir. Elle a défini la notion de « service universel » et reconnaît la possibilité pour les États-membres d'aller au-delà de ce service.

La notion de « **service universel** » avait déjà été précisée en 1992 comme « le service de base offert à tous dans l'ensemble de la Communauté à des conditions tarifaires abordables et avec un niveau de qualité standard ». La France, qui a considéré que cette définition rapprochait trop le service public du service minimum, a précisé sa conception du service universel dans les lois de transposition des directives européennes. Cela a été le cas pour les services postaux, le service universel comprenant la desserte quotidienne à domicile, les péréquations tarifaires (timbre unique, quelles que soient les conditions de distribution), un tarif abordable, et pour les services de communications téléphoniques (gratuité des appels d'urgence, fourniture gratuite de l'annuaire, desserte du territoire en cabines publiques notamment). Pour l'énergie, le service universel reposerait sur la péréquation, l'interdiction de couper le courant des plus pauvres, l'égalité des prix sur le territoire, la protection de l'environnement.

Service universel

Service de base assuré à tous dans des conditions qui ne pénalisent pas les plus démunis ou les plus isolés géographiquement.

Lire aussi » **État - État dans l'économie**

Société

Une société est un ensemble d'individus qui nouent entre eux toutes sortes de relations (politiques, économiques, culturelles...). La sociologie analyse, classifie les différents types de sociétés et en déduit leurs modes de fonctionnement.

SOMMAIRE

- Qu'est-ce qu'une société ?
- La société industrielle

Qu'est-ce qu'une société ?

Une **société** est un ensemble de personnes ayant des relations les unes avec les autres ou encore un groupe de personnes vivant ensemble. La définition de la société est peu précise car c'est justement l'un des objets de la sociologie de préciser les caractéristiques de telle ou telle société. Le sociologue français Émile Durkheim (1858-1917) a, par exemple, décrit l'évolution des sociétés depuis la **horde** (groupe d'individus juxtaposés) jusqu'aux sociétés modernes.

Société
Ensemble de personnes qui nouent entre elles toutes sortes de relations (politiques, économiques, culturelles, etc.).

De façon générale, une société comprend :
- une certaine organisation (existence d'institutions) ;
- un système de relations (relations sociales, politiques, économiques, religieuses, etc.) ;
- un ensemble de groupes ou de groupements (familles, classes, ethnies, etc.) ;
- une culture, contribuant à l'unité de la société.

Parmi toutes les typologies (une **typologie** est une construction intellectuelle et non une description de la réalité) de sociétés présentées. Deux se détachent nettement : celle d'Émile **Durkheim** opposant société traditionnelle et société moderne et celle d'un sociologue allemand, Ferdinand **Tönnies** (1855-1936), établissant une distinction entre société et communauté.

Typologie
Construction intellectuelle visant à répartir les phénomènes étudiés en plusieurs types ayant chacun certains traits caractéristiques semblables.

Société et division sociale du travail

Pour É. Durkheim, la **société traditionnelle** se caractérise par une grande ressemblance entre ses membres. Aucune autonomie n'est laissée à l'individu car la société impose ses normes, ses règles, ses valeurs. La société domine les individus et la singularité est perçue comme une menace pour l'existence et la survie du groupe. L'intégration sociale repose alors sur le fait que les individus sont semblables. É. Durkheim utilise la notion de **solidarité mécanique** (solidarité au sens d'intégration sociale) pour caractériser ces sociétés où l'individu est directement rattaché à la société, sans intermédiaires.

Avec le développement de la **division sociale du travail**, qui oblige les individus à s'échanger des services et à nouer d'étroites relations sociales, l'individu acquiert une autonomie croissante, devenant plus libre de choisir ses actes et ses croyances. L'interdépendance d'individus devenus très différents les uns des autres (processus de différenciation) conduit ainsi à une autre forme d'**intégration sociale** (É. Durkheim parle de « **solidarité organique** », les individus étant dépendants les uns des autres, ce qui n'était pas vraiment le cas des sociétés traditionnelles). Ainsi, le passage de la société traditionnelle à la **société moderne** correspond, pour É. Durkheim, au développement de la division sociale du travail et à l'émergence de l'individualisme (autonomie, libre arbitre).

Division sociale du travail

Phénomène lié, selon É. Durkheim, au développement de la taille des sociétés qui sont alors conduites à spécialiser les rôles et les fonctions (politiques, économiques, religieuses, sociales, etc.) de leurs membres.

Communauté et société

Pour F. Tönnies, la **communauté** est un ensemble de personnes fondé sur le « sentiment d'appartenance subjectif ». C'est le lien affectif (la « chaleur de la communauté »), la tradition, les sentiments qui caractérisent la communauté. À l'inverse, la société représente un groupe d'individus qui vivent aux côtés les uns des autres tout en ayant peu de liens entre eux. Ces deux distinctions célèbres montrent certains écueils de la sociologie. Il est flagrant que la typologie de F. Tönnies est faite pour dénigrer la société (il disait qu'« on va à la société comme on va à l'étranger ») et regretter les temps anciens où dominait la communauté, avant que le capitalisme et la société moderne ne détruisent les liens traditionnels et les remplacent par des relations impersonnelles (il s'agit donc d'une vision « réactionnaire » valorisant le retour au passé).

Communauté

Groupe de personnes partageant le sentiment fort d'appartenir à un même ensemble.

La typologie de É. Durkheim n'échappe pas non plus à un jugement de valeur. Il s'agit en effet d'une conception évolutionniste car on suppose une progression régulière de la société traditionnelle à la société moderne, chaque société donnée et connue se trouvant à une certaine étape sur ce chemin unique.

Évolutionnisme
Théorie, issue de la biologie, selon laquelle les formes d'organisation sociale se succèdent selon un schéma unique.

La société industrielle

Une société industrielle se caractérise par l'importance de l'industrie et la place déclinante des agriculteurs. Le critère économique permet aussi de définir la société postindustrielle (poids croissant du tertiaire, notamment). Mais la notion de société industrielle a reçu un contenu plus précis et plus sociologique, puisque des sociologues, tels Raymond Aron, l'ont opposée aux sociétés préindustrielles (dites « traditionnelles » ou « primitives »). Ce faisant, R. Aron cherchait à montrer, dans les années 1960, que l'idée de société industrielle permettait de rapprocher société capitaliste et société socialiste dans une opposition commune aux sociétés traditionnelles du tiers monde.

Société industrielle (au sens courant)
Société caractérisée par l'importance des activités industrielles et la place déclinante des agriculteurs.

R. Aron définit la société industrielle par les traits suivants : séparation de la famille et de l'activité de production ; division et organisation du travail dictées par des exigences techniques (et non plus répartition des tâches commandées par les structures sociales comme l'âge, le sexe, la parenté, etc.) ; accumulation du capital (c'est-à-dire réinvestissement des profits dans l'entreprise) ; prépondérance du calcul économique et de la rationalité marchande.

La société industrielle est souvent associée à une autre conception : la société de masse. La notion de société de masse caractérise l'atomisation de la société, c'est-à-dire le déclin des groupes primaires (comme le voisinage, le village, la famille) qui reliaient fortement les individus les uns aux autres. Dans une optique sociologique qui se situe dans le droit fil de la distinction de F. Tönnies, la notion de société de masse traduit la destruction des réseaux traditionnels de solidarité et la montée de l'individualisme (pris dans un sens courant, celui d'égoïsme, de repli sur ses seuls intérêts personnels, et non dans le sens sociologique d'autonomie de l'individu par rapport au groupe et à la société).

Société de masse
Société caractérisée par l'atomisation des individus et le déclin des groupes primaires traditionnels.

Lire aussi » Culture - Sociologie

Sociologie

Le terme de sociologie a été utilisé pour la première fois par Auguste Comte dans son *Cours de philosophie positive* (de 1830 à 1842). Même si de grands penseurs comme Montesquieu, Tocqueville ou Marx ont fait auparavant œuvre de sociologue, la sociologie date véritablement des travaux du Français Émile Durkheim (1858-1917) et de l'Allemand Max Weber (1864-1920). Tous deux insistaient, au-delà de leurs différences, sur la nécessité d'une méthode rigoureuse pour étudier la société.

SOMMAIRE

- La démarche sociologique
- Le contexte social
- L'objet de la sociologie
- Les grands auteurs de la sociologie

La démarche sociologique

La **sociologie** est, comme l'histoire, la géographie humaine, la psychologie sociale ou l'économie par exemple, une **science sociale**, c'est-à-dire qu'elle étudie les hommes vivant en société. Mais pour le sociologue, l'action des individus ne peut être comprise que par référence au contexte social à l'intérieur duquel ils se placent.

Sociologie
Science sociale qui étudie l'action des individus et des groupes d'individus par référence au contexte social.

Sciences sociales
Ensemble des disciplines scientifiques qui étudient les hommes vivant en société.

É. **Durkheim** cherche ainsi à fonder la sociologie en la distinguant nettement de la psychologie. Il prend alors comme objet d'analyse le suicide qui est un phénomène purement individuel ; il montre qu'il peut être aussi un phénomène social dont les explications résident dans la société elle-même et non dans les seuls individus (explication psychologique). É. Durkheim constate en effet, à travers l'examen des statistiques du suicide dans les différents pays, que d'une part le nombre de suicides reste pratiquement constant dans chaque pays d'une année à l'autre et que d'autre part ce nombre est très différent d'un pays à l'autre. Les suicides sont donc des phénomènes individuels dont on peut quasiment prévoir le nombre dans un pays pour les années à venir.

Cette régularité dans chaque société apparaît donc étonnante. Elle interdit d'analyser le nombre de suicides (ou plutôt le taux de suicide pour tenir compte de l'augmentation de la population) comme la simple addition de tous les suicides imprévisibles et individuels. À un **phénomène social**, qui est ici la régularité des suicides dans une société donnée, doivent correspondre des causes sociales (la psychologie ne peut ici expliquer le phénomène social). É. Durkheim met alors en évidence d'autres régularités, entre le taux de suicide de chaque société et certaines situations sociales qui leur sont propres (concernant la religion, la situation économique, la famille par exemple). Ces régularités donneraient l'explication des différences dans les taux de suicide selon les sociétés (celles-ci résidant en particulier dans le degré d'intégration sociale et l'intensité du lien social).

En définitive, le suicide est aussi un phénomène social, existant indépendamment de ses manifestations individuelles. Comme phénomène social, il peut donc faire l'objet d'une analyse sociologique.

➲ Le contexte social

L'explication sociologique renvoie au contexte social mais tous les sociologues ne sont pas d'accord sur le contenu de ce « contexte ».
Pour certains, comme É. Durkheim ou le sociologue contemporain Pierre **Bourdieu**, le contexte social renvoie aux structures sociales (groupes sociaux, familles, etc.), au milieu social dans lequel se situent les individus.

Pour d'autres, comme le sociologue Raymond **Boudon**, le contexte se limite au **système d'interaction** dans lequel sont placés les individus, ce qui signifie que ces derniers agissent surtout en tenant compte de la présence et du comportement des autres. Pour expliquer un phénomène social, il suffit alors de prendre en compte les seuls comportements des individus qui se rapportent à la situation observée, sans rechercher des explications générales. R. Boudon analyse par exemple la mobilité sociale en France dans les années 1960 et 1970 et montre que le nombre d'étudiants augmente beaucoup plus vite que le nombre d'emplois disponibles correspondant à leurs diplômes. Nécessairement, certains devront occuper des emplois moins qualifiés et perdront leurs chances d'ascension sociale. Ainsi, pour R. Boudon, nul besoin de faire référence aux structures sociales pour expliquer ce phénomène qui résulte seulement d'une addition (**agrégation**) de comportements individuels, d'une « composition » de comportements reflétant chacun la stratégie (ici, choix du passage à l'université pour un nombre croissant de personnes) des individus, appelés dès lors « acteurs ».

Agrégation
Addition de comportements individuels.

L'explication par le social se décompose en deux approches plus complémentaires qu'opposées. Dans l'une, la priorité est donnée au tout (le système social) sur les parties qui le composent (les individus). Les comportements des individus sont alors le produit, le résultat de mécanismes sociaux qui les dépassent. Le terme de **holisme** sera utilisé pour caractériser une telle approche. Dans l'autre, le tout ne saurait être indépendant des parties puisqu'il en est le résultat. Un phénomène social n'est que la conséquence d'actions individuelles, même si le résultat obtenu n'a pas été prévu au départ par les acteurs, ce que R. Boudon nomme « **effets pervers** ».

Holisme
Principe sociologique selon lequel les comportements individuels s'expliquent par référence aux structures sociales et au milieu social dans lequel se situent les individus.

Effet pervers
Résultat inattendu et néfaste des actions engagées par des acteurs.

L'objet de la sociologie

La sociologie peut étudier une grande variété de sujets. Il peut s'agir d'une question générale (la régularité des taux de suicide dans une société particulière), d'un objet (exemple d'une entreprise où l'on peut décrypter les relations de pouvoir), d'un processus (la division du travail) ou d'un système d'interactions (une situation mettant en relation plusieurs individus).

Le sociologue met aussi en relation des phénomènes en montrant que l'un peut être la conséquence de l'autre. Il doit cependant se méfier et ne pas confondre **corrélation** et **causalité**. On est en présence d'une corrélation lorsque deux variables évoluent en même temps (dans le même sens ou en sens inverse). Mais l'observation graphique ou statistique d'une corrélation ne prouve pas qu'un des phénomènes est la cause de l'autre. Par exemple, un troisième phénomène peut être la cause des deux autres. La causalité consiste alors à déterminer la variable expliquée et la variable explicative.

Corrélation
Situation de deux phénomènes qui évoluent en même temps (dans le même sens ou en sens inverse).

Causalité
Lien entre deux phénomènes dont l'un est la cause de l'autre.

La sociologie ne cherche pas à juger la réalité sociale pour en déduire des règles pratiques de conduite. Ce n'est pas une science « normative » mais « positive », c'est-à-dire qu'elle décrit et interprète les phénomènes sociaux pour les comprendre, sans porter de jugement de valeur. Dans sa démarche, le sociologue doit prendre de la distance vis-à-vis de ses propres intérêts, de ses engagements. La sociologie utilise enfin des méthodes qualitatives (**monographie**, c'est-à-dire enquête sur un terrain par exemple) et quantitative (sondage, enquête donnant des statistiques, etc.).

Les grands auteurs de la sociologie

Tocqueville et l'égalisation des conditions

Alexis de **Tocqueville** (1805-1859) est l'auteur de deux ouvrages majeurs, *De la démocratie en Amérique* (1835 et 1840) et *L'Ancien Régime et la Révolution* (1856), qui analysent l'évolution des sociétés démocratiques.

Tocqueville donne une définition originale de la démocratie qui ne désigne pas seulement la participation des citoyens à la gestion de leurs affaires, mais l'égalité de plus en plus grande des conditions. Il fait œuvre de sociologue puisqu'il caractérise ainsi davantage un type de société qu'un type de régime politique, mais aussi parce qu'il met en avant un véritable fait social, l'**égalisation des conditions**. Phénomène irréversible des sociétés démocratiques, cette égalisation des conditions correspond à la suppression des distinctions d'ordre ou de classe, à la fin de l'hérédité des positions sociales et à la possibilité donnée à tout un chacun d'accéder à toutes les professions, à toutes les dignités et à tous les honneurs. Si elle peut s'accommoder de fortes inégalités de richesses, l'**égalité sociale** se traduit par une tendance à l'homogénéité des modes de vie.

Égalisation des conditions

Phénomène, caractéristique des sociétés démocratiques d'après Tocqueville, selon lequel les hiérarchies sociales s'estompent tandis que les positions sociales s'ouvrent à tous.

L'objectif des analyses de Tocqueville est de comprendre comment cette uniformité croissante des conditions de vie peut être compatible avec la liberté. Héritier d'une tradition de l'aristocratie dans laquelle la liberté signifiait opposition à la monarchie absolue et à l'arbitraire de l'État royal, Tocqueville considère que les sociétés démocratiques peuvent être libérales ou despotiques. L'exemple américain lui montre que le règne de l'égalité des conditions peut conduire à une société libérale où la société civile est autonome et où il n'existe pas de pouvoir d'État. Mais l'exemple français met en évidence deux tendances contradictoires : d'un côté, l'égalisation des conditions et la passion pour la valeur « égalité », de l'autre, le développement de l'État, de la centralisation administrative et de la bureaucratie. Sur ce point d'ailleurs, il démontre que la Révolution française est moins une rupture qu'une continuité avec l'Ancien Régime, le développement de la centralisation et du pouvoir de l'État ayant commencé bien avant 1789.

Pour Tocqueville, les sociétés démocratiques, qui sont aussi des sociétés individualistes, puisque chacun, avec sa famille, tend à s'isoler des autres, sont alors menacées par la toute-puissance de l'État comme par la tyrannie de la majorité, fortement tentée d'abuser de son pouvoir.

Max Weber et la sociologie compréhensive

Sociologue allemand, Max **Weber** (1864-1920) est l'un des fondateurs de la sociologie et son apport concerne plusieurs domaines.

Légitimité

Caractère de ce qui est accepté et reconnu dans une société.

M. Weber s'interroge ainsi sur les fondements du pouvoir politique et sur les raisons pour lesquelles les gouvernés acceptent cette domination. Il met en évidence les différentes sources de la **légitimité**, celle-ci correspondant au caractère d'une autorité qui est acceptée et reconnue par les gouvernés. M. Weber distingue trois formes de légitimité, ou formes d'autorité, qui donnent naissance à trois modes de domination :

- la **légitimité charismatique** fondée sur la reconnaissance par la société du caractère exceptionnel du chef (quels que soient les motifs de cette reconnaissance), qui peut être un héros, un prophète ou un sauveur ;
- la **légitimité traditionnelle** fondée sur le respect de la coutume et de la tradition (tout ce qui est perçu comme ayant toujours existé), c'est l'exemple des seigneurs de la société féodale ;
- la **légitimité légale**, ou **rationnelle-légale**, dans laquelle l'autorité s'appuie sur des lois et des règles impersonnelles. Les gens ne se soumettent pas à des individus particuliers (l'agent de police, le maire, le préfet, etc.), mais à des personnes qui représentent l'autorité légale, fondée sur des lois et des règlements qui s'appliquent à tous de la même façon.

Rationalité

Principe selon lequel les individus agissent de façon rationnelle, c'est-à-dire de façon réfléchie et raisonnée.

La **rationalité** est une autre notion importante de l'œuvre de M. Weber. Elle peut être définie, d'une façon générale, comme un schéma de pensée qui nous fait agir de façon rationnelle. Mais agir de façon rationnelle peut avoir, selon Weber, deux significations : on peut agir rationnellement en ayant un but (maximiser le profit par exemple) et en adaptant des moyens à cette finalité, mais on peut aussi agir rationnellement en fonction de valeurs que l'on juge supérieures (exemple du chevalier qui se bat pour l'honneur quelles qu'en soient les conséquences). Une conduite rationnelle s'oppose donc à des conduites expliquées par la tradition, l'habitude (nos activités quotidiennes par exemple) ou par les passions, les émotions. Mais la distinction de M. Weber entre une rationalité orientée vers les buts et une rationalité orientée par les valeurs montre que la rationalité de type économique n'est pas la seule possible.

Légitimité et rationalité chez Max Weber

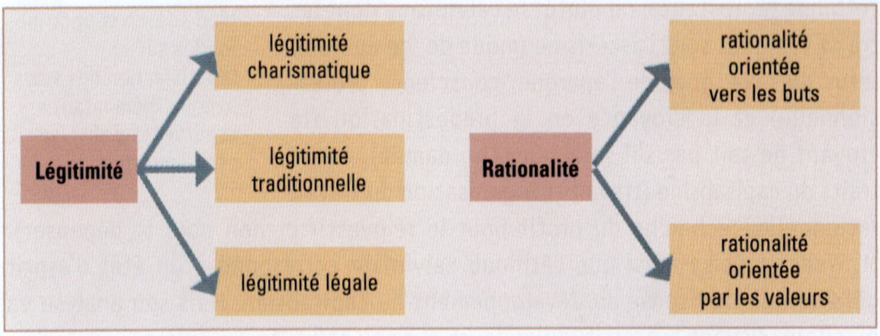

M. Weber montre cependant que les sociétés modernes sont soumises à un processus de **rationalisation** dans la mesure où la rationalité orientée vers les buts s'étend peu à peu à tous les domaines de la vie intellectuelle et sociale au détriment des activités gouvernées par la tradition ou les valeurs (religieuses notamment). Ce processus de rationalisation, qui se traduit par la recherche d'organisations les plus efficaces, concerne l'État (développement de la bureaucratie et règne des règles impersonnelles), les entreprises (taylorisme par exemple), les partis politiques (naissance des grandes organisations), etc.

L'œuvre la plus célèbre de Max Weber est *L'Éthique protestante et l'esprit du capitalisme* (1905) où il s'interroge sur les origines du capitalisme. Cette analyse est l'occasion d'illustrer la notion weberienne d'**idéal-type**, celui-ci étant une sorte de

Rationalisation

Processus fondamental des sociétés occidentales, mis en évidence par Weber, caractérisé par l'extension à l'ensemble du monde social (économie, droit, politique, etc.) de la rationalité (adaptation des moyens aux fins), du calcul et des règles impersonnelles.

Idéal-type

Caractérisation d'un phénomène social par quelques-uns de ses traits les plus significatifs, afin de faciliter son analyse et de permettre des comparaisons.

reconstruction d'un phénomène quelconque (la bureaucratie, le capitalisme par exemple) à partir de ses seuls traits les plus significatifs. L'idéal-type du capitalisme n'est pas défini par les caractères communs à tous les pays capitalistes, mais par le choix de quelques traits typiques qui vont servir à décrire un modèle idéal du capitalisme (idéal pour la recherche sociologique et non idéal au sens de désiré). L'idéal-type ne vise donc pas à reproduire fidèlement la réalité, mais à favoriser le processus de recherche, de la même façon que la science économique définit un modèle de la concurrence pure et parfaite pour réfléchir ensuite sur les écarts du modèle à la réalité.

> **Ascétisme**
> Mode de vie et doctrine fondés sur la satisfaction des seuls besoins élémentaires et sur le refus du luxe et du superflu.

Dans cet ouvrage, M. Weber met en correspondance l'**éthique protestante**, ou plutôt le calvinisme dont les traits typiques sont l'**ascétisme** (mode de vie austère, refus du luxe, goût de l'épargne, conscience professionnelle) et la croyance en la prédestination (le croyant ne sait pas s'il sera sauvé ou damné), et les traits du capitalisme (travail et organisation du travail rationnelle, recherche du profit pour le réinvestir et non pour le dépenser). M. Weber précise ainsi que l'éthique calviniste correspond à un état d'esprit général qui prédispose au développement du capitalisme. Mais son analyse va plus loin. Devant l'incertitude majeure sur son salut, le calviniste va chercher dans le travail les signes de son élection. Le succès économique lui semblera une preuve de son salut et l'investissement dans le travail lui permettra de surmonter son angoisse. Ainsi, peu à peu, le calviniste va donner au travail rationnel et régulier une signification particulière et celui-ci va finir par être interprété comme obéissance au commandement de Dieu. M. Weber montre ainsi que l'on peut parfois comprendre le comportement économique d'un groupe social à partir de sa vision du monde.

À travers cette analyse, Max Weber réfute le déterminisme marxiste et montre que les idées religieuses peuvent aussi jouer un rôle important dans l'histoire. Certes, M. Weber ne nie pas l'importance des facteurs économiques, mais il rappelle que parmi la multitude d'explications possibles du capitalisme, la moins mauvaise est celle qui prend en compte le sens que les hommes ont, à un moment déterminant, donné à leurs actions. Il s'agit, en définitive, d'une sociologie compréhensive car le sociologue cherche à se mettre à la place des individus pour reconstruire et comprendre les motivations de toutes sortes qui fondent telle ou telle de leur conduite. La sociologie compréhensive s'oppose ainsi à une sociologie qui explique l'action des hommes à partir des seules causes et contraintes extérieures.

Marcel Mauss et l'« Essai sur le don »

Pour Marcel **Mauss** (1872-1950), disciple de É. Durkheim et un des fondateurs de l'anthropologie, l'échange est le commun dénominateur d'un grand nombre d'activités sociales. Mais il s'agit moins d'échanges économiques intéressés que d'échanges sociaux croisés et continuels permettant de symboliser la vie collective. Dans l'« Essai sur le don » (publié dans *L'Année sociologique* de 1923-1924), qui concerne les sociétés traditionnelles, il montre que ce type d'échanges s'observe à travers trois obligations : obligation de donner (refuser de faire un **don**, c'est refuser l'alliance), obligation de recevoir (c'est une contrainte sociale forte car on ne peut refuser un don) et obligation de rendre (**contre-don** ou contre-prestation). Ce « système de prestations totales » ne porte pas tant sur des biens et des richesses que sur des politesses, des festins, des rites, des cérémonies, etc., réalisés par des groupes (clans, tribus, familles) et non par des personnes. Ces échanges créent donc des droits et des devoirs et leur caractère obligatoire est au fondement même de la vie sociale.

Don/contre-don
Ensemble d'obligations réciproques (donner, recevoir, rendre), mises en évidence par M. Mauss, qui fondent, à travers les échanges de toute nature, la vie sociale.

M. Mauss rapproche ses analyses sur le don de la cérémonie indienne (Amérique du Nord) du **potlatch** qui est une confrontation de chefs de tribus où la compétition porte sur les cadeaux qu'ils se font entre eux. Il faut ainsi manifester sa supériorité en donnant, en dépensant ses richesses. À l'inverse, accepter sans rendre ou rendre moins que ce qui a été reçu revient à se subordonner. Ainsi, M. Mauss confirme encore que la richesse est moins recherchée pour son utilité économique que pour son utilité sociale, qui est ici de servir de moyen de prestige et de domination.

Émile Durkheim et l'intégration sociale

Pour établir les fondements de la sociologie, É. **Durkheim** met en avant l'existence, dans une société, de faits sociaux. Un **fait social** est un phénomène social régulier (régularité mesurée par des instruments statistiques) et presque prévisible, comme le montre l'illustration des taux de suicide selon les pays. Cette régularité du phénomène social est l'indice d'une certaine action de la société (pays, classe, famille, religion) sur les conduites des individus, action que le sociologue a pour tâche d'élucider. C'est la raison pour

Fait social
Ensemble d'actions humaines qui se produisent avec une régularité observée statistiquement.

laquelle É. Durkheim précise encore qu'« est fait social toute manière de faire, fixée ou non, susceptible d'exercer sur l'individu une contrainte extérieure ».

Cette définition est tirée des *Règles de la méthode sociologique* (1895), où É. Durkheim énonce qu'« il faut traiter les faits sociaux comme des choses ». Cela ne signifie pas que les faits sociaux sont des choses, des faits naturels, mais que le sociologue doit, comme le biologiste, les observer de l'extérieur. Cette règle méthodologique est d'autant plus importante que le sociologue est immergé dans les phénomènes qu'il observe. Le sociologue doit alors se méfier de ses impressions, de ses jugements personnels, de ses préjugés, des explications toutes faites, soit un ensemble d'éléments du sens commun qu'É. Durkheim appelle des **prénotions**. Il doit laisser de côté les représentations, les discours ou les justifications des individus pour rechercher ce qui, de l'extérieur, les pousse à agir (milieu social, facteurs sociaux). Il convient donc d'étudier les faits sociaux « du dehors » (phénomène de l'**objectivation**) et expliquer le social par le social.

Prénotions
Ensemble d'impressions, de jugements personnels et de préjugés concernant un fait social et que le sociologue a pour tâche d'élucider et de combattre.

La notion d'intégration sociale est au centre de la sociologie de É. Durkheim et ses réflexions portent sur les dangers d'une rupture de la cohésion sociale, du lien social, dirions-nous aujourd'hui. Dans les sociétés traditionnelles, la société est très présente dans chaque individu par l'intermédiaire de la **conscience collective**, « ensemble des croyances et des sentiments communs à la moyenne des membres d'une société et formant un système qui a sa vie propre ». Mais dans les sociétés modernes, la société s'impose moins à l'individu, la conscience collective exerçant une moindre emprise sur les consciences individuelles. Par exemple, la division sociale du travail est un facteur d'intégration sociale, mais poussée trop loin, elle peut conduire certains à ne plus voir le lien qui les relie aux autres. De même, l'absence de règles communes peut mener à une situation d'anomie, de dérèglement social. Autre exemple cher à É. Durkheim, la disparition des **groupes intermédiaires** (comme le groupe familial par exemple, qui est maintenant réduit à la famille conjugale), qui jouaient un rôle de régulation et de cohésion sociale, laisse les individus seuls et isolés face à un État lointain.

Conscience collective
Selon É. Durkheim, ensemble des croyances et des sentiments communs à la moyenne des membres d'une même société.

Pierre Bourdieu et l'habitus

Sociologue français contemporain, Pierre **Bourdieu** cherche à préciser la façon dont les structures sociales influencent et expliquent les comportements individuels. Comment expliquer justement l'existence de régularités sociales (le mariage entre personnes de même niveau social et culturel par exemple), alors que les individus n'obéissent pas à des règles sociales contraignantes ? Comment expliquer que le jeu social soit le lieu de régularités alors que les individus sont libres et autonomes ?

Pour concilier ces deux sortes de phénomènes, P. Bourdieu propose la notion d'habitus qui est une certaine disposition de l'esprit engendrant des « conduites réglées et régulières en dehors de toute référence à des règles ». L'**habitus** peut se définir par un ensemble de dispositions durables (des valeurs, des croyances, des habitudes, des goûts, etc.), plus ou moins inconscientes, acquises au sein du milieu social d'origine, qui vont guider les perceptions, les opinions et les actions des individus. L'influence des structures sociales, et notamment des classes sociales, se retrouve dans les habitus propres à chaque groupe social, si bien que chaque classe sociale se caractérise par un habitus de classe. P. Bourdieu prend l'exemple de la consommation et montre ainsi que les goûts, loin d'être des choix personnels soumis à l'arbitraire de chacun, sont en fait socialement définis par un **habitus de classe**. Les goûts des classes populaires sont placés sous le signe de la nécessité (choix de ce qui est pratique ; choix contraints par l'insuffisance des ressources) alors que ceux des classes moyennes témoignent d'un souci du paraître, les goûts des classes supérieures s'attachant à marquer leur distinction.

Outre leur habitus, les classes sociales se caractérisent, chez P. Bourdieu, par le volume de **capitaux économiques** (richesses matérielles), **culturels** (capacités intellectuelles, diplômes) et **sociaux** (les relations sociales) qu'elles peuvent mobiliser dans leurs activités sociales. P. Bourdieu distingue ainsi, au sein des classes dominantes, les **dominants-dominants**

Habitus

Notion sociologique due à P. Bourdieu désignant un ensemble de dispositions durables, plus ou moins inconscientes, acquises au sein du milieu social d'origine et qui guident les perceptions, les opinions et les actions des individus.

Capital culturel

Notion due à P. Bourdieu pour désigner l'ensemble des qualifications (diplômes) et des connaissances qui sont valorisées dans une société.

Capital social

Notion sociologique introduite par P. Bourdieu pour désigner l'ensemble des relations sociales et des réseaux de connaissances possédés par un individu ou un groupe.

(bourgeoisie d'État, grande bourgeoisie industrielle et financière), pourvus largement en capitaux de toute sorte, et les **dominants-dominés** (professions libérales ou professions intellectuelles), mieux dotés en capitaux culturels qu'en capitaux économiques. À l'autre extrémité de l'échelle sociale, les exclus sont dépourvus de toute forme de capital.
À travers son analyse de l'école, P. Bourdieu a aussi montré l'importance de la reproduction des inégalités sociales, les classes dominantes parvenant à dissimuler les rapports de force sous les traits de la méritocratie.

Raymond Boudon et l'individualisme méthodologique

On oppose souvent Pierre Bourdieu à Raymond **Boudon**, autre sociologue français contemporain. Il a déjà été précisé de quelle façon se distinguaient ces deux auteurs. Il convient de revenir sur la notion d'individualisme méthodologique, attachée aux travaux de Raymond Boudon.

Celui-ci reproche aux démarches sociologiques relevant du holisme de négliger le rôle des acteurs individuels dans l'explication des phénomènes sociaux. Plus particulièrement, il leur fait grief de nier la liberté et l'autonomie des individus au profit d'une vision trop déterministe du social. Ainsi, l'analyse de R. Boudon revient à rejeter le principe de base de la sociologie de É. Durkheim selon lequel « la cause déterminante d'un fait social doit être recherchée parmi les faits sociaux antécédents, et non parmi les états de la conscience individuelle ».

L'**individualisme méthodologique** est un principe d'explication, valable pour tout phénomène social, qui consiste à reconstruire les motivations des individus concernés par le phénomène en question, puis à analyser celui-ci comme le résultat des comportements individuels dictés par ces motivations. Ainsi, les individus sont les atomes de base de l'analyse sociologique tandis que les faits sociaux sont le produit d'une multitude de conduites distinctes, prises séparément par les individus (**effet de composition** ou **effet d'agrégation**). L'individualisme méthodologique ne doit pas être confondu avec l'individualisme au sens éthique ou philosophique (la personne humaine comme valeur fondamentale), ni même avec le sens sociologique (une société est individualiste lorsque les individus disposent d'une grande autonomie dans la vie sociale par rapport aux normes et aux contraintes sociales).

Individualisme méthodologique

Principe d'explication qui consiste à analyser un phénomène économique ou social comme étant le résultat des comportements individuels. Notion utilisée en sociologie par R. Boudon qui insiste en outre sur la nécessité de reconstruire les motivations des individus concernés pour expliquer le phénomène.

Lire aussi » Culture - Mobilité sociale - Société

Stratification sociale

On distingue dans la société des groupes d'individus qui se ressemblent parce que leur niveau de vie, leurs activités économiques ou sociales, leurs comportements ou encore leurs valeurs sont très proches. Ces groupes sociaux, que l'on peut observer et analyser, sont aussi relativement stables : ce sont presque toujours les mêmes individus qui en font partie.
Ces groupes peuvent être hiérarchisés, l'appartenance à un certain groupe étant socialement mieux considérée que l'appartenance à un autre. Ils forment alors une certaine stratification de la société.

SOMMAIRE

- Les stratifications sociales rigides : castes et ordres
- Une stratification sociale problématique : les classes sociales
- Une stratification professionnelle : les PCS
- De nouvelles fractures sociales

Les stratifications sociales rigides : castes et ordres

Les castes

Les castes sont des groupes sociaux strictement délimités et hiérarchisés. Le système des castes s'observe particulièrement en Inde où l'hindouisme sert de fondement religieux à la hiérarchie sociale. Certaines fonctions sociales sont sacrées et d'autres non, selon leur degré de pureté ou d'impureté religieuse. C'est un type de stratification sociale extrêmement rigide car il existe une séparation absolue entre les castes. Celle-ci est assurée par deux modalités, l'endogamie qui signifie que les mariages se réalisent au sein d'une même caste, et l'hérédité qui fait que chaque enfant appartient dès sa naissance à la caste de ses parents. Chaque caste se différencie des autres par des rites,

Castes
Groupes sociaux strictement délimités et séparés de façon rigide les uns des autres.

Stratification sociale
Division de la société en groupes sociaux hiérarchisés et présentant chacun une forte homogénéité au regard de certains critères (revenus, modes de vie, valeurs, statut juridique, etc.).

des cérémonies et des droits spécifiques. L'appartenance à une caste détermine aussi le choix de certaines professions et définit le degré de pouvoir auquel on peut prétendre. Il existe de nombreuses mesures discriminatoires visant à empêcher les relations sociales entre les castes et il est quasiment impossible de sortir de sa caste.

Les castes sont hiérarchisées, avec au sommet, la caste des prêtres (les brahmanes) et au bas de l'échelle, la caste des intouchables. Ceux-ci exercent les professions réputées les plus impures (éboueurs, tanneurs par exemple). Entre les deux, il existe un éventail de castes, plus ou moins nombreuses selon les régions de l'Inde.

La dernière caractéristique du système de castes est sa reconnaissance sociale. Grâce à son fondement religieux, la hiérarchie sociale découlant de ce système est parfaitement acceptée par la très grande majorité de la société indienne. La hiérarchie apparaît tout à fait naturelle.

Dans le langage courant, le terme de caste permet de caractériser un groupe social fermé sélectionnant ses membres. Il s'agit alors d'un petit nombre de personnes occupant toutes les positions de pouvoir ou de prestige.

Les ordres

La stratification sociale en ordres caractérise la société féodale en Occident. La hiérarchie entre les ordres est fondée sur des degrés différents d'honneur ou de dignité attachés à des fonctions sociales. Au sommet de la hiérarchie des ordres, on trouve les guerriers, ceux qui font profession des armes.

Ordres
Système de stratification sociale fondé sur une séparation juridique entre des groupes qui se distinguent alors par la plus ou moins grande étendue de leurs privilèges légaux.

La société de l'Ancien Régime, avec les trois états, est une société d'ordres. Il y a la noblesse (ceux qui à l'origine se battaient), le clergé (ceux qui prient) et les autres, assemblés sous le terme de « tiers état ». Cette société repose sur une définition juridique des ordres, l'appartenance à un ordre donnant le droit à un certain nombre de privilèges (en matière d'impôt ou de justice notamment). Ces privilèges distinguent ceux qui en bénéficient, quelle que soit leur situation financière réelle.

La société d'ordres représente une stratification sociale moins rigide qu'une société de castes. L'hérédité ne vaut que pour la noblesse. On naît noble, mais on peut aussi le devenir au bout de quelques générations. Cette mobilité sociale vers la noblesse ou le clergé doit être cependant consacrée par un acte officiel.

Une stratification sociale problématique : les classes sociales

On ne rencontre aujourd'hui ni castes ni ordres dans les sociétés occidentales. On peut y trouver des classes sociales.

> **Classes sociales**
> Groupes sociaux dans une société où il n'existe pas de hiérarchie sociale officielle et juridique mais dans laquelle on observe une tendance à l'hérédité des positions sociales. Les membres d'une même classe se caractérisent par une même place dans les rapports de production, un mode de vie et des ressources propres et le même sentiment d'appartenir à ce groupe.

Les sociétés actuelles sont des sociétés égalitaires puisque les privilèges légaux accordés à certains ont été abolis et l'égalité civile instaurée. La division de la société en groupes sociaux hiérarchisés n'a donc pas d'existence officielle et légale.

En réalité, on observe dans la société l'existence de groupes d'individus ayant les mêmes caractéristiques et les mêmes comportements, agissant ou réagissant souvent de la même façon, s'organisant parfois pour défendre des intérêts communs. Cette homogénéité a conduit certains théoriciens à parler de classes sociales pour qualifier ces groupes. Une stratification de la société en classes correspond donc à une société où la division en groupes hiérarchisés n'a pas d'existence légale. La notion de classe sociale reste toutefois une notion très discutée. On distingue, en effet, trois grandes approches des classes sociales.

La théorie marxiste des classes sociales

Observant la situation misérable des ouvriers en Angleterre au milieu du XIXe siècle, Karl Marx met en évidence une opposition entre deux classes sociales, la classe ouvrière, qu'il appelle le prolétariat, et la bourgeoisie. Ce qui définit et différencie ces deux classes, ce ne sont ni l'importance du revenu, ni la nature du travail (manuel ou non), ni l'exercice de métiers différents. La définition de ces deux classes repose sur leur place respective dans le processus de production. La bourgeoisie est la classe qui est propriétaire des moyens de production tandis que le prolétariat comprend les individus qui ne possèdent que leur force de travail.

> **Prolétariat**
> Au sens marxiste, ensemble des personnes qui vendent leur force de travail aux propriétaires des moyens de production.

> **Bourgeoisie**
> Au sens marxiste, ensemble des propriétaires des moyens de production.

Comme cette force de travail, qu'ils sont obligés de vendre (contre un salaire car ils ne possèdent rien d'autre), permet de produire plus de valeur (les produits vendus) que ce qui est nécessaire au paiement de leur travail, ils créent une plus-value que les propriétaires des moyens de productions s'approprient. Une autre caractéristique de cette théorie, rappelée notamment dans le *Manifeste du Parti communiste* (écrit en 1848 avec Friedrich Engels), est que ces classes sont engagées dans une lutte de classes.
Karl Marx lui-même a développé d'autres analyses plus nuancées sur les classes sociales. Dans ses ouvrages historiques, il met en évidence bien plus que deux classes. Dans l'ouvrage *Le Dix-huit brumaire* (1852), Marx montre que les paysans forment « objectivement » une classe sociale (conditions économiques communes, genres de vie et intérêts communs), mais qu'ils n'en forment pas réellement une, puisqu'ils n'ont pas conscience (c'est la « **conscience de classe** ») de leur propre spécificité face aux autres classes sociales.

L'analyse de Max Weber

Le sociologue Max **Weber** définit trois types de stratification, correspondant à trois hiérarchies sociales. Un premier classement s'établit selon la place de chacun dans une hiérarchie du prestige. Il y a ainsi un ensemble de groupes sociaux caractérisés chacun par un mode de vie, une manière de consommer, une certaine forme d'éducation, un ensemble de valeurs spécifiques. Un deuxième classement s'opère selon une hiérarchie du pouvoir politique et correspond aux différents groupements politiques auxquels chacun est libre d'adhérer. Enfin, le troisième classement de M. Weber est celui des classes sociales. Une classe sociale regroupe l'ensemble des individus qui sont dans une situation économique semblable et qui peuvent agir pour défendre leurs intérêts communs. Il peut s'agir des ouvriers, mais aussi des travailleurs indépendants que M. Weber nomme « petite bourgeoisie » (responsables de petites entreprises, artisans, commerçants) ou, enfin, des cadres supérieurs.

La sociologie américaine et la stratification sociale

Les sociologues américains n'ont pas cherché à donner une définition théorique des classes sociales. Ils sont partis de l'observation de la réalité. Ils ont demandé à un grand nombre de personnes d'origines diverses (dans une ville ou une commune) de répartir tous les individus en un certain nombre de « classes », c'est-à-dire de catégories de classement, en fonction de leur position dans une **échelle de prestige**.

Échelle de prestige
Système de classement des individus en plusieurs strates selon le degré de prestige que l'ensemble de la communauté considérée leur confère.

W.L. Warner a observé, dans les années 1930, que les individus classaient toujours leurs concitoyens en trois grandes classes (supérieure, moyenne, inférieure), chacune se subdivisant en deux degrés (supérieure et inférieure), soit au total six classes.

Cette méthode de l'échelle de prestige a permis de mettre en évidence la perception que les membres de la communauté avaient des distinctions sociales qui les séparaient les uns des autres (différences en termes de revenu, d'activité professionnelle, de niveau d'instruction, etc.).

Cependant, ces analyses correspondent davantage à une théorie de la stratification sociale qu'à une théorie des classes sociales. En effet, les « classes » de W.L. Warner sont plutôt des strates superposées. Il y a continuité de l'une à l'autre tandis que la théorie des classes repose sur l'existence d'une discontinuité, d'un fossé entre les différentes classes. La théorie de la stratification repose au contraire sur une simple description et elle ne se prononce pas sur les causes ou les raisons d'être des phénomènes de stratification.

Les classes sociales aujourd'hui

Notion théorique, le terme de classe sociale est encore utilisé aujourd'hui. On distingue ainsi le plus souvent la bourgeoisie, la classe ouvrière, les classes moyennes et les paysans. Mais il s'agit surtout de décrire un certain type de stratification sociale. L'analyse de la mobilité sociale dans les pays occidentaux montre d'ailleurs que cette stratification n'est pas rigide.

Si la bourgeoisie représentait au Moyen Âge les habitants d'un bourg ou d'une cité auxquels étaient accordés certains privilèges en raison de leur activité, elle désigne plutôt aujourd'hui un certain genre de vie, la détention d'un pouvoir social, la conscience de former une certaine élite.

On parle de classes moyennes au pluriel afin de marquer l'hétérogénéité de ce groupe. Aux anciennes classes moyennes non salariées (les indépendants comme les commerçants, artisans) qui ont vu leur poids se réduire dans la société, se sont ajoutées les nouvelles classes moyennes salariées. En font ainsi partie les cadres qui sont des salariés assurant des fonctions d'encadrement (autorité hiérarchique déléguée par la direction) dans les entreprises et les administrations.

Classes moyennes
Classe ou groupe social hétérogène regroupant l'ensemble des personnes qui ne sont ni propriétaires de moyens de production, ni membres de la classe ouvrière ou du groupe des agriculteurs.

Quand on cherche à décrire et à analyser un groupe social, quatre critères doivent être étudiés : les conditions économiques (niveau de revenu, patrimoine) ; les **genres de vie** (pratiques sociales, culturelles et politiques) ; les normes et les valeurs ; le sentiment d'appartenir à une communauté.

Genre de vie
Façons de vivre, de consommer, d'utiliser son temps libre de la part des individus et observées à travers leurs pratiques sociales, culturelles et politiques.

Une stratification professionnelle : les PCS

Le « code des **catégories socioprofessionnelles** » **(CSP)** a été créé par l'Insee au début des années 1950 dans le but de « classer l'ensemble de la population, ou tout au moins la population active, en un nombre restreint de grandes catégories présentant chacune une certaine homogénéité sociale ». L'homogénéité sociale signifiait que des personnes appartenant à la même catégorie devaient être susceptibles d'entretenir des relations entre elles, d'avoir des comportements ou des opinions analogues, de se considérer elles-mêmes comme appartenant à une même catégorie et d'être considérées par les autres comme appartenant à une même catégorie. Le code des CSP a été modifié en 1982 pour devenir la « nomenclature des **professions et** des **catégories socioprofessionnelles** » **(PCS)**. Dans cette nomenclature, plus de 486 professions sont classées en 42 catégories socioprofessionnelles, ces dernières étant regroupées en six groupes socioprofessionnels d'actifs (et deux d'inactifs). Ces six groupes reçoivent l'appellation de CSP ou de PCS.

Professions et catégories socioprofessionnelles (PCS)
Nomenclature établie par l'Insee pour classer l'ensemble de la population, ou tout au moins la population active, en un nombre restreint de grandes catégories présentant une certaine homogénéité.

La construction des CSP

Les CSP correspondent d'abord à une classification des emplois. Le critère de classement est la profession exercée. D'autres critères interviennent cependant comme le secteur d'activité (agriculture, industrie, administration), le statut (salariés ou non-salariés), la position hiérarchique ou le niveau de diplôme (cadre, profession intermédiaire), la qualification professionnelle (pour les ouvriers par exemple) ou encore l'importance de l'entreprise (nombre de salariés).

En 1982, les CSP « cadres supérieurs » et « cadres moyens » sont devenues, avec quelques modifications, les CSP « cadres et professions intellectuelles supérieures » et « professions intermédiaires ». Font partie des cadres, les seuls actifs dont l'activité est définie comme telle dans les conventions collectives des entreprises.

Intérêts et limites des PCS

La nomenclature des PCS est un outil très pratique pour disposer d'une référence commune concernant la société française. Elle est utilisée par de nombreuses enquêtes et permet d'étudier les comportements économiques, sociaux ou démographiques des individus.

La nomenclature des PCS

1. **Agriculteurs exploitants** 2. **Artisans, commerçants et chefs d'entreprise** (10 salariés ou plus pour ces derniers) 3. **Cadres et professions intellectuelles supérieures** dont : professions libérales cadres de la fonction publique professions intellectuelles cadres d'entreprises ingénieurs 4. **Professions intermédiaires** dont : de santé de la fonction publique des entreprises techniciens, agents de maîtrise contremaîtres, clergé et religieux	5. **Employés** dont : employés administratifs employés de commerce personnels des services aux particuliers 6. **Ouvriers** dont : ouvriers qualifiés ouvriers non qualifiés ouvriers agricoles 7. **Retraités** 8. **Autres personnes** sans activité professionnelle dont chômeurs n'ayant jamais travaillé

C'est aussi un outil empirique (il n'a pas été élaboré pour vérifier une théorie particulière) et les différentes CSP ne correspondent pas à des catégories hiérarchisées. La construction des CSP et l'analyse de la société en termes de classes sociales répondent donc à deux logiques différentes.

Les PCS restent cependant un outil imparfait. Elles donnent une analyse plus poussée du monde des salariés que de celui des indépendants. Par ailleurs, comme elles reposent sur la déclaration que font les individus lors du recensement, certains peuvent modifier l'intitulé de leur activité professionnelle (c'est un biais statistique). Enfin, les PCS sont utilisées pour étudier les comportements des ménages, mais la classification d'un ménage dans une PCS se fait selon la PCS de la « personne de référence du ménage », c'est-à-dire le plus souvent l'homme, ce qui conduit à ne pas prendre en compte l'activité féminine.

De nouvelles fractures sociales

Les transformations économiques récentes ont contribué à aggraver un certain nombre d'inégalités entre différents groupes sociaux qui ne recouvrent plus les catégories sociales habituelles. L'Insee a ainsi mis en évidence une fracture entre les célibataires et les personnes vivant en couple, le taux de chômage étant deux fois plus élevé pour les célibataires. De même, elle a observé un accroissement des inégalités entre les propriétaires de patrimoine et les non propriétaires, lié aux prix de l'immobilier. Mais deux **fractures sociales** de grande ampleur se développent aujourd'hui.

La première distingue ceux qui vivent désormais dans une insécurité sociale et les autres. Un nombre croissant de personnes redoutent en effet le moindre aléa de l'existence et ne peuvent plus vivre dans la sécurité de l'avenir. Le sociologue Robert Castel a souligné ce retour de l'insécurité sociale qui avait été la principale caractéristique du « peuple » pendant des siècles jusqu'à l'avènement de la Sécurité sociale et des Trente Glorieuses. L'augmentation du chômage et surtout de la précarité, l'accroissement du prix du logement alors que la sécurité est très liée au fait d'être propriétaire, ainsi que la forte diminution des emplois peu qualifiés proposés aux personnes sans diplômes, conduisent à cette nouvelle fracture, qui est autant une réalité qu'une perception et un sentiment partagés par un nombre croissant de personnes.

L'autre grande fracture, qui rejoint et explique la précédente, est celle qui distingue les personnes diplômées des autres. Malgré la hausse du nombre de diplômés de l'enseignement supérieur, près de 60 % de la population adulte française n'a pas le niveau du baccalauréat (voir « Repères statistiques », p. 618). Or le diplôme est de plus en plus la clé indispensable pour obtenir et garder un emploi et éviter de se retrouver dans une situation d'insécurité sociale. Mais l'école joue aussi un rôle moindre qu'auparavant dans la promotion sociale en raison de la diminution des emplois peu ou non qualifiés qui sont proposés, d'autant que les origines sociales des élèves pèsent plus qu'ailleurs sur leur réussite scolaire. La possession d'un diplôme de l'enseignement supérieur devient même un privilège qui se traduit par une ségrégation culturelle croissante du territoire.

Lire aussi » **Culture - Exclusion - Société - Sociologie - Question d'actualité 13 p. 45**

Système financier international

Le système financier international décrit l'ensemble des activités financières réalisées dans le monde. Elles représentent la contrepartie des activités commerciales (achats et ventes de produits entre différents pays) ou correspondent à des placements financiers (prêts, achats de titres...).

SOMMAIRE

- Naissance d'un système financier international
- Un marché mondial des capitaux
- Comment réguler les marchés financiers ?

Naissance d'un système financier international

Les échanges de biens et de services entre les pays sont à l'origine de mouvements financiers, de flux de devises, puisque les achats doivent être réglés plus ou moins rapidement.

Système financier international
Ensemble des activités et des institutions financières qui contribuent au fonctionnement d'un marché mondial des capitaux.

Le développement des échanges a donc suscité l'émergence et la croissance d'une activité bancaire internationale particulièrement intense, les banques ayant tendance à suivre à l'étranger leur clientèle en créant des filiales dans les différents pays du monde. Mais le règlement et le financement (crédits à l'exportation, par exemple) des échanges commerciaux ne sont pas les seules activités financières internationales car les pays s'échangent aussi des capitaux, sous des formes très diverses, qu'il s'agisse d'investissements productifs (investissements directs pour contrôler une entreprise) ou financiers (achats d'actions ou d'obligations sur des bourses étrangères, prêts ou emprunts réalisés avec l'étranger).

De façon plus globale, certains pays disposent d'une épargne supplémentaire par rapport à leurs besoins internes tandis que d'autres ont un besoin de financement, leur épargne nationale étant insuffisante (l'équilibre épargne-investissement de l'économie montre que les premiers ont un excédent des transactions courantes et les seconds, un déficit courant). Ainsi, les déséquilibres des transactions (excédents chez les uns, déficits chez les autres) sont à l'origine de mouvements de capitaux qui correspondent à des transferts d'épargne, de ressources financières donc des pays prêteurs (les créanciers) vers les pays emprunteurs (les débiteurs).

Quand un pays doit-il s'endetter ? Lorsqu'il connaît une balance des transactions courantes déficitaire, c'est-à-dire lorsqu'il vit au-dessus de ses moyens, consommant et investissant davantage qu'il ne produit, un pays doit faire appel à l'épargne étrangère pour pallier l'insuffisance de son épargne interne. Ce recours à des financements externes peut être le fait des entreprises, des ménages ou même de l'État (lorsque des emprunts destinés à financer un déficit budgétaire sont souscrits par des épargnants étrangers).

Il ne faut pas confondre l'**endettement extérieur** représentant la dette d'une nation à l'égard des autres pays et l'endettement public qui correspond à la dette de l'État. Quand l'État s'endette auprès des seuls agents économiques nationaux, ces deux notions ne se recoupent pas. L'État peut être endetté sans que la nation ait des **engagements** (des dettes) envers d'autres pays.

Dette extérieure
Dette d'un pays, d'une économie, à l'égard des autres pays, qui donne naissance au paiement d'intérêts (service de la dette).

Le marché des capitaux

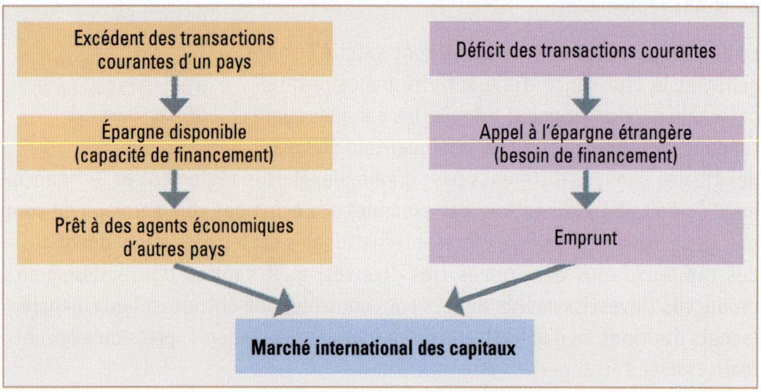

L'endettement extérieur peut concerner tous les pays. Ainsi, les États-Unis sont devenus, ces dernières années, le pays le plus endetté du monde, le premier débiteur mondial, alors qu'à la fin des années 1970 la question de l'endettement international concernait surtout les dettes des PED à l'égard des pays industrialisés.

Ces mouvements de capitaux, qui concernent des masses financières de plus en plus importantes, transitent par le système bancaire international et en expliquent le développement (**internationalisation financière**).

Internationalisation financière
Développement des relations financières (prêts, emprunts) entre les différentes nations.

Un marché mondial des capitaux

La globalisation financière

Les années 1980 ont connu un bouleversement majeur en matière de circulation des capitaux. Auparavant se juxtaposaient plusieurs réseaux nationaux (le marché national des capitaux étant composé généralement d'un marché monétaire pour le court terme et d'un marché financier ou boursier pour le long terme) qui étaient cloisonnés. Certains réseaux seulement étendaient peu à peu leurs activités au-delà de leurs frontières (Londres, par exemple). Concrètement, les épargnants français comme les entreprises françaises souhaitant emprunter, devaient s'adresser au marché français des capitaux.

Il existe désormais un **marché mondial des capitaux** fonctionnant en continu, 24 heures sur 24. On parle ainsi de **globalisation financière**. D'une part, toutes les formes d'épargne viennent à la rencontre de toutes les formes de besoin de financement ; d'autre part, les frontières traditionnelles (entre les banques et autres institutions financières, entre les marchés de capitaux à court terme et à long terme par exemple) s'estompent. Cette **mondialisation financière** repose ainsi sur une parfaite mobilité internationale des capitaux, puisqu'à tout instant ceux-ci se déplacent d'un marché à l'autre, d'une devise à l'autre, selon les évolutions des risques et des rendements anticipés (rôle des taux d'intérêt).

Globalisation financière
Mise en place d'un marché unifié de l'argent au niveau planétaire.

Crise financière et marchés financiers

La globalisation financière est le résultat du développement des innovations financières et des nouvelles technologies dans un contexte général de déréglementation. Elle se caractérise par l'explosion des activités et des institutions bancaires et financières que l'on désigne parfois sous le terme général de « **marchés financiers** » pour montrer l'importance de leur rôle dans certaines évolutions monétaires (chute d'une monnaie), boursières (effondrement d'une place financière) ou bancaires. Le développement des produits dérivés, l'ouverture de nouveaux marchés boursiers dans les pays émergents et l'irruption de nouveaux acteurs comme les fonds d'investissement (fonds de pension, **fonds spéculatifs** comme les *hedge funds*) ont concouru à faire des marchés financiers une puissance réelle, mais fragile. Le gonflement des transactions financières n'a plus de rapport direct avec le financement de la production et des échanges internationaux ; il y a découplage des activités réelles et financières.

Fonds spéculatifs (*hedge funds*)
Sociétés financières proposant à de très riches particuliers de placer leurs capitaux dans des opérations risquées mais susceptibles d'offrir des rendements importants (jusqu'à 50 % par an).

Risque systémique
Risque de crise financière généralisée provoqué par la défaillance d'un participant qui entraîne dans sa chute d'autres défaillances d'établissements financiers (phénomènes de contagion en chaîne).

L'explosion financière, en favorisant le développement d'opérations spéculatives et peu transparentes, a accru l'instabilité du système financier international tandis que la globalisation financière est un facteur favorable à l'extension d'une crise financière dans un pays à l'ensemble de la planète (**crise systémique**).

Les effets de la globalisation financière

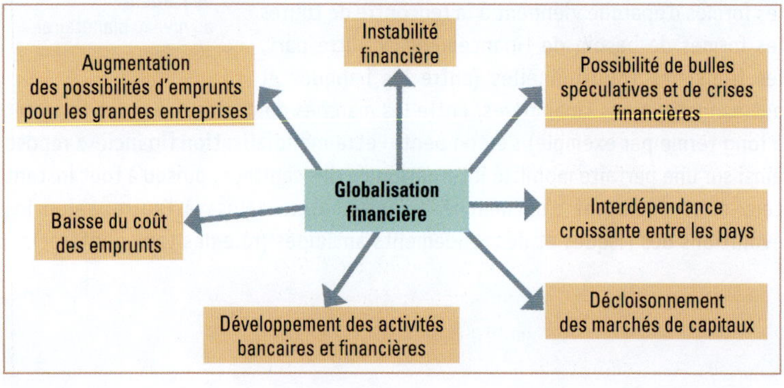

Par exemple, on constate la multiplication de phénomènes appelés « **bulles spéculatives** ». Il y a bulle spéculative lorsque le rendement d'un actif financier résulte de plus en plus des hausses de cours (espérances de plus-values) et de moins en moins des flux de revenus (dividendes). Une bulle financière se maintient tant que l'acheteur réussit à trouver un vendeur à un prix plus élevé. Elle éclate en revanche brutalement lorsque ce n'est plus le cas, le dernier propriétaire réalisant une perte patrimoniale importante avec la chute des cours. Les bulles spéculatives sont souvent le résultat de comportements mimétiques sur les marchés financiers.

Bulle spéculative (ou financière)
Hausse importante de la valeur des titres et des monnaies sans que la situation économique des pays concernés justifie cette envolée des cours.

Contrairement à une idée reçue, les **comportements mimétiques** ne sont pas toujours des comportements irrationnels car copier ses concurrents peut être une manière efficace de réduire le risque de se faire distancer. Le **mimétisme** présente l'inconvénient d'accroître l'instabilité et la volatilité des cours sur les marchés financiers puisqu'à un instant donné, une grande majorité est soit acheteuse, soit vendeuse. Les phénomènes mimétiques expliquent aussi le développement d'anticipations (ou **prophéties autoréalisatrices**) : si les intervenants des marchés pensent qu'un certain événement va se produire (par exemple une baisse des cours), leurs réactions (ventes des titres) provoquant la réalisation de cet événement qui autrement ne se serait pas produit.

Mimétisme
Comportement des intervenants sur les marchés financiers qui prennent au même moment des décisions similaires.

L'exemple des CDS

Rien n'illustre mieux les dérives des marchés financiers que la création des **CDS** (ou ***credit default swaps***) qui sont des contrats d'assurance contre le risque de non-remboursement d'un prêt. Il s'agit d'un produit financier « dérivé » qui est normalement lié à l'existence d'un autre actif (ici un emprunt d'État). Par exemple, une banque acheteuse d'obligations publiques émises par un État crée et vend un CDS qui est alors acheté par un investisseur financier. Le vendeur de CDS transfère le risque de défaut de paiement de l'État emprunteur sur l'acheteur de CDS qui

CDS (*credit default swaps*)
Contrat d'échange du risque de défaut d'un emprunteur.

espère recevoir un paiement en cas de survenance de la défaillance de l'État prêteur. Les CDS, dont les prix varient en fonction de ce risque de défaut, sont donc des outils pour se protéger des risques de défaut. Mais ils sont aussi devenus des instruments de spéculation.

Avec le développement de l'endettement des États européens, les banques ont multiplié les créations de CDS, d'autant qu'elles pouvaient les échanger librement, de gré à gré, à des prix qu'aucune autorité ne contrôlait. Un marché des CDS, opaque, s'est donc mis en place entre les banques internationales (en 2012, le montant des CDS pour les pays européens se montait à plus de 1 000 milliards de dollars). Les CDS, en permettant de parier sur les risques de défauts, ont accentué les spéculations selon des processus autoréalisateurs classiques (on parie sur la baisse, et ce comportement sur les marchés financiers provoque la baisse). Le résultat est que les marchés financiers ont pris la situation sur le marché spéculatif des CDS comme leur référence unique, au lieu de considérer l'évolution réelle et future des dettes publiques des États européens, accentuant la défiance à l'égard des pays concernés. La spéculation sur les CDS est devenue le guide des marchés financiers, portant alors une lourde responsabilité dans la crise de la zone euro. Pour des pays comme la Grèce, le Portugal, l'Italie ou l'Espagne, les cours sur le marché des CDS ont entraîné les taux d'intérêt sur leurs dettes publiques (et non l'inverse), mêlant intimement attaques spéculatives et pression à la hausse des taux d'intérêt, avec les conséquences économiques qui en découlent.

En novembre 2012, l'Union européenne a limité l'activité sur les CDS, sans pouvoir l'interdire pour les grandes banques.

Comment réguler les marchés financiers ?

L'accélération des crises financières

Le développement de la globalisation financière place le système financier international au cœur des mouvements tant de l'économie mondiale que des grandes économies nationales. Un des signes en est la multiplication des chocs financiers depuis une vingtaine d'années, avec une amplitude et une fréquence croissantes : crise de la dette des pays en développement à partir de 1982, choc boursier en 1987, crise du SME en 1992-1993, crise du peso mexicain en

1994-1995, crises asiatiques en 1997, russe en 1998, brésilienne en 1999, argentine en 2001. La crise récente (2007-2013) s'explique très largement par les conséquences des transformations des marchés financiers (voir l'article « Crise financière, crise économique et crise de la dette souveraine, p. 145 »).

Les marchés financiers, dont le président de la Réserve fédérale américaine, Alan Greenspan, avait dénoncé l'« exubérance irrationnelle » à la fin des années 1990, ont donc une part de responsabilité dans ces chocs. Mais ces événements sont aussi le résultat des processus de libéralisation financière qui ont été menés, sous l'égide notamment du FMI, dans de nombreux pays émergents. La succession des crises financières durant les années 1990 a d'ailleurs marqué un tournant pour cette institution qui se voit soumise à une double critique.

Les crises financières montrent d'abord la fragilité d'un modèle de développement fondé sur la libre circulation des capitaux et la libéralisation financière. On va alors dénoncer le « **consensus de Washington** » qui s'imposait alors aux pays endettés. Pour faire face à leurs difficultés, les institutions de Washington organisaient de nouveaux prêts à ces pays (ce qui permettait aux banques américaines et européennes de récupérer une partie de leurs créances) à condition qu'ils mettent en place un « **ajustement structurel** » ; c'est-à-dire des politiques économiques fondées sur le triptyque : libéralisation, privatisation et déréglementation. En Asie ou en Amérique latine, à la fin des années 1990, ce sont précisément les « bons élèves » du FMI qui ont connu de sérieuses difficultés, celles-ci menaçant de s'étendre au reste du monde.

L'autre critique du FMI qui émerge à cette occasion concerne son rôle de prêteur en dernier ressort. Si les banquiers et les investisseurs sont assurés qu'une crise financière n'aura aucun impact sur leurs placements car les institutions financières internationales interviennent toujours à temps, ils n'hésiteront pas à prendre des risques importants. C'est un phénomène qualifié d'« **aléa moral** » dans le domaine de l'assurance pour désigner le fait que les assurés prendront davantage de risques s'ils sont mieux couverts par leur assurance. Lors des crises asiatiques, le FMI a toujours fourni les liquidités financières permettant aux grandes banques de ne pas être touchées.

Une taxe sur les mouvements de capitaux pour limiter la spéculation

Afin de maîtriser les marchés financiers et d'éviter les crises financières, une première série de propositions porte sur la création d'une taxation des mouvements de capitaux spéculatifs. Le principe de cette taxe a été proposé dans les années 1970 par le prix Nobel américain James Tobin, d'où le nom de **taxe Tobin**, afin de « jeter du sable dans les rouages de la finance internationale », selon ses mots. Concrètement, il s'agit d'instaurer une taxe de faible montant, de l'ordre de 1 %, sur toutes les transactions financières internationales. Les spéculateurs qui veulent gagner de l'argent par des opérations très rapides devront payer beaucoup de taxes alors que son faible montant ne gênera pas les investisseurs traditionnels. La spéculation devrait donc être découragée et par là-même l'instabilité des taux de change.

Taxe Tobin
Taxe de faible montant prélevée sur tous les mouvements de capitaux entre les pays afin de réduire la spéculation et l'instabilité financières.

Un nouveau rôle pour les banques centrales

Les événements de ces dernières années ont montré que les banques centrales constituaient l'un des meilleurs remparts contre l'instabilité du système financier. Depuis 2008, elles sont intervenues massivement pour apporter une aide aux systèmes financiers en difficulté et éviter leur effondrement, n'hésitant pas à étendre leurs missions au sauvetage des banques ou à l'achat des obligations publiques pour financer les dettes d'États européens en difficulté (Grèce, Portugal, Espagne, Irlande). Aux États-Unis, au Royaume-Uni ou au Japon et plus récemment en Europe, elles ont acheté directement des titres de la dette publique, et même des obligations d'entreprises privées, entrant par là-même dans les circuits de financement de l'économie, sans passer par les banques.

Les banques centrales ont aussi cherché à mettre en place de nouveaux mécanismes destinés à prévenir les crises financières et plus particulièrement les crises systémiques, lorsque les difficultés rencontrées par une banque ou un établissement financier se répercutent en cascade à tout le système financier. À la réglementation prudentielle (Bâle III), s'ajoutent les mesures pour réduire l'importance systémique de certaines banques en augmentant les contraintes qui pèsent sur elles (augmentation de leurs fonds propres, limitation de certaines opérations spéculatives). Cette politique, dite « macroprudentielle » est axée sur les risques de contagion mais elle suppose toutefois une bonne connaissance de leurs transactions financières, en particulier sur les marchés de produits dérivés. Sous l'impulsion du G20 et du FMI, les banques centrales vont en particulier mieux surveiller et contrôler les activités des « **banques systémiques** », les vingt-neuf grands établissements financiers mondiaux qui sont, par leur taille, susceptibles de déstabiliser le système financier mondial en cas de difficultés ou de faillite.

Les banques centrales adoptent ainsi, aux côtés de l'objectif de stabilité monétaire, un nouvel objectif de stabilité financière, reconnaissant ainsi que les marchés ne peuvent s'autoréguler.

Vers une nouvelle gouvernance mondiale ?

Les crises financières, mais aussi des questions comme le développement des pays les plus pauvres ou encore l'émergence de problèmes qui ne peuvent être traités qu'à l'échelle mondiale (climat, santé, sécurité, par exemple) montrent la nécessité d'aller vers l'instauration d'un pouvoir politique international, fondé sur la coopération entre les États. On parle alors de **gouvernance** mondiale pour caractériser la création de nouvelles règles et de nouvelles organisations qui soient à la mesure de la mondialisation. Les sommets des grands pays sont ainsi devenus des rendez-vous importants pour discuter des affaires du monde. Initié en 1975 par la France, le Groupe des 5 (avec l'Allemagne, les États-Unis, le Japon et le Royaume-Uni) est devenu peu à peu Groupe des 7 (G7) en intégrant le Canada et l'Italie. À partir de 1997, la Russie a été intégrée sauf pour les questions économiques. Le **G7** est devenu **G8** en 2002 car la Russie est devenue membre à part entière. La Commission européenne participe à toutes les réunions. Un exemple concret de cette nouvelle gouvernance est la lutte contre les paradis fiscaux qui avaient largement favorisé la mondialisation financière. Après la crise de 2008, sous la pression du **G20** et des pays de l'OCDE, il est mis fin au secret bancaire dans un nombre croissant de ces paradis fiscaux, tandis que les échanges automatiques d'informations sur les comptes ouverts sont rendus obligatoires. Parallèlement, on assiste à une remise à plat des règles fiscales qui permettaient aux grandes entreprises de payer peu d'impôts.

Gouvernance
Instauration de nouvelles règles, organisations et modalités de coopération entre les États afin de traiter, à l'échelle de la planète, les problèmes qui se posent à l'ensemble des pays.

G20
Groupe informel des 20 plus grandes puissances économiques dans le monde.

Le G20 a été institué officiellement en novembre 2008 à la suite du déclenchement de la crise mondiale. Il se compose des pays du G8 (pays industrialisés du Nord avec l'Allemagne, le Canada, les États-Unis, la France, l'Italie, le Japon, le Royaume-Uni et la Russie) auxquels s'ajoutent l'Union européenne et les grands pays émergents (Afrique du Sud, Arabie Saoudite, Argentine, Australie, Brésil, Chine, Corée du Sud, Inde, Indonésie, Mexique et Turquie).

Lire aussi » **Bourse - Crise financière, crise économique et crise de la dette souveraine - Système monétaire international**

Système monétaire international

Un système monétaire international représente l'ensemble des mécanismes qui régissent les échanges de monnaies entre les pays. Un SMI peut donc être plus ou moins organisé. Les règles monétaires internationales traduisent alors la volonté de coopération économique des pays.

SOMMAIRE

- Qu'est-ce qu'un système monétaire international ?
- De l'étalon-or à l'échec du système de Bretton Woods
- La situation monétaire internationale actuelle

Qu'est-ce qu'un système monétaire international ?

Définition générale

Comme il n'y a pas de monnaie internationale, il faut organiser les échanges entre monnaies pour permettre les échanges de biens et de services. Un **système monétaire international (SMI)** est l'ensemble des règles, des mécanismes et des institutions visant à organiser et à contrôler les échanges monétaires entre les pays.

Système monétaire international (SMI)
Ensemble des règles, des mécanismes et des institutions visant à organiser et à contrôler les échanges monétaires entre les pays.

Les pays membres d'un système monétaire international doivent assurer au préalable la **convertibilité externe** de leur monnaie. Cela signifie que tout étranger détenteur de cette monnaie doit avoir la possibilité, à tout instant, de l'échanger librement contre d'autres monnaies. La convertibilité peut être impossible (**inconvertibilité**) ou limitée, lorsque l'échange peut se faire jusqu'à un certain montant ou lorsque des procédures administratives longues et complexes sont nécessaires pour obtenir la conversion en devises étrangères (situation des pays européens de l'après-guerre jusqu'en 1958 ou de nombreux pays en développement aujourd'hui, qui ne disposent pas de devises en quantité suffisante).

Un système monétaire international ne doit pas être confondu avec une **zone monétaire** qui regroupe un ensemble de pays acceptant la suprématie d'une seule monnaie, les autres monnaies de la zone monétaire étant définies par rapport à la monnaie dominante (exemple de la zone franc liant la France à 14 pays africains). Il existe aussi des **zones dollar** ou sterling. On utilise cependant l'expression « zone euro » pour décrire l'ensemble géographique où circule cette monnaie.

Zone monétaire
Accord monétaire entre plusieurs pays acceptant la suprématie d'une seule monnaie, les autres monnaies de la zone étant définies par rapport à la monnaie dominante.

Pourquoi un SMI ?

Le développement des échanges internationaux se traduit par un accroissement des relations monétaires entre pays.

Certains pays connaissent des déséquilibres commerciaux (déficits ou excédents) qui provoquent des variations des taux de change (valeur d'une monnaie exprimée dans d'autres monnaies) de leur monnaie sur le marché des changes. Parfois aussi, des phénomènes de spéculation entraînent d'importantes fluctuations des taux de change. Comme ces mouvements de taux de change pénalisent fortement les échanges de biens et de services, certains pays ont jugé préférable de s'entendre pour assurer une certaine stabilité du taux de change entre leurs monnaies respectives.

Un SMI est la manifestation d'une coopération économique entre les pays, à l'opposé des événements qui ont marqué les années 1930 où chaque pays s'est replié sur lui-même en limitant la convertibilité externe de sa monnaie et en pratiquant des « **dévaluations compétitives** » (tous les pays ont dévalué leur monnaie pour favoriser leurs exportations, ce qui s'est révélé inefficace, les dévaluations s'annulant les unes les autres, et néfaste pour le commerce mondial qui a chuté).

Un SMI a donc pour objectif de faciliter les échanges internationaux. Il doit aussi permettre d'aider les pays qui connaissent des difficultés de paiements (déficit des transactions courantes) et qui seraient tentés par des mesures protectionnistes. Pour ces pays, l'accroissement, voire la création, de moyens de paiement internationaux facilite le financement de leurs déficits de balance des paiements.

Les caractéristiques d'un SMI

Un système monétaire international se caractérise toujours par trois éléments : un système de change, une base de référence et des liquidités internationales.

Le **système de change** décrit la façon dont les cours des monnaies peuvent varier. Comme l'objectif d'un SMI est d'assurer une certaine stabilité aux taux de change, le système de change ne peut évidemment pas être le système des changes flottants, où les cours se déterminent uniquement par le jeu des offres et des demandes sur le marché des changes. Dans un SMI, il y a nécessairement une intervention des banques centrales sur les marchés des changes visant à orienter les cours de change de leur monnaie dans le sens souhaité. Le système de change peut être parfaitement fixe et les banques centrales, qui gèrent chacune leur monnaie nationale, doivent maintenir la parité de leur monnaie. Dans ce système, la Banque centrale achète sa monnaie et vend des devises lorsque le cours de sa monnaie se déprécie sur le marché des changes afin de compenser ce phénomène (en achetant sa propre monnaie, elle fait remonter les cours). Le système de change peut être relativement fixe, c'est-à-dire qu'il peut exister des **marges de fluctuation** entre les monnaies. Par exemple (en supposant un accord monétaire entre l'Europe et le Japon), si la parité est 4 euros pour 100 yens, les autorités monétaires peuvent choisir de ne pas intervenir si le cours du yen fluctue (pour 100 yens) entre 3,9 euros et 4,1 euros (on dit que les marges de fluctuation sont de plus ou moins 2,5 % autour de la parité). Dans un SMI, le système de change peut être ainsi relativement « flexible ».

Système de change
Accord monétaire entre des pays souhaitant stabiliser leur monnaie et définissant les règles à respecter afin de maintenir les parités choisies.

Les caractéristiques d'un SMI

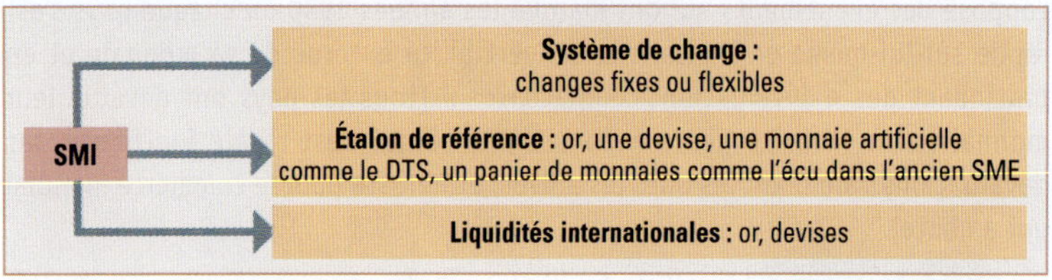

La notion de change fixe est liée à l'existence d'un **étalon de référence**, d'une unité de mesure commune entre les monnaies dont les cours sont stables. Pendant longtemps, l'or a été cette base de référence, car chaque monnaie était définie par son poids d'or.

Étalon de référence
Base de référence permettant d'exprimer la valeur des monnaies (or ou argent, devise, unité de compte).

Par exemple, si 1 dollar correspondait à un gramme d'or et 1 franc à 0,5 gramme d'or, on pouvait en déduire qu'il fallait 2 francs pour obtenir 1 dollar. Une monnaie peut aussi servir d'étalon de référence (le dollar par exemple). Aujourd'hui, on rencontre aussi des monnaies artificielles (« unité de compte ») comme étalon (DTS, « panier de monnaies » pour l'ancien Système monétaire européen).

Un SMI se caractérise enfin par des **liquidités internationales** qui représentent l'ensemble des moyens de paiement internationaux dont disposent les pays pour financer leurs déficits de balance des paiements. Il s'agit principalement de l'or et des réserves de change. Les **réserves de change** sont composées des devises qui sont acceptées et recherchées dans le monde entier, comme le dollar, le yen ou l'euro.

Liquidités internationales
Ensemble des moyens de paiement internationaux (or, devises, instruments de réserve liés au FMI) dont disposent les États pour financer leurs déficits de balance des paiements.

De l'étalon-or à l'échec du système de Bretton Woods

Étalon-or et étalon de change-or

L'**étalon-or *(gold standard)*** est un système de changes fixes dans lequel chaque monnaie est définie par son poids d'or, les taux de change de deux monnaies étant déterminés par le rapport des valeurs en or de chacune de ces monnaies. L'étalon-or est le SMI qui s'est établi au milieu du XIXe siècle pour permettre des échanges entre les grands pays industrialisés d'Europe et d'Amérique du Nord. Il dura jusqu'en 1914, date à laquelle prendra fin une caractéristique de ce système : la convertibilité de chaque monnaie en or, tant à l'intérieur qu'à l'extérieur du pays concerné (les billets peuvent être changés contre des pièces d'or par la Banque centrale).

Étalon-or
Système de changes fixes dans lequel chaque monnaie est définie par son poids d'or, les taux de change étant déterminés par le rapport des valeurs en or de chacune de ces monnaies.

L'étalon-or assure, grâce à la libre circulation de l'or entre les pays, une stabilité des taux de change et un équilibre automatique des balances des paiements. Prenons l'exemple d'un déficit commercial de la France face à l'Angleterre. La demande de livres sterling qui en résulte provoque la baisse de la valeur du franc. Les importateurs français doivent donc payer, sur le marché des changes, les livres anglaises plus cher qu'avant. Mais ils peuvent préférer payer les fournisseurs britanniques en or obtenu à la parité officielle. Ainsi, il existe un « point » de sortie de l'or, calculé en fonction des frais de transport et d'assurance du métal, au-delà duquel les importateurs préféreront envoyer de l'or en Grande-Bretagne. Au-delà de ce « point d'or », la sortie d'or provoque alors en France une diminution de la masse monétaire et donc une baisse des prix (application de la théorie quantitative de la monnaie). Celle-ci induit, à son tour, un rétablissement de l'équilibre commercial, ce qui met fin aux sorties d'or et à la baisse de la valeur du franc. De manière inverse, un excédent et une augmentation de la valeur de la monnaie ne peuvent être que temporaires, le retour à l'équilibre étant « automatique ».

La Première Guerre mondiale a déstabilisé ce système en raison de la création monétaire excessive et du développement de l'inflation qui rendaient impossible la convertibilité-or (suspendue en 1914 au profit du cours forcé des billets). Durant l'entre-deux-guerres, seules les années 1920 seront caractérisées par un SMI stable, l'étalon de change-or *(gold exchange standard)* étant instauré à la conférence de Gênes en 1922. Ce n'est plus l'or qui est le principal instrument de règlement des transactions entre les pays, mais des devises qui sont elles-mêmes convertibles en or (la livre sterling et le dollar essentiellement). Au début des années 1930, les différents pays renoncent à la convertibilité-or de leur monnaie, ce qui met un terme à l'étalon de change-or.

Le système de Bretton Woods

La conférence de Bretton Woods (États-Unis) est une conférence monétaire et financière des Nations unies réunissant, en juillet 1944, les représentants des 44 nations signataires de la charte de l'ONU. Pour la première fois, les pays s'engagent sur des règles précises dans le domaine des relations monétaires internationales et créent un institut spécifique, le Fonds monétaire international, chargé de veiller au respect de ces règles. Le FMI regroupe aujourd'hui plus de 188 pays.

Fonds monétaire international (FMI)

Institution financière internationale créée en 1945 et installée à Washington afin de veiller au respect des règles monétaires et dont le rôle s'est affirmé ces dernières années lors des crises financières nées dans certaines régions du monde.

La conférence de Bretton Woods met en place un système de change-or basé sur le dollar. C'est un système de changes fixes car chaque monnaie a une parité officielle déclarée au FMI, définie par rapport à l'or ou par rapport au dollar, lui-même défini en or (35 dollars l'once d'or). Comme les États-Unis sont les seuls à accepter la convertibilité de leur monnaie en or, les autres pays vont devoir maintenir fixe la parité de leur monnaie par rapport au dollar (qui est « *as good as gold* »). Ils disposent cependant d'une marge de fluctuation de 1 %, c'est-à-dire que les banques centrales doivent intervenir pour maintenir la parité de leur monnaie lorsque celle-ci monte ou descend de plus de 1 % par rapport au dollar.

Les parités sont fixées mais elles peuvent être modifiées, à titre exceptionnel et avec l'accord du FMI, lorsque la dévaluation est le seul moyen qui reste à la disposition d'un pays pour corriger un déséquilibre structurel de sa balance des paiements.

Si le déséquilibre n'est que temporaire (déséquilibre conjoncturel), les pays peuvent demander à bénéficier de crédits particuliers, les moyens de paiement internationaux mis à leur disposition permettant de financer les déficits extérieurs. Ces mécanismes de crédits mutuels sont gérés par le FMI qui peut même exiger des mesures de politique économique internes contraignantes pour un pays qui sollicite une aide importante (exemple de certains PED endettés).

Sans arriver à ce stade, les pays peuvent utiliser les **droits de tirage spéciaux (DTS)** créés par le FMI. Chaque pays membre versant une cotisation au FMI, appelée « **quote-part** » (constituée pour un quart en or et pour les trois quarts de monnaie nationale), les DTS représentent un droit, calculé en proportion de la quote-part, de recevoir des liquidités internationales dont une faible partie seulement devra être remboursée.

Droits de tirage spéciaux (DTS)

Numéraire créé en 1968 afin d'être alloué aux pays membres du FMI pour leur permettre de les échanger contre des devises lorsqu'ils connaissent des difficultés de financement de leurs déficits extérieurs.

Le DTS, qui est calculé chaque jour en fonction d'un panier de cinq monnaies (avec des coefficients représentant le poids de ces monnaies dans les échanges mondiaux) n'est pas une monnaie véritable (on ne peut rien acheter avec un DTS), mais il permet une création monétaire internationale (en utilisant ses DTS, un pays reçoit alors des devises qu'ils ne remboursera pas entièrement).

L'échec du système de Bretton Woods

Ce système, qui n'a réellement fonctionné qu'à partir du retour à la convertibilité des monnaies européennes en 1958, s'est peu à peu désagrégé lorsque la confiance dans le dollar a pris fin avec l'inflation américaine. Les marchés des changes ont connu à la fin des années 1960 d'importants mouvements de fluctuation du dollar que les banques centrales n'arrivèrent plus à arrêter, si bien que les États-Unis durent mettre fin à la convertibilité du dollar en or le 15 août 1971. Les accords de Washington de décembre 1971 prévoient alors une dévaluation du dollar et un élargissement des marges de fluctuation des monnaies (2,25 % au lieu de 1 % de chaque côté de la parité officielle).

En 1973, les banques centrales européennes refusent de continuer à soutenir le dollar (achat de dollars contre leurs propres monnaies qu'elles doivent créer à cette occasion) et renoncent désormais à être rattachées au dollar.

C'est donc la fin du système de changes fixes organisé autour de l'étalon-dollar et l'avènement du flottement généralisé des monnaies. Les accords de la Jamaïque, en 1976, officialisent l'abandon du système des changes fixes pour le système des changes flottants, marquant ainsi la fin du système de Bretton Woods.

La situation monétaire internationale actuelle

Monnaies flottantes et monnaies stables

Depuis 1976, les statuts du FMI prévoient que les pays sont désormais libres d'adopter le régime de change de leur choix. Certains pays, comme les États-Unis, le Japon, le Canada ou la Suisse, ont choisi de laisser flotter leur monnaie. D'autres ont préféré établir le taux de change de leur monnaie par référence à la monnaie de leur principal partenaire commercial (le dollar par exemple). Le régime de change dominant est donc celui des changes flottants et les taux de change sont déterminés par le jeu de l'offre et de la demande sur le marché des changes et non plus par l'intervention des banques centrales.

Le taux de change, une arme économique

Les taux de change entre les principales monnaies connaissent aujourd'hui une grande instabilité, liée à trois phénomènes qui sont la puissance des marchés financiers, les déséquilibres croissants de balances des transactions courantes et les politiques économiques des principales puissances économiques. Les taux de change peuvent ainsi constituer une arme économique. Par exemple, un pays peut favoriser la dépréciation de sa monnaie afin de regagner en compétitivité. On peut d'ailleurs remarquer que les pays membres de la zone euro ne disposent plus de cette arme et que la perte de compétitivité d'un pays par rapport à un autre constitue désormais un problème délicat (situation des pays de l'Europe du Sud par rapport à l'Allemagne qui a mieux maîtrisé ses prix). Durant les années 1960 et 1970, le Japon a pratiqué une politique systématique de sous-évaluation du yen afin de stimuler ses exportations, si bien que le déficit américain et l'excédent japonais correspondant avaient atteint des niveaux préoccupants dans les années 1980. Dans une certaine mesure, c'est la même situation qui se reproduit avec la Chine et sa stratégie d'ancrage du yuan au dollar. Cette stratégie est mise en œuvre avec les interventions de la Banque centrale chinoise pour empêcher l'appréciation de la monnaie. À côté de ces stratégies économiques qui confinent parfois à la guerre des monnaies, il existe des situations où les taux de change évoluent fortement mais de façon erratique (dollar-euro par exemple).

La montée en puissance de l'euro, malgré les troubles de la zone euro, les déséquilibres budgétaires et financiers des États-Unis (création monétaire pour financer les déficits, les États-Unis étant le seul pays au monde à pouvoir émettre la principale devise de réserve mondiale) et le rôle croissant du yuan, qui n'est pas encore une monnaie internationale, posent aujourd'hui la question de la réforme du système monétaire international. Certes, le dollar reste la principale monnaie internationale (60 % des réserves de changes et 85 % des transactions mondiales de changes sont en dollars), l'euro a souffert de la crise de la dette souveraine et la Chine craint que l'internationalisation de sa monnaie ne conduise à sa réévaluation. Pourtant, il n'est pas exclu que le monde se dirige vers un système monétaire multipolaire autour des trois grandes monnaies, favorisant ainsi la stabilité des changes et des échanges.

Lire aussi » **Change - Crise financière, crise économique et crise de la dette souveraine - Euro**

Théories de l'entreprise

Acteur économique essentiel, l'entreprise a longtemps été réduite par la théorie économique à un agent unique rationnel cherchant à maximiser son profit.
Les économistes se sont peu à peu intéressés à cette « boîte noire » et aux actions et relations qui s'y déroulaient. Leurs travaux ont à la fois enrichi la théorie économique traditionnelle et ouvert la voie à de nouvelles analyses économiques et sociologiques des organisations.

SOMMAIRE

- Pourquoi les entreprises existent-elles ?
- De l'entreprise à l'organisation
- Droits de propriété et théorie de l'agence
- La gouvernance d'entreprise

Longtemps, seule la théorie néoclassique a fourni une représentation économique de l'entreprise. Le producteur était face au consommateur, l'entreprise ne faisant qu'un avec l'entrepreneur et celui-ci cherchait à maximiser son profit en mettant en œuvre une combinaison des facteurs de production. Toutefois, si ce modèle avait pour ambition de décrire le rôle et l'intérêt du marché, il ne fournissait aucune analyse sur le fonctionnement interne d'une entreprise. Or celle-ci, loin d'être une « boîte noire », est composée d'acteurs qui travaillent, échangent entre eux et avec l'extérieur, parfois s'opposent, etc. Dès lors, de nombreux économistes et sociologues se sont mis à analyser ce qui se passe au sein et autour de l'entreprise. Par analogie avec les actionnaires (*shareholder* en anglais), on a aussi utilisé le terme de « **parties prenantes** » *(stakeholder)* de l'entreprise pour désigner l'ensemble des acteurs concernés par son activité (dirigeants, salariés, clients, fournisseurs, syndicats, collectivités, etc.).

Pourquoi les entreprises existent-elles ?

La première grande analyse a cherché à expliquer l'existence même des entreprises. Dans l'ouvrage *La Nature de la firme* (1937), Ronald **Coase** s'est demandé pourquoi toutes les activités économiques ne seraient pas finalement coordonnées par les mécanismes du marché si ceux-ci sont si efficaces que le prévoit la théorie néoclassique. Sa réponse est que l'entreprise constitue un mode de coordination des actions des individus plus efficace que le marché pour certaines activités. L'analyse de R. Coase repose sur l'existence de **coûts de transaction**, c'est-à-dire tous les efforts que doivent faire les acteurs économiques d'un échange pour s'informer, négocier, rédiger un contrat, surveiller son exécution, etc. Dès lors, dans certaines circonstances, la coordination que réalise l'entreprise, grâce aux liens hiérarchiques entre ses membres, est plus efficace. Ainsi, lorsque les coûts de transaction sont supérieurs aux coûts d'organisation interne de l'entreprise, la coordination par l'entreprise s'impose.

Coûts de transaction
Ensemble des coûts que doivent supporter les acteurs économiques lorsqu'ils souhaitent échanger un bien ou un service (recherche du partenaire de l'échange, recherche d'informations sur les prix et la qualité, négociation du contrat, etc.).

Ces travaux précurseurs de R. Coase, prix Nobel d'économie en 1991, ont mis en évidence plusieurs points décisifs :
– la coordination qu'assure le marché, grâce au système de prix, comporte toujours des coûts, ignorés dans la théorie néoclassique traditionnelle ;
– il existe deux modes de coordination différents pour les activités économiques de production, le marché et l'entreprise ;
– ce qui caractérise fondamentalement l'entreprise, c'est l'existence d'un pouvoir d'autorité qui distribue le travail et décide de l'allocation des moyens, c'est l'existence d'une hiérarchie.

De l'entreprise à l'organisation

Les travaux de Ronald Coase sur les coûts de transaction ont été poursuivis par Oliver Williamson (prix Nobel 2009) qui a cherché à mieux comprendre le fonctionnement interne de l'entreprise et plus généralement de toute organisation.

O. Williamson s'appuie d'abord sur la notion de **rationalité limitée** due à Herbert Simon (prix Nobel 1978). Selon cette analyse, l'acteur économique n'est pas du tout celui qui est décrit par la théorie néoclassique, c'est-à-dire un individu calculant sans cesse pour maximiser son avantage. D'abord, l'information peut ne pas être parfaite, avoir un coût d'obtention trop

Rationalité limitée
Type de rationalité d'un acteur lié à des capacités cognitives limitées quant à la connaissance ou au traitement de l'information et qui l'amène à s'arrêter au choix de la solution qui lui semble pouvoir satisfaire ses besoins, sans poursuivre ses calculs jusqu'à la solution optimale.

élevé ou être impossible à connaître (environnement complexe, avenir incertain). Ensuite, l'acteur peut se contenter d'un choix satisfaisant et non plus optimal. Dans ce cas, il opte pour la première solution acceptable et ne cherche pas, ou ne peut pas, calculer la solution lui apportant le plus de valeur. Avec la notion de rationalité limitée, on s'éloigne certes de la théorie traditionnelle, mais on acquiert une approche plus réaliste des comportements des acteurs d'une organisation.

Une deuxième hypothèse comportementale adoptée par O. Williamson est la notion d'opportunisme, caractérisée par l'absence d'honnêteté et la recherche de l'intérêt individuel dans la réalisation d'un contrat. Cette notion, qui s'applique aux transactions et aux contrats portant sur des services à venir (le travail d'un salarié après signature du contrat de travail, le produit ou le service d'un fournisseur après une transaction, les décisions d'un dirigeant embauché par les actionnaires), permet de mettre en évidence la possibilité d'asymétries d'information entre les acteurs économiques et le risque de comportements inattendus ne respectant pas l'engagement initial (aléa moral).

O. Williamson montre que ces contrats sont donc « incomplets » et qu'ils laissent une marge de manœuvre aux acteurs économiques. Dans ces circonstances, l'entreprise est plus efficace que le marché car, fondée sur l'autorité et le principe hiérarchique, elle peut prendre les décisions qui s'imposent en cas d'événements imprévus, sans renégocier en permanence les contrats avec ses fournisseurs et offreurs de produits et de services si tout passait par les mécanismes du marché.

L'analyse de O. Williamson est donc utile pour savoir dans quel cas l'intégration d'une activité économique dans l'entreprise est préférable au recours au marché (faire plutôt que faire faire en externalisant une activité).

Plus récemment, les économistes et les sociologues des organisations ont montré que les entreprises n'existaient pas seulement en raison des insuffisances des mécanismes des marchés, mais aussi parce qu'elles apportaient par elles-mêmes des éléments d'efficacité supplémentaires, comme la culture d'entreprise, les compétences collectives, la gestion des connaissances ou bien encore la capacité à prendre des paris d'innovations sur le long terme même en l'absence de demande bien identifiée (par un curieux chassé-croisé, c'est l'introduction des analyses en termes d'externalités au sein même des organisations).

Droits de propriété et théorie de l'agence

Face à ce qui a pu apparaître comme une remise en cause des fondements de la théorie néoclassique, ses partisans ont cherché à approfondir l'analyse de l'entreprise tout en demeurant dans le cadre d'un acteur économique parfaitement rationnel. Quelle est la nature des « contrats » au sein de l'entreprise ? Lorsque les actionnaires embauchent un dirigeant, le risque pour eux est que ce gestionnaire décide en fonction de ses intérêts propres (faire croître l'entreprise en réinvestissant tous les bénéfices par exemple) et ne respecte pas les objectifs des actionnaires (verser des dividendes élevés). De même, les dirigeants s'interrogent sur la présence de comportements opportunistes de leurs salariés. La théorie des droits de propriété et la théorie de l'agence étudient alors les différentes façons d'éviter ces situations liées à des asymétries d'information.

La théorie des **droits de propriété** montre que toute relation marchande est un échange de droits de propriété sur les biens ou les services. Ainsi, détenir une propriété sur un actif (une entreprise par exemple), c'est détenir le droit d'en tirer un revenu, comme de l'utiliser ou de le vendre. Mais c'est aussi le droit de contrôler les usages de cet actif, soit le droit de prendre toutes les décisions pour une entreprise. Dès lors, il n'y a pas d'autonomie possible pour les dirigeants-gestionnaires d'une entreprise. Ce sont les actionnaires qui décident même s'ils délèguent leur pouvoir aux managers. Reste à savoir comment ils peuvent contrôler ces derniers ou orienter leurs comportements.

La **théorie de l'agence** étudie les systèmes d'incitation qui permettent de répondre à ces questions. Selon cette théorie, l'« agent » est celui qui reçoit mandat ou qui doit réaliser certaines opérations pour le compte d'un autre (le « principal »). Par exemple, dans l'entreprise, les relations entre le dirigeant et l'actionnaire ou entre le dirigeant et les salariés sont des relations d'agence. Dans cette relation, appelée aussi **relation d'agence** ou encore « **relation principal-agent** »,

Droit de propriété

Droit dont dispose le propriétaire d'un bien pour l'utiliser comme il veut (*usus*), pour en tirer un bénéfice (*fructus*) et pour éventuellement s'en séparer (*abusus*).

Relation d'agence

Contrat par lequel une personne (le principal) engage une autre personne (l'agent) pour exécuter en son nom une tâche quelconque qui implique une délégation d'un certain pouvoir de décision à l'agent.

la situation de l'un dépend de la situation de l'autre. Comment alors inciter l'« agent » à se comporter dans le sens des intérêts du « principal » ? Bien sûr, il peut y avoir des « incitations négatives », avec les mesures de contrôle, de surveillance ou de sanctions, mais celles-ci sont parfois trop coûteuses ou inefficaces. L'individualisation des salaires, les primes liées aux résultats, l'intéressement, les stock-options, etc. sont quelques-unes de ces incitations « positives » destinées à éviter les divergences d'intérêt ou les conséquences des asymétries d'information entre les parties.

Pour les économistes néoclassiques, l'entreprise peut alors se définir comme un « nœud de contrats » écrits et non-écrits entre toutes les parties prenantes. Il n'y a donc aucune relation d'autorité ou hiérarchique dans l'entreprise mais seulement des rapports contractuels librement négociés. Il n'y a pas plus d'opposition entre le marché et l'entreprise, cette dernière étant finalement un « marché privé ». D'autres économistes refusent toutefois cette assimilation du contrat de travail des salariés à un contrat commercial ainsi que la négation de toute spécificité à la relation d'emploi qui demeure une relation d'autorité.

➲ La gouvernance d'entreprise

Les analyses développées par la théorie de l'agence ont nourri les débats autour de la **gouvernance d'entreprise** (ou gouvernement de l'entreprise, *corporate governance* en anglais) dont le principal thème concerne les relations entre les actionnaires et les managers.

Le retour des actionnaires, depuis les années 1980, les évolutions des systèmes financiers (rôle croissant des fonds d'épargne par exemple, volatilité des cours) et les nombreuses faillites de grandes entreprises (Enron aux États-Unis) ont mis en avant la nécessité de mieux contrôler l'action des gestionnaires.

Gouvernance d'entreprise

Formes prises par le contrôle des décisions de l'entreprise de façon à assurer leur adéquation aux objectifs fixés par les actionnaires.

Lire aussi » **Économie néoclasique - Entreprise - Marché**

Théorie du consommateur et du producteur

La rareté est un élément fondamental pour analyser les activités économiques telles que la consommation, la production et les échanges entre les agents que sont les consommateurs et les producteurs. Si l'économie est la science qui étudie comment les ressources rares sont employées pour satisfaire les besoins des hommes vivant en société, la microéconomie étudie plus particulièrement les choix et les comportements des agents économiques en partant de leur rationalité individuelle. Ceux-ci sont désireux de rendre maximale leur satisfaction ou bien leur profit compte tenu des ressources dont ils disposent.

SOMMAIRE

- Théorie du consommateur
- Théorie du producteur
- Le surplus du consommateur

Théorie du consommateur

La théorie économique étudie comment un individu décide de répartir son budget entre les différents biens et services disponibles. Elle traite donc de ses décisions et de son comportement en tant que consommateur. Les choix de consommation vont dépendre des besoins de l'individu, de ses goûts, de ses préférences, toutes choses très subjectives puisqu'elles varient d'un consommateur à l'autre. Pour pouvoir étudier scientifiquement son comportement, les économistes ont mis en évidence, à la fin du XIXe siècle, la notion d'**utilité**.

Utilité
Plaisir ou satisfaction retiré par un individu de la consommation d'un bien ou d'un service.

Ils ont développé la théorie selon laquelle l'individu rationnel recherche le maximum de satisfaction ou d'utilité. L'individu rationnel ne cherche pas à maximiser des gains financiers ou matériels mais à obtenir la satisfaction ou le plaisir le plus grand possible. Les économistes vont alors supposer que le consommateur peut mesurer, par un indicateur précis, l'utilité qu'il retire de la consommation d'un bien et ils vont inventer la notion d'utilité marginale.

L'**utilité marginale** mesure la variation de l'utilité totale pour une variation très petite de la quantité consommée. Par exemple, admettons que la consommation d'un café procure une utilité U(1) égale à 10 et que celle de deux cafés procure une utilité U(2) de 15 ; l'utilité totale augmente, sinon on ne prendrait pas de second café, mais pas autant qu'avec un premier café. L'utilité marginale, celle correspondant à un deuxième café, est alors Um = U(2) – U(1) = 5.

Utilité marginale

Variation de la satisfaction liée à la consommation d'une unité supplémentaire d'un bien ou d'un service.

L'intérêt de cette notion d'utilité marginale et du raisonnement « à la marge » est de mettre en évidence une loi, une régularité de comportement, avec la **loi de l'utilité marginale décroissante**. Cette loi décrit le fait que la satisfaction procurée par la consommation d'un bien augmente avec la quantité de ce bien qui est consommée, cette augmentation de l'utilité se faisant à un rythme de plus en plus faible. Ainsi, l'utilité retirée de la consommation d'un troisième café sera plus faible encore (avec, par exemple, U(3) égale à 2). L'utilité totale continue certes à croître, puisque la consommation correspond à une utilité, mais elle augmente de moins en moins vite. Ainsi, l'utilité marginale de la dernière unité consommée diminue lorsque la consommation augmente.

Quel est l'intérêt de cette notion mise en avant par les économistes « marginalistes » ? C'est d'abord de permettre de définir la valeur d'un bien pour un individu et d'apporter une solution à un des grands problèmes de la théorie économique classique (comment mesurer la valeur d'un bien ?). Mais c'est aussi une façon de mieux comprendre les choix du consommateur lorsqu'il doit arbitrer entre différents biens. Prenons le cas où le consommateur a le choix entre deux biens, X et Y. Dans cette situation, la théorie du consommateur nous indique qu'il maximise sa satisfaction en choisissant une combinaison de quantités de ces biens (X, Y) telle que l'utilité marginale de ces deux biens soit égale. En effet, dans le cas contraire, si on avait par exemple Um(X) < Um(Y), le consommateur ne serait pas rationnel puisqu'une diminution de la consommation de X et une augmentation de celle de Y amélioreraient son utilité totale.

Par extension à tous les biens, on voit que la condition d'équilibre du consommateur et son utilité maximale correspondent à l'égalité des utilités marginales de tous les biens. Si l'on passe d'une économie de troc où les biens s'échangent contre les biens, à une économie monétaire, le choix du consommateur est alors de répartir son budget entre tous les biens, en égalisant les utilités marginales pondérées chacune par les prix des biens correspondants.

Les prix sont donc des variables essentielles dans le calcul des consommateurs lorsqu'ils comparent les utilités marginales des biens disponibles. Et l'évolution des **prix relatifs**, c'est-à-dire le rapport de prix entre eux, modifie les décisions du consommateur.

Mais ce dernier ne peut acheter des biens que dans la mesure de ses ressources. Il est confronté à une **contrainte budgétaire** liée à son revenu et aux prix qui sont des données au moment de son choix. Concrètement, la contrainte budgétaire signifie que la somme de ses consommations est égale à son revenu R. S'il consomme deux biens X et Y, on a, si Px et Py sont les prix des deux biens :

Prix relatifs

Rapport entre les prix de deux ou de plusieurs biens.

Contrainte budgétaire

Ensemble formé par le revenu du consommateur et les prix des biens qui sont une donnée lorsqu'il fait ses choix de consommation.

$$R = X.Px + Y.Py$$

On peut donner une représentation graphique de cette contrainte budgétaire. Si le consommateur a le choix entre, par exemple, des gâteaux (4 € pièce) et du pain (2 € pièce) avec un revenu de 100 euros, il peut acheter uniquement des gâteaux (25 unités) ou bien du pain (50). Sa contrainte budgétaire peut être représentée par la droite de la figure ci-dessous.

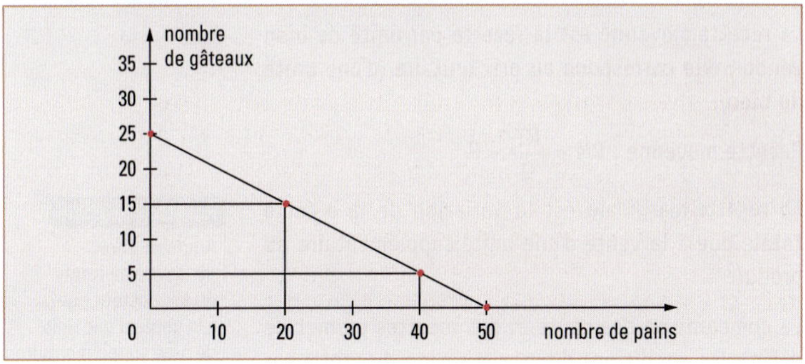

Chaque combinaison particulière d'achat de pain ou de gâteaux pour son budget figure sur la droite correspondante à sa propre contrainte budgétaire (par exemple, 40 pains et 5 gâteaux au point A).

Si le montant et les variations du revenu déterminent les choix du consommateur, c'est aussi le cas des modifications de prix. L'évolution des prix relatifs a deux conséquences différentes sur les choix du consommateur : l'**effet-prix** ou **effet de substitution** et l'**effet-revenu**.

Supposons un choix entre deux biens X et Y, le prix de X augmentant tandis que celui de Y et le revenu demeurent constants. Comme le bien X devient plus cher relativement à Y, le consommateur a intérêt à substituer Y à X pour maintenir son utilité. C'est l'effet substitution qui conduit à une augmentation de la consommation de Y et à une baisse de celle du bien X. La demande pour le bien X diminue donc lorsque son prix s'accroît. Mais supposons que le consommateur ait vraiment besoin de la même quantité de bien X malgré la hausse de son prix. Dans ce cas, il va être obligé de réduire sa consommation de Y pour maintenir celle de X. C'est l'effet revenu qui correspond à une réduction du pouvoir d'achat du consommateur (et à une hausse dans le cas inverse, lorsque le prix de X diminue).

Théorie du producteur

L'entreprise, de son côté, cherche à maximiser son profit qui est la différence entre les recettes et les coûts de production. La **recette totale** est égale au produit des quantités vendues Q par leur prix de vente P.

Recette totale
Produit des quantités vendues par leur prix.

Recette totale : RT = Q × P.

La **recette moyenne** est la recette par unité de bien vendu ; elle correspond au prix unitaire (d'une unité du bien).

Recette moyenne : $RM = \frac{RT}{Q} = P$.

La **recette marginale** est la variation de la recette totale due à la vente d'une unité supplémentaire du produit.

Recette marginale
Augmentation de la recette totale du producteur due à la vente d'une unité de bien supplémentaire.

La comparaison des coûts et des recettes permet de définir les conditions de maximisation du profit par l'entreprise. Lorsqu'elle développe sa production pour satisfaire une demande, sa recette attendue augmente mais ses coûts aussi. Tant que la recette marginale est supérieure au coût marginal, le profit s'améliore. À l'inverse, si le coût marginal est supérieur à la recette marginale, la production d'une unité supplémentaire conduit à diminuer le profit du **producteur**. On en déduit que le profit est maximum lorsque la recette marginale est égale au coût marginal.

Le surplus du consommateur

Preneur de prix
Agent économique qui accepte le prix imposé par le marché.

Dans le cas d'un modèle de concurrence pure et parfaite, chaque entreprise particulière n'a aucune influence sur la formation des prix. Elle est obligée de pratiquer le prix du marché. Elle est dite **preneur de prix**, le prix étant une donnée pour elle (elle est « *price taker* » par opposition à une situation de « *price maker* », « qui fait le prix »). Le prix de marché est donc déterminé par l'équilibre de l'offre et de la demande comme le montre la figure suivante avec les droites d'offre et de demande pour un bien.

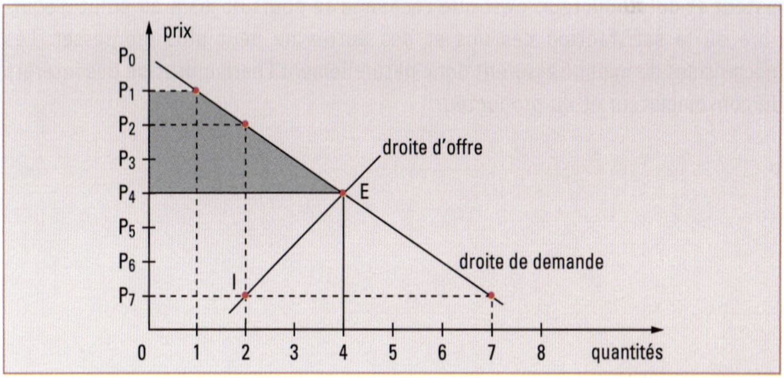

Au point d'équilibre concurrentiel E, il y a un prix unique pour toutes les quantités échangées (prix P4, pour 4 unités échangées). Or, la droite de demande montre que les acheteurs seraient prêts à payer un prix plus élevé, par exemple P1, pour obtenir une seule unité du bien ou bien encore P2 pour avoir deux unités du bien. Seule la dernière unité, la 4e puisque c'est elle qui correspond à l'équilibre offre/demande, est achetée au prix que les acheteurs étaient disposés à payer. Mais comme c'est P4 le prix unique du marché, ce sont les quatre unités qui sont payées à ce prix. Le consommateur était néanmoins prêt à payer plus cher pour obtenir 1, 2 ou 3 unités de ce bien. Cette différence de prix mesure le « **surplus du consommateur** ». On peut aussi dire que pour chaque unité achetée, le consommateur gagne la différence entre le prix qu'il acceptait de payer et le prix donné par le marché (P4 – P1, P4 – P2, P4 – P3). Le surplus est mesuré par la surface colorée en gris sur le graphique. Comme il est possible de faire de même pour le producteur, on montre que l'équilibre de l'offre et de la demande conduit à la meilleure situation possible pour le consommateur et le producteur, c'est-à-dire à une combinaison (P,Q) la meilleure possible. Cela se constate à partir du graphique. En effet, l'échange de 2 unités au prix P7 n'est pas optimal car, au point I, le producteur « perdrait » en profit pour les 2 unités vendues, le consommateur étant prêt à payer plus cher comme nous l'indique sa droite de demande (P2 et non P7). De même, le consommateur « perdrait » en satisfaction, ou utilité, car pour le prix de vente P7 proposé par le producteur, il aurait préféré acheter 7 unités.

Surplus du consommateur
Utilité obtenue par le consommateur lorsque le prix réellement payé pour un bien est inférieur au prix qu'il aurait accepté de payer.

Ce que montre en définitive cette approche en termes de surplus du consommateur et du producteur, c'est que l'échange se poursuit jusqu'au point d'équilibre où la satisfaction des uns et des autres ne peut plus progresser. Les mécanismes du marché assurent donc naturellement l'harmonisation des intérêts du consommateur et du producteur.

Lire aussi » **Coût - Économie néoclassique - Marché**

Travail

En économie, le travail correspond à une activité qui est rémunérée. Le travail constitue, avec le capital, un facteur de production. Il est toutefois simplificateur de résumer par un « facteur » unique et abstrait l'intervention humaine dans le processus de production, car les tâches autant que les individus présentent des caractéristiques extrêmement variées. En outre, l'élément le plus important réside dans l'organisation du travail, c'est-à-dire la façon dont l'activité est répartie entre les différents salariés de l'entreprise.

SOMMAIRE

- L'organisation scientifique du travail
- La remise en cause de l'OST
- Les nouvelles formes d'organisation
- Le numérique et les transformations de l'emploi et du travail
- Les conditions de travail

L'organisation scientifique du travail

Division du travail et spécialisation

L'économiste anglais Adam Smith a montré le premier les avantages de la **division du travail** et de la spécialisation dans l'entreprise (la « fabrique ») pour augmenter la productivité. Il développe l'exemple de la fabrication des épingles : « l'important travail de fabrication des épingles est divisé en dix-huit opérations distinctes ou environ, lesquelles, dans certaines fabriques, sont remplies par autant de mains différentes » (*Recherches sur la nature et les causes de la richesse des nations*, 1776).

Travail
Au sens économique, activité rénumérée.

Division du travail
Répartition des tâches entre les individus organisée par l'entreprise pour accroître la productivité.

Si, au sens large, la division du travail correspond à une simple répartition des tâches entre les individus, elle signifie, dans un sens plus précis, une décomposition du processus de production en de nombreuses tâches partielles, cette décomposition devant permettre une plus grande efficacité. Si chaque tâche partielle est confiée à la même personne (c'est la **spécialisation**), celle-ci sera beaucoup plus efficace que si elle devait réaliser plusieurs opérations différentes (suppression des pertes de temps, importance de l'habitude, etc.).

Le taylorisme

Ingénieur après avoir été ouvrier, l'Américain Frederic Winslow **Taylor** (1856-1915) a mis au point une méthode d'organisation du travail qu'il qualifie de scientifique (son ouvrage, publié en 1911, s'intitule *La Direction scientifique des entreprises*). Il critique l'organisation traditionnelle du travail où prédominent les ouvriers qualifiés de fabrication, autonomes et maîtres de leur temps et de leur activité, en raison de leur savoir-faire. Pour F. W. Taylor, l'amélioration de la productivité passe par un meilleur contrôle sur l'activité réelle de ces ouvriers. Il énonce alors les grands principes de son **organisation scientifique du travail (OST)**.

Le fondement de son système est l'analyse scientifique des gestes, des temps, des pauses. La suppression des gestes inutiles, la décomposition des opérations, l'analyse des outils employés doivent permettre de trouver la méthode de production la plus efficace pour chaque ouvrier, « *the one best way* ». F. W. Taylor propose ainsi une **division horizontale du travail** où chaque ouvrier se voit confier quelques tâches élémentaires bien délimitées. Si l'on chronomètre chaque opération ou chaque série d'opérations ainsi décomposée, il devient en outre possible d'instaurer un système de salaire directement lié au rendement de chaque salarié (**salaire aux pièces**).

Taylorisme
Ensemble de principes énoncés par F. Taylor pour parvenir à une organisation scientifique du travail.

Division horizontale du travail
Principe de la parcellisation des tâches, c'est-à-dire la décomposition de la production en opérations simples et de durée parfaitement mesurable.

Division verticale du travail
Principe de la séparation entre le travail de conception et le travail d'exécution.

Le second principe du taylorisme est la séparation entre le travail de conception et le travail d'exécution (**division verticale du travail**). Les travailleurs ne peuvent pas faire eux-mêmes l'analyse scientifique de leurs tâches, et seuls des experts en organisation ont les compétences pour préparer le travail (c'est le « **bureau des méthodes** »). Cette division entre exécutants et direction permet aussi une plus grande efficacité des ouvriers qui peuvent se concentrer au maximum sur la répétition de quelques gestes simples. F. W. Taylor propose ainsi une division du travail en fonction des compétences (son slogan est « *the right man in the right place* »).

L'OST ouvre ainsi la voie à la parcellisation des tâches, l'activité de chaque travailleur concernant une partie infime du processus de production. C'est le « travail en miettes », selon l'expression forgée, en 1946, par le sociologue Georges Friedmann.

Le fordisme

Henry Ford (1863-1947) poursuit, à partir des années 1910, l'œuvre de Taylor en ajoutant à l'OST le système de la chaîne de montage, c'est-à-dire l'emploi d'un « convoyeur » mécanisé qui transporte les pièces à travailler d'un poste de travail à un autre. Ce ne sont plus les ouvriers qui se déplacent, mais les pièces elles-mêmes, ce qui permet de réduire les temps morts et de diminuer le personnel de manutention. Par ailleurs, la chaîne permet d'accroître la cadence car c'est elle qui impose aux ouvriers le rythme de travail.

Le développement du travail à la chaîne s'est aussi accompagné d'importants progrès en matière de mécanisation des usines. Les machines se perfectionnent et se spécialisent, ce qui conduit à une standardisation des pièces et des produits finis. Dans ses usines automobiles, H. Ford produit ainsi un modèle unique, sans variantes de formes ou de couleurs, la Ford T.

Le fordisme, qui correspond ainsi à une parcellisation extrême des tâches, a permis l'emploi massif d'ouvriers non qualifiés (immigrants aux États-Unis, paysans dans les pays européens).

Fordisme
Organisation du travail, introduite par H. Ford, qui ajoute aux principes de l'OST l'emploi d'un convoyeur (travail à la chaîne) ainsi que la standardisation des pièces et des produits, mais qui en dépasse les limites en instaurant une politique de salaires élevés afin d'accroître la productivité et la demande.

Mais il se caractérise surtout par le développement des gains de productivité et l'avènement de la production de masse. Lorsque Henry Ford décide en 1914 de faire passer le salaire des ouvriers de 2,4 dollars à 5 dollars par jour (le *five dollars day*), son but est d'arrêter les départs de travailleurs rebutés par les conditions de travail. Mais H. Ford souhaite surtout permettre à ses salariés d'acheter les voitures qu'ils produisent. Il existe ainsi une autre conception du fordisme qui correspond à un modèle de croissance économique dans lequel les gains de productivité favorisent des augmentations de salaires et donc une consommation de masse, ce qui assure l'écoulement d'une vaste production (qui elle-même induit de nouveaux gains de productivité grâce aux économies d'échelle, etc.).

La remise en cause de l'OST

L'École des relations humaines

Plusieurs enquêtes réalisées dans les années 1930 par des sociologues montrèrent que la vision mécaniste de l'OST était trop simpliste et que le « moral » des ouvriers avait une influence déterminante sur le rendement.

L'expérience célèbre d'Elton Mayo à la Western Electric est la suivante. Un groupe d'ouvrières a été constitué. On a peu à peu amélioré leur environnement de travail (pauses, cadre de travail, etc.) et une augmentation de la productivité a été enregistrée. Puis on est revenu à la situation de départ et la productivité a continué de s'accroître. Ce résultat paradoxal a montré que la cohésion du petit groupe, et surtout la considération dont ces ouvrières avaient été l'objet, étaient des éléments très importants, beaucoup plus que le simple cadre de travail.

Ces expériences ont donné naissance à l'**École des relations humaines** qui considère l'atelier comme un groupe social et l'entreprise comme un système social. En particulier, le groupe n'est pas simplement une addition d'individus au travail, mais une entité dont le fonctionnement peut avoir des conséquences sur la production (bonne entente, communication, etc.). Les limites du taylorisme montraient ainsi l'importance du facteur humain dans l'entreprise.

Les limites de la parcellisation du travail

L'extension des systèmes de production tayloriens dans les années 1950 et 1960 a conduit à des formes de résistance particulières chez les salariés.

Turn-over
Rotation des salariés dans l'entreprise durant une certaine période.

Il s'agit d'abord du **turn-over**, c'est-à-dire de la rotation des salariés dans l'entreprise durant une certaine période.

$$\text{turn-over} = \frac{\text{nombre d'entrées (ou de sorties)}}{\text{effectif total moyen}}$$

L'**absentéisme** correspond à toutes les absences des salariés à l'exception de celles liées aux congés légaux. Les congés pour maladie sont donc comptés dans l'absentéisme d'une entreprise.

$$\text{taux d'absentéisme (pour une période)} = \frac{\text{nombre de salariés absents}}{\text{effectif total}} = \frac{\text{nombre d'heures d'absence}}{\text{nombre d'heures théoriques de travail}}$$

Le « **freinage** » est la fixation par les ouvriers de normes de production inférieures à celles demandées par le bureau des méthodes (ralentissement des cadences). La mauvaise qualité des pièces réalisées, imposant de nombreuses retouches ou conduisant à des mises au rebut, représente aussi une conséquence des méthodes scientifiques d'organisation du travail.

Les nouvelles formes d'organisation

Le taylorisme connaît aujourd'hui une profonde remise en cause liée aux mutations économiques générales. Face au développement de la concurrence, les entreprises ne doivent plus seulement produire au moindre coût. Elles sont aussi obligées de s'adapter à une demande exigeante, instable et différenciée.

La recherche de la flexibilité

La **flexibilité** des installations est aujourd'hui facilitée par les progrès de l'**automatisation** (processus de production sans intervention directe de l'homme). Ainsi les machines-outils à commandes numériques (**MOCN**) sont des machines-outils classiques couplées à un calculateur (micro-ordinateur) qui permet de les régler plus rapidement et plus facilement. Elles peuvent donc s'adapter à des productions différentes.

Flexibilité
Politique de gestion de la main-d'œuvre mise en place dans les entreprises afin d'adapter la production et l'emploi correspondant aux évolutions rapides de la demande.

Mais la flexibilité concerne aussi les salariés. La chaîne n'a pas disparu mais on trouve désormais à ses côtés, notamment dans les grandes industries, de plus en plus d'îlots de fabrication (chargés de sous-ensembles) confiés à une équipe de travail. Grâce à la **polyvalence** d'opérateurs capables d'occuper plusieurs postes, ce qui exige la possession d'aptitudes et de connaissances variées, on tend à passer du couple « un homme, un poste de travail » au couple « une équipe, une installation ou un système ».

Le développement de la participation du personnel

Ces nouvelles formes d'organisation s'accompagnent d'un développement du « **management participatif** » visant à impliquer davantage les salariés dans la réussite du processus de production. Elles s'appuient sur la constitution de groupes de réunion plus ou moins formalisés. Appelés **groupes d'expression**, **groupes de progrès** ou, plus souvent, **cercles de qualité**, ces groupes de 5 à 10 volontaires appartenant au même atelier ou au même bureau se réunissent régulièrement afin d'identifier, d'analyser et de résoudre les différents problèmes rencontrés dans le travail quotidien (qualité, mais aussi sécurité, productivité, etc.).

Progressivement les conditions de travail (durée et environnement du travail) ont été réglementées.

Le numérique et les transformations de l'emploi et du travail

La révolution numérique suscite aujourd'hui de nombreuses inquiétudes, en particulier sur le niveau futur de l'emploi. Dans un contexte de faible croissance des pays industrialisés, l'accélération du progrès technique lié au numérique, avec l'intelligence artificielle et surtout la robotisation des processus industriels et administratifs, va se traduire par une réduction et une transformation de l'emploi, d'autant plus vives qu'elles concernent tous les secteurs, y compris ceux où les emplois sont aujourd'hui qualifiés (banques, assurance, métiers de la comptabilité par exemple). Les effets sur l'emploi vont donc être de deux types : des transformations du contenu des activités (autour de 15 % des emplois pour lesquels les tâches évoluent mais le métier reste le même) et des pertes d'emplois, surtout dues à l'automatisation classique, comme pour les supermarchés (c'est le client qui va faire le travail), et à la robotisation. Cependant, ces pertes d'emplois seraient compensées en tout ou partie par de nouveaux emplois (services à la personne mais aussi emplois que le marché du travail n'a pas été en mesure de proposer jusqu'ici comme les services de véhicules avec chauffeur d'Uber). L'effet net de ces évolutions varie selon les études, qui sont moins alarmistes qu'il y a quelques années (solde positif pour les unes, autour de moins 5 à 7 % d'emplois pour les autres). En revanche, le constat est partagé quant à la « polarisation » des emplois, c'est-à-dire leur regroupement autour de deux pôles, en raison de la disparition des emplois intermédiaires ou faiblement qualifiés lorsque les tâches sont répétitives et automatisables. Dès lors, les emplois de demain se concentreraient progressivement sur les deux extrémités de l'échelle des qualifications (haut niveau de qualification d'un côté et faible qualification dans les services à la personne notamment de l'autre).

Le développement de l'« **ubérisation** » dans de nombreux secteurs, terme qui désigne désormais la transformation profonde d'un secteur d'activité avec des innovations numériques, concerne moins le niveau d'emploi futur que la nature du travail, les conditions de travail et le statut des emplois. L'ubérisation modifie en effet la nature du travail avec le développement du travail à la tâche, ou plutôt à la microtâche (les clics) pour les grandes plateformes numériques par exemple. Les emplois créés sont peu qualifiés mais ils sont également de moins en moins salariés. L'ubérisation du travail se caractérise en effet par le développement du travail indépendant (auto-entrepreneur par exemple) et du travail précaire, avec une réduction de la couverture sociale et des droits sociaux. Cette évolution s'accompagne bien souvent de la fin de la coupure entre le travail et le **hors travail** (avec le développement du **télétravail**) ainsi que de l'augmentation de nouvelles formes hybrides d'activité (cumul entre salariat et non-salariat, franchise, sous-traitance, sociétés de portage salarial).

Les conditions de travail

L'organisation du temps de travail

L'utilisation des machines sur une durée journalière plus importante qu'une journée de travail d'un salarié (moins de 8 heures en règle générale) a conduit au développement du **travail posté** ou **travail en équipe**. Il ne faut pas confondre travail à la chaîne et travail posté, même s'ils ont des points communs.

Travail posté
Succession, au même poste de travail, de plusieurs ouvriers pendant la journée.

Le travail posté consiste à faire se succéder au même **poste de travail** (sur la même machine par exemple et pas nécessairement sur une chaîne de production) plusieurs ouvriers pendant une journée.

On rencontre le travail en deux équipes (système dit des « 2 × 8 » avec une équipe le matin et l'autre l'après-midi), le travail en semi-continu (système dit des « 3 × 8 » où trois équipes se relaient 24 heures sur 24, les installations s'arrêtant le week-end) et le **travail en continu** qui concerne certains secteurs particuliers (chimie, pétrochimie). Dans ce dernier cas, le processus est ininterrompu et trois équipes se relaient tandis que la quatrième est au repos.

Depuis quelques années, il est question d'**aménagement du temps de travail**. À la préoccupation de faire tourner davantage les machines afin de les rentabiliser, se rajoute l'idée d'une flexibilité du volume d'heures de travail en fonction des périodes de pointe et des périodes creuses (modulation horaire sur l'année entière).

Durée du travail et congés payés

Réduction du temps de travail
Politique de réduction de la durée hebdomadaire du travail dans le but de partager les emplois.

Plusieurs grandes étapes jalonnent l'histoire de la réduction du temps de travail.

1900 : La durée journalière de travail pour les adultes passe progressivement de 12 à 10 heures.

1906 : Repos hebdomadaire obligatoire.

1919 : « Loi des 8 heures » institue des durées maximales de 8 heures par jour ou de 48 heures par semaine.

1936 : La durée hebdomadaire légale est de 40 heures.

1982 : Cette durée passe à 39 heures.

2000 ou 2002 : passage à trente-cinq heures. Votée en 1998, la loi d'orientation et d'incitation à la réduction du temps de travail fixe à 35 heures la durée légale hebdomadaire du travail à compter du 1er février 2002. Ce sont seulement les entreprises de plus de 20 salariés qui ont appliqué les 35 heures à partir de cette date. Avec l'accord des partenaires sociaux, un employeur peut proposer une modulation dans le temps des horaires hebdomadaires ou quotidiens sans que le total des heures travaillées, sur l'ensemble de l'année, dépasse la durée légale annuelle (1 600 heures). Cette modulation a permis à des entreprises de pratiquer une grande flexibilité horaire sur l'année selon la charge de l'activité.

Si les dirigeants sont exclus de l'accord sur les 35 heures, les cadres peuvent difficilement limiter leur temps de travail à 35 heures par semaine. Ils peuvent dépasser cet horaire et bénéficier, en contrepartie, de journées de congés supplémentaires, dites « jours ARTT » (aménagement et réduction du temps de travail).

La loi sur les 35 heures a été étendue aux trois fonctions publiques (État, hôpitaux et collectivités locales) au 1er janvier 2002. Les entreprises de moins de 20 salariés sont aussi passées aux 35 heures le 1er janvier 2002 (en bénéficiant d'un certain assouplissement de la loi).

Parler d'une durée hebdomadaire légale signifie que toute heure travaillée au-delà de 39 heures (ou 35 heures) doit être payée en heures supplémentaires et doit s'accompagner d'un repos compensateur. Lors de la campagne présidentielle de 2017, le candidat des Républicains a proposé d'augmenter le temps de travail « autour de 39 heures » dans les fonctions publiques et de supprimer dans le privé la référence aux 35 heures.

Le droit à des congés payés pour les salariés du secteur privé a été institué en 1936 (deux semaines par an). Ces congés ont été portés à trois semaines en 1956, quatre semaines en 1969 et cinq semaines en 1982. Il s'agit là de congés minimum légaux.

Lire aussi » Croissance - Production - Productivité

Union européenne

Du traité de Rome, instituant la Communauté économique européenne en mars 1957, à la signature du traité de Maastricht en février 1992 instituant l'Union européenne et à celle du traité de Lisbonne en octobre 2010, le rapprochement des économies européennes a été très net. Progressivement, les États membres se sont dotés d'institutions visant à améliorer leur coopération en matière économique, sociale et politique.

SOMMAIRE

- L'intégration économique en Europe
- Les moyens d'action communautaires
- Les politiques communautaires
- L'acte unique européen
- Maastricht, Amsterdam, Nice, Lisbonne

L'intégration économique en Europe

Les formes de coopération et d'intégration

L'intégration économique comporte des degrés comme le montre le processus de l'intégration européenne : union douanière, marché commun, marché unique, intégration monétaire et financière, puis union économique et monétaire. Une forme minimale d'intégration est cependant l'accord de libre-échange.

Union européenne
Ensemble des vingt-sept pays européens qui ont décidé de coopérer en matière économique et politique et de créer des institutions communes auxquelles ils abandonnent certains de leurs pouvoirs. Nom pris par la CEE à partir de l'entrée en vigueur du traité de Maastricht (1er janvier 1993).

Dans une zone de **libre-échange**, les pays concernés acceptent la libre circulation des marchandises produites sur leur territoire. Ils suppriment donc les droits de douane et les restrictions quantitatives (contingentements par exemple) à l'intérieur de la zone, mais chaque pays conserve la maîtrise de sa politique douanière à l'égard des pays tiers (ceux qui n'appartiennent pas à la zone de libre-échange). L'**Accord de libre-échange nord-américain (ALENA)** créé par les États-Unis, le Canada et le Mexique en 1994 en est un exemple.

L'**union douanière** correspond à la création d'un espace douanier unique avec libre circulation des marchandises, mais elle comprend aussi un tarif douanier unique à l'égard des produits d'origine extérieure. Le Zollverein créé par les États allemands au XIXe siècle était une union douanière. Un pas supplémentaire est réalisé dans l'intégration économique avec le **marché commun**. Dans ce cas, ce ne sont plus seulement les marchandises qui circulent librement, mais aussi les personnes, les capitaux, les services et les monnaies. Lorsque toutes ces composantes du marché commun sont réunies, on peut alors parler de **marché unique** entre les États membres. Dans un véritable marché commun, il y a **intégration monétaire** et **intégration financière**. L'intégration monétaire, qui correspond à la circulation parfaite des devises, c'est-à-dire à la possibilité d'utiliser n'importe quelle devise d'un pays membre dans un autre pays membre, exige un système de changes fixes. L'intégration financière correspond à la mobilité parfaite des capitaux et peut se mesurer par l'égalité des taux d'intérêt réels (taux d'intérêt nominaux corrigés du taux d'inflation) entre les pays.

Union douanière

Ensemble de pays qui instaurent un espace douanier unique avec libre circulation des marchandises entre eux.

Marché commun

Ensemble de pays qui décident de laisser circuler librement entre eux les marchandises, les services, les personnes, les capitaux et les monnaies. Association de six États européens conclue en 1957 pour créer la CEE.

L'**union économique** ajoute à l'existence d'un marché commun la mise en œuvre de politiques économiques (budgétaires, etc.) définies en commun. Cette harmonisation des politiques économiques ne signifie pas que chaque pays membre suive la même politique. L'union économique peut se doubler d'une union monétaire s'il existe une monnaie unique circulant dans les pays membres.

Les grandes étapes de la construction économique européenne

Six pays européens (France, RFA, Italie, Belgique, Luxembourg et Pays-Bas) ont créé en 1951 une union douanière pour le charbon et les produits sidérurgiques, la **Communauté européenne du charbon et de l'acier (CECA)**. En mars 1957, le **traité de Rome** instaure la **Communauté économique européenne (CEE)** et la **Communauté de l'énergie atomique (Euratom)** entre ces pays. L'objectif de la CEE est l'établissement d'un marché commun. La disparition progressive de tous les droits de douane entre les pays membres et la mise en place d'un tarif douanier unique (le **tarif extérieur commun** ou **TEC**) conduit à la réalisation de l'union douanière européenne le 1er juillet 1968.

Un premier élargissement de la CEE a lieu en 1972 avec l'entrée du Royaume-Uni, de l'Irlande et du Danemark dans ce qui est désormais l'Europe des Neuf. Un second élargissement concerne la Grèce en 1981 (Europe des Dix), tandis qu'en 1986, l'Espagne et le Portugal rejoignent la CEE (**Europe des Douze**). En 1995, l'entrée de l'Autriche, de la Suède et de la Finlande a créé l'**Europe des Quinze**.

La coopération monétaire européenne date de 1979 avec la création du Système monétaire européen (SME).

En février 1992, les chefs d'État et de gouvernement des douze pays européens signent le traité de Maastricht qui comporte deux éléments majeurs : l'Union économique et monétaire et l'Union politique. La Communauté économique européenne (CEE) devient la **Communauté européenne (CE)**, puis le 1er novembre 1993, l'**Union européenne (UE)**.

Après 1999, l'Union européenne négocie avec un certain nombre de pays en vue de l'**élargissement** (à l'Est) de l'Union. Ainsi le 1er mai 2004, l'Europe intègre dix nouveaux pays et devient l'**Europe des Vingt-cinq**. Il s'agit de Chypre, de l'Estonie, de la Hongrie, de la Lettonie, de la Lituanie, de Malte, de la Pologne, de la République tchèque, de la Slovaquie et de la Slovénie.

Avec l'entrée de la Croatie le 1er juillet 2013, l'Union européenne devient l'**Europe des Vingt-huit** et compte 500 millions d'habitants. Le processus d'élargissement de l'Union européenne se poursuit avec plusieurs candidats qui ont été acceptés par les États-membres. Six pays ont donc entamé le processus d'adhésion en adoptant peu à peu les lois européennes. Il s'agit de la Macédoine, du Monténégro, de la Serbie, de l'Islande, de l'Albanie et de la Turquie. Les négociations avec ce dernier pays sont cependant bloquées pour un certain nombre de raisons : non-reconnaissance par la Turquie de la République de Chypre, craintes des pays de l'Union européenne d'un flux migratoire important, insuffisance des réformes économiques et politiques en Turquie, notamment sur le respect de l'État de droit et les droits de l'homme (**critères de Copenhague**). Par ailleurs, la Bosnie-Herzégovine et le Kosovo ont obtenu le statut de candidat potentiel tandis que la Géorgie, l'Ukraine et la Moldavie ont signé en 2014 un accord d'association avec l'Union européenne.

Le 23 juin 2016, une majorité de la population du Royaume-Uni a décidé de sortir de l'Union européenne par référendum : c'est le **Brexit**. Après plus de trois ans d'atermoiements, le Parlement britannique et le gouvernement de Boris Johnson ont décidé fin 2019 que le Royaume-Uni n'était officiellement plus membre de l'Union européenne au 31 janvier 2020. Ce pays doit néanmoins continuer d'appliquer les règles communautaires le temps de la négociation sur sa relation future avec l'Union européenne. Cette période de transition s'achève fin 2020. L'Union européenne compte désormais 27 membres.

Les moyens d'action communautaires

Les institutions communautaires

Le **Conseil des ministres** ou **Conseil de l'Union européenne**, réunissant les ministres des Vingt-sept en fonction des dossiers inscrits à l'ordre du jour (agriculture, affaires étrangères, économie...) est le principal organe de décision de l'UE (pouvoir législatif qu'il partage avec le Parlement européen).
Les prix agricoles, par exemple, sont discutés lors de ces réunions présidées par chaque État selon le principe d'une présidence tournante (le pays qui préside le Conseil de l'Union change tous les six mois).
Pour les décisions importantes, la règle de l'unanimité s'applique. Cependant, l'Acte unique a étendu en 1986 le vote à la **majorité qualifiée** aux domaines suivants : achèvement du marché intérieur, politique régionale, recherche. Au sein de l'UE, les décisions se prennent soit à l'unanimité, soit à la majorité qualifiée. Le passage d'un nombre croissant de domaines de la règle de l'unanimité à la règle de la majorité qualifiée permet d'accroître l'intégration entre les pays membres car le veto d'un pays ou d'un petit nombre de pays ne peut plus freiner une décision voulue par tous les autres.

Conseil des ministres
Appelé Conseil de l'Union depuis le traité de Maastricht ; instance de décision centrale de l'UE, composée des représentants des gouvernements des États-membres.

Majorité qualifiée
Règle de vote qui exige un nombre plus important de voix que la simple majorité (moitié des voix plus une voix) pour qu'une décision soit adoptée.

Les institutions de l'Union européenne

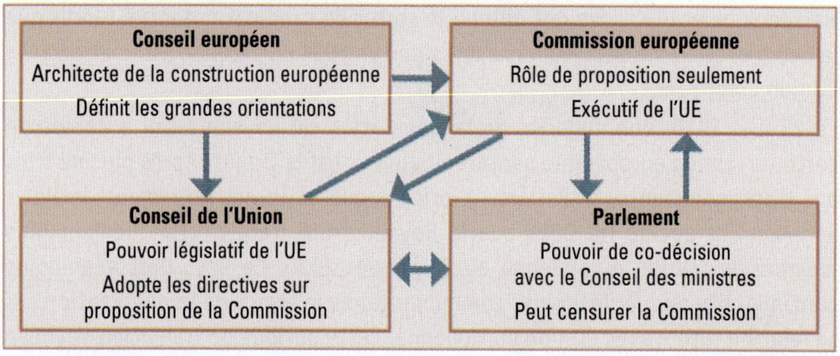

Le **Conseil européen**, appelé aussi **Sommet européen**, ne doit pas être confondu avec le Conseil de l'Union européenne. Réunissant les chefs d'État ou de gouvernement quatre fois par an, le Conseil européen règle les problèmes vitaux pour l'Europe et remplit une fonction d'impulsion politique. Il rend aussi certains arbitrages que le Conseil des ministres n'a pas voulu trancher. Depuis le traité de Lisbonne de 2009, le Conseil européen est doté d'un président nommé pour une durée de deux ans et demi renouvelable (le Belge Charles Michel a remplacé le Polonais Donald Tusk en 2019). Avant 2009, le Conseil européen était présidé par le président tournant du Conseil des ministres.

Conseil européen
Réunion des chefs d'État ou de gouvernement des États membres.

Le **Parlement européen**, élu tous les cinq ans au suffrage universel depuis 1979, a un pouvoir législatif qui s'est renforcé au fil des ans. Selon le principe de **co-décision**, il partage depuis 2009 le pouvoir législatif avec le Conseil de l'Union. Le Parlement vote le budget de l'Union européenne et peut renverser la Commission. Il siège à Strasbourg.

La **Commission européenne** est l'exécutif de la Communauté. Elle est indépendante des gouvernements nationaux. Elle comprend un commissaire par État, nommé pour cinq ans, qui agit pour la Commission et non pour son pays d'origine. Chaque commissaire a un domaine de compétences bien délimitées (énergie, concurrence, industrie, environnement, télécommunications...). La Commission propose et met en œuvre des politiques communautaires. Elle gère les différents budgets de la Communauté.

Commission européenne
Organe d'initiative et d'exécution de l'Union européenne.

L'année 2014 marque un changement important dans les institutions européennes avec le nouveau mode de désignation du président de la Commission européenne. Jusqu'à cette date, ce président était désigné à huis clos par les chefs d'État de l'Union européenne. En 2014, à l'issue des élections au Parlement européen, c'est le nouveau Parlement qui a choisi le président de la Commission, à partir d'une proposition faite par le Conseil européen. Ce changement conduit de fait à nommer comme président de la Commission le candidat issu de la majorité des députés au Parlement européen. C'est le traité de Lisbonne qui a permis cette possibilité, d'inspiration plus démocratique que le système précédent. Le choix du président de la Commission découle alors logiquement de la majorité élue au Parlement et donc du vote des électeurs européens. Pour la première fois, les Européens ont leur mot à dire sur le choix de l'un des principaux responsables européens. Ainsi, en 2019, l'Allemande Ursula von der Leyen succède à cette fonction au Luxembourgeois Jean-Claude Juncker. Si cette nouvelle procédure rapproche les institutions européennes de celles existant dans les pays membres, la démocratie européenne fonctionne un peu différemment. Par crainte de tentations séparatistes, le système politique européen repose fondamentalement sur la négociation, le compromis, l'inclusion et non sur la confrontation, la rupture ou l'exclusion.

La **Cour de Justice de l'Union européenne (CJUE)**, située à Luxembourg, statue sur tous les litiges mettant en cause les textes juridiques communautaires. Le droit européen communautaire prime sur le droit national et il est applicable immédiatement dans les États membres. Cette **supranationalité** implique que les décisions prises par l'UE l'emportent sur celles des États qui la composent.

Supranationalité
Caractère de ce qui est placé au-dessus des institutions nationales.

Les instruments d'action de l'UE

Il est important de bien distinguer quatre types d'actes juridiques communautaires.

Le **règlement**, pris par la Commission ou le Conseil de l'Union européenne, est l'acte le plus important car il s'impose comme une règle unique, applicable directement et immédiatement à chaque pays membre. La **directive**, généralement émise par le Conseil des ministres, s'impose aux États qui doivent l'intégrer dans leur législation nationale. La **décision** est un acte individuel obligatoire concernant un État, une entreprise ou un particulier. Enfin, les **recommandations** sont des actes qui n'entraînent pas d'obligations juridiques pour leurs destinataires. Leur importance est avant tout politique.

Le **budget communautaire** est le principal instrument d'action de l'UE. Établi par la Commission et accepté par le Conseil des ministres, il est voté par le Parlement. Il reçoit des ressources propres provenant des prélèvements agricoles, liés aux importations de certains produits, des droits de douanes, d'une part des recettes de TVA perçues par les États et d'une contribution financière des États. L'Union ne dispose pas du droit de lever l'impôt. Les dépenses concernent surtout la politique agricole commune (la PAC), ainsi que le développement régional et la politique sociale.

Depuis 1992, le budget communautaire est plafonné à 1,046 % du produit intérieur brut européen (PIB). Le fonctionnement de l'administration communautaire représente 5 % de ce budget. Les plus gros contributeurs sont les pays les plus riches et les plus peuplés tandis que les principaux bénéficiaires sont les pays agricoles et les pays en retard de développement. Les contributeurs nets au budget européen, c'est-à-dire ceux qui contribuent davantage qu'ils ne reçoivent, plaident pour une « renationalisation » des dépenses agricoles afin que l'Union européenne dégage de nouvelles marges de manœuvre sans avoir à accroître les contributions.

➲ Les politiques communautaires

L'union douanière

De 1957 à 1968, les pays membres ont progressivement réduit puis supprimé les droits de douane et les contingentements des importations dans leurs échanges de marchandises. Par ailleurs, ils ont adopté un **tarif douanier commun (TDC)** ou **tarif extérieur commun (TEC)**, c'est-à-dire un ensemble de droits de douane valables pour tous les États, frappant les produits entrant dans l'UE. Les produits sont dédouanés une seule fois puis circulent librement d'un pays de l'UE à un autre. Par exemple, une voiture japonaise supporte les mêmes droits de douane lorsqu'elle arrive en France ou en Allemagne. En revanche, une voiture allemande vendue en France n'est pas soumise à un droit de douane, mais elle supporte la même TVA qu'une voiture française.

Tarif extérieur commun (TEC)
Ensemble de droits de douane frappant, à leur entrée dans l'UE, les produits venant d'autres pays.

Les autres politiques communautaires

La **politique régionale** est devenue une politique importante au fur et à mesure de l'élargissement de l'UE et de l'accroissement des disparités régionales et nationales. Le **Fonds européen de développement régional (FEDER)**, créé en 1975, participe directement au développement des régions les moins favorisées en finançant des études et des programmes d'investissement. Le FEDER est, avec les autres **fonds structurels** de l'UE (Fonds social européen, et fonds européens agricoles dans le cadre de la PAC), l'expression de la solidarité financière entre les pays européens.

Fonds structurels
Financements européens destinés principalement aux régions de l'Union européenne les moins favorisées.

La politique sociale existe à travers deux éléments : le **Fonds social européen (FSE)**, qui a deux priorités avec la promotion de l'emploi des jeunes et l'aide aux régions les plus défavorisées, et la « Charte communautaire des droits sociaux des travailleurs », adoptée en 1989 et définissant un contenu minimal pour l'Europe sociale (amélioration des conditions de travail, information des salariés, intégration des personnes exclues, égalité des sexes, etc.).

Il existe enfin de nombreuses politiques sectorielles communautaires (concurrence, énergie, recherche et technologie, enseignement supérieur).

L'Acte unique européen

L'**Acte unique européen** est un traité, signé et ratifié par les Douze en 1986, prévoyant l'achèvement du marché intérieur européen à la fin de 1992. Il est unique, car il complète et modifie les autres traités instituant la Communauté européenne. Entré en vigueur le 1er juillet 1987, il met en place un processus lent et complexe, marqué par l'adoption de plusieurs centaines de directives communautaires, afin de créer, au 1er janvier 1993, un « grand marché », un « marché unique » dans lequel la libre circulation des personnes, des marchandises, des services et des capitaux sera totale.

Acte unique

Traité signé en 1986 par les pays de la Communauté européenne, prévoyant l'achèvement du marché intérieur européen à la fin de 1992.

Les objectifs de l'Acte unique

C'est seulement pour les marchandises que s'était créé un véritable marché unique. L'Acte unique cherche ainsi à relancer la construction européenne en agissant dans deux directions avec, d'une part, l'élimination des derniers obstacles à la libre circulation des marchandises et, d'autre part, l'extension du marché commun aux personnes, capitaux et services.

Conformément aux objectifs de l'Acte unique, le principal obstacle a été supprimé au 1er janvier 1993 avec la fin des contrôles des marchandises aux postes frontières. Les douaniers ont de nouvelles missions (contrôles sur tout le territoire, et notamment dans les entreprises). Les barrières techniques (réglementation et normes de sécurité, de protection des consommateurs par exemple, marchés publics jusque là réservés aux producteurs nationaux) sont peu à peu supprimées.

En ce qui concerne les personnes, il existe des barrières physiques (contrôle d'identité aux frontières) et des barrières techniques (accès à l'emploi dans un autre pays de la Communauté). La **Convention de Schengen**, adoptée en 1991 par huit pays (dont la France, la RFA et l'Italie), prévoit la suppression des contrôles aux frontières ainsi qu'une coordination des polices nationales pour lutter contre les trafics illicites et l'immigration clandestine. En matière d'emploi, toutes les discriminations devraient être éliminées (notamment avec la reconnaissance des diplômes universitaires). L'espace Schengen, entré en vigueur en 1995, comprend désormais une trentaine d'États européens (dont la Suisse et la Norvège mais ni le Royaume-Uni ni l'Irlande).

La libre circulation de tous les citoyens de l'Union européenne souhaitant travailler et vivre dans un autre État membre sans subir de discriminations est l'une des libertés fondamentales garanties par le droit communautaire.

De nouveaux principes communautaires

L'adoption de l'Acte unique s'accompagne de modifications importantes dans le fonctionnement de l'activité communautaire. Avec l'extension de la règle de la majorité qualifiée, déjà évoquée, deux principes nouveaux apparaissent.

Le **principe de reconnaissance mutuelle** consiste, pour un État membre, à reconnaître l'équivalence de sa législation et de sa réglementation avec celles des autres États membres, même si elles diffèrent. L'adoption de ce principe permet de rompre avec le **principe d'harmonisation préalable**, qui, en cherchant à rapprocher toutes les modalités des réglementations, conduisait à une impasse. Selon le nouveau principe, une marchandise, un diplôme ou un produit financier doivent être acceptés dans un autre pays de l'Union européenne sans avoir à respecter dans tous ses détails la réglementation du pays d'accueil. Un exemple peut être donné en matière financière avec la libre prestation de services financiers (placements, services bancaires, etc.). Un établissement financier peut proposer ses produits dans un autre pays sans pour autant devoir suivre d'autres réglementations (fiscales par exemple) que celles de son pays d'origine.

La libéralisation des services a fait l'objet d'un projet de directive célèbre, la **directive Bolkestein** qui, au départ, prévoyait que les travailleurs indépendants (non salariés) pouvaient fournir un service dans n'importe quel autre pays membre en étant uniquement soumis à la réglementation de leur pays d'origine. À la suite d'une forte contestation, cette directive a été modifiée en 2006, le nouveau projet supprimant ce principe du pays d'origine. Ainsi, ce sont la réglementation sociale et les normes de protection des consommateurs du pays où s'exerce l'activité qui s'appliquent.

Le **principe de subsidiarité** énonce, enfin, que ce qui peut être accompli à des échelons inférieurs de responsabilité ne doit pas l'être à des échelons supérieurs. Par exemple, l'attribution de compétences à l'Union européenne devrait être limitée spécifiquement aux domaines pour lesquels l'action des États n'est pas optimale. De même, une intervention nationale ou communautaire ne doit pas être entreprise si l'échelon régional est le mieux placé pour cela.

Maastricht, Amsterdam, Nice, Lisbonne

Le traité de Maastricht

Signé en février 1992, le **traité de Maastricht** (du nom de la ville des Pays-Bas dans laquelle il a été en grande partie négocié) cherche à approfondir la coopération économique et politique entre les pays de la Communauté. Il institue une **Union européenne** comprenant deux volets : l'**Union économique et monétaire (UEM)** et l'**Union politique**.

Traité de Maastricht
Traité signé en 1992 entre les pays de la Communauté européenne et instituant une Union européenne comprenant deux volets : l'union économique et monétaire et l'union politique.

Sur le plan économique, l'élément central du traité consiste dans l'adoption d'une monnaie unique, au plus tard en 1999, gérée par une banque centrale européenne.

Sur le plan politique, le traité cherche à renforcer la coopération entre les pays. À cet égard, la nouvelle Union européenne comporte trois éléments :
- la Communauté européenne qui perd son qualificatif d'« économique » pour mettre l'accent sur de nouveaux objectifs ;
- la coopération en matière de politique étrangère et de défense avec la création d'une politique étrangère et de sécurité commune (**PESC**) ;
- la coopération en matière d'affaires intérieures (police) et de justice (c'est le troisième pilier du traité de Maastricht avec l'UEM et la PESC).

Par ailleurs, onze pays se sont entendus sur la création d'une **Europe sociale** (le Royaume-Uni a refusé une harmonisation de toutes les législations en matière sociale et bénéficie d'une « **clause d'exception** »).

Le traité d'Amsterdam

Réuni à Amsterdam en juin 1997, le Conseil européen avait pour tâche de réformer les institutions de l'UE avant l'élargissement à de nouveaux pays. Les Quinze n'ont pas réussi à se mettre d'accord sur ce thème, mais deux volets importants ressortent du sommet d'Amsterdam. C'est d'une part l'adoption d'un

« Pacte de stabilité et de croissance » qui accompagne la mise en œuvre de l'euro en limitant les marges de manœuvre budgétaires des pays de l'euro et c'est, d'autre part, la révision du traité de Maastricht.

Signé en 1997 et ratifié en 1999, le traité d'Amsterdam remplace le traité de Maastricht comme ce dernier a remplacé le traité de Rome. Les principaux points du traité d'Amsterdam concernent l'intégration de la Convention de Schengen (établissement d'un espace de libre circulation) avec des dérogations pour le Royaume-Uni, le Danemark et l'Irlande ; les « coopérations renforcées » (pour permettre à certains États qui le souhaitent d'aller de l'avant sans en être empêchés par ceux qui ne veulent pas suivre) et le développement de politiques communes (et plus seulement intergouvernementales) en matière de sécurité intérieure et de justice. En particulier, certains domaines sont « communautarisés » (droit d'asile et politique des visas) puisque c'est la règle de la majorité qualifiée qui s'appliquera désormais et non l'unanimité. Ces nouvelles dispositions, qui ôtaient à la France son droit de veto et portaient atteintes, selon le Conseil constitutionnel, aux conditions essentielles d'exercice de la « souveraineté nationale », ont nécessité une révision de la Constitution française.

De Nice au projet de traité constitutionnel

Adapter et réformer les institutions européennes (on parle d'approfondissement de l'intégration européenne) devenait une nécessité urgente avant l'arrivée prochaine de nouveaux membres. Les nouveaux pays se sont alors engagés en effet à reprendre l'« acquis communautaire », c'est-à-dire à transposer le droit existant de l'Union européenne dans leur droit national. Mais la principale difficulté concernait l'Union européenne elle-même car les institutions actuelles étaient incapables de fonctionner correctement avec vingt-sept États membres.

C'était l'un des objectifs du Conseil européen de Nice que d'adopter de nouvelles règles pour le fonctionnement d'une Union européenne élargie. Les travaux de Nice, s'ils n'ont pas conduit à des innovations institutionnelles, ont permis d'adopter de nouvelles dispositions qui, intégrées dans le traité d'Amsterdam, constituent le traité de Nice (adopté en février 2001).

Le Sommet de Nice a aussi adopté la Charte européenne des droits fondamentaux, texte qui réunit les droits fondamentaux en vigueur en Europe, et en particulier la Convention européenne des droits de l'Homme de 1950, dans un seul texte. Il ne s'agit cependant que d'une déclaration de principe qui n'aura de valeur juridique qu'une fois intégrée dans un traité ou une future Constitution européenne.

Les dispositions prises à Nice ont semblé à certains insuffisantes face aux perspectives de l'élargissement tandis que d'autres souhaitaient aller précisément vers l'élaboration d'un document de nature constitutionnelle (une Constitution, une Charte ?) afin de clarifier l'avenir de l'Europe et son fonctionnement (répartition des compétences entre l'Union européenne et les États par exemple). Dans cette optique, les Quinze ont proposé un projet de traité instituant une Constitution sur l'Europe. Signé à Rome le 29 octobre 2004, il devait être ratifié par les 25 États membres (par voie parlementaire ou par référendum). Le « traité établissant une Constitution pour l'Europe » était un traité et non une Constitution, il ne pouvait être révisé qu'à l'unanimité des pays signataires. Ce traité, bien qu'approuvé par 18 pays, a été rejeté en 2005 par deux des pays fondateurs de l'Europe communautaire, la France et les Pays-Bas.

Le traité de Lisbonne

Pour parvenir à renforcer les institutions européennes dans une Europe à Vingt-sept, les chefs d'État et de gouvernement ont signé à Lisbonne, le 13 décembre 2007, le nouveau traité sur l'Union européenne. Ce **traité de Lisbonne** est entré en vigueur le 1er janvier 2009 après une ratification par les 27 États membres (il a été rejeté une première fois par l'Irlande).

Les principales réformes sont : l'élection à la majorité qualifiée d'un président permanent au Conseil européen (pour deux ans et demi), un nombre réduit de commissaires européens, la possibilité d'initiative citoyenne, une simplification du processus de décision (majorité qualifiée) au Conseil de l'Union européenne et un nouveau mode de désignation pour le président de la Commission européenne.

Signé en 2012, le **Pacte budgétaire européen**, avec le Traité sur la stabilité, la coordination et la gouvernance (TSCG), conduit les pays européens, à l'exception du Royaume-Uni et de la République tchèque, à s'astreindre à une règle d'équilibre budgétaire (la fameuse « règle d'or ») et impose des politiques de redressement auxquelles il ne sera pas possible de déroger sauf circonstances exceptionnelles. Souhaité par l'Allemagne, afin de conditionner l'aide aux pays en difficulté à un contrôle de leurs choix budgétaires, ce traité doit aussi inciter la BCE à agir davantage pour stabiliser l'Union monétaire. Ratifié par tous les États signataires, ce traité demeure « intergouvernemental » et n'est pas intégré aux traités européens.

En France, le Conseil constitutionnel a estimé que ce traité ne portait pas atteinte à la souveraineté nationale.

Lire aussi » **Crise financière - Euro - Question d'actualité 11 p. 43**

Valeur ajoutée

Pour réaliser leurs productions, les entreprises consomment des biens et des services achetés à d'autres entreprises. Grâce aux facteurs de production que sont le travail et le capital, une entreprise ajoute de la valeur à ces achats pour aboutir à une production qu'elle met en vente. La valeur ajoutée mesure ainsi l'activité économique réelle de l'entreprise, ou encore la valeur créée par l'entreprise. Pour l'ensemble de l'économie, la production nationale est la somme de toutes les valeurs ajoutées créées par les différents agents économiques.

SOMMAIRE

- Qu'est-ce que la valeur ajoutée ?
- Comment se répartit la valeur ajoutée ?

Qu'est-ce que la valeur ajoutée ?

Définition et calcul

Considérons une entreprise produisant des esquimaux glacés. On peut évaluer sa production au cours d'une période de deux façons différentes : soit en retenant les quantités produites et il s'agit alors de la production en volume ; soit en retenant la valeur en euros de la production.

Si l'entreprise produit 500 000 esquimaux vendus 2 euros, la valeur de sa production est 1 million d'euros. Si elle vend toute sa production, la valeur de la production est égale au montant total des ventes, c'est-à-dire 1 million d'euros. Ce montant total des ventes correspond au chiffre d'affaires de l'entreprise. Le chiffre d'affaires représente donc la valeur de la production qui est effectivement vendue.

Pour fabriquer les esquimaux, l'entreprise a acheté différents biens et services qu'elle a ensuite transformés dans le processus de production. Elle a consommé des fruits, du lait, du chocolat, etc., ainsi que du papier et du carton pour les emballages. Elle a consommé des services fournis par d'autres entreprises comme la publicité, les transports, etc. On appelle ainsi **consommations intermédiaires** l'ensemble des biens et des services qui sont détruits ou transformés dans le processus de production et qui cessent donc d'être disponibles (les machines ne sont donc pas des consommations intermédiaires).

Consommations intermédiaires

Valeur des biens et des services qui sont incorporés à un produit ou détruits lors de la production.

Lorsque l'on souhaite mesurer les richesses nouvelles créées réellement par l'entreprise, il faut alors soustraire de la production de l'entreprise ces consommations intermédiaires qui correspondent à des richesses créées par d'autres entreprises, situées en amont du processus de production.

Valeur ajoutée

Valeur nouvelle créée par une entreprise au cours de son cycle de production et égale à la différence entre la valeur des biens et services produits et la valeur des biens et services utilisés.

L'entreprise crée ainsi une **valeur ajoutée** lorsque la valeur de sa production (réellement vendue) est supérieure à la valeur des biens et des services qu'elle a consommés. La valeur ajoutée est donc la différence entre la valeur de la production et la valeur des consommations intermédiaires nécessaires à cette production.

valeur ajoutée = production – consommations intermédiaires

ou encore :

production = consommations intermédiaires + valeur ajoutée

L'entreprise d'esquimaux a consommé les biens et services suivants pour produire un million d'euros de glaces :

- matières premières ⟶ 200 000 euros
- emballages ⟶ 100 000 euros
- transport ⟶ 50 000 euros
- publicité ⟶ 50 000 euros

Total des consommations intermédiaires : 400 000 euros.
Valeur ajoutée = 1 000 000 – 400 000 = 600 000 euros.

L'intérêt de la notion de valeur ajoutée

Lorsque l'on considère une entreprise, on peut calculer et analyser sa production ou sa valeur ajoutée. Mais lorsque l'analyse porte sur plusieurs entreprises, voire sur l'ensemble des entreprises, seule la notion de valeur ajoutée se révèle pertinente.

Prenons l'exemple d'une fabrique de meubles qui, pendant une année, produit pour 10 millions d'euros de meubles. Ses seules consommations intermédiaires sont des planches qu'elle a achetées, pour 2 millions d'euros, à une entreprise exploitant une forêt dont elle est le seul client. Comment mesurer la production totale de ces deux entreprises ? La production totale est-elle de 12 millions d'euros (production de l'entreprise forestière et production de la fabrique de meubles) ? Ce résultat est incorrect car les planches sont alors comptées deux fois. La production totale est en revanche de 10 millions d'euros car il s'agit de la production de meubles mise en vente auprès des consommateurs, la production de l'entreprise forestière étant incorporée dans ces meubles.

Peut-on alors en déduire que l'entreprise forestière ne produit pas ? Cela est manifestement faux car elle réalise et vend une production. Pour mesurer la production totale en évitant les doubles emplois et pour calculer l'activité productive réelle de chaque entreprise, il ne faut prendre en compte que la valeur ajoutée de chacune de ces entreprises.

Valeur ajoutée de l'entreprise forestière : 2 millions d'euros.
Valeur ajoutée de la fabrique de meubles : 10 – 2 = 8 millions d'euros.
Comme la production totale est ainsi la somme des valeurs ajoutées, on a :
Production totale = 2 + 8 = 10 millions d'euros.

La notion de valeur ajoutée est donc une notion fondamentale pour l'économie et trois éléments peuvent être mis en évidence :
– il ne faut pas confondre production et valeur ajoutée d'une entreprise ; ni chiffre d'affaires et valeur ajoutée (une entreprise commerciale a un chiffre d'affaires important mais une faible valeur ajoutée) ;
– la valeur ajoutée mesure la contribution de l'entreprise à la production totale d'une économie ;
– la somme des valeurs ajoutées de toutes les unités de production correspond à l'ensemble des richesses nouvelles créées dans l'économie.

production totale d'une économie = somme de toutes les valeurs ajoutées

En comptabilité nationale, la somme des valeurs ajoutées correspond au PIB.

Comment se répartit la valeur ajoutée ?

La répartition dans l'entreprise

Une entreprise ajoute de la valeur aux biens et services qu'elle consomme en leur incorporant du travail et du capital et en les transformant en un produit dont la valeur est plus élevée. La valeur ajoutée permet donc à l'entreprise de rémunérer les facteurs de production. Une fois les consommations intermédiaires achetées, quelles sont les utilisations des recettes liées à la vente des esquimaux glacés ? L'entreprise va devoir verser des salaires, payer des impôts, rémunérer ceux qui ont apporté des capitaux (les actionnaires ou les banques) ; elle pourra même conserver une partie de ces recettes pour investir ou changer ses machines. C'est par l'intermédiaire de la valeur ajoutée créée que l'entreprise distribue des revenus aux différents agents économiques. Les revenus naissent ainsi de la valeur ajoutée créée dans chaque unité de production. Le tableau suivant récapitule les cinq catégories d'agents économiques bénéficiant de la répartition de la valeur ajoutée.

Les bénéficiaires de la valeur ajoutée

Bénéficiaires	Catégorie de revenu
• Personnel	• Rémunérations (salaires et avantages sociaux)
• Organismes publics (État et Sécurité sociale)	• Impôts et cotisations sociales
• Prêteurs (banques)	• Intérêts
• Actionnaires (propriétaires)	• Dividendes
• Entreprise elle-même	• Autofinancement

L'étude des comptes de l'entreprise permet de connaître la répartition de la valeur ajoutée. Par exemple, cette étude renseigne sur la façon dont s'effectue le partage de la valeur ajoutée entre les salariés et les actionnaires.

La répartition de la valeur ajoutée dans une économie

Comme la production nationale représente la somme des valeurs ajoutées, on peut de façon semblable analyser la répartition de cette valeur ajoutée globale d'une économie qu'est le PIB. On décompose généralement la valeur ajoutée totale d'une économie en trois éléments : la part des salariés, la part des profits qui correspond aux revenus des apporteurs de capitaux (actionnaires et banques prêteuses) et la part de l'État (impôts).

Partage salaires-profits
Partage de la valeur ajoutée entre les deux grands facteurs de production (travail et capital).

Il est alors possible d'observer sur une longue période l'évolution du partage des richesses produites chaque année. Le **partage salaires-profits** désigne alors le partage de la valeur ajoutée entre les deux grands groupes correspondant aux deux facteurs de production (travail et capital).

La valeur ajoutée dans l'économie

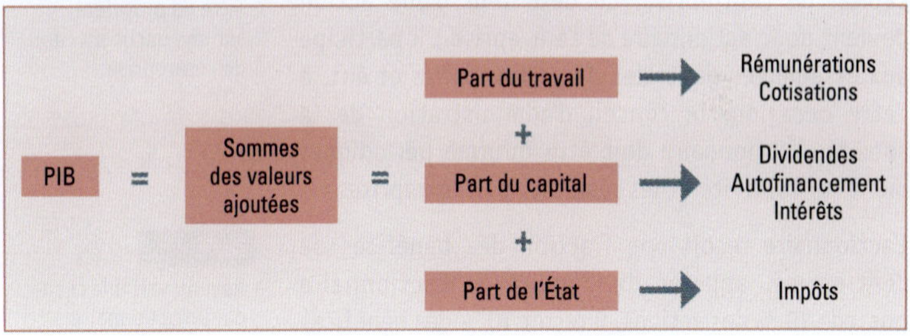

Lire aussi » **Comptabilité nationale - Production**

Valeurs mobilières

Les valeurs mobilières sont des titres achetés et vendus à la Bourse, appelée bourse des valeurs, en vue de réaliser un placement rentable. Ces valeurs, dont les deux principales sont les actions et les obligations, sont qualifiées de mobilières car on peut les échanger rapidement sur un marché.

SOMMAIRE

- Les principales valeurs mobilières
- Les cours des valeurs mobilières

Les principales valeurs mobilières

Actions et obligations

Une **action** est un titre de propriété sur une partie du capital de l'entreprise. Le détenteur d'une action devient donc **actionnaire** de l'entreprise ; il participe aux assemblées générales des actionnaires et élit, à cette occasion, le conseil d'administration de la société. L'actionnaire doit être informé périodiquement sur l'activité et les résultats de l'entreprise.

Action
Titre de propriété sur une partie du capital de l'entreprise.

L'actionnaire reçoit une fraction des bénéfices de l'entreprise, appelés **dividendes**. Si l'actionnaire possède 10 % des actions, il reçoit 10 % des bénéfices distribués. Comme les dividendes varient en fonction des résultats de l'entreprise et des choix de ses dirigeants (ceux-ci peuvent décider de distribuer les bénéfices aux actionnaires ou bien les conserver dans l'entreprise pour financer son développement), les actions sont des valeurs à revenus variables.

Dividende
Revenu variable reçu par un actionnaire d'une société et correspondant à une fraction des bénéfices distribués.

Toutes les entreprises n'émettent pas des actions ; il s'agit seulement des sociétés anonymes. En outre, seul un petit nombre de sociétés anonymes ont des actions qui sont cotées régulièrement et qui s'échangent à la Bourse.

Comme propriétaire d'une partie du capital de l'entreprise, l'actionnaire accepte le risque d'une baisse des résultats de l'entreprise, voire même le risque de sa disparition. Dans ce dernier cas, la valeur des actions qu'il détient devient nulle car personne ne désire les acheter.

Une **obligation** est un titre de créance à long terme émis par une entreprise, une institution publique ou l'État lorsqu'ils empruntent des fonds auprès des épargnants. Une obligation représente ainsi une dette de l'institution émettrice de l'emprunt. Le souscripteur, ou **obligataire**, devient son créancier.

Obligation
Titre de créance à long terme émis par une entreprise, une institution publique ou l'État lorsqu'ils empruntent des fonds auprès des épargnants.

Un **emprunt obligataire** se compose d'une certaine quantité d'obligations ayant les mêmes caractéristiques. La durée d'un tel emprunt varie généralement de 7 à 15 ans.

En attendant le remboursement de son prêt, prévu à l'échéance, le souscripteur est rémunéré par le versement régulier d'intérêts, déterminés lors de l'émission. Par exemple, une obligation émise à 5 000 euros avec un taux d'intérêt de 8 % donne des intérêts annuels de 400 euros (ceux-ci sont souvent nommés « **coupons** »).

Les obligations sont des valeurs à revenu garanti, quel que soit le niveau des bénéfices de l'entreprise émettrice. L'achat d'une obligation présente donc moins de risque que l'achat d'une action.

Les caractéristiques des valeurs mobilières

Le choix des épargnants en faveur des actions ou des obligations prend en compte quatre critères : la sécurité, la rentabilité, la liquidité et la fiscalité. « Investir » en Bourse consiste alors à faire un arbitrage entre ces critères parfois opposés.

La sécurité de l'investissement dépend de la qualité de l'émetteur du titre. Certains émetteurs d'obligations présentent ainsi une sécurité absolue car ils ne font jamais faillite (emprunts d'État ou d'organismes publics). À l'inverse, certaines entreprises constituent un risque important.

La **rentabilité** d'une action ou d'une obligation prend deux formes qui se complètent.

La première correspond au **rendement boursier** qui désigne le revenu d'une valeur mobilière rapporté au cours en vigueur de cette valeur.

Pour calculer ce rendement, il faut prendre en compte le cours de l'action ou de l'obligation tel qu'il apparaît à la Bourse au moment du calcul et non le **cours nominal**, c'est-à-dire le cours d'émission de l'action ou de l'obligation.

$$\text{rendement d'une obligation} = \frac{\text{intérêts versés (coupon)}}{\text{cours de l'obligation}}$$

Exemple : Une obligation de 5 000 euros, au taux de 8 %, a un cours de 4 000 euros.

Son rendement est de $\frac{400}{4\ 000} = 10\ \%$.

La deuxième composante de la rentabilité réside dans l'existence de **plus-values**. Ainsi, une action acheté 1 000 euros et revendue 1 500 euros permet d'obtenir une plus-value de 500 euros alors que le rendement d'une telle action peut être nul (absence de dividendes).

En définitive, les plus-values ou l'espoir de plus-values peuvent compenser l'absence ou la faiblesse des revenus des titres pour justifier un investissement sur les actions d'une société particulière. La **spéculation** consiste alors à anticiper (prévoir) une hausse en achetant un titre pour le revendre plus tard avec une plus-value lorsque la hausse se sera réalisée (on peut aussi spéculer à la baisse).

Spéculation

Activité qui consiste à profiter d'une évolution de prix que l'on anticipe en achetant un certain produit pour le revendre plus cher ultérieurement et obtenir une plus-value.

La liquidité correspond à la possibilité de se séparer rapidement d'une valeur mobilière sans risques ni pénalités (moins-value par exemple si le marché comprend peu d'acheteurs). Un marché boursier où le volume des transactions, c'est-à-dire le nombre de titres échangés, est faible correspond à un **marché étroit**.

➲ Les cours des valeurs mobilières

Comment se déterminent les cours boursiers ?

Le **cours** d'une action ou d'une obligation est le prix qui résulte de la confrontation de l'offre et de la demande pour ce titre sur le marché boursier (marché secondaire). Depuis le 4 janvier 1999, les cours des valeurs mobilières sont fixés en euros (de même que les valeurs des SICAV. Toutefois, il est toujours

Cours boursier

Prix de la valeur mobilière qui résulte de la confrontation de l'offre et de la demande pour ce titre sur le marché boursier.

possible de passer des ordres libellés en francs puisque c'est la banque qui convertira les ordres en euros et les portera sur le marché).

La cotation désigne les opérations nécessaires à la fixation des cours de bourse (sociétés cotées seulement). Si les ordres de vente (offre) sont supérieurs aux ordres d'achat de titres, les cours sont orientés à la baisse. La **cotation** permet de fixer le prix de telle sorte que le maximum d'acheteurs et de vendeurs soient satisfaits. Comme les acheteurs et les vendeurs ne sont pas présents lors de la fixation, ils donnent des indications générales de prix aux sociétés de bourse qui sont chargées des négociations.

Il existe deux grandes techniques de cotation des valeurs mobilières.
– La cotation à la criée : présents physiquement sur le marché, les opérateurs confrontent oralement leurs ordres. Une sorte de commissaire-priseur détermine alors un cours d'équilibre (***fixing***), celui-ci pouvant évoluer au long de la journée boursière. Cette technique est aujourd'hui réservée aux marchés d'instruments financiers et aux marchés de faible volume d'échanges (un seul cours fixé par jour).
– La **cotation assistée en continu (CAC)** : la cotation est réalisée en temps réel grâce aux systèmes informatiques. Utilisé pour les transactions sur les principaux marchés, ce système de cotation assistée en continu ou **marché continu**, permet une fixation en continu des cours (de 9 heures à 17 heures 30). Les opérateurs n'ont plus besoin d'être réunis ensemble car ils enregistrent, dans leurs propres locaux, les ordres des clients sur le système CAC.

Comment expliquer les variations des cours ?

La situation politique et économique, tant en France qu'au niveau international, joue un rôle important pour expliquer les fluctuations. Mais il existe aussi des facteurs spécifiques.

Commençons par les obligations. Les obligations sont très sensibles à l'évolution du taux d'inflation car la rémunération (fixe) comme la valeur nominale (reçue au moment du remboursement) risquent de connaître une diminution de pouvoir d'achat en cas d'inflation élevée. Dès lors, si le taux d'inflation augmente, les obligations auront tendance à voir leur cours baisser, car les détenteurs chercheront à s'en débarrasser.

Les obligations sont aussi très sensibles à l'évolution des taux d'intérêt. Prenons l'exemple d'une hausse des taux d'intérêt. Les nouveaux emprunts émis vont alors offrir aux épargnants une meilleure rémunération que les emprunts obligataires plus anciens. Les anciennes obligations vont alors être moins demandées que les nouvelles sur le marché et leur cours va diminuer.

Soit une obligation X émise à 5 000 euros avec un taux de 8 %. Les taux montent à 10 %.

On vend donc l'obligation X qui rapporte 400 euros pour acheter une nouvelle obligation Y (s'il en existe une émise à 5 000 euros, elle rapportera 500 euros). Le cours de l'obligation X baisse jusqu'à ce que son rendement soit de 10 %.

La nouvelle valeur de X sera 4 000 euros car

$$\frac{400}{4\,000} = 10\ \%.$$

L'obligation X a vu son cours baisser de 1 000 euros.

On met ainsi en évidence un mécanisme général des cours (valable aussi pour les actions, par effet de contagion) :

hausse des taux → baisse des cours
baisse des taux → hausse des cours

Les perspectives économiques de baisse des taux d'intérêt sont donc favorables à la Bourse tandis que les risques de hausse dépriment la Bourse.

La valeur d'une action, quant à elle, est aussi liée à la situation de l'entreprise qui l'a émise. Une espérance de bénéfices élevés conduit à une hausse des cours car ces bons résultats entraîneront soit un dividende plus élevé, soit une croissance de l'entreprise (si les bénéfices sont mis en réserve et non distribués), facteur de plus-values (l'action représentera en effet une part plus importante de l'actif de l'entreprise).

Deux indicateurs permettent, en plus du rendement, d'évaluer l'intérêt d'acheter ou de vendre une action d'une société cotée. Il s'agit d'abord de la **capitalisation boursière** de l'entreprise qui correspond à la multiplication du nombre d'actions par leur cours boursier.

C'est ensuite le **PER**, ou ***price earning ratio***, qui permet lui aussi de comparer les sociétés d'un même secteur. Le PER rapporte le cours de l'action au bénéfice par action.

$$\text{PER} = \frac{\text{cours de l'action}}{\text{bénéfice par action}} = \frac{\text{capitalisation boursière}}{\text{bénéfice total}}$$

Lire aussi » **Bourse**

Vote

Une démocratie repose sur la participation de tous les citoyens aux choix des gouvernants et de leur programme d'actions. Le vote aux élections est ainsi la principale forme de participation politique des citoyens. Les modalités de la participation politique connaissent toutefois de profondes remises en question (diminution de l'engagement militant, baisse d'influence des partis) auxquelles n'échappe pas la participation électorale.

SOMMAIRE

- Vote et droit de vote
- La participation électorale
- Le vote et ses déterminants

Vote et droit de vote

Le droit de vote est le fondement de la démocratie en permettant aux citoyens d'exprimer leur volonté avec le choix libre de leurs représentants (les parlementaires), de leurs gouvernants (président de la République) et des organes dirigeants les collectivités territoriales. En France, le droit de vote est étroitement lié à la nationalité.

Le droit de vote

Apparu en France en 1791 pour les hommes ayant un certain niveau de revenu (et payant un impôt, le cens, d'où le nom de suffrage censitaire), le **droit de vote** à bulletin secret pour tous les hommes âgés de 21 ans est adopté en 1848 (suffrage universel). Mais c'est seulement en 1944, à la Libération, que les femmes obtiennent le droit de vote. En 1945, les militaires obtiennent ce droit et l'armée cesse d'être la « grande muette ». En 1974, le droit de vote est abaissé à 18 ans et, en 1992, tous les étrangers membres d'un pays de l'Union européenne peuvent voter et se présenter aux élections municipales et européennes du pays dans lequel ils résident (Traité de Maastricht).

Pour voter, il faut en effet être de nationalité française (ou de celle d'un pays de l'Union européenne), être majeur, jouir de ses droits civiques et politiques (absence de condamnation pénale) et être inscrit sur les listes électorales. Les jeunes ayant atteint l'âge de 18 ans entre deux élections sont inscrits automatiquement sur les listes électorales de la commune dans laquelle ils résident s'ils ont bien accompli les formalités de recensement à 16 ans. Un peu avant le scrutin, ils reçoivent leur carte d'électeur mentionnant leur bureau de vote (le plus souvent une école).

En France, le droit de vote est un droit mais non une obligation juridique. Certains pays en ont fait une obligation (Belgique, Suisse) dont le non-respect est sanctionné par une amende. La question est néanmoins souvent débattue. Le vote n'est pas non plus un devoir au sens d'obligation juridique, mais plutôt un devoir moral pour les citoyens, un devoir civique.

Abstention, vote blanc et vote nul

Le corps électoral désigne l'ensemble des personnes qui bénéficient du droit de vote lors d'une élection (un scrutin). Par extension, on désigne le plus souvent par corps électoral l'ensemble des personnes qui ont voté lors d'une élection. Mais toutes les personnes ne sont pas inscrites sur les listes électorales. Afin de lutter contre la non-inscription des jeunes, il a été décidé en 1997 de mettre fin au principe d'une démarche volontaire et de les inscrire d'office sur les listes électorales. Cette inscription est toutefois le degré zéro de la participation politique puisqu'on peut décider de ne pas participer à une élection ou un référendum. Volontairement ou non (on peut aussi être empêché), on pratique alors l'**abstention** et on est abstentionniste.

Le **vote blanc** consiste à déposer dans l'urne une enveloppe vide ou contenant un bulletin dépourvu de tout nom ou de toute indication (pour un référendum). Ce type de vote marque la volonté d'accomplir son devoir électoral tout en refusant le choix proposé par l'élection. Le **vote nul**, en revanche, correspond à des bulletins annotés ou déchirés qui ne peuvent pas être pris en compte dans le résultat de l'élection. Depuis 2013, les bulletins blancs et nuls sont comptabilisés séparément lors du dépouillement, ce qui permet à l'électeur souhaitant s'abstenir de venir néanmoins participer au scrutin et voir son bulletin pris en compte. En revanche, ces bulletins continuent à ne pas être comptabilisés dans le nombre des suffrages exprimés (ensemble des bulletins moins les bulletins blancs et nuls).

La participation électorale

Participation électorale et abstention

Le taux d'inscription sur les listes électorales est assez stable en France, avec un peu moins de 90 % d'électeurs inscrits. Le taux d'inscription correspond ainsi au rapport entre le nombre d'inscrits sur les listes électorales et le nombre d'électeurs potentiels (multiplié par 100). La plus grande part des personnes qui ne sont pas inscrites sur les listes n'ont jamais été inscrites (les deux tiers), le reste provenant des mobilités géographiques (déménagements). En 2018, 88 % des Français sont inscrits pour voter, les trentenaires et les hommes étant le moins souvent inscrits. Le niveau de diplôme est le facteur socio-démographique qui discrimine le plus les pratiques d'inscription sur les listes électorales, notamment chez les plus jeunes. Ainsi, 60 % des jeunes de 25 à 44 ans sans diplôme sont inscrits, mais 90 % pour les diplômés de l'enseignement supérieur. Enfin, les ouvriers, les inactifs et les chômeurs n'ayant jamais travaillé sont les groupes sociaux les moins souvent inscrits.

Les **taux de participation** et d'abstention sont inversés puisque la participation électorale désigne le nombre de personnes qui ont choisi de voter – vote blanc ou nul compris – et de ne pas s'abstenir. Le **taux d'abstention** correspond donc au rapport entre le nombre d'abstentionnistes et le nombre de personnes inscrites sur les listes électorales. Le taux de participation correspond au nombre de votants sur le nombre d'inscrits. Enfin, il ne faut pas confondre la participation et les suffrages exprimés car les résultats d'une élection sont calculés par rapport aux suffrages exprimés, les votes blancs ou nuls n'étant pas comptabilisés.

La progression de l'abstention en France

On assiste à une montée progressive de l'abstention sous la Ve République. Ainsi, le taux d'abstention pour les élections présidentielles passe de 15 % en 1965 à 25,4 % en 2017. Pour les élections législatives, la progression est plus flagrante puisque le taux d'abstention était de 22 % en 1958 (1er tour) mais de 40 % en 2012 (1er tour) et de 57,4 % au second tour des élections de 2017 (50,3 % au 1er tour), ce qui a constitué un record. Pour les élections européennes, le taux est passé de 40 % en 1980 à 60 % en 2009, les élections de 2019 ayant connu un sursaut de participation pour ce type d'élections (48,7 % d'abstention). On constate également une certaine permanence dans les catégories d'abstentionnistes, qui concernent les non-diplômés, les personnes les moins favorisées (chômeurs, personnes à faibles revenus) ou encore les jeunes. Toutefois, il convient de tenir compte désormais des votes blancs et nuls qui ont concerné 4 millions d'électeurs au second tour de l'élection présidentielle de 2017 (pour plus de 47 millions d'électeurs inscrits). L'abstentionnisme, pris globalement comme le refus de voter pour les candidats présentés, touche désormais un plus grand nombre de catégories sociales qui pratiquent un vote intermittent entre les élections et les différents tours de scrutin.

Comment expliquer le déclin de la participation électorale ?

Si l'absence d'inscription sur les listes électorales peut s'expliquer par un manque d'intégration sociale, le déclin de la participation concerne un nombre plus important de catégories sociales qu'auparavant. Voter systématiquement à chaque élection n'est plus la norme et un nombre croissant de citoyens s'interrogent désormais à chaque élection sur le fait de voter ou non (intermittence du vote).

Certes, la participation dépend des enjeux d'un scrutin et l'on vote davantage pour les élections présidentielles que pour les élections départementales. Certains peuvent également ne pas s'intéresser à la vie politique ou encore adopter un comportement strictement rationnel et s'abstenir compte tenu de l'absence d'impact de leur décision sur le résultat final (**paradoxe de l'action collective** de Mancur **Olson**). La disparition des leaders d'opinion que pouvaient représenter certains cadres politiques dans des territoires socialement homogènes peut aussi constituer une explication (exemple des militants communistes dans les banlieues ouvrières). Mais la nature de l'offre électorale proposée est certainement le facteur prédominant de l'abstention et de l'apparition des nouveaux abstentionnistes au fur et à mesure des élections. On peut ainsi refuser de voter pour les candidats présentés par fidélité à un candidat éliminé au premier tour. Mais plus profondément, ces personnes ont le sentiment d'être moins bien représentées. Elles témoignent donc d'une distance croissante à l'égard de la politique, de ses représentants, voire des institutions.

➲ Le vote et ses déterminants

Le vote est avant tout un acte individuel, résultat d'un choix libre et personnel. Cependant, on a observé depuis longtemps qu'il existait des relations constantes entre les comportements des électeurs et certaines caractéristiques de leur environnement social. Les sciences politiques ont alors mis en évidence l'influence de ces caractéristiques sur le vote, expliquant ainsi une certaine stabilité des comportements électoraux. Depuis quelques décennies, cette influence des déterminants sociaux est moins prégnante et d'autres facteurs explicatifs interviennent pour comprendre un comportement électoral qui devient beaucoup plus volatil.

Les déterminants traditionnels du vote

Autrefois, les choses étaient simples : votaient majoritairement à droite les catégories aisées, les agriculteurs et les professions indépendantes ainsi que les personnes âgées, et votaient majoritairement à gauche les ouvriers, les employés, les professions intermédiaires, les fonctionnaires et les jeunes. Ainsi, jusqu'aux années 1980, le comportement électoral des Français était assez stable et plutôt prévisible. La sociologie électorale, en étudiant les déterminants sociaux du vote, montrait que l'âge, le statut professionnel (salarié ou indépendant), la catégorie sociale, le niveau du patrimoine ou encore la pratique religieuse avaient une véritable influence sur le vote. Les enquêtes et les analyses électorales montraient par exemple que les catholiques pratiquants réguliers votaient en plus grand nombre pour les partis et les candidats situés à droite de l'échiquier politique. En revanche, le niveau de revenu, le sexe ou encore le lieu de résidence étaient des variables peu explicatives. Les appartenances sociales jouaient donc un rôle indéniable sur les comportements électoraux à travers plusieurs mécanismes sociaux, qu'il s'agisse de socialisation et de transmission de normes et de valeurs au sein de la famille (on vote comme ses parents) ou de l'influence des groupes professionnels auxquels on appartient (groupes de référence). Dans ces contextes, le rôle des médias ou des campagnes électorales était assez faible.

La fidélité à un certain nombre de valeurs comme le sentiment d'appartenance à une communauté unie autour de ses valeurs constituait un autre déterminant fort du comportement électoral. C'est le mécanisme de l'identification partisane qui a longtemps structuré la vie politique française, qu'il s'agisse du clivage traditionnel entre la droite et la gauche, vieux de deux siècles, ou encore l'opposition, sur une plus courte durée, entre le gaullisme ou le communisme.

Volatilité électorale et nouveaux clivages politiques

Avec la montée de l'abstentionnisme électoral sous toutes ses formes, on assiste à deux autres phénomènes marquant depuis le début des années 1980 :

le développement du **vote par intermittence,** et non plus une participation électorale systématique (on ne vote pas à toutes les élections, ni à tous les tours de scrutin) et la volatilité des électeurs. Celle-ci se caractérise par un changement de positions politiques d'une élection à l'autre, ou encore une décision prise au dernier moment (voire dans l'isoloir). Dès lors, avec cette instabilité des votes, les prévisions et les sondages sont plus incertains tandis que le contexte et les campagnes électorales deviennent plus décisifs dans les choix des électeurs. En outre, cette volatilité ne concerne plus seulement les groupes les moins intéressés par la politique, mais de plus en plus une partie de l'électorat jeune et diplômé. Cette mobilité électorale n'est toutefois pas généralisée et un grand nombre d'électeurs demeurent fidèles à leur famille politique mais ces nouveaux comportements électoraux sont suffisamment importants pour avoir conduit les spécialistes à proposer un nouveau modèle de comportement électoral, avec la notion d'**électeur rationnel**. Celui-ci, tel un consommateur devant une offre de produits électoraux, adopterait un comportement rationnel, en calculant au mieux les coûts et les avantages d'une politique donnée. Les facteurs sociaux et idéologiques du vote, sans pour autant disparaître, verraient leur rôle s'affaiblir.

Les raisons d'une telle évolution correspondent, pour la plupart des analystes politiques, à une crise de la représentation politique liée au brouillage du clivage droite-gauche, avec l'échec successif des uns et des autres à régler les grandes fractures de la société française et la dilution des grandes différences entre les représentants des deux camps, au rejet grandissant du personnel politique ou encore au déclin concomitant des grandes idéologies. La montée des votes de protestation et de sanction comme l'émergence et le développement d'une nouvelle offre politique (extrême-droite, écologie, mouvement En marche !) sont aussi les conséquences d'une telle transformation des attitudes des Français à l'égard de la vie politique.

Pour autant, il est possible de repérer dans ces évolutions de nouveaux clivages qui demanderont à être confirmés mais qui peuvent contribuer à expliquer les votes lors des dernières élections. Un clivage majeur porte sur les attitudes face à la mondialisation, entre ceux qui l'acceptent et ceux qui la rejettent. Un autre clivage, en partie lié au précédent, oppose une vision optimiste et une vision pessimiste de la vie et de l'avenir, qui peut aussi se traduire dans des sentiments de bien-être et de mal-être, comme en témoigne le vote des électeurs du président de la République en 2017 qui se disaient satisfaits de leur situation et confiants dans l'avenir. Un clivage entre les élites et le peuple a pu également être mis en avant par les observateurs. Ce sont ces clivages multiples et entrecroisés qui contribuent à l'incertitude actuelle des comportements électoraux.

Lire aussi » **Engagement politique - Démocratie - Politique**

Annexes

Chronologie

Outils statistiques

Principales lois et effets économiques

Repères statistiques

Lexique anglais-français

Chronologie des principaux faits économiques et sociaux en France

1870 — 1880 — 1890

IIIe RÉPUBLIQUE

Présidents de la République	**Adolphe Thiers** août 1871 mai 1873	**Patrice de Mac-Mahon** mai 1873 janv. 1879	**Jules Grévy** janv. 1879 déc. 1887	**Sadi Carnot** déc. 1887 juin 1894	**Jean Casimir-Perie** juin 1894 janv. 1895
Principaux gouvernements			**Jules Ferry** sept. 1880 - janv. 1882 févr. 1883 - mars 1885	**Charles de Freycinet** mars 1890 févr. 1892	
Principaux ministres des Finances	**Léon Say** déc. 1872 mai 1873	**Léon Say** mai 1875 mai 1877 / déc. 1877 déc. 1879	**Léon Say** janv. 1882 juil. 1882		**Raymond Poincar** mai 1894 - janv. 189

Principaux faits économiques et sociaux

- **1878** — **Plan Freycinet** (grands travaux publics).
- **1881** — Loi sur le tarif général des douanes. Enseignement primaire gratuit.
- **1882** — Enseignement primaire laïc et obligatoire.
- **1884** — **Loi Waldeck-Rousseau** reconnaissant les syndicats.
- **1887** — Création de la 1re bourse du travail. Loi augmentant les tarifs douaniers (céréales).
- **1889** — 1er mai, fête du Travail.
- **1890** — Création du Comité des forges.
- **1892** — Nouveaux droits de douane pour les produits agricoles (**tarifs Méline**).
- **1895** — Constitution de la CGT.

1900		1910	1920
Félix Faure janv. 1895 févr. 1899	**Émile Loubet** févr. 1899 févr. 1906	**Armand Fallières** févr. 1906 fév. 1913	**Raymond Poincaré** févr. 1913 févr. 1920
Jules Méline avril 1896 juin 1898	**Pierre Waldeck-Rousseau** juin 1899 juin 1902 **Émile Combes** juin 1902 janv. 1905	**Georges Clemenceau** oct. 1906 - juil. 1909 **Aristide Briand** juil. 1909 - mars 1911 **Raymond Poincaré** janv. 1912 - janv. 1913	**René Viviani** juin 1914 oct. 1915 **Georges Clemenceau** nov. 1917 janv. 1920 **Aristide Briand** oct. 1915 mars 1917
		Raymond Poincaré mars 1906 - oct. 1906	**Joseph Caillaux** déc. 1913 - mars 1914

1898
Loi sur l'indemnisation des accidents du travail.

1901
Loi instaurant la liberté d'association.

1906
Charte d'Amiens (indépendance des syndicats par rapport aux partis politiques).
Loi sur le repos hebdomadaire obligatoire.

1910
Loi sur les retraites ouvrières et paysannes.

1914
Création de l'impôt progressif sur le revenu.

1919
avr. Journée de 8 heures.
nov. Constitution de la CFTC.

Chronologie des principaux faits économiques et sociaux en France

1920 — **1930**

IIIe RÉPUBLIQUE

Présidents de la République

- **Paul Deschanel** févr. 1920 sept. 1920
- **Alexandre Millerand** sept. 1920 juin 1924
- **Gaston Doumergue** juin 1924 juin 1931

Principaux gouvernements

- **Alexandre Millerand** janv. 1920 sept. 1920
- **Aristide Briand** janv. 1921 janv. 1922
- **Raymond Poincaré** janv. 1922 juin 1924
- **Édouard Herriot** juin 1924 - avril 1925
- **Aristide Briand** nov. 1925 - juil. 1926
- **Raymond Poincaré** juil. 1926 - juil. 1929
- **André Tardieu** oct. 1929 - déc. 1930

Principaux ministres des Finances

- **Raymond Poincaré** juil. 1926 - juil. 1929

Principaux faits économiques et sociaux

1925
Crise du franc.

1928
Loi rendant obligatoires les assurances sociales.
Stabilisation du franc.
Création du **franc Poincaré.**

1929
Début de la crise mondiale.

1940 | 1946

Paul Doumer
juin 1931
mai 1932

Albert Lebrun
mai 1932
juil. 1940

Pierre Laval
déc. 1930
févr. 1932

Édouard Herriot
févr. 1932 - déc. 1932

Pierre Laval
mai 1935 - janv. 1936

Léon Blum
juin 1936 - juin 1937

Édouard Daladier
avr. 1938 - mars 1940

Philippe Pétain
juil. 1940
août 1944

Charles de Gaulle
août 1944
janv. 1946

Vincent Auriol
juin 1936 - juin 1937

René Pleven
nov. 1944 - janv. 1946

1932

Crise économique en France.

Loi sur les allocations familiales.

1935

Déflation instaurée par les **décrets-lois Laval.**

1936

Accords Matignon.

Lois sur les conventions collectives, les congés payés, la semaine de 40 heures.

1936

Dévaluation du franc.

1937

Nationalisation de l'industrie aéronautique.

Création de la SNCF.

1939

Code de la famille.

1940

Dissolution des organisations syndicales ouvrières et patronales.

Création des comités d'organisation (corporatisme).

1944

Début d'application du programme du Conseil national de la Résistance (CNR).

Droit de vote des femmes.

1945

Création de la Sécurité sociale.

Instauration des Comités d'entreprise.

1945-1946

Nationalisations (Renault, Banque de France, EDF, etc.).

Chronologie des principaux faits économiques et sociaux en France

	1947 … 1950 …
	IVe RÉPUBLIQUE
Présidents de la République	**Vincent Auriol** janv. 1947 - déc. 1953
Principaux gouvernements	**Paul Ramadier** janv. 1947 - nov. 1947 ; **Antoine Pinay** mars 1952 - déc. 1952
Principaux ministres des Finances	**Antoine Pinay** mars 1952 - déc. 1952
Principaux faits économiques et sociaux	**1947** Création du 1er Plan **(Plan Monnet).** **Plan Marshall.** Scission de la CGT et création de FO.
	1948 Dévaluation du franc.
	1949 Fin du rationnement.
	1950 Création du Salaire minimum interprofessionnel garanti (SMIG).
	1951 **Traité de Paris** créant la CECA.
	1952 Programme de lutte contre l'inflation.

1955		1959

René Coty
déc. 1953 - janv. 1959

Pierre Mendès France
juin 1954 - févr. 1955

Guy Mollet
janv. 1956 - juin 1957

Charles de Gaulle
juin 1958 - janv. 1959

Edgar Faure
juin 1953 - janv. 1955

Antoine Pinay
juin 1958 - janv. 1960

1954
Création de la TVA.
2e Plan.

1956
Troisième semaine de congés payés.

1957
Dévaluation de 20 % du franc.
Signature du **traité de Rome** instituant la CEE.

1958
Création de l'assurance chômage.
Dévaluation du franc.

Chronologie des principaux faits économiques et sociaux en France

1959 — **1969**

Vᵉ RÉPUBLIQUE

Présidents de la République	**Charles de Gaulle** janv. 1959 - avr. 1969
Principaux gouvernements	**Michel Debré** janv. 1959 - avril 1962 **Georges Pompidou** avril 1962 - juil. 1968 **Maurice Couve de Murville** juil. 1968 - juin 1969
Principaux ministres des Finances	**Valéry Giscard d'Estaing** janv. 1962 - janv. 1966 **Michel Debré** janv. 1966 - mai 1968
Principaux faits économiques et sociaux	**1960** 1ᵉʳ janv. Création du nouveau franc. **1962** Retour de 700 000 Français d'Algérie. **1963** **Plan Giscard** de stabilisation. **1964** Scission de la CFTC et création de la CFDT. **1968** mai Mouvement étudiant et conflits sociaux. **1968** **Accords de Grenelle.** Instauration de l'Union douanière dans la CEE.

1974	1981
Georges Pompidou juin 1969 - avr. 1974	**Valéry Giscard d'Estaing** mai 1974 - mai 1981
Jacques Chaban-Delmas juin 1969 - juil. 1972 ; **Pierre Messmer** juil. 1972 - mai 1974	**Jacques Chirac** mai 1974 - août 1976 ; **Raymond Barre** août 1976 mai 1981
Valéry Giscard d'Estaing juin 1969 - mai 1974	**Raymond Barre** août 1976 – avr. 1978 ; **René Monory** avr.1978 - mai 1981

1969
Dévaluation du franc.

1970
Remplacement du SMIG par le Salaire minimum interprofessionnel de croissance (SMIC).

1971
Loi sur la formation professionnelle continue.

1973
Premier choc pétrolier.

1976
Plan Barre de lutte contre l'inflation.
Blocage des prix.

1979
Deuxième choc pétrolier.
Création du Système monétaire européen (SME).

Chronologie des principaux faits économiques et sociaux en France

	1981	1984
	Vᵉ RÉPUBLIQUE	
Présidents de la République	**François Mitterrand** mai 1981 - mai 1995	
Principaux gouvernements	**Pierre Mauroy** mai 1981 juil. 1984	**Laurent Fabius** juil. 1984 mars 1986
Principaux ministres des Finances	**Jacques Delors** mai 1981 - juil. 1984	**Pierre Bérégovoy** juil. 1984 - mars 1986

Principaux faits économiques et sociaux

1981
Relance économique. Dévaluation. Nationalisations.

1982
Semaine de 39 heures.
Cinquième semaine de congés payés.
Lois Auroux.

1982
mars Loi Defferre sur la décentralisation.

1982
juin Début de la politique de rigueur (dévaluation et blocage des prix et des salaires).

1983
Accentuation de la politique de rigueur. Dévaluation. Début de la désinflation.

1985
Contre-choc pétrolier (baisse des prix).

1986
Dévaluation.
Politique de privatisation et de déréglementation.
Signature de l'Acte unique européen.

1995

François Mitterrand
mai 1981 - mai 1995

Jacques Chirac
mars 1986
mai 1988

Michel Rocard
mai 1988
mai 1991

Édith Cresson
mai 1991
avril 1992

Pierre Bérégovoy
avril 1992
mars 1993

Édouard Balladur
mars 1993 - mai 1995

Édouard Balladur
mars 1986 - mai 1988

Pierre Bérégovoy
mai 1988 – avr. 1992

Michel Sapin
avr. 1992 - mars 1993

Edmond Alphandéry
mars 1993 - mai 1995

1987
Krach boursier d'octobre.

1988
Création du RMI.

1991
déc. **Conseil européen de Maastricht.**

1992
févr. Signature du traité sur l'UE.
sept. Référendum ratifiant le **traité de Maastricht.**

1993
janv. Entrée en vigueur du grand marché unique.

1994
janv. Indépendance de la Banque de France.

Chronologie des principaux faits économiques et sociaux en France

	1995	2000
	Ve RÉPUBLIQUE	
Présidents de la République	**Jacques Chirac** mai 1995 - mai 2007	
Principaux gouvernements	**Alain Juppé** mai 1995 - juin 1997	**Lionel Jospin** juin 1997 - mai 2002
Principaux ministres des Finances	**Alain Madelin** mai 1995 - août 1995 **Jean Arthuis** août 1995 - juin 1997	**Dominique Strauss-Kahn** juin 1997 - nov. 1999 **Christian Sautter** nov. 1999 - mars 2000 **Laurent Fabius** mars 2000 - mai 2002

Principaux faits économiques et sociaux

1995
janv. Élargissement à 15 de l'UE.

1995
déc. **Réforme Juppé** de la Sécurité sociale.

1996
mai Annonce de la suppression du service national obligatoire.

1997
juin **Sommet d'Amsterdam.**
Adoption du Pacte de stabilité et de croissance.
Traité d'Amsterdam.

1998
mai Conseil européen de Bruxelles qualifiant 11 pays pour le passage à l'euro.
mai Loi sur la réduction du temps de travail à 35 heures.

1999
janv. Passage à l'euro qui devient la monnaie nationale pour onze pays, dont la France.
juill. Adoption de la CMU.
oct. Adoption du PACS.

2007

Jacques Chirac
mai 1995 - mai 2007

Jean-Pierre Raffarin
mai 2002 - mai 2005

Dominique de Villepin
juin 2005 - mai 2007

Francis Mer
mai 2002 - mars 2004

Nicolas Sarkozy
mars 2004 – nov. 2004

Hervé Gaymard
nov. 2004 – févr. 2005

Thierry Breton
févr. 2005 - mai 2007

2000

juin Loi sur la parité pour l'accès aux responsabilités politiques.

sept. Adoption du quinquennat.

déc. Sommet de Nice. Traité de Nice.

2002

1er janv. Pièces et billets en euros.

17 févr. Suppression des francs.

2003

mars Révision constitutionnelle sur l'organisation décentralisée de la République.

2004

mars Loi interdisant les signes religieux à l'école.

août Loi relative aux libertés et aux responsabilités locales (transferts de compétences).

2005

janv. Réformes du droit de la famille (divorce, nom de famille).

mars Intégration de la charte de l'environnement dans la Constitution.

mai Victoire du « non » au référendum sur le traité constitutionnel européen.

2007

janv. Entrée de la Bulgarie et de la Roumanie dans l'UE.

Slovénie dans la zone euro.

déc. Signature du **traité de Lisbonne** par les 27 pays européens. L'espace Schengen passe de 15 à 24 pays européens.

Chronologie des principaux faits économiques et sociaux en France

2007

Ve RÉPUBLIQUE

Présidents de la République	**Nicolas Sarkozy** mai 2007 - mai 2012	**François Hollande** mai 2012 - mai 2017
Principaux gouvernements	**François Fillon** mai 2007 - mai 2012	**Jean-Marc Ayrault** mai 2012 - avril 2014
Principaux ministres des Finances	**Christine Lagarde** mai 2007 - juin 2011; **François Baroin** juin 2011 - mai 2012	**Pierre Moscovici** mai 2012 - avr. 2014

Principaux faits économiques et sociaux

2008

janv. Adoption de l'euro par Chypre et Malte.

juin Loi de modernisation du marché du travail (création d'une procédure amiable de rupture du contrat de travail, la « rupture conventionnelle »).

juil. Révision constitutionnelle (mandats présidentiels consécutifs limités à 2, saisine par les citoyens du Conseil constitutionnel, création d'un Défenseur des droits des citoyens).

sept. Déclenchement de la crise économique (faillite de la banque Lehman-Brothers).

déc. Création de Pôle emploi (fusion de l'ANPE et des ASSEDIC).

2009

janv. La Slovaquie, 16e pays de la zone euro.

juin Remplacement du RMI par le RSA.

déc. Entrée en vigueur du **traité de Lisbonne.**

2011

janv. Entrée de l'Estonie dans la zone euro.

2012

juin Pacte européen pour la croissance.

oct. La France ratifie le traité budgétaire européen.

nov. Création des Emplois d'avenir.

2013

janv. Entrée en vigueur du traité budgétaire européen (TSCG), traité sur la stabilité, la coordination et la gouvernance.

mai Loi sur le mariage pour tous.

juil. Adhésion de la Croatie à l'UE (28e État).

2014

janv. Entrée de la Lettonie dans la zone euro.

Pacte de responsabilité avec les entreprises.

mai Élections au Parlement européen.

août Nouveau gouvernement Valls (départ d'Arnaud Montebourg).

nov. Nouvelle Commission européenne présidée par J.-C. Juncker.

2014 — 2019

Emmanuel Macron
mai 2017

Manuel Valls
avr. 2014 - déc. 2016

Bernard Cazeneuve
déc. 2016 - mai 2017

Michel Sapin
avr. 2014 - mai 2017

Bruno Le Maire
mai 2017

2015

janv. Entrée de la Lituanie dans la zone euro.

Lancement par la BCE d'un plan d'achat de dettes publiques.

août Loi sur l'organisation territoriale de la République.

nov. Décret déclarant l'état d'urgence en réponse aux attentats du 13 nov.

déc. Adoption de l'Accord de Paris sur le climat par 195 pays (COP 21).

2016

janv. Création des 18 régions (27 auparavant).

juin Référendum britannique et vote pour la sortie de l'UE (**Brexit**).

août Adoption de la loi travail (**loi El Khomry**).

2017

sept. Réforme du Code du travail par ordonnances.

déc. Remplacement de l'ISF par l'impôt sur la fortune immobilière (IFI).

2018

déc. Début du mouvement des Gilets jaunes.

2019

janv. Mise en œuvre du prélèvement à la source pour l'impôt sur le revenu.

déc. Début du mouvement de protestation contre la réforme des retraites.

Outils statistiques

Accroissement

Les pourcentages de variation

La mesure de l'évolution d'une grandeur

Soit la population d'un pays passant de 10 millions d'habitants l'année t_1 à 15 millions l'année t_2. Une première façon de mesurer cette variation consiste à faire la différence entre ces deux nombres. Cette différence, ou écart, mesure la **variation absolue** de la population (5 millions d'habitants supplémentaires).

> écart = valeur d'arrivée – valeur de départ

L'information que donne cette variation absolue est très insuffisante car on ne sait rien de l'importance de la variation par rapport à la valeur de départ. Il est en outre impossible de faire des comparaisons. Pour comprendre les évolutions d'un phénomène, il faut donc tenir compte des **variations relatives** à la situation de départ.

Pourcentage d'évolution et taux de variation

Les **pourcentages** servent à exprimer des proportions, mais on les utilise aussi pour représenter des variations dans le temps (exemples : les prix ont augmenté de 3 % par rapport à l'année antérieure). Les pourcentages expriment une variation relative puisque l'on compare une valeur d'arrivée (15 millions d'habitants l'année t_2) à sa valeur de départ (10 millions l'année antérieure t_1).

Les variations relatives peuvent s'exprimer sous la forme de taux de variation. Si *Vd* est la valeur de la grandeur de départ et *Va* la valeur de la grandeur d'arrivée, le **taux de variation** se calcule ainsi :

$$\text{taux de variation} = \frac{Va - Vd}{Vd} \times 100$$

Exemple : le taux de variation de la population est de 50 %. En effet,

$$\text{taux de variation} = \frac{15 - 10}{10} \times 100 = 50\ \%$$

Comme la population a augmenté, le taux de variation est un taux de croissance. La définition du taux de variation appelle quatre remarques :

1) Un taux de variation s'exprime en pourcentage.
La variation relative est, au sens strict :

$$\frac{Va - Vd}{Vd}$$

mais on multiplie le résultat par 100 pour obtenir un pourcentage. Cela s'explique par des raisons de commodité puisqu'il est plus parlant de dire 50 % que 0,5.

2) Un taux de variation peut aussi bien être un **taux d'accroissement** ou **taux de croissance** (s'il traduit une hausse de la grandeur) qu'un **taux de décroissance** (taux de diminution ou taux de croissance négatif). Dans ce dernier cas, il s'agit d'une diminution relative de la grandeur considérée.

3) La variation relative s'obtient en divisant la variation absolue (*Va* – *Vd*) par la valeur de départ.

4) Il ne faut pas confondre variation relative (évolution dans le temps d'une grandeur) et valeur relative (la proportion que représente une partie dans un ensemble plus large).

Les expressions des variations relatives

Pourcentages de variation, coefficients multiplicateurs et indices mesurent les variations dans le temps.

Pourcentage et cœfficient multiplicateur

Reprenons l'exemple de la population. Par combien a été multipliée la population de l'année t_1 pour obtenir la nouvelle population en t_2 ?
Appelons *m* ce coefficient multiplicateur.

On a : $10 \times m = 15$, d'où $m = \frac{15}{10} = 1{,}5$

Ainsi, une augmentation de 50 % correspond à une multiplication de la grandeur par 1,5.
Le **coefficient multiplicateur** est donc ainsi défini :

$$m = \frac{Va}{Vd}$$

On utilise le coefficient multiplicateur lorsque les variations relatives sont très importantes. Dans le cas contraire, on préfère employer les pourcentages de variation. Par exemple, il est préférable de parler d'une multiplication par 9 plutôt que d'une augmentation de 800 %.
Pourcentage et coefficient multiplicateur sont reliés par la relation suivante :

$$m = \frac{\text{taux de variation}}{100} + 1$$

En effet, $\text{taux de variation} = \frac{(Va - Vd)}{Vd} \times 100$

Cette relation permet de présenter les équivalences importantes (et souvent sources d'erreurs) entre ces deux outils.
Une augmentation de 100 % correspond à une multiplication par 2.
Une augmentation de 200 % correspond à une multiplication par 3.
Une augmentation de 5 % correspond à une multiplication par 1,05.
Une multiplication par 10 correspond à une hausse de 900 %.
Une multiplication par 1,2 correspond à une hausse de 20 %.

Les équivalences jouent aussi lorsque les taux de variation sont négatifs. Mais il faut faire attention car les coefficients multiplicateurs restent, eux, positifs (ce qui est commode).
Exemple : À quel coefficient multiplicateur correspond une baisse de 20 % ?

on a $m = \frac{-20}{100} + 1 = 0{,}8$

soit un coefficient de 0,8.

Pourcentages et indices

L'évolution relative de la population peut aussi s'exprimer sous forme d'indices. On prend comme valeur de référence la population de l'année t_1 (base 100 en t_1). L'indice de la population pour l'année t_2 est :

$$\frac{15}{10} \times 100 = 150.$$

Ainsi, à une augmentation de 50 % correspond l'indice 150 (base 100 l'année de départ).

L'**indice de variation** s'exprime ainsi :

$$I_{a/d} = \frac{Va}{Vd} \times 100 \text{ (base 100 année de départ)}$$

L'indice correspond donc au coefficient multiplicateur multiplié par 100. Si la variation est négative, l'indice devient inférieur à 100.
On peut donc, en définitive, récapituler les relations entre le taux de variation *(t)*, le coefficient multiplicateur *(m)* et l'indice de variation $(I_{a/d})$:

$$t = I_{a/d} - 100 \quad \text{ou} \quad I_{a/d} = t + 100$$

$$t = (m - 1) \times 100 \quad \text{ou} \quad m = \frac{t}{100} + 1$$

$$I_{a/d} = m \times 100 \quad \text{ou} \quad m = \frac{I_{a/d}}{100}$$

Le taux de croissance annuel moyen

Prenons l'exemple de la production industrielle d'un pays qui, en quatre années successives, connaît les variations suivantes : + 3 %, – 1 %, + 5 %, + 8 %. Comment caractériser l'évolution relative de cette production pour la période entière des quatre années ?
Il s'agit de faire une moyenne, de la même façon que l'on calcule une vitesse moyenne en automobile sur un trajet où la vitesse se modifie sans cesse. On cherche un taux de croissance *r*, s'appliquant chaque année à la production industrielle.
Le calcul du **taux de croissance annuel** moyen entre deux dates utilise les résultats du calcul des intérêts composés (taux d'intérêt constant pendant une certaine période). Pour ce calcul, il faut connaître le taux de croissance global pour la période *(R)* et le nombre d'années de la période considérée *(n)*.
La formule du taux de croissance annuel moyen permet de calculer les temps (durée en années) ou les taux permettant à une grandeur quelconque de voir sa valeur absolue doubler.
Une grandeur qui croît de 1 % par an double en près de 70 ans ; elle double en 35 ans si le taux moyen passe à 2 % et en 14 ans s'il passe à 5 %. Une grandeur qui croît de 10 % par an double en 7 ans. Le temps de doublement (en années) d'une grandeur correspond approximativement à la division de 70 par le taux de croissance annuel moyen (« règle des 70 »).

Exemple : À quel taux d'intérêt un capital placé pendant 10 ans double-t-il ?

$$\text{Temps} = \frac{70}{\text{taux}}, \text{ donc taux} = \frac{70}{\text{temps}} = \frac{70}{10}$$

Taux = 7 %.

Opérations

1. Le taux de croissance annuel moyen *r* est tel que : $\underbrace{(1+r)(1+r)\ldots(1+r)}_{n \text{ fois}} = 1 + R$

d'où $(1+r)^n = 1 + R$

et $1 + r = \sqrt[n]{1+R}$ d'où $r = \sqrt[n]{1+R} - 1$

2. Pour la production industrielle, le taux de croissance global est de 15,60 % pour les quatre années.
En effet : $1{,}03 \times 0{,}99 \times 1{,}05 \times 1{,}08 = 1{,}156$
d'où $r = \sqrt[4]{1{,}156 - 1} = 1{,}0369 - 1 = 0{,}0369$ soit 3,7 %

Les pièges des calculs des taux de variation

Les hausses et les baisses en pourcentages ne sont pas symétriques

En passant de 10 à 15 millions, la population a augmenté de 50 %. Comment évoluerait cette population si elle diminuait de 50 % à la période suivante ?
50 % de 15 millions représentent 7,5 millions de personnes. La population passerait alors de 15 à 7,5 millions (15 – 7,5). L'erreur serait de penser qu'elle reviendrait à 10 millions.
Une baisse de 50 % fait plus qu'annuler une hausse précédente de 50 %. Ceci s'explique par des situations de départ différentes (15 dans un cas, 10 dans l'autre). Les pourcentages ne peuvent donc pas être comparés à la hausse et à la baisse.
Dans l'exemple, il aurait fallu une baisse de 33,3 % (du tiers) pour revenir au niveau antérieur de population.
Ainsi, une augmentation de 50 % correspond à une baisse de 33,3 %, une augmentation de 25 % (du quart) correspond à une baisse de 20 % (le cinquième), une augmentation de 100 % (doublement) correspond à une baisse de 50 % (moitié).

Plus généralement, à une hausse de t % correspond une baisse égale, en pourcentage, à :

$$\frac{t}{100+t} \times 100$$

Points et pourcentages ne doivent pas être confondus

On rencontre souvent dans la presse la notion de « points » associée à un taux de variation (ou un taux d'intérêt). Par exemple, un taux d'intérêt est augmenté de 2 points. Si le taux est de 8 %, cela signifie que le nouveau taux est de 10 % (8 augmenté de 2 points).
Mais le taux lui-même n'a pas été augmenté de 2 %, auquel cas il passerait de 8 % à 9,6 % (8 + 1,6).

Les taux de croissance ne s'ajoutent pas

Une hausse de 20 % suivie d'une hausse de 30 % n'est pas équivalente à une hausse globale de 50 %. La hausse est supérieure, car la seconde augmentation porte sur une grandeur qui a déjà subi un accroissement.
Prenons la valeur de départ 100. La première hausse fait passer de 100 à 120. La seconde se calcule ainsi : 120 × 0,3 = 36. On passe alors de 120 à 156. La hausse globale est de 56 %.
C'est une erreur d'additionner des pourcentages de variations qui s'appliquent successivement à une même grandeur.
Pour calculer un **taux de croissance global** issu de plusieurs taux de croissance, il faut passer par les coefficients multiplicateurs.
On a bien : 1,2 × 1,3 = 1,56.
D'une façon générale, le taux de variation t qui est le résultat d'un cumul de variations successives (t^1, t^2,… t^n) est donné par la formule :

$$(1+t) = (1+t^1)\,(1+t^2)\ \ldots\ (1+t^n)$$

Cette formule (au facteur 100 près) permet aussi de tenir compte des diminutions (taux de décroissance) avec des coefficients multiplicateurs inférieurs à 1.
Exemple : Les ventes d'un magasin augmentent de 10 % la première année, puis baissent de 20 % la seconde et s'accroissent, la dernière année, de 30 %. Le taux de variation globale est de 14,4 %.
En effet : (1,10) (0,80) (1,30) = 1,144.
Parfois, au lieu du cumul de pourcentages (variations successives), on rencontre des défalcations. L'exemple le plus courant concerne le pouvoir d'achat : quel est le taux de variation du pouvoir d'achat sachant que le revenu augmente de x % tandis que les prix s'accroissent simultanément de y ?
Dans ces cas, il convient de pratiquer une division et non une soustraction.

La formule générale est la suivante :

$$1+t=\frac{1+x}{1+y}$$

Exemple : Si les prix augmentent de 20 % et les revenus de 30 %, le pouvoir d'achat s'accroît de 8,3 % (et non de 10 %).

En effet : $1 + 0{,}83 = \dfrac{1+0{,}3}{1+0{,}2}$

Ces règles rencontrent toutefois quelques aménagements. Ainsi, lorsqu'il s'agit de petits pourcentages, on pratique un abus de langage en considérant que l'on peut additionner (cas des cumuls de pourcentages) et soustraire (cas des défalcations).
Exemples : Une hausse de 1 % suivie d'une hausse de 2 % donne une hausse de 3 % (3,02 % en toute rigueur).
Les taux d'intérêts réels sont de 6 % lorsque l'inflation est de 3 % et les taux nominaux de 9 % (5,82 % et non 6 % en toute rigueur).

Élasticité

Élasticité-revenu et élasticité-prix

Lorsque les revenus d'un ménage augmentent, sa consommation d'un bien peut aussi augmenter. Mais dans quelle proportion ? L'élasticité est un outil qui permet justement de mesurer l'effet de l'augmentation des revenus sur la demande du bien en question.

On calcule cette élasticité en divisant le taux de variation de la consommation par le taux de variation des revenus. Les deux taux sont exprimés en pourcentage et le résultat n'a pas d'unité.

Par exemple, si la demande de viande augmente de 5 % lorsque le revenu du ménage augmente de 10 %, on a :

$$\text{Élasticité-revenu} = \frac{5\ \%}{10\ \%} = 0{,}5$$

Plus généralement, lorsque deux grandeurs mesurables sont dans une relation de cause à effet, on peut mesurer l'élasticité des variations de l'une par rapport aux variations de l'autre.

De même que pour les revenus, on peut mesurer l'élasticité – ou la sensibilité – de la demande par rapport aux variations des prix. L'élasticité-prix mesure la sensibilité de la demande d'un produit à la variation du prix de celui-ci.

L'élasticité-revenu et **l'élasticité-prix** sont les élasticités les plus utilisées.

$$\text{On a Er} = \frac{\text{Variation de la consommation (en \%)}}{\text{Variation du revenu (en \%)}}$$

Et :

$$\text{Ep} = \frac{\text{Variation de la consommation (en \%)}}{\text{Variation des prix (en \%)}}$$

Comment interpréter une élasticité ?

Une élasticité peut être négative. Ainsi, si la demande de pain diminue de 5 % lorsque le revenu augmente de 10 %, on a :

$$\text{Er} = \frac{-5\ \%}{+10\ \%} = -0{,}5$$

Un signe positif de l'élasticité-revenu d'un bien signifie qu'une augmentation du revenu induit une augmentation de la demande pour ce bien ; une élasticité négative signifie que la demande diminue avec une hausse du revenu.

Une élasticité supérieure à 1 signifie que la demande augmente plus que proportionnellement à l'augmentation du revenu ; c'est le cas des biens dits « supérieurs », dont la demande est très sensible à la hausse des revenus.

L'élasticité-prix est en général de signe négatif puisque, le plus souvent, la consommation d'un bien diminue lorsque son prix augmente. L'effet Giffen donne une explication du cas inverse (voir « Les principales lois et effets économiques », p. 601).

On dira qu'une demande est élastique (ou sensible) au prix, si l'élasticité-prix est élevée, c'est-à-dire si une petite variation du prix entraîne une importante variation de la consommation. À l'inverse, une demande est inélastique (ou rigide) si de fortes variations du prix d'un bien ont peu de conséquences sur sa demande.

Indices

Les indices élémentaires

À quoi servent les indices ?

On cherche à comparer la population de la France métropolitaine en 1982 et la population au dernier recensement de 2000.

1982 : 54,335 millions d'habitants
2000 : 58,747 millions d'habitants

Ces chiffres absolus sont lourds à manipuler et l'on peut, grâce aux indices, obtenir des chiffres plus faciles à analyser.

Pour présenter l'évolution de la population, on peut considérer que la population de 1982 est équivalente au chiffre 100. Il s'agit là d'une convention.

Dès lors, si 54,335 équivaut à 100, la population de la France en 2000, soit 58,747, équivaut à 108,1. On calcule ce nombre avec la méthode des tableaux de proportionnalité (ou « règle de trois » ou encore « produit en croix ») :

54,335	100
58,747	nombre à trouver

d'où l'indice de 2000

$$= \frac{58{,}747}{54{,}335} \times 100 = 108{,}1.$$

100 et 108,1 sont des indices décrivant la population de la France à deux dates différentes. Le chiffre 100 représente la « base de référence », c'est-à-dire qu'il correspond au chiffre absolu choisi comme point de départ. Il aurait d'ailleurs été possible de choisir une autre base de référence (par exemple, la population au recensement de 1975).

Le résultat s'exprime ainsi : l'indice de la population de la France est de 108,1 en 2000 (base 100 en 1982).

L'indice permet de comparer la population de la France à deux dates différentes. L'indice permet en outre de connaître le taux de variation de cette population : elle a augmenté de 8,1 % entre 1982 et 2000.

Définition

Un **indice** est un rapport entre deux valeurs d'une même grandeur dans deux situations différentes.

Si on note $I_{1/0}$, l'indice représentatif d'une grandeur g dans la situation 1 par rapport à la situation 0, on a :

$$I_{1/0} = \frac{g1}{g0} \times 100 \text{ (base 100 dans la situation 0)}$$

Au dénominateur de cet indice élémentaire, on place la grandeur de référence correspondant à la base de référence.

Le résultat du rapport est multiplié par 100 pour éviter d'obtenir des indices ayant trop de nombres après la virgule. Un indice n'a pas d'unité.

Les propriétés des indices

Un indice est une valeur relative permettant de présenter plus simplement des relations entre des valeurs absolues.

L'usage des indices ne se limite pas aux comparaisons dans le temps (entre une date de base ou de référence et une date courante, qui lui est postérieure).

Les indices permettent aussi les comparaisons géographiques, dans l'espace. Par exemple, on peut mettre sous forme d'indices les populations des douze pays européens à une certaine date. La base de référence ne peut donc être une date. On choisit alors arbitrairement une base de référence qui peut être un des douze pays (sa population sera alors associée à l'indice ou base 100).

Un indice élémentaire est par ailleurs réversible. Si, à une certaine date, la production allemande de charbon est à l'indice 160 (base 100 pour la production française), on peut aussi dire que la production française est à l'indice 62,5 (base 100 pour la production allemande). En effet,

$$I_{1/0} = \frac{g1}{g0} \times 100 = \frac{1}{g0/g1} \times 100 = \frac{100}{I_{0/1}} \times 100$$

Un indice peut être inférieur à 100, lorsque la grandeur de référence est plus élevée que la grandeur considérée.
Une autre propriété des indices élémentaires s'exprime sous la forme suivante : l'indice d'un produit est égal au produit des indices.
Cette propriété peut s'appliquer à l'égalité suivante :
valeur = prix × quantité.
On a alors (au facteur 100 près) :
indice de valeur = indice de prix × indice de quantité.
Par exemple, une baisse de prix de 10 % associée à une augmentation des quantités vendues de 20 % se traduit par l'évolution suivante de la valeur des ventes :

$$\text{indice de valeur} = \frac{90 \times 120}{100} = 108$$

Le chiffre d'affaires a augmenté de 8 %.

Les indices synthétiques

À quoi servent les indices synthétiques ?

Un exemple d'indice synthétique est fourni par l'indice des prix.
L'indice est un bon outil statistique car il permet de présenter de façon simple l'évolution des prix. Si l'indice des prix est 105 par rapport à la base 100 l'année précédente, on peut dire que les prix se sont accrus de 5 % en un an.
On utilise les indices synthétiques et non les indices élémentaires car le calcul de l'indice des prix repose sur l'évolution des prix d'une multitude de biens et de services consommés.
Prenons l'exemple d'une économie où les consommations ne portent que sur trois biens, le pain, la viande et les oranges.
En douze mois, le prix du pain (le kilogramme) augmente de 10 %, le prix de la viande (le kilogramme) s'accroît de 30 % et le prix du kilogramme d'oranges augmente de 20 %. On cherche l'indice des prix à l'issue de la période (indice 100 au début de la période).
Il serait incorrect de faire une moyenne entre les trois indices (110, 130 et 120) car la consommation de viande et d'oranges peut être très faible dans cette économie, si bien que la hausse des prix serait plus proche de 110 que de 120 ou 130.
Dans le calcul de l'indice des prix, il faut alors tenir compte du poids relatif de chaque produit dans la consommation totale. On a les coefficients budgétaires suivants :

pain → 70 %
viande → 20 %
oranges → 10 %

L'indice des prix correspond à la moyenne pondérée des indices élémentaires de prix :

$$\frac{110 \times 0{,}7 + 130 \times 0{,}2 + 120 \times 0{,}1}{1} =$$

77 + 26 + 12 = 115
L'indice des prix est donc passé de 100 à 115 en un an. Les prix ont augmenté de 15 %.

Définitions

Les **indices synthétiques** sont des indices relatifs à des ensembles de grandeurs (quantités, prix, etc.).
Ils possèdent les mêmes propriétés que les indices élémentaires.
L'indice des prix est un exemple d'indice synthétique. L'indice des prix est ainsi une moyenne pondérée des indices élémentaires de prix, la pondération étant les coefficients budgétaires.

Moyennes

La moyenne arithmétique

Définition

La moyenne arithmétique est la plus connue des moyennes. Une moyenne trimestrielle établie à partir des notes de devoirs de même importance consiste à ajouter les valeurs observées (les notes) puis à diviser le résultat par le nombre d'observations.

La **moyenne arithmétique**, notée $\bar{x}$ (on dit « x barre »), s'obtient en faisant la somme des variables observées et en divisant le résultat par le nombre d'observations :

$$\bar{x} = \frac{x1 + x2 + \ldots + xn}{n}$$

$x1, x2, \ldots, xn$ étant les n variables observées.

La moyenne, qui s'exprime dans la même unité que les variables observées, est qualifiée de **moyenne arithmétique simple** lorsque chaque variable observée a le même « poids », la même importance dans le calcul.

La moyenne permet de résumer des informations nombreuses pour une même grandeur. On peut ainsi calculer le nombre « moyen » d'enfants par famille, ou le nombre « moyen » de personnes par ménage. Bien entendu, le résultat n'est pas nécessairement un nombre entier, ce qui ne correspond à aucune situation réelle.

La moyenne permet aussi de comparer des situations. Ainsi, le calcul des salaires moyens de différentes catégories de salariés (ouvriers, employés, cadres supérieurs) à une certaine date permet d'établir des comparaisons. On peut aussi retracer l'évolution dans le temps du salaire moyen d'une catégorie particulière.

Les pièges et les limites des moyennes

Le calcul de la moyenne n'est d'abord possible que si les valeurs s'expriment dans la même unité. Les grandeurs observées doivent donc être homogènes.

Par exemple, le calcul de la production moyenne, durant une année, d'une entreprise fabriquant plusieurs types de biens n'est pas possible si les chiffres disponibles concernent les quantités physiques de chaque bien produit. Il faut alors une unité de mesure commune, qui peut être la valeur en euros de chacune de ces productions.

Par ailleurs, la moyenne est un résultat statistique qui ne correspond pas toujours à la situation la plus fréquente. L'interprétation d'une moyenne doit donc s'effectuer avec prudence. Prenons l'exemple d'une classe de 20 élèves ayant réalisé un devoir. La moitié de la classe a la note 6 et l'autre moitié la note 12. La moyenne de la classe est donc 9, mais aucun élève n'a obtenu cette note.

Plus généralement, la moyenne est un résumé qui entraîne une perte d'information. La moyenne ne tient pas compte, par exemple, de la répartition des variables observées. Prenons le cas de deux entreprises de quatre salariés chacune dont les salaires mensuels sont les suivants :

entreprise A		**entreprise B**	
salarié 1	600 €	salarié 1	900 €
salarié 2	600 €	salarié 2	1 000 €
salarié 3	600 €	salarié 3	1 000 €
salarié 4	2 200 €	salarié 4	1 100 €

Le salaire moyen est le même dans chaque entreprise (1 000 euros), mais les salariés des deux entreprises n'ont pas du tout la même rémunération.

Outils statistiques

La moyenne ne donne donc pas d'indications sur la façon dont se répartissent les valeurs observées. Il faut donc compléter le calcul de la moyenne par un examen de la dispersion des valeurs autour de la moyenne (cf. *infra*).

La moyenne pondérée

Définition

La **moyenne pondérée** est utilisée lorsque les termes dont on cherche à calculer la moyenne n'ont pas la même importance.
Reprenons l'exemple des notes. Les notes 9, 10, 9, 11, 11 ont pour moyenne simple 10. Mais on peut aussi considérer que 10 est la moyenne des trois notes 9, 10 et 11, la fréquence des notes 9 et 11 étant chacune de deux fois sur cinq notes. On peut encore considérer que certaines notes ont davantage d'importance que d'autres et qu'elles sont affectées d'un coefficient plus grand que 1.
Ainsi, 10 est la moyenne des notes 9 (coefficient 2), 10 (coefficient 1) et 11 (coefficient 2).
10 est ainsi une moyenne pondérée que l'on peut calculer de deux manières :

$$\frac{9 + 10 + 9 + 11 + 11}{5}$$

ou

$$\frac{(9 \times 2) + (10 \times 1) + (11 \times 2)}{2 + 1 + 2}$$

Dans le deuxième cas, le dénominateur correspond à la somme de tous les coefficients. Le dernier calcul représente la moyenne pondérée des trois notes 9, 10 et 11, les pondérations, c'est-à-dire le poids de chaque note, correspondant aux différents coefficients.

On peut définir ainsi la **moyenne pondérée** :
Soit *x*1, *x*2,..., *xn* les *n* valeurs observées.
Si chaque valeur xn apparaît mn fois :

$$\frac{m1 \times 1 + m2 \times 2 + \ldots + mn \times n}{m1 + m2 + \ldots + mn}$$

On remarque aisément que si m = 1, on retrouve la moyenne arithmétique simple.

Les pièges des pondérations

Le calcul d'une moyenne pondérée exige de bien préciser les pondérations utilisées. Prenons l'exemple du prix d'une tonne de charbon qui passe de 1 000 euros l'année t_0 à 1 600 euros l'année t_1. Les quantités échangées sont de 600 tonnes l'année t_0 et de 3 000 tonnes l'année t_1.
Si l'on pondère par le temps, le prix moyen de la tonne est de 1 300 euros, soit : (1 000 + 1 600)/2.
Si l'on pondère par les quantités échangées (600 tonnes, 3 000 tonnes), le prix moyen s'obtient à l'aide du calcul suivant :

prix moyen =

$$\frac{(1\,000 \times 600) + (1\,600 \times 3\,000)}{600 + 3\,000}$$

= 1 500 euros.

La moyenne change donc avec le système de pondération.
L'analyse des moyennes pondérées doit aussi être prudente car l'observation d'un phénomène peut être le résultat d'une modification des seules pondérations. Prenons l'exemple du taux de mortalité d'un pays A qui est de 10 ‰, c'est-à-dire que 10 personnes sur 1 000 meurent chaque année. Il peut exister un autre pays B, où le taux de mortalité est bien plus faible (8 ‰ par exemple), alors que la proportion de décès à chaque âge est supérieure à celle du pays A.
Comme le taux de mortalité globale est une moyenne des taux de mortalité par âge, pondérée par la proportion des effectifs dans chaque tranche d'âge, un tel

paradoxe s'explique facilement : le pays B comporte une population de jeunes très importante, ce qui « tire » vers le bas le taux de mortalité globale, même si les conditions sanitaires sont meilleures en A qu'en B.

On appelle ainsi **effet de structure** le résultat automatique d'une variation des pondérations. Il est important de mettre en évidence les effets de structure liés aux pondérations car cela évite les analyses erronées comme celle qui aurait conclu à une meilleure situation sanitaire dans le pays à partir du seul examen des deux taux de mortalité globale.

Les indicateurs de dispersion

Considérons la répartition suivante des salaires dans une entreprise de 80 salariés :

Salaires	Effectifs	Salaires	Effectifs
500 €	8	900 €	25
600 €	12	1 300 €	7
700 €	6	2 500 €	7
800 €	14	2 900 €	1

Le salaire moyen de l'entreprise s'obtient en faisant une moyenne pondérée :

$$\text{salaire moyen} = \frac{(500 \times 8) + (600 \times 12) + \ldots + (2\,900 \times 1)}{80}$$

= 982,5 euros

Cette moyenne ne donne aucun renseignement sur la hiérarchie ou la répartition des salaires dans l'entreprise. Pour avoir une idée de cette répartition, plusieurs indicateurs, appelés **indicateurs de dispersion**, peuvent être utilisés.

On peut d'abord repérer des écarts. Entre le salaire le plus faible et le salaire le plus élevé, le rapport est presque de 1 à 6. Les écarts maxima peuvent cependant tenir à des cas particuliers. On préfère alors diviser l'effectif en deux, quatre ou dix parties égales. Par exemple, les **quartiles** correspondent aux valeurs du caractère observé qui partagent l'effectif en quatre parties égales. Les **déciles** partagent ainsi l'effectif en 10 groupes égaux.

Dans notre exemple, le premier décile (D1) correspond à 500 euros car 10 % des salariés reçoivent cette somme tandis que 90 % reçoivent une rémunération supérieure. Le neuvième décile (D9) est 2 500 euros, car 90 % des salariés reçoivent moins alors que 10 % reçoivent au moins une telle somme.

Pour mesurer la **dispersion** d'un ensemble d'observations, on utilise alors l'**intervalle interdécile** ID = D9 – D1. Cet intervalle est tel que 80 % de la population sont comprises entre les deux caractères. On élimine ainsi les valeurs extrêmes. Dans l'exemple, 80 % des salariés gagnent entre 600 euros et 1 300 euros.

L'**intervalle interquartile** rassemble ainsi 50 % des effectifs entre le premier et le troisième quartile.

La **médiane** est la valeur qui divise l'effectif en deux parties égales (elle correspond au deuxième quartile). Ainsi, le revenu médian est le revenu tel que la moitié de la population gagne davantage et l'autre moitié moins.

Pourcentages

Qu'est-ce qu'un pourcentage ?

À quoi servent les pourcentages ?

Le signe « % » ou le terme « pour cent » sont équivalents à une fraction dont le dénominateur serait 100. Un **pourcentage** est donc une fraction, une division, un rapport entre deux nombres.

Exemples : $25\ \% = \frac{25}{100} = 0{,}4$

$$3{,}2\ \% = \frac{3{,}2}{100} = 0{,}032$$

Comme c'est un rapport, un pourcentage n'a de signification que par rapport à un ensemble qu'il convient immédiatement de préciser. Par exemple, dire que les hommes représentent 45 % est insuffisant ; s'agit-il de la population française (à quelle date ?), de la population d'une ville, d'un département, etc. ?

Un pourcentage est donc toujours une fraction, un rapport entre une grandeur absolue au numérateur (le nombre d'hommes dans une certaine population donnée à un moment précis) et une autre grandeur absolue (la population en question) qui est l'ensemble de référence. Un pourcentage n'a de sens que lorsque le dénominateur et le numérateur sont parfaitement définis.

Il existe deux grandes façons d'utiliser les pourcentages. Ces pourcentages servent d'abord à exprimer des **proportions**, c'est-à-dire qu'ils permettent de mesurer l'importance d'une partie par rapport à un ensemble (exemples : quelle est la proportion d'employés dans la population active ? Quelle est la proportion de personnes âgées de moins de 20 ans dans la population française ?). Certaines proportions, exprimées sous forme de pourcentages, ont un nom particulier (taux d'activité, taux de chômage, part de marché, coefficient budgétaire). Mais il existe une autre utilisation des pourcentages puisqu'ils permettent aussi d'exprimer une variation (exemples : les prix ont augmenté de 3 %, les ventes de telle entreprise se sont accrues de 35 %, etc.). Les pourcentages de variations sont étudiés dans la fiche « Accroissement », p. 582.

Comment calculer un pourcentage ?

Prenons l'exemple d'une petite commune rurale comprenant 1 400 habitants dont 840 de sexe féminin. On cherche le pourcentage de femmes dans cette population.

Calculer un pourcentage revient à faire une règle de trois (ou un produit en croix ou un tableau de proportionnalité).

On se pose la question suivante :

si parmi 1 400 habitants, il y a 840 femmes, sur 100 habitants, combien y a-t-il de femmes ? Le résultat peut être obtenu de la façon suivante :

$$\frac{840 \times 100}{1\,400} = 60\ \%$$

Il y a 60 femmes pour 100 habitants et celles-ci représentent 60 % de la population de la commune.

D'une façon générale, pour calculer un pourcentage (proportion), on divise le nombre considéré (dont on cherche le pourcentage) par le nombre représentant l'ensemble de référence, puis on multiplie ce résultat par 100.

Exemple : Une ville de 6 000 habitants comprend 1 500 jeunes de moins de 20 ans ; leur pourcentage dans la population totale est :

$$\frac{1\,500 \times 100}{6\,000} = 25\ \%$$

En définitive, un pourcentage sert à exprimer une proportion. Mais il ne faut pas confondre ces deux notions ; une proportion a une valeur comprise entre 0 et 1 tandis qu'un pourcentage peut aussi être négatif ou supérieur à 100 %, c'est-à-dire à 1 (il s'agit des pourcentages de variations).

Valeurs absolues et valeurs relatives

Dans l'exemple précédent, les nombres d'habitants et de jeunes sont des **valeurs absolues**. En revanche, la proportion, exprimée en pourcentage, désigne une **valeur relative**. Les proportions sont aussi appelées **parts relatives** car elles représentent l'importance d'une partie relativement à un ensemble.
La situation des jeunes dans la ville s'exprime donc de deux manières différentes, en valeur absolue (1 500 jeunes) et en valeur relative (25 % de sa population).
Les valeurs relatives sont utilisées pour faire des comparaisons dans l'espace et dans le temps car il n'est jamais commode de comparer un grand nombre de valeurs absolues.

Comment utiliser les pourcentages ?

Les valeurs relatives s'expriment sous forme de pourcentages, mais aussi sous forme de fractions. Par exemple, 25 % correspond à la fraction 1/4 (un quart).

En effet, $25\ \% = \frac{25}{100} = \frac{1}{4}$

À chaque pourcentage, on peut associer une fraction (et réciproquement) ; voici quelques exemples :

$\frac{1}{2} = 50\ \%$ $\frac{3}{4} = 75\ \%$ $\frac{1}{3} = 33{,}333\ \%$

Il ne faut pas confondre évolution en valeur absolue et évolution en valeur relative. Prenons l'exemple des moins de 20 ans dans la ville déjà considérée. Supposons que 10 ans auparavant ces jeunes étaient au nombre de 2 000 ; on peut en conclure que le nombre de jeunes (valeur absolue) a diminué en 10 ans. Supposons maintenant que la population était de 10 000 personnes dix ans auparavant. La proportion de jeunes à cette époque était alors la suivante :

$$\frac{2\,000 \times 100}{10\,000} = 20\ \%$$

En 10 ans, la part relative des jeunes a donc augmenté, passant de 20 % à 25 % de la population totale. L'évolution en valeur absolue et l'évolution en valeur relative sont donc ici différentes.

Représentations graphiques

La représentation graphique des répartitions

Prenons l'exemple de la répartition de la population active entre les trois secteurs d'activité ; en 1998, cette répartition est la suivante :

Agriculture	Industrie	Services
4 %	26 %	70 %

Pour représenter graphiquement cette répartition, on utilise un rectangle, un cercle ou un demi-cercle. Ceux-ci sont divisés en zones correspondant aux différents éléments de l'ensemble. La surface de chaque zone est alors proportionnelle aux valeurs considérées. La surface totale représente alors 100 %.
On peut représenter la répartition de la population active grâce à un rectangle, appelé **diagramme en barres**.

Le diagramme en barres

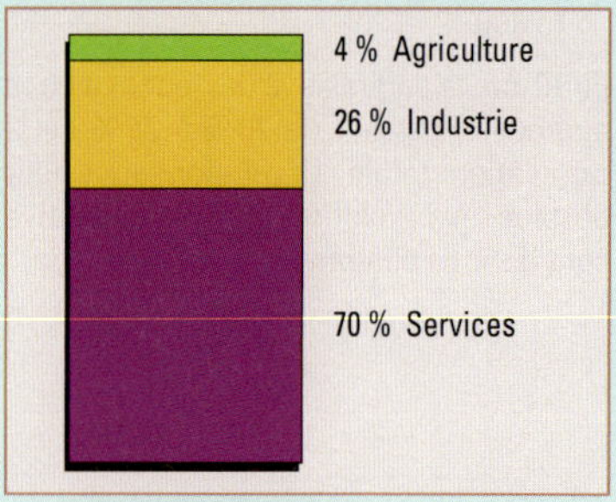

On peut aussi représenter une répartition grâce à un **diagramme circulaire**, appelé aussi « camembert ». Chaque secteur circulaire a une aire proportionnelle à l'effectif ou à chaque pourcentage représenté et la totalité des 360° de la circonférence correspond à l'effectif total.
Si 70 % des actifs appartiennent au secteur tertiaire, l'angle déterminant la surface circulaire de la zone « secteur tertiaire » est :

$$70° \times 360 = 252°$$

Les angles des secteurs primaires et secondaires s'obtiennent par un calcul identique (14° et 94°). On obtient alors un diagramme circulaire.

Le diagramme circulaire

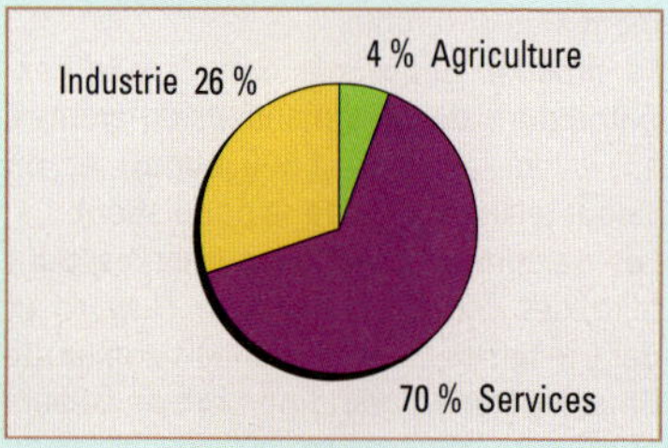

Les graphiques figuratifs

Le diagramme en bâtons

C'est le graphique le plus courant puisqu'il permet de représenter la plus grande part des données statistiques. Il s'agit d'une série de rectangles étroits et parallèles qui sont placés verticalement ou horizontalement. Ces rectangles sont de même largeur tandis que leur longueur ou leur hauteur sont proportionnelles aux effectifs représentés (la surface des rectangles est donc toujours proportionnelle à l'effectif représenté). Une répartition peut figurer sous la forme d'un **diagramme en bâtons**.

Le diagramme en bâtons

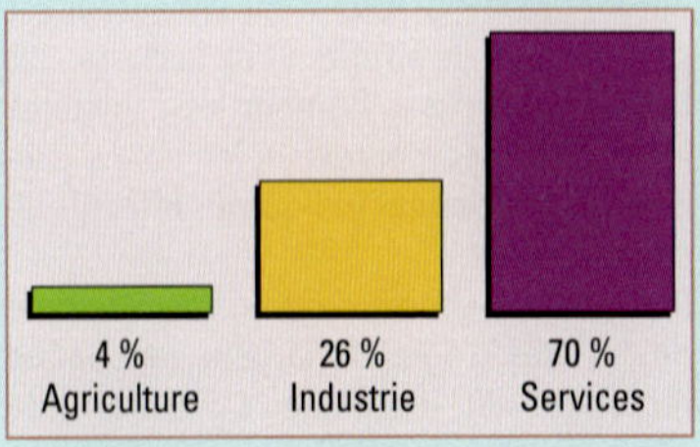

L'intérêt des diagrammes en bâtons est surtout de faciliter les comparaisons. On pourrait ainsi représenter sur un même graphique la répartition de la population active dans quelques pays (comparaison dans l'espace à une date donnée) ou à deux dates différentes (comparaison dans le temps pour un pays donné).

Prenons l'exemple de la comparaison dans le temps pour la population active française en 1900 et en 1998.

Le diagramme en bâtons permet aussi de représenter des grandeurs négatives. Prenons un exemple fictif de solde (solde extérieur ou solde budgétaire exprimés en milliards d'euros ou en % du PIB). On obtient le graphique suivant.

La population active française de 1900 à 1998

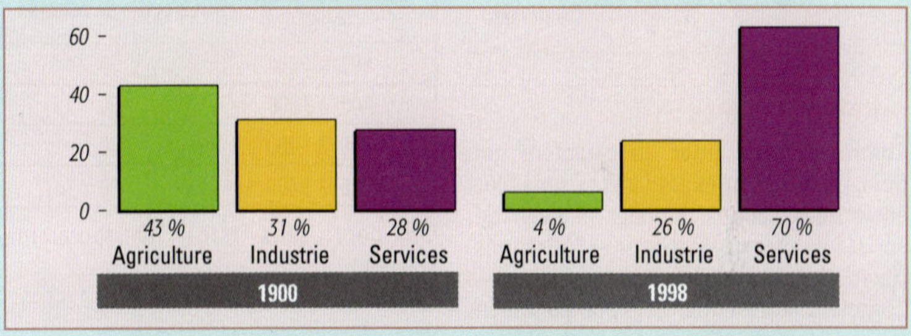

Le diagramme en bâtons (exemple fictif de solde budgétaire)

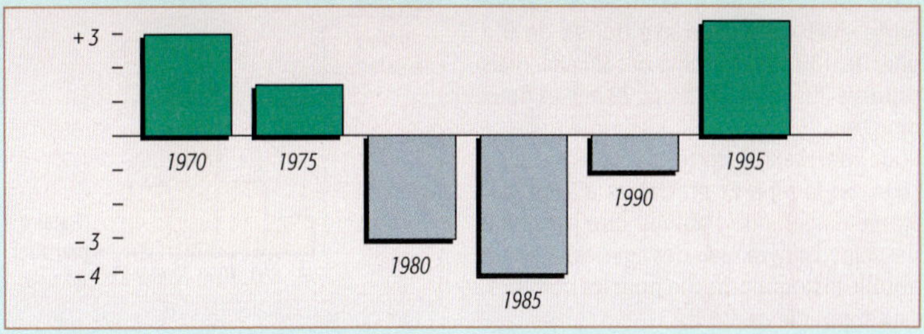

On rencontre aussi parfois des « diagrammes en bâtons » au sens strict lorsque l'on cherche à représenter des **séries à caractère discontinu** (par exemple l'effectif des familles selon le nombre d'enfants). Le caractère discontinu provient de l'absence de valeurs intermédiaires entre deux valeurs du caractère (pas de valeur intermédiaire entre 2 et 3 enfants par exemple). Le diagramme en bâtons comporte alors deux axes. Sur l'axe horizontal (axe des abscisses), on indique les différentes valeurs du caractère ; sur l'axe vertical (axe des ordonnées), on indique les effectifs se rapportant à chaque valeur (nombre de familles ayant 2 enfants par exemple).

Le diagramme en bâtons

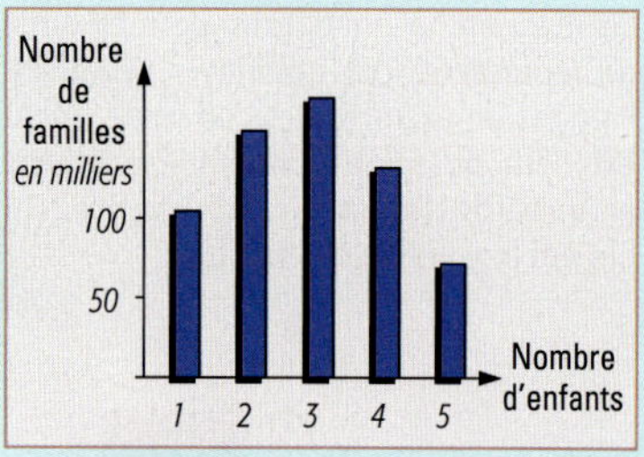

Les histogrammes

Comment représenter un caractère qui peut prendre toutes les valeurs possibles entre deux valeurs données (il s'agit de **séries à caractère continu**) ? Prenons l'exemple de la population française. Comment représenter cette population en faisant des distinctions selon l'âge. Il s'agit bien d'une série à caractère continu car toute personne peut se situer sur n'importe quel point d'un axe qui va de 0 à plus de 100 ans (certains ont 20 ans, mais d'autres 20 ans et un mois, 20 ans et deux mois, etc.).
Pour représenter cette population selon l'âge, on la répartit en classes d'âges (par année d'âge) afin d'obtenir une pyramide des âges. La pyramide des âges est ainsi un double histogramme (un pour les hommes, l'autre pour les femmes).
On peut donc définir l'**histogramme** comme la représentation graphique correspondant aux séries continues. Un histogramme est un graphique où chaque classe est représentée par un rectangle dont la largeur est proportionnelle à l'amplitude de la classe et dont la hauteur est proportionnelle à l'effectif de la classe. Sur l'axe des abscisses figurent les caractères (classes d'âges par exemple) tandis que l'axe des ordonnées indique les effectifs de chaque classe.
Si toutes les classes sont égales (exemple des classes d'âges) la largeur de chaque rectangle est identique. La surface de chaque rectangle est alors proportionnelle à l'effectif représenté.
Prenons l'exemple des salaires mensuels des 100 salariés d'une entreprise présentés dans le tableau suivant :

Classes de salaires (en €)	**Effectifs de salariés**
600 à 800	10
800 à 1 000	20
1 000 à 1 200	50
1 200 à 1 400	20

On peut alors tracer l'histogramme suivant :

Histogramme

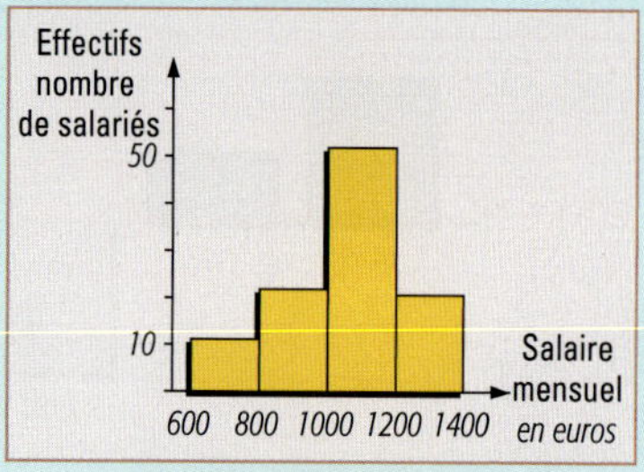

Les classes ne sont pas toujours égales et la construction d'un histogramme requiert quelques précautions. Imaginons maintenant la répartition des 100 salariés selon les classes de salaires suivantes :

Classes de salaires (en €)	Effectifs de salariés
700 à 800	10
800 à 1 000	20
1 000 à 1 200	50
1 200 à 1 600	20

Prenons une amplitude de 200 euros pour tracer l'histogramme. Un problème se pose alors puisque la première et la dernière classe ne correspondent pas à cette amplitude.

Prenons la dernière classe. Si l'on fait un histogramme dont les classes ont une amplitude de 200 euros, l'effectif de 20 concernera deux classes (de 1 200 à 1 400 et de 1 400 à 1 600) ; mais cela ne veut pas dire que 20 salariés gagnent de 1 200 à 1 400 euros par mois et 20 autres de 1 400 à 1 600 euros.

Comme la dernière classe a une amplitude double de l'amplitude retenue, il est nécessaire de mettre en ordonnée un effectif qui est la moitié de l'effectif réel.

De la même façon, il convient de multiplier par deux l'effectif de la première classe (il s'agit toujours de respecter la proportionnalité des surfaces aux effectifs).

L'histogramme sera ainsi :

Répartition en classes de salaires
(histogramme)

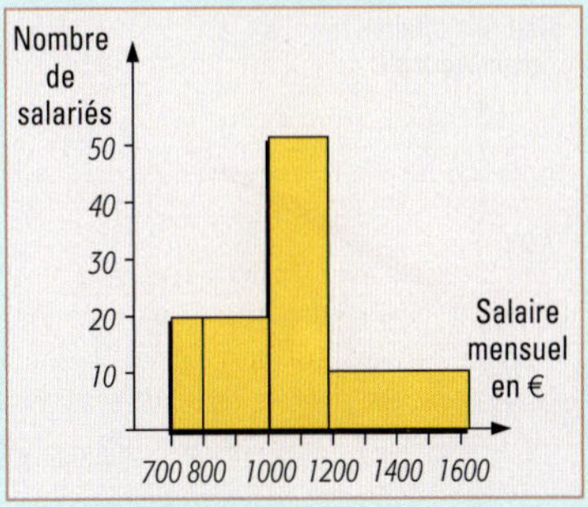

Les séries chronologiques

Qu'est-ce qu'une série chronologique ?

Une **série chronologique** est une succession de valeurs que prend une grandeur économique ou sociale au cours du temps. Les cours boursiers sont, par exemple, des séries journalières tandis que l'indice des prix ou le nombre de chômeurs sont des séries mensuelles (on dispose des chiffres tous les mois). Le PIB étant calculé par trimestre ou par année, il fait l'objet de séries trimestrielles ou annuelles. Une série chronologique se caractérise donc par sa périodicité qui est la durée séparant deux mesures de la grandeur.

Dans la représentation graphique d'une série chronologique, le temps figure toujours sur l'axe horizontal (abscisses). L'intérêt des séries chronologiques est de permettre de suivre l'évolution de grandeurs économiques ou sociales au cours du temps. On peut mettre ainsi en évidence des évolutions conjoncturelles (autour de quelques années pour le PIB, par exemple) et des évolutions à plus long terme (des tendances, ou ***trend*** de longue période).

En revanche, les variations qui interviennent régulièrement chaque année à la même époque (un creux important de la production industrielle au mois d'août, par exemple) ne sont pas significatives. Ce sont des **variations saisonnières** qui viennent perturber l'analyse d'un phénomène et elles n'ont rien à voir avec la situation économique particulière du moment. Par exemple, l'observation d'une augmentation des achats en décembre ne doit pas être interprétée comme une reprise de la croissance.

Les statisticiens cherchent alors à éliminer les variations saisonnières en utilisant des méthodes assez complexes. Ils réalisent alors une correction des variations saisonnières (CVS) qui permet de transformer des séries chronologiques « brutes » en séries chronologiques « corrigées ». Par exemple, le niveau du chômage donné tous les mois par Pôle emploi est toujours corrigé des variations saisonnières.

Les graphiques arithmétiques

Les graphiques arithmétiques sont des courbes représentées selon une échelle arithmétique. Il s'agit des courbes observées couramment où un même espace de l'échelle des ordonnées correspond à une même valeur absolue.
Considérons le graphique fictif suivant :

Un graphique arithmétique

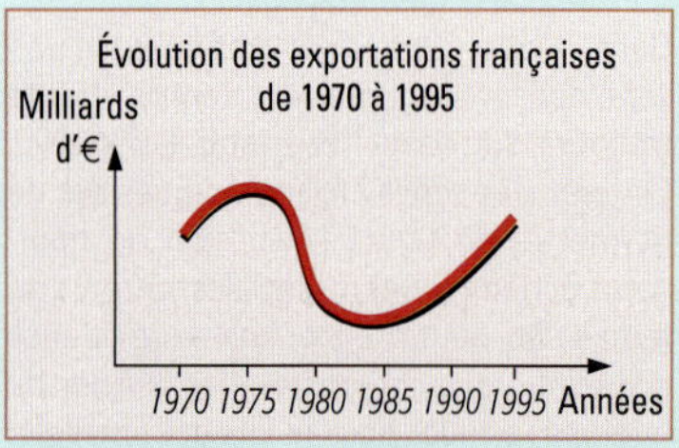

Une courbe permet de donner une image rapide de l'évolution d'une grandeur (ici les exportations). Elle permet de mettre immédiatement en évidence les phénomènes importants (période de hausse, de baisse, années caractéristiques, mouvements d'ensemble sur toute la période, etc.). On peut utiliser les courbes pour faire des comparaisons car on peut mettre sur le même graphique la courbe des importations françaises ou la courbe des exportations allemandes, etc.
Pour construire une courbe, pour lire une telle représentation graphique ou pour en faire un commentaire, il faut considérer tous les éléments importants suivants : le titre du graphique, la source, l'intitulé de la ou des variables représentées, l'échelle et l'unité de celles-ci.

Les graphiques semi-logarithmiques

Comment représenter sur un graphique ordinaire le chiffre d'affaires d'une entreprise qui connaît une croissance extraordinaire ? Les résultats sont donnés dans le tableau suivant :

Évolution d'un chiffre d'affaires

Année	**Chiffre d'affaires** (en milliers d'€)
1	250
2	500
3	1 000
4	2 000
5	4 000
6	8 000
7	16 000

Un graphique reprenant ces données est impossible à réaliser sur une feuille de format normal. Il convient donc de trouver une autre présentation graphique ; c'est le rôle des graphiques semi-logarithmiques. Sur un tel graphique, l'échelle des abscisses est arithmétique tandis que l'échelle des ordonnées est logarithmique. La graduation logarithmique permet en effet de représenter des séries connaissant une forte amplitude.

Un graphique semi-logarithmique

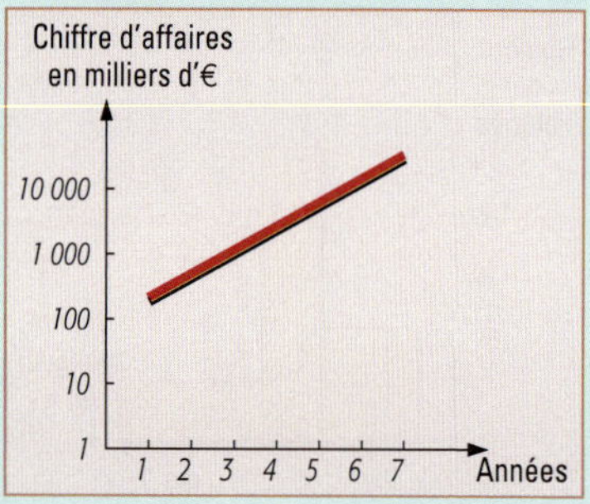

Stocks

Stocks et flux

La notion de **stock** désigne, par analogie avec les stocks de marchandises, une grandeur économique ou sociale mesurée à un instant donné. C'est une photographie : par exemple la population française mesurée par un recensement.

La notion de **flux** correspond en revanche à la mesure d'une grandeur pendant une certaine période (un mois, une année par exemple). Le flux enregistre une évolution. Le nombre de naissances ou de décès durant un an est un flux.

On utilise souvent l'image de la baignoire ou du réservoir pour distinguer stock et flux, le premier terme désignant la contenance et le second représentant le mouvement, le débit à l'entrée (robinet) et à la sortie du récipient. Cette image montre surtout le lien entre stock et flux. Pour une même grandeur, la population par exemple, le stock se modifie en fonction des différents flux. Les flux d'entrées sont les naissances et l'immigration tandis que les flux de sorties correspondent aux décès et à l'émigration.

Le nombre de chômeurs à une certaine date est aussi un stock qui résulte de flux en sens inverse avec le nombre de sorties du chômage d'un côté (vers un emploi ou vers l'inactivité) et le nombre d'entrées de l'autre (à partir de l'emploi ou de l'inactivité).

Les quelques grandeurs économiques mesurées en termes de stocks posent des problèmes. C'est par exemple le cas du patrimoine (stock) constitué par des flux de ressources, ou encore du capital (stock) résultant de l'investissement. Les problèmes tiennent à deux éléments : la difficulté de connaître et donc de mesurer les flux de sorties (exemple des machines que l'on met au rebut ou dont on ne se sert plus) et le problème de l'évaluation de ces stocks dont la valeur se modifie avec le temps.

Les stocks dans l'économie

Le capital est un facteur de production qui inclut les stocks. Ces derniers sont en effet des biens immobilisés durablement (ils ont un coût pour l'entreprise) afin de participer au processus de production.

Les stocks sont cependant une variable économique qui est parfois négligée. Or leur importance paraît souvent déterminante. Donnons deux exemples : lorsque les entreprises disposent de stocks abondants, il est plus facile et moins coûteux de pratiquer une relance de l'activité économique (la reprise ne se fait pas au profit des importations étrangères) ; lorsque 1 million d'actifs changent tout au long d'une année d'activité professionnelle en passant, durant un trimestre, par une situation de chômage, le chômage constaté à n'importe quelle date de l'année est de 250 000 chômeurs (il y a en permanence au chômage un quart des actifs mobiles).

Principales lois et effets économiques

Loi d'airain des salaires

Loi selon laquelle les salaires des ouvriers s'établissent au niveau juste nécessaire à leur subsistance. Émise au XIXe siècle par le socialiste allemand réformiste Ferdinand Lassalle (1825-1864), cette loi s'appuie sur les thèses des économistes classiques (Ricardo par exemple) montrant que toute augmentation des salaires entraînait un accroissement de la population ouvrière, ce qui ramenait le salaire au niveau du salaire de survie. Cette « loi » n'est évidemment plus vérifiée depuis longtemps, mais elle a eu une grande influence politique comme description de la condition ouvrière aux premiers temps du capitalisme.

Loi des avantages comparatifs

Voir article « Libre-échange », p. 307.

Effet d'annonce

Phénomène traduisant la modification du comportement des agents économiques à la simple annonce de mesures par les pouvoirs publics. Les illustrations de ce phénomène sont très diverses : l'annonce de mesures de relance économique peut inciter les ménages à accroître immédiatement leurs dépenses ; l'annonce de mesures éventuelles de rationnement pour un produit (essence par exemple) peut conduire les ménages à acheter massivement ce produit, ce qui rend nécessaire des mesures seulement envisagées. Ainsi, les conséquences, bénéfiques ou néfastes selon les cas, des effets d'annonce obligent les autorités à tenir compte des réactions immédiates des agents économiques.

Effet d'apprentissage

Phénomène marquant une baisse des coûts unitaires de production avec l'augmentation de la production cumulée depuis le début de la mise en fabrication du produit. Alors que les économies d'échelle correspondent à une baisse des coûts unitaires avec l'augmentation instantanée de la capacité de production, l'effet d'apprentissage est lié à l'accumulation d'expériences, de « tours de mains », d'habitudes qui permettent une productivité plus importante. La construction de gros avions offre un exemple de production où les effets d'apprentissage sont importants. Cet effet explique ainsi que des entreprises produisant depuis longtemps disposent d'un certain avantage sur leurs concurrents.

Effet de cliquet

Phénomène traduisant une rigidité à la baisse pour certaines grandeurs économiques. Ainsi, les prix montent facilement mais diminuent plus rarement. Un effet de cliquet a pu être observé après la crise de 1973 puisque la consommation des ménages a progressé dans les mêmes proportions qu'auparavant alors que la croissance des revenus diminuait. Les ménages ont ainsi préféré réduire leur épargne plutôt que de changer leurs habitudes de consommation.

Loi des débouchés

Appelée aussi loi de Say, du nom de l'économiste français Jean-Baptiste Say (1767-1832), la loi des débouchés est souvent résumée par les formules suivantes « l'offre crée sa propre demande » et « les produits s'échangent contre des produits ». Pour Say, les produits se servent mutuellement de débouchés.

Un produit fabriqué et vendu permet une distribution de revenus qui assure aussitôt l'achat d'autres produits. Globalement, dans une économie, la production (l'offre) crée sa propre demande grâce aux revenus distribués. En définitive, la surproduction est impossible.

L'optimisme de Say a cependant été démenti par les faits, puisque le XIXe siècle a connu de nombreuses crises de surproduction, tandis que J. M. Keynes a montré les limites de la loi des débouchés.

En effet, si les individus thésaurisent (c'est-à-dire conservent chez eux) l'argent gagné, afin d'attendre de meilleures occasions (dans ce cas, la monnaie est recherchée pour elle-même), toute l'offre ne pourra être écoulée, ce qui mènera à une surproduction.

Effet de démonstration

Effet qui met en évidence le rôle social joué par la consommation de biens, puisque l'observation de la consommation des ménages les plus favorisés peut inciter les autres ménages à acheter le même type de biens. C'est une sorte d'effet d'imitation qui se fonde alors sur l'idée que les biens consommés témoignent (ou sont le reflet) du groupe social auquel on appartient, ou auquel on souhaite s'identifier, ou encore, auquel on souhaite pouvoir être assimilé par les autres.

Loi d'Engel

Voir article « Consommation », p. 118.

Effet d'entraînement

Une industrie ou un secteur ont des effets d'entraînement s'ils favorisent, en amont ou en aval, le développement d'autres industries. L'existence de ces effets justifie pour certains économistes le choix de secteurs prioritaires pour l'investissement ou l'aide des pouvoirs publics (exemples des industries de base ou des biens d'équipement).

Effet d'éviction

Phénomène qui conduit l'activité du secteur public à supplanter celle du secteur privé. L'illustration la plus connue de l'effet d'éviction concerne les conséquences d'un déficit budgétaire financé par le recours à l'endettement de l'État. Le recours des pouvoirs publics à l'emprunt provoque un déplacement des ressources d'épargne disponibles vers le secteur public au détriment des entreprises privées. Le résultat de cet effet d'éviction est une hausse des taux d'intérêt (car la demande de capitaux s'accroît) dommageable pour l'activité économique.

Effet externe

Voir article « État dans l'économie », p. 252.

Effet Giffen

Phénomène paradoxal d'augmentation de la demande d'un bien provoqué par la hausse du prix de ce bien.

L'effet Giffen, du nom d'un économiste anglais de la fin du XIXe siècle, constitue au même titre que l'effet Veblen une exception à la loi de l'offre et de la demande.

Giffen a en effet observé que la hausse du prix d'un bien indispensable (le pain en l'occurrence, mais aussi la pomme de terre en Irlande en 1845) provoquait une chute du pouvoir d'achat des classes misérables qui ne pouvaient plus consommer les autres produits alimentaires plus nobles (viande, fruits).

Dès lors, elles devaient se rabattre sur ces biens indispensables, malgré leur renchérissement.

Loi de Gresham

Loi monétaire, attribuée abusivement à Thomas Gresham qui était le conseiller du roi Édouard VI d'Angleterre (XVIe siècle), selon laquelle « la mauvaise monnaie chasse la bonne ». Cette loi traduit l'impossibilité pour deux monnaies légales de circuler ensemble dans un pays. Une des monnaies, qui est plus appréciée que l'autre, va être retirée de la circulation par les individus pour être thésaurisée, tandis que l'autre, dite mauvaise, continue seule à assurer les échanges. La loi de Gresham a reçu d'innombrables illustrations au cours de l'histoire (or et argent, par exemple).

Loi de King

Phénomène observé à la fin du XVIIe siècle par le mercantiliste anglais G. King, selon lequel l'accroissement de la production agricole suscite une baisse plus que proportionnelle des prix de cette production. Cette observation qui vaut aussi pour les matières premières tient à la rigidité de la demande, la consommation de ces biens variant peu lorsque les prix augmentent ou diminuent. Dès lors, une hausse de la production se traduit, avec la concurrence des producteurs, par une chute des prix et une diminution des revenus agricoles beaucoup plus importante (d'autant que les producteurs cherchent à accroître les quantités vendues pour compenser la baisse des prix unitaires). En revanche, une légère réduction de la production entraîne, selon cette loi, une augmentation très importante des prix. La loi de King présente l'intérêt de montrer qu'une bonne récolte n'est pas nécessairement synonyme de revenus plus importants.

Effet de levier

Amélioration de la rentabilité des capitaux propres d'une entreprise lorsque les taux d'intérêt, qui représentent le coût du capital emprunté, sont moins élevés que la rentabilité de l'investissement que ces capitaux permettent de financer. L'effet de levier montre que les entreprises ont intérêt à emprunter massivement pour financer leur développement plutôt que d'utiliser leurs capitaux propres lorsque les taux d'intérêt sont faibles. Cette opération se révèle intéressante puisqu'elles gagnent davantage d'argent que ce qui est nécessaire pour rembourser les emprunts et payer les intérêts.

Loi de Malthus

Principe énoncé par l'économiste anglais Thomas Malthus (1766-1834) selon lequel la population augmente plus rapidement que la production agricole. Selon lui, les moyens de subsistance augmentent de façon arithmétique (1, 2, 3, 4, 5…) tandis que la population progresse de façon géométrique (1, 2, 4, 8, 16,…), ce qui conduit à la misère et à la mort ceux qui ne peuvent être nourris. L'analyse de Malthus s'appuie sur la loi des rendements décroissants concernant la terre.

Pour Malthus, seule la contrainte morale, c'est-à-dire la renonciation volontaire à la procréation pour les plus pauvres, peut limiter le développement de la population.

Effet multiplicateur

Voir article « Multiplicateur », p. 363.

Loi de l'offre et de la demande

Voir article « Marché », p. 318.

Effet pervers

Résultat inattendu et néfaste d'une action engagée par des acteurs (en économie ou dans d'autres domaines).

Par exemple, une dévaluation présente aujourd'hui des effets pervers (hausse des prix importés qui se répercute sur toute l'économie) beaucoup plus importants que les effets bénéfiques attendus (augmentation des exportations pour redresser la balance commerciale).

Loi du prix unique

Selon cette loi, les différents prix d'un même produit sur des marchés géographiquement éloignés tendent à s'égaliser grâce à la concurrence et au fonctionnement normal des marchés.

Si le prix d'un bien quelconque est moins élevé en Angleterre qu'en France, il se produira des phénomènes d'arbitrage (c'est l'achat en Angleterre de ce bien pour le revendre en France avec un bénéfice) qui peu à peu conduiront au prix unique.

De nombreux phénomènes entravent aujourd'hui ce mécanisme (exemple des prix des automobiles en Europe où les constructeurs différencient les prix selon le pays pour un même véhicule).

Loi des rendements décroissants

Appliquée à toute opération de production qui combine des facteurs de production (terre, capital, travail), cette loi montre que si l'on augmente régulièrement l'un des facteurs (le travail par exemple) tandis que le ou les autres restent fixes, la production supplémentaire due à l'accroissement du facteur variable diminue progressivement.

La loi des rendements décroissants correspond ainsi à la baisse de la productivité marginale (du facteur variable).

Ainsi, lorsqu'on augmente peu à peu le nombre de personnes qui travaillent sur des terres en quantité limitée, la production supplémentaire devient de plus en plus faible.

En fait, il existe certainement un seuil en deçà duquel la production augmente et au-delà duquel joue la loi des rendements décroissants.

En outre, cette loi correspond à un certain état des techniques si bien que le progrès technique en retarde l'application.

Effet-revenu

Effet-revenu et effet-substitution représentent deux solutions alternatives pour un agent économique placé dans certaines situations. Prenons d'abord le cas d'un consommateur qui dispose d'un revenu constant et qui doit rectifier son choix de consommation lorsque le prix d'un bien souhaité varie. Une hausse du prix de ce bien correspondrait, s'il souhaitait toujours l'acquérir, à une baisse de son pouvoir d'achat. Ce consommateur a donc le choix entre acheter une quantité moindre de ce bien (c'est l'effet-revenu qui concerne l'évolution du revenu ou, ici, du pouvoir d'achat) ou substituer à ce bien d'autres biens dont les prix sont restés les mêmes (c'est l'effet-substitution, conséquence d'une variation des prix relatifs).

L'augmentation du prix d'un bien peut donc conduire à une diminution de la demande, plus ou moins accentuée selon l'action combinée de ces deux effets.

Un autre domaine d'application de ces effets concerne le choix que peuvent faire les personnes actives entre le travail rémunéré et les loisirs, lorsque la rémunération varie. Lorsque celle-ci s'accroît, les individus peuvent choisir de travailler davantage en renonçant aux loisirs (effet-substitution car il devient plus avantageux de travailler que de se reposer), mais l'augmentation de leurs ressources (effet-revenu) peut aussi les inciter à ne pas accroître leur activité rémunérée.

Effet de richesse

C'est la relation, observée ces dernières années en particulier aux États-Unis, entre les performances des actifs financiers et le comportement de consommation des particuliers. Ainsi, une forte hausse des valeurs des titres boursiers provoque, quelques mois plus tard, un accroissement de la consommation. Cet effet traduit l'influence du patrimoine et de la sphère financière sur l'économie réelle. L'effet de richesse joue aussi dans le cas d'une baisse rapide des cours qui peut entraîner une chute de la demande et une aggravation des difficultés économiques.

Loi de Schmidt

Appelée aussi « théorème de Schmidt », du nom du chancelier allemand social-démocrate Helmut Schmidt qui en est l'auteur (milieu des années 1970), cette loi s'énonce ainsi : « les profits d'aujourd'hui sont les investissements de demain et les emplois d'après-demain. » Cette loi correspond cependant davantage à un principe de politique économique. La lutte contre le chômage est moins prioritaire que la restauration des profits des entreprises, le partage des richesses produites ayant été jugé trop favorable aux salariés dans les premières années de la crise de 1973. Elle témoigne d'une vision optimiste qui n'a pas été vérifiée, car la restauration des profits dans les années 1980 a surtout profité aux investissements de productivité et non aux investissements de capacité, favorables à l'emploi.

Effet de seuil

Niveau ou valeur d'une variable économique à partir duquel un phénomène économique se modifie. Par exemple, le seuil de rentabilité désigne le niveau d'activité à partir duquel l'entreprise réalise des bénéfices.

Effet de structure

Effet automatique lié aux caractéristiques structurelles d'un phénomène et non à une cause qui paraissait évidente a priori. Prenons l'exemple de la diminution du taux de croissance de la productivité de l'économie. Est-ce à dire que la productivité des secteurs primaire, secondaire et tertiaire augmente moins vite qu'auparavant ? Non, car une diminution globale peut très bien aller de pair avec un maintien, voire une progression, de la croissance de la productivité dans les différents secteurs. Comme le tertiaire a des gains de productivité moins importants que les autres secteurs, il suffit pour cela que sa part dans l'économie augmente au détriment de celle des deux autres secteurs. La diminution de la croissance de la productivité provient ainsi d'un effet de structure.

Effet de substitution ou effet-substitution

Voir « Effet-revenu », p. 603.

Loi des trois secteurs

Phénomène, constaté par des économistes comme Colin Clark ou Jean Fourastié, selon lequel la répartition de la population active entre les trois secteurs (primaire, secondaire, tertiaire) évolue toujours de la même façon. Tant l'évolution de la demande liée au développement économique que les progrès de la productivité conduisent à un déplacement des actifs du secteur primaire vers le secteur secondaire, puis, plus ou moins rapidement, à un déplacement du secteur secondaire vers le tertiaire.

Loi de la valeur

Loi, énoncée par les économistes classiques et développée par Karl Marx, selon laquelle la valeur des biens correspond à la quantité de travail nécessaire à leur production. Ainsi, le prix relatif des marchandises, c'est-à-dire le prix des unes par rapport aux autres, correspond aux rapports des quantités de travail nécessaires à leur production. Dans la théorie marxiste, la valeur d'échange représente la quantité de travail dépensée dans la production. C'est la loi de la valeur ou loi de la valeur-travail.

Effet Veblen

Appelé aussi « effet de snobisme » ou paradoxe de Veblen, du nom d'un économiste américain (1857-1929), cet effet constitue une information de la loi de l'offre et de la demande, selon laquelle la demande diminue lorsque le prix augmente. Veblen a montré à partir d'observations empiriques que certains produits, les produits de luxe, échappaient à cette loi. Pour ceux-ci, la demande est d'autant plus forte que le prix est élevé. Le « snobisme », l'effet de distinction, la recherche de consommations ostentatoires (destinées à être bien vues par les autres) expliquent ce paradoxe.

Loi de Wagner

Voir article « État dans l'économie », p. 252.

Repères statistiques

France

Population

La population par groupe d'âge

	Moins de 20 ans %	20 ans à 59 ans %	60 ans et plus %
1901	34,3	53,0	12,7
1910	33,6	53,7	12,7
1920	31,3	54,9	13,8
1930	30,1	55,7	14,2
1946	29,5	54,5	16,0
1950	30,1	53,6	16,2
1960	32,3	51,0	16,7
1970	33,1	48,8	18,0
1980	30,6	52,4	17,0
1990	27,8	53,2	19,0
2000	25,6	53,8	20,6
2010	24,7	52,7	22,6
2016	24,3	50,5	24,5
2019	23,8	49,7	26,5

Lecture : en 2019, 23,8 % de la population vivant en France a moins de 20 ans. Un quart environ de la population a moins de 20 ans et les personnes entre 20 et 60 ans représentent la moitié de la population française.

Compréhension : la part des moins de 20 ans, qui représentait un tiers de la population dans les années du baby boom, diminue et atteint son plus bas niveau depuis un siècle. Depuis les années 1970, la part des plus de 60 ans augmente fortement, ce qui correspond à l'allongement de l'espérance de vie.

Évolution du nombre de naissances en France métropolitaine depuis 1900

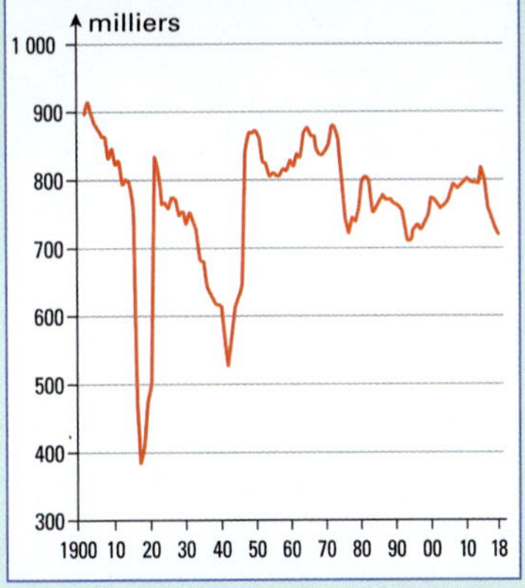

Source : Insee

Lecture : en 2018, il y a eu en France métropolitaine 720 000 naissances. Il faut remonter au tout début du XXe siècle pour avoir un nombre de naissances sur le sol français supérieur à 900 000. C'est en 1963 qu'il y a eu le plus grand nombre de naissances depuis la dernière guerre (870 000).

Compréhension : ce graphique met bien en évidence les effets des deux guerres mondiales sur la natalité ainsi que la période du baby boom. La Première Guerre mondiale a eu un impact beaucoup plus fort et la natalité a constamment diminué durant l'entre-deux-guerres. La période du baby boom s'achève durant les années 1970 mais l'on assiste à une forte reprise de la natalité depuis une vingtaine d'années jusqu'en 2010.

Repères statistiques

Projection de population par grands groupes d'âges à l'horizon 2060

	Population au 1er janvier en millions	Moins de 20 ans %	20 ans à 59 ans %	60 ans à 74 ans %	75 ans et plus %
2025	67,3	23,5	48,4	17,2	10,9
2030	68,5	23,0	47,5	17,1	12,3
2035	69,7	22,6	46,7	17,1	13,6
2040	70,7	22,4	46,6	16,3	14,7
2050	72,3	22,3	45,9	15,9	16,0
2060	73,6	22,1	45,8	15,9	16,2

Champ : France métropolitaine.

Source : Insee

Lecture : en 2050, selon les projections de l'Insee, la population vivant en France métropolitaine comptera 72,3 millions de personnes. 16 % de cette population aura plus de 75 ans, tandis que les moins de 20 ans ne représenteront que 22,3 % des 72,3 millions d'habitants.

Compréhension : il s'agit de projections et non pas de certitudes. L'Insee construit ces projections à partir des tendances actuelles de la population vivant en France, tendances qui peuvent aussi évoluer. Elles portent sur la mortalité (et donc l'espérance de vie, les hommes gagnant trois mois tous les ans et les femmes deux mois), sur la fécondité et sur l'immigration. En 2060, la France métropolitaine (sans compter les départements d'outre-mer) comptera 10 millions d'habitants de plus qu'en 2014, ce qui est considérable en termes de logements nouveaux à construire et d'infrastructures nouvelles (écoles notamment). D'ici quelques décennies, la part des plus de 60 ans va considérablement augmenter, en raison du poids des plus de 75 ans.

Emploi, chômage

Le nombre de chômeurs

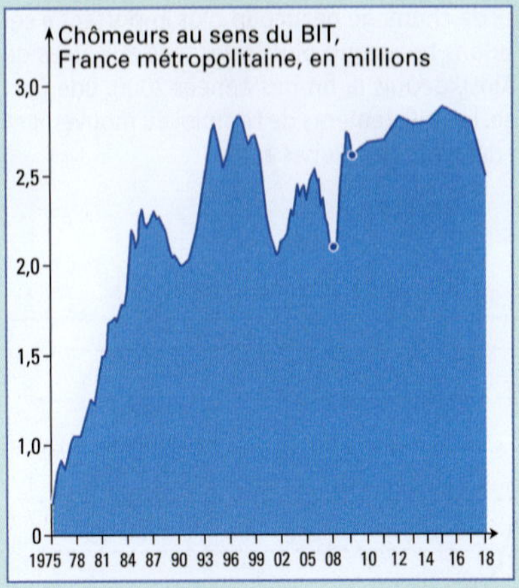

Source : Insee

Lecture : en 2018, le nombre de chômeurs au sens du BIT, mesuré par l'Insee, se monte à 2,5 millions pour la France métropolitaine. À la veille de la crise de 1973, ce nombre était inférieur à un million.

Compréhension : la crise de 1973-1975 marque à la fois la fin de la période des Trente Glorieuses et le début d'une forte montée du nombre de chômeurs qui, par la suite, ne descendra pas en-dessous des deux millions de chômeurs, à l'exception de l'année 2008. C'est en 1997 que le nombre de chômeurs a été le plus élevé, mais depuis 2013, ce pic est dépassé, avec une remontée du chômage en France.

Taux de chômage selon l'âge

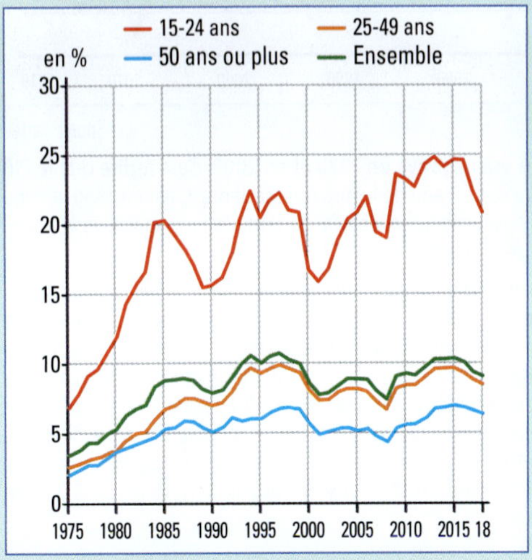

Chômage au sens du BIT – Moyenne annuelle – France métropolitaine

Source : Insee

Repères statistiques

Lecture : en 2018, 20,8 % des personnes actives âgées de 15 à 24 ans sont au chômage.

Compréhension : si l'ensemble des catégories d'âge connaissent les mêmes évolutions concernant le chômage au cours des années 1975-2017, les jeunes de 15 à 24 ans se caractérisent par un double phénomène : un taux de chômage beaucoup plus important à cet âge d'entrée dans la vie active et des évolutions beaucoup plus fortes face aux aléas de la conjoncture que les autres catégories. Ainsi, depuis la fin des années 2000, une part croissante des jeunes actifs sont au chômage. Les ajustements de l'emploi au mouvement de la conjoncture se produisent d'abord en défaveur des jeunes actifs.

Croissance

Évolution du PIB en France (par rapport à l'année précédente en %)

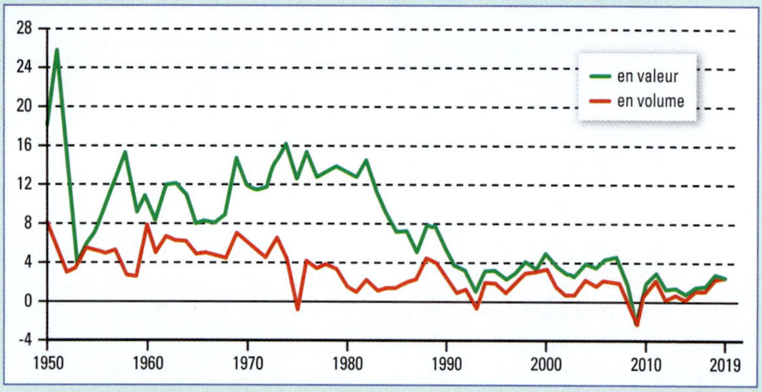

Source : Insee

Lecture : la croissance française a été négative en 1975 et en 2009, c'est-à-dire que le PIB en volume a diminué par rapport à son niveau de l'année précédente. C'est en 1950 et 1960 que la croissance française a été la plus forte, avec 8 % de taux de croissance de l'économie. La croissance est proche de zéro en 1993 et en 2012.

Compréhension : la distinction entre le taux de croissance en valeur et le taux de croissance de l'économie en volume permet d'annuler la hausse de la croissance qui ne résulte que de la hausse des prix des productions. L'écart entre les deux mesures correspond à l'importance de l'inflation, comme le montrent les années 1970. On constate bien aussi la diminution du taux d'inflation depuis le début des années 1990. Le premier choc pétrolier marque la fin d'une période de forte croissance qui durait depuis la fin de la Seconde Guerre mondiale et, de 1949 à 1974, la France connaît une croissance moyenne de 5,3 % par an. Ensuite, le rythme de progression du PIB en volume baisse nettement (2,2 % en moyenne entre 1974 et 2007).

Inflation

Taux d'inflation depuis 1950
Variation annuelle de l'indice des prix à la consommation

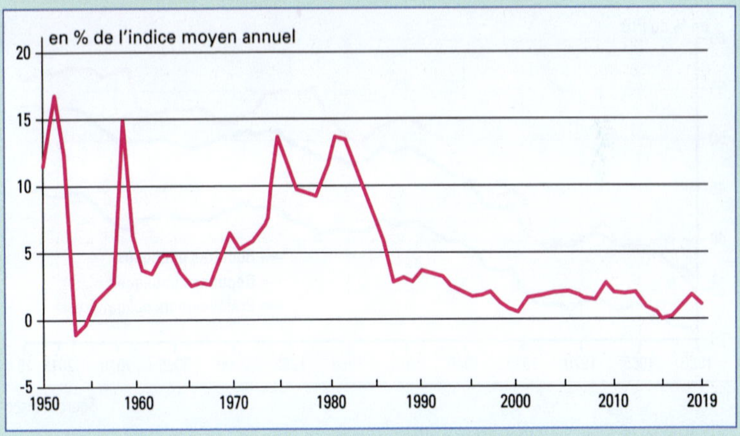

Source : Insee

Lecture : après une inflation quasi nulle en 2015 et 2016, la hausse des prix fluctue entre 1 et 2 % par an depuis 2017. Les prix ont baissé une seule fois en France depuis 1950, en 1954.

Compréhension : la France a connu une longue période de forte inflation, entre 1973 et 1985, où les prix ont constamment progressé de plus de 5 % d'une année à l'autre, voire atteignant des pics à près de 14 % lors des deux chocs pétroliers de 1973 et de 1979. Depuis plus de 20 ans, les prix progressent de moins de 3 % par an et ils sont inférieurs à 1 % depuis 2013.

Budget des administrations publiques

Dépenses publiques, recettes publiques et prélèvements obligatoires (1960-2018)

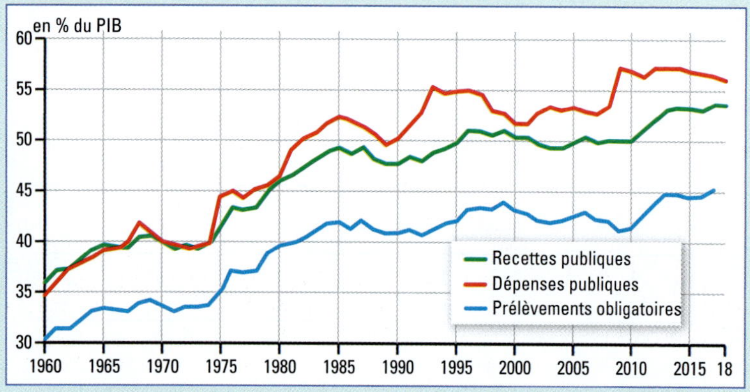

Source : Insee

Lecture : le taux de prélèvements obligatoires est le rapport entre les impôts et les cotisations sociales versés par les agents économiques au numérateur et le PIB de la même année au dénominateur. Ce taux, légèrement supérieur à 30 % au début des années 1960, est de 45 % en 2018. Les dépenses publiques de l'État, des collectivités locales et des organismes de Sécurité sociale représentent 57 % du PIB en 2018. Les administrations publiques reçoivent d'autres ressources que les prélèvements obligatoires (ventes des participations de l'État, etc.) et, ajoutées aux prélèvements obligatoires, elles constituent les « recettes publiques ».

Compréhension : le taux de prélèvements obligatoires est resté à moins de 35 % du PIB au cours des quinze années qui précédent le premier choc pétrolier. Il augmente de près de dix points (soit 10 ajouté à 34) au cours des années suivantes afin de financer la croissance des dépenses publiques. Après une baisse sensible en 2009, du fait notamment des mesures de baisses d'impôts décidées dans le cadre du plan de relance consécutif à la crise, il remonte nettement depuis 2011. Comme les recettes publiques sont inférieures aux dépenses publiques, il y a un déficit public. L'écart entre les deux courbes donne le niveau du déficit public rapporté au PIB. On peut mettre cela en regard du graphique ci-contre et constater que c'est en 2009-2010 que le déficit rapporté au PIB a été le plus important.

Dette publique et déficit public

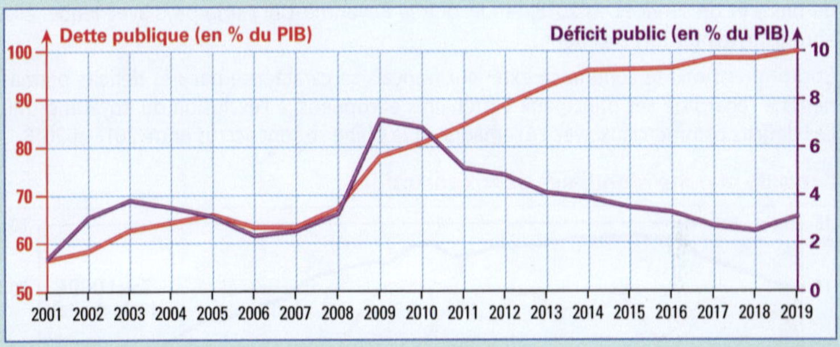

Source : Insee

Lecture : en 2019, le déficit des administrations publiques (État, collectivités locales, Sécurité sociale) représente 3,1 % du PIB, après avoir représenté 7 % du PIB en 2009. La dette publique représente en 2019 près de 100 % du PIB.

Compréhension : compris entre 2 et 4 % du PIB au début des années 2000, le déficit public rapporté au PIB a augmenté à partir de 2008, en raison de la crise, pour amorcer ensuite une diminution régulière, insuffisante pour ramener le déficit en-dessous du seuil de 3 % du PIB exigé par les engagements à l'égard des autorités européennes. La dette a régulièrement augmenté, conséquence de la suite des déficits enregistrés par les comptes des administrations publiques au cours des années 2000. Ainsi, même si le déficit diminue d'une année sur l'autre depuis quelques années, le stock de dettes des administrations publiques continue de s'accroître.

Échanges extérieurs

Principaux soldes du commerce extérieur français

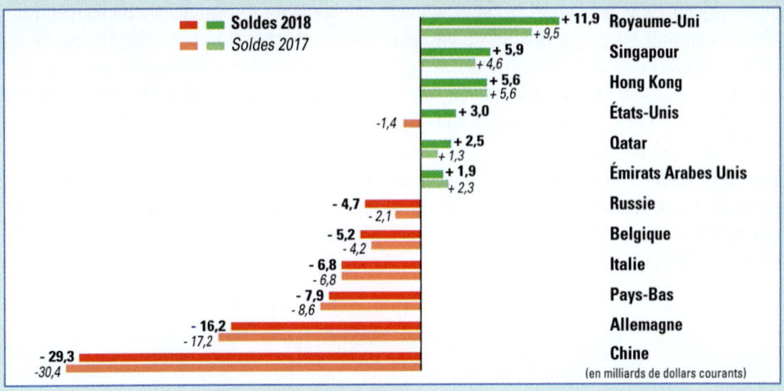

Source : Douanes, Trésor

Repères statistiques

Lecture : la Chine est le pays avec lequel la France a le plus fort déficit pour ses échanges de biens et de services en 2018, tandis que le Royaume-Uni est le pays avec lequel elle enregistre le plus fort excédent.

Compréhension : le commerce extérieur français se caractérise par des déficits permanents à l'égard de ses principaux partenaires européens, à l'exclusion du Royaume-Uni. Les déficits commerciaux avec l'Allemagne et la Chine se sont accrus entre 2017 et 2018.

Parts de marché mondiales des exportations

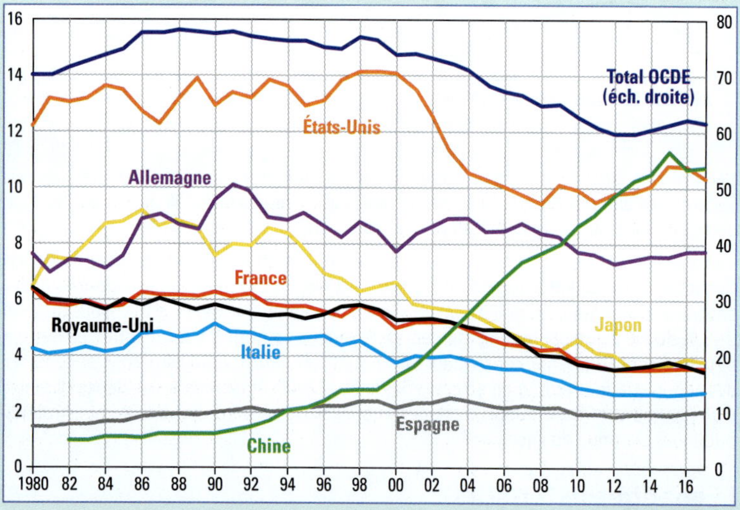

Source : OCDE, Trésor

Lecture : en 1980, les États-Unis sont le premier exportateur mondial de biens (produits physiques, sans les services) avec un peu plus de part de marché, suivie de près par l'Allemagne. En 2016, c'est la Chine qui est le premier exportateur mondial, avec près de 11 % de part de marché et après une croissance spectaculaire de ses ventes à l'étranger durant la décennie 2000-2010. Depuis 1980, la part de marché de la France est passée de 6,4 % à 3,6 %.

Compréhension : tous les pays développés, à l'exception de l'Allemagne, ont vu leurs parts de marché diminuer à la suite du développement des exportations des pays émergents. La Chine est ainsi devenue la première puissance exportatrice de biens en 2012, devant l'Allemagne et les États-Unis.

Cours de l'euro par rapport au dollar américain (moyenne annuelle)

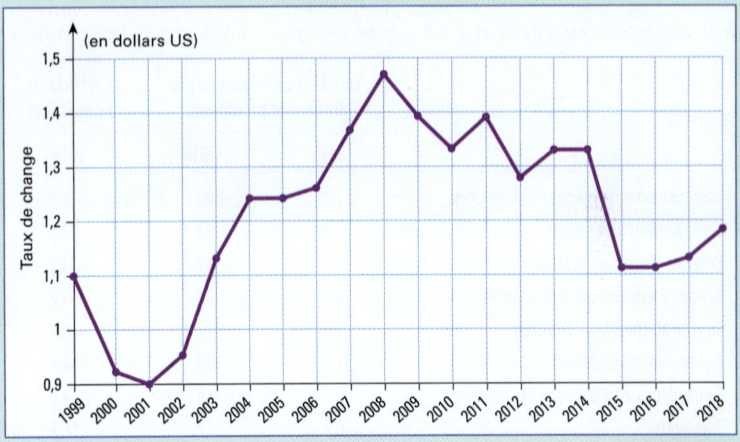

Source : Insee

Lecture : lors de son lancement, le 1er janvier 1999, le cours de l'euro est de 1,1 dollar américain. L'euro connaît ensuite une baisse de sa valeur par rapport au dollar (on obtient donc moins de dollars avec un euro, si bien que l'on doit payer plus cher les produits achetés en dollars). Le plancher de la parité (un euro pour un dollar) est franchi en janvier 2000 et, en octobre de cette même année, il atteint le plus bas niveau de son histoire avec un euro valant 0,82 dollar. En février 2008, l'euro atteint en revanche son plus haut niveau historique, avec un euro donnant 1,52 dollar, la moyenne annuelle étant de 1,47 pour l'année 2008.

Compréhension : à partir de 2002, l'euro commence à s'apprécier sur le marché des changes et voit sa valeur constamment augmenter par rapport au dollar ; l'échange d'un euro permet d'obtenir de plus en plus de monnaie américaine. Les années 2004-2013 se caractérisent par une valeur de l'euro en dollar assez élevée car elle pénalise les exportateurs de la zone euro par rapport aux produits libellés en dollar. C'est seulement à partir de 2016 que l'on observe une baisse significative de l'euro par rapport au dollar. Sur ce graphique, qui va jusqu'à fin 2018, on constate qu'à cette date, le cours de l'euro face au dollar a quasiment retrouvé son cours d'introduction.

Consommation

Évolution de la consommation des ménages par grands postes budgétaires

	Variation en volume au prix de l'année précédente		Coefficients budgétaires
	2010	2018	2018
Alimentation et boissons non alcoolisées	2,1	– 0,7	13,3
dont : produits alimentaires	*2,0*	*– 0,9*	*12,1*
Boissons alcoolisées et tabac	1,1	– 3,8	3,8
Articles d'habillement et chaussures	0,0	– 2,6	3,7
Logement, chauffage, éclairage	1,7	1,4	26,6
Équipement du logement	2,5	0,3	4,8
Santé (dépenses à la charge des ménages)	2,5	1,1	4,0
Transports	– 0,7	1,6	14,3
Communications	5,6	2,8	2,4
Loisirs et culture	2,5	1,5	8,0
dont : appareils électroniques et informatiques	*5,4*	*1,8*	*1,1*
Éducation (dépenses à la charge des ménages)	1,4	– 0,2	0,5
Hôtels, cafés et restaurants	1,7	4,3	7,7
Autres biens et services	1,1	0,5	12,3
Dépenses de consommation des ménages	1,7	0,9	100,0

Source : Insee

Lecture : en 2018, les Français ont consacré 12,1 % de leurs dépenses en achat de produits alimentaires tandis que leurs achats en matière d'habillement représentent 3,7 % du total de leurs dépenses. Leur consommation totale a augmenté de 0,9 % entre 2017 et 2018.

Compréhension : la part des dépenses « obligatoires » (logement, chauffage, éclairage essentiellement) progresse constamment et atteint près de 27 % des dépenses des ménages en 2018. Ce sont les dépenses liées aux moyens de communication qui tirent la consommation des ménages ces dernières années. Les dépenses de santé progressent aussi fortement mais, comme les dépenses liées aux moyens de communication, elles ne représentent qu'une faible part des dépenses des ménages. La situation est inversée pour le poste budgétaire des « transports » qui comprend les dépenses liées à l'automobile. Ces dépenses sont en baisse, en raison du contexte économique, mais elles représentent un poste de dépenses important pour les ménages français.

Dépenses de loisirs et de culture selon la catégorie socioprofessionnelle

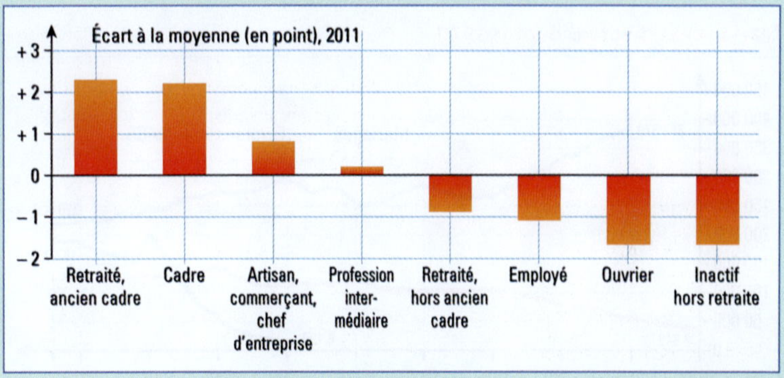

Source : Insee

Lecture : les cadres consacrent une part de leur consommation à la culture et aux loisirs qui est supérieure de 2,2 points à la moyenne de tous les ménages en 2011.

Compréhension : la part du budget des ménages consacrée aux dépenses culturelles et de loisirs varie selon la situation sociale et le niveau de revenu. Les ouvriers consacrent ainsi une part de leurs dépenses pour ces consommations qui est inférieure de 1,7 point par rapport à la moyenne des Français.

Repères statistiques

Famille

Mariages et divorces depuis 1970

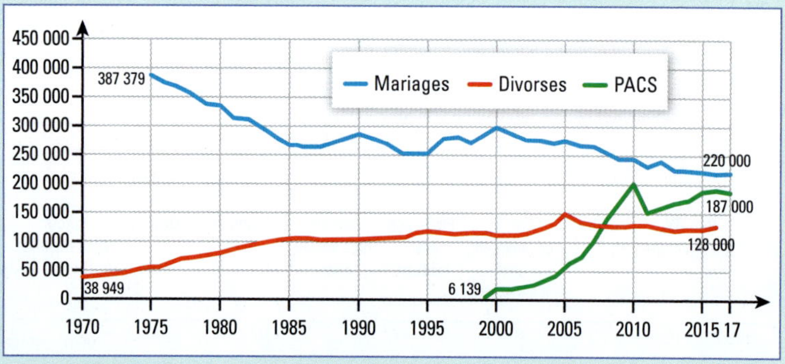

Source : INED

Lecture : en 2005, il y a eu 150 000 divorces en France, chiffre le plus élevé sur la période 1970-2016. Ces vingt-cinq dernières années, c'est en 2000 qu'il y a eu le plus grand nombre de mariages, avec 300 000 unions célébrées.

Compréhension : si le nombre de mariages a fortement diminué depuis 1970, cette baisse a surtout eu lieu entre 1970 et 1985. Entre 1986 et 2008, le nombre de mariages a été plutôt stable, entre 250 000 et 300 000 mariages chaque année. La création du PACS, en 1989, a répondu à une forte demande puisque leur nombre a connu une progression spectaculaire, jusqu'à représenter près de 80 % des unions en 2010. Toutefois, cette vive augmentation des PACS ne s'est pas faite au détriment du mariage, dont le nombre ne décroît que très légèrement ces dix dernières années. Le divorce, de son côté, connaît une faible augmentation entre 1985 et 2000, puis un accroissement plus vif jusqu'en 2005, avant de se stabiliser ensuite.

Familles avec enfants de moins de 18 ans

	Nombre de familles			Nombre d'enfants mineurs		
	1990	1999	2016	1990	1999	2016
Couples avec enfants	6 700	6 339	6 177	12 591	11 664	11 278
Familles monoparentales	953	1 289	1 856	1 494	2 022	2 934
Ensemble	7 653	7 628	8 032	14 085	13 686	14 212
Part des familles monoparentales (en %)	12,4	16,9	23,1	10,6	14,8	20,6
Part des familles mère-enfants au sein des familles monoparentales (en %)	88,5	87,7	83,7	89,2	88,3	84,8

Source : Insee

Lecture : en 2016, on compte 8 millions de familles avec au moins un enfant de moins de 18 ans. La même année, 1,9 million de familles sont des familles monoparentales.

Compréhension : les familles monoparentales représentent aujourd'hui 23 % du total des familles avec enfant(s). Cette part a fortement augmenté depuis 1990 où elle s'élevait à 12 %. Le nombre de familles monoparentales a doublé entre 1990 et 2016. Dans 85 % des cas, les enfants résident avec leur mère. Les familles monoparentales comptent en moyenne moins d'enfants mineurs au domicile que les couples avec enfants (1,6 contre 1,8).

Éducation

Proportion de bacheliers dans une génération

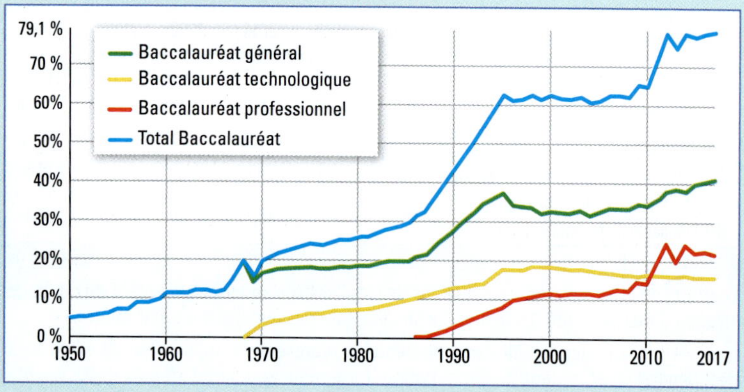

Source : Insee

Lecture : en 2017, près de 80 % d'une génération obtient le baccalauréat alors qu'au début des années 1960, ce n'était le cas que pour à peine plus de 10 % des jeunes nés la même année. 78 % obtiennent ainsi le baccalauréat dont 40 % un bac général, 15,7 % un bac technologique et 22,3 % un bac professionnel.

Compréhension : les années 1960 marquent la première étape d'une augmentation du nombre de jeunes qui obtiennent le baccalauréat mais ce sont surtout les années 1980 qui connaissent la plus forte croissance puisque l'on passe de 27 % d'une génération à près de 50 % grâce à la montée en puissance des baccalauréats généraux et technologiques (le bac technologique est créé en 1968) et, surtout, à la création du baccalauréat professionnel en 1985. Pendant une quinzaine d'années, entre 1994 et 2010, le taux de réussite au baccalauréat est stable, autour de 62 % d'une génération. La réforme du bac professionnel en 2008 explique la hausse récente du taux de réussite.

Inégalités de revenus

Indicateurs sur le niveau de vie depuis 1996

	Montants annuels en euros constants 2017			
	1996	2000	2008	2017
Niveau de vie médian	17 500	18 490	20 670	20 820
Niveau de vie moyen	19 870	21 480	24 060	23 920
1er décile (D1)	9 210	10 040	11 340	11 190
9e décile (D9)	32 210	34 950	38 160	38 210
Rapport interdécile (D9/D1)	3,5	3,5	3,4	3,4
S20 (en %)	8,8	8,9	8,9	8,8
S50 (en %)	31,0	30,7	30,8	30,8
S80 (en %)	62,8	61,8	61,5	62,0
(100-S80)/S20	4,2	4,3	4,3	4,3
Indice de Gini	0,282	0,289	0,292	0,289

Source : Insee

Lecture : en 2017, en France métropolitaine, la moitié des personnes ont un niveau de vie (revenu disponible du ménage divisé par le nombre d'unités de consommation) inférieur à 20 820 euros annuels, soit 1 935 euros par mois (niveau de vie médian). S20 (respectivement S50 et S80) correspond à la masse des revenus disponibles par unité de consommation détenue par les 20 % les plus modestes.

Compréhension : les 10 % de personnes les plus modestes ont un niveau de vie inférieur à 11 190 euros (1er décile). Le rapport interdécile (D9/D1) s'établit à 3,4 en 2017, au même niveau depuis plus de 20 ans. Les 20 % de personnes les plus aisées détiennent 38 % de la somme des niveaux de vie, soit 4,3 fois plus que les 20 % les plus modestes.

La pauvreté en France

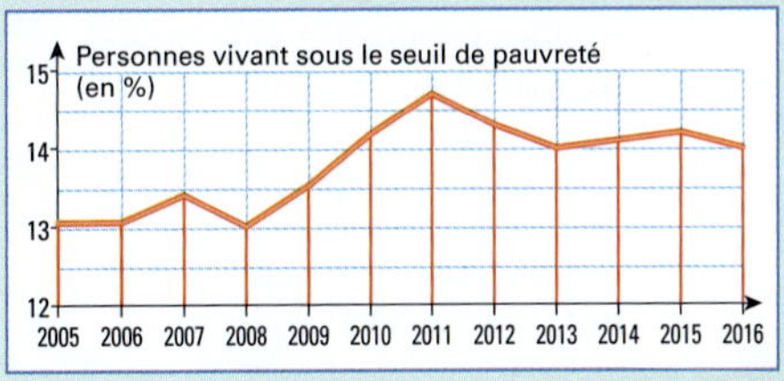

Source : Insee

Lecture : en 2016, plus de 14 % des personnes vivant en France sont sous le seuil de pauvreté (seuil à 60 %). Cette population a continuellement augmenté de 2008 à 2011 après plusieurs années de stabilité.

Compréhension : en 2016, ce taux correspond à 8,8 millions de personnes vivant avec moins de 1 026 euros par mois (seuil de pauvreté en 2015). La chute de la croissance et des revenus des ménages depuis 2011 devrait confirmer cette tendance à l'augmentation.

Repères statistiques

Lexique anglais-français

a

accounting comptabilité
advertising publicité
asset actif, avoir
auction enchère

b

back-office gestion des opérations
bailout plan de sauvetage, renflouement
balance bilan
balanced budget équilibre budgétaire
bankruptcy faillite
bargain négociation
barter troc
baseline base de référence
bean counter gratte-papier
bear market marché en baisse
benefit prestations sociales
billion milliard
board of directors conseil d'administration
body organisme
bond obligation
book livre de compte, comptabilité
borrower emprunteur
bout crise
brand marque
break-even point seuil de rentabilité
broker courtier
bull market marché en hausse
business affaires
bust récession, faillite

c

cap plafond
capital gain plus-value
capital goods biens d'équipement
capital intensive capitalistique
cash-flow capacité d'autofinancement
census recensement
chairman président
chief executive officer (CEO) directeur général (USA)
commodities denrées, matières premières
competition concurrence
consumer consommateur
consumer goods biens de consommation
corporate d'entreprise
cost coût
credit crunch resserrement brutal du crédit
crisis crise
crowding out (effect) effet d'éviction
crunch crise
currency monnaie
cushion garantie
custom clientèle

d

deal accord, transaction
debt dette
debt burden charge de la dette
deregulation déréglementation
downturn retournement de conjecture, baisse
downsizing restructuration
duty-free exempt de droit de douane

e

earnings gains, profits
economics l'économie
economy les économies
employment emploi
entitlements droits sociaux
equities obligations, titres, actions
exchange rate taux de change
expenditure dépenses

f

feed-back rétroaction, effet de retour
fee commission, honoraire
figures chiffres
fiscal policy politique budgétaire
forecasting prévision
foreign trade commerce extérieur
free rider passager clandestin

g

globalization mondialisation
goods marchandises
grant dotation

greenback dollar, billet vert
gross brut
gross domestic product (GDP) PIB
growth croissance

h

hiring embauche
hot money capitaux très spéculatifs
household ménage
hubris prétention démesurée

i

imbalance déséquilibre
incentives incitations
income revenu
indebtedness dette, endettement
in-house interne
interest rate taux d'intérêt
investment bank banque d'investissement
IOUS dettes (I owe you)

j

job emploi
joint-venture entreprise conjointe

k

know-how savoir-faire

l

labor market marché du travail
learning curve courbe d'apprentissage
liabilities passif, dettes
liquidity squeeze resserrement de liquidité
living standard niveau de vie
loan prêt, emprunt
lobby groupe de pression
lull ralentissement, pause

m

mainstream pensée dominante
meltdown chute des cours des actions, krach
merger fusion
monopoly monopole

o

offer by tender appel d'offre
offshoring délocalisation
outcome résultat
output production
outsourcing externalisation, délocalisation

p

pension retraite
policy makers pouvoirs publics
pool groupe, tour de table financier
pork-barreling dépenses à but électoral
price prix
prime rate taux préférentiel
private company entreprise non cotée
private equity société d'investissement privée
provision clause, disposition
public utility service public
public society société cotée
purchase power pouvoir d'achat

r

raise augmentation, hausse
rate taux, cours
rating notation
rational expectations anticipations rationnelles
real estate immobilier
recovery reprise
red tape bureaucratie, paperasserie
reflation relance
return rentabilité
return to scale rendements d'échelle
royalty redevance
running cost dépenses de fonctionnement

s

sales soldes
savings épargne
securities valeurs mobilières, titres
share action
shareholder actionnaire
side effect effet pervers, effet secondaire

sleeping partner associé passif
slump effondrement, chute
spending dépenses
sponsoring parrainage
spread marge
stakeholder partie prenante
start up entreprise qui démarre
stocks actions, valeurs, titres
stock market bourse
subsidiary filiale
subsidy subvention
supply-side économie de l'offre
sustainable durable, renouvelable
switch arbitrage

t

take off décollage
takeover rachat, prise de contrôle
tariff droit de douane
tax impôt
trade balance balance commerciale
training formation
trend tendance de fond
turn over chiffre d'affaires, rotation

u

union syndicat

v

value added valeur ajoutée
venture-capital capital-risque

w

wage salaire
wealth richesse
welfare State État-providence

y

yield rendement

Lexique de A à Z

A

Absentéisme › 534

Absorption › 234

Abstention › 562

Accélération
Effet économique liant l'investissement à l'augmentation de la demande.
POUR ALLER PLUS LOIN › **302**

Accord collectif › 460

Accord d'autolimitation › 456

Accords de la Jamaïque › 518

Accord de libre-échange nord-américain (ALENA) › 314, 539

Accords de Marrakech › 312

Accord de Paris › 237

Accords de Washington › 518

Accord général sur les tarifs douaniers et le commerce (GATT) › 11, 311

Accords Multifibres (AMF) › 456

Accroissement › 582

Acculturation
Ensemble des phénomènes qui résultent du contact direct et continu entre groupes de cultures différentes.
POUR ALLER PLUS LOIN › **173**

Accumulation du capital
Réinvestissement permanent des profits pour développer les moyens de production et les profits futurs.
POUR ALLER PLUS LOIN › **77, 336**

ACP (Afrique, Caraïbes, Pacifique) › 187

Acquis communautaire › 549

Acte unique européen › 546

Actif
1. Personne exerçant une activité rémunérée, ou recherchant un emploi rémunéré (chômeur).
2. Nom donné à un bien matériel ou immatériel possédé par un agent économique. Par extension, ensemble des biens et des créances appartenant à un agent économique.
POUR ALLER PLUS LOIN › **60, 381**

Actif circulant › 61

Actif immobilisé › 61

Actifs financiers › 381

Actifs incorporels › 381

Actifs monétaires › 361

Actifs non monétaires › 361

Actifs réels › 381

Actifs toxiques › 150

Action
Titre de propriété sur une partie du capital de l'entreprise.
POUR ALLER PLUS LOIN › **556**

Action collective
Action commune menée par plusieurs personnes en vue d'atteindre un certain objectif.
POUR ALLER PLUS LOIN › **224**

Actionnaire › 556

Administrateur judiciaire › 234

Administration › 229, 249

Administrations publiques
Notion de comptabilité nationale désignant les organismes publics qui dépendent donc de l'État ou des collectivités locales et qui produisent des services non marchands.
POUR ALLER PLUS LOIN › **254, 445**

Agents économiques › 198

Agrégation
Addition de comportements individuels.
POUR ALLER PLUS LOIN › **486**

Agrégats
Grandeurs économiques qui rassemblent et résument les résultats de l'activité économique nationale (PIB par exemple).
POUR ALLER PLUS LOIN › **98, 113**

Agrégats monétaires
Regroupements conventionnels des actifs monétaires selon leur degré de liquidité.
POUR ALLER PLUS LOIN › **361, 409**

Aide au développement › 188

Aide liée › 188

Aide publique au développement (APD) › 188

Aides au retour › 91

Aides aux entreprises › 389

Airain (loi d'airain des salaires) › 600

Ajustement
Politique économique dont l'objectif est le rééquilibrage de la balance des transactions courantes (déficit extérieur).
POUR ALLER PLUS LOIN › **59**

Ajustement structurel › 509

Aléa moral
Situation d'un agent économique qui, après la signature d'un contrat, peut être pénalisé par un comportement de l'autre partie qu'il ne pouvait pas prévoir.
POUR ALLER PLUS LOIN › **15, 332, 509**

ALENA (accord de libre-échange nord-américain) › 314, 539

Aliénation
Notion utilisée par Karl Marx pour décrire une situation dans laquelle les individus, dépossédés du sens de leur travail, deviennent étrangers à eux-mêmes.
POUR ALLER PLUS LOIN › **337**

Allocation de base › 448

Allocation de solidarité › 450

Allocation personnalisée pour l'autonomie (APA) › 450

Allocations familiales
Prestations sociales versées mensuellement à tous les ménages qui ont au moins deux enfants à charge de moins de 20 ans.
POUR ALLER PLUS LOIN › **448**

Altermondialisme › 346, 448

Altruisme
Doctrine qui fait de la recherche de l'intérêt général la source du comportement des individus.
POUR ALLER PLUS LOIN › **208**

Aménagement du temps de travail › 537

Aménagement et réduction du temps de travail (ARTT) › 538

AMF
Accords Multifibres.
POUR ALLER PLUS LOIN › **456**

Amortissement
1. Opération économique destinée à prendre en compte le vieillissement des biens de production (machine, usine, etc.) afin d'en prévoir le remplacement.

L'amortissement correspond aux sommes que l'entreprise met de côté afin de reconstituer son capital technique, usé ou frappé d'obsolescence.
2. L'amortissement financier désigne le remboursement du capital d'un emprunt ou d'une dette.
POUR ALLER PLUS LOIN › **297**

Analyse keynésienne › **201**

Analyse monétariste › **416**

Analyse néoclassique › **210**

Anomie
Notion sociologique introduite par Émile Durkheim pour caractériser l'état d'une société dans laquelle la régulation sociale n'est plus assurée (insuffisance des normes ou absence de règles sociales guidant les conduites des individus).
POUR ALLER PLUS LOIN › **131**

Anthropologie
Science sociale qui étudie la diversité des sociétés humaines dans le temps comme dans l'espace (l'ethnologie, de son côté, examine plus particulièrement les sociétés traditionnelles, dites « primitives »).
POUR ALLER PLUS LOIN › **166**

Anticipation
Prévision de la valeur future d'une grandeur économique (consommation, investissement, etc.).
POUR ALLER PLUS LOIN › **203, 213**

Anticipations adaptatives › **213**

Anticipations rationnelles
Anticipations que les agents économiques forment pour les valeurs futures des variables économiques en utilisant toute l'information disponible au moment de leur prévision.
POUR ALLER PLUS LOIN › **213**

Anti-sélection › **331**

APA (allocation personnalisée pour l'autonomie) › **450**

APD (aide publique au développement) › **188**

APEC *(Asia Pacific Economic Cooperation)* › **314**

Appréciation
Augmentation de la valeur d'une monnaie, constatée sur le marché des changes, par rapport à une ou plusieurs autres devises.
POUR ALLER PLUS LOIN › **397**

Approfondissement de l'intégration européenne › **549**

Aristocratie
Régime politique caractérisé par le gouvernement des « meilleurs » ; groupe social particulier dans les régimes féodaux.
POUR ALLER PLUS LOIN › **386**

Aron, Raymond
(1905-1983)
Philosophe et sociologue français.
› **387, 483**

ARTT (aménagement et réduction du temps de travail) › **538**

Ascétisme
Mode de vie et doctrine fondés sur la satisfaction des seuls besoins élémentaires et sur le refus du luxe et du superflu.
POUR ALLER PLUS LOIN › **490**

Assedic (indemnisation du chômage) › **448**

Assiette (de l'impôt) › **280**

Assimilation
Processus d'acculturation qui conduit à la disparition de la culture d'origine.
POUR ALLER PLUS LOIN › **173**

Assistance
Garantie offerte aux personnes subissant des risques sociaux même si celles-ci n'ont pas cotisé ou ont insuffisamment cotisé, le principe de solidarité reconnaissant à chacun le droit à un minimum de ressources.
POUR ALLER PLUS LOIN › **446**

Association
Groupement volontaire résultant d'un contrat passé entre plusieurs personnes qui mettent en commun leurs connaissances ou leurs activités dans un but autre que partager les bénéfices.
POUR ALLER PLUS LOIN › **26, 223, 229**

Assouplissement quantitatif › **155**

Assurance › **446**

Assurance sociale
Système d'assurance obligatoire reposant sur un principe de solidarité et couvrant les risques sociaux.
POUR ALLER PLUS LOIN › **445**

Asymétrie d'information
Situation d'échange dans laquelle certains participants disposent d'informations sur la qualité du produit ou du service que les autres n'ont pas.
POUR ALLER PLUS LOIN › **12, 327, 331**

Attitude
Disposition d'esprit plus ou moins permanente qui est à l'origine des opinions et des comportements des individus.
POUR ALLER PLUS LOIN › **371**

Augmentation de capital
Opération financière d'une société destinée à accroître son capital social.
POUR ALLER PLUS LOIN › **74**

Autarcie › **456**

Autoconsommation › **119**

Autofinancement
Ensemble des ressources que dégage l'entreprise grâce à son activité, et qui restent à sa disposition une fois l'ensemble de ses partenaires rémunérés (le personnel, l'État avec l'impôt sur les sociétés, les prêteurs, les actionnaires).
POUR ALLER PLUS LOIN › **442**

Automatisation › **536**

Autorité
Pouvoir d'imposer l'obéissance non par la force mais par la reconnaissance du caractère légitime du pouvoir.
POUR ALLER PLUS LOIN › **384**

Autorité de régulation
Autorité administrative indépendante chargée d'organiser la fourniture d'un service public et de veiller au respect des règles de la concurrence.
POUR ALLER PLUS LOIN › **479**

Avance › **358**

Avantage absolu › **309**

Avantage comparatif
Nom donné à l'analyse de David Ricardo (1817) qui fonde la théorie libérale des échanges internationaux en montrant que le commerce ne désavantage aucun des participants, chacun ayant tout à y gagner.
POUR ALLER PLUS LOIN › **10, 309**

Avoirs de réserve › **57**

B

Balance commerciale
Compte statistique qui retrace les échanges de marchandises (biens matériels) entre un pays et le reste du monde, c'est-à-dire les exportations et les importations.
POUR ALLER PLUS LOIN › **52**

Balance des capitaux
Compte statistique, appelé désormais « compte financier » dans la balance des paiements, qui retrace l'ensemble des échanges de capitaux entre un pays donné et le reste du monde.
POUR ALLER PLUS LOIN › **55**

Balance des invisibles › 54

Balance des opérations courantes › 54

Balance des paiements
Compte statistique qui retrace l'ensemble des relations économiques (commerciales, financières et monétaires) effectuées durant une année entre un pays et l'extérieur.
POUR ALLER PLUS LOIN › **54, 55**

Balance des services › 54

Balance des transactions courantes
Compte statistique qui retrace l'ensemble des échanges de biens et de services entre un pays donné et l'étranger.
POUR ALLER PLUS LOIN › **54**

Bâle III › 150

Banque › 278

Banque centrale
Banque particulière chargée d'émettre la monnaie et d'assurer l'unité de fonctionnement du circuit monétaire en permettant aux banques de satisfaire les demandes de leur clientèle.
POUR ALLER PLUS LOIN › **357**

Banque centrale européenne (BCE)
Banque centrale unique des pays ayant adopté l'euro et chargée de définir et de conduire la politique monétaire, ainsi que d'assurer le contrôle de la création monétaire en euros (elle est indépendante et siège à Francfort).
POUR ALLER PLUS LOIN › **261, 264, 406**

Banque de France
Créée en 1800, nationalisée en 1945, la Banque de France, qui était, jusqu'à la création de l'euro en janvier 1999, l'institut d'émission des francs, est désormais une composante du Système européen des banques centrales (SEBC), chapeauté par la Banque centrale européenne (BCE).
POUR ALLER PLUS LOIN › **358, 359**

Banque internationale pour la reconstruction et le développement (BIRD) › 187

Banque mondiale › 187

Banque systémique › 510

Barème d'imposition › 280

Barrière tarifaire › 454

Base monétaire › 360

BCE (Banque centrale européenne) › 264

Bénéfice
Revenu de l'entreprise, déduction faite de l'ensemble des charges.
POUR ALLER PLUS LOIN › **133, 441**

Bénéfice distribué › 442

Bénéfice global › 133

Bénéfice (imposable) › 442

Bénéfice net › 442

Bénéfice non distribué › 442

Besoin
Sentiment de manque fondé sur le désir de posséder tel ou tel bien, ou d'obtenir tel ou tel service.
POUR ALLER PLUS LOIN › **119**

Besoin de financement
Situation d'un agent économique lorsque son épargne est inférieure aux investissements qu'il souhaite réaliser.
POUR ALLER PLUS LOIN › **277**

Besoin physiologique ou primaire › 119

Besoin secondaire › 119

Beveridge (rapport) › 253

Biais › 372

Bien collectif
Bien qui n'est pas divisible et dont le coût de production ne peut être imputé à un individu en particulier.
POUR ALLER PLUS LOIN › **255**

Bien complémentaire › 123

Bien économique
Tout objet ou service qui procure une satisfaction, existe en quantité limitée et peut s'échanger sur un marché.
POUR ALLER PLUS LOIN › **199, 430**

Bien d'équipement › 430

Bien de consommation › 430

Bien de consommation durable
Cf. Bien durable.
POUR ALLER PLUS LOIN › **118, 430**

Bien de consommation non durable › 430

Bien de production
Bien produit pour d'autres entreprises (et non pour les consommateurs), destiné à être utilisé dans le processus de production.
POUR ALLER PLUS LOIN › **430**

Bien durable
Bien de consommation dont la destruction n'est pas immédiate, mais se fait progressivement dans le temps.
POUR ALLER PLUS LOIN › **118, 430**

Bien immatériel ou service › 430

Bien inférieur › 122

Bien libre
Bien surabondant et immédiatement disponible, sans effort particulier.
POUR ALLER PLUS LOIN › **199, 430**

Bien matériel › 430

Bien normal › 122

Bien public mondial
Bien collectif qui est la propriété de l'humanité tout entière et qui doit faire l'objet d'une régulation à l'échelle mondiale (environnement, protection de la nature, santé, paix et sécurité).
POUR ALLER PLUS LOIN › **31, 236**

Bien substituable › 123

Bien supérieur › 122

Biens communs › 30, 44

Bilan
Document comptable établi chaque année par l'entreprise pour présenter, à un instant donné, la situation de son patrimoine.
POUR ALLER PLUS LOIN › **60**

Bilan carbone › 242

Bilan social › 60

Bilatéralisme › **311**

Billet de trésorerie › **362**

BIRD (Banque internationale pour la reconstruction et le développement) › **187**

Bodin, Jean

(1530-1596)

« C'est donc abondance d'or et d'argent qui cause en partie la cherté des choses. »

Réponse aux Paradoxes de Monsieur de Malestroit, 1568.

Jean Bodin, célèbre juriste, est l'un des premiers à formuler ce qui sera plus tard désigné comme la théorie quantitative de la monnaie, à savoir le lien de causalité entre l'accroissement des moyens monétaires (hier, l'or ou l'argent affluant d'Amérique du Sud, aujourd'hui l'augmentation de la masse monétaire) et la hausse du niveau général des prix. L'afflux de métaux précieux après la découverte du Nouveau monde avait en effet conduit à une hausse des prix. La thèse de Jean Bodin s'oppose ainsi à l'idée fondamentale des mercantilistes selon laquelle la puissance et la richesse d'une nation sont liées à la possession d'une grande quantité de métaux précieux.

« Il ne faut jamais craindre
qu'il y ait trop de sujets, trop de citoyens
vu qu'il n'y a de richesse,
ni de force que d'hommes. »

De la République, 1576.

L'augmentation de la population a été une préoccupation constante des rois et de leurs ministres. La puissance du pays se mesurait alors au nombre de ses sujets. Mais à l'époque du mercantilisme, où la richesse se mesure en or et métaux accumulés, le « il n'est de richesse que d'hommes » sonne comme une critique. Cette citation est aujourd'hui utilisée pour mettre en avant l'importance des individus dans une organisation ou une activité, par opposition aux choses matérielles ou aux capitaux.

Bon du Trésor › **357**

Bon du Trésor négociable › **362**

Bonification d'intérêt › **389**

Boudon, Raymond

(1934-2013)

Sociologue français. Ses principaux ouvrages sont : *L'Inégalité des chances* (1973), *Effets pervers et ordre social* (1977), *L'Idéologie* (1986). Partisan d'une analyse de la vie sociale en termes d'individualisme méthodologique et d'effets d'agrégation (ou effets de composition), il s'oppose aux sociologues d'inspiration durkheimienne (Pierre Bourdieu par exemple).

POUR ALLER PLUS LOIN › **197, 485**

Bourdieu, Pierre

(1930-2002)

Sociologue français. Ses principaux ouvrages sont : *Les Héritiers* (1964, avec Jean-Claude Passeron), *La Reproduction* (1970, avec Jean-Claude Passeron), *Esquisse d'une théorie de la pratique* (1972), *La Distinction* (1979), *Questions de sociologie* (1980), *La Misère du monde* (1993). Son ambition s'inscrit dans la tradition durkheimienne à un double point de vue : d'une part, en essayant de combattre les préjugés sur le social grâce à une étude scientifique des faits sociaux ; d'autre part, en considérant que les comportements, les perceptions et les représentations des individus ou des groupes sont socialement déterminés (holisme). Il s'agit donc de découvrir les mécanismes par lesquels les structures sociales sont à la fois l'origine et le résultat des pratiques individuelles.

POUR ALLER PLUS LOIN › **194, 197, 376, 485, 493**

Bourgeoisie
Dans l'analyse marxiste, classe sociale qui possède les moyens de production.
POUR ALLER PLUS LOIN › **336, 497**

Bourse
Lieu permettant la confrontation des demandeurs et des offreurs pour un produit donné.
POUR ALLER PLUS LOIN › **62**

Bourse de commerce › **62**

Bourse des valeurs
Marché organisé où s'échangent des valeurs mobilières (actions et obligations).
POUR ALLER PLUS LOIN › **62**

Boycott › **353**

Bretton Woods › **516**

Brexit › **159, 541**

BRISC (Brésil, Russie, Inde, Chine et Afrique du Sud) › **42**

Budget
Prévision détaillée des recettes et des dépenses d'un agent économique pour une certaine période.
POUR ALLER PLUS LOIN › **68**

Budget communautaire › **544**

Budget de l'État
Document retraçant l'ensemble des recettes et des dépenses de l'État pour une année civile (du 1er janvier au 31 décembre).
POUR ALLER PLUS LOIN › **68**

Budget d'un ménage › **120**

Budget fonctionnel › **70**

Bulle informationnelle › **379**

Bulle spéculative (ou financière)
Hausse importante des prix sur un marché d'actifs (action, monnaie, immobilier par exemple) sans que la situation économique des pays concernés justifie cette envolée des cours.
POUR ALLER PLUS LOIN › **14, 507**

Bureau des méthodes › **532**

C

CAC (cotation assistée en continu) › **559**

CAE (Conseil d'analyse économique) › **402**

CAF (coût assurance fret) › **53**

CAI (Contrat d'accueil et d'intégration) › **104**

Capacité d'autofinancement
Ensemble des ressources dont pourrait disposer l'entreprise et qu'elle répartit entre ses actionnaires et elle-même.
POUR ALLER PLUS LOIN › **443**

Capacité de financement
Épargne des agents économiques disponible pour d'autres agents.
POUR ALLER PLUS LOIN › **277**

Capacités de production
Ensemble des machines et des équipements disponibles dans les entreprises pour assurer la production.
POUR ALLER PLUS LOIN > **202**

Capital
1. Patrimoine d'un agent économique susceptible de lui procurer un revenu (capital économique).
2. Ensemble des moyens de production durables dont dispose l'entreprise (capital technique).
POUR ALLER PLUS LOIN > **8, 72**

Capital culturel
Notion due à Pierre Bourdieu pour désigner l'ensemble des qualifications (diplômes) et des connaissances qui sont valorisées dans une société.
POUR ALLER PLUS LOIN > **194, 197, 493**

Capital économique > **72, 194, 197, 493**

Capital fixe > **73**

Capital humain
Capacités intellectuelles et professionnelles d'un individu qui lui assurent des revenus monétaires futurs.
POUR ALLER PLUS LOIN > **75**

Capital-risque > **75**

Capital social
1. En économie, ensemble des sommes mises à la disposition d'une entreprise par ses propriétaires (actionnaires).
POUR ALLER PLUS LOIN > **74**
2. Notion sociologique introduite par Pierre Bourdieu pour désigner l'ensemble des relations sociales et des réseaux de connaissances possédés par un individu ou un groupe.
POUR ALLER PLUS LOIN > **195, 197, 464, 493**

Capital technique > **72, 73**

Capitalisation > **449**

Capitalisation boursière > **560**

Capitalisme
Système économique caractérisé par la propriété privée des moyens de production et l'accumulation du capital grâce aux profits réalisés et réinvestis dans les entreprises.
POUR ALLER PLUS LOIN > **77, 336**

Capitalisme sauvage > **78**

Capitaux permanents > **61**

Capitaux propres (fonds propres) > **61**

Carré magique > **403**

Cartel > **330**

Cash-flow
Cf. Capacité d'autofinancement.
POUR ALLER PLUS LOIN > **443**

Castes
Groupes sociaux strictement délimités et séparés de façon rigide les uns des autres.
POUR ALLER PLUS LOIN > **495**

Catégorie socioprofessionnelle (CSP)
Cf. Professions et catégories socioprofessionnelles.
POUR ALLER PLUS LOIN > **500**

Causalité
Lien entre deux phénomènes dont l'un est la cause de l'autre.
POUR ALLER PLUS LOIN > **486**

CDD (contrat de travail à durée déterminée) > **88**

CDS *(credit default swaps)* > **507**

CECA (Communauté européenne du charbon et de l'acier) > **540**

CEE (Communauté économique européenne) > **540**

Centralisation > **250**

Cercle de qualité › 536

Certificat de dépôts › 362

Cessation de paiement › 233

CET (contribution économique territoriale) › 284

Chaîne de montage › 533

Chaîne de valeur › 11, 311

Change
Opération de conversion d'une monnaie dans une autre monnaie nécessaire à un échange économique entre deux pays.
POUR ALLER PLUS LOIN › **79**

Change à terme › 84

Changes fixes
Système de change dans lequel les pays qui ont passé un accord pour maintenir des parités stables entre leur monnaie ont l'obligation d'intervenir sur le marché des changes pour défendre la parité de leur monnaie.
POUR ALLER PLUS LOIN › **81**

Changes flexibles › 82

Changes flottants
Système de change dans lequel la banque centrale d'un pays n'a aucune obligation quant à la valeur de sa monnaie par rapport aux autres devises.
POUR ALLER PLUS LOIN › **82, 518**

Charges › 132, 441

Charges budgétaires › 69

Charges des entreprises › 36

Charges patronales › 135

Charte européenne des droits fondamentaux › 549

Chiffre d'affaires
Montant total des ventes réalisées par une entreprise au cours d'une année.
POUR ALLER PLUS LOIN › **432**

Chiffre noir › 129

Chômage
État de personnes sans emploi, disponibles pour travailler et recherchant effectivement un emploi.
POUR ALLER PLUS LOIN › **12, 24, 86**

Chômage classique › 13, 91

Chômage conjoncturel › 12, 90

Chômage d'exclusion › 269

Chômage de longue durée › 90

Chômage frictionnel › 12, 90

Chômage keynésien
Chômage dû à une insuffisance de la demande de biens et services anticipée par les entreprises, ce qui conduit ces dernières à limiter la production et donc l'emploi.
POUR ALLER PLUS LOIN › **13, 90**

Chômage partiel › 90

Chômage structurel › 12, 90

Chômage technique › 90

Chômage volontaire › 203

CIR (Contrat d'intégration républicaine) › 104

Circuit économique
Présentation simplifiée des enchaînements économiques décrivant les grandes opérations réalisées par les agents (production, consommation, revenus, épargne, investissement).
POUR ALLER PLUS LOIN › **96**

Citoyenneté
Statut juridique d'une personne à laquelle est reconnue une égalité de droits et de devoirs avec les autres membres de la communauté.
POUR ALLER PLUS LOIN › **103, 222**

Civisme › **104**

CJUE (Cour de Justice de l'Union européenne) › **544**

Classe moyenne
Classe ou groupe social hétérogène regroupant l'ensemble des personnes qui ne sont ni propriétaires de moyens de production, ni membres de la classe ouvrière ou du groupe des agriculteurs.
POUR ALLER PLUS LOIN › **499**

Classe ouvrière › **497**

Classe sociale
Groupe social dans une société où il n'existe pas de hiérarchie sociale officielle et juridique mais dans laquelle on observe une tendance à l'hérédité des positions sociales. Les membres d'une même classe se caractérisent par une même place dans les rapports de production, un mode de vie et des ressources propres et le même sentiment d'appartenir à ce groupe.
POUR ALLER PLUS LOIN › **19, 497**

Classiques
Ensemble d'économistes qui, à la fin du XVIIIe siècle, ont fondé la science économique en cherchant à établir des « lois naturelles » pour éclairer le fonctionnement de l'économie.
POUR ALLER PLUS LOIN › **207**

Clause d'exception › **548**

Clause de la nation la plus favorisée › **311**

CMU (couverture maladie universelle) › **450**

CNUCED (Conférences des Nations unies pour le commerce et le développement) › **187**

Coase, Ronald
(1910-2013)
Économiste britannique.
POUR ALLER PLUS LOIN › **520**

Co-décision › **543**

Co-développement › **189**

Co-entreprise › **350**

Coefficient budgétaire
Part d'un poste budgétaire d'un ménage (poste de dépense) dans le total de la consommation.
POUR ALLER PLUS LOIN › **120**

Coefficient de capital
Rapport entre le stock de capital d'une entreprise (ou d'un secteur) et la production réalisée grâce à ce capital.
POUR ALLER PLUS LOIN › **74**

Coefficient de Gini › **28, 219**

Coefficient multiplicateur
Rapport entre deux grandeurs destiné notamment à exprimer et à mesurer des variations dans le temps.
POUR ALLER PLUS LOIN › **363, 583**

Cohabitation › **275**

Cohabitation juvénile › **275**

Colbertisme › **455**

Collectif budgétaire › **70**

Collectivités locales › **251**

Collectivités territoriales › **251**

Combinaison des facteurs de production › **430**

Combinaison productive
Choix par le chef d'entreprise d'une certaine quantité de chaque facteur de production pour réaliser sa production.
POUR ALLER PLUS LOIN › **8, 430**

Comité d'entreprise › 458

Comité social et économique (CSE) › 458

Commerce captif › 347

Commerce équitable › 188

Commerce extérieur
Au sens strict, échanges de marchandises entre un pays et le reste du monde. Au sens large, échanges des biens et des services.
POUR ALLER PLUS LOIN › **53, 106**

Commerce inter-branches › 347

Commerce international › 308

Commerce intra-branche › 347

Commerce intra-firme › 347

Commission européenne
Organe d'initiative et d'exécution de l'Union européenne.
POUR ALLER PLUS LOIN › **543**

Communautarisme › 173

Communauté
Groupe de personnes partageant le sentiment fort d'appartenir à un même ensemble.
POUR ALLER PLUS LOIN › **482**

Communauté de l'énergie atomique (Euratom) › 540

Communauté économique européenne (CEE) › 540

Communauté europèene (CE) › 541

Communauté européenne du charbon et de l'acier (CECA) › 540

Communisme
Notion marxiste caractérisant une société débarrassée des hiérarchies sociales et de l'exploitation de l'homme par l'homme.
POUR ALLER PLUS LOIN › **335**

Communs › 30, 44

Compensation › 360

Compensation salariale › 92

Compétitivité
Capacité d'une entreprise, d'un secteur ou d'une économie à faire face à la concurrence, tant sur les marchés extérieurs que sur son marché interne.
POUR ALLER PLUS LOIN › **11, 13, 108**

Compétitivité-coût › 109

Compétitivité-prix › 109

Compétitivité structurelle › 11, 110

Comportement
Manière d'agir d'un individu ou d'un groupe d'individus.
POUR ALLER PLUS LOIN › **371**

Comportement de marge › 109

Comportement mimétique › 507

Comptabilité nationale
Représentation simplifiée et chiffrée de toutes les opérations économiques réalisées pendant une année à l'intérieur d'une économie ou entre celle-ci et le reste du monde.
POUR ALLER PLUS LOIN › **112**

Compte de capital › 55

Compte de résultat › 441

Compte des transactions courantes (balance des transactions courantes) › 54

Compte financier › 55

Concentration
Processus économique général consistant dans l'augmentation régulière de la taille des entreprises, notamment grâce à des rachats et des fusions avec d'autres entreprises.
POUR ALLER PLUS LOIN › **234**

Concentration conglomérale › **235**

Concentration des revenus › **218**

Concentration économique › **234**

Concentration financière › **234**

Concentration horizontale › **235**

Concentration verticale › **235**

Concentration technique › **234**

Conception évolutionniste › **483**

Concurrence
1. Sens courant : compétition ou confrontation entre plusieurs vendeurs (ou acheteurs) d'un même produit. Par extension, la concurrence désigne aussi les autres entreprises qui sont sur le même marché.
2. Sens économique : structure de marché où vendeurs et acheteurs sont suffisamment nombreux pour qu'aucun ne puisse exercer une influence sur le prix.
POUR ALLER PLUS LOIN › **325**

Concurrence imparfaite › **326**

Concurrence monopolistique
Situation de concurrence dans laquelle les entreprises différencient tellement leurs produits qu'elles se trouvent disposer d'un certain monopole pour leurs propres produits.
POUR ALLER PLUS LOIN › **326**

Concurrence pure et parfaite
Notion introduite par la théorie néoclassique pour décrire l'ensemble des conditions requises pour obtenir un fonctionnement idéal de tous les marchés.
POUR ALLER PLUS LOIN › **209, 326**

Condillac, Étienne de
(1714-1780)
Philosophe et économiste français.

« La valeur des choses est fondée sur leur utilité, ou, ce qui revient au même, sur le besoin que nous en avons, ou, ce qui revient encore au même, sur l'usage que nous en pouvons faire. »
Le Commerce et le gouvernement considérés relativement l'un à l'autre, 1776.

Condillac, abbé et philosophe, définit ici la valeur d'un bien par son utilité ou sa valeur d'usage. Mais depuis A. Smith, on sait qu'il convient de distinguer entre valeur d'usage et valeur d'échange : « il n'y a rien de plus utile que l'eau, mais avec elle on ne peut presque rien acheter. Un diamant au contraire, n'a presque aucune valeur quant à l'usage, mais on trouvera fréquemment à l'échanger contre une très grande quantité d'autres marchandises » *(Recherches sur la nature et les causes de la richesses des Nations)*. Condillac reconnaît l'objection à sa définition : l'eau est très utile mais n'a aucune valeur. C'est pourquoi il la complète en disant que la rareté intervient, avec l'utilité, dans la détermination de la valeur d'une chose.

Confédération › **251**

Conférences des Nations unies pour le commerce et le développement (CNUCED) › **187**

Conflit collectif › **461**

Conformisme
Attitude consistant à adopter strictement les traits culturels du groupe au sein duquel on se trouve.
POUR ALLER PLUS LOIN › **171**

Conformité sociale
Caractéristique des conduites des individus lorsqu'ils respectent parfaitement les normes ou les valeurs du groupe ou de la société.
POUR ALLER PLUS LOIN › **127**

Congé de conversion › 91

Congés payés › 538

Conglomérat › 235

Conscience collective
Selon Durkheim, ensemble des croyances et des sentiments communs à la moyenne des membres d'une même société à un moment donné.
POUR ALLER PLUS LOIN › **492**

Conscience de classe › 498

Conseil d'administration › 232

Conseil d'analyse économique (CAE) › 402

Conseil de l'euro › 265

Conseil de l'Union européenne › 542

Conseil de surveillance › 232

Conseil des ministres
Appelé Conseil de l'Union depuis le traité de Maastricht ; instance de décision centrale de l'UE, composée des représentants des gouvernements des États-membres.
POUR ALLER PLUS LOIN › **542**

Conseil européen
Réunion des chefs d'État ou de gouvernement des États membres de l'Union européenne.
POUR ALLER PLUS LOIN › **543**

Consensus de Washington › 509

Consensus social › 126

Consommation
Opération économique consistant dans l'utilisation immédiate de biens ou de services qui seront détruits dans ce processus.
POUR ALLER PLUS LOIN › **118**

Consommation collective › 120

Consommation de capital fixe › 114

Consommation de masse › 124

Consommation effective des ménages › 120

Consommation finale › 119

Consommation intermédiaire
Ensemble des biens et des services qui sont détruits ou transformés dans le processus de production (matières premières, énergie, fournitures, publicité, par exemple).
POUR ALLER PLUS LOIN › **119, 552**

Consommation marchande › 119

Consommation non durable › 118

Consommation non marchande › 119

Consommation ostentatoire
Utilisation de la consommation pour montrer sa position sociale ou la position sociale à laquelle on aspire.
POUR ALLER PLUS LOIN › **125**

Contenu en emplois de la croissance › 95

Contingentement › 454

Contracyclique › 392

Contrainte budgétaire
Ensemble formé par le revenu du consommateur et les prix des biens qui sont une donnée lorsqu'il fait ses choix de consommation.
POUR ALLER PLUS LOIN › **527**

Contrainte énergétique › 111

Contrainte extérieure › 111

Contrainte sociale › 126

Contrat d'accueil et d'intégration (CAI) › 104

Contrat de génération › 93

Contrat de travail › 457

Contrat de travail à durée déterminée (CDD) › 88

Contrat d'intégration républicaine (CAI) › 104

Contrat social
Notion philosophique désignant le pacte établi entre les membres d'une société par lequel ceux-ci abandonnent la liberté dont ils jouissaient dans l'état de nature (avant l'instauration de la société politique) au profit de la collectivité qui acquiert ainsi la souveraineté et leur garantit en retour la protection de leurs droits individuels.
POUR ALLER PLUS LOIN › **383**

Contrat unique d'insertion (CUI) › 93

Contravention › 128

Contre-acculturation › 173

Contre-pouvoirs › 177

Contrepartie de la monnaie › 359

Contribution Climat-Énergie (CCE) › 239

Contribution économique territoriale (CET) › 284

Contribution sociale généralisée (CSG) › 451

Contrôle social
Ensemble des moyens et des processus par lesquels une société parvient à faire respecter ses normes.
POUR ALLER PLUS LOIN › **126**

Convention collective › 460

Convention de Schengen › 546

Convergence › 260

Convertibilité externe › 512

Convertibilité-or › 516

Coopérative › 231

Coopérative de consommation › 231

Coopérative de production › 231

COP 21 › 237

Corn Laws › 456

Correction des variations saisonnières (CVS) › 598

Corrélation
Situation de deux phénomènes qui évoluent en même temps (dans le même sens ou en sens inverse).
POUR ALLER PLUS LOIN › **486**

Cotation › 559

Cotation assistée en continu (CAC) › 559

Cotisations sociales › 447

Coupon › 557

Cour de Justice de l'Union européenne (CJUE) › 544

Courbe d'apprentissage › 137

Courbe d'économie d'échelle › 137

Courbe d'offre
Représentation graphique des variations de l'offre en fonction de celles du prix.
POUR ALLER PLUS LOIN › **320**

Courbe de demande
Représentation graphique des variations de la demande en fonction des variations du prix.
POUR ALLER PLUS LOIN › **320**

Courbe de Laffer › 306

Courbe de Lorenz › 28, 218

Courbe de Phillips › 404

Courbe en J › 398

Cours › 62

Cours à terme › 84

Cours boursier › 558

Cours du change › 80

Cours nominal › 558

Coût
Dépense de l'entreprise nécessaire à la réalisation de sa production. C'est aussi le prix de revient d'un produit ou d'un service.
POUR ALLER PLUS LOIN › 132

Coût assurance fret (CAF) › 53

Coût d'opportunité › 135

Coût de distribution › 132

Coût de production › 132

Coût de revient › 133

Coût de transaction
Ensemble des coûts que doivent supporter les acteurs économiques lorsqu'ils souhaitent échanger un bien ou un service (recherche du partenaire de l'échange, recherche d'information sur les prix et la qualité, négociation du contrat, etc.).
POUR ALLER PLUS LOIN › 135, 521

Coût du refinancement › 411

Coût fixe
Dépense que l'entreprise doit effectuer quelles que soient les quantités produites.
POUR ALLER PLUS LOIN › 133

Coût marginal
Coût supplémentaire pour produire une unité de plus du produit considéré.
POUR ALLER PLUS LOIN › 134

Coût moyen
Rapport du coût total aux quantités produites.
POUR ALLER PLUS LOIN › 134

Coût salarial › 135

Coût social › 135

Coût total › 132

Coût unitaire › 132, 134

Coût variable
Dépense qui dépend des quantités produites.
POUR ALLER PLUS LOIN › 133

Couverture › 84

Couverture des risques › 446

Couverture maladie universelle (CMU) › 450

Créance sur l'économie › 359

Créance sur l'étranger › 359

Créance sur le Trésor › 359

Création monétaire
Processus de création de nouveaux moyens de paiement mis à la disposition des agents économiques.
POUR ALLER PLUS LOIN › 356

Crédit › 276

Crédit-bail › 300

Crédit d'heures › 458

Crédit toxique › 148

Crime › 128

Crise
Retournement brutal de la conjoncture économique qui marque la fin d'une période d'expansion. Par extension, situation économique caractérisée par une faible croissance et le développement du chômage.
POUR ALLER PLUS LOIN › **14, 138**

Crise agricole › **139**

Crise de 1929 › **140**

Crise de liquidité › **147**

Crise financière, crise économique et crise de la dette souveraine › **14, 145**

Crise industrielle › **139**

Crise systémique › **147, 506**

Critères de convergence › **262**

Critères de Copenhague › **541**

Croissance
Augmentation régulière des quantités produites. On parle ainsi de la croissance d'une entreprise.
POUR ALLER PLUS LOIN › **8, 160**

Croissance de la population › **420**

Croissance dite extensive › **161**

Croissance dite intensive › **161**

Croissance économique
Augmentation régulière de la production d'une économie.
POUR ALLER PLUS LOIN › **8, 160**

Croissance endogène
Théorie explicative de la croissance, développée dans les années 1980, montrant le rôle des politiques publiques structurelles avec la création d'externalités positives (recherche et développement, infrastructures publiques, formation).
POUR ALLER PLUS LOIN › **8, 165, 259**

Croissance en volume › **162**

Croissance externe / interne › **235**

Croissance logistique › **421**

Croissance nominale
Croissance économique mesurée en euros courants et résultant de la hausse de la production réelle comme de l'augmentation des prix.
POUR ALLER PLUS LOIN › **162**

Croissance réelle
Augmentation de la production (PIB) après avoir éliminé la hausse due à l'inflation (augmentation des prix).
POUR ALLER PLUS LOIN › **161**

Croissance soutenable › **164**

CSE (Comité social et économique) › **458**

CSG (contribution sociale généralisée) › **282, 451**

CSP (catégorie socioprofessionnelle)
Cf. Professions et catégories socioprofessionnelles.
POUR ALLER PLUS LOIN › **18, 500**

CUI (contrat unique d'insertion) › **93**

Culture
1. Sens courant : ensemble des connaissances qui caractérisent une « personne cultivée ».
2. Sens sociologique : ensemble des valeurs, des normes et des pratiques acquises et partagées par les membres d'une société.
POUR ALLER PLUS LOIN › **166, 167**

Culture d'exportation › **185**

Culture de masse › **172**

Culture vivrière › **185**

CVS (correction des variations saisonnières) › **598**

Cycle
Période plus ou moins longue caractérisée par une succession de phases de hausse et de baisse de la production.
POUR ALLER PLUS LOIN › **141**

Cycle de productivité
Variation cyclique de la productivité avec la conjoncture.
POUR ALLER PLUS LOIN › **439**

Cycle des affaires › **141**

Cycle du développement › **313**

Cycle du millénaire › **313**

D

Débrayage › **461**

Décalage conjoncturel
Différence de conjoncture (taux de PIB) entre un pays et ses principaux partenaires commerciaux.
POUR ALLER PLUS LOIN › **108**

Décentralisation › **251**

Décile › **591**

Décision › **544**

Déconcentration › **250**

Décroissance
Diminution régulière de la production d'un pays.
POUR ALLER PLUS LOIN › **241**

Déculturation › **173**

Défenseur des droits › **218**

Déficit budgétaire
Solde budgétaire négatif, les dépenses de l'État étant supérieures aux recettes.
POUR ALLER PLUS LOIN › **71, 390**

Déficit commercial
Solde négatif de la balance commerciale résultant d'exportations inférieures aux importations.
POUR ALLER PLUS LOIN › **53**

Déficit conjoncturel › **391**

Déficit courant › **57**

Déficit public
Solde négatif des budgets de l'État, des collectivités territoriales et de la Sécurité sociale.
POUR ALLER PLUS LOIN › **71**

Déficit public primaire
Déficit des administrations publiques hors paiement des intérêts liés à la dette publique.
POUR ALLER PLUS LOIN › **71**

Déficit public structurel
Déficit des administrations publiques corrigé des effets de la conjoncture.
POUR ALLER PLUS LOIN › **71**

Déficit structurel › **391**

Déflateur
Instrument permettant de corriger une grandeur économique des effets de l'inflation.
POUR ALLER PLUS LOIN › **290**

Déflation
Baisse du niveau général des prix.
POUR ALLER PLUS LOIN › **38, 39, 288**

DEFM (demande d'emploi en fin de mois) › 86

Dégradation des termes de l'échange › 107

Degré d'ouverture › 107

Dégrèvements fiscaux › 389

Délégué du personnel › 458

Délégué syndical › 460

Délinquance
Ensemble des conduites qui sont sanctionnées pénalement car elles sont des infractions aux normes juridiques en vigueur dans une société.
POUR ALLER PLUS LOIN › 130

Délit › 128

Délocalisation › 11, 41, 349

Demande
Quantité de produits que les acheteurs sont prêts à acquérir pour un certain prix.
POUR ALLER PLUS LOIN › 319

Demande d'emploi › 88

Demande d'emploi en fin de mois (DEFM) › 86

Demande de travail
Ensemble des emplois proposés globalement dans une économie.
POUR ALLER PLUS LOIN › 88

Demande effective ou anticipée
Notion introduite par Keynes pour caractériser la demande prévue par les chefs d'entreprise lorsqu'ils décident de produire, d'investir et éventuellement d'embaucher des salariés supplémentaires.
POUR ALLER PLUS LOIN › 203

Demande élastique › 123

Demande globale › 143

Demande inélastique ou rigide › 123

Demande solvable › 319

Dématérialisation › 355

Démocratie
Organisation politique dans laquelle le peuple souverain a la possibilité d'exercer librement ses droits politiques.
POUR ALLER PLUS LOIN › 47, 175, 386

Démocratisation › 20, 191

Démocratie antique › 175

Démocratie directe › 175

Démocratie participative › 176

Démocratie représentative › 176

Démondialisation › 352

Dénatalité › 420

Dépendance › 451

Dépenses de l'État › 69

Dépenses publiques
Dépenses de l'État inscrites dans le budget de l'État (dépenses budgétaires) ; au sens large, le traité de Maastricht et le Pacte de croissance et de stabilité les définissent comme étant l'ensemble des dépenses des administrations publiques (État, collectivités locales, organismes de Sécurité sociale).
POUR ALLER PLUS LOIN › 69, 389

Déplafonnement › 447

Dépopulation › 420

Dépôt à terme › 279

Dépôt à vue › 279

Dépôt de bilan › 233

Dépréciation
Diminution de la valeur d'une monnaie, constatée sur le marché des changes, par rapport à une ou plusieurs autres devises.
POUR ALLER PLUS LOIN > **396**

Dépréciation (au niveau interne)
Diminution du pouvoir d'achat de la monnaie au sein d'une économie en raison de la hausse des prix.
POUR ALLER PLUS LOIN > **290**

Dépression
Conjoncture économique caractérisée par la baisse de la production (PIB).
POUR ALLER PLUS LOIN > **138**

Déréglementation
Suppression des règles qui encadrent l'activité économique dans certains secteurs afin de favoriser la concurrence.
POUR ALLER PLUS LOIN > **479**

Désaffiliation sociale
Processus traduisant le passage d'un individu de l'intégration à l'exclusion sociales.
POUR ALLER PLUS LOIN > **269**

Descendance finale > **418**

Déséconomie d'échelle > **136**

Déséconomie externe > **256**

Désépargne
Transformation d'une épargne en consommation.
POUR ALLER PLUS LOIN > **247**

Désindexation salariale
Phénomène correspondant à une progression des salaires moins importante que la progression des prix.
POUR ALLER PLUS LOIN > **472**

Désindustrialisation
Diminution de la part de l'industrie dans le PIB et du nombre d'actifs dans ce secteur d'activité.
POUR ALLER PLUS LOIN > **40**

Désinflation
Diminution du taux d'inflation.
POUR ALLER PLUS LOIN > **288**

Désinflation compétitive
Politique d'appréciation continue de la monnaie afin de faire baisser le taux d'inflation national au-dessous de ceux de ses principaux partenaires commerciaux pour rendre les produits nationaux plus compétitifs.
POUR ALLER PLUS LOIN > **400**

Désinflation importée > **400, 410**

Désintermédiation
Diminution des financements des agents économiques réalisés par les intermédiaires financiers (banques) au profit de financements réalisés directement sur les marchés (marché monétaire, marché financier).
POUR ALLER PLUS LOIN > **279**

Despotisme > **385**

Destinée > **340**

Destruction créatrice
Notion introduite par J. Schumpeter pour décrire l'activité économique caractérisée par la disparition et la création incessantes d'activités.
POUR ALLER PLUS LOIN > **9, 142**

Destruction monétaire > **357**

Déterminisme > **142**

Détour de production > **73**

Dette > **61**

Dette extérieure > **71, 504**

Dette publique
Ensemble des emprunts contractés par l'État (obligations d'État, bons du Trésor) pour financer généralement le déficit

public, par les collectivités locales et par les organismes de la Sécurité sociale.
POUR ALLER PLUS LOIN › **71**

Dette souveraine
Dette émise ou garantie par un État.
POUR ALLER PLUS LOIN › **152**

Dévaluation
Décision officielle des autorités monétaires consistant, dans un système de changes fixes, à diminuer la valeur de la monnaie nationale par rapport à un étalon de référence (or, une autre monnaie, etc.).
POUR ALLER PLUS LOIN › **396**

Dévaluations compétitives › **513**

Développement
Ensemble des transformations techniques, sociales et culturelles qui permettent l'apparition et la prolongation de la croissance économique ainsi que la hausse des niveaux de vie.
POUR ALLER PLUS LOIN › **181**

Développement autocentré › **186**

Développement durable
Développement qui répond aux besoins du présent sans compromettre la capacité des générations futures à répondre à leurs propres besoins.
POUR ALLER PLUS LOIN › **30, 240**

Déviance
Notion sociologique qui désigne les conduites que les membres d'un groupe ou d'une société réprouvent ou sanctionnent parce qu'ils les considèrent comme non conformes à leurs propres normes et valeurs.
POUR ALLER PLUS LOIN › **129**

Devise
Moyen de paiement libellé en monnaie étrangère.
POUR ALLER PLUS LOIN › **80**

Diagramme circulaire › **594**

Diagramme en barres › **594**

Diagramme en bâtons › **594, 595**

Dialogue Nord-Sud › **187**

Dictature › **386**

Différenciation › **11, 326, 347**

Différentiel d'inflation
Écart entre le taux d'inflation d'un pays et le taux d'inflation d'un ou de plusieurs autres pays.
POUR ALLER PLUS LOIN › **85, 291**

Dilemme du prisonnier › **329**

Directive › **544**

Directive Bolkestein › **547**

Directoire › **232**

Dirigisme › **256**

Discrimination › **217**

Discrimination positive
Différence de traitement entre les individus afin d'obtenir la réduction d'une inégalité.
POUR ALLER PLUS LOIN › **29, 46, 217**

Disparité de consommation › **125**

Dispersion › **591**

Disponibilités monétaires › **361**

Disqualification sociale › **269**

DIT (division internationale du travail) › **308**

Diversité culturelle › **173**

Dividende › **468, 556**

Division du travail
Répartition des tâches entre les individus organisée par l'entreprise pour accroître la productivité.
POUR ALLER PLUS LOIN › **531**

Division horizontale du travail › 24, 532

Division internationale du travail (DIT) › 308

Division sociale du travail
Phénomène lié, selon Durkheim, au développement de la taille des sociétés qui sont alors conduites à spécialiser les rôles et les fonctions (politiques, économiques, religieuses, sociales, etc.) de leurs membres.
POUR ALLER PLUS LOIN › **482**

Division verticale du travail › 532

Dominants-dominants › 493

Dominants-dominés › 494

Domination
Pouvoir qui ne peut s'exercer que grâce au recours à la force et à l'application éventuelle de sanctions.
POUR ALLER PLUS LOIN › **384**

Don / Contre-don
Ensemble d'obligations réciproques (donner, recevoir, rendre), mises en évidence par le sociologue Marcel Mauss, qui fondent, à travers les échanges de toute nature, la vie sociale.
POUR ALLER PLUS LOIN › **491**

Donation › 382

Dotation aux amortissements › 441

Dotation factorielle › 10, 310

Double dividende › 239

Dragons (d'Asie) › 183

Droit à polluer (ou permis d'émission)
Permis négociable donné à une entreprise d'émettre une certaine quantité de gaz à effet de serre (GES) égale à ce qu'elle a émis au cours d'une période de référence.
POUR ALLER PLUS LOIN › **239**

Droit *ad valorem* › 454

Droit de douane › 454

Droit de grève › 461

Droit de propriété
Droit dont dispose le propriétaire d'un bien pour l'utiliser comme il veut *(usus)*, pour en tirer un bénéfice *(fructus)* et pour éventuellement s'en séparer *(abusus)*.
POUR ALLER PLUS LOIN › **523**

Droit de vote › 103, 232, 561

Droit du sang › 367

Droit du sol › 367

Droit politique › 176

Droit public › 249

Droits civiques
Ensemble des protections et des libertés accordées à tous les citoyens par la loi.
POUR ALLER PLUS LOIN › **103**

Droits de tirage spéciaux (DTS) › 517

DTS (droits de tirage spéciaux) › 517

Dualisme › 185

Dumping › 456

Dumping social (ou fiscal) › 353

Duopole › 329

Durkheim, Émile
(1858-1917)
Sociologue français, il est considéré comme le fondateur de la sociologie. Après des études philosophiques, il rédige une thèse intitulée *De la division du travail social* (1893). Il devient, en 1906, le premier universitaire à occuper une chaire de sociologie. Durkheim fonde la méthode sociologique (*Règles de la méthode sociologique*, 1895), mais l'essentiel de son œuvre

porte sur les différents problèmes liés à l'intégration sociale (*Le Suicide*, 1897 ; *Les Formes élémentaires de la vie religieuse*, 1912).

Pour établir les fondements de la sociologie, Durkheim met en avant l'existence, dans une société, de faits sociaux, un fait social étant un phénomène social régulier (régularité mesurée par des instruments statistiques) et presque prévisible, comme le montre l'illustration des taux de suicide selon les pays. Cette régularité du phénomène social est l'indice d'une certaine action de la société (pays, classe, famille, religion) sur les conduites des individus, action que le sociologue a pour tâche d'élucider. Il doit laisser de côté les représentations, les discours ou les justifications des individus pour rechercher ce qui, de l'extérieur, les pousse à agir (milieu social, facteurs sociaux). Il convient donc d'étudier les faits sociaux « du dehors » (phénomène de l'objectivation) et d'expliquer le social par le social.

La notion d'intégration sociale est au centre de la sociologie de Durkheim, et ses réflexions portent sur les dangers d'une rupture de la cohésion sociale, du « lien social ». Dans les sociétés traditionnelles, la société est très présente dans chaque individu par l'intermédiaire de la conscience collective, « ensemble des croyances et des sentiments communs à la moyenne des membres d'une société et formant un système qui a sa vie propre ». Mais dans les sociétés modernes, la société s'impose moins à l'individu, la conscience collective exerçant une moindre emprise sur les consciences individuelles. Par exemple, la division sociale du travail est un facteur d'intégration sociale mais, poussée trop loin, elle peut conduire certains à ne plus voir le lien qui les relie aux autres. De même, l'absence de règles communes peut mener à une situation d'anomie, de dérèglement social.

POUR ALLER PLUS LOIN › **481, 484, 491**

E

Échange inégal › **185**

Échantillon › **372**

Échelle de prestige › **498**

Échelle de production › **134**

Échelle des valeurs › **167**

Écofin › **265**

École › **20, 190**

École de la régulation › **143**

École des relations humaines › **534**

Économie

Science ayant pour objet l'étude de la production, de la répartition et de la consommation des biens ou services rares.

POUR ALLER PLUS LOIN › **198**

Économie d'échelle

Diminution des coûts unitaires de production due à l'augmentation des quantités produites.

POUR ALLER PLUS LOIN › **136**

Économie de l'offre
Analyse économique justifiant la réduction du poids de l'État dans la vie économique et sociale afin de libérer les initiatives des individus et des entrepreneurs.
POUR ALLER PLUS LOIN › **305**

Économie de marché
Système économique qui accorde un rôle central aux mécanismes de marché pour assurer la régulation des activités économiques.
POUR ALLER PLUS LOIN › **324**

Économie externe › 256

Économie fermée › 92

Économie keynésienne
Ensemble des analyses issues des travaux de Keynes qui, en s'opposant aux théories néoclassiques, justifient une intervention de l'État dans certaines circonstances.
POUR ALLER PLUS LOIN › **201**

Économie marchande › 76

Économie mixte › 231

Économie néoclassique
Théorie économique qui analyse et cherche à démontrer l'efficacité d'une organisation fondée sur la libre concurrence, l'initiative individuelle et les mécanismes de marché.
POUR ALLER PLUS LOIN › **207**

Économie non officielle › 433

Économie ouverte › 92

Économie parallèle › 433

Économie sociale › 231

Économie souterraine › 433

Économisme
Système de pensée et d'analyse qui tend à tout expliquer (y compris les idées, les valeurs, voire les sentiments) par le jeu de facteurs économiques.
POUR ALLER PLUS LOIN › **337**

Éco-taxe › 239

Écu *(European currency unit)* › 261

Effet bandwagon › 377

Effet boule de neige › 393

Effet d'agrégation
Mode d'explication d'un phénomène social qui repose sur l'addition (agrégation) ou la « composition » des actions individuelles qui en sont à l'origine.
POUR ALLER PLUS LOIN › **494**

Effet d'annonce › 600

Effet d'apprentissage › 137, 600

Effet d'entraînement › 601

Effet d'éviction › 392, 601

Effet de cliquet › 600

Effet de composition › 494

Effet de démonstration › 125, 600

Effet de distinction › 125

Effet de levier › 602

Effet de richesse › 15, 603

Effet de serre › 237

Effet de seuil › 604

Effet de signe › 125

Effet de structure › 591, 604

Effet de substitution › 528, 604

Effet d'imitation › 125

Effet externe
Avantage ou inconvénient résultant pour une tierce personne d'un échange

marchand entre d'autres agents économiques.
POUR ALLER PLUS LOIN › **256, 601**

Effet Giffen › 601

Effet multiplicateur › 364, 602

Effet pervers › 486, 602

Effet-prix › 528

Effet-revenu › 528, 603

Effet underdog › 377

Effet Veblen › 604

Efficacité › 438

Effort à l'exportation › 108

Égalisation des conditions
Phénomène, caractéristique des sociétés démocratiques d'après Tocqueville, selon lequel les hiérarchies sociales s'estompent tandis que les positions sociales s'ouvrent à tous.
POUR ALLER PLUS LOIN › **487**

Égalitarisme › 214

Égalité
Principe général selon lequel les individus, au sein d'une société, doivent être traités de la même façon.
POUR ALLER PLUS LOIN › **29, 214**

Égalité civile › 215

Égalité de droit › 215

Égalité de fait › 215

Égalité des chances
Conception de l'égalité selon laquelle les individus doivent disposer, au début de leur vie sociale, des mêmes chances et des mêmes possibilités d'accéder aux professions et aux positions sociales de leur choix.
POUR ALLER PLUS LOIN › **20, 191, 215**

Égalité épargne-investissement
Dans une économie, on constate toujours une égalité entre les montants des investissements réalisés et le total de l'épargne des agents économiques.
POUR ALLER PLUS LOIN › **101**

Égalité politique › 215

Égalité sociale › 487

Élargissement de l'UE › 541

Élasticité
Indicateur qui mesure la sensibilité de la demande aux changements de revenu ou de prix.
POUR ALLER PLUS LOIN › **586**

Élasticité de la demande par rapport au revenu › 122

Élasticité-prix › 123, 586

Élasticité-prix croisée › 123

Élasticité-revenu › 122, 586

Élasticité-revenu de la consommation
Sensibilité de la demande d'un produit à la variation du revenu du ménage qui le consomme.
POUR ALLER PLUS LOIN › **122**

Électeur rationnel › 566

Élection › 178

Embargo › 353

Émigration › 419

Emploi d'avenir › 93

Emploi précaire › 88

Empreinte carbone › 242

Empreinte écologique › 242

Emprunt obligataire › 557

Encadrement du crédit › 410

Encaisse › 356

Endettement extérieur
Dette d'un pays, d'une économie, à l'égard des autres pays, ce qui donne naissance au paiement d'intérêts (service de la dette).
POUR ALLER PLUS LOIN › **504**

Endogamie › 274

Engagement › 504

Engagement politique › 26, 222

Enquête de victimation › 129

Enquêteur › 372

Entente
Accord passé entre plusieurs entreprises dans le but de fausser le libre jeu de la concurrence (partage du marché, actions contre un concurrent, etc.).
POUR ALLER PLUS LOIN › **330**

Entrepreneur individuel › 113

Entreprise
Unité économique et juridique produisant des biens et des services pour les vendre sur un marché afin de réaliser un bénéfice.
POUR ALLER PLUS LOIN › **210, 229**

Entreprise d'insertion › 231

Entreprise individuelle › 230

Entreprise intermédiaire › 231

Entreprise publique › 230, 257

Environnement › 236

Épargne
Partie du revenu qui n'est pas consommée.
POUR ALLER PLUS LOIN › **243**

Épargne brute › 244

Épargne contractuelle › 244

Épargne de la nation › 244

Épargne financière › 244

Épargne nationale
Ensemble de l'épargne de tous les agents économiques (ménages, entreprises, État).
POUR ALLER PLUS LOIN › **243, 244**

Épargne nette › 244

Épargne non financière › 244

Épargne salariale › 473

Équilibre
Situation observée par l'analyse néoclassique lorsque l'offre et la demande sur un marché s'égalisent à un prix qui satisfait acheteurs et vendeurs.
POUR ALLER PLUS LOIN › **210**

Équilibre budgétaire
Égalité des recettes et des dépenses du budget de l'État.
POUR ALLER PLUS LOIN › **70, 390**

Équilibre commercial › 52

Équilibre de sous-emploi › 204

Équilibre emplois-ressources
Égalité observée ex post entre les ressources globales d'une économie et les emplois durant une année.
POUR ALLER PLUS LOIN › **116**

Équilibre général › 212

Équilibre partiel › 210

Équité
Recherche d'une égalité des chances qui ne soit pas seulement un principe affirmé mais aussi une réalité concrète permettant une véritable réduction des inégalités sociales.
POUR ALLER PLUS LOIN › **29, 216**

Escompte › 358

Établissement › 230

Étalon de change-or *(gold exchange standard)* › 516

Étalon de référence › 514

Étalon-dollar › 518

Étalon-or *(gold standard)* › 515

État
Forme d'organisation politique caractérisée par le monopole du pouvoir de contrainte sur un territoire et une population donnés et par un ensemble de règles juridiques stables (constitution, lois).
POUR ALLER PLUS LOIN › **68, 248**

État actionnaire › 258

État (au sens économique) › 252

État de droit
État dans lequel les citoyens sont protégés contre les abus de pouvoir.
POUR ALLER PLUS LOIN › **249**

État fédéral › 251

État-gendarme › 252

État-nation › 368

État-protecteur › 252

État-providence
Au sens strict et historique, intervention de l'État dans le domaine social par l'intermédiaire du système de la Sécurité sociale. Dans un sens plus large, c'est l'ensemble des interventions économiques et sociales de l'État.
POUR ALLER PLUS LOIN › **253**

État unitaire › 250

Étatisme › 256

Éthique protestante › 490

Ethnie
Groupement d'individus appartenant à une même culture.
POUR ALLER PLUS LOIN › **172**

Ethnocentrisme
Attitude consistant à juger une autre culture à partir de ses propres valeurs.
POUR ALLER PLUS LOIN › **172**

Ethnocide › 172

Ethnologie › 166

Étiquetage › 130

Étranger › 419

Eugénisme › 422

Euratom › 540

Euro
Monnaie unique adoptée par une majorité d'États membres de l'Union européenne.
POUR ALLER PLUS LOIN › **16, 260, 262**

Euro fort › 401

Eurogroupe
Réunion des ministres des Finances des pays de la zone euro.
POUR ALLER PLUS LOIN › **265**

Europe des Douze › 541

Europe des Quinze › 541

Europe des Vingt-cinq › 541

Europe des Vingt-huit › 541

Europe sociale › 548

Évolutionnisme › 483

Ex ante
Situation caractérisée par les choix et les projets des agents économiques (choix de consommation, d'investissement, etc.) avant qu'ils ne réalisent véritablement leurs choix.
POUR ALLER PLUS LOIN › **115**

Ex post
Situation constatée après la réalisation des choix des agents économiques, les décisions prises réellement pouvant s'avérer différentes des projets envisagés.
POUR ALLER PLUS LOIN > **115**

Excédent commercial
Solde positif de la balance commerciale (exportations supérieures aux importations).
POUR ALLER PLUS LOIN > **52**

Excédent naturel > **420**

Exclusion sociale
Phénomène social caractérisé par les difficultés d'intégration à la société d'un nombre croissant d'individus.
POUR ALLER PLUS LOIN > **268**

Exogamie > **274**

Expansion
Hausse de la production d'un pays durant une courte période.
POUR ALLER PLUS LOIN > **160**

Exploitation > **336**

Exportation > **52**

Externalisation > **235**

Externalité > **30, 256**

Extraversion > **186**

F

Facteurs de production
Ensemble des éléments qui sont combinés durant l'activité économique pour produire des biens et des services (travail et capital).
POUR ALLER PLUS LOIN > **10, 73, 430**

Faiseur de prix > **327**

Fake News > **378**

Fait social
Ensemble d'actions humaines qui se produisent avec une régularité observée statistiquement.
POUR ALLER PLUS LOIN > **491**

Famille
1. Sens courant : ensemble des personnes qui ont des liens de parenté et d'alliance.
2. Sens de l'Insee : partie d'un ménage comprenant au moins deux personnes et constituée soit d'un couple (marié ou non) et, le cas échéant, de ses enfants célibataires encore à sa charge (eux-mêmes sans enfants), soit d'un parent isolé avec au moins un enfant.
POUR ALLER PLUS LOIN > **272, 273**

Famille conjugale
Ménage réunissant dans le même foyer les seuls parents et les enfants non mariés.
POUR ALLER PLUS LOIN > **273**

Famille élargie (ou étendue)
Ensemble des personnes liées par le sang ou le mariage (grands-parents, parents, enfants), regroupées dans un même lieu.
POUR ALLER PLUS LOIN > **272**

Famille monoparentale > **273**

Famille nucléaire > **273**

Famille recomposée › **275**

Famille souche › **273**

Fascisme
Régime politique de l'Italie mussolinienne de 1922 à 1943.
POUR ALLER PLUS LOIN › **386**

FBCF (formation brute de capital fixe) › **299**

FCP (fonds communs de placement) › **66**

Fécondité
Nombre d'enfants vivants que chaque génération de femmes a mis au monde.
POUR ALLER PLUS LOIN › **418**

FED *(Federal Reserve)* › **406**

FEDER (Fonds européen de développement régional) › **545**

Fédéralisme
Doctrine et système politique fondés sur le partage des compétences législatives, juridiques et administratives entre le gouvernement central de l'État (fédéral) et les gouvernements des États membres ou fédérés.
POUR ALLER PLUS LOIN › **251**

Filiale
Société dont le capital est détenu majoritairement par une autre société.
POUR ALLER PLUS LOIN › **233**

Filiale-atelier › **349**

Filiale de commercialisation › **349**

Filiale de production › **349**

Filiale-relais › **349**

Filière inversée › **124**

Finance directe
Financement réalisé par les marchés de capitaux.
POUR ALLER PLUS LOIN › **279**

Finance indirecte
Financement réalisé par l'intermédiaire d'une banque.
POUR ALLER PLUS LOIN › **279**

Financement de l'économie
Modalités de financement des agents économiques qui souhaitent obtenir des capitaux (entreprises pour investir, ménages pour acheter un bien immobilier, etc.).
POUR ALLER PLUS LOIN › **276**

Financement monétaire › **278**

Financement non monétaire › **278**

Finances publiques
Ensemble des éléments qui se rapportent aux budgets des différentes administrations (État au sens large).
POUR ALLER PLUS LOIN › **68**

Firme multinationale
Grande entreprise d'origine nationale qui exerce ses activités productives dans plusieurs pays.
POUR ALLER PLUS LOIN › **11, 348**

Fiscalité
Terme général qui désigne l'ensemble des réglementations concernant les impôts.
POUR ALLER PLUS LOIN › **280**

Fisher, Irving
(1867-1947)
Économiste américain.
POUR ALLER PLUS LOIN › **414**

Five dollars day › **533**

Fixing › **559**

Flexibilisation › **95**

Flexibilité
Modalité d'organisation de la production et du travail salarié permettant à l'entreprise de s'adapter aux aléas de la conjoncture.
POUR ALLER PLUS LOIN › **536**

Flexicurité › **95**

Flottement › **82**

Flottement généralisé › **518**

Fluidité sociale › **23, 342**

Flux
Grandeur économique mesurée pendant une période (un mois, un an…).
POUR ALLER PLUS LOIN › **599**

FMI (Fonds monétaire international) › **516**

Fonction de production
Relation établie, pour chaque entreprise, entre son niveau de production et les quantités de facteurs de production nécessaires.
POUR ALLER PLUS LOIN › **210**

Fonds communs de placement (FCP) › **66**

Fonds de pension › **67, 449**

Fonds éthique › **67**

Fonds européen de développement régional (FEDER) › **545**

Fonds européen de stabilité financière (FESF) › **154, 266**

Fonds monétaire international (FMI)
Institution financière internationale créée en 1945 et installée à Washington afin de veiller au respect des règles monétaires et dont le rôle s'est affirmé ces dernières années lors des crises financières.
POUR ALLER PLUS LOIN › **516**

Fonds social européen (FSE) › **545**

Fonds souverain › **67**

Fonds spéculatifs (ou *hedge funds*) › **506**

Fonds structurels › **545**

Fonds vert › **238**

Force de travail › **336**

Force des liens faibles › **464**

Forces productives › **334**

Ford, Henry
(1863-1947)
Industriel américain.
POUR ALLER PLUS LOIN › **533**

Fordisme
Modèle d'organisation de la production inventé par Henry Ford aux États-Unis, et caractérisé par l'importance de la chaîne de production.
POUR ALLER PLUS LOIN › **144, 533**

Formation brute de capital fixe (FBCF)
Terme de la comptabilité nationale désignant l'ensemble des investissements (usines, machines, logements, routes, etc.) réalisés par l'économie durant une certaine période.
POUR ALLER PLUS LOIN › **299**

Formation de capital › **299**

Formation de capital fixe › **73**

Formation nette de capital fixe
Nouveaux investissements d'une économie qui s'ajoutent à ceux qui sont financés grâce au mécanisme de l'amortissement.
POUR ALLER PLUS LOIN › **299**

Formes particulières d'emplois (FPE) › **88**

Fracture sociale › **19, 502**

Frais de structure ou **frais fixe** > **133**

Franco à bord (FAB) / *Free on board* (FOB) > **53**

Freinage > **535**

Friedman, Milton
(1912-2006)

« La cause immédiate de l'inflation est toujours et partout la même : un accroissement anormalement rapide de la quantité de monnaie par rapport au volume de la production. »
Inflation et systèmes monétaires, 1969.

Père du courant « monétariste » dans les années 1960, Milton Friedman redonne vigueur à la théorie quantitative de la monnaie en faisant de l'accroissement de la masse monétaire la cause unique de la hausse des prix qui commence à s'intensifier à la fin des années 1960 dans les pays occidentaux. Ainsi, l'inflation est partout et toujours un phénomène monétaire, ce qui revient à nier la possibilité d'une inflation par les coûts par exemple. Ces analyses ont cependant largement inspiré les politiques monétaires de contrôle strict de la masse monétaire.
POUR ALLER PLUS LOIN > **416**

Fusion > **234**

G

G7-G8 > **511**

G20
Groupe informel des vingt plus grandes puissances économiques dans le monde.
POUR ALLER PLUS LOIN > **511**

Gain de productivité
Ressource supplémentaire obtenue par une entreprise lorsque sa valeur ajoutée augmente plus rapidement (ou diminue moins vite) que le coût des facteurs de production.
POUR ALLER PLUS LOIN > **438**

GATT *(General Agreement on Tariffs and Trade)* > **11, 311**

Gaz à effet de serre (GES) > **237**

Génération
En démographie, ensemble des personnes nées la même année (synonyme de classe d'âge).
POUR ALLER PLUS LOIN > **417**

Génocide > **172**

Genre
Notion de sciences sociales mettant en évidence l'action de la société dans la construction progressive des rôles masculins et féminins et des rapports entre les hommes et les femmes.
POUR ALLER PLUS LOIN > **171**

Genre de vie
Façon de vivre, de consommer, d'utiliser son temps libre de la part des individus et observée à travers leurs pratiques sociales, culturelles et politiques.
POUR ALLER PLUS LOIN > **500**

Gestion
Science s'intéressant aux phénomènes se déroulant à l'intérieur d'une entreprise.
POUR ALLER PLUS LOIN > **199**

GIEC (Groupe d'experts intergouvernemental sur l'évolution du climat) › **237**

Globalisation financière › **505**

Goffman, Erwing
(1922-1982)
Sociologue américain.
POUR ALLER PLUS LOIN › **130**

GOPE (Grandes orientations de la politique économique) › **265**

Gournay, Vincent de
(1712-1759)
Économiste français.

« Laissez faire, laissez passer. »

« Laissez faire » est une injonction émise par un ministre de Louis XV qui déclarait « Laissez faire, telle devrait être la devise de toute puissance publique ». La formule « laissez faire, laissez passer » vient de l'intendant Vincent de Gournay qui était un Physiocrate. Pour ce courant, le développement de la production agricole, qui est la source de la richesse, exige la suppression de toutes les servitudes seigneuriales et gouvernementales qui empêchent les paysans d'agir à leur guise.

Gouvernance
Instauration de nouvelles règles, organisation et modalités de coopération entre les États afin de traiter, à l'échelle de la planète, les problèmes qui se posent à l'ensemble des pays.
POUR ALLER PLUS LOIN › **511**

Gouvernance d'entreprise › **524**

Grands équilibres › **405**

Graphique arithmétique › **598**

Graphique semi-logarithmique › **598**

Grenelle de l'environnement › **238**

Grève › **461**

Grève du zèle › **461**

Grève sur le tas › **461**

Grèves tournantes › **461**

Groupe › **232**

Groupe d'appartenance
Groupe auquel appartient l'individu en fonction de critères objectifs (revenu, âge, position sociale, etc.).
POUR ALLER PLUS LOIN › **127**

Groupe d'expression / de progrès › **536**

Groupe d'intérêt › **225**

Groupe de pression / d'intérêt
Groupe représentant un intérêt particulier et faisant pression sur les autorités (législatives ou administratives) afin de faire adopter une réglementation qui lui est favorable (ou supprimer une réglementation défavorable).
POUR ALLER PLUS LOIN › **225, 387**

Groupe de référence › **127**

Groupe domestique › **272**

Groupe intermédiaire › **492**

Groupe primaire
Petit groupe dans lequel sont insérés les individus (famille, groupe ethnique, groupe d'âge, groupe de voisinage, etc.).
POUR ALLER PLUS LOIN › **170, 483**

Groupe secondaire › **170**

H

Habitus (de classe)
Notion sociologique due à Pierre Bourdieu désignant un ensemble de dispositions durables, plus ou moins inconscientes, acquises au sein du milieu social d'origine et qui guident les perceptions, les opinions et les actions des individus.
POUR ALLER PLUS LOIN › **493**

HALDE (Haute Autorité de lutte contre les discriminations et pour l'égalité) › **218**

Halo › **87**

Hawley-Smoot › **308**

***Hedge funds* (ou fonds spéculatifs)** › **67, 506**

Hiérarchie sociale › **495**

Histogramme › **596**

Hobbes, Thomas
(1588-1679)
Philosophe britannique.
POUR ALLER PLUS LOIN › **383**

Holding › **233**

Holisme
Principe sociologique selon lequel les comportements individuels s'expliquent par référence aux structures sociales et au milieu social dans lequel se situent les individus.
POUR ALLER PLUS LOIN › **486**

Homo œconomicus
Représentation d'un individu comme un agent économique, et dont le comportement s'explique par les seuls préceptes de la théorie néoclassique (individualisme, utilitarisme, comparaison avantages-coût).
POUR ALLER PLUS LOIN › **208**

Homogamie
Fait d'épouser son semblable sur le plan social ou professionnel.
POUR ALLER PLUS LOIN › **274**

Honoraires › **468**

Horde › **481**

Hors travail › **537**

I

Idéal-type
Caractérisation d'un phénomène social par quelques-uns de ses traits les plus significatifs, afin de faciliter son analyse et de permettre des comparaisons.
POUR ALLER PLUS LOIN › **489**

IDE (investissement direct à l'étranger) › **347**

Idéologie
Ensemble cohérent d'idées et de jugements qui caractérisent la « vision du monde » d'un groupe social.
POUR ALLER PLUS LOIN › **167**

IDH (indicateur de développement humain) › **182**

IFI (impôt sur la fortune immobilière) › 284

Immigration › 419

Immigré › 419

Immobilisation › 61

Imperfections des marchés › 331

Impérialisme › 78

Importation › 52

Impôt
Versement obligatoire que font les agents économiques (ménages et entreprises) au profit du budget de l'État et des collectivités locales.
POUR ALLER PLUS LOIN › 280

Impôt de solidarité sur la fortune (ISF) › 284

Impôt direct › 281

Impôt indirect › 281

Impôt négatif › 470

Impôt progressif › 282

Impôt proportionnel › 282

Impôt sur la fortune immobilière (IFI) › 284

Impôt sur le revenu (IR)
Impôt progressif versé par les personnes physiques sur l'ensemble des revenus qu'elles ont perçus durant une année.
POUR ALLER PLUS LOIN › 281

Impôt sur les bénéfices › 442

Impôt sur les sociétés › 283

Impôts locaux › 284

Inactif
Personne n'exerçant et ne recherchant aucune activité rémunérée.
POUR ALLER PLUS LOIN › 423

Inconvertibilité › 512

Indemnisation du chômage › 448

Indexation › 471

Indexation salariale › 472

Indicateur conjoncturel de fécondité › 418

Indicateur de bien-être économique durable (IBED) › 242

Indicateur de développement humain (IDH) › 182

Indicateur de pauvreté humaine (IPH) › 183

Indicateur synthétique › 418

Indicateurs de dispersion › 591

Indice
Outil statistique permettant d'établir des comparaisons entre des grandeurs économiques ou sociales.
POUR ALLER PLUS LOIN › 587

Indice d'immobilité › 342

Indice de variation › 583

Indice des prix à la consommation (IPC)
Instrument statistique utilisé chaque mois par l'Insee pour mesurer l'évolution du niveau général des prix des biens et des services consommés par les ménages.
POUR ALLER PLUS LOIN › 287

Indice des prix à la consommation dans l'UE (IPCUE) › 288

Indice des prix à la consommation harmonisés (IPCH) › 288

Indice élémentaire › 587

Indice synthétique › 588

Individualisation des salaires › 472

Individualisme
Au sens sociologique, émergence et affirmation de l'autonomie de l'individu par rapport aux normes et aux valeurs des groupes d'appartenance (famille, voisinage, village, etc.) et de la société.
POUR ALLER PLUS LOIN › **483**

Individualisme méthodologique
Principe d'explication, qui consiste à analyser un phénomène économique ou social comme étant le résultat des comportements individuels.
POUR ALLER PLUS LOIN › **26, 207, 494**

Industries industrialisantes › **186**

Inégalités
Différences entre des individus ou des groupes sociaux qui sont socialement perçues comme injustes ou illégitimes.
POUR ALLER PLUS LOIN › **28, 214**

Inégalités économiques
Différences de revenus ou de patrimoines entre les individus.
POUR ALLER PLUS LOIN › **215**

Inégalités sociales › **195, 215**

Inertie sociale › **342**

Inflation
Hausse durable du niveau général des prix.
POUR ALLER PLUS LOIN › **39, 286**

Inflation importée
Inflation liée à l'augmentation du prix des importations.
POUR ALLER PLUS LOIN › **289, 399**

Inflation par la demande › **289**

Inflation par la monnaie › **289**

Inflation par les coûts › **289**

Influence › **384**

Infrastructure › **335**

Initiative populaire › **176**

Innovation
Application réussie d'une invention, d'une découverte ou d'une idée nouvelle dans le domaine économique et commercial.
POUR ALLER PLUS LOIN › **8, 440**

Inputs › **210**

Institut monétaire européen (IME) › **261**

Institution
Au sens sociologique, ensemble de normes précisant, pour certains aspects de la vie en société, ce qui « se fait » (ce qui est légitime) et ce qui « ne se fait pas ».
POUR ALLER PLUS LOIN › **170**

Instrument de réserve › **355**

Intégration financière › **540**

Intégration monétaire › **540**

Intégration sociale › **482**

Intégration verticale › **235**

Intéressement › **472**

Intérêt
Revenu qui rémunère le service qu'un prêteur rend à un emprunteur en lui prêtant une somme d'argent, appelée « capital », pour une certaine durée.
POUR ALLER PLUS LOIN › **292, 468**

Intérêts capitalisés › **293**

Intérêts composés › **293**

Intérêts simples › **292**

Intériorisation › **169**

Intermédiation › **279**

Internationalisation › **345**

Internationalisation financière › **505**

Intervalle interdécile › 591

Intervalle interquartile › 591

Invention › 440

Investissement
Opération réalisée par un agent économique consistant à acquérir des moyens de production (machines, équipements, etc.).
POUR ALLER PLUS LOIN › 296

Investissement brut
Montant total des investissements de l'entreprise ou d'une économie comprenant les investissements nouveaux (investissement net) et les investissements de remplacement.
POUR ALLER PLUS LOIN › 297

Investissement de capacité › 298

Investissement de modernisation ou de productivité › 299

Investissement de portefeuille › 347

Investissement de remplacement › 297

Investissement direct à l'étranger (IDE)
Exportation de capitaux dans un autre pays afin d'y créer une entreprise, de racheter ou de prendre une participation dans une entreprise de ce pays. L'objectif est d'acquérir un pouvoir de décision effectif dans la gestion de l'entreprise.
POUR ALLER PLUS LOIN › 347

Investissement immatériel › 298

Investissement industriel ou **manufacturier** › 300

Investissement net › 297

Investissement physique ou matériel › 298

Investissement productif
Investissements en capital fixe des entreprises qui sont véritablement destinés à produire d'autres biens.
POUR ALLER PLUS LOIN › 300

Investissement socialement responsable › 67

Investisseurs institutionnels › 64

Invisibles › 54

IPCH (indice des prix à la consommation harmonisés) › 264

IPCUE (indice des prix à la consommation dans l'Union européenne) › 288

IPH (indicateur de pauvreté humaine) › 182, 183

ISF (impôt de solidarité sur la fortune) › 284

J

Jetons de présence › 232

Joint venture › 350

Jugement de valeur › 167

Juglar, Clément
(1819-1905)
Économiste français.
POUR ALLER PLUS LOIN › 141

Jus sanguinis › **367**

Jus soli › **367**

Justice civile › **128**

Justice pénale › **128**

Justice sociale

Conception qui prône la recherche d'une plus grande équité dans la répartition des richesses.

POUR ALLER PLUS LOIN › **29, 217**

K

Kennedy Round › **312**

Keynes, John Maynard
(1883-1946)

Économiste britannique, auteur d'un ouvrage fondamental, *La Théorie générale de l'emploi, de l'intérêt et de la monnaie* (1936), dans lequel il prend le contre-pied des analyses néoclassiques. Haut fonctionnaire puis professeur d'économie à Cambridge, J. M. Keynes est à l'origine d'un important courant de la pensée économique, qui, tout en restant dans le cadre de l'économie libérale, refuse de faire confiance aux mécanismes du marché pour rétablir spontanément l'équilibre (plein-emploi principalement). Les analyses de Keynes se placent toujours dans une perspective macroéconomique, c'est-à-dire qu'elles étudient les relations entre les données globales de l'économie telles que l'emploi, la production, l'épargne, l'investissement, la consommation, etc. Opposé à l'analyse néoclassique, qui explique le fonctionnement de l'économie comme le résultat de l'ensemble des comportements des individus, Keynes montre que ce sont les entrepreneurs qui jouent un rôle essentiel dans l'économie en décidant seuls des niveaux de la production et donc des emplois nécessaires. Il a ainsi mis en évidence l'importance des anticipations des entreprises (notion de demande effective). Comme le marché est incapable de se réguler spontanément, Keynes et les keynésiens justifient une intervention de l'État dans certaines circonstances. L'État doit ainsi prendre des mesures pour améliorer le climat économique, avec une relance de l'économie, ce qui permettra de faire jouer le mécanisme du multiplicateur.

> « Les hommes d'action qui se croient parfaitement affranchis des influences doctrinales sont d'ordinaire les esclaves de quelque économiste passé. »
> *Théorie générale de l'emploi, de l'intérêt et de la monnaie*, 1936.

Cette dernière phrase de l'œuvre majeure de Keynes montre qu'à chaque époque il y a une doctrine économique qui domine l'état d'esprit des gouvernants. Orthodoxie ou pensée unique, elle s'appuie sur un ensemble d'analyses développées par des économistes passés. Dans les années 1960 et 1970, ce sont les idées de Keynes sur le rôle conjoncturel de la politique budgétaire qui domineront, à telle enseigne que Milton Friedman déclarera, au milieu des années 1960, « nous sommes tous keynésiens aujourd'hui ».

> « À long terme, nous serons tous morts. Les économistes ne se fatiguent pas beaucoup et ils ne servent pas à grand chose si tout ce qu'ils peuvent dire lorsqu'il y a une période orageuse, c'est que la mer sera calme lorsque la tempête sera passée. »
> *La Réforme monétaire (A Tract on Monetary Reform)*, 1923.

Keynes met ainsi l'accent sur la politique économique qui est nécessairement de l'ordre du court terme par opposition aux évolutions naturelles de l'économie que les économistes classiques souhaitent privilégier. Cette citation, qui est au début de l'ouvrage, vient à la suite d'un examen de la théorie quantitative de la monnaie où Keynes reconnaît le caractère juste de cette analyse mais seulement dans le long terme.

> « Nous sommes tentés de voir dans la monnaie un élixir qui stimule l'activité du système. »
> *Théorie générale*, chapitre 13, op. cit.

La politique monétaire peut être efficace pour stimuler l'activité économique. Un accroissement de la quantité de monnaie doit conduire à une baisse des taux d'intérêt et à une stimulation des investissements, ce qui favorisera l'accroissement de la production et de l'emploi. Keynes relève cependant des limites à une telle politique monétaire expansionniste (baisse des taux limitée aux taux à court terme, thésaurisation des encaisses par les agents qui préfèrent la liquidité, existence d'autres facteurs que les taux d'intérêt pour inciter les entreprises à investir), ce qui l'amène à faire davantage confiance à la politique budgétaire.

> « L'importance de la monnaie découle essentiellement du fait qu'elle constitue un lien entre le présent et l'avenir. »

Dans une économie monétaire, la possibilité pour les individus de conserver leurs revenus sans les utiliser (thésaurisation) induit une forte incertitude sur l'activité économique car les biens produits peuvent ne pas être tous achetés. Cette possibilité d'une monnaie qui peut être conservée pour elle-même conduit à rejeter la loi des débouchés de J.-B. Say et l'absence de crise qui en découle. Pour Keynes, la monnaie peut être demandée pour elle-même alors que pour les économistes classiques, la monnaie n'est qu'un « voile » et ne sert qu'aux échanges. Smith, dans *La Richesse des Nations*, appelle l'argent « cette grande roue de la circulation » ou encore ce « grand chemin qui, tout en servant à faire circuler et conduire au marché tous les grains et les fermages du pays, ne produit par lui-même ni un seul grain de blé ni un seul brin d'herbe ». Il est vrai qu'ici, Smith cherchait à combattre la théorie mercantiliste.

> « La loi psychologique fondamentale (...) c'est qu'en moyenne et la plupart du temps les hommes tendent à accroître leur consommation à mesure que leur revenu croît, mais non d'une quantité aussi grande que l'accroissement du revenu. »
> *Théorie générale*, op. cit.

Keynes est le premier à s'être intéressé de façon approfondie à la fonction de consommation, c'est-à-dire à la relation stable pouvant exister entre la consommation et le revenu. Il cherche à expliquer comment varierait la consommation des ménages à la suite d'une évolution de revenu. Il s'agit d'une relation macroéconomique qui permet de savoir comment évolue la demande globale, puisque la consommation est la composante la plus importante de celle-ci. Keynes fonde néanmoins cette relation sur une « loi psychologique » d'ordre microéconomique. La consommation est ainsi une fonction stable du revenu global et la propension marginale à consommer diminue lorsque le revenu s'élève.

> « Il y a aujourd'hui beaucoup de gens qui, voulant du bien à leur pays, s'imaginent qu'épargner plus qu'à l'ordinaire est la meilleure chose que leur prochain et eux-mêmes puissent faire pour améliorer la situation générale (…). En effet, la fonction de l'épargne est de rendre une certaine quantité de travail disponible pour la production de biens d'équipement, tels que maisons, usines, routes, machines, etc. Mais si un surplus important de chômeurs est déjà disponible pour des emplois de ce genre, le fait d'épargner aura seulement pour conséquence d'ajouter à ce surplus et donc d'accroître le nombre des chômeurs. »
>
> *Essai sur la monnaie et l'économie*, 1931.

Keynes dénonce ici, dans une allocution à la radio intitulée « Épargner ou dépenser », l'excès d'épargne lorsque la situation économique est mauvaise. Il convient au contraire que les ménages consomment davantage car une épargne accrue pénalise doublement l'activité économique : d'une part, elle ne finance que des biens d'équipement dont la demande est faible lorsque la production ne vend pas ; d'autre part, l'accroissement du chômage qui résultera de cette épargne supplémentaire conduira à une diminution encore plus importante de la demande. La suite de la citation complète cette argumentation : « tout homme mis au chômage (…) verra s'amenuiser son pouvoir d'achat et provoquera à son tour un chômage accru parmi les travailleurs qui auraient produit ce qu'il n'a plus les moyens d'acheter. Et c'est ainsi que la situation ne cessera d'empirer en un cercle vicieux ». Et Keynes de conclure : « l'activité de quelque nature qu'elle soit est le seul moyen de faire tourner à nouveau les rouages du progrès économique et de la richesse ».

POUR ALLER PLUS LOIN › **101, 247, 363, 388, 415**

Kondratieff, Nicolas

(1892-1930)

Économiste russe.

POUR ALLER PLUS LOIN › **141**

Krach › **140**

L

Laïcité › **48**

Leader d'opinion › **376**

Légitimité › **248, 488**

Légitimité charismatique › **488**

Légitimité légale (ou rationnelle-légale) › 488

Légitimité traditionnelle › 488

Libéralisation
Action de rendre au marché la production de biens et de services autrefois sous contrôle public.
POUR ALLER PLUS LOIN › **479**

Libéralisme
Doctrine qui affirme le caractère fondamental de la liberté individuelle dans les domaines économique et politique, et qui cherche à limiter l'action de l'État.
POUR ALLER PLUS LOIN › **303**

Libéralisme économique
Doctrine économique hostile à l'intervention de l'État dans la vie économique et sociale.
POUR ALLER PLUS LOIN › **304**

Libéralisme politique
Doctrine et système politiques reposant sur la reconnaissance et la mise en œuvre des libertés politiques individuelles ainsi que de la démocratie.
POUR ALLER PLUS LOIN › **304**

Liberté syndicale › 459

Libertés publiques › 103, 304, 386

Libre-échange
Doctrine économique prônant la liberté de circulation de tous les biens économiques entre les pays.
POUR ALLER PLUS LOIN › **11, 307, 539**

Lien social
Ensemble des liens culturels, sociaux et économiques qui relient les individus dans leur vie quotidienne et qui assurent l'unité et la cohésion de la société.
POUR ALLER PLUS LOIN › **268**

Liquidation › 65, 233

Liquidité bancaire › 360

Liquidités internationales › 515

List, Friedrich
(1789-1846)
Économiste allemand, principal théoricien du protectionnisme.
POUR ALLER PLUS LOIN › **454**

***Lobby* (*lobbies* au pluriel)** › 225

Loi d'airain des salaires › 600

Loi d'Engel › 123, 601

Loi de finances › 69

Loi de finances rectificative › 70

Loi de Gresham › 601

Loi de King › 602

Loi de l'offre et de la demande
Variation de l'offre et de la demande lorsque les prix se modifient sur un marché.
POUR ALLER PLUS LOIN › **319, 602**

Loi de la baisse tendancielle du taux de profit › 337

Loi de la valeur › 604

Loi de l'utilité marginale décroissante › 526

Loi de Malthus › 602

Loi de Schmidt › 603

Loi de Wagner › 255, 604

Loi des avantages comparatifs
Analyse due à David Ricardo (1772-1823) qui fonde la théorie libérale de l'échange international en montrant que le commerce ne désavantage aucun des participants, chacun ayant tout à y gagner.
POUR ALLER PLUS LOIN › **600**

Loi des débouchés › **600**

Loi des grands nombres › **373**

Loi des rendements décroissants › **603**

Loi des trois secteurs › **604**

Loi du prix unique
Loi selon laquelle, à l'échelle internationale, et grâce au jeu de la concurrence, un bien a le même prix dans tous les pays.
POUR ALLER PLUS LOIN › **85, 602**

Loi organique relative aux lois de finances (LOLF) › **70**

Lois sociales › **449**

Lucas, Robert
(né en 1937)
Prix Nobel d'économie en 1995 ; chef de file de la « nouvelle école classique ».
POUR ALLER PLUS LOIN › **213**

M

Macroéconomie
Étude des relations entre les données globales de l'économie (les agrégats) telles que la production, l'emploi, l'épargne, l'investissement, la consommation, etc.
POUR ALLER PLUS LOIN › **13, 202**

Main invisible
Théorie d'Adam Smith démontrant l'existence d'un ordre économique naturel spontané fondé sur l'intérêt personnel des individus.
POUR ALLER PLUS LOIN › **208**

Majorité qualifiée › **542**

Malnutrition › **186**

Malthus, Thomas Robert
(1766-1834)
Économiste britannique classique s'étant principalement intéressé aux liens existant entre démographie et économie.

> « Un homme qui est né dans un monde déjà occupé, s'il ne lui est pas possible d'obtenir de ses parents les subsistances qu'il peut justement leur demander, et si la société n'a nul besoin de son travail, n'a aucun droit à réclamer la moindre part de nourriture et, en réalité, il est de trop. Au grand banquet de la nature, il n'y a point de couvert disponible pour lui ; elle lui ordonne de s'en aller, et elle ne tardera pas elle-même à mettre son ordre à exécution. »
> *Essai sur le principe de population*, Londres, 1798.

Malthus dénonce la surpopulation qui engendre misère et famine et prône la limitation volontaire des naissances comme condition de la prospérité. La doctrine de Malthus fit scandale car elle montrait que l'assistance aux pauvres était inutile et même dangereuse car elle en augmentait le nombre sans les soulager. Le « principe de population » désignait la loi générale que Malthus avait découverte selon laquelle la population augmentait selon une progression géométrique (1, 2, 4, 8, 16, 32, etc.) tandis que la production

de la terre travaillée par l'homme n'augmentait dans le même temps que selon une progression arithmétique (1, 2, 3, 4, 5, etc.). La loi de la population permettait aussi de défendre le système libéral, en montrant qu'il n'était pas la cause de la pauvreté, et de rejeter l'intervention de l'État. Le passage qui est cité ici figurait dans la première édition de l'ouvrage mais Malthus le supprima dans les éditions suivantes.
POUR ALLER PLUS LOIN › **304, 422**

Malthusianisme
Doctrine inspirée de Thomas Malthus qui prône une limitation volontaire de la population.
POUR ALLER PLUS LOIN › **422**

Management participatif › **536**

Marché
Lieu de rencontre de l'offre des vendeurs et de la demande des acheteurs dans le but de réaliser un échange.
POUR ALLER PLUS LOIN › **318**

Marché à terme › **64**

Marché à terme international de France (MATIF) › **65**

Marché au comptant › **64**

Marché commun › **540**

Marché contestable › **326**

Marché continu › **559**

Marché dérivé › **65**

Marché des biens et services › **100**

Marché des capitaux › **210**

Marché des changes › **80**

Marché des changes à terme › **84**

Marché des changes au comptant › **84**

Marché des droits à polluer › **239**

Marché du travail
En économie, marché mettant en relation les personnes qui offrent leur travail et les entreprises qui proposent une activité.
POUR ALLER PLUS LOIN › **88**

Marché émergent › **42**

Marché étroit
Marché boursier où le volume des transactions, c'est-à-dire le nombre de titres échangés, est faible.
POUR ALLER PLUS LOIN › **558**

Marché financier › **62, 63, 506**

Marché interbancaire › **362**

Marché intérieur › **108**

Marché mondial des capitaux › **505**

Marché monétaire › **362, 412**

Marché primaire › **62**

Marché secondaire › **63**

Marché unique
Cf. marché commun.
POUR ALLER PLUS LOIN › **16, 540**

Marchés financiers › **148**

Marge (commerciale) › **133**

Marge brute d'autofinancement (MBA)
Cf. Capacité d'autofinancement.
POUR ALLER PLUS LOIN › **443**

Marge de fluctuation › **514**

Mariage › **274**

Marqueur social › **125**

Marx, Karl

(1818-1883)

Né en Allemagne en 1818, Karl Marx a été un philosophe et un militant révolutionnaire. Son œuvre majeure, *Le Capital* (1867 pour une partie de l'ouvrage), est restée inachevée. Il est mort à Londres en 1883.

Il est à l'origine d'un ensemble de thèses assemblées sous le terme de « marxisme ». La diversité des travaux de K. Marx, historiques, économiques, politiques, philosophiques, témoigne du caractère ouvert de ses réflexions.

Le marxisme a cependant donné une place particulière à l'économie dans l'analyse de l'évolution politique, historique et sociale. Les facteurs économiques et matériels expliquent bien des phénomènes, même s'ils ne sont pas seuls en cause.

Ce schéma d'analyse a reçu le nom de matérialisme historique. Il s'agit d'abord d'un matérialisme, car ce sont les conditions matérielles, c'est-à-dire la base économique de la société, qui expliquent le mouvement de l'histoire. Ce ne sont donc pas les idées qui mènent le monde, mais les contradictions qui naissent au sein du mode de production de chaque société.

Selon Marx, la société capitaliste est divisée en deux classes antagonistes. C'est la propriété privée des moyens de production qui est à l'origine de cette organisation économique et sociale : ceux qui possèdent des moyens de production (la bourgeoisie ou les capitalistes) dominent et exploitent ceux qui ne possèdent que leur travail, leur « force de travail » (les prolétaires et le prolétariat, c'est-à-dire la classe ouvrière). Cette capacité de travail est donc une simple chose, une marchandise comme une autre.

Selon la théorie marxiste, les capitalistes achètent cette force de travail contre un salaire de subsistance (qui assure juste la survie des ouvriers, c'est-à-dire l'entretien et la reproduction de leur force de travail), mais ils opèrent surtout un prélèvement sur la valeur créée par le travail de ces ouvriers.

La différence entre la quantité de travail fournie par les ouvriers et la quantité de travail juste nécessaire au paiement de leurs salaires revient au capitaliste : c'est la plus-value.

> « De chacun selon ses capacités,
> à chacun selon ses besoins. »
> *Critique du programme de Gotha*, 1891.

Cette phrase caractérise le communisme, stade suprême de l'évolution des sociétés après la disparition du capitalisme, de l'État, de la division du travail, des inégalités. Lénine, dans *L'État et la révolution* (1917), précise que la réalisation de ce principe correspondra à l'extinction de l'État. Entre le capitalisme et le communisme, il y a une phase de transition cependant, que les marxistes vont nommer « socialisme ».

Il est intéressant de noter que cette formule peut s'appliquer au principe de solidarité qui fonde la protection sociale en France où, par opposition au système de l'assurance, il est demandé à chacun selon ses capacités (cotisations proportionnelles aux revenus) et où il est versé à chacun selon ses besoins (les prestations sont proportionnelles aux besoins et non aux cotisations versées).

> « Subdiviser un homme, (…) c'est
> l'assassiner… La subdivision du travail
> est l'assassinat d'un peuple. »
> *Le Capital*, I, chapitre XII, 1871.

Pour Marx, c'est la division du travail, notamment entre travail manuel et travail intellectuel, qui est la source de toutes les aliénations car « elle estropie l'ouvrier et fait de lui une espèce de monstre ». Les connaissances, l'intelligence et la volonté des travailleurs leur sont enlevées et sont confisquées par le capital qui les concentre dans ses machines, son organisation du travail et sa technologie. Il précise : « Toute production capitaliste (…) a ceci de particulier : l'ouvrier ne domine pas les conditions de travail, il est dominé par elles ». Dès lors, il s'agira pour la classe ouvrière de lutter pour imposer un pouvoir d'autodétermination sur le processus même du travail.

> « La bourgeoisie a joué dans l'histoire
> un rôle éminemment révolutionnaire.
> (…) Tous les liens complexes et variés
> qui unissaient l'homme féodal
> à ses supérieurs naturels, elle les a brisés
> sans pitié pour ne laisser d'autre lien
> entre l'homme et l'homme que le froid
> intérêt, les dures exigences
> du « paiement comptant ». Elle a noyé
> les frissons sacrés de l'extase religieuse,
> de l'enthousiasme chevaleresque,
> de la sentimentalité à quatre sous
> dans les eaux glacées du calcul égoïste. »
> *Manifeste du parti communiste,*
> (avec F. Engels), Londres, 1888.

Dans les premières pages, Marx et Engels expliquent comment la bourgeoisie, en détruisant l'ordre féodal, a créé d'autres classes, d'autres formes d'oppression et de nouvelles formes de lutte. Ils dénoncent ici les « eaux glacées du calcul égoïste », c'est-à-dire la réduction des relations sociales à de simples rapports d'argent, ce qu'on appelle aussi la « marchandisation » de domaines de plus en plus vastes de la vie sociale.

> « Accumulez, accumulez ! c'est la loi
> et les prophètes ! (…) Épargnez,
> épargnez toujours, c'est-à-dire
> retransformer sans cesse en capital
> la plus grande partie possible
> de la plus-value ou du produit net. »
> *Le Capital,* chapitre XXIV, 1871.

La loi et les prophètes désignent la vérité contenue dans un texte sacré comme l'Ancien Testament qui comprend la loi dictée par Dieu à Moïse et les textes des prophètes. Marx caractérise ici l'essence du système capitaliste qui est d'épargner et de réinvestir tous les profits. Ce ne sont pas la propriété privée des moyens de production ou la recherche du profit qui définissent le capitalisme mais l'accumulation du capital, c'est-à-dire le réinvestissement systématique des profits plutôt que leur utilisation pour consommer.

> « La grande industrie exige
> sans cesse une armée de réserve
> d'ouvriers sans emploi. »
> *Salaires,* 1847, (Gallimard, 1968).

Marx montre que le système capitaliste exige une offre de travail la plus nombreuse possible par rapport à la demande des entreprises afin d'obtenir les plus faibles coûts du travail. Dans le Livre I du *Capital*, Marx évoque l'« armée de réserve industrielle » qui pèse sur l'« armée active » des travailleurs afin d'en « refréner les prétentions ».

POUR ALLER PLUS LOIN › **333**

Marxisme › 333

Masse monétaire › 361

Massification scolaire › 20, 191

Matérialisme historique › 335

MATIF (marché à terme international de France) › 65

Mauss, Marcel

(1872-1950)

Sociologue français, disciple d'Émile Durkheim, il est l'un des fondateurs de l'anthropologie. Son principal ouvrage est l'*Essai sur le don* (publié dans la revue *L'Année sociologique* de 1923-1924).

Pour Marcel Mauss, l'échange est le commun dénominateur d'un grand nombre d'activités sociales. Mais il s'agit moins d'échanges économiques intéressés que d'échanges sociaux croisés et continuels permettant de symboliser la vie collective. Dans *Essai sur le don*, qui concerne les sociétés traditionnelles, il montre que ce type d'échanges s'observe à travers trois obligations : obligation de donner (refuser de faire un don, c'est refuser l'alliance), obligation de recevoir (c'est une contrainte sociale forte, car on ne peut refuser un don), et obligation de rendre (contre-don ou contreprestation). Ce « système de prestations totales » ne porte pas tant sur des biens et des richesses que sur des politesses, des festins, des rites, des cérémonies, etc., réalisés par des groupes (clans, tribus, familles) et non par des personnes. Ces échanges créent donc des droits et des devoirs, et leur caractère obligatoire est au fondement même de la vie sociale.

POUR ALLER PLUS LOIN › 491

MBA (marge brute d'autofinancement) › 443

Mécanisme européen de stabilité (MES) › 266

Médiane › 591

Méline › 455

Ménage (au sens de l'Insee)
Ensemble des occupants d'un même logement qu'ils aient ou non des liens de parenté.

POUR ALLER PLUS LOIN › 210, 273

Mercantilisme › 455

MERCOSUR › 314

Méritocratie › 216

Méthode aléatoire › 372

Méthode des quotas › 372

Microéconomie
Partie de la science économique qui étudie le comportement des agents économiques individuels (entreprise, consommateur, salarié, etc.) considérés comme des agents rationnels.

POUR ALLER PLUS LOIN › 209

Milgram, Stanley
(1933-1984)
Psychologue américain.

POUR ALLER PLUS LOIN › 463

Mill, John Stuart
(1806-1873)
Philosophe et économiste anglais.

« Il y a (…) une vaste classe de phénomènes sociaux dans laquelle les causes immédiatement déterminantes sont en première ligne, celles qui agissent par le désir de richesse et dont la principale loi psychologique, familière à tout le monde, est qu'on préfère un gain plus grand à un moindre. »
Système de logique, 1843, (Alcan, 1889).

John Stuart Mill ajoute qu'il s'agit des phénomènes de la société qui résultent des opérations industrielles ou productives des hommes et que leur analyse permet de « constituer une science qui a reçu le nom d'économie politique ». Il définit ainsi l'économie comme l'étude du comportement de l'*homo œconomicus*, c'est-à-dire de l'individu intéressé et calculateur. Dans le passage cité, il indique toutefois que l'analyse économique telle qu'il la conçoit ne concerne que certaines

activités. Mais les économistes néoclassiques, comme certains sociologues, étendront plus tard le raisonnement de l'*homo œconomicus* à bien d'autres actions humaines.
POUR ALLER PLUS LOIN › 304

Mimétisme › 507

Minima sociaux › 271

Minimum vieillesse › 446

Minorités visibles › 419

Mixité sociale › 49

Mobilisation › 225

Mobilité ascendante › 23, 338, 342

Mobilité descendante › 342

Mobilité horizontale › 338

Mobilité intergénérationnelle › 339

Mobilité intragénérationnelle › 339

Mobilité nette › 23, 343

Mobilité parfaite › 342

Mobilité professionnelle › 339

Mobilité sociale › 22, 338

Mobilité structurelle › 343

Mobilité verticale › 338

MOCN › 536

Mode de production › 333

Mode de production antique › 334

Mode de production asiatique › 334

Mode de production capitaliste › 334

Mode de production féodal › 334

Mode de scrutin › 178

Mode de vie
Façon de vivre, de consommer, d'utiliser ses loisirs, etc., d'un ménage ou d'un groupe social.
POUR ALLER PLUS LOIN › 125

Modèle › 200

Modèle culturel
Ensemble cohérent propre à une culture, incluant les valeurs, les normes et les pratiques sociales et culturelles.
POUR ALLER PLUS LOIN › 169

Modèle social › 445

Monarchie › 385

Mondialisation
Intégration économique mondiale qui va au-delà de l'internationalisation des échanges de marchandises, de services ou de capitaux et qui se caractérise par une mobilité parfaite des capitaux et par une concurrence accrue entre les firmes et les nations.
POUR ALLER PLUS LOIN › 11, 346

Mondialisation financière › 505

Monétarisme › 416

Monétisation › 358

Monnaie
Ensemble des moyens de paiement dont disposent les agents économiques pour régler leurs transactions.
POUR ALLER PLUS LOIN › 354

Monnaie banque centrale (ou liquidité bancaire) › 360

Monnaie d'échange › 354

Monnaie divisionnaire › 355

Monnaie faible › 399

Monnaie fiduciaire › 355

Monnaie forte › 399

Monnaie scripturale › 355

Monnaies métalliques › 356

Monogamie › 274

Monographie › 487

Monopole › 327

Monopole bilatéral › 327

Monopole d'émission des billets › 358

Monopole naturel › 477

Monopsone › 327

Montesquieu, Charles de (1689-1755)

Théoricien politique, philosophe et écrivain français.

« Le commerce guérit
des préjugés destructeurs ;
et c'est presque une
règle générale, que partout
où il y a des mœurs douces,
il y a du commerce ; et que partout
où il y a du commerce,
il y a des mœurs douces. »
De l'Esprit des lois, Livre XX, 1748.

Il était courant au XVIIIe siècle de parler de la « douceur du marché » et de louer la qualité des relations sociales qui accompagnaient le développement des échanges, notamment entre les nations. Montesquieu précise d'ailleurs : « Le commerce a fait que la connaissance des mœurs de toutes les nations a pénétré partout : on les a comparées entre elles, et il en a résulté de grands biens ». Mais il note toutefois ensuite que « le commerce corrompt les mœurs pures », ce qui n'est pas sans résonance aujourd'hui avec certains effets de la mondialisation.

« L'effet naturel du commerce est
de porter à la paix. Deux nations
qui négocient ensemble se rendent
réciproquement dépendantes ;
si l'une a intérêt à acheter, l'autre
a intérêt de vendre ; et toutes
les unions sont fondées sur des besoins
mutuels. »
De l'Esprit des lois, Livre XX, 1748.

Le développement des échanges économiques entre les pays permet d'éviter les tensions et les rivalités tout en permettant aux pays et à leurs habitants de mieux se connaître. Ainsi, des pays qui commercent entre eux ne chercheront pas à se faire la guerre. Néanmoins, on peut aussi considérer, avec le philosophe Benjamin Constant, que la guerre et le commerce sont les deux faces d'une même ambition, la compétition entre les États pour la puissance. On parle ainsi aujourd'hui de guerre économique entre les pays et entre les entreprises. La suite de la citation de Montesquieu est intéressante sur un autre plan car, dit-il, « si l'esprit de commerce unit les nations, il n'unit pas de même les particuliers. Nous voyons que dans les pays où l'on est affecté que de l'esprit de commerce, on trafique de toutes les actions humaines, et de toutes les vertus morales : les plus petites choses, celles que l'humanité demande, s'y font ou s'y donnent pour de l'argent ».

« Pour que le commerce puisse se bien
faire, il faut que l'argent ait un prix,
mais que ce prix soit peu considérable.
S'il est trop haut, le négociant, qui voit
qu'il lui en coûterait plus en intérêts
qu'il ne pourrait gagner dans
son commerce, n'entreprend rien.
Si l'argent n'a point de prix, personne
n'en prête, et le négociant n'entreprend
rien non plus. »
De l'Esprit des lois, 1748.

C'est Keynes qui, avec ce passage, présente Montesquieu comme « le plus grand économiste français, celui qu'il est juste de comparer à Adam Smith », parce qu'il a discerné le rôle exact du taux d'intérêt. Il suffit de remplacer commerce par activité économique et négociant par chef d'entreprise pour voir la portée de cette remarque. Trois idées y sont concentrées : l'importance de l'emprunt et de l'incitation à investir pour développer l'activité, la comparaison que fait le chef d'entreprise entre le coût de l'argent et le rendement de son investissement et les risques pour l'activité économique d'un niveau trop bas des taux d'intérêt puisque les épargnants préfèrent alors garder des « encaisses oisives » (thésaurisation).

POUR ALLER PLUS LOIN › **303, 385**

Moreno, Jacob
(1889-1974)
Psychiatre américain, fondateur de la sociométrie.

POUR ALLER PLUS LOIN › **463**

Mouvement social
Rassemblement et mobilisation de personnes dont les actions visent à transformer la société.

POUR ALLER PLUS LOIN › **227**

Moyen de production › **73**

Moyenne › **589**

Moyenne arithmétique › **589**

Moyenne arithmétique simple › **589**

Moyenne pondérée › **590**

Multiculturalisme › **174**

Multilatéralisme › **311**

Multiplicateur › **205, 363**

Multiplicateur d'emploi › **365**

Multiplicateur d'investissement › **363**

Multiplicateur de crédit › **361, 365**

Multiplicateur des dépenses publiques › **365**

Mutuelle › **447**

N

NAIRU *(Non Accelerating Inflation Rate on Unemployment)* › **395**

Naissances hors mariage › **275**

Natalisme › **422**

Nation › **366**

Nationalisation › **257**

Nationalisme › **369**

Nationalité › **367**

Négociation collective › **460**

Néo-protectionnisme › **456**

NEPAD › **189**

Niveau de vie
Quantité de biens et de services dont peut disposer un individu, un ménage ou un groupe social, en fonction de ses ressources.

POUR ALLER PLUS LOIN › **125, 181**

Niveau de vie moyen › **163**

Nixon Round
Cf. Tokyo Round.
POUR ALLER PLUS LOIN › **312**

No bail out › **154**

Nomenclature des professions et catégories socioprofessionnelles (PCS) › **425**

Norme
Règle de conduite de la vie en société à laquelle les individus sont censés se conformer.
POUR ALLER PLUS LOIN › **167**

Norme de consommation › **124**

Nouveaux classiques › **213**

Nouveaux pays industriels (NPI) › **183**

Nouvelle école classique › **213**

Nouvelle pauvreté › **270**

Nouvelles régulations (théorie des) › **478**

Nouvelles technologies de l'information et de la communication (NTIC) › **346**

NPI (nouveaux pays industriels) › **183**

Nuptialité › **275**

O

Obéissance › **384**

Objectifs de change › **409**

Objectifs de taux d'intérêt › **409**

Objectifs du Millénaire pour le développement (OMD) › **188**

Objectifs intermédiaires › **409**

Objectifs quantitatifs › **409**

Objectivation › **492**

Obligataire › **557**

Obligation › **557**

Obsolescence › **297**

Offre › **319**

Offre d'emploi › **88**

Offre de travail › **88**

Offre globale › **116**

Offre publique d'achat (OPA) › **64**

Offre publique d'échange (OPE) › **64**

Oligarchie › **385**

Oligopole › **329**

Olson, Mancur
(1932-1998)
Économiste et sociologue américain.
POUR ALLER PLUS LOIN › **27, 564**

OMC (Organisation mondiale du commerce) › **11, 312**

ONG (organisation non gouvernementale) › **188**

OPA amicale › **64**

OPA inamicale › **64**

OPCVM (organisme de placements collectifs de valeurs mobilières) › 66

Open market › 413

OPEP (Organisation des pays exportateurs de pétrole) › 183

Opinion › 371

Opinion publique › 370

Opportunisme › 522

Optimum de Pareto › 212

Ordres › 496

Organe de règlement des différends (ORD) › 313

Organisation mondiale du commerce (OMC) › 312

Organisation scientifique du travail (OST) › 532

Output › 210

Ouverture du capital › 258

P

PACS (Pacte civil de solidarité) › 275

Pacte budgétaire européen › 266, 550

Pacte civil de solidarité (PACS) › 275

Pacte de responsabilité et de solidarité › 93

Pacte de stabilité et de croissance (PSC) › 264, 406

Panel › 313

Panier de monnaies › 261

Paradoxe d'Anderson › 197

Paradoxe de l'action collective › 564

Parcellisation › 533

Parcours Emploi Compétences (PEC) › 93

Parenté ou parentèle › 272

Pareto, Vilfredo
(1848-1923)
Sociologue et économiste italien.
POUR ALLER PLUS LOIN › 212

Parité › 81

Parités fixes › 82

Parlement européen › 543

Part de marché › 109

Part de marché interne › 109

Part relative › 593

Partage salaires-profits › 555

Parti politique › 26, 387

Participation › 232, 472

Participation politique › 223

Parties prenantes › 520

Parts sociales › 231

Passager clandestin › 31, 225

Passif › 60

Patrimoine › 380

Patrimoine culturel › 380

Patrimoine de rapport › 382

Patrimoine naturel › 380

Patrimoine net › 381

Patrimoine professionnel › 382

Patriotisme économique › 346

Paupérisation › 337

Pauvreté
Au sens général, incapacité pour un individu de satisfaire un certain nombre de besoins essentiels (alimentation, habillement, logement, santé, etc.). Sont considérées comme pauvres les personnes dont les ressources sont inférieures à un certain seuil.
POUR ALLER PLUS LOIN › 269

Pauvreté absolue › 270

Pauvreté d'existence › 270

Pauvreté monétaire › 270

Pauvreté relative › 270

Pays émergents › 183

Pays en développement (PED) › 182

Pays en voie de développement (PVD) › 182

Pays les moins avancés (PMA) › 183

Pays sous-développés › 182

P-DG (président-directeur général) › 232

PEC (Parcours Emploi Compétences) › 93

Pension › 448

PER ***(price earning ratio)*** › 560

PERCO (plan d'épargne pour la retraite collectif) › 474

Péréquation › 476

Performance › 443

Permis d'émission *Cf.* Droit à polluer.
POUR ALLER PLUS LOIN › 239

Perroux, François
(1903-1987)
Économiste français.
POUR ALLER PLUS LOIN › 185

Personne de référence du ménage › 273

Personne d'origine étrangère › 419

Perte › 133, 441

PESC (politique étrangère et de sécurité commune) › 548

Phénomène social › 485

PIB (produit intérieur brut)
Principal agrégat de la comptabilité nationale représentant la somme de toutes les valeurs ajoutées créées par les différentes branches de l'économie pendant une année.
POUR ALLER PLUS LOIN › 113

PIB potentiel › 394

PIB vert › 115, 242

Plan › 259

Plan d'épargne entreprise (PEE) › 474

Plan d'épargne pour la retraite collectif (PERCO) › 474

Plan de relance › 152

Plan social › 91

Planche à billets › 155

Planification › 259

Planification indicative › 259

Plein-emploi
Situation caractérisée par l'emploi de toutes les personnes appartenant à la population active.
POUR ALLER PLUS LOIN › **89**

Plus-value › 336, 382, 558

PME (petite et moyenne entreprise) › 234

PNB (Produit national brut) › 114

PNUD (Programme des Nations unies pour le développement) › 182

Point d'or › 516

Pôle emploi › 86

Policy mix › 17, 406

Politique › 383

Politique budgétaire › 17, 388

Politique conjoncturelle › 405

Politique contractuelle › 460, 472

Politique d'austérité › 405

Politique de change › 396

Politique de franc fort › 400

Politique de la concurrence › 330

Politique de l'emploi › 92

Politique démographique › 422

Politique de monnaie forte › 400

Politique de régulation › 388, 405

Politique de relance › 405

Politique de rigueur
Cf. Politique d'austérité.
POUR ALLER PLUS LOIN › **405**

Politique de stabilisation › 405

Politique des revenus › 404

Politique des salaires › 471

Politique économique
Ensemble de décisions prises par les pouvoirs publics afin d'atteindre, grâce à l'utilisation de divers instruments, certains objectifs concernant la situation économique.
POUR ALLER PLUS LOIN › **16, 402**

Politique économique libérale › 305

Politique familiale › 274

Politique monétaire › 16, 408

Politique régionale › 545

Politique structurelle › 405

Politiques spécifiques de l'emploi › 91

Polyandrie › 274

Polygamie › 274

Polygynie › 274

Polyvalence › 536

Population › 417

Population active
Ensemble des personnes exerçant une activité rémunérée ou recherchant un emploi.
POUR ALLER PLUS LOIN › **18, 423**

Population active occupée › 423

Portefeuille › 66

Position sociale › 338

Poste de travail › 537

Postes budgétaires › 120

Potlatch › 491

Pourcentage › 582, 592

Pouvoir
Capacité d'une personne (ou d'un groupe) à faire appliquer une décision par une ou plusieurs autres personnes même contre leur gré.
POUR ALLER PLUS LOIN › 384

Pouvoir d'achat › 290

Pouvoir de marché › 327

Pouvoir libératoire › 362

Pouvoir politique › 384

Pouvoirs publics
Ensemble des autorités publiques qui détiennent le pouvoir dans l'État (pouvoir exécutif, pouvoir législatif, pouvoir judiciaire, administrations).
POUR ALLER PLUS LOIN › 249

Pratiques sociales et culturelles › 169

Précarité › 270

Prélèvements obligatoires › 426

Preneur de prix › 529

Prénotions › 492

Pré-retraités › 87

Pression fiscale › 427

Prestations sociales › 445, 448

Prêt › 292

Prêteur en dernier ressort › 150, 361

***Price earning ratio* (PER)**
POUR ALLER PLUS LOIN › 560

Prime d'activité › 470

Prime de risque › 149

Prime pour l'emploi › 470

Principal › 72

Principe d'harmonisation préalable › 547

Principe de précaution › 30, 241

Principe de reconnaissance mutuelle › 547

Principe de solidarité › 446

Principe de subsidiarité › 547

Principe du pollueur-payeur › 31, 238

Private equity funds › 67

Privatisation › 258, 479

Privilège du dollar › 149

Prix à la production › 287

Prix constant › 161

Prix d'équilibre
Prix qui égalise les offres et les demandes sur un marché.
POUR ALLER PLUS LOIN › 321

Prix de détail › 287

Prix de revient › 133

Prix de transfert › 349

Prix hors taxe (HT) › 284

Prix relatifs › 286, 527

Producteur › 529

Production
1. Sens courant : activité humaine consistant à créer des biens et des services propres à satisfaire des besoins individuels ou collectifs.
2. Sens de l'Insee : activité économique socialement organisée consistant à créer des biens et des services s'échangeant habituellement sur le marché ou obtenus à partir des facteurs de production (travail, machines notamment) s'échangeant sur le marché.
POUR ALLER PLUS LOIN › **428, 429**

Production en valeur › 431

Production en volume › 431

Production marchande › 429

Production non marchande › 429

Production par tête › 162

Productivisme › 241

Productivité
Rapport entre une production et les facteurs de production mis en œuvre pour la réaliser.
POUR ALLER PLUS LOIN › **434**

Productivité apparente › 436

Productivité du capital › 436

Productivité du travail › 434

Productivité en valeur › 435

Productivité globale des facteurs › 436

Productivité horaire du travail › 435

Productivité marginale › 437

Productivité physique du travail › 435

Produit intérieur brut (PIB) › 113

Produit intérieur net (PIN) › 114

Produit national brut (PNB) › 114

Produits › 441

Professions et catégories socioprofessionnelles (PCS)
Nomenclature établie par l'Insee pour classer l'ensemble de la population, ou tout au moins la population active, en un nombre restreint de grandes catégories présentant une certaine homogénéité.
POUR ALLER PLUS LOIN › **18, 500**

Profit
Revenus de l'entreprise qui vont permettre de rémunérer ses propriétaires (bénéfices distribués) ou qui vont constituer de nouveaux moyens de financement pour l'entreprise.
POUR ALLER PLUS LOIN › **441**

Progrès technique › 8, 440

Progressivité › 282

Prohibition de l'inceste › 274

Projet de loi de finances › 69

Prolétariat › 497

Propension à consommer
Part du revenu d'un ménage ou de l'ensemble des ménages qui est consacrée à la consommation.
POUR ALLER PLUS LOIN › **121**

Propension à épargner › 247

Propension marginale à consommer
Part du revenu supplémentaire (lorsque celui-ci augmente) qui est consacrée à un supplément de consommation.
POUR ALLER PLUS LOIN › **121**

Propension moyenne › 121

Prophéties autoréalisatrices › 15, 507

Proportion > 592

Protection sociale
Ensemble des institutions et des mécanismes, fondés sur l'idée d'une solidarité nationale, qui garantissent des ressources aux individus placés dans des circonstances particulières (maladies, accident, chômage, maternité, famille, vieillesse).
POUR ALLER PLUS LOIN > **445**

Protectionnisme
Doctrine et politique économiques qui reposent sur l'application de mesures visant à favoriser les activités nationales et à pénaliser la concurrence étrangère.
POUR ALLER PLUS LOIN > **11, 35, 454**

Protectionnisme monétaire > 456

Protocole de Kyoto > 237

Proudhon, Pierre-Joseph
(1809-1865)
Économiste et théoricien révolutionnaire français.

« La propriété, c'est le vol. »
Qu'est-ce que la propriété ? 1838.

Proudhon rejette l'économie classique qui « n'est que (...) le code de la propriété », c'est-à-dire la justification du système capitaliste, et prône une science économique qui aurait pour objectif la justice. Il dénonce tous les arguments par lesquels on justifiait la propriété (droit naturel, droit du premier occupant, etc.) et montre que la propriété permet ce qu'il appelle l'« aubaine », c'est-à-dire le droit de percevoir un revenu sur le travail d'autrui. C'est donc la propriété qui permet de s'emparer de la plus-value donnée à la terre par le fermier, à la matière par le travail du salarié. Proudhon toutefois ne veut pas faire disparaître la propriété car c'est aussi elle qui garantit la liberté de l'individu contre la société.

Prud'hommes > 461

Psychologie sociale > 462

Public Choice > 225

Puissance > 384

Q

Quantitative Easing > 155

Quartile > 591

Quasi-monnaie > 361

Quesnay, François
(1694-1774)
Médecin et économiste français, l'un des fondateurs de l'école des Physiocrates.

« Que le souverain et la nation
ne perdent jamais de vue
que la terre est l'unique source
de richesse et que c'est l'agriculture
qui les multiplie. »
Maximes générales du Gouvernement économique d'un Royaume agricole, 1758.

La terre est pour les Physiocrates ce « don de la nature » qui constitue la seule source de la richesse d'un pays. C'est le travail agricole qui permet de dégager un surplus permettant ensuite à toute la population de se nourrir.

> « Eh ! que feriez-vous donc si vous étiez roi ? » demandait un jour le Dauphin à François Quesnay qui était médecin du roi.
> « Monsieur, je ne ferais rien » dit Quesnay.
> « Et qui gouvernerait ? » poursuivit le Dauphin.
> « Les lois » répondit Quesnay.

Cette anecdote est souvent citée pour caractériser le libéralisme et le rôle limité que doit jouer l'État. Pour les Physiocrates dont Quesnay est le plus illustre représentant, ce sont les lois de l'ordre naturel et non le souverain qui doivent gouverner. Le gouvernement doit s'effacer devant les lois de la nature. Les disciples de Quesnay développeront ce thème du « laissez-faire », comme par exemple Mercier de la Rivière : « L'administration n'est point embarrassante ; elle n'a rien à faire ; il lui suffit de ne rien empêcher ».

Quotas d'émission › **30, 239**

Quote-part › **517**

Quotient familial › **282**

R

Racisme
Théorie qui met en avant une hiérarchie des races.
POUR ALLER PLUS LOIN › **172**

Rapport actifs-inactifs › **424**

Rapport démographique › **449**

Rapport de production › **334**

Rapports inter-quantiles › **28, 591**

Rareté › **199**

Rationalisation › **489**

Rationalité
Principe selon lequel les individus agissent de façon rationnelle, c'est-à-dire réfléchie et raisonnée.
POUR ALLER PLUS LOIN › **208, 488**

Rationalité limitée › **521**

Rationnement › **324**

Rawls, John
(1921-2002)
Philosophe américain.
POUR ALLER PLUS LOIN › **216**

Recensement › **418**

Récession › **138**

Recette › **39**

Recette budgétaire ou publique › **69**

Recette marginale › **528**

Recette moyenne › **528**

Recettes publiques
Ressources de l'État constituées des impôts, des taxes et des ressources non fiscales.
POUR ALLER PLUS LOIN › **389**

Recette totale › **528**

Recommandation › 544

Recrutement social › 340

Redistribution
Action de l'État et des organismes de protection sociale qui consiste à prélever des impôts et des cotisations sociales afin de verser ensuite des prestations sociales.
POUR ALLER PLUS LOIN › **469, 470**

Redressement judiciaire › 233

Réduction du temps de travail (RTT) › 92, 538

Réescompte › 358, 411

Réévaluation › 396

Référendum › 176

Refinancement › 411

Réforme budgétaire › 70

Régime d'assemblée › 177

Régime général des salariés › 449

Régime parlementaire › 178

Régime politique › 385

Régime présidentiel › 177

Régimes › 449

Régionalisme › 315

Règle d'or › 394

Règle de réciprocité › 311

Règle du traitement national › 311

Règlement › 544

Règlement judiciaire › 233

Règles prudentielles › 150

Réglementation › 257

Régulation › 131, 479

Régulation concurrentielle › 143

Régulation monopoliste › 143

Régulation ou école de la régulation › 143

Régulation sociale › 126

Relance › 405

Relance par la consommation › 205

Relance verte › 159

Relation d'agence › 523

Relation principal-agent
Cf. Relation d'agence.
POUR ALLER PLUS LOIN › **523**

Relations professionnelles › 457

Relativisme culturel › 172

Relocalisation › 11, 353

Remplacement des générations › 418

Renan, Ernest
(1823-1892)
Philosophe et historien français.
POUR ALLER PLUS LOIN › **366**

Rendement › 435

Rendement boursier › 557

Rendement d'échelle
Rapport entre la variation de la quantité produite et la variation d'un ou de plusieurs facteurs de production utilisés.
POUR ALLER PLUS LOIN › **137**

Rentabilité › 443, 557

Rentabilité économique › 443

Répartition
Opération économique liée au partage de la valeur ajoutée entre les agents économiques ayant participé à la production.
POUR ALLER PLUS LOIN › **467**

Représentation proportionnelle › 180

Représentations graphiques › 594

Reproduction sociale
Situation d'une société qui se reproduit à l'identique à chaque génération.
POUR ALLER PLUS LOIN › **197, 341**

République › 47, 48, 385

Réseaux sociaux › 462

Réserve › 442

Réserves de change › 56, 515

Réserves obligatoires › 411

Résident › 53

Ressources internes › 443

Reste du monde › 113

Résultat net › 441

Résultat unitaire › 133

Retraite › 448

Retraites par capitalisation › 448

Retraites par répartition › 448

Revenu de solidarité active (RSA) › 271, 450

Revenu disponible
Revenu dont dispose réellement un ménage pour consommer et épargner.
POUR ALLER PLUS LOIN › **469**

Revenu disponible brut (RDB) › 471

Revenu minimum d'insertion (RMI) › 271

Revenu national (RN) › 114, 466

Revenu net imposable › 281

Revenus › 466

Revenu d'activité › 467

Revenus de la propriété › 467, 468

Revenus de transfert › 469

Revenus immobiliers › 468

Revenus mixtes › 469

Revenus mobiliers › 468

Revenus primaires › 467

Révolution verte › 186

Ricardo, David
(1772-1823)
Économiste britannique, David Ricardo appartient à l'école classique. Son ouvrage fondamental, publié en 1817, s'intitule *Principes de l'économie politique et de l'impôt*. À la suite d'Adam Smith, D. Ricardo s'attache à mettre à jour des lois naturelles qui régissent les relations économiques entre les hommes. Il a ainsi proposé une théorie de la rente foncière, liée au coût marginal de la production. En effet, si le prix de vente d'une production agricole correspond au coût de production de la terre la moins fertile qui est exploitée pour satisfaire la demande, ceux qui disposent de terres plus fertiles disposent d'une rente. Mais D. Ricardo est surtout connu comme le fondateur des théories libérales de l'échange international. Avec la théorie de l'avantage comparatif, il montre que le commerce international ne désavantage jamais aucun des participants, les pays les moins favorisés ayant tout à y gagner, à condition de se spécialiser dans les productions pour lesquelles leur désavantage est le moins grand.

« La valeur d'une marchandise, c'est-à-dire la quantité de toute autre marchandise contre laquelle elle s'échange, dépend de la quantité

relative de travail nécessaire
pour sa production. »
Des Principes de l'économie politique et de l'impôt, 1817.

Ricardo définit la source de la valeur d'un bien par la quantité de travail nécessaire à la production de ce bien et non par la rareté (qui elle s'applique à des objets non reproductibles comme l'œuvre d'art). Il développe ainsi la théorie de la valeur travail qui sera reprise plus tard par K. Marx. Comme Ricardo, celui-ci considère que toute marchandise est le produit du travail et que la valeur d'un objet est proportionnelle à la quantité de travail (socialement nécessaire car c'est une œuvre collective de personnes aux compétences différentes) qu'il incorpore.
POUR ALLER PLUS LOIN › **10, 304, 307, 309**

Rigueur budgétaire › **390**

Risque de change
Risque de pertes pour les entreprises qui achètent ou vendent à l'étranger du fait des variations de taux de change.
POUR ALLER PLUS LOIN › **83**

Risque de défaut › **153**

Risque moral › **332**

Risque systémique
Risque de crise financière généralisée provoqué par la défaillance d'un participant qui entraîne dans sa chute d'autres défaillances d'établissements financiers (phénomènes de contagion en chaîne).
POUR ALLER PLUS LOIN › **506**

Risques sociaux › **444**

Rites › **129**

Ritualisme › **129**

RMI (revenu minimum d'insertion) › **271**

Rôle social
Ensemble des comportements qui sont attendus d'un individu occupant une position sociale particulière.
POUR ALLER PLUS LOIN › **168**

Rostow, Walt Whitman
(1916-2003)
Économiste américain.
POUR ALLER PLUS LOIN › **184**

Rounds › **311**

RSA (revenu de solidarité active) › **271, 450**

S

Saint-Simon, Claude Henri de Rouvroy, comte de
(1760-1825)

Économiste et philosophe français.

« L'administration des choses doit
remplacer le gouvernement
des hommes. »
Catéchisme des industriels, 1824.

Claude Henry de Rouvroy, comte de Saint-Simon et descendant du duc de

Saint-Simon, mémorialiste sous Louis XIV, a développé la doctrine de l'« industrialisme » accordant une place privilégiée à l'industrie et aux industriels (en fait, à tous les producteurs) dans l'organisation de la vie économique d'un pays. L'économie est en effet une chose trop sérieuse pour être confiée aux hommes politiques et à l'État. Plus généralement, le saint-simonisme a mis en avant le rôle des experts, des organisateurs, des « technocrates » dans la vie économique et sociale.

Salaire › **211, 467**

Salaire aux pièces › **532**

Salaire brut › **135**

Salaire d'efficience › **12, 474**

Salaire de base › **447**

Salaire de subsistance › **336**

Salaire minimum interprofessionnel de croissance (SMIC)
POUR ALLER PLUS LOIN › **471**

Salaire net › **135**

Salarisation › **425**

Samuelson, Paul
(1915-2009)
Économiste américain, prix Nobel d'économie en 1970.
POUR ALLER PLUS LOIN › **310**

Sanctions juridiques › **128**

Sanctions négatives › **127**

Sanctions positives › **127**

Sanctions sociales › **128**

Sans domicile fixe (SDF) › **268**

Say, Jean-Baptiste
(1767-1832)
Économiste français, vulgarisateur de la pensée d'Adam Smith en France, il est l'un des principaux théoriciens du libéralisme économique. Avec sa célèbre « loi des débouchés », il montre qu'une crise générale et durable avec un déséquilibre de l'offre et de la demande est impossible.

> « C'est la production qui ouvre des débouchés aux produits. »
> *Traité d'économie politique,*
> Chapitre XV, Livre 1, 1803.

J.-B. Say montre que c'est grâce à l'activité productive qu'une demande se crée pour acheter les produits. En effet, la production va être à l'origine d'une distribution de revenus, sous forme de salaires, de profit ou d'intérêt, qui vont ensuite permettre d'acheter des produits. À un niveau global, l'ensemble des revenus distribués à l'occasion de la production correspondent exactement à la valeur de cette production. En conséquence, plus la production sera importante, plus la demande le sera. Par ailleurs, ce sont les producteurs, et donc l'offre, qui sont d'abord à l'origine de la demande. Enfin, comme « un produit terminé offre dès cet instant, un débouché à d'autres produits pour tout le montant de sa valeur », il est impossible qu'il y ait une crise générale et durable avec un déséquilibre de l'offre et de la demande. L'activité économique se régule donc automatiquement par les mécanismes de marché, thèse que combattra Malthus et plus tard Keynes (lequel résumera la thèse de Say par la formule « l'offre crée sa propre demande »).

> « Administrer ce qui devrait être abandonné à soi-même, c'est faire du mal aux administrés, et leur faire

payer le mal qu'on leur fait comme
si c'était du bien. »
Traité d'économie politique, livre premier, 1803.

J.-B. Say est le père du libéralisme en France et cette citation est caractéristique de son hostilité à toute intervention de l'État dans la vie économique. Il publiera ainsi en 1805 un Catéchisme d'économie politique dans lequel il déclare : « Les producteurs ne sont jamais plus excités à produire, que par la certitude de jouir sans réserve du fruit de leur effort ; et l'impôt ne les laisse pas jouir sans réserve ».

« Les richesses naturelles sont
inépuisables car sans cela nous
ne les obtiendrions pas gratuitement.
Ne pouvant être multipliées, ni épuisées,
elles ne font pas l'objet de la science
économique. »

La nature ne peut être ni produite ni commercialisée ni appropriée ; elle n'a donc pas de prix et échappe alors à l'économie.

« Lorsque les fruits sont à tous et que
la terre n'est à personne, la terre ne
produit que des bruyères et des forêts. »

Père du libéralisme, Jean-Baptiste Say montre qu'une des conditions du développement de la production est la propriété privée.

POUR ALLER PLUS LOIN > **101, 304**

Schumpeter, Joseph Aloïs (1883-1950)

Économiste et sociologue d'origine autrichienne exilé aux États-Unis. Ses principaux ouvrages sont la *Théorie de l'évolution économique* (1912), et *Capitalisme, socialisme et démocratie* (1942).

Dans sa *Théorie de l'évolution économique*, Joseph Schumpeter développe une conception nouvelle de la croissance économique. Il insiste particulièrement sur le rôle de l'innovation.

« Le capitalisme constitue, de par
sa nature, un type ou une méthode
de transformation économique, et non
seulement il n'est jamais stationnaire,
mais il ne pourrait jamais le devenir. (…)
L'ouverture de nouveaux marchés
nationaux ou extérieurs et
le développement des organisations
productives, depuis l'atelier artisanal et
la manufacture jusqu'aux entreprises (…)
constituent d'autres exemples
des éléments neufs.
Ce processus de destruction créatrice
constitue la donnée fondamentale
du capitalisme : c'est en elle que
consiste, en dernière analyse, le
capitalisme et toute entreprise doit, bon
gré mal gré, s'y adapter. »
Capitalisme, Socialisme et Démocratie, 1942.

Au cœur du système capitaliste se trouve, pour J. Schumpeter, l'entrepreneur qui réalise des innovations (de produits, de procédés, de marchés, etc.). En conséquence, la croissance est un processus permanent de création, de destruction et de restructuration des activités économiques. La « destruction créatrice » est donc la caractéristique du système capitaliste qui résulte du caractère discontinu des innovations.

« Les automobiles, parce qu'elles sont
munies de freins, roulent plus vite que
si elles en étaient dépourvues. »
Capitalisme, Socialisme et Démocratie, 1942.

Cette citation met en évidence le fait que c'est bien l'existence de règles, c'est-à-dire de contraintes ou de limitations, qui permet le développement harmonieux et durable des activités. Les activités économiques par exemple ne peuvent être

laissées sans règles ni institutions sous peine de voir la loi de la jungle ou celle du plus fort l'emporter, ce qui à terme n'est pas favorable au développement économique. On peut d'ailleurs sur ces thèmes rappeler la déclaration du père Lacordaire (1802-1861) : « Entre le riche et le pauvre, entre le fort et le faible, c'est la liberté qui opprime et la loi qui affranchit. »
POUR ALLER PLUS LOIN › **142, 440**

Sciences sociales
Ensemble des disciplines scientifiques qui étudient les hommes vivant en société.
POUR ALLER PLUS LOIN › **484**

Scrutin › **178**

Scrutin de liste › **179**

Scrutin majoritaire › **179**

Scrutin proportionnel › **180**

Scrutin uninominal › **179**

Secteur (d'activité) › **425**

Secteur primaire › **425**

Secteur public › **257, 476**

Secteur secondaire › **425**

Secteur tertiaire › **425**

Secteurs institutionnels › **112**

Section syndicale › **460**

Sécurité sociale
Ensemble des organismes et des institutions qui gèrent la protection sociale.
POUR ALLER PLUS LOIN › **445**

Sélection adverse › **331**

Séparation des pouvoirs › **177**

Série à caractère continu › **596**

Série à caractère discontinu › **595**

Série chronologique › **597**

Service d'intérêt général › **476, 480**

Service minimum › **476**

Service public › **475**

Service universel › **480**

Services non marchands › **429**

SICAV (société d'investissement à capital variable) › **66**

SME (Système monétaire européen) › **260**

SME-bis › **263**

SMIC (salaire minimum interprofessionnel de croissance) › **471**

SMIG (salaire minimum interprofessionnel garanti) › **471**

Smith, Adam
(1723-1790)
Économiste écossais, Adam Smith a été professeur de philosophie morale à Glasgow où il enseigna la théologie, l'éthique, la jurisprudence et l'économie politique. En 1776, il publie son célèbre ouvrage, *Recherches sur la nature et les causes de la richesse des nations*, où il réalise une synthèse des idées de son temps dans le domaine économique. Adam Smith est considéré comme le fondateur de la théorie économique classique.

> « L'individu est conduit par une main invisible à remplir une fin qui n'entre nullement dans ses intérêts. »
> *Recherche sur la nature et les causes de la richesse des Nations*, 1776.

Pour Smith, l'intérêt particulier conduit naturellement à l'intérêt général et il sera plus efficace de laisser faire le libre jeu des marchés sans aucune intervention de l'État. L'intérêt général sera ainsi mieux servi si chacun a la possibilité de poursuivre, sans entrave, ses propres intérêts particuliers. « Tout en ne cherchant que son intérêt personnel, il travaille souvent d'une manière bien plus efficace pour l'intérêt de la société que s'il avait réellement pour but d'y travailler ».

> « Ce n'est pas de la bienveillance du boucher, du marchand de bière ou du boulanger, que nous attendons notre dîner, mais bien du soin qu'ils apportent à leurs intérêts. Nous ne nous adressons pas à leur humanité, mais à leur égoïsme ; et ce n'est jamais de nos besoins que nous leur parlons, c'est toujours de leur avantage. »
> *Recherche sur la nature et les causes de la richesse des Nations*, 1776.

La recherche par chacun de son propre intérêt ne saurait constituer un obstacle au développement économique. Au contraire nous dit A. Smith, c'est précisément la poursuite par chacun de son intérêt égoïste qui permet de réaliser l'intérêt général. Grâce à la fameuse « main invisible », c'est l'intérêt personnel qui, sans le savoir et sans le vouloir, mène au bien-être de la société.

> « Les plus grandes améliorations dans la puissance productive du travail et la plus grande partie de l'habileté, de l'adresse, de l'intelligence avec laquelle il est dirigé ou appliqué sont dues, à ce qu'il semble, à la division du travail. »
> *Recherche sur la nature et les causes de la richesse des Nations*, 1776. Livre 1, chapitre 1.

Pour Adam Smith, la division du travail est l'une des causes principales de la richesse des Nations car elle permet une augmentation de la productivité. Mais l'origine de la division du travail est à rechercher dans le développement des échanges entre les individus comme le montre la citation suivante.

> « Cette division du travail, de laquelle découle tant d'avantages (...), est la conséquence nécessaire d'un certain penchant naturel à tous les hommes (...) : c'est le penchant qui les porte à trafiquer, à faire des trocs et des échanges d'une chose pour une autre. »
> *Recherche sur la nature et les causes de la richesse des Nations*, 1776.

L'homme a continuellement besoin du secours de ses semblables, nous dit Smith, et c'est « en vain qu'il l'attendrait de leur seule bienveillance. Il sera bien plus sûr de réussir s'il s'adresse à leur intérêt personnel et s'il les persuade que leur propre avantage leur commande de faire ce qu'il souhaite d'eux », c'est-à-dire échanger. Ainsi, la disposition naturelle des hommes « à trafiquer » et la recherche de leur propre intérêt conduisent à une division du travail. Pour Smith, la division du travail repose sur la propension qu'ont les hommes à échanger, ce qui va les conduire peu à peu à se spécialiser.

> « Le troisième et dernier devoir du souverain ou de la République est celui d'élever et d'entretenir ces ouvrages ou ces établissements publics dont une grande société retire d'immenses avantages, mais qui sont néanmoins de nature à ne pouvoir être entrepris ou entretenus par un ou plusieurs particuliers, attendu que, pour ceux-ci, le profit ne saurait jamais leur en rembourser la dépense. »
> *Recherche sur la nature et les causes de la richesse des Nations*, 1776, livre V.

Lorsque Adam Smith considère le rôle de l'État, il lui assigne trois devoirs dont le premier est de « protéger la société contre la violence et l'invasion d'autres sociétés » et le deuxième de « protéger, autant qu'il est possible, chacun des membres de la société contre l'injustice ou l'oppression de tout autre membre de cette société ». Le troisième devoir est plus original pour un penseur du XVIIIe siècle, et surtout pour l'un des fondateurs de l'école classique en économie, puisqu'il conduit à reconnaître un certaine intervention de l'État dans la vie économique. C'est parce que le marché connaît en effet certaines limites que l'État doit intervenir. Ainsi, les actions privées ne peuvent se développer que s'il existe des infrastructures (routes, ponts, ports, etc.) qui ne peuvent être financées par des particuliers. Adam Smith ouvre ainsi la voie à l'analyse économique de l'État en termes de biens collectifs et d'externalités.

> « Les propriétaires, comme tous les autres hommes, aiment à recueillir là où ils n'ont pas semé. »
> *Recherche sur la nature et les causes de la richesse des Nations*, 1776.

Cette citation, qui concerne les revenus des propriétaires de terres, permet à Smith de définir la « rente » : celle-ci n'est pas la contrepartie d'un travail mais un revenu perçu parce qu'ils sont propriétaires de terres qu'ils mettent à disposition d'un producteur.

> « La maxime de tout chef de famille prudent est de ne jamais essayer de faire chez soi la chose qui lui coûtera moins à acheter qu'à faire. »
> *Recherche sur la nature et les causes de la richesse des Nations*, 1776.

Adam Smith est le fondateur de l'analyse économique des échanges internationaux avec la théorie de l'avantage absolu. L'échange profite aux deux co-échangistes et ne se fait pas nécessairement aux dépens de l'un ou de l'autre.

> « Des impôts lourds, parfois en diminuant la consommation des produits taxés, parfois en encourageant la fraude, engendrent souvent des recettes fiscales plus faibles que celles qui auraient pu être obtenues avec des taux plus modestes. »
> *Recherche sur la nature et les causes de la richesse des Nations*, 1776.

Ce passage de la *Richesse des Nations* montre l'ancienneté de l'idée selon laquelle « trop d'impôt tue l'impôt », idée qui sera popularisée au début des années 1980 par l'américain Arthur Laffer. Déjà A. Smith développait les effets désincitatifs potentiels d'une fiscalité trop lourde (diminution de l'activité et fraude).

POUR ALLER PLUS LOIN > **10, 208, 304, 307, 309**

Sociabilité > 169

Socialisation

Processus par lequel un individu apprend et intériorise les différents éléments de la culture de son groupe, ce qui lui permet de former sa propre personnalité sociale et de s'adapter au groupe dans lequel il vit.

POUR ALLER PLUS LOIN > **127, 169**

Socialisation anticipatrice > 127

Socialisation différenciée > 170

Socialisation primaire > 170

Socialisation secondaire > 170

Socialisme > 335

Société

1. Sens économique : personne morale créée par un contrat entre plusieurs personnes (les associés) qui décident de mettre en commun des ressources (capitaux) afin de réaliser des activités productives et commerciales et d'en partager les bénéfices.

2. Sens sociologique : ensemble de personnes qui nouent entre elles toutes sortes de relations (politiques, économiques, culturelles, etc.).
POUR ALLER PLUS LOIN › **230, 481**

Société anonyme (SA) › **231**

Société à responsabilité limitée (SARL) › **231**

Société civile › **387**

Société de masse › **483**

Société d'investissement à capital variable (SICAV) › **66**

Société duale › **271**

Société industrielle › **483**

Société-mère › **232**

Société moderne › **482**

Société postindustrielle › **483**

Société préindustrielle › **483**

Société traditionnelle › **482**

Sociologie
Science sociale qui étudie l'action des individus et des groupes d'individus par référence au contexte social.
POUR ALLER PLUS LOIN › **339, 484**

Sociogramme › **463**

Sociométrie › **463**

Soins ambulatoires › **452**

Solde budgétaire › **70**

Solde commercial › **52, 106**

Solde financier (ou solde de la balance des capitaux) › **55**

Solde migratoire › **420**

Solde naturel › **420**

Solde primaire › **71**

Solidarité › **444, 446**

Solidarité mécanique › **482**

Solidarité organique › **482**

Somme des naissances réduites › **418**

Sommet européen › **543**

Sondage › **370, 376**

Sondage d'opinion › **371**

Soumission › **384**

Sous-alimentation › **186**

Sous-culture › **172**

Sous-emploi › **89**

Soutenabilité › **9, 152, 164**

Souveraineté nationale › **369**

Spécialisation
Répartition des activités productives entre les différentes économies.
POUR ALLER PLUS LOIN › **11, 110, 531**

Spécialisation géographique › **110**

Spéculation › **558**

Spirale inflationniste › **290**

Stabilisateur automatique › **391**

Stabilisation › **405**

Stagflation › **139**

Start-up › **75**

Statistiques ethniques › **419**

Statut
Au sens courant, position d'un individu dans la hiérarchie sociale.
POUR ALLER PLUS LOIN › **168**

Stigmatisation › 130

Stock › 599

Stock-options › 473

Stratification sociale
Division de la société en groupes sociaux hiérarchisés et présentant chacun une forte homogénéité au regard de certains critères (revenus, modes de vie, valeurs, statut juridique, etc.).
POUR ALLER PLUS LOIN › 18, 495

Structure de la consommation › 120

Subprime › 146

Substitution capital-travail › 430

Substitution d'importations › 186

Subvention › 389

Succession › 382

Suffrage universel › 103, 175

Suffrages exprimés › 179

Superstructure › 335

Supranationalité › 544

Suraccumulation › 337

Surchauffe › 392

Surplus du consommateur › 530

Surproduction › 139

Syncrétisme › 173

Syndicat › 459

Système de change › 514

Système des préférences généralisées (SPG) › 187

Système d'interaction › 485

Système européen des banques centrales (SEBC) › 264

Système financier international
Ensemble des activités et des institutions financières qui contribuent au fonctionnement d'un marché mondial des capitaux.
POUR ALLER PLUS LOIN › 15, 503

Système monétaire européen (SME) › 260

Système monétaire international (SMI)
Ensemble des règles, des mécanismes et des institutions visant à organiser et à contrôler les échanges monétaires entre les pays.
POUR ALLER PLUS LOIN › 512

T

Table de mobilité › 22, 339

Take off › 184

Tarde, Gabriel
(1843-1904)
Sociologue français.

Tarif douanier commun (TDC) › 545

Tarif extérieur commun (TEC) › 540, 545

Tarifs Hawley-Smoot › 308

Taux à long terme › 294

Taux créditeurs › 294

Taux d'abstention › 563

Taux d'accroissement › 582

Taux d'accroissement naturel › 420

Taux d'activité › 424

Taux d'emploi
Rapport entre le nombre d'actifs occupés et la population totale en âge de travailler correspondante.
POUR ALLER PLUS LOIN › 12, 424

Taux d'épargne des ménages › 245

Taux d'épargne des sociétés › 245

Taux d'épargne nationale › 244

Taux d'équipement › 121

Taux d'escompte › 358

Taux d'inflation
Taux de variation de l'indice des prix à la consommation entre deux dates.
POUR ALLER PLUS LOIN › 288

Taux d'inflation en glissement › 288

Taux d'inflation en moyenne › 288

Taux d'intérêt
Rapport entre l'intérêt (rémunération annuelle reçue ou versée) et la somme prêtée ou empruntée.
POUR ALLER PLUS LOIN › 292

Taux d'intérêt nominal › 294

Taux d'intérêt réel › 295

Taux d'investissement › 300

Taux de base bancaire (TBB) › 294

Taux de change
Prix d'une monnaie exprimé dans une autre monnaie.
POUR ALLER PLUS LOIN › 79

Taux de chômage
Rapport entre le nombre de chômeurs et la population active totale.
POUR ALLER PLUS LOIN › 87

Taux de couverture › 107

Taux de croissance
Indicateur, exprimé en pourcentage, permettant de mesurer les variations d'une grandeur dans le temps (croissance économique par exemple).
POUR ALLER PLUS LOIN › 582

Taux de croissance annuel › 584

Taux de croissance du PIB › 161

Taux de croissance global › 585

Taux de décroissance › 582

Taux de fécondité › 418

Taux de l'argent au jour le jour › 294

Taux de l'impôt › 280

Taux de l'usure (ou taux usuraire) › 294

Taux de natalité › 417

Taux de nuptialité › 275

Taux de participation › 563

Taux de pénétration › 108

Taux de prélèvements obligatoires › 427

Taux de remplacement › 448

Taux de scolarisation › 20, 192

Taux de variation › 582

Taux débiteurs › 294

Taux directeur › 413

Taux effectif global (TEG) › 294

Taux marginal d'imposition › 283

Taux moyen d'imposition › 283

Taxe › 281

Taxe d'habitation › 284

Taxe Tobin › 510

Taxe sur la valeur ajoutée (TVA)
Impôt portant sur les biens et les services consommés en France et dont la collecte est assurée par les entreprises et les commerçants pour le compte de l'État ; taxe payée par les consommateurs.
POUR ALLER PLUS LOIN › 284

Taxe sur les billets d'avion › 188

Taxes foncières › 284

Taylor, Frederic Winslow
(1856-1915)
Ingénieur américain, fondateur du taylorisme.
POUR ALLER PLUS LOIN › 532

Taylorisme › 24, 532

TBB (taux de base bancaire) › 294

Télétravail › 25, 537

Temps partiel › 12, 88

Termes de l'échange › 107

Théorème dit HOS › 10, 310

Théorie de l'agence › 523

Théorie de l'avantage comparatif › 10, 309

Théorie de la parité des pouvoirs d'achat (PPA) › 85

Théorie de la valeur-travail › 309

Théories de l'entreprise › 520

Théorie des incitations › 332

Théorie du consommateur › 525

Théorie du consommateur et du producteur › 525

Théorie du « cycle de vie » › 246

Théorie du producteur › 528

Théorie « élective » de la nation › 366

Théorie marxiste des classes sociales › 19, 497

Théorie quantitative de la monnaie › 289, 414

Thésaurisation › 99

Ticket modérateur › 448

Tiers état › 496

Tiers monde › 182

Tiers secteur › 231

Titres courts › 362

Titrisation › 146

Tocqueville, Alexis de
(1805-1859)
Écrivain et homme politique français, né en 1805 dans une famille noble ultraroyaliste. Après une courte carrière politique et ministérielle, il décide de se consacrer à son œuvre. Il est l'auteur de deux ouvrages majeurs, *De la démocratie en Amérique* (1835 et 1840) et *L'Ancien Régime et la Révolution* (1856), qui analysent l'évolution des sociétés démocratiques.
Tocqueville donne une définition originale de la démocratie qui ne désigne pas seulement la participation des citoyens à la gestion de leurs affaires, mais aussi l'égalité de plus en plus grande des conditions. Il fait œuvre de sociologue puisqu'il caractérise ainsi davantage un type de société qu'un

type de régime politique, mais aussi parce qu'il met en avant un véritable fait social, l'égalisation des conditions. Phénomène irréversible des sociétés démocratiques, cette égalisation des conditions correspond à la suppression des distinctions d'ordre ou de classe, à la fin de l'hérédité des positions sociales et à la possibilité donnée à tout un chacun d'accéder à toutes les professions, à toutes les dignités et à tous les honneurs. Si elle peut s'accommoder de fortes inégalités de richesse, l'égalité sociale se traduit par une tendance à l'homogénéité des modes de vie.
L'objectif des analyses de Tocqueville est de comprendre comment cette uniformité croissante des conditions de vie peut être compatible avec la liberté.
POUR ALLER PLUS LOIN › 251, 487

Tokyo Round › 312

Tönnies, Ferdinand
(1855-1936)
Sociologue allemand.
POUR ALLER PLUS LOIN › 481

Totalitarisme › 386

Touraine, Alain
(né en 1925)
Sociologue français.
POUR ALLER PLUS LOIN › 227

« Toutes choses égales par ailleurs » › 200

Toutes taxes comprises (TTC) › 284

Trading à haute fréquence › 151

Traité d'Amsterdam › 549

Traité de Lisbonne › 550

Traité de Maastricht › 548

Traité de Nice › 549

Traité de Rome › 540

Traitement économique du chômage › 91

Traitement social du chômage › 91

Traité sur la stabilité, la coordination et la gouvernance (TSCG) › 266

Trajectoire sociale › 197

Tranches › 283

Transfert de technologie › 187

Transferts sociaux › 469

Transformation › 279

Transition démographique › 421

Trappe à chômage › 93

Travail
Au sens économique, activité rémunérée.
POUR ALLER PLUS LOIN › 531

Travail à la chaîne › 533

Travail atypique › 88

Travail au noir › 433

Travail domestique › 429

Travail en continu › 537

Travail en équipe › 537

Travail en miettes › 533

Travail posté › 537

Travailleur indépendant › 425

Trend › 141, 597

Trente-cinq heures › 538

Trésor public › 359

Troc › 354

Troïka › 155

Turn-over › 534

TVA (taxe sur la valeur ajoutée) › 284

TVA sociale › 451

Typologie › 481

Tyrannie › 385

U

Ubérisation › 25, 537

Unedic (Union nationale pour l'emploi dans l'industrie et le commerce) › 448

Uninominal › 179

Union douanière › 540

Union économique
Accord passé entre des pays qui décident de pousser l'intégration économique au-delà du marché commun (libre circulation des marchandises, des personnes, des capitaux, des services et des monnaies) en instaurant des politiques économiques harmonisées.
POUR ALLER PLUS LOIN › 540

Union économique et monétaire (UEM) › 261, 548

Union européenne (UE)
Ensemble des vingt-huit pays européens qui ont décidé de coopérer en matière économique et politique et de créer des institutions communes auxquelles ils abandonnent certains de leurs pouvoirs ; nom pris par la CEE à partir de l'entrée en vigueur du traité de Maastricht (1er janvier 1993).
POUR ALLER PLUS LOIN › 16, 539, 541, 548

Union libre (ou cohabitation) › 275

Union politique › 548

Unité de compte › 354

Unité institutionnelle (ou unité économique) › 112

Universalisme › 174

Urssaf › 447

Uruguay Round › 312

Utilitarisme
Théorie philosophique, inspirée par le philosophe anglais Jeremy Bentham (1748-1832), selon laquelle les individus recherchent toujours le maximum de plaisir tout en limitant leurs efforts. Au sens courant, l'utilitarisme est associé à la recherche incessante par les individus de leur intérêt personnel.
POUR ALLER PLUS LOIN › 208

Utilité

Degré de satisfaction lié à la consommation d'un bien économique.

POUR ALLER PLUS LOIN › **210, 525**

Utilité marginale

Variation de la satisfaction liée à la consommation d'une unité supplémentaire d'un bien ou d'un service.

POUR ALLER PLUS LOIN › **526**

V

Valeur absolue › **593**

Valeur ajoutée

Différence entre le chiffre d'affaires de l'entreprise et la valeur des biens et services achetés à d'autres entreprises (consommations intermédiaires).

POUR ALLER PLUS LOIN › **432, 552**

Valeur ajoutée par tête › **435**

Valeur à prix constants › **290**

Valeur à prix courants › **290**

Valeur historique › **382**

Valeur nominale › **290**

Valeur réelle › **290**

Valeur relative › **593**

Valeur vénale › **382**

Valeurs

Idéaux auxquels les membres d'une société adhèrent et qui se manifestent concrètement dans leurs manières de penser, de sentir, d'agir.

POUR ALLER PLUS LOIN › **167**

Valeurs mobilières › **526**

Variation absolue › **582**

Variation relative › **582**

Variations saisonnières › **597**

Victimisation › **130**

Vieillissement démographique › **421**

Vitesse de circulation de la monnaie › **414**

Vote › **222**

Vote blanc › **562**

Vote nul › **562**

Vote par intermittence › **566**

W

Wagner, Adolph
(1835-1917)
Économiste allemand.
POUR ALLER PLUS LOIN > **255**

Walras, Léon
(1834-1910)
Économiste français.
POUR ALLER PLUS LOIN > **212**

Warner, William Lloyd
(1898-1970)
Sociologue américain.
POUR ALLER PLUS LOIN > **499**

Weber, Max
(1864-1920)
Sociologue allemand considéré, avec Émile Durkheim, comme l'un des fondateurs de la sociologie. Son apport concerne de nombreux domaines (sociologie des religions, étude de la société capitaliste, analyse du pouvoir, etc.). Sa principale œuvre est *L'Éthique protestante et l'esprit du capitalisme* (1905).

La rationalité est une notion importante de l'œuvre de Weber. Elle peut être définie, d'une façon générale, comme un schéma de pensée qui nous fait agir de façon rationnelle. Mais agir de façon rationnelle peut avoir, selon Weber, deux significations : on peut agir rationnellement en ayant un but (maximiser le profit par exemple) et en adaptant des moyens à cette finalité ; mais on peut aussi agir rationnellement en fonction de valeurs que l'on juge supérieures (exemple du chevalier qui se bat pour l'honneur quelles qu'en soient les conséquences). Une conduite rationnelle s'oppose donc à des conduites expliquées par la tradition, l'habitude (nos activités quotidiennes par exemple) ou par les passions, les émotions. Mais la distinction de Weber entre une rationalité orientée vers les buts et une rationalité orientée par les valeurs montre que la rationalité de type économique n'est pas la seule possible.

Dans *L'Éthique protestante et l'esprit du capitalisme*, il s'interroge sur les origines du capitalisme. Weber montre ainsi que l'on peut parfois comprendre le comportement économique d'un groupe social à partir de sa vision du monde. À travers cette analyse, Max Weber réfute le déterminisme marxiste et montre que les idées religieuses peuvent aussi jouer un rôle important dans l'histoire. Certes Weber ne nie pas l'importance des facteurs économiques, mais il rappelle que parmi la multitude d'explications possibles du capitalisme, la moins mauvaise est celle qui prend en compte le sens que les hommes ont, à un moment déterminé, donné à leurs actions. Il s'agit, en définitive, d'une sociologie compréhensive, car le sociologue cherche à se mettre à la place des individus pour reconstruire et comprendre les motivations de toutes sortes qui fondent telle ou telle de leur conduite.
POUR ALLER PLUS LOIN > **248, 488, 498**

Welfare State *Cf.* État-providence.
POUR ALLER PLUS LOIN > **253**

Wittfogel, Karl
(1896-1988)
Sociologue allemand.
POUR ALLER PLUS LOIN > **335**

Workfare > **92**

Working poors > **270**

Z

Zollverein › 455

Zone dollar › 513

Zone euro
Ensemble des pays de l'Union européenne qui ont abandonné leur monnaie nationale au profit de l'euro.
POUR ALLER PLUS LOIN › 262

Zone franche › 353

Zone monétaire › 513

Crédits photographiques

Portraits coll. Hatier et Wikipédia sauf pages :
p. 625 : Aron ph ©Jerry BAUER / Opale / Leemage
p. 629 : Boudon ph © DRFP /Leemage
p. 629 : Bourdieu ph © Ulf Andersen / Aurimages
p. 633 : Coase ph © AFP PHOTO / PRESSENSBILD
p. 652 : Ford ph © SuperStock / Leemage
p. 653 : Friedman ph © MP / Leemage
p. 654 : Goffman Coll. The University of Edinburgh
p. 663 : Lucas Coll. University of Chicago Library, Special Collections Research Center
p. 666 : Mauss ph © Costa / Leemage
p. 670 : Moreno ph © Bill Peters/The Denver Post via Getty Images
p. 678 : Rawls ph © Jane Reed
p. 681 : Rostow ph © Ralph Morse / The LIFE Picture Collection / Getty Images
p. 682 : Samuelson ph © Kayana SZYMCZAK / AFP PHOTO
p. 691 : Touraine ph © Emmanuel ROBERT-ESPALIEU / Opale / Leemage
p. 694 : Warner Coll. University of Chicago Library, Special Collections Research Center

PAPIER À BASE DE FIBRES CERTIFIÉES

Hatier s'engage pour l'environnement en réduisant l'empreinte carbone de ses livres. Celle de cet exemplaire est de :
1 kg éq. CO_2
Rendez-vous sur www.hatier-durable.fr

Achevé d'imprimer en Italie par L.E.G.O. S.p.A. - Lavis (TN)
Dépôt légal : n° 06347-1/02 - Novembre 2021